Anna Freud / August Aichhorn

*»Die Psychoanalyse kann nur dort gedeihen,
wo Freiheit des Gedankens herrscht«*

Briefwechsel 1921 – 1949

Anna Freud und August Aichhorn lernten einander auf der Grundlage eines gemeinsamen Interesses kennen: der Absicht, psychoanalytische Erkenntnisse in der Arbeit mit Kindern und Jugendlichen anzuwenden und so die Kinderpsychoanalyse zu entwickeln. Diese gemeinsame Leidenschaft begründete wesentlich ihre wechselseitige Zuneigung. Verknüpft mit dem Respekt für Sigmund Freud, der sie inspiriert hatte, entstand eine glückliche, äußerst fruchtbare Freundschaft und Zusammenarbeit, auf die sie sich verlassen konnten, jeder für sich und beide miteinander.

Der Herausgeber:

Thomas Aichhorn, Psychoanalytiker in eigener Praxis; Sozialpädagoge und Ehe- und Familienberater. Ordentliches Mitglied der Wiener und der Internationalen Psychoanalytischen Vereinigung; Mitglied der Société Européenne pour la Psychanalyse de l'Enfant et de l'Adolescent, Paris. Archivar der Wiener Psychoanalytischen Vereinigung und stellvertretender Vorsitzender des Vereins »Archiv zur Geschichte der Psychoanalyse«. Veröffentlichungen und Vorträge zu Theorie und Geschichte der Psychoanalyse, zur Adoleszenz und zu August Aichhorn.

Anna Freud / August Aichhorn

»Die Psychoanalyse kann nur dort gedeihen, wo Freiheit des Gedankens herrscht«

Briefwechsel 1921 – 1949

Herausgegeben und kommentiert
von Thomas Aichhorn

Redaktion: Michael Schröter

Brandes & Apsel

Die Redaktion und Drucklegung des vorliegenden Bandes wurde durch den Zukunftsfonds der Republik Österreich im Rahmen des Projekts »Brüche und Kontinuitäten in der Geschichte der Wiener Psychoanalytischen Vereinigung« (Trägerin: Wiener Psychoanalytische Akademie, Leitung: Prof. Dr. Mitchell Ash) unterstützt.

ZukunftsFonds
der Republik Österreich

Das Titelzitat stammt von A. Freud (Brief an A. Aichhorn vom 21. 2. 1946).

Psychoanalyse in Wien nach 1938 – Brüche und Kontinuitäten: Band 2

1. Auflage 2012
© Brandes & Apsel Verlag GmbH, Frankfurt a. M.
Alle Rechte vorbehalten, insbesondere das Recht der Vervielfältigung und Verbreitung sowie der Übersetzung, Mikroverfilmung, Einspeicherung und Verarbeitung in elektronischen oder optischen Systemen, der öffentlichen Wiedergabe durch Hörfunk-, Fernsehsendungen und Multimedia sowie der Bereithaltung in einer Online-Datenbank oder im Internet zur Nutzung durch Dritte.
DTP: Caroline Ebinger, Brandes & Apsel Verlag, Frankfurt a. M.
Umschlag: Franziska Gumprecht, Brandes & Apsel Verlag, Frankfurt a. M.
Druck: STEGA TISAK d.o.o., Printed in Croatia
Gedruckt auf einem nach den Richtlinien des Forest Stewardship Council (FSC) zertifizierten, säurefreien, alterungsbeständigen und chlorfrei gebleichten Papier.

Bibliografische Information der Deutschen Nationalbibliothek:
Die Deutsche Nationalbibliothek verzeichnet diese Publikation in der Deutschen Nationalbibliografie; detaillierte bibliografische Daten sind im Internet über http://dnb.ddb.de abrufbar.

ISBN 978-3-86099-899-1

Inhalt

Einleitung	10
Zur Edition	14

I. Briefe 1921 – 1938

1. Anna Freuds und August Aichhorns Wege zur Psychoanalyse	21
a. Anna Freud	21
b. August Aichhorn	25
2. Die ersten Jahre der Freundschaft	35
a. Anna Freuds Besuch in Aichhorns Fürsorge-Erziehungsanstalt in St. Andrä	35
b. Annäherungen	39
3. Die Wiener Psychoanalytische Pädagogik	47
a. Eine neue Praxis der Psychoanalyse	47
b. Der psychoanalytisch-pädagogische Arbeitskreis	50
4. Gemeinsame Aufgaben, verschiedene Unternehmungen	59
a. Das Lehrinstitut der WPV	59
b. Zur psychoanalytischen Ausbildung von Pädagogen und Sozialarbeitern im Rahmen der IPV	65
c. Privates Intermezzo	67
d. Aichhorns Vortragreisen	72
e. Die Hietzing- oder Rosenfeld-Burlingham-Schule	79
f. Die *Zeitschrift für psychoanalytische Pädagogik*	81
g. Zur Gründung der Erziehungs- und Jugendberatungsstelle der WPV	83
h. Psychoanalytische Ausbildung von Pädagogen und Sozialarbeitern im Rahmen der WPV	85
i. Aichhorns Vortrag in Prag 1936	87
j. Die Jackson Day Nursery	88
5. Private und politisch bedingte Lebensumstände bis 1938	91
a. Anna Freud	91
b. August Aichhorn	93
c. Politische Entwicklungen	97

II. Anna Freud und August Aichhorn, März 1938 – Sommer 1945

  1. Die Auflösung der WPV und die Emigration der Familie Freud   106
     a. Die Auflösung der WPV   106
     b. Die Liquidation des Internationalen
        Psychoanalytischen Verlags   108
     c. Die Emigration der Familie Freud   110
     d. Zur Emigration der Mitglieder der WPV   112

  2. Anna Freud in London 1938–1945   114
     a. Die Anfänge bis zu Freuds Tod   114
     b. Krieg und Rest Centres   117
     c. Kontroversen, Brüche, neue Perspektiven   119
     d. Trennungsabsichten   121

  3. August Aichhorn in Wien, März 1938 – Sommer 1945   123
     a. Die erste Zeit   123
     b. Die Wiener Arbeitsgemeinschaft des Deutschen Instituts   128
     c. Aichhorns Ausbildungsseminare 1938–1944   132
     d. »Kategorien der Verwahrlosung«   136
     e. Das Kriegsende   138

III. Briefwechsel 1945–1949

  1. Themen 1945/46   142
     a. Vorbereitungen zur Wiedereröffnung der WPV   143
     b. Die Frage der Rückkehr von Mitgliedern der »alten« WPV   145
     c. Die feierliche Wiedereröffnung der WPV am 10. April 1946   147
     d. Zur anfänglichen Tätigkeit der WPV   154
     e. Das Problem der nicht-ärztlichen Psychoanalyse   157
     f. Anna Freud in London nach dem Ende
        der Freud/Klein Kontroversen   159
     g. Anna Freuds erster Briefaustausch mit Müller-Braunschweig   161
     h. Zur Herausgabe der Fließ-Briefe   163

  2. Briefe 1945/46   168

3. Themen 1947 . . . 211
   a. Zur Rückerstattung von Büchern
      des Internationalen Psychoanalytischen Verlags . . . 211
   b. Die Zusammenkunft europäischer Analytiker
      zu Pfingsten 1947 in Amsterdam . . . 219
   c. Weiterentwicklungen in London . . . 225
   d. August Aichhorns Vortragsreisen in die Schweiz . . . 228
   e. Zu Aichhorns Versuch, ein Forschungs-
      und Lehrinstitut zu gründen . . . 229

4. Briefe 1947 . . . 232

5. Themen 1948 . . . 281
   a. Das Wiedersehen in Lausanne . . . 281
   b. *Searchlights on Delinquency* . . . 283
   c. August Aichhorns 70. Geburtstag . . . 286
   d. Aichhorns Vortragsreisen, seine Erkrankung in Budapest . . . 293
   e. Das Projekt eines »August Aichhorn Forschungsinstituts
      für verwahrloste Jugend« . . . 296
   f. Zur Rückerstattung von Anna Freuds Haus in Hochrotherd . . . 301

6. Briefe 1948 . . . 304

7. Themen 1949 . . . 384
   a. Zur politischen Lage in Mitteleuropa . . . 384
   b. Anna Freuds Reise nach Griechenland . . . 385
   c. Psychoanalytisch-pädagogische Projekte in Wien . . . 386
   d. Aichhorns neuerliche Erkrankung . . . 389
   e. Einschränkungen, Tod . . . 392
   f. Die WPV nach Aichhorn . . . 396
   g. Vergleich um Hochrotherd . . . 398
   h. Die Photographien von Freuds Wohnung
      in der Berggasse 19 . . . 400

8. Briefe 1949 . . . 403

Anhang

I. Dokumente 444

1. August Aichhorns Gutachten
   für Dr. Franz Rudolf Bienenfeld (15. 2. 1938) 444
2. Feier zur Wiedereröffnung der WPV (10. 4. 1946) 447
   a. Bericht über die Eröffnungssitzung 447
   b. Eröffnung und Begrüßung der Festgäste
      durch Obmann Aichhorn 449
   c. A. Aichhorn: Eröffnungsrede 450
3. Zwei Briefe von Berta Steiner an Anna Freud
   (August und Oktober 1947) 456
4. A. Freuds Kursprogramm zur Einführung in die Psychoanalyse
   (Ein Brief an Otto Fleischmann vom Oktober 1948) 466

II. Biographische Skizzen 469

Abkürzungen 520

1. Archive und Nachlässe 520
2. Sonstige Abkürzungen 521

Abbildungsverzeichnis 522

Literatur 524

Personenregister 547

August Aichhorn, ca. 1925

Einleitung

Als Anna Freud und August Aichhorn einander im Herbst 1921 kennenlernten, befanden sich beide in einem Moment des Aufbruchs. Anna Freud, jüngste Tochter des damals schon berühmten Sigmund Freud, war ausgebildete Volksschullehrerin und im Begriff, eine ihr eigene psychoanalytische Denklinie zu finden. Es ging ihr dabei um jene Verknüpfung von Psychoanalyse und Pädagogik, aus der wenig später sowohl die Konzeption der Psychoanalytischen Pädagogik und Sozialarbeit als auch die der Kinderanalyse (in ihrem Sinn) hervorgingen.

Der 17 Jahre ältere Aichhorn war ursprünglich ebenfalls Pflichtschullehrer gewesen. Nach ersten Erfahrungen, die er in der Schule und in den von ihm geleiteten Horten, vor allem aber in den Fürsorgeerziehungsanstalten in Hollabrunn und St. Andrä an der Traisen gemacht hatte, war er überzeugt, dass es möglich sei, mit Hilfe von Erkenntnissen der Psychoanalyse verwahrloste Kinder und Jugendliche anders zu verstehen, zu erziehen und zu behandeln, als es damals üblich war und von den Pädagogen, Psychiatern und Juristen seiner Zeit gelehrt wurde.

Psychoanalytische Pädagogik und Sozialarbeit waren mit dem öffentlichen Leben Wiens verbunden, sie wurden zum Erfahrungsfeld für eine neue psychoanalytische Praxis und neue wissenschaftliche Erkenntnisse. Die Motivation der ersten von Anna Freud und Aichhorn beeinflussten Lehrer, Erzieher und Sozialarbeiter sowie der Analytiker, die an der von ihnen gelehrten Anwendung der Psychoanalyse interessiert waren, charakterisierte K. R. Eissler folgendermaßen (1980, S. 97): »Die Mitglieder des Gemeinwesens, die durch die sozialen Verhältnisse bevorzugt sind, leben in einer Art Ghetto, das von sozialem Elend umgeben ist. Sie machen sich selbst in Bezug auf die Existenz dieses Elends schuldig, indem sie es stillschweigend akzeptieren, das heißt, durch ihre Lethargie indirekt gutheißen.« Und später (S. 128 f.): »Eine neue Bewegung beginnt verheißungsvoll. Eine kleine Gruppe stellt sich in den Dienst ihrer Entwicklung und Verbreitung. Sie glaubt – allem Anschein nach zu recht – an die entscheidenden Wohltaten, die diese Neuerung der Menschheit bringen wird.« Eine solche Bewegung war auch die Psychoanalyse. »Als sie geschaffen wurde, sah es ganz danach aus, als wäre der Menschheit endlich eine großartige Waffe gegeben worden, um durch Einsicht Macht über jene Kräfte zu gewinnen, die unsere Kultur bedrohen. Einige Psychoanalytiker, mich eingeschlossen, dachten, daß die neue Wissenschaft, wenn richtig angewendet, zu einer Technik führen müsse, mit deren Hilfe die Menschheit Gewalt über den Lauf ihrer Geschichte gewinnen könnte, statt von ihr umhergestoßen zu werden.« Doch am Ende erwies sich die neue Wissenschaft als unzureichend für eine Verbesserung der *condition humaine*.

In einem Gespräch bemerkte Anna Freud (Coles 1995, S. 45): »Ich frage mich manchmal, wie wir damals, bevor die Nazis kamen, mit soviel Freude und Enthusiasmus leben konnten. Nach dem Ersten Weltkrieg gab es in Europa derart viele Probleme – eine furchtbare Inflation, Arbeitslosigkeit, Regierungen, die reihenweise stürzten, Haß gegen alles mögliche – lesen Sie nur ein Geschichtsbuch, dann wundern Sie sich, daß es damals Leute gab, die nicht in ständiger Angst lebten. [...] Wir lebten von Tag zu Tag, von Woche zu Woche. Wir waren beschäftigt, und wir strengten uns an, unsere Arbeit zu bewältigen. Die Zeit verrann schnell – und dann geschah plötzlich etwas Großes, und wir mussten aufhören.«

1938 wurde die Arbeit der Gruppe um Anna Freud und Aichhorn durch den Einmarsch der Nazis in Österreich mit einem Schlag vernichtet. Die Zerstörung der Psychoanalyse in Wien wurde wohl auch deswegen als eine bittere Niederlage empfunden, weil genau jene Tendenzen gesiegt hatten, gegen deren gesellschaftliche Realisierung die theoretische und praktische Anstrengung der Wiener Psychoanalytiker gerichtet gewesen war.

Anna Freud musste nach London flüchten, Aichhorn blieb in Wien zurück. Während der Zeit des nationalsozialistischen Regimes und des Zweiten Weltkriegs hörten sie kaum etwas voneinander und von der Arbeit, die sie jeweils leisteten. Erst als mit dem Ende des Krieges auch die Herrschaft der Nazis in Österreich zu Ende gegangen war, war es ihnen wieder möglich, den Kontakt – wenigstens brieflich – aufzunehmen. Ihre jahrelange herzliche Freundschaft, ihr gemeinsames Nachdenken über die Probleme von Kinder und Jugendlichen und ihre Zusammenarbeit in den Institutionen der Wiener Psychoanalytischen Vereinigung bildeten die Grundlage des Vertrauens, das sie über die politischen Katastrophen des 20. Jahrhunderts hinweg miteinander verband. Von diesem Vertrauen und dieser Verbundenheit sind die zahlreichen Briefe geprägt, die sie sich ab 1945 bis zu Aichhorns Tod schrieben.

Das beherrschende Thema in den Briefen Anna Freuds und August Aichhorns, die in diesem Band abgedruckt werden, ist das Engagement für die Psychoanalyse im Sinne Freuds, vor allem für ihre Anwendung auf Pädagogik und Sozialarbeit sowie für die Ausbildung von Psychoanalytikern und psychoanalytisch geschulten Pädagogen und Sozialarbeitern, wie sie in Wien bis 1938 verstanden wurde. In den Briefen vor 1938 wird ihre Kooperation, in den Briefen nach 1945 werden die Folgen von Zerstörung und Vertreibung, die schwierigen Arbeitsbedingungen in der Emigration in London und im Wien der ersten Nachkriegszeit deutlich. Auch die zur Erläuterung und Kommentierung benützten Korrespondenzen beider mit ehemaligen Wiener Kollegen, die nun in alle Welt verstreut lebten, bestätigen den hohen Wert der persönlichen Beziehungen. Sie zeigen die Schwierigkeiten, unter völlig veränderten Lebensbedingungen neue Existenzen aufzubauen, sind aber zugleich durchdrungen von dem ungebrochenen gemeinsamen Interesse an der psychoanalytischen Arbeit.

Einige Tage nach Aichhorns Tod im Oktober 1949 schrieb Anna Freud an Richard Sterba (26. 10. 1949; AFP)[1]: »Aichhorns Tod ist wieder einmal ein Schlusspunkt unter ein großes Kapitel aus der Analyse und aus unser aller Leben. Er hat sich im letzten Jahr schrecklich gequält. Ich bin froh, ihn wenigstens noch vor 2 Jahren in Lausanne in alter Frische gesehen zu haben. Ich habe in letzter Zeit sehr viel mit ihm korrespondiert und kann gar nicht sagen, wie mir seine Briefe fehlen werden.« Sterba erwiderte (ebd.): »Aichhorns Tod hat auch uns tief getroffen, man war doch auch menschlich mit dieser ungewöhnlichen Persönlichkeit so sehr verbunden. Ich habe immer eine besondere Zuneigung zu ihm gehabt, obwohl ich wenig Kontakt mit ihm hatte.«

Anna Freud zählte Aichhorn zu jenen Pionieren des »wachsenden Indikationsbereichs« der Psychoanalyse (vgl. A. Freud 1954), die sich Störungen zuwandten, bei denen die innerpsychischen Bedingungen, wie man sie im ursprünglichen Anwendungsfeld der Psychoanalyse – den Hysterien, Phobien, Zwangsneurosen oder den Charakterdeformationen – findet, nicht gegeben sind und die deshalb eine andere Technik erfordern. Am ausführlichsten setzte sie sich mit ihm in ihrem Nachruf auseinander, der 1951

---

[1] Ich vermerke hier ein für allemal, dass im vorliegenden Band für alle zitierten Archivalien der Fundort nachgewiesen wird (mit Abkürzungen, die auf S. 521 aufgelöst werden). Dabei wird gewöhnlich nicht unterschieden, ob das Dokument an der angegebenen Stelle im Original oder als Kopie liegt. Als Faustregel kann gelten, dass in den Nachlässen einer Person empfangene Briefe als Original, selbstgeschriebene als Kopie (Durchschlag) erhalten sind.

im *International Journal of Psychoanalysis* erschien. Sie führte dort u. a. aus (1951a, S. 1592): »Als Aichhorn sich nach dem ersten Weltkrieg dem Studium der Psychoanalyse zuwandte, deutete nichts darauf hin, daß er eine der bedeutsamsten Persönlichkeiten der psychoanalytischen Bewegung werden sollte.« Und (S. 1594): »Aichhorn war zu bescheiden, um zu erkennen, daß sein Eintritt in die Vereinigung ein neues Gebiet für die Anwendung der Psychoanalyse erschlossen hatte und daß er der Psychoanalyse ebenso viel zu geben hatte, wie er selbst vom Studium der neuen Wissenschaft erwartete.«

Nach der Publikation ihres Nachrufs schrieb Anna Freud an Margaret Mahler-Schönberger:[2] »Da Sie zu denen von uns gehören, die Aichhorns beste Freunde waren, wüsste ich sehr gern, ob Sie glauben, dass ich sein Bild getroffen habe.« Mahler antwortete: »Ihr Aichhorn-Nachruf ist ein seltenes Meisterwerk einer einfühlsamen und doch objektiven, kunstvollen Interpretation seiner ungewöhnlichen Persönlichkeit.« Und K. R. Eissler befand: »Wir alle, die ihn so sehr geliebt haben, schulden Ihnen Dank für dieses bleibende und schöne Denkmal. Am Ende wurde er von Zweifeln gequält, ob sich sein Leben gelohnt habe. Hätte er dieses Zeugnis gekannt, wäre er beruhigt gewesen.«

Der einst in Wien für seine Indiskretion bekannte Eduard Hitschmann kommentierte Anna Freuds Text mit den Worten: »Ihr Nachruf für Aichhorn ist ausgezeichnet, sachlich und knapp. Die mollerte, genussfreudige Persönlichkeit, Herkunft und Ehe sind diskret vermieden.« Wird der Briefwechsel der beiden nun publiziert, ist es nicht möglich, die Grenzen dieser »Diskretion« zu wahren, an der Anna Freud auch in Bezug auf ihre eigene Person so sehr gelegen war. Das ist nun einmal das Schicksal derer, die sich durch ihre Leistung für die Nachlebenden bedeutsam gemacht haben (und bedeutsam machen wollten). In unserem Fall jedoch wird ein Haupteffekt der Indiskretion hoffentlich darin bestehen, dass der veröffentlichte Text der Briefe und deren Einbettung in eine Vielfalt von anderen Quellenaussagen zur Beziehung der beiden Schreiber einigen Legenden, die sich über die Art dieser Beziehung gebildet haben, den Boden entzieht (vgl. I.4.c und Brief 56AA mit Anm. 60)[3].

---

[2] Die im Folgenden zitierten Briefe liegen in AFP und sind, mit Ausnahme Hitschmanns, im Original englisch. Ihre Daten sind (alle 1951): AF an Mahler, 9. 3.; Mahler an AF, 27. 7.; Eissler an AF, 25. 2.; Hitschmann an AF, 16. 3.

[3] Bei Querverweisen innerhalb des vorliegenden Bandes wird je nachdem die Brief- oder Kapitelnummer genannt.

Anna Freud und August Aichhorn lernten einander auf der Grundlage eines gemeinsamen Interesses kennen: der Absicht, psychoanalytische Erkenntnisse in der Arbeit mit Kindern und Jugendlichen anzuwenden. Diese gemeinsame Leidenschaft begründete wesentlich ihre wechselseitige Zuneigung. Aus der Verbindung von sachlichem Interesse und persönlicher Zuneigung, verknüpft mit der Verehrung für Sigmund Freud, der sie inspiriert hatte, entstand eine glückliche, äußerst fruchtbare Freundschaft und Zusammenarbeit, auf die sie sich verlassen konnten, jeder für sich und beide miteinander.

Zur Edition

Die Idee, den Briefwechsel Anna Freud – August Aichhorn zu publizieren, entstand im Rahmen eines Forschungsprojekts am Wissenschaftlichen Zentrum II der Gesamthochschule Kassel. Mitarbeiter an diesem Projekt waren Annette Fuchs, Achim Perner, Christiane Schrübbers und ich; die Leitung hatte Prof. Hilde Kipp. Unser Ziel war die Sichtung und Katalogisierung von Aichhorns Nachlass. Zur Ergänzung einer damals geplanten Neuausgabe seiner wissenschaftlichen Arbeiten sollten auch Dokumente und Briefe aus dem Nachlass veröffentlicht werden. Die Vorarbeiten für eine kommentierte Edition seines Briefwechsels mit Anna Freud übernahmen Friedl Früh und ich. Das Projekt dieser Edition wurde von der Kulturabteilung der Stadt Wien, Leiter Prof. Hubert Christian Ehalt, unterstützt.

Als Erstes machten wir uns auf die Suche nach den Brief-Originalen. Im November 1949 hatte Klara Regele, eine der Sekretärinnen Aichhorns, an Anna Freud geschrieben:[4] »Nun noch eine Anfrage: Unter Vorstands aufgehobener Post sind auch eine Anzahl Briefe von Ihnen. Möchten Sie diese wieder haben?« Anna Freud antwortete: »Ich bin auch sehr dankbar für die Anfrage, ob ich meine Briefe an Prof. Aichhorn wieder haben möchte. Ja, gewiss das möchte ich sehr gerne. Es stehen soviele ganz persönliche und nur für ihn gemeinte Mitteilungen darin, dass ich nicht gerne daran denke, dass sie in andere Hände als die meinen kommen könnten.« Im Oktober 1950 konnte sie sich bei Regele für den Empfang des Materials bedanken. Acht Briefe Anna Freuds an Aichhorn aus der Zeit vor 1938 und ihr erster Brief von 1945 ver-

---

[4] Regele an AF, 13. 11. 1949 (AFP); vgl. 165AA mit Anm. 100. Der Antwortbrief datiert vom 13. 12. (ebd.); der dritte vom 12. 10. 1950 (ThA).

blieben damals in Wien; Regele hatte sie wohl, weil sie gesondert aufbewahrt worden waren, übersehen. Von Aichhorn sind aus den Jahren vor 1945 nur zwei Briefe erhalten.

Wir fanden heraus, dass das ganze Briefmaterial, das Anna Freud hinterlassen hatte, nach ihrem Tod an ihre amerikanische Herausgeberin Lottie M. Newman übergegangen war. Diese teilte uns mit, dass sie das Material und damit auch die Briefe von und an Aichhorn dem Archiv der Library of Congress in Washington überlassen habe, wo es nun öffentlich zugänglich sei. Einzelne Stücke oder Passagen aus der Aichhorn-Korrespondenz waren von Elisabeth Young-Bruehl in ihrer Anna-Freud-Biographie (1995) und von Volker Fröhlich in einem einschlägigen Aufsatz (2001) bereits veröffentlicht worden. Peter Heller und Achim Perner, die den Briefwechsel in Washington gesichtet hatten, stellten uns eine erste Auswahl von Fotokopien zur Verfügung. Während zweier vom Kulturamt der Stadt Wien finanzierter Washington-Aufenthalte konnten Friedl Früh und ich die dort aufbewahrten Briefe vollständig kopieren. Bei der Transkription und dem Sammeln von ergänzenden Unterlagen in Wiener Archiven arbeitete Renate Göllner, die dafür von der Kulturabteilung der Stadt Wien unterstützt wurde, tatkräftig mit.

Den Kern des vorliegenden Bandes bilden die insgesamt 167 erhaltenen Briefe von Anna Freud und August Aichhorn (72 von ihr und 95 von ihm).[5] Im Leben der beiden war aber natürlich nicht nur das von Bedeutung, worüber sie einander geschrieben haben. Sie haben sich, auch wenn das in den Briefen oft nur andeutungsweise durchschimmert, in einer Vielfalt von Beziehungen bewegt und waren zutiefst abhängig vom Geschehen um sie herum. Deshalb wurde bei der Erstellung der Edition versucht, die Briefe in ein breiteres Bild einzufügen, das möglichst authentisch über die Menschen und Beziehungsgeflechte, über die Ideen, Projekte und Institutionen Auskunft gibt, mit denen und für die Anna Freud und Aichhorn gelebt und gearbeitet haben. Und nicht zuletzt wird auch über jene politischen Ereignisse berichtet, die ihr Leben auf so tragische Weise beeinflusst haben.

So ist, was ursprünglich als Edition eines relativ schmalen Briefbestands geplant war, zu einer Art Monographie über die Geschichte der Psychoanalyse und der Psychoanalytischen Pädagogik in Wien, soweit sie durch die bei-

---

[5] Sie verteilen sich, wie folgt: 1921–38: 11 Briefe, AF: 9, AA: 2; 1945/46: 29 Briefe, AF: 14, AA: 15; 1947: 34 Briefe, AF: 14, AA: 20; 1948: 61 Briefe, AF: 22, AA: 39; 1949: 32 Briefe, AF: 13, AA: 19.

den Protagonisten bestimmt wurde, herangewachsen. Die oberste Gliederung wurde dabei durch den Gang der politischen Geschichte, mit den großen Zäsuren 1938 und 1945, diktiert. Die Darstellung in den einzelnen Teilen hingegen musste sich an die Materiallage anpassen. Folglich wurden die wenigen isolierten Briefe der Jahre 1921–1938 in ein eigenes Narrativ eingebaut. Die Jahre 1938–1945, in denen es keine Briefe gibt, wurden durch eine bloße Erzählung überbrückt. Erst der Teil 1945–1949, in den der eigentliche Briefwechsel fällt, wird als Edition dargeboten, wobei in vorgeschalteten Kapiteln von Jahr zu Jahr die Hauptthemen vorgestellt werden, um die es jeweils geht.

Beilagen zu den Briefen werden, mit Ausnahme von Zeitungsartikeln, ebenfalls abgedruckt. Ein Anhang bringt einige zusätzliche Dokumente. Ein zweiter Anhang enthält biographische Notizen zu den Personen, die in den Briefen und in den erläuternden Texten erwähnt werden. Der Brieftext und alle sonstigen Quellenzitate werden originalgetreu wiedergegeben.

Es ist ein durchgehendes Prinzip der Darstellung, ob in den Erzählungen der beiden ersten Teile, in den Themenkapiteln oder in der Annotation der Briefe, die Quellen möglichst direkt zur Sprache zu bringen. Um dieses Ziel zu erreichen, wurden weit über die Auswertung von Aichhorns Nachlass hinaus umfangreiche Recherchen angestellt. Dies geschah sowohl in öffentlichen als auch in Vereins- und Privatarchiven (siehe die Liste am Ende des Bandes).

Die Benutzung der letzteren Archive wurde mir durch das großzügige Entgegenkommen der Besitzer ermöglicht. Susanne Mauritz, die Großnichte Rosa Dworschaks, hat deren Nachlass zugänglich gemacht; Esther Fleischmann, die Tochter von Otto Fleischmann, seinen Nachlass. Den Nachlass von Lambert Bolterauer stellte seine Enkelin Johanna Bolterauer, den von Robert Hans Jokl Carol Ascher, die Tochter Paul Bergmanns, zur Verfügung (er war ihr von Jokls Witwe Magda übergeben worden und wird unterdessen im Archiv der WPV aufbewahrt). Regine Lockot und Gerhard Fichtner haben mir wertvolles Quellenmaterial aus ihren Sammlungen zur Verwertung überlassen; Achim Perner seine noch unveröffentlichte Aichhorn-Biographie. Mein großer Dank geht an die genannten Personen.

Zusammen mit Friedl Früh sprach ich mit Carol Ascher, Friedl und Hans Aufreiter, Peter Blos, Hedwig und Lambert Bolterauer, Hedda Eppel, Esther Fleischmann, Peter Heller, Magda Jokl, Susanne Mauritz und Gertrud und Ernst Ticho. Die Interviews, die sie gewährten, vermittelten mir wertvolle Einsichten. Entscheidend für mein Verständnis des Briefwechsels aber waren die Gespräche, die ich über viele Jahre mit Rosa Dworschak und K. R. Eissler führen konnte. Alle diese Gesprächspartner bilden die zweite Gruppe von Menschen, denen ich dankbar bin.

Dank schulde ich auch folgenden Personen, die mir an den unterschiedlichsten Punkten der Arbeit behilflich waren: Geoffry Cocks, Florian Houssier, Pearl King, Susan Loden, Lydia Marinelli, Michael Molnar, Michael Reichmayr, Thomas Roberts, Bettina Reiter, Ken Robinson, Helga Schaukal-Kappus, Erika Schmidt, Nellie Thompson, Inge Weber, Urban Zerfaß und Madeleine Zingher. Nicht zuletzt sind hier die Mitglieder des Alpenländischen Forums zur Geschichte der Psychoanalyse zu nennen: Ernst Falzeder, Ulrike May, Elke Mühlleitner, Michael Schröter, Anton Uhl, Wolfgang v. Ungern-Sternberg und Herbert Will. Ich habe von ihnen viele wertvolle Anregungen erhalten.

Die Fertigstellung der vorliegenden Edition, die eine so lange Vorgeschichte hatte, wurde im Rahmen des Forschungsprojekts »Brüche und Kontinuitäten in der Geschichte der Wiener Psychoanalytischen Vereinigung« ermöglicht, das vom Zukunftsfonds der Republik Österreich finanziert, von der Wiener Psychoanalytischen Akademie getragen und von Mitchell Ash geleitet wurde. Ich bin dankbar für die organisatorische Anbindung an das Projekt, für die finanzielle Unterstützung, die von seiner Seite gewährt wurde, und für stimulierende Diskussionen mit den anderen Teilnehmern: Elisabeth Brainin, Christine Diercks, Michael Hubensdorff, Birgit Johler, Elke Mühlleitner, Johannes Reichmayer, Christiane Rothländer, Daphne Stock und Samy Teicher.

Mein ganz besonderer Dank schließlich gilt Michael Schröter. Ohne die stets freundschaftliche Zusammenarbeit mit ihm, ohne sein unermüdliches Engagement und seine einfühlsame Sorgfalt wäre es mir nicht möglich gewesen, den über die Zeit hin angewachsenen Text in eine lesbare Form zu bringen.

Wien/Schönberg am Kamp, Oktober 2011
Thomas Aichhorn

I.
Themen und Briefe 1921 – 1938

*»... und wie merkwürdig es ist,
eine Vergangenheit in sich zu tragen,
auf der man nicht weiterbauen kann«*
(Anna Freud 1947)

Anna Freud, 1920er Jahre

1. Anna Freuds und August Aichhorns Wege zur Psychoanalyse

a. Anna Freud

Anna Freud, geboren am 3. Dezember 1895, war das jüngste der sechs Kinder Martha und Sigmund Freuds.[1] Sie war ein sehr lebendiges Kind und hatte den Ruf, schlimm zu sein (Freud 1986, S. 392). Ihre Schulausbildung beendete sie 1912 am Cottage-Lyceum,[2] wo Trude Baderle-Hollstein ihre beste Freundin war. Am 1. Dezember 1948 schrieb ihr Baderle-Hollstein, sich an die gemeinsame Kindheit und Jugend erinnernd:[3]

Liebe Anni – (ich weiss, dass Du jetzt Anna heisst, aber das ist mir vollkommen fremd.) [...]
Du hast – wohl geführt von Deinem Vater – die Pubertätsjahre so fruchtbar überstanden; schon damals habe ich erkannt, daß Du imstande warst, Alles zu verarbeiten – weißt Du noch, wie viel Du schriebst?,[4] während ich nur Pein kannte, unter entsetzlichen Depressionen litt, die ich verheimlichte u. mit denen ich nie ganz fertig wurde. [...]
Ich glaube, Du bist zum Unterschied zu mir, gerne in die Schule gegangen. [...]
Ich weiß noch wie heute [...] wir waren in der V. [Klasse], da hast Du mir einmal ganz behutsam von der Arbeit Deines Vaters erzählt. Von einer kl[einen] Verwandten von Dir, die alles, was man ihr schenken wollte, mit dem Hinweis, sie »sei schlimm«, zurückwies; und Du erklärtest mir diese Reaktionsweise. Auch eine Traumdeutung erzähltest Du mir u. ich konnte es nicht fassen, dass man einen Vater haben kann, mit dem man so über Alles sprechen konnte. [...]
Es wundert mich nicht, was aus Dir geworden ist, Du hast uns alle immer weit überragt!
Ich erinnere mich an so viele Einzelheiten! An Dein rotes Kleid. Deine Rücken-

---

[1] Zu Anna Freuds Biographie vgl. Coles 1995; Dyer 1983; Peters 1979; Salber 1985; Young-Bruehl 1995; sowie A. Freud 1994, S. u. A. Freud 2006, LAS/AF.
[2] Das Cottage-Lyzeum, Wien XIX., Gymnasiumstr. 79, wurde 1903 als »lyzeale Privatschule« von Dr. Salome Goldmann gegründet. Bis 1910 wuchs die Schülerzahl auf 200 an (Brunnbauer 2006, S. 225 ff.).
[3] Brief in AFP. Mit Dank an Ernst Falzeder.
[4] Anna Freud hinterließ zahlreiche Erzählungen, Gedichte und Gedichtübersetzungen aus dem Englischen (AFP; AFML).

schmerzen. Dein Samtmantel mit dem blauen Seidenfutter. Den Schreibtisch u. die vielen Inventuren, die wir machten. Die »Reiterchen«,[5] die Du mir zum Nachtmahl machtest. Deine Hände. Den Anfang Deines Aufsatzes »Ma chambre«: »Ma chambre n'a que trois murs« – das hat mir so imponiert.[6] Der Hörbart, der in der Deutschstunde fragte, ob Du mit Prof. Freud verwandt seist. Wie ich mit Dir u. Lampl einmal abds. im Theater war u. fand, es sei auch nachts auf der Strasse so hell u. Du lachtest Dich tot: »ach Trude, wie bist Du so dumm«. Dein Lieblingslied »Nach Frankreich zogen 2 Grenadier ...«[7] u. wie gern Du richtig gesungen hättest. Der Waschtisch neben der Tür hinter der span. Wand. Das Kainzdenkmal,[8] das Dir so gut gefiel.

Nach Beendigung ihrer Schulzeit entschloss sich Anna Freud, Lehrerin zu werden. Sie absolvierte zunächst zwei Probejahre am Cottage-Lyceum; 1917 wurde sie dort Klassenlehrerin (S. u. A. Freud 2006, S. 204, Anm. 7). In einem Interview erinnerte sie sich (Coles 1995, S. 27 f.):

Ich unterrichtete an einer Grundschule, sämtliche Fächer. Oft höre ich Lehrer darüber sprechen, wie strapaziös ihre Tätigkeit sein könne, und sicher haben sie guten Grund, das so zu empfinden. Doch ich muß sagen – vielleicht weil ich damals noch so jung war und weil die Schule eine hübsche Privatschule mit reizenden Kindern war –, daß ich dort mit den Kindern glücklich war. Sie waren gute, tüchtige Schüler [...].

Wenn ich auf mein Leben zurückblicke, wird mir klar, wie wichtig diese fünf Jahre für mich waren. Sie boten mir Gelegenheit, »normale« Kinder kennenzulernen, bevor ich es mit Kindern zu tun bekam, die aus den verschiedensten Gründen in Schwierigkeiten waren.

Trotz ihrer Freude am Lehrerberuf quittierte Anna Freud 1920 den Schuldienst. Schon als Jugendliche hatte sie begonnen, die Werke ihres Vaters zu lesen, und in ihrer Zeit als Lehrerin war ihr Interesse an der Psychoanalyse immer mehr gewachsen. 1918 und 1920 nahm sie an den Kongressen der IPV in Budapest und Den Haag teil; sie vertiefte ihre Kenntnisse in Diskussionen

---

[5] In Streifen geschnittene belegte Brotscheiben.
[6] Siehe Peters 1992, S. 385: »Ihre um eineinhalb Jahre ältere Schwester Sophie ist die engste Begleiterin ihrer Jugend gewesen. Als Anna in der Schule einmal einen Aufsatz über ihr Zimmer schreiben musste, schrieb sie: ›Mein Zimmer hat drei Wände, die vierte ist Sophie.‹ Mit Sophie teilte sie das Zimmer.«
[7] Ballade von Heine; die bekannteste Vertonung stammt von Robert Schumann.
[8] Das 1911 geschaffene Denkmal stellt den Schauspieler Josef Kainz in Lebensgröße als Hamlet dar.

mit ihrem Vater und durch das Zuhören bei Sitzungen der Wiener Psychoanalytischen Vereinigung. Außerdem betätigte sie sich als Übersetzerin und Lektorin im 1919 gegründeten Internationalen Psychoanalytischen Verlag und machte eine Analyse bei ihrem Vater.[9] Ihre 1921 geschlossene Freundschaft mit Lou Andreas-Salomé, die im Herbst 1921 zu Besuch in Wien war, bestärkte sie in diesen Bestrebungen. Am 12. Januar 1922 schrieb sie darüber nach Budapest an ihre Freundin Kata Lévy:[10]

Und nun Frau Lou Salomé. [...] Sie ist alles das, was wir gerne sein möchten, mit jeder Nuance von Verständnis, Subtilität und Feinfühligkeit (dazu noch ein ganz klarer und scharfer Verstand, den ich hier ganz beiseite lasse), aber ohne alles das, was uns hindert, wirklich viel von unserem Leben zu haben: also alle Bedenken, Gehemmtheiten, Gewissensbisse, Selbstvorwürfe, Kleinheitsgefühle. Ich weiß nicht, ob es der jüdische oder ein neurotischer Wesensteil ist, der mich z. B. mit allen diesen Überflüssigkeiten ausstattet – vielleicht ist es etwas von beiden. Aber es war mir unendlich viel wert zu sehen, daß das alles auch ganz wegfallen kann und bei einem solchen Menschen dann eine ganz elementare Kraft mit einer wirklichen Beziehung zum Leben an die Stelle tritt. Nebenbei hat sie auch ein ganz seltenes und ausgezeichnetes Verständnis der Psychoanalyse und ich habe in vielen Gesprächen mit ihr – wie ich hoffe – etwas zugelernt.

Daran anschließend bemerkte sie noch: »Morgen Vormittag fahre ich nach St. Andrä, in das ungefähr drei Stunden entfernte Jugendheim. Ich denke zwei bis drei Tage dort zu bleiben und werde Dir dann Näheres darüber berichten. Ich bin ungeheuer neugierig darauf.« Bereits am 21. 12. 1921 hatte sie der Budapester Freundin mitgeteilt:

Erinnerst Du Dich, daß ich Dir manchmal von einer alten Schulfreundin Trude[11] erzählt habe? Von der habe ich plötzlich wieder gehört, sie arbeitet jetzt in Nied[er] Österr[eich] in einem Heim für verwahrloste Knaben, dessen Leiter Gast bei uns in

---

[9] Die Analyse begann im Herbst 1918 und war im Herbst 1921 beendet. Ende April 1924 wurde sie wieder aufgenommen und nach Unterbrechung durch den Sommerurlaub Anfang 1925 fortgesetzt. Wann sie abgeschlossen wurde, ist nicht bekannt. Anna Freud erbat sich auch noch in späteren Jahren immer wieder einzelne Stunden bei ihrem Vater. – Vgl. S. u. A. Freud 2006, S. 22, Anm. 3; LAS/AF, passim.
[10] Mit Dank an G. Fichtner. Ebenso für den nächsten Brief.
[11] Trude Baderle-Hollstein.

der psychoanalyt. Vereinigung ist und dieses Heim, das der Gemeinde Wien gehört und an Stelle einer Besserungsanstalt steht, auf Grund psychoanalyt. Verständnisses zu führen versucht. Er hat mir riesig interessante Dinge davon erzählt, so daß ich im Januar auf zwei Tage hinfahren will, um es mir anzusehen und gleichzeitig Trude wiederzutreffen.

Das Jugendheim, das Anna Freud so faszinierte, war das Heim, das August Aichhorn damals leitete. Wie und wann sich die beiden erstmals begegnet sind, wissen wir nicht. Sie trafen sich im Herbst 1921 jedenfalls nicht nur bei Sitzungen in der Vereinigung, sondern auch im Kaffeehaus, wo er ihr von seiner Arbeit in Oberhollabrunn erzählte (siehe 48AF).

Es ist im Übrigen sehr die Frage, ob wirklich Anna Freuds Jugendfreundin Baderle-Hollstein den ersten Kontakt zwischen ihnen gestiftet und sie einander vorgestellt hatte, wie sie behauptete. In ihrem oben zitierten Brief erklärt sie, dass sie sich damals zwar nicht für die Psychoanalyse interessiert, aber auf Grund ihrer Arbeit in Aichhorns Heim die »dunkle Ahnung« gehabt habe, dass es Zusammenhänge geben könnte; deshalb habe sie Anna Freud dorthin eingeladen.[12] Rosa Dworschak[13] und Peter Blos[14] hingegen berichteten, es sei Willi Hoffer gewesen, der Aichhorn in Oberhollabrunn »entdeckt« und Anna

---

[12] Sie erinnert sich an den ersten Tag dieses Besuchs: »Du teiltest das Zimmer mit mir. / Du hattest den ganzen Tag mit Aichhorn gesprochen u. ich glaube, hier war wieder die Hemmung […] am Werk, daß ich mich davon fernhielt. / Und als Du dann schlafen kamst, legte ich mich rasch nieder, wohl auch, um einer Aussprache auszuweichen. Du sagtest damals, in Anbetracht der Schnelligkeit meines Zubettgehens: ›Deshalb, weil ich da bin, mußt Du nicht wie ein Schweindl ungewaschen ins Bett gehen.‹ So genau steht alles vor mir! Ich spürte wohl, ohne es mir bewußt zu werden, daß etwas in Aichhorns Arbeit u. Wesen kam, wo ich nicht mitkonnte.« Baderle-Hollstein siedelt diese Episode in Oberhollabrunn an, wo sich Aichhorns Anstalt zuerst befunden hatte. Das kann nicht richtig sein: Anna Freud hat Aichhorn nie in Hollabrunn besucht.

[13] Persönl. Mitteilung.

[14] Blos gab in einem Interview an (Perner 1993, S. 91): »Er [Aichhorn] wurde von Willi Hoffer entdeckt […]. Hoffer war so beeindruckt, als er nach Oberhollabrunn kam und dort Aichhorn sah und seine Arbeit mit diesen Jugendlichen, daß er zurück nach Wien kam und Anna Freud davon berichtete und sie so neugierig machte, daß sie beschloß, den Zug nach Oberhollabrunn [richtig: St. Andrä] zu nehmen, um diesen Mann zu sehen.«

Freud auf ihn aufmerksam gemacht habe. Einer der erste Psychoanalytiker, die Aichhorn in seinem Heim besuchten, dürfte Rudolf v. Urbantschitsch gewesen sein. Er schreibt in seinen Lebenserinnerungen (Urban 1958, S. 199 f.):

August Aichhorn, einer der größten Experten im Umgang mit verwahrlosten Kindern, leitete damals die Knaben-Erziehungsanstalt in Oberhollabrunn, wo die Behandlung mehr oder weniger nach psychoanalytischen Grundsätzen erfolgte. [...] Als ich Aichhorn in dieser Einrichtung besuchte, konnte ich kaum glauben, dass ich mich inmitten von verwahrlosten Kindern befand. Der Platz war sauber und ordentlich. Die Zöglinge hatten alle eine tiefe Bindung an Aichhorn, wie an einen geliebten Vater, und an all seine Helfer, die er durch Rat und Vorbild bewog, gut und freundlich zu ihnen zu sein. [...] Endlich verstand ich, warum diese Einrichtung als die »Wunder-Erziehungsanstalt« galt, die wertvolle Bürger hervorbrachte.

Die Person aber, die das Interesse von Anna Freud an Aichhorns Arbeit zunächst und vor allem unterstützte und die auch die entstehende Freundschaft der beiden nach Kräften förderte, war Lou Andreas-Salomé.

b. August Aichhorn

Aichhorns Weg zur Psychoanalyse war um einiges umständlicher und länger als der Anna Freuds.[15]

August Aichhorn wurde als Sohn von Wilhelm Aichhorn und Antonia, geb. Lechner, in eine katholisch-konservative Familie geboren. Seine Vorfahren waren Bauern im nördlichen Niederösterreich gewesen, die sich um 1800 in einer Wiener Vorstadt als Gewerbetreibende niedergelassen hatten. Der Zusammenbruch der Wiener Börse, der »schwarze Freitag« von 1873, traf den Vater, einen bis dahin erfolgreichen Bankier, schwer. Er verlor sein Vermögen und übernahm eine Bäckerei, die ihm seine Schwiegermutter gekauft hatte. In der Zeit des langsamen Wiederaufbaus kamen am 27. Juli 1878 August und sein Zwillingsbruder Rudolf zur Welt. Die Zwillinge hatten zwei ältere Schwestern und einen älteren Bruder, der 1903 bei einer Bergwanderung erfror. Der Zwillingsbruder Rudolf starb 1897 innerhalb weniger Tage an

---

[15] Zu Aichhorns Biographie: T. Aichhorn 1976, 2011; Dworschak 1981; Eissler 1949b; Losserand 2003; Perner 2001, 2005a, 2005b; Schowalter 2000; sowie KRE/AA.

Tuberkulose. Über die Ehe seiner Eltern berichtete Aichhorn, er habe die beiden während seines Aufwachsens nie ein böses Wort miteinander wechseln hören, und er selbst habe nie Schläge bekommen. Man könne annehmen, dass sie ein für die Kinder vorbildliches Leben geführt hätten Tatsächlich habe die Mutter den Vater »geführt« (zit. T. Aichhorn 1976, S. 29).

Etwas in der Umgebung des in sich verschlossenen, aber doch erlebnishungrigen Kindes zog seine Aufmerksamkeit besonders an: die vielen höchst unterschiedlichen Menschen, die im Vaterhaus beschäftigt waren und dort ein- und ausgingen. Der junge August beobachtete sie und machte sich Gedanken über ihr Leben. Die Erlebensunfähigkeit, über die er sich später immer wieder beklagte, konnte er nur durchbrechen, wenn es ihm gelang, eine Beziehung zu anderen Menschen herzustellen. Älter geworden, kam er mit den Lehrlingen und Gesellen im Betrieb seines Vaters in freundschaftlichen Kontakt. Wenn sie eine Arbeitspause hatten, spielten sie Karten. Aus dem Zuseher wurde bald ein begeisterter Mitspieler.

Die Leidenschaft fürs Kartenspielen eröffnete Aichhorn später den Zugang zur samstäglichen Tarockrunde bei Freud, eine Auszeichnung, die außer ihm, Ludwig Jekels und Felix Deutsch keinem anderen Psychoanalytiker zuteil wurde. Sein erster Spielabend wurde allerdings durch einen Fehltritt durchkreuzt, an den ihn Anna Freud in ihren Briefen mehrmals erinnern sollte (39AF, 41AF). Als er von ihr aufgefordert worden war, zum Tarocken zu kommen, glitt er auf der Treppe aus und brach sich einen Arm. Freud und Aichhorn scheinen darum gestritten zu haben, wer von ihnen besser spiele. Aichhorn erzählte von dem großen Vergnügen, das es ihm insgeheim bereitete, »den Professor« absichtlich gewinnen zu lassen, und Freud soll auf die Behauptung, Aichhorn sei der bessere Spieler, geantwortet haben: »Nein, nur der bessere Packler«, also der geschicktere Kartenverteiler.[16] Demnach hätte Freud Aichhorns Tricks durchschaut, es ihn aber nicht merken lassen.

1898 verheiratete sich Aichhorns um zwei Jahre älterer Bruder und übernahm Bäckerei und Haus; der Vater zog sich ins Privatleben zurück und wandte sich der Politik zu. Er wurde in den Wiener Gemeinderat gewählt, wo er sich über 20 Jahre lang in den Finanzausschüssen engagierte. Als die Gemeinde Wien die Städtische Versicherung gründete, übernahm er eine führende Funktion in dieser Einrichtung. Die politische Betätigung seines Vaters – er war Mandatar der christlichsozialen Partei des damaligen Wiener

---

[16] Persönliche Mitteilungen von Rosa Dworschak und Ernst Federn.

Bürgermeisters Lueger, der seine Erfolge nicht zuletzt mit Hilfe von antisemitischen Hetzkampagnen errang – schadete Aichhorn später. Es wurde ihm immer wieder unterstellt, dass er der gleichen politischen Richtung wie sein Vater angehöre, obwohl er selbst sich nie politisch betätigt hat. Es liegt nahe, auch die Schließung des Erziehungsheimes in Hollabrunn (siehe I.2.a) so zu erklären: dass es vor allem aus politischen Gründen darum ging, ihn kaltzustellen; denn seine pädagogische Arbeit war von allen Seiten stets als wegweisend anerkannt worden. Aichhorn war im Frühjahr 1918 von Richard Weiskirchner, einem Christlichsozialen, zum Leiter des Heimes berufen worden. Den Sozialdemokraten, die ab Mai 1919 den Bürgermeister stellten, galt er als Reaktionär. (Vielleicht hat ihm aber auch seine zunehmende Orientierung an der Psychoanalyse die Missgunst von Aline Furtmüller eingetragen, einer prominenten sozialdemokratischen Gemeinderätin, die Mitglied von Alfred Adlers Verein für Individualpsychologie war.)

Aichhorn suchte schon früh seine eigenen Pfade. Da er studieren wollte, wurde er zunächst Lehrer. 1898 schloss er seine Lehrerausbildung ab; bis 1909 war er als Pflichtschullehrer, bis 1918 außerdem an der Gewerbe- und der Handelsschule tätig. Sobald er aber im Beruf stand, begann er mit einem Studium. Er bereitete sich auf die Realschulmatura vor, die er 1901 als Externist in Laibach (Ljubljana) ablegte, und studierte an der Wiener Technischen Hochschule Maschinenbau. Seine Hoffnung, auf diesem Weg Lehrer an einer Lehrerbildungsanstalt werden zu können, erfüllte sich nicht, so dass er das Studium wieder aufgab. Später beklagte er, dass er keine akademische Ausbildung absolviert und daher nicht gelernt habe, wissenschaftlich zu arbeiten. Es fiel ihm schwer, wie er oft äußerte,[17] sich hinzusetzen und seine Gedanken niederzuschreiben; viel lieber war es ihm, sich in Gesprächen mitzuteilen.[18]

---

[17] Zum Beispiel: AA an Dworschak, 17. 8. 1942 (NRD); KRE/AA, S. 53.

[18] Es ist dabei allerdings zu bedenken, dass Aichhorn wohl einem positivistischen Wissenschaftverständnis verhaftet war – hatte er doch Maschinenbau nicht zuletzt wegen seines Interesses für klares mathematisches Denken und für die darstellende Geometrie studiert (so R. Dworschak: Wie ich ihn sehe; uv. Manuskript 1947; NRD). Diesem Ideal konnte er allerdings nicht entsprechen. Losserand jedoch führt überzeugend aus (2003, S. 170), dass Aichhorns Darstellungsschwierigkeiten nicht auf einem Mangel an intellektueller Schulung beruhen, sondern vielmehr auf der Eigenart seines Forschungsgebietes, das sich einer abstrakt-linearen Darstellungsweise grundsätzlich entzieht.

1906 heiratete Aichhorn Hermine Alexandrine, geb. Lechner. Vieles spricht dafür, dass er mit dieser Partnerwahl dem fürsorglichen Geist seiner Mutter nachgab, die sich auch um das Liebesleben ihrer Söhne kümmerte und beide zielstrebig mit den Töchtern ihres wohlhabenden Bruders verheiratete. Die Ehe, aus der zwei Söhne, August jun. und Walter, hervorgingen, wurde nicht glücklich. Ähnlich wie Aichhorns Mutter viele Jahre lang kränklich, hat seine Frau ihn, nach seinem Tod bei recht guter Gesundheit, um 20 Jahre überlebt.

Als 1906 in Wien militärisch organisierte Knabenhorte entstanden, wehrten sich die Wiener Lehrer dagegen (T. Aichhorn 1976, S. 32 f.). In dem Konflikt standen pensionierte Offiziere, die in der militärischen Knabenerziehung ein neues Betätigungsfeld entdeckt hatten und vom Militär, dem hohen Adel und der Regierung unterstützt wurden, der Lehrerschaft gegenüber. Diese richtete nun mit Rückendeckung des Wiener Magistrats und des Gemeinderats zivile Knabenhorte ein. Einen davon leitete Aichhorn, und als 1908 der Zentralverein zur Errichtung und Erhaltung von Knabenhorten gegründet wurde, bestellte man ihn zu dessen Zentraldirektor und so zum verantwortlichen Leiter aller Horte des Vereins. Damit er seine Arbeitskraft ganz dieser Aufgabe widmen konnte, wurde er vom Unterricht an den Volksschulen entbunden. Die Liste der Anerkennungsschreiben und Auszeichnungen, die Aichhorn für seine Arbeit für die Knabenhorte bekam, ist ziemlich umfangreich. Unter anderem wurde der Verein 1910 vom Kultusminister mit dem österreichischen Staatspreis ausgezeichnet, und 1914 wurde Aichhorn der Titel »Kaiserlicher Rat« verliehen.

Während des Ersten Weltkriegs war Aichhorn vom Kriegsdienst befreit, weil er für die Fürsorge der schutzbedürftigen Kinder Wiens als unentbehrlich galt.[19] Bis Kriegsende leitete er als Freiwilliger die Dokumentationsstelle des Roten Kreuzes. Im Oktober 1915 wurde er in die Wiener Zentralstelle für militärische Jugendvorbereitung berufen. Dokumente über seine konkrete Arbeit dort sind nicht erhalten, sein Verständnis dieser Aufgabe geht aber aus einem Vortrag hervor (Aichhorn 1917). Wenn man den Text heute lese, findet Achim Perner (o. J./b, S. 74), wundere man sich, dass Aichhorn ihn überhaupt vortragen konnte. Er mache darin der militärischen Jugendvorbereitung, deren offizieller Leiter er war, de facto den Vorwurf, die Beeinflussbarkeit der pubertierenden Jugendlichen auszunutzen. Angesichts der vaterländischen Indoktrination und des vormilitärischen Drills, die damals im Vordergrund des

---

[19] Brief des Bezirksschulrates an AA vom 26. 9. 1914 (NAA).

öffentlichen Interesses standen, komme der Text einer pädagogischen Kriegsdienstverweigerung gleich. Aichhorns Zugeständnisse an den Geist der Zeit seien minimal; er sei mit der pädagogischen Abrüstung während des Kriegs so weit gegangen, wie er es sich gegenüber der Obrigkeit erlauben konnte, ohne seine praktische Wirksamkeit zu gefährden.

Während dieser Jahre konzentrierte sich Aichhorns Interesse endgültig auf sich asozial entwickelnde, kriminelle und gewalttätige Jugendliche. Er wurde eingeladen, Kurse zur »Heranbildung von Lehrkräften in der Jugendfürsorge« abzuhalten, und er leitete das Praktikum im »Fachkurs für Jugendfürsorge«, den die Gemeinde Wien damals neu eingerichtet hatte.[20] In einem »Kurzen Lebenslauf« von 1938 (NAA) beschreibt Aichhorn seinen weiteren beruflichen Werdegang:

Während meiner 10-jährigen Tätigkeit im Hort erkannte ich immer mehr die Wichtigkeit der psychologisch-pädagogischen Erfassung der vom Wege abgekommenen Jugendlichen, die Notwendigkeit neue Wege für die Behandlung schwer erziehbarer und verwahrloster Kinder und Jugendlichen zu finden. Die Methoden der »Besserungsanstalten« erschienen mir unzureichend. Im Frühjahr 1918 berief mich der Leiter des staatlichen Jugendamtes Ministerialrat Dr. Bartsch in das Ministerium für soziale Verwaltung und bot mir eine Stelle als Jugendfürsorge-Inspektor des staatlichen Jugendamtes an. Bürgermeister Dr. Weiskirchner, dem ich von diesem Angebot Mitteilung machte, erklärte mir, mich ins Jugendamt der Stadt Wien zu übernehmen und mir die Einrichtung und Organisierung einer Fürsorge-Erziehungsanstalt der Gemeinde Wien zu übertragen. Ich nahm an, trat in das Jugendamt ein und schuf im ehemaligen Flüchtlingslager Oberhollabrunn – ein Komplex von 110 Gebäuden – das »Jugendheim Oberhollabrunn«, das zu einem Begriff in Fachkreisen geworden ist.

Die Arbeit in den Fürsorge-Erziehungsanstalten in Hollabrunn[21] und anschließend in St. Andrä, wo ihn Anna Freud besuchte, wurde zum entscheidenden Wendepunkt in Aichhorns Leben. Wenn Freud auch schrieb (1925f, S. 566): »Die Psychoanalyse konnte ihn praktisch wenig Neues lehren, aber sie brachte ihm die klare theoretische Einsicht in die Berechtigung seines Handelns und setzte ihn in den Stand, es vor anderen zu begründen«, so ist doch fest-

---

[20] Nach einem unveröffentlichten »Curriculum Vitae« von 1918 (NAA).
[21] Die Stadt Hollabrunn (früher Oberhollabrunn) in Niederösterreich ist der Zentralort des westlichen Weinviertels. Auch St. Andrä an der Traisen liegt in Niederösterreich, südlich der Donau.

zuhalten, dass sich Aichhorn schon während seiner Vorbereitung auf Hollabrunn für die Psychoanalyse zumindest interessiert hatte. Rosa Dworschak berichtet:[22]

Meine erste Begegnung mit Aichhorn war am 2. 1. 1917, da bin ich ins JA [Jugendamt] eingetreten. [...] Dann bin ich nach Pottendorf[23] gekommen, zur selben Zeit hat Aichhorn schon die Vorbereitung gehabt für Hollabrunn. Er hat mich dann schon näher gekannt und hat gesagt, er muß dieses Barackenlager übernehmen, um es verwenden zu können, es war damals für Flüchtlinge noch 1918, ich soll aber mitfahren und ihm dabei helfen, Medikamente zu sortieren und anderes. Unterwegs hat er mir Vorträge gehalten und vorgelesen die Schriften von Sigmund Freud. Ich habe gefunden ein furchtbarer Blödsinn, habe ihm das auch gesagt und er hat in seiner Art – er hatte eine so ruhige Art, er hat nie irgendwie dagegen gesprochen – gesagt, ja, aber es wird schon was Wahres dran sein!

In einem Bericht über Oberhollabrunn von Ende 1920, der in einer niederländischen Zeitschrift erschien, steht zu lesen:[24] »Dr. A[ichhorn] und seine Gehilfen sind Leute der Psychoanalyse, arbeiten gern mit dem Unterbewusstsein, haben aber bei ihrer wissenschaftlichen Arbeitsweise vor allem das Kind im Auge, das ihr Herz, ihre Liebe hat.«

Aichhorn selbst hinterließ mehrere Berichte über seinen Weg zur Psychoanalyse.[25] Eine kurze Zusammenfassung findet sich in einem Glückwunschschreiben, das er an Freud zu dessen 80. Geburtstag richtete (UE):

Wien, 5. Mai 1936.
Hochgeehrter, lieber Herr Professor!
Als ich in Ober-Hollabrunn mit jener freudigen Begeisterung arbeitete, die die Realisierung einer lange unbefriedigten Sehnsucht mit sich bringt, wurde mir sehr bald klar, daß alle Erfolge Zufallserscheinungen bleiben mußten, da mir die wissenschaftliche Grundlage fehlte. Ich wußte nicht, woher ich diese nehmen sollte, da ich mich schon von der mir keine Hilfe bietenden Experimental-Psychologie zurückgezogen hatte.

---

[22] Int. mit E. Brainin, M. Grimm u. V. Ligeti, 10. 5. 1986 (NRD).
[23] Dworschak leitete das Erholungsheim für Kriegerwitwen und -waisen in Pottendorf, Niederösterreich.
[24] Der Bericht des Autors v. Wijhe trägt das Datum »Wien, 4. 12. 1920«. Er erschien in *Hoenderloo*, 8. Jg., Nr. 1 vom 15. 1. 1921; Zitat S. 4 (NAA).
[25] Siehe etwa Anhang I.2.c; Beilage zu 121AA.

In einem Buche über erziehliche Knabenhandarbeit wurde die Psychoanalyse in einem mir heute nicht mehr erinnerlichen Zusammenhange erwähnt, aber jedenfalls war dies die Ursache, daß ich mehr von ihr wissen wollte. In einem Literaturverzeichnis fand ich Pfisters »Psychologie des Hasses und der Versöhnung«[26]; ich las die Arbeit und war enttäuscht; ich hatte damals schon ziemlich reiche Erfahrung, wenn auch nur auf gefühlsmäßigem Verstehen beruhend, vom Wesen des Verwahrlosten und wunderte mich über die Leichtgläubigkeit Pfisters und die Annahme der Psychoanalyse, daß die Jungen die Wahrheit sprechen. Trotzdem hatte ich nach der Lektüre des Buches die Gewißheit, daß ich in der Psychoanalyse die mir fehlenden psychologischen Grundlagen finden werde. Ich las mehr von der p.a. Literatur, trat mit Analytikern in Verbindung, und wurde in meinem Urteil bescheidener und vorsichtiger. Dann kam die Zeit, in der die Psychoanalyse für mein Leben und meine Arbeit von so ausschlaggebender Bedeutung wurde, daß ich mit Grauen an die Zeit zurückdenke, in der ich ahnungslos, mit der Sorglosigkeit des Kindes an Abgründen dahingegangen war, immer in Gefahr abzustürzen.

Hochgeehrter, lieber Herr Professor, verzeihen Sie mir, daß ich Ihnen all das von mir schreibe, aber es ist mir ein tiefgefühltes Bedürfnis, mich Ihnen, zu Ihrem 80. Geburtstag, auch persönlich zu nähern, Ihnen aus tiefstem Herzen zu danken, nicht nur für das mir Gegebene, sondern auch dafür, daß Sie uns für die bewußte Arbeit am Verwahrlosten die Fundamente geschaffen, Richtung und Ziel gezeigt haben. Ohne Ihre Lebensarbeit wäre es nie gelungen, die Verwahrlosung als psychologisches Problem zu erkennen und zu erfassen.

Wenn heute auch ich mit einer kleinen Gabe erscheine,[27] so will ich damit nicht mehr als aufzuzeigen, wie groß das Gebiet ist, das Sie uns aufgeschlossen haben.
                                Mit dem Ausdrucke der tiefsten Verehrung
                                                   Aug. Aichhorn

Den Kontakt mit der WPV nahm Aichhorn allerdings erst im Sommer 1921 von St. Andrä aus auf. Mitglied der Vereinigung zu werden, bedeutete für ihn wohl, die bürgerlich-konservative Welt mit ihren Vorurteilen, in der er herangewachsen war, endgültig hinter sich zu lassen. So schreibt er über den Vorgesetzten seines Sohnes August jun., der in den 1930er Jahren bei der Vaterländischen Front angestellt war (vgl. I.5.c):[28]

---

[26] Pfister 1910.
[27] Aichhorn 1936; vgl. I.4.i.
[28] Dieses und die folgenden drei Zitate aus Briefen an Dworschak (NRD); die Daten: 13. und 11. 8. 1934; 5. und 20. 8. 1947.

Dafür war der Herr »Landesleiter« [...] auch noch die Nacht vom Sonntag auf Montag hier und die Unterhaltung von 10 Uhr abends bis ½ 2 Uhr früh heute Nacht war »Bauernschnapsen«, eines der primitivsten Kartenspiele. Er ist so der Typus des C. V.[29] Primitiv, gutmütig, anständig, einer von jenen, die in meiner Jugend meine ausschließliche Umgebung bildeten. Ich wundere mich, daß ich mich aus diesem Milieu so weit heraus arbeiten konnte. Aber der »Moses« wird mir verständlich.

In einem vorhergehenden Brief hatte sich Aichhorn mit Moses verglichen, »der das gelobte Land sah, aber nicht hinein durfte«. Freud und die Psychoanalyse, sein »gelobtes Land«, waren von der ihm gewohnten Umgebung ganz anders bewertet worden als von ihm. Jahre später schrieb er an Dworschak: »Ich muß auf die Ablehnung Freuds eingehen, aus dem Geist der Zeit, die ich selbst auch noch so miterlebt habe. Ausgerechnet der Jude, zu dessen ›orientalischen‹ Wesen die Sexualität gehört, schnüffelt in der Sexualität herum.« Ihn selbst hatte Freud, als er ihn persönlich kennen gelernt hatte, tief beeindruckt. Er erinnerte sich:

Daß ich den Professor nur als den kranken, sich von den Menschen abkapselnden Mann kannte, stimmt nicht. Ich lernte ihn 1921 kennen und operiert wurde er 1924 od. 25.[30] Mir bleibt unsere erste Begegnung unvergeßlich, bei der er mich mit einem mißtrauischen Blick maß. Ich habe mich innerlich viel mit ihm auseinandergesetzt, seine Größe restlos anerkannt und empfinde es immer noch schmerzlich, daß ich es für unmöglich fand, Menschliches anklingen zu lassen. Sein Tod, die Art wie er starb, das Fehlen jeder menschlicher Schwäche, erscheint uns ungeheuer, ist es für uns auch, ist uns nicht möglich, ist mir aber ein Beweis, daß eben der Mensch – verstehst Du, wie ich das meine? – nicht da war.

Zunächst hatte sich Aichhorn beim Sekretär der WPV nach den Aufnahmebedingungen erkundigt, worauf ihm Otto Rank (o. D.; NAA) die Voraussetzungen für die Mitgliedschaft mitteilte:

In höflicher Beantwortung Ihrer werten Anfrage vom 27. v. M. teile ich Ihnen mit, daß als Voraussetzung für die Mitgliedschaft ein längeres Hospitieren in unserer Vereinigung, nebst einem Probevortrag, obligatorisch ist. Die Sitzungen unserer Vereinigung sind den Sommer über sistiert und beginnen im Herbst wieder. Wenn Sie Wert darauf

---

[29] Cartellverband der katholischen Studentenverbindungen.
[30] Tatsächlich im Herbst 1923.

legen, als Gast vorläufig teilzunehmen, so werden wir Ihnen seinerzeit Einladungen zu unseren Sitzungen zusenden.

Aichhorn antwortete am 12. August 1921 (ebd.):

Für die Mitteilung unter welchen Voraussetzungen die Mitgliedschaft der Wr. [Wiener] psychoanalytischen Vereinigung erworben werden kann, danke ich bestens und ersuche gleichzeitig mir eine Einladung als Gast zu den Sitzungen des Vereins gefälligst zukommen zu lassen. Ich habe in unserem Jugendheim durchwegs Dissoziale und habe die Überzeugung gewonnen, dass wir der Fürsorgeerziehung durch die Psychoanalyse einen neuen Weg eröffnen können. Das Studium der psychoanalytischen Literatur genügt mir nun nicht, ich bedarf auch der Aussprache und deswegen strebe ich die Fühlungnahme mit dem psychoanalytischen Kreise in Wien an.

Darauf schickte ihm Rank am 15. 10., mit Beginn der neuen Sitzungsperiode der WPV, eine offizielle Einladung (ebd.), in der es heißt:

Wie werden uns freuen, Sie – sehr geehrter Herr – so oft als möglich als Gast bei uns begrüßen zu können und ersuchen Sie höfl., Ihre genaue Anschrift (mit deutlich lesbarem Namen) unserem Sekretär, Herrn Dr. Th. Reik [...], mitzuteilen, der Ihnen hierauf die Einladungen zu unseren Sitzungen regelmäßig zukommen lassen wird. Ich nehme an, daß Sie schon unser erster Vortragsabend interessieren wird, an dem Dr. Bernfeld, der sich hauptsächlich mit pädagogischen Fragen beschäftigt hat, über die Sublimierung sprechen wird.

Die erste protokollierte Anwesenheit Aichhorns bei einer Vereinssitzung war am 9. November 1921, zwei Wochen nach Bernfelds erwähntem Vortrag (Fallend 1995, S. 209, 213). In einem Brief an Paul Federn (vom 27. 9. 1947; NAA) erinnert er sich:

Alte Zeit taucht in mir auf: mein erstes Erscheinen in der Vereinigung. Außer Dr. Sadger war noch niemand da. Er nahm meinen Gruß kaum zur Kenntnis, sondern las in einem Buch weiter. Ich setzte mich mit unangenehmer Erwartungsangst auf einen an der Wand stehenden Sessel. Dann kamen Sie, sahen mich am »Sprisserl sitzend« und nahmen sich meiner sofort mit herzlich offener Freundlichkeit an. Sofort war es anders. Und als Sie dann meine Analyse übernahmen, war ich Ihnen ganz außerordentlich dankbar. Sie, lieber Dr. Federn, wissen so genau wie ich, daß ich ohne Ihre analytische Hilfe nie imstande gewesen wäre, so erfolgreiche Arbeit zu leisten.

Am 23. 11. 1921 ist Aichhorns Anwesenheit zum zweiten und am 14. 12. zum dritten Mal verzeichnet (Fallend 1995, S. 215, 218).
Die persönliche Bekanntschaft zwischen Sigmund Freud und Aichhorn wurde durch Lou Andreas-Salomé vermittelt. In einem Tagebucheintrag über ihren Besuch in Wien 1921 schreibt sie (Freud u. Andreas-Salomé 1980, S. 272): »Wie lachte Freud, daß ich mir gerade diesen zum Eingeladenwerden aussuchte: ›unerbittlich sicher aus den 75 den einzigen »Nichtjuden« herausgegriffen.‹« In Erinnerung an die Postkarte, mit der ihn Anna Freud auf ihren Wunsch eingeladen hatte, schrieb Andreas-Salomé Jahre später (LAS/AF, S. 267): »Schön ist auch die Lebhaftigkeit womit es zwischen Dir und Aichhorn zugeht, – denkst Du noch der voller Zögern eingesteckten einladenden ersten Karte an ihn?« Die Karte hatte den Wortlaut:

1 AF   *9. XII. 1921.*[31]

Sehr geehrter Herr Aichhorn!
Wäre es Ihnen wohl möglich, sich am nächsten Mittwoch die ganze Zeit vor der Vereinigung freizuhalten? Mein Vater würde sich freuen, Sie beim Nachtmahl bei uns kennen zu lernen und wir könnten dann alle miteinander zur Sitzung gehen.

Mit besten Grüßen
Ihre Anna Freud

Als nun auch Freud Aichhorn persönlich kennengelernt hatte, erkannte er wie vorher schon Anna, um K. R. Eissler zu zitieren,[32] sogleich

die Bereicherung, die August Aichhorns Entdeckungen für die Psychoanalyse bedeuteten. Während bis dahin der Psychoanalyse nur ein Verfahren zur Verfügung stand, das zur Heilung neurotischer Erkrankungen, also triebgehemmter Menschen führt, machte die von Aichhorn ausgearbeitete psychotherapeutische Technik es möglich, die Triebenthemmten, Aggressiven, wieder in die Gemeinschaft einzugliedern.

---

[31] Handschriftliche Postkarte mit Empfängeradresse: Wohlg. / Herrn Aichhorn / St. Andrä a/Traisen / Post Herzogenburg / Jugendheim d. Stadt Wien. – Absender: Freud, / Wien IX. Berggasse 19.
[32] Brief an A. Aichhorn jun. vom 6. 8. 1974 zu Aichhorns 25. Todestag (ThA).

2. Die ersten Jahre der Freundschaft

*a. Anna Freuds Besuch in Aichhorns Fürsorge-
Erziehungsanstalt in St. Andrä*

Ursprünglich hatte auch Lou Andreas-Salomé vorgehabt, Aichhorn zu besuchen. Dazu kam es während ihres Wiener Aufenthalts nicht mehr. Aber bald nach ihrer Abreise erkundigte sie sich, ob Anna Freud inzwischen in St. Andrä gewesen sei, und diese antwortete am 18. 1. 1922 mit einem eingehend-lebendigen Bericht über »drei unglaublich interessante und dabei sehr behagliche Tage«, die sie »bei Aichhorns Dieben, Vagabunden und Messerstechern« verbracht habe (LAS/AF, S. 14–17):

Aichhorn selbst ist ein ungewöhnlicher und großartiger Mensch, dem man auch persönlich ganz nahe kommt. Du hast also ganz und gar recht gehabt und ich freue mich sehr darüber. [...] Er imponiert und gefällt mir riesig und ich hoffe, ich werde ihn noch oft und gründlich sprechen können. Ich bin bei meinem Aufenthalt dort sehr rasch mit ihm bekannt geworden; es scheint mir auch, daß er die Psychoanalyse viel gründlicher versteht, als er selbst zuzugeben scheint und viel analytischer arbeitet, als seine Erzählungen es erkennen lassen. [...] Der Ton zwischen Aichhorn und den Buben ist wie der in einer sehr guten Familie. Sie sind freundschaftlich und zutraulich gegen ihn, ganz ohne Devotion, befolgen aber gleichzeitig jede seiner kleinen Anordnungen mit einer Schnelligkeit und absoluten Selbstverständlichkeit, die einen bei der Abwesenheit aller Disziplinarmittel immer wieder erstaunt. [...] Dabei haben die meisten Zöglinge Arges, viele sogar ganz Schreckliches hinter sich, was ich aber den freundlichen und zum Teil wirklich sympathischen Gesichtern nie glauben wollte. [...] Dieses Nette und Höfliche ihres äußeren Wesens spiegelt – denke ich mir – die Art, in der die Erwachsenen mit ihnen umgehen und rührt auch wohl daher, daß sie sich sicher fühlen, es könne ihnen kein Unrecht geschehen [...].

Daneben gibt es natürlich alle möglichen, nicht immer harmlosen Ereignisse und Affären wie Raufhändel, Diebstähle und was sie sonst noch an Gewohnheiten aus ihrem früheren Leben mitbringen. Aichhorn versucht absichtlich nicht, solche Dinge von vornherein zu verhüten und auszuschließen, sondern läßt ruhig die Möglichkeiten dazu offen und versucht dann gerade an das Geschehene erzieherisch anzuknüpfen: und das eben macht er sehr analytisch, übrigens wohl immer erst, wenn ein Zögling schon durch etwas längeren Aufenthalt in der Anstalt an ihn gebunden ist. Er geht auch dann in langen Aussprachen sehr weit in die Kindheits- und Familiengeschichte zurück, die übrigens in fast allen Fällen eine schreckliche und traurige ist, die jede Schlechtigkeit, auch wenn sie noch viel ärger wäre, begreiflich machen würde. Daß er dabei alle Widerstände, die der Analytiker kennt, in weit gröberer Form zu spüren bekommt, ist selbstverständlich, auch daß er auf alle Pädagogeneitelkeit verzichten muß und große Vorräte an Geduld und Selbstbeherrschung verbraucht.

Außerdem sei das Heim, so Anna Freud weiter, auch eine Ausbildungsstätte für Erzieher:[33]

Mindestens ebenso interessant ist übrigens seine Erziehung der Erzieher, die fast das gleiche Verhältnis zu ihm haben wie die Zöglinge und ihn vielleicht nicht einmal viel weniger Geduld und Mühe kosten. Auch meine Freundin [Trude Baderle-Hollstein] ist stark unter seinem Einfluß, innerlich schon etwas erschüttert durch ihren unerwarteten Zusammenstoß mit der Psychoanalyse, gegen die sie sich, bei äußerlichem Einverständnis, wenigstens für die eigene Person noch mit allen Mitteln zu wehren versucht. [...] (Beinahe glaube ich nach diesem Besuch, daß ich selber doch noch einmal auf einem Umweg zur Pädagogik zurückkommen muß; vielleicht ist es doch die schönste Art der Arbeit.)

Aus Andreas-Salomés Antwort auf diesen Bericht machte ein Gedanke auf Anna Freud einen besonderen Eindruck (ebd., S. 20 f.):

Ich dachte darüber nach, daß man persönlich, im Privatleben, kaum das Aichhorn'sche niveau erlangen könnte (selbst bei gleichem Talent) denn man müßte dann auf alle spontanen Eindrücke und Reaktionen verzichten zugunsten eines absichtsvollen Wirkens auf Menschen (etwa wie in der *stundenweisen* Analyse). Etwas beeinflußt das ja natürlich unsere individuellen Impulse, doch, täte es das absolut, dann blieben sie nicht mehr individuell. Nun könnte man vielleicht sagen: *daß* Jemand zu dergleichen mit sich gelangt, *ist* schon Folge seiner individuellsten Eigenart; bei A. sogar Folge wahrscheinlich seiner Zw.neurose-Überwindung (Gegensatz zum Kriminellen).

Aichhorns Arbeit im Hollabrunner Heim war einer jener Versuche, neue Ideen für die Erziehung von verwahrlosten und kriminellen Jugendlichen zu erproben, die nach dem Ende des Ersten Weltkriegs an vielen Orten entstanden waren. Da die staatlichen Verwaltungen zerrüttet und noch nicht wieder bürokratisch perfektioniert waren, konnten Institutionen ins Leben gerufen werden – erinnert sei an Siegfried Bernfeld und Willi Hoffer in Wien-Baumgarten

---

[33] Zu diesem Aspekt der Hollabrunner Arbeit vgl. III.5.c (Brief Steiniger).

(Bernfeld 1921; Barth 2010), an William Healy in den USA, an Anton Semjonowitsch Makarenko in der UDSSR oder an Karl Wilker in Berlin –, deren Leiter die bisher gewohnten Methoden der Erziehungsfürsorge ablehnten. Auch Politiker, Pädagogen aller Art, Sozialarbeiter, Juristen und Psychiater setzten sich damals mit den Problemen der Erziehung von jugendlichen Verwahrlosten und Kriminellen auseinander.[34] Auf zahlreichen internationalen Konferenzen und Kongressen wurden neue wissenschaftliche Erkenntnisse verbreitet, und auch Psychoanalytiker interessierten sich für das Gebiet. Aichhorn zählte mit Anna Freud, Bernfeld und Hoffer zu den ersten, denen es gelang, die Ergebnisse psychoanalytischer Forschung auf Erziehungs- und Sozialarbeit anzuwenden und damit der Psychoanalyse einen neuen Arbeitsbereich zu erschließen.

Rückblickend berichtet Aichhorn über seine Erfahrungen in Hollabrunn und St. Andrä (zit. T. Aichhorn 1976, S. 33; zum Hintergrund vgl. I.1.b):[35]

Im Oktober 1918, ging ich in das total verwanzte und auch sonst arg verwahrloste, ehemalige Flüchtlingslager nach Oberhollabrunn. Mit dem Auftrag dort eine Erziehungsanstalt für 1.000 verwahrloste Kinder und Jugendliche einzurichten. Im Mai 1919, kamen die ersten Zöglinge. Die Zeit von Oktober bis dahin war zu Bau-, Einrichtungs-, und Organisationsarbeiten erforderlich.

Schon damals war ich bei der sozialdemokratischen Majorität des Wiener Gemeinderates unbeliebt, da man in mir, ohne daß ich mich je politisch betätigt hatte, den klerikalen Reaktionär vermutete.

Als die Anstalt durch ihre Leistungen auffiel und vielseitig Beachtung fand, vermeinten die Juristen des Jugendamtes, die Situation ausnützen zu können. Ein Magistratsoberkommissar versuchte, für sich die Direktorenstelle zu erlangen und mich, den man brauchte, auf die Stelle des pädagogischen Leiters zurückzudrängen. […] Der Anschlag mißlang, die Kämpfe hörten aber nicht auf: Oberhollabrunn wurde im

---

[34] Die Bezeichnungen für den Bereich wechseln; heute spricht man eher von Soziopathie, Psychopathie, Devianz, Delinquenz, Dissozialität oder Borderline-Persönlichkeit.

[35] Aichhorn organisierte und leitete vom 15. 7. 1918 bis zum 30. 9. 1918 eine Ferienerholungsfürsorge im ehemaligen Flüchtlingslager Oberhollabrunn (vgl. Lamm 1999, S. 17 ff.). Danach wurde er beauftragt, am selben Ort eine auf ca. 1000 Jugendliche angelegte Fürsorgeerziehungsanstalt einzurichten. Leiter der Anstalt in Hollabrunn war Aichhorn vom 1. 10. 1918 bis zum 31. 3. 1921, Leiter der Anstalt in St. Andrä vom 1. 4. 1921 bis zum 27. 1. 1923.

Frühjahr 1921 aufgelöst, die Mehrzahl der Zöglinge entlassen, und nur ein Rest [...] nach St. Andrä an der Traisen verlegt. Der Betrieb war nun so klein, daß persönliche Interessen der Jugendamtsjuristen nicht mehr in Frage kamen. 1922 übernahm die Gemeinde Wien die große Erziehungsanstalt in Eggenburg,[36] löste St. Andrä auf und überstellte die Zöglinge nach Eggenburg. Die Lehrer der Anstalt Eggenburg wandten sich in einem Schreiben an mich und sagten mir ihre volle Unterstützung für meine Berufung als Leiter zu. Ich kannte die Stimmung der Machthaber in der Gemeinde Wien, die den Leiter zu bestimmen hatte, und wußte daher, daß jedes Bemühen für mich zwecklos war.

Es war Aichhorn klar, dass seine Tätigkeit in Anstalten der Gemeinde Wien nunmehr generell der Vergangenheit angehörte. In einem Brief an Rosa Dworschak vom Herbst 1922 resümierte er (o. D.; NRD): »Ich bin um so viel reicher geworden, trotz, oder vielleicht gerade, weil mir so viel genommen worden ist.« Auch seine Idee, selbst eine Erziehungsanstalt zu gründen, scheiterte. Er war darin von der WPV unterstützt worden, in deren Namen ihm am 6. September 1922 Reik geschrieben hatte (NAA):

Es ergibt sich immer wieder die Schwierigkeit, jugendliche der psychoanalytischen Behandlung bedürftige Neurotiker entsprechend unterzubringen. Sanatorien, Anstalten, Pensionen und Hotels kommen für diese weder geistig noch körperlich eigentlich Kranken nicht in Frage, Privatfamilien versagen regelmäßig.
 Wie wir hören, geben Sie Ihre gegenwärtige Stelle auf. In diesem Falle laden wir Sie ein durch Schaffung einer besonderen Einrichtung zur Unterbringung und Behandlung solcher Jugendlicher einem dringenden Bedürfnis Rechnung zu tragen.
 Ihre bisherige Tätigkeit, Ihr uns wohlbekanntes pädagogisches und psychoanalytisches Wissen, macht Sie zu einer speziell vorzüglich geeigneten Persönlichkeit, derartige Fälle zu übernehmen und die ärztliche Tätigkeit pädagogisch zu unterstützen. Eine Förderung dieser Angelegenheit durch die maßgebenden behördlichen Faktoren wäre sehr im Interesse der Wiener Pädagogik und der Wiener Psychoanalytischen Schule gelegen.

Im November 1924 wird Anna Freud an Lou Andreas-Salomé schreiben (LAS/AF, S. 375 f.):

Besonders schön war der letzte Samstag Abend mit Bernfeld und Aichhorn. Beide

---

[36] Die Erziehungsanstalt in Eggenburg war vom Land Niederösterreich 1885 erbaut und 1922 von der Stadt Wien übernommen worden (Stolz 1928, S. 36).

haben [...] über ihre politischen Gesinnungen in Zusammenhang mit ihren pädagogischen geschildert und da hat sich das Merkwürdige ergeben, daß beide von ganz verschiedenen Ausgangspunkten her und auf ganz verschiedenen Wegen doch immer das Gleiche als Ziel vor sich gehabt haben: die kommunistische Schulsiedlung. Schade, daß ich Aichhorn in seiner Oberhollabrunner Zeit noch nicht gekannt habe. Da war er einer Verwirklichung dieser Idee am nächsten, als Führer von 1000 Kindern und 300 Erwachsenen. Sein jetziger Wirkungskreis gegen diesen früheren ist ja leider gar nichts.

b. Annäherungen

Aichhorn kam in der Zeit, als er noch in St. Andrä lebte, öfter nach Wien. Er hatte bei Federn eine Analyse begonnen,[37] nahm an Sitzungen der WPV teil und traf sich mit Anna Freud. Von seiner Persönlichkeit beeindruckt, zuweilen auch irritiert, erzählte Anna Freud in den Briefen, die sie an Lou Andreas-Salomé schrieb, über ihre Begegnungen und Gespräche mit ihm. Da aus der ersten Zeit nur ganz wenige direkte Dokumente der Beziehung zwischen ihr und Aichhorn erhalten sind, stellt der Briefwechsel Anna Freud – Andreas-Salomé die wichtigste Quelle über den Beginn dieser Beziehung dar. So heißt es am 26. Februar 1922 (LAS/AF, S. 22 f.):

Aichhorn habe ich inzwischen mehrere Male bei mir gesehen und lange Gespräche mit ihm gehabt [...]. Er bemüht sich, der Analyse immer näher zu kommen und hat dabei die Vorstellung, daß die Güte gegen die Nebenmenschen, die er so stark in sich fühlt, in der Psychoanalyse selber steckt und ihr notwendiges Ergebnis ist, ja eigentlich von ihr gelehrt wird. Und das ist doch nicht wahr! Ich versuche ihm das zu erklären, aber es ist sehr schwer und ich glaube, es wird ihn enttäuschen. [...] Aber es hat mich sehr erleichtert, daß Du geschrieben hast, man kann dieses Aichhorn'sche Niveau im Privatleben nicht erreichen, wenigstens nicht ohne starke Einbuße in anderen Dingen, – fast hatte ich schon geglaubt, man müßte; nur könnte ich sicher nie, weil ich in zu vielen

---

[37] Durch zwei Angaben von Anna Freud lässt sich der Anfang dieser Analyse und ein terminus ante quem ihres Endes bestimmen: Am 26. 2. 1922 schreibt sie an Andreas-Salomé, Aichhorn »beginnt [...] jetzt seine eigene Analyse bei Federn« (LAS/AF, S. 22); und am 13. 10. 1924 (S. 366): »Ich glaube, wenn Du wieder in Wien bist, möchte er noch ein Stück Analyse bei Dir machen. Die Federn'sche hat ihm scheinbar noch viel zu lernen übrig gelassen«. Zu einer Fortsetzung bei Andreas-Salomé ist es nicht gekommen.

Fällen Antipathie, Zorn und Wut fühle und sogar immer mit einer gewissen Erleichterung. Nur überall, wo einem eine äußere Macht über andere gegeben ist, – was ja auch für den Erzieher stimmt – ist es wahrscheinlich die richtige Einstellung; oder auch da nicht? [...] Und es macht einem, wo man es trifft, doch immer großen Eindruck. Was aber und wie viel hat es mit Analyse zu tun?

Erst viele Jahre später, im Frühjahr 1948, kam Aichhorn, der sich keineswegs für besonders gütig hielt, im direkten Austausch mit Anna Freud auf diese Fragen zu sprechen.[38]

Am 31. Mai 1922 hielt Anna Freud in der WPV ihren Vortrag »Schlagephantasien und Tagträume« zum Erwerb der Mitgliedschaft in der Vereinigung (A. Freud 1922). Sie schrieb noch am selben Abend an Andreas-Salomé, es sei alles »gut abgelaufen, ich glaube sogar: sehr gut« (LAS/AF, S. 51). Ihre Wahl zum Mitglied erfolgte in der Geschäftssitzung vom 13. 6. Eine Woche später wurde nicht nur Lou Andreas-Salomé aufgenommen, auch Aichhorn hielt seinen Probevortrag »Über die Erziehung in Besserungsanstalten« (1923) (siehe Fallend 1995, S. 230 f.). Anna Freud berichtete darüber am 23. 6. an Max Eitingon (AFP): »In der Vereinigung hat uns Aichhorn (von dem ich Ihnen öfters erzählt habe) einen sehr schönen Vortrag gehalten. Ihn und auch Bernfeld sehe ich öfters und lerne sehr viel von beiden.« Nachdem Andreas-Salomé Aichhorns Arbeit gelesen hatte, fand sie, dass darin gezeigt werde, »wie schreckliche Voraussetzungen alle Erziehung schließlich hat: dies absichtsvoll bewußte Leiten; man fühlt deutlich wie nahe sie allem Sadismus und Vergewaltigen liegen muß; in diesem Fall natürlich nicht, aber welche Versuchung ist das Erziehen doch« (LAS/AF, S. 219). Am 18. Oktober wurde auch Aichhorn »einstimmig« zum Mitglied der WPV gewählt, was ihm Bernfeld in einem Brief vom 22. mitteilte (NAA).

Im August 1922 nahmen Anna Freud und Aichhorn am 7. IPV-Kongress in Berlin teil. Im Oktober schrieb Anna Freud an Andreas-Salomé (LAS/AF, S. 83): »Mit Aichhorn habe ich schon verschiedene Briefe gewechselt,[39] wir wollen psychiatrische und eine heilpädagogische Vorlesung miteinander hören. Bald zieht er ganz nach Wien.« Etwas später bemerkte sie über eine »langen Unterhaltung« mit ihm (S. 90): »Ich kann so gut mit ihm reden, weil man so viel Zutrauen zu ihm haben kann.«

---

[38] Siehe besonders die Beilage zu 104AA und A. Freuds Antwort 106AF.
[39] Diese Briefe sind verloren gegangen.

Anfang November wurde Aichhorn von der Familie Freud dringend nach Wien gerufen. Über den Anlass berichtete Anna Freud ihrer Göttinger Freundin (LAS/AF, S. 95):[40]

Der Sohn von Mathildes Milchschwester[41] (einer einfachen, sehr sympathischen Frau, die Du vielleicht einmal bei uns gesehen hast), hat auf seinen eigenen Vater geschossen, nachdem der, ein roher und gewalttätiger Mensch, die Familie durch jahrelange Unterdrückung und Misshandlung fast zur Verzweiflung gebracht hat. Er hat sich gleich nach der Tat selbst der Polizei gestellt. Da der Junge (17jährig) ein feiner und hochanständiger Mensch ist, der Vater das Gegenteil, so hat Papa den Versuch gemacht, sich sehr für ihn einzusetzen und die verschiedensten Leute für ihn zu interessieren. Auch Aichhorn ist extra nach Wien gekommen, um dabei behilflich zu sein; einen Verteidiger haben wir auch bestellt. Der Ausgang ist natürlich sehr zweifelhaft. Das hat ein paar Tage sehr bewegt gemacht.

Nachdem die Auflösung des Heims in St. Andrä vollzogen war, kehrte Aichhorn im Winter 1923 nach Wien zurück. Anlässlich seiner Übersiedlung schrieb ihm Anna Freud:

2 AF *Wien, am 18. I. 1923.*[42]

Lieber Herr Aichhorn!
Herzlichen Dank für Ihren Brief und die besten Wünsche zu Ihrem Einzug in die Wiener Wohnung.[43] *Ich hätte Ihnen längst auf Ihren Weihnachts-*

---

[40] Es geht hier um den »Fall Ernst Haberl«; zu den Details siehe Aichhorn i. V./b.
[41] Mathilde, verh. Hollitscher, Anna Freuds älteste Schwester, hatte eine Amme mit einer gleichaltrigen Baby-Tochter = »Milchschwester«.
[42] Handschriftlich.
[43] Aus einem Schreiben des Jugendamtes der Stadt Wien an das Wohnungsamt vom 23. 11. 1922 (NAA): »Aichhorn ist schon seit Mai 1922 als bevorzugt vorgemerkt. / Aichhorn ist verheiratet, hat einen Hausstand von 5 Personen und ist durch seine Forschungen auf psycho-analytischem Gebiet sehr bekannt und genießt auf pädagogischem Gebiet einen anerkannten Ruf. [...] Auch im Auslande ist man auf die Ideen Aichhorns aufmerksam geworden, und im englischen Unterhaus wurden im Sommer d. J. Anträge auf Einführung dieses Systems in nachdrücklichster Weise eingebracht. Es ist daher dringend zu empfehlen, dem Genannten eine Wohnung in Wien zu verschaffen, weil sonst die Gefahr besteht, daß Aichhorn Wien den Rücken kehrt und die Gemeinde Wien einen Mann, der im Erziehungswesen neue

brief[44] *geantwortet, vermutete Sie aber schon hier und habe auf Ihre Adresse gewartet.*

Frl. Löhrs Bericht[45] *ist mit einer direkt bewunderungswürdigen Klarheit abgefaßt; sie muß ein ganz besonderer Mensch sein, um in so wenig Seiten eine ganze Familiengeschichte in dieser Weise darstellen zu können. Auch wenn ich noch nichts von der Familie wüßte, könnte ich mir jede einzelne Person danach lebend denken und günstiger für den Ernst hätte sie es – bei aller Wahrheit – gar nicht machen können. Den persönlichen Eindruck, den sie von dem Jungen hatte, bestätigt auch meine Schwester, die ihn in dieser Woche aufgesucht hat. – Ich danke Ihnen sehr, daß Sie uns beide Schriftstücke geschickt haben.*[46]

Bei mir persönlich ist wenig Neues. Die Weberei habe ich wirklich erreicht und lerne Teppich- und Gobelinweben in allernächster Nähe.[47]

Ich freue mich, Sie bald zu sehen.

Mit herzlichem Gruß
Ihre Anna Freud

Sobald sich Aichhorn in Wien eingerichtet hatte, schlug er Anna Freud vor, jede Woche einen Nachmittag zu ihr zu kommen, um mit ihr analytische Arbeiten zu besprechen; mit Freuds *Vorlesungen* wolle er beginnen (LAS/AF, S. 147). Über diese Treffen äußerte sich Anna Freud begeistert (ebd., S. 152): »er steckt bis über den Kopf in lauter – menschlich und analytisch – inte-

> Wege gefunden und auf diesem Gebiet schöpferisch tätig ist, vollständig verliert. / Nun besteht für Aichhorn die Möglichkeit, sofort eine Wohnung zu erhalten, da seine Schwiegermutter Leopoldine Lechner, Eigentümerin des Hauses V., Schönbrunnerstraße 110, gestorben ist. [...] / Im Hinblick auf das eminente öffentliche Interesse, das die Gemeinde Wien an einer Wohnungszuweisung an den Vorstand Aichhorn hat, wird beantragt / die durch den Todesfall der Wohnungseigentümerin und Hauseigentümerin [...] freigewordene Wohnung dem Vorstande des Jugendheimes [...] zuzuweisen.« Aichhorn ist schließlich in diese Wohnung eingezogen.

[44] Nicht erhalten.
[45] Der Bericht, der nicht auffindbar ist, bezog sich auf den Fall Ernst Haberl.
[46] Über das zweite Schriftstück in Sachen Haberl (vermutlich ein Gutachten Aichhorns) konnte nichts weiter ermittelt werden.
[47] »Seit einer Woche«, schrieb A. Freud am 9. 1. 1923 an Andreas-Salomé (LAS/AF, S. 127), »gehe ich in eine richtige Teppich- u. Gobelin-Webschule und das Weben macht mir riesige Freude.«

ressanten Fällen«, während ihr alles Psychoanalytische, das sie mit Bernfeld besprechen könne, als »Unsinn« erscheine.

Jene Fälle stammten wohl aus den Erziehungsberatungsstellen, an denen Aichhorn damals arbeitete. Nach Wien zurückgekehrt, hatte er es abgelehnt, eine Arbeit in der Verwaltung anzunehmen, und stattdessen angeregt, Erziehungsberatungsstellen einzurichten. Er hoffte, auf diese Weise möglichst frühzeitig Entwicklungsstörungen erkennen und behandeln zu können und damit Einweisungen in Institutionen zu verhindern. Seinem Antrag wurde stattgegeben, und er richtete an den damals bestehenden 14 Bezirksjugendämtern solche Stellen ein. Während der ersten Jahre führte er die Beratungen allein durch, ab 1926 wurde er von zwei Ärzten unterstützt (Göllner 2003). Der für ihn zuständige Stadtrat war Julius Tandler, dessen Fürsorgekonzept auf bevölkerungspolitischen und eugenischen Überlegungen beruhte, die zu denen Aichhorns in diametralem Gegensatz standen.[48] Renate Göllner erläutert (ebd., S. 18 f.):

In den von Tandler als unproduktiv apostrophierten, nicht Wert schaffenden gesellschaftlichen »Minusvarianten«, wozu er auch Kriminelle rechnete, sah Aichhorn den schuldlos schuldig gewordenen Menschen. [...] Während also der Staatssozialist Tandler seine Fürsorgemaßnahmen allein an der zukünftigen Produktivität der menschlichen Arbeitskraft ausgerichtet sehen will, steht im Mittelpunkt des psychoanalytischen Erziehungsberaters Aichhorn das einzelne Individuum, das beschädigte Leben, dem es unabhängig [von] zukünftiger ökonomischer Effizienz, vor allem um seiner selbst willen, aber als eines gesellschaftlichen Wesens, zu helfen galt.

Zu diesem inhaltlichen Gegensatz kam hinzu, dass Aichhorns Stelle als Erziehungsberater nur mäßig bezahlt und untergeordnet war (vgl. 117AA). In einem Brief an Tandler, dem er seinen soeben veröffentlichten Aufnahmevortrag in der WPV beilegte, schrieb er am 11. April 1923 (NAA):

Ich weiss, dass ich mich amtlich nicht durchsetzen kann und dass es Ihnen, trotz des vorhandenen Wohlwollens, nicht möglich ist, mich in die mir sachlich und materiell zusagende Position zu bringen. Ich habe daher den »amtlichen« Ehrgeiz abgelegt und den Schwerpunkt meiner Arbeit aus dem Amte verlegt. Damit soll aber natürlich keineswegs gesagt sein, dass ich mir irgend welche disziplinär ahndbare Pflichtverletzungen zu schulden kommen liesse, aber arbeiten muss ich, weil es mich dazu zwingt,

---

[48] Vgl. Rudolph u. Benetka 2007; Wolfgruber 1999.

und weil ich auch die Mittel für ein halbwegs auskömmliches Leben meiner Familie aufzubringen habe. [...] Es wäre nun sehr einfach und nicht einmal unpraktisch, mich in die Pose des politischen Märtyrers zu begeben, da mir das aber widerstrebt, habe ich mir eben auf meine Weise geholfen.

Auch wenn Aichhorn den Schwerpunkt seiner Tätigkeit verlagerte, blieb für ihn die Arbeit im Jugendamt wichtig. Sie bot ihm die Voraussetzungen für seine Aus- und Weiterbildungstätigkeit in psychoanalytischer Pädagogik und Sozialarbeit, die er am Ambulatorium und dann im Lehrinstitut der WPV durchführte. Wesentlich für seine Lebensgestaltung aber wurde, dass er eine eigene therapeutische Praxis eröffnete.[49] Im Februar 1925 hatte Anna Freud an Lou Andreas-Salomé geschrieben (LAS/AF, S. 404): »Aichhorn wird jetzt auch anfangen, nebenher zu analysieren. Ich rede ihm immer zu.« Umfang und Bedeutung seiner Privatpraxis nahmen in den folgenden Jahren zu. Er behandelte zwar stets auch Jugendliche und beschäftigte sich in seinen Schriften, Kursen und Vorträgen vornehmlich mit Fragen ihrer Erziehung und Behandlung, aber zum weitaus größeren Teil arbeitete er mit erwachsenen Patienten und war als Lehr- und Kontrollanalytiker tätig. Über den Beginn seiner Analytikertätigkeit erzählte er Paul Kramer (13. 6. 1947; NAA):

Du schreibst mir, daß Du jetzt wirklich das Gefühl hast zu analysieren und nicht nur dabei zu sitzen. Ich bin der Meinung, daß wir alle diese Phase durchmachen müssen, nur dauert sie bei den einzelnen verschieden lang. Ich habe die Erfahrung gemacht, diese Phase wird umso länger, je gewissenhafter der Analytiker selbst ist. Analysieren ist eine eigenartige Tätigkeit. Trotz aller Einsichten und Regeln hat man so lange das Gefühl keinen Boden unter den Füßen zu haben. Erst bis man mit seiner eigenen Persönlichkeit so ganz in seine Aufgabe hineingewachsen ist, schwindet dieses Gefühl. Ich selbst hatte anfangs auch recht unangenehme Zeiten zu überwinden. Ich brachte

---

[49] Am 6. 12. 1946 bemerkte Aichhorn in einem Brief an Fritz Redl (NAA): »Sehr genau verstehe ich auch, daß Sie trotz besserer Verdienst Möglichkeit, nicht in die analytische Privatpraxis gehen. Wenn mich eine löbliche Stadtverwaltung in Oberhollabrunn nicht abgesägt hätte, wäre ich nie darauf gekommen, meine Erfahrung und mein Wissen zu ›kommerzialisieren‹. Mir ist es heute noch unmöglich, ›Höchstpreise‹ für Analysestunden zu verlangen. Es bleibt jedem überlassen, sich materiell selbst einzuschätzen. Da kommen dann in der Analyse die interessantesten Situationen, bei gewaltigen eigenen Unterschätzungen heraus. Recht oft ziehen sich dort aus ganz anderen Quellen stammende Schuldgefühle zusammen.«

lange Zeit das Gefühl nicht weg, daß ich mich für etwas bezahlen lasse, das ich gar nicht leiste.

Etwas früher hatte auch Anna Freud mit der Arbeit in der privaten Praxis angefangen. Erste Erfahrungen mit einzelnen Kindern und Jugendlichen hatte sie offensichtlich schon zuvor gemacht. Am 13. Mai 1921 notierte Arthur Schnitzler in seinem Tagebuch (1993, S. 180): »Lili [seine Tochter] mit den Hängezöpfen, sehr Backfisch kommt von der Lection bei Frl. Freud, erzählt von den Raufereien in der Schule, den Brieferln unter der Bank und will kein ›Tugendspiegel‹ sein.« Und am 21. Mai (S. 183): »Vm. [Vormittag] zu Frl. Freud, wo Lili [...] Privatstunden nimmt, wohnte auch der Lection bei; sprach (nach Jahren) flüchtig Sigmund Freud; und seine Frau.«

Im März 1923 zeigte Anna Freud Lou Andreas-Salomé »das Eintreffen einer zweiten Patientin« an. »Sie ist ein Mädchen von 21 Jahren. [...] Bekommen habe ich sie durch Aichhorn, in dessen Amt sie arbeitet« (LAS/AF, S. 159). Und im Jänner 1924 heißt es (S. 174): »Denk Dir, ich habe eine neue Patientin und sogar eine sehr interessante, natürlich wieder durch Aichhorn, denn sonst kümmert sich ja niemand um meine Bedürftigkeit in dieser Beziehung.« An Eitingon schrieb sie am 22. 10. 1925 (AFP):

Sie fragen zwar nicht nach meinen Patienten, aber ich will doch berichten, daß ich augenblicklich fünf habe: 2 Kinder, acht- und zehnjährig, die australische Ärztin vom Vorjahr, eine Lehrerin aus Palästina und dann den ersten männlichen, einen Kollegen von Aichhorn, den Leiter einer großen Anstalt des Wiener Jugendamtes. Ich fürchte mich schon fast gar nicht mehr vor ihm, er noch etwas vor mir.

1926 berichtete Anna Freud Lou Andreas-Salomé (LAS/AF, S. 513 f.), dass von ihren acht Stunden vier bis fünf in die Sommerferien auf dem Semmering »mitwandern« würden. »Alles Kinder.« Sie sei froh, die Arbeit mit ihnen fortsetzen zu können,

weil jede Unterbrechung bei ihnen so schrecklich viel ausmacht und man immer wieder verliert, was man gerade in der Hand gehabt hat. Mich interessiert das ganz besonders zu sehen, wie anders die Arbeit mit Kindern in vielen Hinsichten ist. Die Übertragung ist noch [von] viel brennender[er] Notwendigkeit als beim Erwachsenen, so viel mehr daran muß man auch einfach unangetastet lassen, weil man sie eben nicht entbehren kann. Ermüdend daran (nicht langweilig natürlich, nur müde machend als ständige Kraftanstrengung) ist das doppelte Spiel, das man unaufhörlich spielen muß, weil man analytisch nie mehr befreien darf, als man imstande ist, gleichzeitig erzieherisch wieder zu binden oder wenigstens in Schranken zu halten. Sonst bekommt man – wenigstens für die Dauer der Analyse – einen kleinen Wilden, den auch die langmütigste häusliche Umgebung nicht gutwillig ertragen kann. Schade, daß ich das alles letzten Sommer nicht gewußt habe, wir hätten so viel darüber reden können. Nur willst Du ja eigentlich von Kindern, Kinderanalyse und Erziehung nie recht etwas wissen. Aber es ist doch etwas Wunderschönes, weil man eine so riesenlange Zukunft vor sich hat und alle Möglichkeiten für das Kind noch offen. Die Gefahr für den Analysierenden [ist] nur, daß er ein Stück weit Schicksal spielen darf und muß und es so schwer ist zu wissen, wo man damit wieder aufhören soll.

Neben alledem begleitete Anna Freud, die schon während ihrer Zeit als Lehramtskandidatin in einem Kinderhort mit Arbeiterkindern und für das American Joint Distribution Committee gearbeitet hatte, Aichhorn auch bei seiner Tätigkeit für das Jugendamt. Anfang 1924 erzählte sie, dass er ihr jeden Freitag »irgendetwas Interessantes aus seinem Gebiet« zeige (LAS/AF, S. 265). »Übrigens: die Freitage mit Aichhorn sind nicht Diskussionen sondern vor allem Wanderungen. Er verschleppt mich in die entferntesten Bezirke und zeigt mir Anstalten und Fürsorgeeinrichtungen, mit den Menschen, die sie leiten. Und das ist wirklich sehr interessant und eine ganz eigene, oft sehr merkwürdige Welt« (S. 270). Und: »Mit Aichhorn habe ich inzwischen ein Jugendamt und das Jugendgericht besucht. Merkwürdigerweise ist die Psychoanalyse auf den Jugendämtern, trotzdem sie wirklich *Ämter* der Gemeinde Wien sind, eine ganz bekannte und angesehene Sache« (S. 275). Dieser Stand der Dinge führte 1928 dazu, dass Anton Tesarek – er war mit der Kindergarten- und Horterziehung beauftragt – Anna Freud zu den Vorträgen einlud, aus denen ihr Buch *Einführung in die Psychoanalyse für Pädagogen* (1930) hervorging.[50] Sie schrieb an Lou Andreas-Salomé (LAS/AF, S. 565 f.):

Ich habe einen 4stündigen Kurs für die Horterzieher Wiens gehalten und soll ihn jetzt schreiben. Es ist eine ganz einfache Darstellung der analytischen Grundbegriffe für jemanden, der als Erfahrung die pädagogischen Tatsachen mitbringt. Also nicht von den Neurosen ausgehend, sondern vom Kind.

---

[50] AF an Eitingon, 28. 11. 1928 (AFP): »Von meinem Kurs bei den Horterziehern der Stadt Wien halte ich morgen schon die dritte, also vorletzte Stunde. Aichhorn, der heuer einen großen öffentlichen Kurs für Pädagogen hält, hat ungeheuren Zulauf.«

Diese Vorträge blieben keine isolierten Veranstaltungen, sondern waren der Auftakt eines von Anna Freud und Dorothy Burlingham durchgeführten regelmäßigen Seminars für städtische und Montessori-Kindergärtnerinnen (vgl. Eichelberger 2001).

3. Die Wiener Psychoanalytische Pädagogik

a. Eine neue Praxis der Psychoanalyse

Für die Verbreitung und Anwendung der Psychoanalyse hatte das Engagement Anna Freuds und Aichhorns erhebliche Konsequenzen. Ausgehend von ihren Erfahrungen entfaltete sich damals in Wien – jenseits der Psychoanalyse als Heilverfahren niedergelassener Nervenärzte, wie sie Freud zunächst begründet hatte – eine neue, ganz andere psychoanalytische Praxis. Während der Arbeitsraum des Analytikers, wie das ärztliche Behandlungszimmer, ein gegen die Umwelt abgeschlossener Raum ist, in dem die Krankheit unbeeinflusst von den Wechselwirkungen mit der Umgebung sichtbar werden soll, ist die Praxis der Psychoanalytischen Pädagogik und Sozialarbeit nicht auf das künstlich isolierte, sondern auf das sozial verflochtene Subjekt ausgerichtet (vgl. Perner 2005b). Bernfeld definierte Erziehung als »die Summe der Reaktionen einer Gesellschaft auf die Entwicklungstatsache« (1925, S. 48 f.). Erziehung ist demnach immer eingebunden in die gesellschaftlich und politisch vorgegebene Wirklichkeit. Die Psychoanalyse, die zuvor auf den privaten Rahmen der Behandlungszimmer und der Vereinszusammenkünfte beschränkt gewesen war, wurde durch die Psychoanalytische Pädagogik erstmals öffentlich, und ihre Erkenntnisse konnten nun auch jenen zugute kommen, die ihrer am dringendsten bedurften (vgl. Göllner 2003, S. 14 f.).

Die psychoanalytischen Pädagogen gingen daran, diese neue Praxis zunächst im Ambulatorium, dann im Ausbildungsinstitut der WPV zu lehren und in öffentlichen Vorträgen bekannt zu machen.[51] In einem Bericht für den

---

[51] Am 15. 8. 1927 schrieb A. Freud an H. Deutsch (AFP): »Ich habe auf Dr. Federns Aufforderung hin, zwei Vorträge in dem Akademischen Verein für Medizinische Psychologie zugesagt, und zwar im Anschluss an Aichhorn, der dort über Psychoanalytische Erziehungsberatung sprechen soll. Ich soll Kinderanalyse und ihre Stellung innerhalb der Pädagogik als Thema haben.«

Salzburger IPV-Kongress 1924 (den beide, Anna Freud und Aichhorn, besuchten) bemerkte Federn über die WPV (IZ 1924, S. 227):

Einen besonderen Charakter erhält unsere Lehrtätigkeit dadurch, daß dank den hervorragenden Pädagogen Aichhorn, Bernfeld und Hug-Hellmuth besonders Lehrer und Lehrerinnen, Fürsorger und Fürsorgerinnen in großer Anzahl sowohl unsere Kurse als auch die von den genannten Mitgliedern außerhalb unseres Vereines veranstalteten Vorträge und Seminarien besucht haben. Besonders Vorstand Aichhorn trägt die psychoanalytische Auffassung in seiner täglichen Berufstätigkeit als pädagogischer Berater des städtischen Jugendamtes in alle Fürsorgestellen Wiens, so daß die Psychoanalyse bereits heute Hunderten von Kindern und Jugendlichen Verständnis und Fürsorge entgegenbringen hilft.

Später erinnerte sich Anna Freud mit Wärme an diese Zeit, als sie in Wien »voll Energie und in größter Erregung« waren (Coles 1995, S. 32 f.): »Es war, als werde ein völlig neuer Kontinent erforscht, und wir waren die Forschungsreisenden und hatten die Chance, die Dinge zu verändern. Nach unserer Rückkehr von diesem Kontinent konnten wir alles, was wir erfahren hatten, der Welt mitteilen, den Menschen, die nicht dort gewesen waren.« Als sie im Juli 1971 zum ersten Mal seit 1938 nach Österreich zurückkehrte, erklärte sie: »Es ist schwer, nicht eines zu denken, wenn wir nicht durch die politischen Ereignisse unterbrochen worden wären, wenn wir weitergebaut hätten auf diesen Anfängen, wo wäre die Psychoanalyse in Wien heute.«[52] In einem Artikel der *Frankfurter Zeitung* wurde 1929 über einen Vortrag von Anna Freud »Die Bedeutung der Psychoanalyse für die Pädagogik« so berichtet:[53]

Erst die analytische Psychologie, so meinte sie [Anna Freud], habe das kleine Kind, das früher meist als vegetatives Wesen mit einer Häufung störender Unarten gegolten habe, zu einem interessanten Objekt gemacht. Erst die Analyse habe gezeigt, daß diese Unarten Eigenarten, bedeutsame Ausdrucksformen gesetzmäßiger Triebentwicklung seien, in einer Entwicklungsphase, die wichtigste Gefühlsbindungen entstehen lasse. Eine eigentlich psychoanalytische Pädagogik gebe es freilich erst in Anfängen, und ursprünglich habe die Analyse gegen das Erziehen sogar ein starkes Mißtrauen gehabt, aus der Erkenntnis heraus, daß die typische Neurose ihren Ursprung finde in schweren

---

[52] Tonbandmitschnitt des Österreichischen Rundfunks der Rede von Anna Freud anlässlich des 27. Kongresses der IPV, der 1971 in Wien stattfand (ThA).
[53] Zit. nach Zschr. Psychoanal. Päd., 3 (1928/29), S. 263 f.

Hemmungen des Trieblebens durch die Diktatur anerzogener Ideale, die aus äußeren Hindernissen zu inneren, zum »Überich« umgebildet, sinnlose oder sinnlos gewordene Verbote fixieren. Die daraus anfänglich von der Analyse gezogene Konsequenz, Erziehung überhaupt abzulehnen oder sich zum mindesten nicht daran zu beteiligen, habe sich aber als in solcher Einseitigkeit unhaltbar erwiesen. Das Studium namentlich der verwahrlosten Jugendlichen (wie es vor allem der Wiener Aichhorn durchgeführt hat) habe gezeigt, daß eine völlig fessellose, durch Mangel an erzieherischem Willen oder an Gefühlsbindungen des Kindes zum Erzieher völlig enthemmte Triebentwicklung nicht gesunde brauchbare, sondern verwahrloste, asoziale, zum Kriminellen neigende Menschen entstehen lasse. Grob gesagt, habe also der Neurotiker zu viel, der Verwahrloste zu wenig Erziehung gehabt.

Der nachfolgende Brief Anna Freuds an Aichhorns ist durch den freundschaftlichen Ton gekennzeichnet, der sich zu dieser Zeit zwischen den beiden etabliert hatte:

3 AF   *Semmering, Villa Schüler.*[54]
17. VII. 25.
Lieber Herr Aichhorn!
Ich danke Ihnen für Ihren Brief, ich hatte mir schon gedacht, warum Sie gar nichts von sich hören lassen. Und eigentlich haben wir uns nicht einmal richtig für den Sommer verabschiedet; nur so flüchtig am Samstagabend.
Denken Sie, gestern ist meine alte Kinderfrau Josefine Cihlarz ganz plötzlich in Lainz[55] *gestorben. Ich fahre wahrscheinlich morgen zum Begräbnis hinein. Sie war gar nicht krank zum Schluß. Am Tag vor meiner Abreise habe ich sie zuletzt gesehen. Ich bin froh, daß es uns damals gelungen ist mit Lainz, denn so war sie doch bis zum Schluß gut verpflegt. – Ich weiß nicht, wem Sie im Frühjahr ihre Dokumente wegen der Zuständigkeit übergeben haben.*[56]

---

[54] Handschriftlich. – Der Semmering, eine etwa 1000 Meter hohe Gebirgsregion südlich von Wien, war seinerzeit eines der begehrtesten Ausflugsziele der noblen Wiener Gesellschaft. Ab 1924, als Freuds Erkrankung keine größere Entfernung von Wien mehr zuließ, verbrachte er mit seiner Familie dort fünf Sommer. Die Villa Schüler, die er bei diesen Gelegenheiten mietete, hatte sich der Gründer des Südbahnhotels, Friedrich Schüler, als Sommersitz erbauen lassen.
[55] Spital und Altersheim im XIII. Wiener Gemeindebezirk.
[56] Aichhorn wird Anna Freud geholfen haben, Josefine Cihlarz im Altersheim Lainz unterzubringen.

Könnten Sie schreiben und sie an mich schicken lassen? Vielleicht werde ich sie brauchen.

Daß der U.-Selbstmord[57] nicht bei Ihnen geschehen ist, ist ein unglaubliches Glück. Das wäre schrecklich gewesen, hätte Ihnen und der Familie den Sommer verstört und wäre doch auch auf Sie gefallen. Das kann einen übrigens warnen, daß man gar nicht vorsichtig genug sein kann, ehe man jemanden mitnimmt.[58] Denn – wie mein Vater seit jeher sagt – die Verwandten eines Patienten oder Zöglings lügen immer. – Für Urbantschitsch tut es mir leid; aber sehr viel Gebrauch von seiner Vaterrolle wird er ja nicht gemacht haben. Jedenfalls bin ich sehr sehr froh, daß Sie damit verschont geblieben sind.

Uns geht es sehr gut hier. Alle fühlen sich wohl und ich bin schrecklich faul, höchstens noch gehfleißig. Wolf[59] ist ein bißchen verwahrlost und wie alle Verwahrlosten sehr nett. Bis zum Herbst wird er entweder ganz wohlerzogen oder sehr dissozial sein.

Ich hoffe, Sie haben die neue Klammer[60] mitgenommen, geben meinen Brief gleich hinein, lassen ihn aber nicht zu lange drinnen stecken!

Mit herzlichem Gruß
Ihre Anna Freud.

b. Der psychoanalytisch-pädagogische Arbeitskreis

Wenn Anna Freud im zuletzt zitierten Brief schreibt, sie habe sich vor den Sommerferien »nur so flüchtig am Samstagabend« von Aichhorn verabschieden können, so meint sie wohl die Zusammenkünfte der pädagogisch interessierten Psychoanalytiker, die damals jeden Samstag in der Berggasse 19 stattfanden. Bereits im Mai 1924 hatte sie Lou Andreas-Salomé mitgeteilt

---

[57] Der Sohn Rudolf v. Urbantschitschs, Hans, der damals bei Aichhorn in Behandlung gewesen zu sein scheint (Unterlagen dazu existieren nicht), hatte am 8. Juli Selbstmord begangen. Details finden sich in der Autobiographie seines Vaters (Urban 1958, S. 208 f.).

[58] Aichhorn nahm, wie es damals üblich war, Patienten an seinen Urlaubsort mit.

[59] Anna Freuds Schäferhund, den sie im Juni von ihrem Vater geschenkt bekommen hatte.

[60] Für zu erledigende Post; offenbar ein Geschenk von A. Freud (siehe 4AF).

(LAS/AF, S. 312): »Aichhorn sehe ich sehr regelmäßig. Nächsten Samstag machen wir bei mir eine kleine Besprechung der pädagogisch interessierten Analytiker (Bernfeld etc.). Vielleicht dann regelmäßig«. Und am 1. 6. 1924 erzählte sie (S. 316):

Vorigen Samstag waren zum erstenmal Aichhorn, Bernfeld und Hofer [W. Hoffer] bei mir, wir haben viel durcheinandergeredet, vor allem über die Frühanalysen der Frau Klein in Berlin. Vielleicht wird es vor dem Sommer noch zwei- oder dreimal dazukommen. Mich interessiert vor allem, Aichhorn u. Bernfeld miteinander zu sehen und sich zu den gleichen Dingen äußern zu hören.

Willi Hoffer berichtete über diese Zusammenkünfte:[61]

Wir drei [A. Freud, Aichhorn, Hoffer] und Bernfeld bildeten immer eine Art Clique, die von der Bedeutung der Psychoanalyse für die Erziehung und die Heilerziehung, wie wir es damals nannten, überzeugt war. Das heißt: Kindertherapie. [...] Wir arbeiteten zusammen. Wir wollten etwas tun, etwas erreichen, etwas Neues, im Feld der psychoanalytischen Erziehung.

[Später:] Wir hatten [...] Diskussionen, freie Diskussionen, wunderbare Diskussionen, über Kinder- und Jugendlichenpsychologie, betrachteten das Kind in der Analyse, in seiner Umwelt, in der Gesellschaft. [...] Hochinteressant. Gleichzeitig wurde gewöhnlich im Zimmer des Professors Karten gespielt. Um 11 Uhr kam er zu unserem Treffen, um ¾ 11, und ich nahm den Schlüssel. In Wien wurden die Häuser damals, glaube ich, um 9 Uhr Abends abgesperrt. [...] Ich nahm den Schlüssel, begleitete die drei alten Herrn hinunter, ließ sie hinaus, brachte den Schlüssel zurück, und dann wurde das Treffen noch eine halbe, manchmal eine ganze Stunde lang fortgesetzt. Nicht immer. Nicht jeden Samstag. Manchmal kam Freud dazu und hörte uns zu, vor allem Aichhorn, aber auch Bernfeld.

Die ausführlichsten Mitteilungen über die Arbeitsgruppe finden sich einmal mehr im Briefwechsel Andreas-Salomé – Anna Freud.[62] So schrieb Anna Freud im Oktober 1924 (LAS/AF, S. 365 f.):

Vorgestern hättest Du bei unserm Samstagabend sein müssen, da war es wirklich sehr

---

[61] Bluma Swerdloff: Int. with Dr. Willi Hoffer, Amsterdam, Holland, July 29, 1965 (OHC), S. 31 f. und S. 40; Original englisch.
[62] Vgl. außer der zitierten Stelle: LAS/AF, S. 369 f., 371, 375 f.

schön. Aichhorn hat einen Vortrag vorgelesen, den er nächstens auf einer Jugendfürsorge- und Jugendstrafrechtstagung halten wird[63] und im Anschluß daran haben wir sehr viel über den Begriff und Platz der Erziehung, Ichideal, seine Bildung und sein Mißglücken und die Auffassung der Verwahrlosung oder Dissozialität gesprochen. Wir hier sind einer sehr einheitlichen Meinung, die von der z. B. in Berlin herrschenden ziemlich abstickt. Die dort (unter dem Einfluß von Frau Klein) scheinen die Dissozialität für eine Art Neurose ansehen zu wollen. Wir meinen, daß sie ihrer ganzen Struktur nach etwas völlig anderes ist.

Wie ersichtlich, wandte sich der Wiener Arbeitskreis – ausgehend von den Erfahrungen Aichhorns mit verwahrlosten Kindern und Jugendlichen – von allem Anfang an entschieden gegen die Ansichten, die Melanie Klein damals entwickelte. Sie waren sich in ihrer Ablehnung einig, und Anna Freud, die später im Zentrum der Angriffe und Auseinandersetzungen stehen sollte, konnte sich auf die Zustimmung und Unterstützung ihrer Wiener Kollegen verlassen. Es ist anzunehmen, dass Aichhorn, der sich ja vor allem mit aggressiven Jugendlichen beschäftigt hatte, in diesen für die Geschichte der Psychoanalyse so folgenreichen Kontroversen (vgl. II.2.c; III.1.f) für Anna Freud auch insofern von grundlegender Bedeutung war, als seine Ideen zur Genese aggressiven Verhaltens der in der Nachfolge Kleins unter Psychoanalytikern weit verbreiteten Auffassung zuwiderliefen, dass Gewalt, Hass und Wut die ursprünglichsten, genetisch angelegten Triebäußerungen seien. Anna Freud und Aichhorn gehörten dagegen zu einer Gruppe, die der Ansicht war (und ist), dass die ersten Beziehungen des Säuglings zu seiner Umwelt zwar durchaus genetisch-instinktmäßig vorherbestimmt sind, dass aber seine affektiven Beziehungen zu den Erwachsenen aus Erlebnissen hervorgehen. So gesehen ist die Genese des Hasses durch Konflikte der Libidoentwicklung bedingt.[64]

---

[63] Bei der Tagung der Zentralstelle für Kinderschutz und Jugendfürsorge referierte Aichhorn mit Grete Löhr am 19. 10. 1924 über »Fürsorgeerziehung« (Ankündigung der Tagung in NAA).

[64] Aichhorn betonte (1925, S. 143): »Ich habe immer gefunden, dass die Hassäußerungen die Reaktion auf ein nicht richtig befriedigtes Liebesbedürfnis waren. In vielen Fällen konnte das auch objektiv festgestellt werden, in sehr vielen Fällen entsprang es aber bloss dem subjektiven Empfinden des Kindes. Beim ersten Typus handelt es sich wahrscheinlich um ein Zuwenig an empfangener Liebe, um eine brutale Ablehnung des Kindes seitens der Erwachsenen. / In allen Fällen des zweiten Typus zeigt die Aussprache mit den Eltern immer wieder dasselbe Bild: zu

Die pädagogisch interessierten Psychoanalytiker trafen sich bis Herbst 1925, als Bernfeld nach Berlin übersiedelte, regelmäßig an den Samstagabenden.[65] Anna Freud besuchte zwar auch die Sitzungen der WPV, aber sie stellte fest (LAS/AF, S. 359): »Mehr habe ich allerdings von unseren privaten Abenden im kleinen Kreis, Bernfeld, Aichhorn etc., wo man wirklich etwas lernt und bespricht.« In der Vereinigung habe sie sich »ans Sprechen gewöhnt« (S. 394), und an den Samstagen zerbreche sie sich dann das, was von ihrem Kopf am Ende der Woche noch übrig sei. Auch ihr Vater werde – ihrer Einladung folgend – als Gast am Samstagabend kommen.

Man erörterte in der Gruppe nicht zuletzt die Arbeiten, mit denen sich die Teilnehmer gerade beschäftigten, so etwa Bernfelds *Sisyphos oder die Grenzen der Erziehung* (1925). Anna Freud erzählte in einem Brief an Lou Andreas-Salomé (LAS/AF, S. 379):

Unser Samstag gestern war wieder hübsch. Bernfeld hat aus dem Entwurf zu einem neuen Buch vorgelesen, pessimistische Gedanken über Erziehung oder so ähnlich sollte es heißen. Die gestrigen Stücke waren eigentlich eine Analyse der Motive, der angeblichen und der wirklichen die hinter der Erziehung stehen; besonders ein Stück Analyse der großen historischen Pädagogen, die angeblich ein Stück wissenschaftlicher Arbeit geleistet haben, in Wirklichkeit aus persönlichsten Motiven, die der eigenen Kindheit entstammen, ein Kunstwerk oder eine Dichtung ohne Beziehung zur Realität hingestellt.

---

wenig Gattenliebe, Flucht zum Kinde. Dieses muss die Liebe als nicht seinetwegen gegeben empfunden haben und reagiert mit einem sich dissozial äussernden Wesen darauf. / Typisch für die beiden oben geschilderten Zöglingsreihen ist die Art ihrer Hassäusserungen: offene Widersetzlichkeit bis zum brutalen Totschlag bei den einen, hinterlistiges Anstiften bis zum feigen Mord aus dem Hinterhalt bei den anderen.«

[65] Vgl. AF an Eitingon, 10. 11. 1925 (AFP): »Bernfeld wird leider aus äußeren Gründen für einige Wochen oder Monate von Wien fort nach Deutschland gehen. Damit gehen – für einige Zeit zumindest – meine Samstagabende zugrunde und um die ist es mir wirklich leid.« Bernfeld blieb bis Herbst 1932 in Berlin. Sein Weggang bedeutete aber nicht das Ende des Treffens der Wiener psychoanalytischen Pädagogen. Am 23. 12. 1926 schrieb A. Freud an K. Lévy: »Jetzt haben wir auch wieder ›pädagogische Abende‹ angefangen; auch davon kann Aichhorn berichten.« Wer noch an diesen späteren Abenden teilgenommen hat, ist unklar.

Auch über Aichhorns Buch *Verwahrloste Jugend* (1925), das er damals vorbereitete, wird an den Samstagabenden diskutiert worden sein. Im März 1924 hatte Anna Freud nach Göttingen berichtet, dass Aichhorn sie für die Vorbereitung der Vorträge, die er am Ambulatorium der WPV angekündigt hatte, als »Berater und Zensor« zugezogen habe. »Das ist gar keine so leichte Sache«, kommentierte sie (LAS/AF, S. 285 f.), »und ich sehe oft mit Erstaunen, daß er wirklich noch nicht sehr tief im analytischen Denken steckt; d. h. er will, kann nur nicht immer.«[66] Lou Andreas-Salomé meinte dazu (S. 287):

> Durch das gemeinsame Durcharbeiten für seinen Kursus wirst Du ihm in der besten aller Arten ganz vertraut geworden sein; daß er im Ps.A.tischen nicht so fest drin steht, hängt vielleicht mit seiner (von ihm uns erzählten) Knaben-Zwangsneurose zusammen. So kolossal es ist, sie damals selbstständig überwunden zu haben, so bleibt doch irgendwo der Drang zu versteckter Ambivalenz nach; und schließlich verknüpft sich auch das Starke, Seltene seiner Wirksamkeit möglicherweise mit zu betonter »Ethik« aus dem frühern »Übermoralismus« seiner Reaktionen.

Aus den erwähnten Vorträgen dürfte Aichhorns Buch hervorgegangen sein, zu dem Freud ein Geleitwort beisteuerte (1925f).[67] Anna Freuds aktive Anteilnahme an seiner Entstehung (vgl. auch 18AA) setzte sich bis zur Fahnenkorrektur fort. Wie dem folgenden Brief zu entnehmen ist, wurde sogar Freud selbst in den Prozess einbezogen:

---

[66] Anna Freud suchte aber auch Aichhorns Rat. So erinnerte sie sich mit Bezug auf ihre Vorträge vor Horterziehern (Coles 1995, S. 75.): »Ich weiß noch, welchen Rat mir August Aichhorn gab: Die Lehrer lernen schon die ganze Zeit von den Schülern, genau wie wir es auch versuchen – und wenn du dir das merkst, werden sie dich freundlich empfangen.« Und bezüglich der Kommunikation mit Eltern und Lehrern (ebd., S. 213.): »August Aichhorn und ich sprachen einmal darüber: wie man eine Aussage so formuliert, daß der ›Durchschnittsleser‹ sie versteht – wobei wir jemanden im Auge hatten, der zwar eine gute Schulbildung hatte, aber kein Akademiker war. Ich erinnere mich, wie er lächelte und sagte: ›Ihr Vater hat das ja ganz gut hingekriegt‹.«

[67] Das Manuskript zu diesem Geleitwort fand sich in Aichhorns Nachlass. – Der Vertrag zwischen Aichhorn und dem Internationalen Psychoanalytischen Verlag, in dem das Buch veröffentlicht wurde, ist auf den 27. Juni 1925 datiert. Das Buch erlebte zahlreiche Auflagen und erschien in vielen Sprachen.

4 AF *Semmering, 28. VII. 25.*[68]

Lieber Herr Aichhorn!
Eben habe ich meinem Vater die fragliche Stelle gezeigt.[69] *Er kann sich nicht mehr erinnern, was er damals gemeint hat und sagt, es kann wohl nur etwas kleines Stilistisches gewesen sein. Er findet nichts daran auszusetzen, Sie sollen sich nicht weiter darum kümmern.*

Gleichzeitig schicke ich die Fahnen 67–71 an Sie ab, hoffe, dass Sie auch die letzten richtig bekommen haben. Der Klecks ist meine Schuld, vielmehr die des Papiers, das die Tinte trinkt.

Ich danke Ihnen noch für die rasche Erledigung meines letzten Briefes, es ist gut, dass ich die Dokumente habe.[70] *Ich sehe, ich muss Ihnen bald eine zweite Spange besorgen mit »Erledigt«; die jetzige wird bald überflüssig sein.*

Mit Willy[71] *sollten Sie sich nicht zu viel plagen. Schliesslich ist er gross genug, um zu wissen, dass die Prüfung seine Sache ist und er selbst dafür lernen muss. Kann er das nicht, so soll er durchfallen. Das ist ein etwas dissozialer, aber gut gemeinter Rat. Ihre Ferien sind wirklich schade dafür.*

Ich lebe hier nach ähnlichen Prinzipien, arbeite gar nichts und habe eine merkwürdige Abneigung gegen die neuere analytische Literatur, die ich doch hier lesen wollte. Aber mir kommt immer vor, das sind ja ganz alte Sachen und ich habe das schon hundertmal gelesen. Nur die Formeln sind neu angestrichen. Dafür gehe ich viel, gestern mit Wolf 6 Stunden weit, über die ganze Landkarte. Er war hinterher ganz müde, man sagt, ich werde ihm die Beine ablaufen, bis er ein Dackel geworden ist. – In Wien waren wir erst zweimal, meinem Vater geht es gut und es ist nicht so notwendig wie voriges Jahr.[72] *Beim Kongress habe ich mich schon angesagt.*[73] *Kommen Sie auch? Dann könnten wir vielleicht miteinander reisen?*

---

[68] Masch. außer Unterschrift.
[69] Sicher aus Aichhorns Buch (1925), das damals in der Produktion war.
[70] Siehe I.3.a (Brief 3AF mit Anm. 56).
[71] Der 14-jährige Willy Lévy lebte damals bei Aichhorn in Wien. Auch später nahm Aichhorn mit seiner Frau regelmäßig Jugendliche (aus England, Kroatien, Ungarn, aber auch aus Wien), die bei ihm in Behandlung waren, in seinem Haushalt auf.
[72] Freud stand wegen seiner Krebserkrankung bzw. den Beschwerden durch seine Mundprothese in dauernder ärztlicher Behandlung.

Frau Lou wird am 12. August auf den Semmering kommen.[74] *Zum Kongress kommt sie aber leider nicht.*

Mit herzlichem Gruss
Ihre Anna Freud

In diesen Tagen fand auf dem Semmering eine Feriensitzung des psychoanalytisch-pädagogischen Arbeitskreises statt. Da Aichhorn, der den Sommer damals regelmäßig in Kärnten verbrachte, nicht teilnehmen konnte, wurde ihm das folgende – scherzhafte – Protokoll zugeschickt:

5 AF

P r o t o k o l l der S i t z u n g der J.-J.[75]
am 1. August 1925.

Anwesend: Dr. Bernfeld, Anna Freud, Dr. Hoffer, Wolf.
Beginn der Sitzung 4 Uhr nachmittags, Ort: Semmering.

Nach feierlicher Eröffnung der Sitzung beschliesst das Plenum in die Tagesordnung einzutreten. Die vorgeschlagene Tagesordnung wurde genehmigt.
1) Frl. Freud als Berichterstatterin berichtet über die Motive des Fernbleibens des Herrn Aichhorn. Die Tatsache und ihre Begründung wird mit tiefem Bedauern zur Kenntnis genommen. Von der Absendung eines Begrüssungstelegrammes wird wegen der hohen Kosten Abstand genommen.
2) Diskussion ohne Beschlussfassung über zweckmässigste Erreichung des ps.a. Kongresses in Frankfurt.[76] *Vorschlag Bernfeld Junckers Flugzeug zu benützen wird allseitig in Erwägung gezogen. Prof. Freud als Experte herangezogen hält mit seiner Meinung vorläufig zurück.*
3) Jause im Garten, Sonnenschein trotz Sonnenschirmes.
4) Teleskopische Durchforschung der Landschaft unter fachmännischer An-

---

[73] Der 9. Internationale Psychoanalytische Kongress fand vom 3. bis 5. September 1925 in Bad Homburg statt. Anna Freud und Aichhorn stehen auf der Teilnehmerliste, die 161 Personen umfasst (AFML).
[74] Sie kam am 15. 8. und blieb bis zum 2. 9. (LAS/AF, S. 468, 778).
[75] Masch. außer Unterschriften. – Die Bedeutung der Abkürzung »J. J.« (es könnte auch »I. I.« gemeint sein) war nicht zu ermitteln.
[76] Bad Homburg grenzt an Frankfurt am Main an.

leitung eines Universitätsprofessors.[77] Tiefere Schichten wurden nicht erreicht.
5) *Botanische Exkursion.*
6) *Besichtigung des Palastes und der für die Gäste bereitgestellten fast fensterlosen Dachlokalitäten.*
7) *Eine Spezialkommission, bestehend aus Dr. Hoffer und Bernfeld stellt fest, dass das eine Zimmer zwar ein besseres Bett, das andere dafür aber einen unvergleichlich schöneren Waschtisch hat. Es ist nur der bekannten Besonnenheit Bernfelds zu verdanken, dass diese Kommission nicht mit einer Fraktionsbildung geendet hat.*
8) *Nachtmahl im Familienkreis.*
9) *Pause zur Vorbereitung für feierliche Nachtsitzung im eigens hiezu adaptierten Festsaal.*
10) *F e i e r l i c h e S i t z u n g .*
a) *Um 9 Uhr betreten die festlich gestimmten Teilnehmer den Sitzungssaal, der festlich beleuchtet und mit Blumen geschmückt ist. Nachdem der Vorsitzende die Anwesenheit von Zigarren, Zigaretten (Coronas), Erdbeeren mit Schlagobers, mannigfaltigen Nord- und Südfrüchten, Schokoladetorte, Konfekt und Polsterstühlen, demnach die Beschlussfähigkeit festgestellt hat, wird die Sitzung eröffnet. Der Vorsitzende gedenkt mit warmen Worten (die Versammlung erhebt sich von den Sitzen) des abwesenden Mitglieds Aichhorn und bestimmt eine Schachtel Coronas[78] ausschliesslich zu seinem Gedenken.*
b) *Dr. Hoffer wird zum Kammerstenographen bestimmt.*
c) *Frl. Freud berichtet über ihre jugendlichen Patienten und liest einige Briefe vor. Hier folgt noch eine kleine Mitteilung von Frl. Freud, die gewiss wichtig und interessant war, trotzdem aber von allen Beteiligten vergessen und im Gedächtnis nicht mehr herzustellen ist.*
d) *Unser Mitglied Bernfeld teilt als vermutlich nicht unwichtige Änderung seiner häuslichen Situation mit, dass die gerichtliche Trennung seiner Ehe eingeleitet ist.[79]*

---

[77] Vermutlich Freud.
[78] Eine Zigarettenmarke, die Aichhorn, der ein sehr starker Raucher war, besonders mochte.
[79] Bernfeld war seit 1915 mit Anne Salomon verheiratet; sie hatten zwei Töchter. Im Herbst 1925 begann seine Liaison mit Elisabeth Neumann-Viertel.

e) Dr. Bernfeld berichtet über fortgesetzt bestehende Chancen seiner seinerzeit besprochenen palästinensischen Tätigkeit.[80]

f) Frl. Freud berichtet, dass Dr. Rank am Kongress einen Vortrag über das Thema »Psychoanalytische Probleme« halten wird.[81]

g) Ausserhalb der Tagesordnung wird Dr. Bernfeld von einem leichten Unwohlsein befallen. Die Sitzung wird für kurze Zeit unterbrochen, während Dr. Bernfeld sich im Freien erholt. Der Mondschein stellt ihn so weit her, dass er imstande ist, seine destruktive Tätigkeit an den Erdbeeren mit Schlagobers fortzusetzen.

h) Dr. Hoffer betont, da er die Sommerruhe von Frl. Freud nicht stören will, dass er seine einzige – unvermeidliche – Frage nicht stellen kann.[82]

i) Kurze Diskussion über den Nutzen oder Schaden der Art, wie die neueste psychoanalytische Literatur geschrieben ist.

k) Dr. Bernfeld liest aus seinem Sammelreferat über die Psychologie der Pubertät vor.[83] Allgemeiner Beifall und Lob über die lebendige und anschauliche Darstellung.

l) Unterbrechung der Sitzung für eine kurze Pause, die auch zum Schlafen benützt werden kann. Zeit: ¾ 2 Uhr nachts.

....

11) Frühstück um ½ 10 bei strömendem Regen.

12) Anfertigung des Protokolls unter Beteiligung sämtlicher Mitglieder.

Gelesen und genehmigt:
Anna Freud   *Dr. Hoffer*
Dr. Siegfried Bernfeld   + + +
                                       (Wolf)[84]

Semmering, am 2. August 1925.

[80] 1920 hatte Bernfeld noch die Auswanderung nach Palästina erwogen, später kam sie für ihn nicht mehr in Frage. 1925 hatte er dort Angebote für eine Stellung, bis hin zu einer »Ernennung zum Professor für Jerusalem«, die er aber ggf. abzulehnen entschlossen war (Bunzl 1992, S. 82 f.).

[81] Rank, der sich damals in einem quälenden Ablösungsprozess von der Freud-Schule befand, machte lange ein Geheimnis daraus, über welches Thema er auf dem Homburger Kongress sprechen werde (siehe z. B. AF an Eitingon, 22. 7. 1925; AFP). Tatsächlich sprach er »Zur Genese der Genitalität«.

[82] Unklare Anspielung.

[83] Bernfeld 1927.

[84] In der Handschrift von Anna Freud, aber in Sütterlin.

4. Gemeinsame Aufgaben, verschiedene Unternehmungen

Bald nachdem die an der Psychoanalytischen Pädagogik interessierten Analytiker ihre Treffen an den Samstagabenden aufgenommen hatten, begann sich Anna Freuds Position in der Wiener Vereinigung und in der IPV tiefgreifend zu verändern. Sinnfälliger Ausdruck dessen war die Tatsache, dass sie im Herbst 1924 bei der Wiederaufrichtung des informellen Leitungsgremiums der IPV, des »Komitees«, das ein Dreivierteljahr vorher im Zuge der Rankkrise zerbrochen war, nicht nur als Freuds Sekretärin, sondern als eigenständiges Mitglied und damit quasi als Nachfolgerin Ranks kooptiert wurde (siehe etwa Rundbriefe, Bd. 4, S. 198). Fortan spielte sie in der psychoanalytischen Bewegung eine immer einflussreichere Rolle, in Abstimmung mit ihrem Vater, aber auch in zunehmender Emanzipation von ihm. Als 1927 das »Komitee« aufgelöst und in den formellen Vorstand der IPV überführt wurde, übernahm sie die Position des IPV-Sekretärs.

Anna Freud befasste sich damals – immer wieder zusammen mit Aichhorn – mit einem breiten Spektrum von Aufgaben. Viele gehörten zum Bereich der Psychoanalytischen Pädagogik. Die wichtigste aber war die Analytikerausbildung.

a. Das Lehrinstitut der WPV

Bis in die Zeit nach dem Ersten Weltkrieg hatte es noch keine für alle Gruppen der IPV verbindlichen Regeln gegeben, wer unter welchen Bedingungen Mitglied einer psychoanalytischen Vereinigung werden konnte. Lehranalysen waren keineswegs vorgeschrieben, sie waren höchstens empfohlen, und weder Anna Freud noch Aichhorn oder Bernfeld und Hoffer hatten irgendeinen Lehrgang absolviert. Anfang 1920 war in Berlin eine Poliklinik gegründet worden, die 1923 zu einem Lehrinstitut mit akademischem Charakter und festem Lehrplan und einem für die Ausbildung verantwortlichen Unterrichtsausschuss ausgestaltet wurde. Damit war erstmalig das Modell einer von einem psychoanalytischen Institut getragenen mehrjährigen Ausbildung eingeführt worden, deren Absolvierung als Bedingung für die Mitgliedschaft im Verein vorgeschrieben wurde (hierzu und zum Folgenden siehe Schröter 2002a; 2002b).

Max Eitingon machte es zu seiner Aufgabe, dieses Modell, das nach ihm als »Eitingon-Modell« bezeichnet worden ist, international durchzusetzen. Sein erstes Ziel, das er 1925 auf dem IPV-Kongress in Bad Homburg vortrug, bestand darin, alle Vereinigungen zur Wahl von Unterrichtsausschüssen zu veranlassen, die für die lokale Ausbildung allein zuständig sein sollten, und zur Vereinheitlichung und Überwachung der Ausbildungsregelungen eine Internationale Unterrichtskommission (IUK) zu schaffen. Bis 1927, also bis zum Kongress in Innsbruck, wurden neben den schon bestehenden Ausschüssen – Berlin, London, Wien – noch vier weitere – Budapest, Den Haag, New York, Amerika – ins Leben gerufen. Anna Freud beteiligte sich maßgeblich an den Diskussionen und Auseinandersetzungen, die in diesen Jahren geführt wurden. Vor allem in zwei Bereichen kam es zu zeitweise überaus heftigen Konflikten: in der Frage der sogenannten Laienanalyse und in der Frage der Autonomie der Gruppen (Schröter 2002a, S. 177).

Angespornt durch das Berliner Vorbild, hatte sich Eduard Hitschmann bereits ab Juli 1920 bemüht, auch in Wien ein Ambulatorium zu errichten (vgl. Fallend 1995, S. 107 ff.). Nachdem es Felix Deutsch gelungen war, geeignete Räumlichkeiten zu finden (Wien IX., Pelikangasse 18), konnte endlich am 22. Mai 1922 ein Ambulatorium eröffnet werden, das wie die Berliner Poliklinik zugleich der kostenlosen Behandlung von unbemittelten Patienten und der Ausbildung diente. Ein Jahr später, am 19. April 1923, wurde ihm eine Erziehungsberatungsstelle angegliedert, deren Leitung Hermine Hug-Hellmuth unter Assistenz von Flora Kraus innehatte. Ab 1924 führte Kraus die Stelle allein weiter; 1928 wurde Editha Sterba ihre Nachfolgerin.[85]

Die Errichtung des Ambulatoriums war von der wirtschaftlichen Organisation der Ärzte nur unter der Voraussetzung bewilligt worden, dass dort die psychoanalytische Behandlung und die wissenschaftliche Verwertung der analytischen Methode ausschließlich von Ärzten betrieben werde und sowohl

---

[85] Das Datum 1923 stammt aus einem »Bericht über die Erziehungsberatung im Vereinsjahr 1922/23«, gezeichnet von Dr. H. Hug-Hellmuth (AFML); vgl. T. Aichhorn 2004, S. 15. Die weiteren Angaben nach dem gedruckten Tätigkeitsbericht in IZ 1932, S. 278. In diesem Bericht wird angegeben, die Erziehungsberatungsstelle sei 1925 eröffnet worden. Das kann nicht stimmen, Hug-Hellmuth war bereits im September 1924 von ihrem Neffen ermordet worden.

als Lehrende wie als Lernende nur Ärzte in Betracht kämen, während medizinischen Laien der Zutritt versagt bleiben müsse (IZ 1932, S. 265 f.). Sollte auf Dauer für Nicht-Ärzte die Ausbildung zum Psychoanalytiker möglich bleiben und sollte auch weiterhin eine Ausbildung in Psychoanalytischer Pädagogik und Sozialarbeit angeboten werden können, musste eine andere Lösung gefunden werden. Ein entsprechender Vorschlag kam von Helene Deutsch, die einige Zeit in Berlin gewesen war und bei Karl Abraham eine Analyse gemacht hatte. Es wurde ein neues, vom Ambulatorium unabhängiges Lehrinstitut gegründet. Am 23. 12. 1924 schrieb Anna Freud an Lou Andreas-Salomé, dass die Gründung in der Vereinigung durchgegangen sei; am Tag zuvor sei die erste Beratung gewesen, die sieben Stunden gedauert habe.[86] Sie fuhr fort (LAS/AF, S. 388):

An das Ambulatorium wird eine richtige Ausbildungsstelle für lernende Analytiker angegliedert, die für die Lehr- und Kontrollanalysen, Kurse und Seminare zu sorgen hat. Frau Dr. Deutsch und Bernfeld sind die Leitung, mich haben sie zum Schriftführer gemacht. Außerdem sind Ausschuß Hitschmann, Federn, Reich und Nunberg. Mit Hitschmann gibt es natürlich viel Schwierigkeiten, denn eigentlich war die ganze Sache nur notwendig, weil er am Ambulatorium diese Dinge recht nachlässig gemacht hat.[87]

Wenig später spezifizierte sie (ebd., S. 393 f.): »Das Lehrinstitut besteht durchaus nicht auf einer medizinischen Vorbildung, aber an Stelle der medizinischen erwartet es von dem Kandidaten irgendeine gleichwertige, eine pädagogische etwa oder eine sonst wissenschaftliche oder eben irgendeine.«
Im Januar 1925 wurde das Institut mit 15 Hörern eröffnet.[88] In der Verlaut-

---

[86] Das Protokoll der ersten Sitzung des Lehrinstituts vom 22. 12. 1924 ist erhalten (SBP). An der Leitungssitzung nahmen H. Deutsch, Bernfeld und A. Freud teil, zur Ausschuss-Sitzung wurden Federn, Hitschmann, Nunberg und Reich zugezogen.
[87] An anderer Stelle hatte A. Freud erläutert (Rundbriefe, Bd. 4, S. 200 f.): »Unter uns ist es kein Geheimnis, daß Dr. Hitschmann intellektuell sehr nachgelassen hat und Charaktereigenschaften entwickelt, die bei dem Leiter eines solchen Unternehmens nicht wünschenswert sind.«
[88] Am 10. 11. 1925 schrieb A. Freud an Eitingon (AFP): »Übrigens: […] war ich im Jugendseminar, in dem sich die Schüler des L.-I. [Lehrinstituts] mit Reich, Jokl und einigen anderen treffen. Da scheint es doch ein arges Mißverhältnis, wenn man denkt, daß das der ›Nachwuchs‹ ist, für den man sich alle die L.-I. Mühe gibt: ein

barung, mit der seine Gründung in der *Internationalen Zeitschrift* angezeigt wurde, steht ausdrücklich, dass zu seinen Aufgaben neben der »Ausbildung künftiger psychoanalytischer Therapeuten« auch »die Verbreitung psychoanalytischer Kenntnisse, insbesondere der Anwendung der Psychoanalyse auf Fragen der Erziehung« gehöre (IZ 1925, S. 254).

Mit der Gründung eines vom Ambulatorium unabhängigen Instituts war auch die Ausbildung von Nicht-Ärzten möglich geworden. Bereits in den ersten Sitzungen des Lehrausschusses aber kam es zu Streitigkeiten um die Frage der Laienanalyse; wie es im Protokoll der Sitzung vom 16. 11. 1925 heißt (AFML): »»Alle anwesenden Ärzte mit Ausnahme von Federn und Nunberg bringen Argumente gegen die Aufnahme von Laien vor.« Es hatte in der Wiener Vereinigung schon von früh an nicht-ärztliche Mitglieder gegeben, aus einer Zeit, als noch keine geregelte Ausbildung existierte. Anna Freud bemerkte dazu rückblickend in einem Brief an Ernest Jones:[89]

> Über Laien-Analytiker in Wien: Wenn ich meine Erinnerung durch einen Blick in die Wiener Sitzungsberichte auffrischen könnte, könnte ich Dir mehr sagen. Es gab von Anfang an Laien-Mitglieder, die nicht alle praktiziert haben (zum Beispiel Max Graf). Rank, Sachs, Reik waren alle vor mir; auch Hug-Hellmuth und Bernfeld; Aichhorn kam kurz nach mir; desgleichen Wälder und Kris. Allein schon diese fünf spielten eine wichtige Rolle im Verein.

Da man nun aber eine geregelte Ausbildung einführen wollte, stellte sich die Frage der Laien neu. Die Situation in Wien war auch insofern erschwert, als in Österreich auf Grund von staatlichen Vorschriften Psychotherapie den Ärzten vorbehalten war.

In den Briefen von Anna Freud an Eitingon (AFP) finden sich einige Reflexe der damaligen Auseinandersetzungen in der WPV um die Laienfrage (vgl. T. Aichhorn 2004, S. 16 f.). Am 12. 10. 1925 berichtet sie, dass noch ungeklärt sei, was mit Leuten geschehen solle, die sich nicht zum therapeutischen Analytiker ausbilden wollten, aber doch Ausbildung suchten. Am 19. 11. erwähnt sie, dass sie selbst »zum ersten Mal eine Art Zusammenstoß

> paar kleine, sehr unbedeutende Buben und Mädchen, denen nicht einmal im Aussehen nützt, dass sie fertige Mediziner sind. Strengen Ansichten – wie z. B. den Ihren nach – dürfte kaum einer von denen (2 vielleicht nur) Analytiker werden. Wo sollen aber andere herkommen?«

[89] AF an Jones, 26. 8. 1955 (ABPS); Original englisch.

mit der Vereinigung gehabt« habe; es sei dabei um die Stellung der Laien in der Vereinigung gegangen. Auch die Frage, wer von der WPV zu einer von Anna Freud angeregten »Konferenz über die Laienfrage«[90] geschickt werden solle, führte zum Konflikt. Sie schrieb am 13. 2. 1927[91] an Eitingon:

Die Erörterung im Verein hat ergeben, daß unsere Abgeordneten wahrscheinlich Federn, Jokl und Deutsch wären. Über die Frage, ob Reik oder ich als Laien dabei sein sollten, konnte man sich nicht entscheiden. Nun dachte ich folgendes: könnte man nicht, abgesehen von der Vertretung der Gruppen, zu der Konferenz als selbstständige Personen noch einige Laien der Vereinigungen einladen, besonders solche, welche die Verbindung mit der Pädagogik herstellen? Also etwa Aichhorn, Bernfeld, mich oder andere. Ich glaube, es wäre eine gute Idee und ich wäre auch gern dabei.

Freud, der damals auch öffentlich und mit Nachdruck für die Laienanalyse eintrat (1926e), war der Ansicht, dass die WPV nicht darauf verzichten sollte, Nicht-Ärzte zu Psychoanalytikern auszubilden.[92]

In späteren Jahren befasste sich der Lehrausschuss in vielen seiner Sitzungen mit der ablehnenden Haltung der amerikanischen Psychoanalytiker den in Wien ausgebildeten Nicht-Medizinern gegenüber.[93] Das galt verstärkt ab 1932, nachdem die New Yorker Vereinigung das »Oxforder Abkommen« von 1929 de facto aufgekündigt hatte, demzufolge New York auf seine prinzipielle Ablehnung nicht-ärztlicher Kandidaten verzichtete und die zentraleuropäischen Gruppen sich im Gegenzug verpflichteten, keine amerikanischen Kandidaten ohne Zustimmung ihrer Heimatgruppe auszubilden (zum

---

[90] Die Konferenz ist letztlich nicht zustande gekommen (vgl. F/E, S. 497, Anm. 1).
[91] Im Original ist der Brief wohl versehentlich auf 1926 datiert.
[92] Siehe seinen Brief an Federn vom 27. 3. 1926 (zit. E. Federn 1999, S. 186).
[93] Ein wenig bekanntes Beispiel dafür findet sich in einem Brief von A. Freud aus Tegel an H. Deutsch (20. 9. 1928; AFP): »Ich habe hier gemeinsam mit Eitingon die blinde Miss Elynor Deutsch gesprochen, die auf der Durchreise erst einmal den Versuch gemacht hat, hier angenommen zu werden. Die Berliner weisen sie aber ab. [...] Dr. Lehrmann, der Sekretär der N. Y. Gruppe, der gerade hier ist, hat sich auch gleich sehr gegen sie ausgesprochen. Nun wird sie doch nach Wien gehen und wir werden vor der gleichen Frage stehen, was wir mit ihr anfangen. [...] Nun scheint mir als die einzige Möglichkeit, daß man sie zu Aichhorn in Analyse schickt. Er würde ihr dann wohl dazu verhelfen können, daß sie einen Platz im Leben findet, der für sie taugt.«

Ganzen siehe Schröter 2008). Dieser Streit, der sich in den folgenden Jahren verschärfte, wurde auch auf internationaler Ebene ausgetragen. Vor allem Anna Freud – und mit ihr die WPV – forderte ganz entschieden, auch Nicht-Ärzte zur Ausbildung zuzulassen, was in Amerika auf kategorischen Widerstand stieß. Nach jahrelangen Auseinandersetzungen lehnten die Amerikaner 1938 auf dem Pariser Kongress jede Zuständigkeit der IPV bzw. der IUK für ihre Region ab, womit die Ausbildung und Mitgliedschaft von Nicht-Ärzten dort definitiv ausgeschlossen wurde. Es war eine Entscheidung, die vor allem für die psychoanalytischen Emigranten fatale Folgen haben sollte (vgl. II.1.d).

Ein weiteres Thema, das den Lehrausschuss in zahlreichen Sitzungen beschäftigte, war die Bestellung von Lehranalytikern, die Verteilung von Lehranalysen und die Frage, wer dazu berechtigt sei, die Analysen der Studierenden zu kontrollieren. Die ursprüngliche Idee, Lehranalytiker anzustellen, erwies sich als unrealistisch. In der Folge kam es auf Grund der Tatsache, dass auch Mitglieder, die dem Lehrausschuss nicht angehörten, Lehranalysen durchführten, immer wieder zu Konflikten. Ein Vorschlag, den Aichhorn in der Ausschuss-Sitzung vom 16. 1. 1934 einbrachte, führte schließlich zu einer Regelung (Protokoll; AFML). Es wurde beschlossen, dass über die Zuweisung jeder Lehranalyse die Leitung des Ausschusses zu beraten und dass sie ihr Votum dem ganzen Ausschuss zur Entscheidung vorzulegen habe. Alle ordentlichen Mitglieder der Vereinigung sollten, wenn der Lehrausschuss zugestimmt hatte, berechtigt sein, Lehranalysanden zu übernehmen. Die Ausbildungskandidaten mussten sich nach der Anmeldung am Lehrinstitut der Leitung des Lehrausschusses und dem 1. Obmannstellvertreter (Federn) vorstellen. Jedem Mitglied des Lehrausschusses war eine Liste der gegenwärtig in Ausbildung stehenden Kandidaten mit Nennung ihres Lehranalytikers zu übergeben. Diese Liste war halbjährlich zu ergänzen.

Nachdem Bernfeld 1925 Wien verlassen und es sich herausgestellt hatte, dass er nicht zurückkommen werde, übernahm Nunberg seine Position im Lehrausschuss der WPV. Als in der Sitzung vom 17. 10. 1927 Reik seinen Austritt aus dem Ausschuss bekannt gab, wurden für ihn Aichhorn und Jekels zur Aufnahme vorgeschlagen.[94] 1930 trat Edward Bibring an die Stelle von Reich, der nach Berlin übergesiedelt war. 1932 verließ auch Nunberg Wien; er ging nach Philadelphia und wurde durch Grete Bibring-Lehner ersetzt. Bernfeld nahm nach seiner Rückkehr im Herbst 1932 bis zu seiner endgültigen Ab-

---

[94] Siehe AF, Vorstands-Rundbrief vom 28. 10. 1927 (NME).

reise aus Wien im Sommer 1934 als Gast wieder an den Ausschuss-Sitzungen teil.[95] Hoffer wurde Mitglied, als Jekels, der von 1934 bis 1937 in Schweden war, Wien verließ. 1936 wurden Heinz Hartmann und Robert Wälder hinzugewählt.[96] 1935, als Helene Deutsch von Wien nach Boston emigrierte, übernahm Anna Freud den Vorsitz des Lehrausschusses.

Das letzte erhaltene Protokoll einer Lehrausschuss-Sitzung stammt vom 3. 11. 1937 (AFML). Den Vorsitz führte Anna Freud, Schriftführer war E. Bibring, anwesend waren außerdem: Federn, Aichhorn, Jekels, der damals wieder zurück in Wien war, Brunswick, Hitschmann, Richard Sterba, Robert und Jenny Wälder, E. Kris, Otto Isakower, Hoffer, Jeanne Lampl, Grete Bibring und Hartmann. Berta Bornstein war an dem Abend nicht zur Sitzung gekommen.

b. Zur psychoanalytischen Ausbildung von Pädagogen und Sozialarbeitern im Rahmen der IPV

Die Ausbildung der sogenannten Laien zu psychoanalytischen Therapeuten war trotz des Widerstands vieler Mitglieder der WPV möglich geblieben. Dagegen war die Frage einer psychoanalytischen Ausbildung von Pädagogen und Sozialarbeitern weiterhin weder in Wien noch generell in der IPV befriedigend gelöst, obwohl diese Ausbildung für die Wiener Vereinigung einen ihrer wichtigsten Arbeitsbereiche darstellte (vgl. zum Ganzen T. Aichhorn 2004, S. 19 ff.). Helene Deutsch berichtete darüber dem Internationalen Psychoanalytischen Kongress, der vom 1. bis 3. September 1927 in Innsbruck stattfand (IZ 1927, S. 488):

Das L. I. [Lehrinstitut] hatte im letzten Jahre seine Tätigkeit auch mehr der Propaganda zugewendet als vorher. Ein im Rahmen des Institutes abgehaltener Kurszyklus für Pä-

---

[95] Vgl. Protokolle des Lehrausschusses von 1932, 1933 und 1934 (AFML). Aus dieser Zeit ist eine Aufstellung erhalten, bei welchen Lehranalytikern die Kandidaten ihre Analysen und Kontrollen durchführten. Als Lehranalytiker werden genannt: Aichhorn, Bernfeld, Bibring, B. Bornstein, H. Deutsch, Federn, A. Freud, S. Freud, Hitschmann, Hartmann, Hoffer, Lampl-de Groot, Mack Brunswick und R. Sterba (SBP).

[96] Außerdem wurden noch einige Personen in einen erweiterten Lehrausschuss kooptiert, die aber nicht stimmberechtigt waren (IZ 1936, S. 120).

dagogen, den Frl. *Freud*, Fr. *Schaxel*,[97] Dir. *Aichhorn* und Dr. *Hoffer* abgehalten haben, hatte einen großen Anklang eben in diesen Kreisen gefunden, die für Psychoanalyse von besonderer Wichtigkeit sind, d. s. Pädagogen, Fürsorgerinnen, Pflegerinnen usw.[98]

Und 1929 auf dem Oxforder Kongress berichtete Deutsch (IZ 1929, S. 539):

Ein besonderer Fortschritt wurde in der Ausbildung der Pädagogen und Kinderanalytiker erzielt. Auf Einladung der Stadt Wien hielten Frl. Anna *Freud* und Herr *Aichhorn* Kurse für Pädagogen ab. Im Institut selbst hielten *Aichhorn* und *Hoffer* theoretische Kurse für Pädagogen und Sozialbeamte. Im nächsten Jahre sollen diese Kurse durch eine praktische Ausbildung in Horten und ähnlichen Instituten durch *Aichhorn* ergänzt werden. Diese Praxis soll zu einem obligaten »praktischen Jahr« für Laienkandidaten, analog der psychiatrischen Ausbildung der Ärzte, ausgebaut werden. Außerdem leitete für Kinderanalytiker Frl. Anna *Freud* ein Seminar, in dem Kinderanalysen fortlaufend referiert wurden. [...] Am Ambulatorium angestellt sind jetzt sechs Ärzte, die Erziehungsberatung hat Frau Dr. *Sterba* übernommen. Eine zweite Erziehungsberatungsstelle leitet seit längerer Zeit Herr *Aichhorn* im »Settlement«[99].

Der Innsbrucker Kongress brachte insofern eine Veränderung, als beschlossen wurde, dass nicht mehr nur die psychoanalytische Ausbildung von Erwachsenenanalytikern international geregelt, sondern dass nun auch die spezielle Frage der Kinderanalytiker in Angriff genommen werden sollte. Überdies bekamen Anna Freud und Aichhorn den Auftrag, Vorschläge zur Regelung der psychoanalytischen Ausbildung von Pädagogen auszuarbeiten (IZ 1928, S. 282).[100] Anna Freud meinte allerdings dazu (an Eitingon, 12. 12. 1928;

---

[97] Hedwig Hoffer-Schaxel.
[98] Zu Aichhorns Hörern (1927: »Psychoanalyse und Erziehung« und »Grundzüge der psychoanalytischen Erziehungsberatung«) zählten u. a.: Peter Blos, Marie Bonaparte, Dorothy Burlingham, Edith Buxbaum, Rosa Dworschak, Klara Regele, Annie Reich und Eva Rosenfeld (Kurslisten; AFML).
[99] Der »Verein Wiener Settlement« wurde 1901 gegründet. Zu den Gründerinnen zählte auch Ernestine Federn, die Mutter Paul Federns. Die Ziele des Vereins waren die Hebung des Bildungsstandes von Müttern und die Versorgung von Kindern, deren Mütter außer Hause erwerbstätig waren (Malleier 2005).
[100] In einem Brief an Kata Lévy vom 5. 3. 1929 erwähnte Anna Freud, sie habe Aichhorn in letzter Zeit »wieder öfter und regelmässiger gesehen als vorher, weil wir etwas miteinander auszuarbeiten hatten und ich erwarte ihn auch noch diese Woche einmal«. Mit Dank an G. Fichtner.

AFP): »Was immer Aichhorn und ich hier für richtig hielten, würde man in England als Wahnsinn ansehen. Wie kann man da allgemeine Richtlinien aufstellen? Es ist wieder nur für die, die daran glauben.« Um der Rivalität zwischen Wien (Anna Freud) und London (Melanie Klein) Rechnung zu tragen, sollte eine zweite, Londoner Kommission eigene Vorschläge vorlegen. In Bezug auf die beiden Entwürfe (erhalten in NME) konstatierte der Bericht über die IUK-Sitzung beim Oxforder Kongress (IZ 1929, S. 525 und 528 f.):

Bis jetzt haben sich unsere Versuche, den Unterrichtsgang zu bestimmen, in erster Linie und eigentlich fast ausschließlich mit der Frage der Ausbildung von psychoanalytischen Therapeuten beschäftigt. Inzwischen ist aber die Ausbildung zweier anderer Kategorien von Menschen, die Analyse lernen wollen, sehr dringend geworden, d. i. die Frage der Ausbildung von Kinderanalytikern und des analytischen Unterrichts von Pädagogen.

[Weiter unten:] Frau Melanie *Klein* legt zwei Entwürfe vor [...]; der eine betrifft die Ausbildung zum Kinderanalytiker, der andere die analytische Ausbildung der Pädagogen.
Frl. Anna *Freud* erörtert die Vorschläge, die über dieselben Gegenstände von ihr selbst in Gemeinschaft mit August *Aichhorn* ausgearbeitet worden sind.
Dr. Eitingon dankt Frau *Klein*, Frl. *Freud* und ihren Mitarbeitern für ihre Bemühungen und bittet die Mitglieder [der IUK], sich mit dem vernommenen Material bis zum nächsten Kongreß vertraut zu machen.

Trotz dieser Vorschläge ist es auf internationaler Ebene auch später zu keiner Regelung der Kinderanalytiker- und Pädagogenausbildung gekommen. Freud befand damals, dass seine Schrift über die Laienanalyse in ihrer eigentlichen Absicht, »ein analytisches Gemeingefühl zu wecken, das sich dem ärztlichen Standesbewußtsein entgegenstellen sollte«, ein »Schlag ins Wasser« gewesen sei. Aus den »Pädagogen« aber könne noch etwas werden, »wenn sie sich organisieren« (F/E, S. 596).

c. Privates Intermezzo

Wenige Tage vor Beginn des Innsbrucker Kongresses erhielt Aichhorn ein Schreiben Anna Freuds vom Semmering, aus dem hervorgeht, dass sich die Beziehung der beiden zuletzt etwas gelockert hatte:

6 AF Semmering, 22. VIII. 1927.[101]

Lieber Herr Aichhorn!
Kata[102] wird Ihnen wahrscheinlich erzählt haben, wie sehr ich mich gerade über Ihr Schweigen beklagt habe, als Ihr Brief kam.[103] Es war wirklich eine sehr lange Zeit, in der ich nichts von Ihnen gehört habe und ich habe es sehr entbehrt, umsomehr als in dieser Zeit so viel Trauriges war, von dem Sie ja auch gehört haben.[104]
Aber über den Inhalt des Briefes habe ich mich sehr gefreut. Das gehört zu Ihnen, dass Sie einmal ganz ungestört dem nachgehen können, wohin es Sie gerade lockt und ich wollte wirklich, ich wäre dabei gewesen.[105] Ich wünsche mir jetzt oft, man müsste nicht immer nur denken. Alles um einen herum ist so weit und man selber schränkt sich auf einen so winzig kleinen Kreis ein, in dem einem alles vorgeschrieben ist. Aber in mein Leben geht es offenbar noch weniger hinein als in Ihres, plötzlich einmal aus allem herauszubrechen. Die Leute sagen zwar immer, dass ich so schrecklich konventionell bin, aber das ist ja gar nicht wahr. Es ist nur so, dass mich das nicht lockt, was die an-

---

[101] Masch. außer Unterschrift.
[102] Kata Lévy.
[103] Dieser Brief ist nicht erhalten.
[104] Anna Freud hatte im Monat zuvor zwei tragische Todesfälle erlebt: Zuerst war ein kindlicher Patient von ihr, Harold Sweetser, der Sohn von Freunden Dorothy Burlinghams, gestorben und gleich danach die Tochter ihrer Freundin Eva Rosenfeld tödlich verunglückt (vgl. etwa F/E, S. 531 f. mit Anm.). Einen ausführlichen Bericht darüber schickte Burlingham am 9. 7. 1927 auf A. Freuds Bitte an Eitingon (NME; Original englisch): »Harold Sweetser, der bei mir lebte, während seine Familie in Genf war, starb am Freitag an Enzephalitis. Wir hatten alle eine leichte Grippe gehabt, auch Harold; er war nach zwei Tagen gesund, und dann wurde er wieder krank. Er war nur vier Tage krank, und die letzten 24 Stunden brachten wir ihn ins Karolinen-Hospital nach Wien. Seine Familie kam am Tag, bevor er starb, an. Es ist ein tragischer Schlag, und wir sind alle erschüttert und traurig. Anna war die ganze Zeit hier, pflegte ihn und tat alles für uns alle. Am nächsten Tag wurde Anna nach Grundlsee zu Eva Rosenfeld gerufen, weil Mädi, ihre 15-jährige Tochter, bei einer Bergwanderung tödlich verunglückt war. Wir sind alle schockiert und entsetzt. Die arme Anna ist voller Mitgefühl für Eva. Das ist das dritte Kind, das Eva verloren hat.«
[105] Es war nicht herauszufinden, worauf sich diese Stelle bezieht.

dern lockt und dass mir die Vergnügungen und Freiheiten der andern viel zu schäbig sind. Aber das versteht niemand und darum gewöhnt man sich, nichts davon zu verraten. Ich habe mich so über Ihren Brief gefreut, als ob ich es selber gewesen wäre.

Aber dass Sie nicht zum Kongress[106] kommen, tut mir sehr leid. Ich will sogar einen Vortrag halten. Ich habe ihn noch nicht ganz fertig, aber das Thema ist wieder das Gleiche: die Stellung des Kindes und seines Ueber-Ichs zur Aussenwelt, an einigen Beispielen gezeigt. Auch einen Aufsatz meines Vaters werde ich wieder vorlesen.[107] Bin ich schuld, dass Sie nicht zum Kongress kommen? Es wäre so viel schöner gewesen. Auch mein Vater sagt, es ist sehr unrecht von Ihnen, sich so zurückzuziehen.[108]

Ich hoffe, Sie richten Kata und ihre Pläne auf gleich. Ersci[109] habe ich bei meinem Besuch bei Eva Rosenfeld zwei Tage gesehen und beobachtet und einen denkbar ungünstigen Eindruck gehabt. Sie nützt ihre neurotischen Eigenarten bis zum äussersten zu ihrem Vorteil aus.

Das Anstreichen imponiert mir sehr. Ich hatte eine Zeitlang einen Plan. Ich wollte mir auf irgendeine Art ein Weekendhäuschen verschaffen und es mir ganz auf meine eigene Art einrichten.[110] Da hätte ich Sie gebeten, mich das Anstreichen zu lehren. Aber jetzt glaube ich doch, schon das verträgt sich nicht mit dem Sonstigen. Und es ist sehr schwer, zwei verschiedene Leben auf einmal zu leben.

Sehe ich Sie bald? Wie sind Ihre nächsten Pläne?

Ich bin mit sehr herzlichen Grüssen
Ihre Anna Freud

---

[106] Dem IPV-Kongress in Innsbruck. A. Freud hielt dort einen Vortrag »Zur Theorie der Kinderanalyse« (1928).

[107] In Innsbruck verlas Anna Freud die Arbeit ihres Vaters »Der Humor« (Freud 1927d). Zwei Jahre vorher in Bad Homburg hatte sie »Einige psychische Folgen des anatomischen Geschlechtsunterschieds« (Freud 1925j) vorgelesen

[108] Am 1. 12. 1926 hatte Freud mit Bezug auf die Zusammenkünfte ausgewählter WPV-Mitglieder, die er in seiner Wohnung abzuhalten begann, weil er die Vereinssitzungen nicht mehr besuchen konnte, an Federn geschrieben (SFP): »Aichhorn kann man nicht auslassen; gerade daß er sich fern hält ist ein Motiv ihn heranzuziehen. Auch hat er an den Vorbesprechungen bei Reik teilgenommen.«

[109] Erzsébet v. Freund-Tószeghi, eine Tochter Anton v. Freunds, lebte damals bei E. Rosenfeld.

[110] Zur späteren Verwirklichung dieses Plans siehe I.5.a.

Wie ist Dr. Mengs Junge?[111] *Warum brauchen Kinder von Analytikern und Pädagogen dann erst recht noch jemanden, der sie auf gleich richtet? Ist das nicht entmutigend? Hier bei uns war der Ernstl aus Hamburg*[112] *und davon habe ich Ihnen stundenlang zu erzählen. Er war leidenschaftlich gerne hier und kann sich jetzt zu Hause gar nicht wieder eingewöhnen. Ich mache mir grosse Sorgen um ihn.*

Peters (1979, S. 78) und Young-Bruehl (1995, Bd. 1, S. 146) schreiben in ihren Anna Freud-Biographien, dass Wien immer besonders reich an pikanten Gerüchten gewesen sei und dass auch die junge Anna Freud verschiedentlich in solche Gerüchte einbezogen worden sei. Merkwürdiger- oder überraschenderweise sei aber nie vermutet worden, dass es zwischen ihr und Aichhorn eine erotische Verbindung gegeben haben könnte. Diese Aussage stimmt so nicht. Noch viele Jahre später wurden in Wien diverse Gerüchte über die Art der Beziehung, die sie hatten, verbreitet. Die Vermutungen gingen sehr wohl in die Richtung einer sexuellen Beziehung.

Es spricht nichts dafür, wie ebenfalls behauptet wurde, dass Aichhorn einseitig in Anna Freud verliebt gewesen sei, sich dies aber erst eingestanden habe, nachdem die Familie Freud Wien verlassen hatte. Der Brief, aus dem eine solche Verliebtheit herausgelesen wurde (siehe 56AA mit Anm. 60), hat einen anderen Hintergrund. In den Jahren 1926/27 entwickelte sich in Aichhorns Privatleben eine nicht ganz unkomplizierte Konstellation, die auch dazu geführt haben könnte, dass er sich aus dem Kreis um Anna Freud zurückzog: Er hatte damals eine intime Beziehung zu Rosa Dworschak aufgenommen, ohne dass er sich zur Trennung von seiner Frau entschließen konnte. Diese Beziehung hielt er mehr oder weniger geheim. Er hat sich nur einigen wenigen Freunden wie etwa den Lévys anvertraut, nicht aber Anna Freud.

Die Bekanntschaft zwischen Aichhorn und Dworschak reichte bis ins Jahr 1917 zurück, als beide im Wiener Jugendamt tätig waren. Dworschak half Aichhorn, das ehemalige Flüchtlingslager Oberhollabrunn zu übernehmen und für die Ankunft der Kinder aus Wien vorzubereiten. Seine Einladung,

---

[111] Es war nicht zu klären, welcher der beiden Söhne Mengs damals bei Aichhorn in Behandlung war. Harald war ein begabter Schauspieler, der noch nicht 23-jährig Selbstmord beging (Luzerner Tagblatt, 15. 6. 1946); Helmut war Arzt.
[112] Der 13-jährige Ernst Wolfgang Halberstadt (später W. Ernest Freud) hatte die Sommerferien auf dem Semmering bei den Freuds verbracht.

August Aichhorn und Rosa Dworschak, ca. 1935

mit ihm dort zu arbeiten, lehnte sie ab. Sie blieb zwar in Kontakt mit ihm, die Funktion der Fürsorgerin im Heim aber übernahm an ihrer Stelle Anna Freuds Freundin Trude Baderle-Hollstein. Als Aichhorn dann für die Erziehungsberatung in den Wiener Bezirksjugendämtern verantwortlich wurde, begegneten sie einander wieder. Dworschak arbeitete damals als Fürsorgerin im Jugendamt Ottakring, wo sie auch Anna Freud, Dorothy Burlingham und Kata Lévy, die Aichhorn oft begleiteten, kennenlernte[113] und sich mit Margaret Mahler-Schönberger anfreundete.

[113] Jahre später bemerkte Dworschak in einem Brief an R. Ekstein anlässlich von dessen Nachruf auf A. Freud im Bulletin des Freud-Hauses (4. 4. 1983; SFP): »er hat mich sehr berührt. Ich kannte sie ja persönlich nur in den Jahren zwischen 1925 und 1935. Sie begleitete Aichhorn manchmal nach Ottakring zur Erziehungsberatung und versuchte sich auch in der Behandlung eines verwahrlosten Buben. Als dieser dringend einen Wintermantel brauchte, kaufte sie einen für ihn und wir, das Jugendamt, mußten als Geber auftreten. Mich freute es damals besonders, daß die Mutter des Buben darauf nicht hereinfiel sondern mir sagte: ›ich weiß genau, daß

d. Aichhorns Vortragreisen

Im Mai 1930 erreichte Aichhorn ein Brief von Anna Freud aus Berlin. Die Kiefer- und Gaumenoperationen infolge seiner Krebserkrankung hatten Freud gezwungen, eine Prothese zu tragen, die ihm ständige Beschwerden verursachte, so dass er von 1928 bis 1930 vier Mal den Berliner Kieferchirurgen Hermann Schröder aufsuchte, um sich von ihm eine bessere Prothese anfertigen und anpassen zu lassen (vgl. Schultz u. Hermanns 1987; Tögel 2006). Er wurde bei diesen Reisen von Anna Freud begleitet; die beiden wohnten jeweils im Sanatorium Schloss Tegel, einer 1927 von Ernst Simmel gegründeten psychoanalytischen Klinik. Anna Freuds erwähnter Brief lautet:

7 AF   *Berlin-Tegel, Sanatorium Schloß Tegel*
28. V. 30.[114]
Lieber Herr Aichhorn!
Ich habe mich sehr gefreut, daß Sie von der Reise geschrieben haben. Inzwischen habe ich auch schon von anderer Seite gehört, was für einen riesigen Erfolg Sie in der Schweiz gehabt haben.[115] *Ein Berliner Mitglied hier*[116] *hatte Bericht, wahrscheinlich von Dr. Sarasin. Es ist merkwürdig, daß Sie sich erst daran gewöhnen müssen, daß Sie wirklich eine Autorität geworden sind. Alle andern Leute wissen es schon und nur Sie erfahren es zuletzt. Sie brauchen mich auch gar nicht mehr zum Vortraghalten (leider). Ich freue mich sehr, daß Ihre Reise so ein Ergebnis gehabt hat und ich glaube, jetzt werden Sie Lust bekommen auf weitere solche Reisen.*

Daß es Ihrer Frau besser geht, habe ich auch schon von Lévys erfahren. Ich bin sehr froh.

> Frl. Freud ihm den Mantel geschenkt hat.‹ / Auch die Anfänge des Kindergartens [Jackson Nursery] erlebten wir mit, da wir über ihren Wunsch die ärmsten, vernachlässigsten Kinder im I. Bezirk heraussuchten. Anna Freud wollte Kinder aus verschiedenstem Milieu beobachten und wir waren froh darüber, denn diese Kinder erlebten Schönes: Wärme, gutes Essen und eine liebevolle Behandlung. Für uns Fürsorgerinnen schien das wissenschaftliche Ziel des Kindergartens noch nicht sehr wichtig. Und was hat Anna Freud daraus gemacht!« – Mit Dank an Ulrike May.

[114] Handschriftlich.
[115] Details dieser Vortragsreise unten. Aichhorns Brief darüber an A. Freud ist verloren.
[116] Möglicherweise Ilja Schalit.

Mein Vater erholt sich hier glänzend trotz der anstrengenden Arbeit an der Prothese und ich bin auch nicht mehr so müde wie im Anfang. Wir wissen noch nicht, wann wir nach Hause können. Und wir haben auch diesmal noch kein Sommerhaus gefunden, was sehr unangenehm ist.[117]
Ich halte hier wieder ein kleines Seminar, aber ich fühle mich in der Berliner Vereinigung ziemlich fremd.[118]

*Sehr herzlich
Ihre Anna Freud*

Aichhorn wurde öfters zu Vorträgen im Ausland eingeladen. Den Anfang scheint ein Auftritt am 27. Dezember 1924 in Budapest gemacht zu haben (siehe Rundbriefe, Bd. 4, S. 228). Bis 1943 hielt er dort zahlreiche öffentliche Vorträge, die von den unterschiedlichsten pädagogischen und psychologischen Vereinen veranstaltet wurden.[119]

Auch in Deutschland war Aichhorn immer wieder an Orten zu finden, wo sich neue Entwicklungen in der Sozialarbeit anbahnten. So bat ihn im Februar 1927 das Jugend- und Wohlfahrtsamt der Stadt Chemnitz, einen Kurs und einen öffentlichen Vortrag im Rahmen des Fortbildungskurses für Beamte des Jugendamts zu halten (Rech 1997, S. 87). Er nahm an und gab vom 9. bis 12. Mai einen Kurs »Einführung in das Gebiet der Fürsorge-Erziehung unter psychoanalytischen Gesichtspunkten«.[120] 1931 hielt er in Leipzig auf Einladung des dortigen Instituts für experimentelle Pädagogik und Psychologie einen Diskussionsabend über »Die Psychoanalyse im Dienste der Verwahrlosung« (siehe Schröter i. V.).

Zwei Vorträge im nicht-deutschsprachigen Ausland, zu denen Aichhorn eingeladen worden war, kamen nicht zustande. So nahm er an der Confé-

---

[117] Die langwierige Suche nach einem Quartier der Familie Freud für die Sommerferien ist ein Dauerthema in den Briefen, die Freud damals an seine Frau und Schwägerin schrieb (SFP). Am 13. Juni mietete man ein Haus in Rebenburg am Grundlsee (Molnar 1996, S. 125).

[118] Im Winterquartal (Januar–März) 1930 ist ein Seminar Anna Freuds in der DPG über 7 Doppelstunden mit 8 Teilnehmern verzeichnet: »Zur Technik der Kinderanalyse, nur für ausübende Kinderanalytiker« (IZ 1930, S. 526). Vgl. Schröter 2005, S. 38 f.

[119] Nach Zeitungsausschnitten in NAA; vgl. ferner II.3.a.

[120] Unterlagen dazu sind in seinem Nachlass erhalten (Aichhorn 1927).

rence Internationale du Service Social, die 1928 in Paris stattfand, nicht teil, obwohl er dafür einen Text »Bemerkungen zur strafrechtlichen Verfolgung jugendlicher Rechtsbrecher« vorbereitet hatte (siehe aber Aichhorn 1928). Im Folgejahr wurde er von Frankwood E. Williams, dem Leiter des Programm-Komitees, als Vertreter Österreichs zum First International Congress on Mental Hygiene eingeladen. Der Kongress fand im Mai 1930 in Washington statt. Außerdem sollte er auf Einladung von C. P. Oberndorf beim Jahrestreffen der American Psychoanalytic Association sprechen, das ebenfalls in Washington abgehalten wurde. Aichhorn musste diese Auftritte wegen der in Brief 7AF bereits erwähnten Erkrankung seiner Frau absagen, schickte aber seinen vorgesehenen Vortrag »Treatment versus punishment in the management of juvenile delinquents« (1930a) nach Washington, wo er nach einer eigenhändigen Notiz von ihm (NAA) auf dem Mental-Hygiene-Kongress verlesen wurde.

Noch in einer anderen Sache wandte sich Williams an Aichhorn. Er schrieb ihm an 2. 12. 1929 (NAA):

Es liegt uns natürlich besonders viel daran, Fräulein Anna Freud bei uns zu haben und ich werde ihr heute schreiben und sie im Namen des Programm-Ausschusses einladen und bitten, für den Kongress einen Vortrag vorzubereiten über einen von zwei Gegenständen, welche ich vorschlagen werde. […] Das Kommen von Fräulein Freud in diesem Momente würde einen bedeutenden Einfluss auf die Psycho-Analyse in den Vereinigten Staaten ausüben. Wegen der Haltung der New Yorker Psycho-Analytischen Gesellschaft in der Frage der Laien-Analyse haben wir hier mit vielen Schwierigkeiten zu kämpfen gehabt, aber die kürzlich erfolgte Aktion der Gesellschaft, die in dieser Sache sich den Gesellschaften in anderen Ländern anschloss und ihre Statuten so änderte, um Laien-Analytikern die Mitgliedschaft zu erlauben,[121] macht eine psychoanalytische Entwicklung in diesem Lande möglich. Es ist daher ein äusserst strategischer Zeitpunkt für Fräulein Anna nach den Vereinigten Staaten zu kommen und, obschon sie in Amerika keine Einführung braucht, wäre der Internationale Kongress sicherlich ein ausgezeichnetes Auspizium, um darunter ihr erstes hiesiges Auftreten zu machen. […]

Ich schreibe Ihnen all dies in der Hoffnung, dass Sie Ihren Einfluss mit Dr. Freud und Fräulein Anna dazu benutzen werden, um sie zu drängen, dass die Einladung angenommen wird. Der Ausschuss wird Ihnen sehr dankbar sein für alles, was Sie in dieser Sache tun können.

---

[121] Bezug auf das »Oxforder Abkommen« (vgl. I.4.a).

Williams hatte nicht nur an Anna Freud, sondern (mit teilweise sehr ähnlichen Formulierungen wie an Aichhorn) auch an Freud selbst geschrieben (F/E, S. 962–964). Dieser antwortete ihm am 22. 12. 1929 (Abschrift NME):

Dear Dr. Williams
Meine Tochter wird Ihnen dieser Tage Antwort geben. Ich habe auf Ihre Entschliessung keinen Einfluss genommen. Was mich betrifft, so nehmen Sie mit Recht an, dass mir die Reise zum Kongress unmoeglich ist. Ob ich gekommen waere, wenn ich kommen koennte, brauchen wir also nicht zu untersuchen.

Ihr freundliches Schreiben an mich enthielt manches, was mich ueberraschte. Vor allem, dass Sie so viel Wert auf das Erscheinen meiner Tochter auf dem Kongress legen und soviel Wirkung davon erwarten. Nichts an Ihrem bisherigen Benehmen konnte uns auf diese Einstellung vorbereiten. Auch, dass Sie sich selber als Psychoanalytiker bezeichnen. Ich wusste von Ihnen nur, dass Sie sich fuer Rank begeistert hatten und dass es mir in einer persoenlichen Unterhaltung nicht gelungen war, Sie zu ueberzeugen, dass einige Monate Arbeit mit Rank wenig mit Analyse in unserem Sinne zu thun haben und dass R[ank] aufgehoert hat, Analytiker zu sein. Wenn Sie seither keine gruendliche Wandlung durchgemacht haben, muesste ich auch Ihnen das Anrecht auf diesen Namen bestreiten.

Ueberhaupt kann ich nicht hoffen, dass der Kongress – dem ich den besten Erfolg wuensche – fuer die Analyse viel bedeuten kann. Er ist nach dem amerikanischen Muster des Ersatzes der Qualitaet durch Quantitaet gemacht und es ist nicht einzusehen, wie die Verlesung oder Verteilung von hunderten von Konzeption[en] und die anknuepfende, aufs aeusserste einzuschraenkende Diskussion wissenschaftlichen Fortschritt bringen soll. Auf unseren eigenen psa Kongressen haben wir Diskussionen als vollkommen unfruchtbar ueberhaupt beseitigt, so wenig wir in unseren Zeitschriften Kritiken und Antikritiken vermeiden. Es kann eine grosse show, eine Ausstellung von Theorien und Meinungen werden, wobei es vielleicht nicht viel schadet, wenn die Analyse wenig vertreten ist. Denn bei der meist feindlichen Einstellung der Teilnehmer koennte leicht der Anschein einer Abstimmung mit der Analyse herauskommen. Die meisten der workers in Mental Hygiene sind nicht reif fuer das Verstaendnis der Analyse und sehr unwissend ueber sie, und solange dieser Zustand in Amerika besteht, habe ich gar kein Interesse daran, dass sich Laienanalyse in Amerika ausbreitet. Welchen Wert koennten denn solche Laienanalytiker haben, z. B. die von Rank analysierten! Ich glaube also, es ist zu frueh fuer den Besuch meiner Tochter.

In der Hoffnung, dass Sie die Aufrichtigkeit dieser Zeilen schaetzen werden
Ihr ergebener
Freud

Bereits im Herbst 1929 hatte Aichhorn die oben (7AF) erwähnte Einladung für Vorträge in der Schweiz bekommen. Philipp Sarasin hatte ihm am 11. 11. geschrieben (NAA): »Als Vorsitzender der schweizerischen Gesellschaft für Psychoanalyse erlaube ich mir, Sie anzufragen, ob es möglich wäre, dass Sie in unserer Gruppe einmal sprechen würden. [...] / Am Kongress in Oxford hatte ich den Plan mit Frl. Anna Freud besprochen und wurde dazu sehr ermuntert.« Nachdem Aichhorn zugesagt hatte, teilte ihm Sarasin am 14. 5. 1930 mit (ebd.):

Wir haben nun folgendermassen organisiert:[122]
1. Sitzung, Montag den 19. Mai, Hotel Habis, Zürich
   Thema: Die Psychoanalyse des Verwahrlosten.
2. Öffentliche Vorträge.
   Thema: Die Erziehungsmittel: Lohn oder Strafe?
   19. Mai 17.30 Zürich, Singsaal der höheren Töchterschule.
   20. Mai 20.00 Basel, Bernoullianum, grosser Saal.
   21. Mai 20.00 Bern, Grossratsaal.
Dann kann ich Ihre Unterkunft bestätigen:
Zürich: bei Kollega Behn-Eschenburg, Zürich-Küsnacht.
Basel: bei mir, Gartenstrasse 65
Bern: bei Kollega Blum, englische Anlage 8

Nach Aichhorns Rückkehr bedankte sich Sarasin in einem Brief vom 22. Mai (ebd.) namens der Schweizerischen Vereinigung bei ihm für den »freundlichen und uns so wertvollen Besuch« und erklärte: »Wir haben sehr viel gelernt und sahen wieder einmal so recht deutlich, wie weit sich das Anwendungsgebiet der Analyse erstreckt.«[123]

---

[122] Aichhorns Beitrag zur Zürcher Vereinssitzung hatte den Titel »Einige Erfahrungen aus der praktischen Arbeit der Verwahrlostenerziehung« (Abstract in IZ 1930, S. 546 f.). Der öffentliche Vortrag wurde unter dem Titel »Lohn oder Strafe als Erziehungsmittel?« publiziert (Aichhorn 1931).

[123] Die nachhaltige Wirkung dieser Vortragsreise zeigt sich in einem Brief von Hans Behn-Eschenburg an Aichhorn vom 3. 9. 1930, in dem es heißt (NAA): »Ich möchte gerne am 15. oder 16. ds. auf einige Tage nach Wien kommen. Als äussern Anlass dazu nehme ich den Kongress für Sexualreform; innerlich ist Ihr Besuch bei uns, d. h. die Tatsache, dass wir Sie dort kennen lernen durften, der Anlass der mir den Mut gibt eine Reise zu wagen die ›man‹ als Analytiker längst gemacht haben sollte.

Besonders reich dokumentiert ist Aichhorns Teilnahme an der Zweiten Tagung der Deutschen Psychoanalytischen Gesellschaft in Dresden im September 1930 (siehe IZ 1931, S. 155–157). Am 7. Juli 1930 schrieb ihm Felix Boehm im Namen der DPG (NAA):

Abraham hat s. Zt. angeregt in gewissen Zeitabständen eine Tagung der deutschsprechenden Analytiker in Deutschland stattfinden zu lassen. Die erste fand im Herbst 1923 in Würzburg in kleinerem Kreise statt und verlief in jeder Beziehung befriedigend.[124] Jetzt hat unsere Vereinigung beschlossen am 28., 29. und 30. September eine Tagung der deutschsprechenden Analytiker in Dresden abzuhalten. [...] Wir wollen unsere Kollegen in Deutschland, aus der deutschen Schweiz, aus Wien und Budapest bitten, an unserer Tagung teilzunehmen. Die Vorträge sollen uns Analytikern etwas Neues bieten und andererseits die Zuhörer, welche zum grossen Teil nicht Analytiker von Beruf sein werden, über den gegenwärtigen Stand der Analyse auf ihren verschiedenen Anwendungsgebieten orientieren. [...]

Wir wären Ihnen zu ausserordentlichem Dank verpflichtet, wenn Sie sich der Mühe unterziehen wollten an unserer Tagung teilzunehmen und ein Referat über Kinderanalyse, bezw. Kinderpädagogik zu halten. Bei Ihrem reichen Erfahrungsschatz dürfte es Ihnen sicher nicht schwer fallen, ein Thema zu wählen, welches uns allen neue Gesichtspunkte bietet und über welches zu sprechen auch Ihnen Freude machen würde.

Wenig später wandte sich Eitingon in gleicher Angelegenheit an ihn. Er betonte am 19. 7., anknüpfend an Boehms Brief (ebd.):

Es liegt uns ausserordentlich viel daran, dass gerade Sie mit einem Thema aus Ihrem Arbeitsgebiet auf dem Kongress auftreten würden. Es ist die diesmalige Absicht des Kongresses, sich an eine grössere Öffentlichkeit zu wenden, und da ist wirklich fast niemand von uns mit Problemen beschäftigt, die so lebhaft die grössere Öffentlichkeit interessieren, wie gerade die Ihrigen es tun. Wir würden uns ausserordentlich freuen, wenn Sie Ihre Reise zu der Dresdener Tagung mit einem mehr oder weniger langen

[...] / Ich möchte gerne bei der Gelegenheit den einen oder anderen ›Menschen‹ kennen lernen, vielleicht an einer Sitzung der Wiener Vereinigung teilnehmen, vielleicht mich Prof. Freud vorstellen (und Anna Freud), vor allem aber möchte ich soweit das möglich ist etwas davon sehen ›wie Sie es machen‹. Ihre Anregung in Bezug auf die Verwahrlosung des Analytikers hat mir Eindruck gemacht – wir sind hier alle so gut erzogen! – und ich möchte da gerne etwas von Ihnen lernen soweit sich das eben überhaupt lernen lässt.« Vgl. auch Anm. 4 zu Anhang I.1.

[124] Zu dieser Tagung siehe Weiß u. Lang 1996.

Aufenthalt in Berlin verbinden könnten. Wir können auch hier für Sie einige Vorträge veranstalten, vor allem möchten wir gern, dass Sie in unserer pädagogischen Arbeitsgemeinschaft einen Kursus hielten, in der Ausdehnung, wie Ihre Zeit gerade noch erlaubt.[125]

Als Aichhorn, nach einem nochmaligen Schreiben Boehms vom 26. 7., endlich zugesagt hatte,[126] antwortete dieser am 18. 8. (ebd.):

Hiermit bestätige ich mit bestem Dank den Empfang Ihres Schreibens [...] und erlaube mir Ihnen höflichst mitzuteilen, dass wir uns über Ihr Kommen sehr freuen und Ihnen noch weitere Einzelheiten über Zeit und Ort Ihres Vortrages mitteilen werden.

Ergänzend möchte ich noch hinzufügen, dass wir allerdings von vornherein den grössten Wert auf Ihr Kommen legten; aus der ganzen Internationalen Vereinigung hatten wir nur Sie, Anna Freud, Hollos, Felix und Helene Deutsch, Zulliger und Meng aufgefordert bei uns zu sprechen. Ich darf vielleicht noch hinzufügen, dass »Verwahrloste Jugend« ein Schlagwort in Deutschland geworden ist, welches Theater und Kino, Ministerien und Erziehungsanstalten revoltiert hat. »Verwahrloste Jugend« ist das einzige Buch, aus der ganzen psychoanalytischen Literatur, welches Geheimrat Bonhoeffer an einem wissenschaftlichen Abend der Universitäts-Nervenklinik hat besprechen lassen.

Anna Freud stellte zu der Dresdener Tagung, über die Aichhorn ihr berichtet hatte, am 12. 10. 1930 gegenüber Eitingon fest (AFP): »Ich weiß, dass es viele Für und Wider vorher gegeben hat. Als Einzelvorkommnis verdient sie wahrscheinlich nicht so viel Affekt und zur Richtung in der Vereinigung wird die Tendenz zur Popularisierung ja doch nicht werden.« Und Boehm erklärte in einem Brief vom 6. 10. an Aichhorn (NAA):

---

[125] Ein Kurs oder Vortrag in Berlin ist nicht zustande gekommen, obwohl Eitingon Aichhorn in einem Brief vom 16. 12. 1930 (NAA) nochmals zu einem Besuch aufforderte.

[126] An Rosa Dworschak schrieb er (o. D.; NRD): »Heute habe ich wieder einen Brief von Dr. Boehm aus Berlin bekommen, der so abgefasst ist, dass ich doch nach Dresden fahren werde müssen. Ich habe Dir gesagt, dass ich meinen letzten Brief so schrieb, dass ich erst dann kommen werde, bis ich mit der Verarbeitung des gesammelten Materials fertig sein werde. Das scheint er nun doch nicht ganz richtig aufgefasst zu haben und wenn ich jetzt nicht blöde erscheinen will, muß ich fahren.«

Darf ich Ihnen unseren herzlichen Dank für Ihr ausgezeichnetes Referat aussprechen, durch welches Sie unserer Tagung und der Sache der Psychoanalyse einen wesentlichen Dienst erwiesen haben.

Ich kann Ihnen nicht mehr sagen, als über Ihren Vortrag in dem beiliegenden Zeitungsausschnitt steht.[127] Uns allen ist während Ihrer Ausführungen das Herz von neuem für die Psychoanalyse und für die Jugend aufgegangen.

Im Februar 1936 hielt Aichhorn einen Vortrag in Prag (siehe I.4.i), und im selben Jahr sprach er auch wieder, diesmal eingeladen von der Staatlichen Schulsynode des Kantons Basel-Stadt, in der Schweiz. Nach Wien zurückgekehrt schrieb er am 11. 12. 1936 an Heinrich Meng (NAA):

Mir geht es recht gut, ich stecke schon wieder mitten in der Alltagsarbeit. [...]
    Mein Schweizer Aufenthalt ist mir in sehr guter Erinnerung und insbesondere Ihre persönliche Anteilnahme. Als einen ganz besonderen Erfolg meines Baselaufenthaltes würde ich die Gründung einer Arbeitsgemeinschaft unter Ihrer Leitung empfinden, denn erst dann könnte die Basler Lehrerschaft dauernd Gewinn aus der Analyse ziehen.
    Herzlichste Grüße an Ihre Gattin und meinen jungen Freund, Ihren Sohn.[128] Ihnen einen besonders schönen Gruss.

e. Die Hietzing- oder Rosenfeld-Burlingham-Schule

Ein wichtiges Projekt, bei dem Aichhorn und Anna Freud zusammenarbeiteten, war die von Dorothy Burlingham, Anna Freud und Eva Rosenfeld 1927 in Hietzing, in der Wattmanngasse 11,[129] eröffnete Hietzing- oder Rosenfeld-

---

[127] Unter der (auf den Dresdener Vortrag von Groddeck anspielenden) Überschrift »Oedipus und Struwwelpeter. Psychoanalytiker-Tagung« schrieb die *Vossische Zeitung* am 2. 10. 1930 (morgens) (NAA): »August Aichhorn (Wien) berichtete aus seiner – psychoanalytisch orientierten – *Erziehungsberatung* so eindringlich, so phantasievoll, so liebenswert und mit einer so ingeniösen Feinfühligkeit, daß er den brausenden Beifall seiner entzückten Hörer davon trug. Wie man erfährt, kommt er demnächst für kurze Zeit nach Berlin, und wer Kinder, Tiere und Blumen lieb hat, der soll das Fest, diesen Menschen zu hören, gewiß nicht versäumen.«
[128] Vgl. Anm. 111 zu 6AF.
[129] Hietzing: der XIII. Wiener Gemeindebezirk. Die Wattmanngasse liegt in einem eleganten biedermeierlichen Villenviertel um das Schloß Schönbrunn.

Burlingham-Schule.[130] Am 2. Oktober schrieb Burlingham an Eitingon (NME; Original englisch):

Die Schule beginnt morgen mit zahlreichen Kindern – Eva [Rosenfeld] hat eine bezaubernde Heimstatt für sie geschaffen, und ich denke, sie ist mit ihrer Persönlichkeit der Mittelpunkt der ganzen Schule – sicherlich haben meine Kinder gute Chancen, und ich bin so glücklich für sie.

Die Hietzing-Schule war eine kleine Privatschule, in der etwa zwanzig Kinder verschiedener Nationalitäten unterrichtet wurden, die zumeist in Analyse waren. Unter ihnen befanden sich die vier Kinder Burlinghams, Ernst Halberstadt (später: Freud), Peter Heller, der viel über die Schule geforscht und geschrieben hat,[131] der Sohn Ernst Simmels, Reinhard, die Tochter Nijinskys, Kira, sowie Aichhorns jüngerer Sohn Walter.

Auch Aichhorn beteiligte sich seit ihrer Gründung an der Führung der Schule. In einer Zusammenstellung seiner Tätigkeiten gibt er an, er sei in den Schuljahren 1931/33 Leiter der Schule gewesen.[132] Blos, der die Schule führte, berichtet (Perner 1993, S. 89 f.):

Schließlich, nach Jahren, [...] wollte ich [aus Wien] weggehen. Ich hatte das schon mehrmals versucht und war immer überredet worden, zu bleiben, als schließlich Dorothy Burlingham, unter dem Einfluß von Anna Freud, die alle ihre Kinder in Analyse hatte, ein kleines Schulhaus bauen wollte, im Garten einer Freundin [Eva Rosenfeld]. [...]
Das Schulhaus wurde gebaut, und ich wurde gefragt, ob ich diese Schule leiten will. Das war eine große Verführung und ich sagte ja. Aichhorn kam da herein. Er wurde dort Berater, und so lernte ich ihn kennen.[133]

---

[130] Vgl. M. Aichhorn 2006; Erikson 1930, 1931, 1980; Heller 2001; Houssier 2010a; Midgley 2008. Ferner das Typoskript von Blos (1975): An intimate history of »The School in der Wattmangasse« Vienna, 1927 to 1932 (SFP).

[131] Er veröffentlichte zudem einen Bericht über seine Analyse bei Anna Freud (Bittner u. Heller 1983).

[132] »Schule der Amerikanerin Mrs. Burlingham, XIII., Wattmanngasse 11; Leitung: Schuljahre 1931/33« (Daten zum Lebenslauf, 28. 3. 1938; NAA). Einer anderen Quelle zufolge war die Schule allerdings bereits im Frühjahr 1932 geschlossen worden (Blos 1975 [wie Anm. 130], S. 20).

[133] Über seine Erfahrungen mit Aichhorn erzählt Blos weiter (ebd., S. 90 f.): »Mein

Der zweite Hauptlehrer neben Peter Blos war Erik Homburger, später bekannt unter dem Namen Erik H. Erikson. Während Aichhorn zu Blos offenbar eine freundschaftliche Beziehung hatte, scheint sein Verhältnis zu Erikson eher distanziert gewesen zu sein (vgl. seinen Briefwechsel mit diesem: Friedman 1999, S. 97 ff.). Außerdem unterrichteten K. R. Eissler, Esther Menaker und Eriksons spätere Frau Joan Serson an der Schule. Auch Aichhorn kehrte dort zu seinem angestammten Lehrerberuf zurück. Ein kleiner Detailbeleg dafür ist ein Brief von Blos an ihn vom 7. 9. 1931, in dem es heißt (NAA):

Der Stundenplan bleibt derselbe, nur sind die einzelnen Stunden verlegt, was sich in den ersten Schulwochen noch mehrmals wiederholen wird. Die Stundenzahl für die einzelnen Fächer ist gleich geblieben. Wir werden sofort am ersten Tag mit dem regelrechten Stundenplan beginnen. Ihre darstellende Geometrie läge am Samstag in der letzten Stunde. Aber da lässt sich ja leicht etwas mit Eisslers Stunden tauschen.

f. Die Zeitschrift für psychoanalytische Pädagogik

Der nächste erhaltene Brief aus der Korrespondenz zwischen August Aichhorn und Anna Freud bestätigt einerseits die relative Entfremdung, die zwischen ihnen eingetreten war, und berührt andererseits ein weiteres Projekt, das sie in den 1930er Jahren verband.

Kontakt mit Aichhorn wurde sehr intim und ich hatte große Bewunderung für den Menschen und für seine Arbeit. Vor allem dafür, wie er Kinder und Jugendliche verstehen konnte, augenblicklich und intuitiv, und wie er mit ihnen reden konnte. Ich habe mich sehr dafür interessiert und er war sehr aufgeschlossen für mein Interesse und hat mir alle Gelegenheit gegeben, seine Arbeit in vivo kennenzulernen. Und so verbrachte ich viele Stunden mit ihm, in denen er mich eingeladen hatte, mit ihm in die Erziehungsberatungsstellen zu kommen. […] Er legte keinen Wert auf Formalitäten, und was ich merkte und beobachtete war seine vollständige Abwesenheit von Aggression, von irgendwelcher emotionaler Verurteilung. […] / Aichhorn hatte einen großen Einfluß auf mich und vielleicht, sehr wahrscheinlich, hat er mich auf die Bahn der Adoleszenzforschung gebracht, die ich nie aufgegeben habe und die von 1930 bis 1990 gedauert hat. Das ist eine lange Zeit, nicht wahr, und das verdanke ich Aichhorn.«

8 AF   Wien, 5. VII. 1932.[134]

Lieber Herr Aichhorn!
Ich habe einen Traum gehabt, in dem ich sehr böse mit Ihnen war, daraus merke ich, es ist Zeit, daß Sie sich wieder einmal um mich kümmern. Außerdem warten alle möglichen Geschäfte, vor allem eine Besprechung über die pädagogische Zeitschrift, u.s.w.

Ihre
Anna Freud

Mit der »pädagogischen Zeitschrift« war die *Zeitschrift für psychoanalytische Pädagogik* gemeint, die Heinrich Meng und Ernst Schneider 1926 zunächst im Stuttgarter Hippokrates-Verlag gegründet hatten (vgl. Weber 1999, S. 285–292). Die *Internationale Zeitschrift* zitierte aus dem Editorial der Herausgeber u. a. folgende Sätze (IZ 1927, S. 250):

Die Zeitschrift wird der Pädagogik dienen, der theoretischen wie der praktischen, und zwar soweit wie die Psychoanalyse dies vermag. Sie wird in erster Linie Arbeiten bringen, die aus der Praxis hervorgegangen, d. h. an Erfahrung und Beobachtung orientiert sind. Dabei denken wir zuerst an *Ergebnisse der Anwendung des psychoanalytischen Verfahrens* an Kindern und Jugendlichen oder an Erwachsenen, deren Kindheit zum Gegenstand analytischer Erforschung gemacht wurde. Dann kommt jene Erfahrung in Frage, die dem psychoanalytisch eingestellten Erzieher bei seinen verschiedenen Erziehungsleistungen in *Schule und Haus*, in der *Anstalts-, Heil- und Fürsorgeerziehung*, in der *Lehrerbildung*, in der *Erziehungs- und Berufsberatung*, bei *charakterologischen Untersuchungen* (Psychodiagnostik) usw. erblüht. Im weiteren wenden wir unsere Aufmerksamkeit der Förderung jener Gebiete zu, die für den Erzieher bedeutsam sind, wie *Kinderpsychologie, Charakterologie* (Individualpsychologie von Erzieher und Zögling), *Pathopsychologie, Methodik der Erziehung, Gruppen- und Massenpsychologie*. Sorgfältige *Literaturberichte* sollen den Leser darüber orientieren, was auf den angeführten Gebieten bis jetzt schon geleistet worden ist und was weiterhin geleistet wird, ferner über die allgemeinen Fortschritte der Psychoanalyse überhaupt.

Die Zeitschrift umfasst elf Jahrgänge, der letzte Band erschien 1937. Sie galt zunächst in der IPV-Spitze wegen ihres unzulänglichen Niveaus als Sorgen-

---

[134] Handschriftlich. Im gedruckten Briefkopf (Anna Freud / Wien, IX. Berggasse 19) sind Bezirk und Straße ausgestrichen.

kind, weshalb sie auch, als Hippokrates sie nach einem halben Jahr aufgab, nicht vom Internationalen Psychoanalytischen Verlag, sondern von dessen damaligem Leiter A. J. Storfer privat übernommen wurde (siehe z. B. F/E, S. 566 mit Anm. 3, S. 569 und 728). Im Zuge von Storfers Rücktritt bzw. Absetzung als Verlagsleiter fand ab 1931 eine tiefgreifende Änderung in der Herausgeberschaft statt. Zunächst traten zu Meng und Schneider ab dem 5. Jg. 1931 Federn, Anna Freud und Storfer hinzu. Aber das war nur eine Übergangslösung; in einer auf »Ende April« unterzeichneten »Mitteilung an die Mitarbeiter« erklärte Storfer (Zschr. Psychoanal. Päd., 6 [1932], S. 171):

Nachdem ich von der Leitung des Internationalen Psychoanalytischen Verlags bereits im Januar d. J. zurückgetreten bin, scheide ich nunmehr auch aus der Schriftleitung der »Zeitschrift für psychoanalytische Pädagogik« aus; an meiner Stelle tritt Herr *August Aichhorn* (Wien) in die Schriftleitung ein. Als Herausgeber und verantwortlicher Redakteur zeichnet nunmehr Herr Dr. *Paul Federn* (Wien).

Mit Storfers Rücktritt ging die Zeitschrift in das Eigentum des Internationalen Psychoanalytischen Verlags über (ebd., S. 173). Auf dem Titelblatt des 7. Jg. 1933 erscheint neben Aichhorn noch Hans Zulliger neu im Kreis der Herausgeber. Um die Bewältigung dieser fundamentalen Umorganisation von 1932 mag es bei den »Besprechungen« gegangen sein, die Anna Freud in ihrem voranstehenden Brief erwähnt. Ab 1934 übernahm – bei unverändertem Herausgeberteam – Willi Hoffer die Schriftleitung. Das Erscheinen der Zeitschrift wurde durch die finanzielle Unterstützung von Edith Jackson ermöglicht (siehe 30AF).

Durch die geschilderte schrittweise Umbildung etablierte sich die »pädagogische Zeitschrift« nach ihren problematischen Anfängen zum zentralen Organ der Psychoanalytischen Pädagogik, wie sie vor allem in Wien entwickelt worden war und gepflegt wurde.

g. Zur Gründung der Erziehungs- und Jugendberatungsstelle der WPV

Aichhorn war von Anfang an, also seit 1923, mit seiner untergeordneten Position im Dienst der Gemeinde Wien und auch mit seiner mäßigen Entlohnung unzufrieden gewesen. Offenbar hatte er schon Mitte der 1920er Jahre daran gedacht, aus dem städtischen Dienst auszuscheiden. Ende Oktober 1925 meinte Bernfeld, er habe »demissioniert«, und es daure nicht mehr lange, »bis er in Pension geschickt wird« (zit. Reichmayr 1992, S. 125). Bernfeld hoffte damals, Aichhorns Nachfolge antreten zu können, aber dieser ging noch nicht in Pension. Erst als er seine Dienstzeit vollendet und ihm Tandler eine zunächst zugesagte Gehaltserhöhung nicht zuerkannt hatte, reichte er im Mai 1929 sein Pensionierungsansuchen ein. Als neuerliche Gehaltsverhandlungen wieder keinen Erfolg hatten, wurde er am 16. 9. 1930 pensioniert.[135] Sein Schritt hatte Folgen für die Ausbildungskurse der WPV, die er bisher im Rahmen seiner Tätigkeit für die Stadt Wien abgehalten hatte.

An sich hatte Aichhorn mit Tandler vereinbart, dass er auch nach seiner Pensionierung an zwei Bezirksjugendämtern die Erziehungsberatung ehrenamtlich weiterführen werde. Bald aber kam es in einem von ihnen zu Konflikten. Da die WPV daran interessiert war, sich diese Ausbildungsmöglichkeit zu erhalten, wurde Tandler Anfang Juli 1931 ein betreffendes Ansuchen überreicht (siehe T. Aichhorn 1976, S. 65). Die Initiatoren berichteten nach einem Gespräch, Tandler habe gemeint, dass Aichhorn nur deswegen aus dem aktiven Dienst ausgeschieden sei, weil seiner Eitelkeit in der Frage einer Titelverleihung nicht entsprochen und auf seine kleinlichen Forderungen nach einer Gehaltsaufbesserung nicht eingegangen worden sei. Daraufhin entschloss sich Aichhorn, seine Tätigkeit im Jugendamt sofort einzustellen (vgl. 117AA mit Anm. 109). An Tandler schrieb er am 7. 7. 1931 (zit. T. Aichhorn 1976, S. 66): »Wenn Ihnen Ihr Personalreferent einen geeigneten Psychoanalytiker als Ersatz für mich in Vorschlag bringt, so freue ich mich darüber. Ich brauchte dann nicht zu befürchten, daß die von mir gegen so viele Widerstände geschaffene Erziehungsberatung plötzlich aufhört.« Tandler erfüllte auch diesen Wunsch nicht. Den jetzt mit der Erziehungsberatung betrauten Franz Winkelmayr kannte Aichhorn zwar gut von ihrer gemeinsamen Arbeit in Hollabrunn her, als einen geeigneten Nachfolger aber konnte er ihn – vielleicht gerade deswegen – nicht ansehen (Göllner 2003, S. 22 f.).

Um Aichhorns Ausbildungstätigkeit für die WPV zu erhalten, musste nach dem Verlust seiner Arbeits- und Ausbildungsmöglichkeiten im Rahmen der Jugendämter ein neuer Weg gefunden werden. Hoffer versuchte in einem Brief vom 5. 11. 1931, Aichhorn für das Projekt einer der WPV anzugliedernden »Klinik«, das er entwickelt hatte, zu gewinnen (zit. T. Aichhorn

---

[135] Vgl. zu diesen Vorgängen die Dokumentation bei T. Aichhorn 1976, S. 62 ff.

1976, S. 67 f.). Aichhorn ging auf den Vorschlag ein, und Anfang 1932 wurde unter seiner Leitung eine zweite Erziehungs- und Jugendberatungsstelle der WPV in Wien, IX., Wasagasse 10 eröffnet. Zu den Mitarbeitern gehörten neben Hoffer auch Anna Freud und Editha Sterba (siehe T. Aichhorn 1976, S. 68 f. und IZ 1932, S. 278).

In einem Tätigkeitsbericht der Wiener Psychoanalytischen Vereinigung vom August 1932 (NME), der als Grundlage für den Geschäftsbericht des IPV-Präsidenten Eitingon auf dem Internationalen Psychoanalytischen Kongress in Wiesbaden bestimmt war (vgl. IZ 1933, S. 260 f.), führte Paul Federn aus:

Aichhorn's Vorlesung über sein Gebiet verbindet durch die nachfolgenden Diskussionen Vorlesung und Seminar, ohne ein solches zu sein.

Die überaus fruchtbare Arbeit Aichhorn's zur Heranbildung von Fürsorgern, Pädagogen und Kindergärtnern für die Anwendung der Psychoanalyse auf ihre Gebiete hat sich insofern geändert, als Aichhorn seine Stelle als psychologischer Berater des Jugendamtes der Stadt Wien pensionsweise verlassen hat. Dadurch kam im letzten Jahre zu unserer Erziehungsberatungsstelle im Ambulatorium eine weitere Erziehungsberatungsstelle unter seiner Leitung hinzu. Dort setzt er ungehemmt durch offizielle Bindungen seine Tätigkeit erfolgreich fort. Denn er gehört zu den Männern, denen Amt und Sendung innewohnen und nicht behördlich verliehen werden brauchen.

h. Psychoanalytische Ausbildung von Pädagogen und Sozialarbeitern im Rahmen der WPV

Auch Helene Deutsch betonte in Wiesbaden die Anziehungskraft, die das Wiener Lehrinstitut auf pädagogische Kreise ausübe (IZ 1932, S. 267). Ein Indikator dafür sei die Zahl der Anmeldungen zu Kursen und Seminaren. Die Interessenten seien überwiegend Kindergärtnerinnen, aber auch Mittelschullehrer. Diesen Zulauf führte Deutsch vor allem auf die erfolgreiche Tätigkeit von Anna Freud und Aichhorn zurück. Aichhorns Kurse für Sozialarbeiter und Pädagogen erfreuten sich einer außerordentlichen Popularität und hätten bereits »den Charakter einer konsequent durchgeführten Ausbildung« angenommen.[136]

---

[136] Vgl. hierzu und zum Folgenden T. Aichhorn 2004. Dort auch die Protokolle der

August Aichhorn und Anna Freud, 1930er Jahre

In der Sitzung des Lehrausschusses vom 4. 7. 1933 brachte Bernfeld Vorschläge zur Neuregelung der Ausbildung zum analytischen Pädagogen ein, die von ihm, Aichhorn, Anna Freud und Hoffer ausgearbeitet worden waren. Am 16. 1. 1934 teilte Anna Freud im Ausschuss mit, dass der pädagogische Lehrgang mit acht Kandidaten seine Tätigkeit beginne.

Am 1. 2. 1935 genehmigte der Lehrausschuss die Richtlinien der von Aichhorn entwickelten und betriebenen Ausbildung zum Verwahrlostenanalytiker. Eine umfassende Darstellung des psychoanalytisch-pädagogischen Ausbildungslehrgangs der WPV legte Hoffer im August 1938 auf dem Pariser IPV-Kongress der Plenarversammlung der IUK vor. Damals war die Wiener Vereinigung bereits aufgelöst.

Lehrausschuss-Sitzungen vom 4. 7. 1933 und 1. 2. 1935 (in Auszügen) sowie der Pariser Bericht von Hoffer.

i. Aichhorns Vortrag in Prag 1936

Dass Aichhorn in den 1920er und 1930er Jahren eine rege Vortragstätigkeit entfaltete, wurde schon beschrieben. Einen dieser Vorträge – im Frühjahr 1936 in der Psychoanalytischen Arbeitsgemeinschaft Prag[137] – scheint Anna Freud vermittelt zu haben. Aichhorn schrieb ihr daraufhin:

9 AA   Wien, 29. Oktober 1935[138]

Liebes Fräulein Freud!
Vielen Dank für Ihren Brief. Natürlich bin ich gerne bereit, einen Vortrag für Prag zu übernehmen. Am liebsten wäre mir, wenn er z. Bsp. Anfang Februar an einem Freitag oder Samstagabend festgesetzt würde, eine genaue Fixierung ist mir noch nicht möglich und ja auch noch nicht nötig.
Die Reise würde ich natürlich auf eigene Kosten machen. Ich erwarte weitere Nachricht und bin mit den herzlichsten Grüßen
Ihr [ohne Unterschrift]

Am 4. 11. meldete sich der Leiter der Arbeitsgemeinschaft, Otto Fenichel, direkt bei Aichhorn mit den Worten (NAA):

Fräulein Freud sendet mir Ihren an sie gerichteten Brief vom 29. X., demzufolge Sie gerne bereit sind, einen Vortrag für Prag zu übernehmen. Wir sind Ihnen für diese Bereitschaft ausserordentlich dankbar und freuen uns schon alle darauf, Sie zu hören! In Bezug auf Zeit und Thema richten wir uns natürlich nach Ihren Wünschen.

Aichhorn teilte ihm am 3. 2. 1936 mit (ebd.), »dass mir der Samstag der 29. Februar für den Vortrag entsprechen würde. Was das Thema anbelangt, würde ich gerne über die Anwendung der Übertragung in der Erziehungsberatung und bei der Behandlung Verwahrloster sprechen.« Tatsächlich verteilte sich Aichhorns Vortrag, laut dem Prager Sitzungsbericht (IZ 1936, S. 292), auf zwei Tage, den 29. Februar und 1. März 1936. Als Titel wird dort

---

[137] Die Arbeitsgemeinschaft war von Frances Deri ab 1933 als Zweig der WPV aufgebaut worden. Nach Deris Emigration übernahm Otto Fenichel im Herbst 1935 ihre Leitung (vgl. Fenichel 1998; Mühlleitner 2008).

[138] Masch.; ausnahmsweise in NAA als Kopie erhalten.

genannt: »Über die Handhabung der Übertragung in der Erziehungsberatung«.

Hinterher, mit Brief vom 4. 3. (NAA), bedankte sich Fenichel für die »so schönen Vorträge« und fügte hinzu: »Da ein hoher Prozentsatz meiner Analysanden anwesend war, weiss ich mit Sicherheit, dass es nicht nur mir so gefallen hat!« Und Aichhorn antwortete am 15. (ebd.): »Vielen, vielen Dank für Ihre lieben anerkennenden Worte. [...] Die ganze an meinen Vortrag angeschlossene Diskussion hat mir reiche Anregungen gebracht, wofür ich den Pragern dankbar bin.« 1936 wurde in der *Zeitschrift für psychoanalytische Pädagogik* (mit dem Zusatz »Herrn Prof. Freud zu seinem 80. Geburtstag in Verehrung gewidmet«) Aichhorns Arbeit »Zur Technik der Erziehungsberatung. Die Übertragung« veröffentlicht. In einer redaktionellen Bemerkung heißt es, der Text stelle die revidierte und erweiterte Fassung eines Vortrags vom 29. 2. 1936 in der Prager Psychoanalytischen Arbeitsgemeinschaft dar.

j. Die Jackson Day Nursery

1937 begann Anna Freud ein neues Projekt, die sogenannte Jackson Day Nursery, über das sie an Eitingon schrieb (zit. F/E, S. 896, Anm. 4):

[21. 1.] Ich bin, außer mit der gewöhnlichen Arbeit, sehr beschäftigt mit der Gründung und Eröffnung eines Kleinkindergartens für das Alter von 1 bis 3 Jahren. Das Geld dazu kommt von Frau Dr. Jackson und zum Teil von Dorothy [Burlingham]. Wir eröffnen am 1. Februar.

[6. 2.] Mir gehört das ganze, und ich hoffe, es wird eine gute Gelegenheit für Beobachten und Nachdenken sein.

Die Nursery, in enger Zusammenarbeit mit dem Wiener Jugendamt betrieben und der Montessori-Schule am Rudolfsplatz, Wien I., angegliedert, war ein Mittelding zwischen Kinderkrippe und Kindergarten. Im Rückblick schrieb Anna Freud (zit. Young-Bruehl 1995, Bd. 1, S. 320):

Wir wählten Kinder aus ärmsten Familien Wiens aus, deren Väter arbeitslos waren, auf der Straße bettelten und deren Mütter bestenfalls als Putzfrauen arbeiteten. [...] Die Eltern waren überglücklich über die gute Pflege; die Kinder gediehen und vergalten es uns ihrerseits dadurch, daß wir über die ersten Schritte des Kindes heraus aus der biologischen Einheit von Mutter und Kind Erfahrungen sammeln konnten.

Und etwas genauer, in einem Brief von Jänner 1970 (zit. Coles 1995, S. 266):[139]

Als wir noch in Wien waren, hatten Frau Burlingham und ich ein Tagesheim für solche Kinder im Alter von ein bis zwei Jahren. Ihre Eltern gehörten zu denen, die »jenseits der Sozialhilfe« waren, das bedeutet, sie bekamen von der Stadt überhaupt nichts und bettelten sich ihren Lebensunterhalt zusammen, indem sie in den Straßen von Wien sangen. Wien war damals voll von Bettlern. Doch wir waren sehr erstaunt darüber, daß sie ihre Kinder zu uns brachten, und zwar nicht, weil wir sie fütterten, bekleideten und sie den Tag über bei uns behielten, sondern »weil sie so viel lernten«, das heißt, sie lernten sich frei zu bewegen, ohne Hilfe zu essen, zu sprechen, ihre Vorlieben auszudrücken usw. Zu unserer eigenen Überraschung bedeutete dies den Eltern mehr als alles andere. Das zeigt natürlich, daß sie noch nicht jede Hoffnung aufgegeben hatten. Doch selbst das damalige Wien war kein so hoffnungsloser Ort wie die amerikanischen Slums.

Die Jackson Nursery war die erste der von Anna Freud geleiteten Institutionen, wo die systematische analytische Beobachtung von Säuglingen und Kleinkindern in ihrer Entwicklung und sozialen Anpassung im Mittelpunkt des Interesses stand, und damit eine Vorläuferin der Arbeit, die später im Rahmen der Hampstead Nurseries und dann der Hampstead Clinic geleistet wurde (siehe II.2.b; III.3.c).

Über die Schwierigkeiten, in die eine der Mitarbeiterinnen Anna Freuds geraten war, führte Aichhorn mit ihr folgenden betont offiziell gehaltenen Briefwechsel (siehe außerdem Anhang I.1):

10 AA *Wien, 8. Februar 1938.[140]*

Sehr geehrtes Fräulein Freud!
Rechtsanwalt Dr. Bienenfeld ersucht mich um ein psychologisches Gutachten dahin gehend, ob die am 2. September 1928 geborene [T.], die seit acht Jahren bei der väterlichen Großmutter und der Schwester des Kindesvaters

---

[139] Vgl. außerdem oben, Anm. 113 zu I.4.c.
[140] Masch. bis »wissen«, mit gedrucktem Briefkopf: August Aichhorn / Wien V. / Schönbrunnerstrasse 110.

wohnt, dort weiter in Pflege und Erziehung bleiben soll, oder ob dem Wohle des Kindes am besten damit gedient sei, wenn das natürliche Verhältnis zwischen Mutter und Kind wieder hergestellt wird.

Die Tante, Fräulein Hermann beruft sich mir gegenüber darauf, daß Sie sie seit Jahren kennen und auch über die Erziehungsverhältnisse in ihrem Hause unterrichtet seien. Ich bitte Sie, mir möglichst ausführlich mitzuteilen, was Sie davon wissen.

Im voraus bestens dankend,

hochachtlich
Aichhorn

11 AF 10. Februar 1938[141]

Sehr geehrter Herr Vorstand Aichhorn!
Ich beeile mich, Ihre Anfrage vom 8. d. M. über die Kindergärtnerin Annie Hermann zu beantworten. Ich kenne Annie Hermann seit einigen Jahren aus dem Montessori Kindergarten, wo ich aber nur gelegentlich mit ihr zu tun hatte. Seit Frühjahr 1937 arbeitet sie aber erst aushilfsweise, dann ständig in der Kinderkrippe, die dem Kindergarten Rudolfsplatz angeschlossen ist und die ich sehr viel besuche. Sie scheint mir zur pädagogischen Arbeit besonders geeignet, ist trotz einem von Natur aus eher stillen und zurückhaltenden Wesen, mit den Kindern heiter und gesprächig, weiss sie besonders gut und vernünftig zu beschäftigen. Ihre unermüdliche Geduld ist bei uns sprichwörtlich, sie versteht es, auch mit den unruhigsten Kindern in Freundlichkeit auszukommen, ohne dass sie sich zu nahe treten liesse.

Ihr Pflegekind [T.] habe ich öfters gesehen und gesprochen. In der Frage, ob dem Wohle des Kindes am besten damit gedient wäre, wenn das natürliche Verhältnis zwischen Mutter und Kind wieder hergestellt wird, bin ich natürlich nicht kompetent. Ich weiss nur, dass [T.] den Eindruck eines Kindes macht, dem mütterliche Pflege und Fürsorge in reichlichem Masse zugewendet wird. Sie ist besonders gut gehalten, was wohl daher kommt, dass die Tante, Annie Herrmann, wie in der Krippe allgemein bekannt ist, fast ihren ganzen Verdienst und ihre gesamte Freizeit der Erziehung dieses Kindes wid-

---

[141] Masch. außer Unterschrift, mit gedrucktem Briefkopf: Anna Freud / Wien, IX., / Berggasse 19.

met. *Ich hatte mehrmals Gelegenheit, die beiden zusammen zu beobachten; das Verhältnis zwischen ihnen schien sich mir von einer durchaus natürlichen Mutter-Kind-Beziehung nicht zu unterscheiden.*
Ich weiss nicht, ob Ihnen mit diesen Auskünften gedient ist.

Ihre Anna Freud

Als sich Annie Hermann, die nach Indien emigriert war, 1947 um ein Visum für England bemühte, schrieb sie an Anna Freud (6. 6. 1947; AFP), sie habe eigentlich einen Vertrag fürs nächste Jahr in New York, aber:

Es waren mehr sentimentale Gründe, warum ich erst für eine Weile in dieses Land [England] wollte, hauptsächlich um ein Besuchervisum für [T.] zu bekommen. Sie werden sich vielleicht nicht mehr erinnern, [T.] war meine kleine Nichte, die im 38er Jahr weggeholt und nach Deutschland gebracht wurde, und Sie und Mrs. Burlingham hatten mir all Ihre Hilfe damals gegeben, was ich nie vergessen werde. Es besteht Aussicht, daß [T.] in 4–6 Wochen das Visa für 2 Monate hat und [wir] werden dann in London bei Freunden wohnen

5. Private und politisch bedingte Lebensumstände bis 1938

Seit der zweiten Hälfte der 1920er Jahre scheint sich, wie schon gesagt, der private Kontakt zwischen Anna Freud und Aichhorn gelockert zu haben. Für Anna Freud war ihre Freundschaft mit Dorothy Burlingham zum Lebensmittelpunkt geworden, und auf der anderen Seite hatte sich Aichhorns Beziehung zu Rosa Dworschak intensiviert.

a. Anna Freud

Dorothy Burlingham war 1925 nach Wien gekommen. Damals hatte Reik an Aichhorn geschrieben (25. 4. 1925; NAA): »hier ist eine Amerikanerin Mrs. Burlingham, die sich für Pädagogik interessiert und gerne die wertvollen

Schulen Österreichs kennen lernen will, bzw. die pädagog. Einrichtungen. Könnten Sie ihr behilflich sein? Wann kann sie Sie sehen? Und wo?«

Dorothy T. Burlingham hatte sich von ihrem Mann getrennt und war mit ihren vier Kindern nach Wien gekommen, um ihren ältesten Sohn, der an Asthma litt, zu Anna Freud in Behandlung zu bringen. Sie selbst begann zunächst eine Analyse bei Reik, 1927 wurde sie Analysandin Freuds. Sie interessierte sich für Psychoanalyse und Pädagogik und entschied sich, Psychoanalytikerin zu werden. Im Mai 1932 hielt sie in der WPV als Gast einen ersten Vortrag über »Beobachtung eines Kindes beim Spiel« (IZ 1932, S. 563); in der Geschäftssitzung vom 29. 6. 1932 wurde sie nach ihrem Vortrag »Kinderanalyse und Mutter« zum außerordentlichen und am 7. 3. 1934 zum ordentlichen Mitglied gewählt (IZ 1933, S. 482; 1934, S. 286). In den folgenden Jahren hielt sie mehrere Vorträge in der Vereinigung und beteiligte sich an der Ausbildung von Kinderanalytikern und Pädagogen. Einer ihrer ersten Patienten war Aichhorns jüngerer Sohn Walter.

Burlinghams Ankunft in Wien war für Anna Freuds Leben von entscheidender Bedeutung. Da ihr therapeutischer Ansatz den Kontakt mit der Mutter ihrer kindlichen Patienten nahelegte (sie nahm mit der Zeit alle vier Burlingham-Kinder in Analyse), wurden die beiden Frauen rasch vertraut miteinander. Es entwickelte sich zwischen ihnen eine herzliche Freundschaft, die sie ein Leben lang miteinander verband. Ab 1926 verbrachten die Burlinghams ihre Sommerferien am Semmering in der Nachbarschaft der Familie Freud. 1931 kauften die beiden Frauen ein Haus in Hochrotherd bei Wien.[142] Die Umbauarbeiten übernahm Ernst Freud, Annas Bruder.

Das Arbeitspensum, das Anna Freud während jener Jahre zu bewältigen hatte, muss enorm gewesen sein. Sie war keineswegs nur die Pflegerin ihres Vaters, wie es bisweilen dargestellt wird, sondern sie betätigte sich in den Gremien der IPV und der WPV, arbeitete in ihrer Praxis, wo sie Erwachsene und Kinder behandelte, Lehranalysen und Kontrollen durchführte und hielt

---

[142] Hochrotherd gehört zu Breitenfurt, Niederösterreich. Es liegt am südwestlichen Stadtrand Wiens und hat trotz der Stadtnähe durchaus ländlichen Charakter. – 1938 waren A. Freud und Burlingham gezwungen, ihr geliebtes Haus (vgl. 39AF) zu verkaufen. Der Verkauf, der unter dem Zwang der damaligen Ereignisse erfolgte, war ungültig. Aichhorn hat sie bei den komplizierten und Jahre dauernden Bemühungen um eine Rückerstattung unterstützt (siehe III.5.f und III.7.g sowie 89AF und ff.).

Vorträge für Pädagogen und Seminare für Kinderanalytiker.[143] Dazu noch war sie wissenschaftlich tätig; 1936 veröffentlichte sie ihre klassische Arbeit *Das Ich und die Abwehrmechanismen*. Wie Helene Deutsch in ihrer Autobiographie bekundet (1975, S. 127):

Annas Arbeit beschränkte sich nicht ausschließlich auf Kinder; sie drang auch sehr rasch auf das Gebiet der Erwachsenentherapie und vor allem der Lehranalyse vor. In kurzer Zeit wurde sie eine der gesuchtesten Lehranalytikerinnen, und eine ganze Reihe von hervorragenden Analytikern der jüngeren Generation zählte zu ihren Analysanden. Ihre Veröffentlichungen gehören zu den meistgelesenen und meistzitierten Werken der psychoanalytischen Literatur.

b. August Aichhorn

Auch wenn Aichhorn weiterhin das Schwergewicht seines Interesses wie seiner Vorträge und seiner Kurse und Ausbildungsseminare am Lehrinstitut der WPV auf die Arbeit mit Verwahrlosten legte, engagierte er sich doch in den Institutionen der WPV. Er war Mitglied des Lehrausschusses und als Lehr- und Kontrollanalytiker tätig. Er war Leiter der Erziehungsberatungsstelle der WPV und damit auch in den Vorstand der Vereinigung kooptiert. Dazu kam eine psychoanalytische Privatpraxis von beträchtlichem Umfang, in der er natürlich nicht nur mit Jugendlichen, sondern auch – obwohl er darüber öffentlich nur wenig gesprochen oder geschrieben hat – mit Erwachsenen arbeitete.[144] Zu seinen Analysanden zählten in diesen Jahren u. a. Ruth und K. R. Eissler, Paul Kramer oder auch Margaret Mahler-Schönberger.[145]

Aus Briefen eines ehemaligen jugendlichen Patienten Aichhorns, der vorhatte, ein (nicht zustande gekommenes) Buch über ihn zu schreiben, wird

---

[143] Siehe z. B. AF an Eitingon, 28. 11. 1928 (AFP): »Mein kleines Seminar für Kinderanalysen habe ich mit 3 Schülerinnen und insgesamt 6 Fällen in der letzten Woche begonnen.«

[144] R. Sterba schreibt (1985, S. 139 f.): »Ich finde es heute noch bedauerlich, daß wir in den Sitzungen so wenig von seiner Erfahrung und therapeutischen Geschicklichkeit mitgeteilt bekamen.«

[145] Vgl. Aichhorns Taschenkalender (NAA). – Warum Aichhorn in der Liste der Lehr- und Kontrollanalytiker der WPV für 1936/37, die 1939 veröffentlicht wurde (IZ 1939, S. 227), nicht genannt ist, war nicht zu klären.

etwas von dem Rahmen erkennbar, in dem sich sein Leben während jener Jahre abspielte:[146]

[an Aichhorns Sohn:] Das Buch soll nicht einer Biographie entsprechen sondern die persönlichen Erlebnisse darstellen, Milieubeschreibungen und Eindrücke mit Nachdruck auf das hervorragende Format des Mannes und seinen Beitrag. Es ist meine Überzeugung, daß Ihr Vater viel zu bescheiden war; während andere, weniger »Ausgezeichnete« es verstanden, sich in den Vordergrund zu stellen, verblieb er [...] auf seinem weniger glänzenden Platz. Ich werde mich bemühen ihn zum Strahlen zu bringen!

[an Aichhorns Enkel:] Ich werde auch über Hofrat Tandler [...] und den Neurologen Wagner-Jauregg ein oder anderes Wort zu sagen haben. Ohne auf diese Leute und deren Einfluß auf das System Aug. Aichhorns einzugehen, läßt sich ein Portrait im Rückblick in quasi literarischer Form nicht aufziehen. Ich bitte Sie, zu berücksichtigen, daß [Sie] [...] den Mann und sein Werk nur darstellen können, wenn diese Details mit ihm selbst eine Einheit bilden, die der Linie entspricht, auf der ich ihn rückblickend sehe und auf der er sich, oft mit großen Widerständen kämpfend, (Tandler war sein Feind) zu behaupten hatte. Daß ich, der sein Patient war [...], Information über sein Werk und seine Gebräuche und kleinen Vergnügen, denn er arbeitete ja fortwährend – hustete immer sehr stark, war ein Kettenraucher, nicht Einblick gewann in diese Details, während er mich »behandelte«, liegt auf der Hand. Das Meiste in dieser Hinsicht hörte ich von meinen Eltern, später als ich nicht mehr sein Patient war, er mein Freund verblieb, manches auch von ihm selbst. [...]

Sie sehen, das »Drum & Dran« ist wie eine Novelle! [...] Es kämen noch andere Leute vor den Vorhang meiner Erinnerung, einer von ihnen wurde inzwischen weltberühmt (Erik H. Erikson), ein anderer war es teilweise damals bereits: Ladislaus Czettel. Herr Czettel, den ich auch gut kannte, war ein Ausstattungskünstler, ein Entwerfer und Maler. [...] Czettel hatte auch einen starken Einfluß auf Walter Aichhorn[147] und war ein Patient Ihres Großvaters. Walter kam sehr oft mit uns, d. h. meinen Eltern und Geschwistern im Sommer zum Baden. Wir hatten ein Häuserl nahe Kagran und dem Gänsehäufel[148] und Walter war oft unser Gast zum Schwimmen. [...] Ich kannte [...] auch die Jungens aus Budapest, die in der Schönbrunnerstraße als paying guests

---

[146] Die im Folgenden zitierten Briefe von [H. S.] sind an A. Aichhorn jun. (Weihnachten 1974) und an Th. Aichhorn (12. 3. 1979) gerichtet (beide ThA).

[147] Aichhorns jüngerer Sohn.

[148] Kagran ist ein Vorort im Norden Wiens, das Gänsehäufel ein großes öffentliches Bad an der sogenannten »Alten Donau«.

wohnten.[149] [...] All das gehört in die Schilderung des Milieus, das doch recht bestimmend wirkte! [...] Damals waren die materiellen Verhältnisse schwierig, nicht bloß im Hause Ihrer Großeltern, sondern überhaupt in Wien und speziell für das bürgerliche Niveau. Es war gang und gäbe für Leute, die große Wohnungen hatten, stammend aus besseren Zeiten, Ausländern Kabinette abzumieten usw., um eine Zuhilfe zu erhalten, und speziell verarmte Aristokraten taten es.

Ich werde auch über die Lehrtätigkeit in Laxenburg wo eine Schule für Kindergärtnerinnen und für Lehrer von Jugendlichen im Schloß Laxenburg existierte und Ihr Großvater Pädagogik auf analytischer Basis lehrte,[150] zu sprechen haben. Ebenso über sein Studium des Englischen. [...] Auch über die Besuche des Spielcasinos in Baden bei Wien, die Ihr Großvater liebte, wird gesprochen werden.

Die 1925 gegründete Schule im Alten Schloss von Laxenburg bei Wien, einer ehemaligen Frühlingsresidenz der Habsburger, war eine Nachfolgerin des Instituts für angewandten Rhythmus, das 1911 in Hellerau bei Dresden entstanden war. Mit Rosalia Chladek, einer Analysandin Aichhorns, als wesentlicher künstlerischer und pädagogischer Persönlichkeit entwickelte sie sich zu einem europäischen Zentrum des Ausdruckstanzes. Es gab einige Verbindungen zwischen dieser Einrichtung und der Psychoanalyse. Eine der Schülerinnen z. B. war Joan, Eriksons spätere Frau. Christine Baer-Frissell, eine der Mitarbeiterinnen in Hellerau wie in Laxenburg, suchte nach einer sinnvollen Verbindung zwischen den Prinzipien der rhythmischen Erziehung und denen der Montessori-Pädagogik. Ihr Sohn besuchte die Hietzing-Schule.[151]

Aichhorns Spielleidenschaft beschränkte sich, wie dem Brief seines Ex-Patienten zu entnehmen ist, nicht auf Kartenspiele. An Dworschak schrieb er am 10. 8. 1935 (NRD):

Von Dr. Jekels erhielt ich eine Karte, er ist eine Woche in Baden, wollte mit mir sprechen, wir kamen zusammen, kaum begann das Gespräch, erzählte er mir von seinen Erlebnissen in den verschiedensten Casinos Europas, er war schon überall. Mir gegenüber der »erfahrene« Roulette Spieler. Er hat 80 Sch[illinge] verloren, ich 180

---

[149] Siehe Anm. 71 zu I.3.b..
[150] Typoskripte der Vorlesungen, die Aichhorn an der Schule hielt, befinden sich in NAA. Nach Aichhorn unterrichtete dort auch Rosa Dworschak.
[151] Baer-Frissell hatte Alexander S. Neill in Hellerau angeboten, dort eine internationale Schule nach seinen Vorstellungen zu gründen; ihre Rhythmikschülerinnen besuchten diese Schule (Kühn 1995, S. 52 ff.).

gewonnen. Es war mein erster Besuch, ich gehe wahrscheinlich auch im Urlaub nicht mehr hin.

Aichhorn besuchte mit Jekels nicht nur das Casino in Baden, dieser war auch einer der wenigen Analytikerkollegen, mit denen er sich über seine theoretischen Überlegungen austauschte (an Dworschak, 14. 8. 1935; ebd.):

Mit Dr. Jekels hatte ich am Montag eine sehr lange und wertvolle Unterredung. Ich habe theoretisch nichts gewonnen, wohl aber gesehen, daß auch der Analytiker mit theoretischen Erörterungen nichts anfangen kann, wenn die Beispiele fehlen. Ich muß daher Material und zwar sehr viel Material vorlegen.

Auch Hermann Nunberg zählte zu Aichhorns Freunden. Er berichtet (1969, S. 20 f.):

Mit der Zeit erweiterte sich der Kreis meiner Freunde; Bernfeld, Tausk, Helene Deutsch, Hitschmann, Aichhorn und andere kamen hinzu. [...]
Aichhorn hatte sich in Wien wie im Ausland einen eigenständigen Ruhm erworben. Sein bekanntestes Buch ist *Verwahrloste Jugend*. Er war auch der Autor vieler wichtiger Artikel über verwahrloste Jugendliche. Obwohl er einer mächtigen antisemitischen Partei angehörte,[152] war er selbst in keiner Weise antisemitisch. Er, Jekels und ich wanderten an Sonntagen oft durch den Wiener Wald und sprachen dabei über psychoanalytische Probleme und Ereignisse aus dem Kreis um Freud.

Seine Weihnachtsferien verbrachte Aichhorn damals in der Regel bei den Lévys in Budapest, wo er Vorträge hielt, sich mit den Analytikern der Budapester Vereinigung traf und sich von Lajos Lévy, der einer der medizinischen Berater Freuds und auch der Arzt Ferenczis war, untersuchen ließ. 1930 (am 29. 12.) berichtete er Dworschak von einem Elektrokardiogramm, und am 15. 10. 1936 schrieb er ihr (NRD):

Lajos ist besonders nett. Wenn ich mich hier nicht selbst sehr zurückhalte, nimmt er es in seinem Hause mit meiner Abmagerungskur nicht so genau. In ihm liegen Arzt und Gastgeber sehr im Widerspruch. Interessant war, daß ich beim Zusammensein abends

---

[152] Die irrtümliche Meinung, dass Aichhorn selbst und nicht nur sein Vater Mitglied der antisemitischen Christlichsozialen Partei gewesen sei, war offenbar auch unter Psychoanalytikern verbreitet.

[...] mitten in einem ganz anregenden Gespräch, wieder so einen inneren Aufregungszustand bekam. [...] Er untersuchte mich sehr genau und ist jetzt noch mehr der Meinung, daß es sich doch nur um eine psychische Angelegenheit handelt.

Es sollte sich herausstellen, dass Aichhorns Beschwerden doch (zumindest auch) eine organische Grundlage hatten: Er litt an Angina Pectoris und war dadurch in seiner Bewegungsfreiheit ziemlich behindert. Der erwähnte »Aufregungszustand« wirkt wie ein Vorbote jenes Zusammenbruchs, den er im Herbst 1948 in Budapest erleiden sollte (vgl. 128AA).

Im Sommer hielt sich Aichhorn damals zumeist in Ledenitzen am Faaker See in Kärnten auf. Er machte in den 1930er Jahren auch mehrere Autoreisen in die österreichischen und Schweizer Alpen, nach Italien und Frankreich.

c. Politische Entwicklungen

Als 1933 Hitler zum deutschen Reichskanzler ernannt worden war, verdüsterte sich die politische Lage auch in Österreich zusehends.

Freuds Söhne, Ernst und Oliver, die in Berlin gelebt hatten, emigrierten mit ihren Familien nach England und Frankreich; später auch sein Schwiegersohn Max Halberstadt nach Südafrika. Im Mai 1933 schrieb Freud an Jones, seine Sorge gelte nicht mehr der Psychoanalyse: »Die ist gesichert, ich weiß sie in guten Händen. Aber die Zukunft meiner Kinder und Kindeskinder ist dunkel und gefährdet und die eigene Ohnmacht peinlich« (Freud u. Jones 1993, S. D88).

Ob die Psychoanalyse im Mai 1933 in Berlin »in guten Händen« war, ist später vielfach bezweifelt worden.[153] Sie wurde jedenfalls nicht verboten, und das Berliner Institut wurde nicht aufgelöst. Die jüdischen Mitglieder aber wurden im Dezember 1935 de facto ausgeschlossen. 1936 trat die Deutsche Psychoanalytische Gesellschaft dem staatstreuen, von Mathias H. Göring geleiteten Deutschen Institut für psychologische Forschung und Psychotherapie bei, das mit dem offiziellen Ziel gegründet worden war, aus der Verbindung der bisherigen psychotherapeutischen Schulrichtungen (vor allem Freud,

---

[153] Aus der breiten Literatur hierzu nenne ich nur eine Auswahl: Antonovsky 1988; Brecht et al. 1985; Cocks 1985, 1997, 2010; Dräger 1971; Lockot 1994, 2002; Lohmann 1984; Rickels 2002; Schröter 2009, 2010a, 2010b.

Jung und Adler) eine »Neue deutsche Seelenheilkunde« zu entwickeln und zu lehren.

Eine der vordringlichsten Absichten Hitlers war der Anschluss Österreichs an das Deutsche Reich. Er ernannte zu diesem Zweck einen Sonderbeauftragten, und zahlreiche Terroranschläge österreichischer Nationalsozialisten gefährdeten die ohnedies schon prekäre Lage im Land (Tidl 2005). Als Reaktion darauf, und um die Sozialisten zu entmachten, suspendierte der christlichsoziale Bundeskanzler Engelbert Dollfuß im März 1933 die demokratische Verfassung. Damit war der Weg in einen autoritären Staat nach dem Vorbild des faschistischen Italien beschritten. Als politisches Sammelbecken aller ihn unterstützenden Kräfte gründete Dollfuß die Vaterländische Front (Kriechbaumer 2005). Der sozialdemokratische Schutzbund wurde im März aufgelöst, die kommunistische Partei im Mai und im Juni auch die Nationalsozialistische Partei Österreichs (Steininger 1997, S 118 ff.). Am 12. Februar 1934 kam es zum Bürgerkrieg, der in wenigen Tagen blutig niedergeschlagen wurde. In der Folge wurde auch die sozialdemokratische Partei verboten, womit die Vaterländische Front als alleiniger Träger der politischen Willensbildung übrig blieb.

Hans Lampl, der ein Jahr zuvor mit seiner Frau Berlin verlassen und nach Wien übersiedelt war, kommentierte am 19. 2. 1934 in einem Brief an Eitingon die damalige Lage folgendermaßen (NME):

Die Situation hier hatte uns alle sehr überrascht, genau so wie wahrscheinlich auch Sie. Es sind, wie Sie ja aus den Zeitungen wissen, sehr viele schreckliche Dinge geschehen. Die Frage, die alle Menschen beschäftigt ist die, wird es so wie in Deutschland oder bleibt es so wie es jetzt hier ist und wie ist es jetzt hier?

Vielleicht beschreibe ich zuerst das letzte. Es ist eine äusserst heftige Reaktion, mit besonders starkem Betonen des Religiösen. Als Konsequenz für die Analyse stelle ich mir vor, dass zunächst alle Dinge, die in der Richtung des Pädagogischen gehen, ziemlich ausgeschaltet sein werden, wie das ja auch die erste Konsequenz in Berlin war, nur mit dem Unterschied, dass dieser Zweig der Analyse hier eine tragendere Rolle spielt als in Berlin.

Sehr beeindruckt bin ich von den Menschen hier. Ich kenne ja von Berlin zur Genüge den Effekt, den politische Erfolge auf die Sieger haben können. Davon ist hier nicht die Rede. Während die Leute in Deutschland nach jeder Wahl in einem Zustand manischer Siegerstimmung waren, sind die Leute hier (die Sieger) eher gedrückt, kommen von den Siegen wie von einer leider notwendigen, aber schweren und lästigen Arbeit nach Hause; man glaubt ihren Gesichtern an zu merken, dass sie Ruhe haben möchten, aber keine weiteren Siege. Damit will ich sagen, dass ich der Meinung bin, dass die Bevölkerung hier für einen Nationalsozialismus nicht geeignet ist. Ich habe das bis vor kurzem nicht in der Weise geglaubt und erst jetzt durch die Eindrücke, die ich hatte, in obigem Sinne geändert. Der für uns wesentliche Unterschied dieses Regimes gegenüber dem in Deutschland schrumpft aber auf die Judenfrage zusammen, sonst wird es keinen großen Unterschied geben. Das, was wir unter geistiger Freiheit einmal verstanden haben, hört ja in vielen Ländern langsam auf zu bestehen, aber von diesem hier noch bestehenden Rest ist natürlich in der letzten Woche fast alles zu Grunde gegangen.

Ich bin überzeugt, dass der Professor [Freud] jetzt schon weggehen würde, wenn er jünger und gesünder wäre. Wie aber seine Situation jetzt ist, käme ein Fortgehen nur im Falle eines Naziumschwunges in Frage. Ich kann Ihnen natürlich nur meine Auffassung mitteilen, es gibt viele, die auch das Gegenteil denken.

Das, was uns vorschwebte, dass man in Wien vielleicht ein neues Zentrum für die Analyse schaffen könnte, ist natürlich vorläufig die Illusion einer Zukunft. Der Professor steht den Ereignissen sehr ruhig gegenüber und hat beim Streik eben mit Kerzenbeleuchtung weiter analysiert. Aber die Anna ist vielfach sehr unruhig und macht sich viele Gedanken über Weggehen und Bleiben. Wenn aber die Dinge so bleiben, wie sie sind, ist an ein Weggehen des Professors nicht zu denken.

Jeanne Lampl-de Groot fügte diesem Schreiben an: »Ich bin leider etwas pessimistischer als der Hans und rechne sehr damit, dass Alle in einigen Wochen oder Monaten werden wegziehen müssen. Aber es scheint niemand zu wissen und so muss man wohl abwarten.«

Im Mai und Juni 1934 gab es – von Deutschland aus inszeniert – eine neuerliche nationalsozialistische Terrorwelle, die am 25. Juli 1934 in der Ermordung von Dollfuß gipfelte (Bauer 2003). Gleichwohl verhinderte Mussolini den angestrebten Anschluss Österreichs an Nazi-Deutschland, und Kurt Schuschnigg wurde der Nachfolger von Dollfuß als Bundeskanzler. Als aber Italien 1936 ein Bündnis mit dem Deutschen Reich geschlossen hatte, fiel es fortan als Schutzmacht gegenüber Deutschland aus.[154]

Das kulturkritische Denken der Psychoanalyse hatte von allem Anfang an Sozialdemokraten und andere Vertreter oder Sympathisanten der politischen Linken angezogen, ohne dass dadurch – wie bei der Individualpsychologie

---

[154] Martin Freud schreibt in seinen Erinnerungen (1999, S. 212 f.), dass die Sympathie der Familie Freud bei Dollfuß und seinem Nachfolger Schuschnigg gelegen habe, weil sie Österreich die Freiheit von Deutschland erhalten hätten.

Alfred Adlers – ein ausgesprochenes Naheverhältnis zur sozialdemokratischen Partei entstanden wäre. Auch die von Freud 1927 unterzeichnete Unterstützungserklärung zugunsten der Sozialdemokraten, die in der *Arbeiter-Zeitung* abgedruckt wurde, kann schwerlich als Anerkennung der Leistungen des Austromarxismus für die Psychoanalyse interpretiert werden.[155]

Nach den Ereignissen vom Februar 1934 wurden auch Psychoanalytiker, die Sozialisten waren, verfolgt, so der Gemeinderat und Kinderarzt Josef Karl Friedjung, und einige emigrierten bereits damals. Insgesamt verließen zwischen 1933 und 1938 28 – darunter auch nicht mehr aktive – Mitglieder der Wiener Vereinigung das Land (Mühlleitner u. Reichmayr 2003, S. 74). Zu ihnen gehörten Martin Pappenheim, Lili Peller-Roubiczek und Anny Katan. Auch Helene und Felix Deutsch emigrierten 1935 nach Boston.[156] Die Inhaftierung des WPV-Mitglieds Edith Buxbaum und der Lehranalysandin Marie Langer rief unter ihren Kollegen einiges Aufsehen hervor. Schließlich wurde

---

[155] Siehe hierzu K. R. Eissler an E. Federn, 28. 5. 1976 (AFP): »Sie bestreiten meine Behauptung, dass die Gemeindeverwaltung Wiens die Psa ebenso ablehnte wie die Bundesregierung es zu Zeiten Freuds tat. [...] Sie sagen, Freud dachte ebenso, da er 1927 den Aufruf der Sozialdemokraten unterschrieb. Das letztere besagt nicht was Sie beweisen wollen, denn es ist kein Anzeichen da, dass F[reud] aus ›analytischen‹ Gründen den Aufruf unterschrieb. Die Individualpsychologen hatten dies ebenso getan, auch Bühler unterschrieb. / [...] Als ich 1930 bei Tandler wegen Aichhorn vorsprach, stellte sich heraus, dass er keine Ahnung von der Bedeutung A's hatte + ihn mit anderen Erziehungsberatern gleichstellte. [...] Wenn Sie die aktuelle Gemeindepolitik vor 1938 historisch betrachten, so finden Sie nichts, was für die Psychoanalysefreundlichkeit spricht.« Und an AF, 28. 5. 1976 (ebd.): »Im Nachhinein ist mir eingefallen, dass die Wiener Gemeindeverwaltung die Psychoanalyse nie verboten hatte, wozu die Bundesregierung doch neigte, was eine größere Feindseligkeit anzeigen würde. Aber auch die Gemeinde war der Psychoanalyse abhold. Wie hätte es anders sein können?«

[156] Vgl. AF an H. Deutsch, 12. 12. 1935 (AFP): »Ich kann natürlich auch sehen, daß der Entschluß für Sie das Richtigste war; aber das sage ich schon nicht mehr gerne, obwohl es wahr ist; denn so altruistisch bin ich gar nicht. Ich bin lieber egoistisch und sage, daß Sie mir sehr fehlen, daß ich mich schwer in die Situation finde, keine erfahrene und mehr wissende Kollegin mehr hier zu haben, zu der ich aufschauen und die ich manchmal beneiden kann; und überhaupt; das weitere müssen Sie sich dazu denken. [...] Im Lehrinstitut haben wir nur eine vorläufige Regelung. Sie wissen, Sie sind weiter unsere Vorsitzende und ich teile mich mit [Edward] Bibring in der Vertretung.«

vom Lehrausschuss das Verbot ausgesprochen, sich zeitgleich mit der analytischen Ausbildung im politischen Widerstand zu engagieren. Daraufhin zog es Langer vor, in Spanien als Ärztin am Kampf gegen den Faschismus teilzunehmen.

Während die Vereinigung als Institution damals kaum zu leiden hatte – allerdings wird berichtet, dass ab Februar 1934 stets ein Beamter der Vereinspolizei bei den Sitzungen anwesend war (Reichmayr 1994, S. 118) –, blieb die politische Situation doch nicht ganz ohne Auswirkung. Freud nahm bekanntlich von einer Veröffentlichung seiner Arbeit *Der Mann Moses und die monotheistische Religion* (1939a) Abstand, weil er fürchtete, dass seine religionskritischen Thesen vom katholisch-autoritären Ständestaat als Kritik an dessen »Grundfesten« gewertet werden könnte (vgl. Leupold-Löwenthal 1997b, S. 246). Und Hoffer sagte in seinem oben schon angeführten Bericht über den Ausbildungsgang der WPV für Pädagogen für den Pariser Kongress 1938 (zit. T. Aichhorn 2004, S. 32):

Vielleicht soll ich noch erwähnen, dass diese Arbeit mit den Pädagogen in einer Zeit durchgeführt wurde, welche der Psychoanalyse gegenüber gar keine Toleranz zu zeigen gewillt war und nur dadurch möglich war, dass sie ganz im Stillen, nur den analytischen Zielsetzungen dienend durchgeführt wurde.

Trotz der ungünstigen politischen Lage konnte die WPV 1936 endlich in ein eigenes Vereinslokal (IX., Berggasse 7) einziehen. Alle ihre Einrichtungen – Lehrausschuss, Ambulatorium. Sitzungssaal, aber auch der psychoanalytische Verlag –, die bisher unter verschiedenen Adressen zu finden gewesen waren, sollten jetzt am selben Ort untergebracht werden (vgl. Rothländer 2010a).

Die eskalierende soziale, wirtschaftliche und vor allem politische Instabilität erzeugte eine zunehmend pessimistische Sicht auf die Zukunft der Psychoanalyse in Wien. Im März 1937 umriss Freud gegenüber Jones seine Einschätzung mit den Worten (Freud u. Jones 1993, S. D102 f.):

Unsere politische Situation scheint sich immer mehr zu trüben. Das Eindringen der Nazis ist wahrscheinlich nicht aufzuhalten, die Folgen auch für die Analyse sind unheilvoll, die einzige Hoffnung bleibt, daß man es selbst nicht mehr erleben wird. Es ist eine ähnliche Lage wie 1683, als die Türken vor Wien standen. Damals kam eine Ersatzarmee über den Kahlenberg, heute – nichts dergleichen zu erwarten. Ein Engländer hat bereits entdeckt, daß sie ihre Grenze am Rhein zu verteidigen haben. Er hätte sagen sollen: vor Wien. Fällt unsere Stadt, so werden die preußischen Barbaren

Europa überschwemmen. Leider scheint unsere bisherige Schutzmacht – Mussolini – Deutschland jetzt freie Hand zu lassen. Ich möchte wie Ernst in England leben und wie Sie nach Rom reisen.

Freuds Krebserkrankung ließ die Erwartung, dass er vor dem Eintreten der Katastrophe sterben werde, nicht unrealistisch erscheinen. Anna Freud schrieb am 25. 1. 1938 an Jones (ABPS):

Mein Pessimismus im letzten Brief war nicht ganz unberechtigt. Mein Vater ist am letzten Sonntag wieder wie gewöhnlich operiert worden. Nach 2 Tagen Sanatorium, zum Teil mit sehr viel Schmerzen, sind wir gestern wieder nach Hause gekommen. So weit wäre es wieder gut; aber den Befunden nach, die inzwischen gekommen sind, ist es nicht ausgeschlossen, daß die Operation nicht radikal genug war und daß man vielleicht nächste Woche noch eine Nachoperation machen wird.

Am 20. 2. 1938 berichtete sie weiter, dass sie mit ihrem Vater wieder im Sanatorium sei, weil in der Tat eine Nachoperation nötig geworden war. Sie fuhr fort (ebd.):

Inzwischen waren die politischen Ereignisse, von denen Du weißt. In Wien war Panikstimmung, die sich jetzt wieder etwas beruhigt. Wir machen die Panik nicht mit. Es ist zu früh, man kann die Folgen des Geschehenen noch nicht voll beurteilen. Vorläufig ist alles wie es war. Es ist vielleicht auch für uns leichter als für andere, die beweglicher sind, wir brauchen nicht viel Entschlüsse zu überdenken, denn es kommen für uns kaum welche in Betracht.

Bei den erwähnten »politischen Ereignissen« handelte es sich um das sogenannte Berchtesgadener Abkommen: Am 12. Februar 1938 hatte eine Besprechung Hitlers mit Schuschnigg auf dem Obersalzberg stattgefunden, die u. a. zu einer nationalsozialistischen Regierungsbeteiligung in Österreich führte. Als Hitler ultimativ die Absetzung einer anberaumten Volksbefragung forderte, die über die weitere Unabhängigkeit Österreichs entscheiden sollte, trat Schuschnigg am Abend des 11. März zurück. Die deutsche Wehrmacht marschierte in Österreich ein, am Brenner trafen sich deutsche und italienische Truppeneinheiten zu freundschaftlichen Zeremonien, am 12. März, um 5 Uhr früh, landete der Reichsführer-SS, Heinrich Himmler, am Wiener Flughafen, und um 16 Uhr überschritt Hitler bei Braunau am Inn die österreichische Grenze.

Die Nazis führten Hausdurchsuchungen durch, und sie beschlagnahmten jüdisches Eigentum. Auch die WPV war unmittelbar nach der Machtübernahme vom »Sicherheitsdienst des Reichsführers-SS« geschlossen worden (siehe II.1.a). Bereits in der Nacht vom 11. zum 12. März inhaftierten die neuen Machthaber mit Hilfe ihrer österreichischen Anhänger sowie der Polizei, die nun Himmler unterstellt war, rund 72.000 Menschen. Darunter waren viele Repräsentanten des bisherigen Regimes, aber auch Künstler, Intellektuelle und Juden. Auch Aichhorns älterer Sohn, der als Angestellter der Vaterländischen Front mit der Propaganda gegen die Nationalsozialisten betraut gewesen war, wurde am Abend des 11. März bei einem Fluchtversuch verhaftet und zunächst ins Polizeigefängnis gebracht (siehe II.3.a). Freud quittierte die Ereignisse in seiner »Kürzesten Chronik« mit den Worten »finis Austriae« (Molnar 1996, S. 62).

Hilde Adelberg, eine Schülerin der Pädagogenkurse, gedachte in einem Brief an Aichhorn vom 14. 7. 1946 (NAA) jener Tage:

Ich erinnere mich noch der Märztage 1938 als wir an einem der letzten Mittwochabende im Erziehungsberatungsseminar in der Berggasse zusammen saßen und Sie angesichts der drohenden Gefahr feststellten, daß wir alle nicht nur an Angst sondern auch an realer Furcht litten. Ich hatte damals zwei Bücher der psychoanalytischen Bibliothek zu Hause, die infolgedessen dem Einstampfen entgingen. Zwei Jahre später sind sie leider in Paris, sowie alle meine Bücher in die Hände der Deutschen gefallen.

Aichhorn antwortete ihr (1. 8. 1946; ebd.):

An die Märztage 38 und die letzte Erziehungsberatung am Donnerstag vor dem deutschen Einmarsch am Freitag erinnere ich mich noch sehr genau; als ich am Heimwege in der Währingerstraße[157] den johlenden Horden ausweichen mußte, ahnte ich noch nicht, was Schreckliches kommen wird.

---

[157] Die Währingerstraße ist eine größere Durchzugsstraße, in die die Berggasse einmündet.

II.
Anna Freud und August Aichhorn, März 1938 – Sommer 1945

»… wie gut es war, daß wenigstens einer von uns in Wien bleiben konnte«
(Anna Freud 1946)

1. Die Auflösung der WPV und die Emigration der Familie Freud

a. Die Auflösung der WPV[1]

In seiner Eröffnungsansprache zum 15. Internationalen Psychoanalytischen Kongress, der vom 1. bis 5. August 1938 in Paris stattfand, erklärte Ernest Jones (IZ 1939, S. 361):

> Unsere heutige Zusammenkunft steht unter dem Eindruck eines neuerlichen fürchterlichen Schlages, den die Psychoanalyse erlitten hat, das ist die Auflösung der Wiener Psychoanalytischen Vereinigung. Dies ist ein Schlag von viel weiter tragender Bedeutung als alle vorausgegangenen, die unser Werk in seiner kurzen Lebensgeschichte von vierzig Jahren erlitten hat. [...] Dieser neue Schlag von außen hat eine zentrale, ja vitale Stelle getroffen – die Mutter aller psychoanalytischen Vereinigungen, den eigentlichen Geburtsort der Psychoanalyse. Daß von allen Stätten der Welt gerade in Wien keine Psychoanalyse mehr betrieben werden soll, ist ein Gedanke, der einem den Atem raubt. Es wird längere Zeit brauchen, bis wir uns mit dieser Vorstellung vertraut gemacht haben.

Durch den Einmarsch der deutschen Truppen am 12. März 1938 war die Machtübernahme der Nationalsozialisten in Österreich Wirklichkeit geworden, und mit dem einen Tag später verlautbarten »Verfassungsgesetz über die Wiedervereinigung Österreichs mit dem Deutschen Reich« war der »Anschluss« de facto vollzogen. In kürzester Zeit wurden Maßnahmen zur Institutionalisierung des Antisemitismus eingeführt. Gleich am Sonntag, den 13. März, fand eine Vorstandssitzung der Wiener Vereinigung statt, auf der zwei Beschlüsse gefasst wurden: dass jeder, dem es möglich sei, aus dem Land fliehen solle und dass der Sitz der WPV dorthin zu verlegen sei, wo sich Freud niederlassen werde (Jones 1962, S. 262 f.; Sterba 1985, S. 164). Nicht weil sie Psychoanalytiker waren, mussten die Mitglieder Wien verlassen, sondern weil sie ihrer jüdischen Abstammung wegen in ihrer Existenz gefährdet waren.

---

[1] Grundlegend für die Darstellung in diesem Kapitel sind die Forschungsarbeiten von Christiane Rothländer (2008; 2010a; 2012). Vgl. außerdem u. a. T. Aichhorn 2003, 2005; Cocks 1997; Fallend et al. 1989; Huber 1977; Lockot 2002; Reichmayr 1994.

Am 16. März wurde von der Bezirksleitung der NSDAP Alsergrund, dem Wiener Gemeindebezirk, in dem sich Freuds Wohnung und die Einrichtungen der WPV befanden, der Chemiker Anton Sauerwald als kommissarischer Leiter der Vereinigung, des Ambulatoriums und des Internationalen Psychoanalytischen Verlags eingesetzt. Es war ein Zeichen der ungeklärten Kompetenzen in der damaligen Übergangsphase (vgl. Botz 2008, S. 248 ff.), dass seine Einsetzung einen Verein betraf, dessen Schließung schon unmittelbar nach der Machtübernahme vom »Sicherheitsdienst des Reichsführers-SS«, also von Berlin aus, angeordnet worden war.[2] Obwohl aber der Besitz der WPV und des psychoanalytischen Verlags auf Grund der Berliner Anordnung bereits beschlagnahmt war, versuchte man mit Hilfe Sauerwalds, diesen Besitz und möglichst auch einen Teil des Vermögens von Sigmund und Anna Freud, die Eigentümer des Verlags waren, zu retten. Zu diesem Zweck wurde am 20. März eine Sitzung mit Vertretern des WPV- und des IPV-Vorstands einberufen, bei der beschlossen wurde:[3]

Der Obmann der Wiener Psychoanalytischen Vereinigung, Herr Prof. Dr. Sigmund *Freud* möge Herrn Dr. Carl Müller-Braunschweig als Vertreter der Deutschen Psychoanalytischen Gesellschaft ersuchen, dass diese Gesellschaft als Treuhänderin die Rechte und Pflichten der Wiener Psychoanalytischen Vereinigung und gleichzeitig auch das Vermögen übernehmen möge. [...]
Herr Dr. C. Müller-Braunschweig erklärt nach interurban telephonischer Rücksprache mit Herrn Prof. Dr. Goering, dass die Deutsche Psychoanalytische Gesellschaft bereit sei die Treuhänderrolle zu übernehmen.

In den folgenden Wochen glaubten Jones, Göring und besonders Müller-Braunschweig und Sauerwald, die Angelegenheit unter Missachtung der damals geltenden gesetzlichen Bestimmungen intern regeln und die Sachwerte der WPV über die DPG dem Deutschen Institut für psychologische Forschung und Psychotherapie übereignen zu können. Zugleich wurde der Versuch unternommen, eines der nicht-jüdischen WPV-Mitglieder für die Leitung einer

---

[2] Wie diese Anordnung zustande kam und wer daran beteiligt war, konnte bisher nicht ausreichend geklärt werden.
[3] Das Original dieses Protokolls befindet sich in SFP. Ein Faksimile wurde im Juli 1938 im *International Journal of Psychoanalysis* veröffentlicht (nach S. 374). Aichhorn, damals Mitglied des WPV-Vorstandes, nahm an der Sitzung nicht teil (Sterba 1985, S. 164).

Nachfolge-Einrichtung zu gewinnen, die dem Deutschen Institut angegliedert sein sollte. Aber sowohl Richard Sterba als auch Aichhorn und Heinz Hartmann, die gefragt wurden, lehnten ab.[4]

Hans Ehlich vom SD-Hauptamt in Berlin machte rasch deutlich, dass die Vereinbarungen vom 20. März mit dem jüdischen Vorstand eines Vereins, dessen Liquidation bereits befohlen war, keine Gültigkeit haben konnten. Er und Rudolf Ramm, der Beauftragte des Reichsärzteführers in Österreich, verfügten im April definitiv die Auflösung der WPV. Der amtliche Auflösungsbeschluss erfolgte am 25. August 1938 durch den Stillhaltekommissar für Vereine, Organisationen und Verbände, verknüpft mit der Einziehung des Vermögens der Vereinigung.

Die Räumlichkeiten der WPV, die sich im ersten Stock des Hauses Berggasse 7 befanden, wurden samt Inventar beschlagnahmt und dem Orientalischen Institut der Universität Wien übergeben (vgl. 60AA; Rothländer 2010a).

b. Die Liquidation des Internationalen Psychoanalytischen Verlags

Die Bemühungen um Überführung der Wiener psychoanalytischen Einrichtungen in die DPG bzw. das Deutsche Institut hatten neben der WPV mit ihrem Ambulatorium speziell dem psychoanalytischen Verlag und seinen Buchbeständen gegolten. Auch auf dieser Ebene scheiterten Göring und Müller-Braunschweig an den Anordnungen von Ehlich und Ramm. In Sauerwalds Abschlussbericht vom 6. Mai 1939 an die Prüfstelle für die kommissarische Verwaltung steht zu lesen (ÖStA):

Der Internationale Psychoanalytische Verlag Gesellschaft m. b. H. wurde gleichfalls nach genauer Prüfung aufgelöst und mir der Auftrag gegeben, den Verlag zu liquidieren. Diese Prüfung wurde gemeinsam von der Staatspolizei, Leitstelle Berlin, einvernehmlich mit dem Beauftragten des Reichsärzteführers für die Ostmark Dr. Ramm durchgeführt und beide Stellen kamen nach genauer Durchsicht zu dem Ergebnis, dass das Schrifttum für das Reich kulturell untragbar ist.

Durch eine Verfügung der Geheimen Staatspolizei wurde[n] die gesamten Inländern gehörigen Schriften und Druckwerke cca. 16 Waggon restlos vernichtet.

---

[4] Siehe Sterba 1985, S. 170 ff. und Sauerwalds Aussage vom April 1947 bei einem Verhör im Rahmen seines Volksgerichtshofprozesses (Protokoll WStLA). Zu diesem Prozess vgl. III.3.a.

Diesem Schicksal ist auch Aichhorns Buch *Verwahrloste Jugend*, das im psychoanalytischen Verlag erschienen war, nicht entgangen. Zwar hatte Göring an Sauerwald geschrieben, er lasse »Parteigenossen Dr. Ehlich« bitten, sich das Buch »genauer anzusehen und mir ein Exemplar schicken zu lassen«. Es erscheine ihm »nicht ausgeschlossen, dass wir dieses Buch vom Einstampfen ausnehmen können; ev. müsste das Vorwort von Freud herausgenommen werden«.[5] Aber gerade um zu verhindern, dass sein Werk von den Nazis weiterverkauft oder – ohne Freuds Vorwort – neu herausgegeben werden könnte, hatte sich Aichhorn um die Rechte daran bemüht. Sauerwald bestätigte ihm am 7. November 1938 (NAA) – auf dem Briefpapier des Verlags –, dass ihm »die deutschen Rechte« ohne Vergütung überlassen würden. Die noch lagernden Exemplare aber bekam er nicht.

Von der Vernichtung ausgenommen wurden zum einen »diejenigen, beim Verlag befindlichen Bücher, welche Ausländern gehörten«.[6] Zum anderen erklärte Sauerwald in seinem schon zitierten Abschlussbericht: »Ein Teil [der Buchbestände] wurde ausgesondert und der Geheimen Staatspolizei Berlin, einvernehmlich mit dieser Stelle der Nationalbibliothek Wien übergeben.« Tatsächlich übergab Sauerwald dem Direktor der Bibliothek, Paul Heigl, etwa 1300 Bücher des Verlags,[7] die zum Teil weitergeleitet wurden. 261 Bücher und Zeitschriftenbände gingen an Walter Frank, den Präsidenten des Reichsinstituts für Geschichte des neuen Deutschlands (Hall u. Köstner 2006, S. 226). Darüber hinaus sagte Sauerwald aus (ebd., S. 224), er habe

beim SD bzw. Staatspolizei, unter Überbrückung grosser Schwierigkeiten durchgesetzt, dass beinahe sämtlichen Universitäten und Instituten Deutschlands und Österreichs psychoanalytische Literatur aus dem Bestand des Verlages übergeben wurde, wobei jedoch der Auftrag seitens des SD erteilt wurde, es müssten diese Bücher von den Bibliotheken in geschlossene Verwahrung genommen werden.

Nachdem der Buchbestand beschlagnahmt bzw. vernichtet war, verfügte der Verlag über keine Aktivposten mehr. Martin Freud, der als Verlagsleiter für die Schulden haftete, befand sich in einer für ihn gefährlichen Situation. Um ihm

---

[5] Der Brief wurde – ohne Datum – 1945 in der Wiener Tageszeitung *Neues Österreich* veröffentlicht (18. 10. 1945, S. 3).
[6] Aussage Sauerwald (wie oben, Anm. 4); vgl. Hall 2004, S. 24.
[7] Zur Frage der Rückerstattung siehe III.3.a sowie 58AA und ff.

beizustehen, übernahmen Anna und Sigmund Freud, die inzwischen Alleingesellschafter der Verlags-GmbH. waren, die Bezahlung der Schulden und der Kosten für die Liquidation des Verlags (siehe Leupold-Löwenthal 1989). Sie verzichteten auf ihre Forderungen gegen den Verlag und stellten Sauerwald ihre Konten zur Verfügung. Damit aber war Freuds gesamtes inländisches Vermögen verloren. Die für die Ausreise erforderliche »Reichsfluchtsteuer« konnte er nur aufbringen, weil ihm Marie Bonaparte das Geld dafür lieh. Er zahlte es ihr von seinem Auslandsguthaben zurück (Molnar 1996, S. 423).

Im September 1940 beantragte Sauerwald die Löschung der Firma; am 15. März 1941 wurde der Internationale Psychoanalytische Verlag aus dem Handelsregister gestrichen.

c. Die Emigration der Familie Freud

In seiner »Kürzesten Chronik« vermerkte Freud am 28. März 1938: »Aufnahme in England gesichert«, und: »Ausreise scheint ermöglicht« (Molnar 1996, S. 414 f.). Am 12. Mai wurden ihm und seiner Familie die Pässe ausgehändigt (S. 421). Die Ausreise verzögerte sich noch etwas, da sich die Verhandlungen zur Liquidation des Verlags hinzogen, aber am 4. Juni 1938 konnten die Freuds Wien verlassen (S. 424 f.).[8]

Während die Familie auf die Ausreiseerlaubnis wartete, war Aichhorn offenbar öfters zu Gast in der Berggasse 19. So teilte Freud im Mai 1938 seiner Schwägerin Minna mit: »Auch gab es gestern eine Tarockpartie mit Königstein und Aichhorn« (Freud u. Bernays 2005, S. 316). Es war Aichhorns Idee, Edmund Engelmann zu beauftragen, die Wohnung Freuds für die Nachwelt photographisch festzuhalten. Engelmann hatte Aichhorn 1933 kennengelernt und sich mit ihm befreundet. Über den erwähnten Auftrag berichtet er (1977, S. 54):[9]

Im Mai jenes trüben Frühjahrs [1938] verabredete ich mich mit Aichhorn im »Museum« am Karlsplatz, dem Stammcafé, in dem er häufig anzutreffen war. Er war sehr

---

[8] Vgl. zur Emigration der Familie u. a. Cohen 2009; Edmundson 2009; M. Freud 1999; Fry 2009, S. 79 ff.; Leupold-Löwenthal 1989.

[9] Vgl. ferner III.7.h sowie die Briefe 121AA, 154AA, 159AA und ff., jeweils mit Anm.

aufgeregt und blickte besorgt in die Runde, um festzustellen, ob wir überwacht oder belauscht würden. [...] Er sagte, die Familie [Freud] werde in zehn Tagen aufbrechen. Die historische Wohnung und Praxis würde ausgeräumt, die Einrichtung teils eingelagert, teils nachgesandt. Wir waren uns einig, daß es für die Geschichte der Psychoanalyse von größter Wichtigkeit war, ihre Geburtsstätte in allen Einzelheiten festzuhalten, damit – in Aichhorns mutigen Worten – »ein Museum geschaffen werden kann, wenn der Sturm der Jahre vorüber ist«. Ich erinnere mich, wie beeindruckt ich war von seiner nüchternen Überzeugung, das Tausendjährige Reich werde nicht ganz so lange bestehen.

Aichhorn wusste, dass Engelmann »begeistert und geschickt photographierte« (ebd., S. 55), und fragte ihn, ob er Freuds Domizil aufnehmen könne und wolle. Engelmann sagte ohne Zögern zu und blieb auch dabei, als Aichhorn hinzufügte, dass das Ganze ohne Blitzlicht und Scheinwerfer geschehen müsse, um die Gestapo, die das Haus überwachte, nicht aufmerksam zu machen. Außerdem bat er Engelmann, sich beim Photographieren so zu verhalten, »daß ich Freud nicht unversehens überraschte und erschreckte«. Er befürchtete, der 82-jährige sei »sehr verstört«, nachdem SS-Männer in seine Wohnung eingedrungen waren und Geld verlangt hatten, und vor allem nach dem mehrstündigen Verhör seiner Tochter Anna durch die Gestapo (S. 55 f.). Am dritten Tag jedoch kam Freud ins Zimmer, als Engelmann gerade den Schreibtisch aufnahm. Aichhorn, der anwesend war, machte die beiden miteinander bekannt (S. 59 f.).

Aichhorn war auch über die Abreise der Familie Freud genau informiert. Heinz Kohut berichtete 1952 in einem Brief an K. R. Eissler über seine »einzige Begegnung mit Freud« (Kohut 1994, S. 64 f.; Original englisch):

Ich sah Freud 1938 am Tag seiner endgültigen Abreise aus Wien. Die Information, dass er abreisen würde, den Bahnhof (Westbahnhof?) und die Abfahrtszeit des Zuges bekam ich durch Aichhorn, bei dem ich damals in Analyse war. Aichhorn sagte mir, Freud habe verlangt, dass die Tatsache und jedenfalls die Details seiner Abreise geheim zu halten seien und dass er nicht wolle, dass Freunde zum Bahnhof kämen. Ich könne aber ruhig hingehen, wenn ich im Hintergrund bliebe. Mit einem Freund von mir erreichte ich den Bahnhof etwa 15 Minuten vor der Abfahrt des Zuges. Es war ein schöner, sonniger Tag. Der Bahnhof war ziemlich leer, und es war nichts von einer polizeilichen Überwachung zu bemerken. Wir entdeckten Freud bald, da er am Fenster seines Abteils saß, mit Blick nach hinten. Wir hielten uns etwa zehn Schritte von Freuds Wagen entfernt und konnten daher niemand anderes im Abteil sehen. Neben

Freuds Fenster am Bahnsteig stand eine einfach gekleidete weinende Frau (wir vermuteten, eine Hausangestellte), mit der eine Frau aus Freuds Reisegruppe sprach (Anna Freud?), offenbar um sie zu beruhigen. Freud Gesicht war ruhig, und er schien der emotionalen Szene, als ob sie ihm peinlich wäre, keine Beachtung zu schenken. [...] Als sich der Zug in Bewegung setzte, näherten wir uns Freud und zogen unsere Hüte. Freud sah uns an, nahm seine Reisemütze ab und winkte uns zu.

d. Zur Emigration der Mitglieder der WPV

So wie Sigmund und Anna Freud verließen auch die anderen Analytiker Wien. Der überwiegende Teil von ihnen dürfte bereits zwischen Mitte Mai und Mitte Juli geflohen sein (vgl. Reichmayr 1994, S. 136 ff.).[10] Die WPV hatte damals wahrscheinlich – es gibt für 1938 keine offizielle Mitgliederliste mehr – 68 ordentliche und außerordentliche Mitglieder und etwa 38 Kandidaten. Über den »Ausbildungsgang für Pädagogen« berichtete Hoffer (zit. T. Aichhorn 2004, S. 29): »Die beiden Lehrgänge haben vorübergehend oder dauernd je 90 unserer Pädagogen besucht und bei der Auflösung unseres Lehrinstitutes im März dieses Jahres haben wir mehr als 40 analysierte Pädagogen gezählt; ein Drittel aller Teilnehmer waren Ausländer.«

Dass die Flucht fast aller jüdischen WPV-Mitglieder trotz vieler Schwierigkeiten gelang, war vor allem dem Emergency Committee on Relief and Immigration der American Psychoanalytic Association und der engen Zusammenarbeit zwischen Anna Freud und Jones zu verdanken.[11]

Trotz vielfältiger Bemühungen konnte nicht allen Mitgliedern der WPV geholfen werden. Jokl überlebte in einem Lager in Südfrankreich, Ernst Paul Hoffmann und Rosa Walk starben auf der Flucht vor den Nazis; Nikola Sugar kam in Theresienstadt um.[12] Über das Schicksal der Kandidaten und der Teil-

---

[10] Zu dieser Emigrationsbewegung vgl. Ash u. Söllner 1996; Dokumentationsarchiv des österr. Widerstandes 1995; Fallend et al. 1989; Hale 1995; Mühlleitner u. Reichmayr 2003; Pappenheim 2004; Stadler 1987, 2004; Steiner 2000, 2005.

[11] Zum Emergency Committee vgl. Mészáros 2008 und Thompson 2008; zur Zusammenarbeit A. Freud – Jones vor allem Steiner 2000.

[12] Neun ehemalige Mitglieder der WPV, darunter Isidor Sadger, wurden nach 1938 in Konzentrationslagern und Pogromen ermordet (siehe Mühlleitner u. Reichmayr 1997, S. 79).

nehmer an den Pädagogenkursen gibt es – abgesehen von wenigen Ausnahmen – keine verlässlichen Angaben.[13]

Gerade die Psychoanalytischen Pädagogen hatten es, wenn sie wie die große Mehrzahl der WPV-Emigranten nach Amerika gingen, schwer, da sie meist keine Ärzte und deshalb vom Zugang zu den amerikanischen IPV-Gruppen ausgeschlossen waren (vgl. Schröter 2008).[14] Die dadurch begründeten Schwierigkeiten machten Anna Freud als Funktionärin von IPV und IUK ständig zu schaffen. Am 15. 5. 1938 schrieb sie z. B. an Jones (ABPS):

> Das Recht auf eine ordentliche Mitgliedschaft bei uns in der IPV erwirbt man sich schwer genug durch Studium und Arbeit. Es sollte (wie manche Staatsbürgerschaften) ausser durch Aufgeben der Arbeit oder durch wissenschaftliche Abwendung nicht verlierbar sein. Früher, ehe es die Laienschwierigkeiten bei uns gegeben hat, war es ja auch tatsächlich so: man ist entweder Mitglied geblieben, wo man gewesen war oder automatisch in einer anderen Vereinigung akzeptiert worden.

Ein anderes Beispiel für diesen Konflikt ist eine Sitzung vom Dezember 1938, bei der Edward Bibring, Marie Bonaparte, Anna Freud, Edward Glover und Jones in London zusammenkamen. In Bezug auf die »Amerikafrage« verständigten sie sich, dass die Frage der Laienanalyse zum Hauptproblem zwischen den amerikanischen und den europäischen Analytikern geworden war und dass den wenigen in Amerika angelangten Laienanalytikern die Mitarbeit nicht verwehrt werden sollte.[15] Aber solche Ansichten hatten keine Chance mehr. Die Machtposition der Europäer gegenüber den Amerikanern war durch den Untergang der WPV und die Abhängigkeit der Emigranten vom Wohlwollen ihrer amerikanischen Kollegen entscheidend geschwächt worden. Und wenig später machte der Ausbruch des Zweiten Weltkriegs bis auf Weiteres eine Klärung der Frage unmöglich.

---

[13] Zu den Teilnehmern an den Pädagogenkursen vgl. Ascher 2003, 2008; Kaufhold 2003; zu den Kandidaten: Rosdolsky 2009.
[14] Gleichwohl konnten sogenannte Laienanalytiker, wenn sie wollten, außerhalb der psychoanalytischen Vereine Psychoanalyse ausüben (vgl. Eissler an AA, 25. 2. 1948; NAA).
[15] Protokoll vom 10. 12. 1938; vgl. auch Protokoll 19. 12. (ABPS). Zum Kontext siehe I.4.a.

2. Anna Freud in London 1938–1945

a. Die Anfänge bis zu Freuds Tod

Nach einem kurzen Zwischenaufenthalt in Paris kam Freud mit seiner Familie am 6. Juni 1938 in London an. Auf die Einrichtungsgegenstände, auf seine Bücher und seine Antikensammlung musste er noch bis Anfang August warten (Molnar 1996, S. 440), und eine passende Wohnung fand sich erst im September: in Hampstead, 20 Maresfield Gardens.

Anna Freuds Lage hatte sich durch den Wechsel nach London dramatisch verschlechtert.[16] Sie war in den letzten Jahren in Wien als Vertreterin ihres Vaters in der Vereinsführung und als Vorsitzende des Lehrausschusses zur weitgehend unangefochtenen Autorität geworden; sie hatte sich in den Leitungsgremien der IPV betätigt und bewährt; und sie hatte ihre Position als Autorin bzw. als psychoanalytische Theoretikerin gefestigt. Diese Errungenschaften, der ganze Boden, auf dem sie bisher gelebt und gearbeitet hatte, war nun auf einmal verloren oder gefährdet. Sie war mit einer Handvoll Kollegen, die wie sie nach England geflohen waren, in einer ihr fremden und durchaus nicht nur freundlich gesonnenen Umwelt angelangt. Vor allem musste sie bald erkennen, dass sie zwar ihr Leben hatte retten können, dass sie aber, konfrontiert mit den in der Britischen Psychoanalytischen Gesellschaft (BPS) vorherrschenden Auffassungen, Gefahr lief, ihre intellektuelle Heimat zu verlieren (vgl. T. Aichhorn 2008; 2009).

Zunächst setzten Anna Freud und ihre engsten Mitarbeiter in London einige ihrer aus Wien gewohnten Aktivitäten fort. Anna Freud hielt bereits im Herbst 1938 einen dreistündigen Kurs für Lehrer des London County Council, der von etwa 100 Personen besucht wurde, und Dorothy Burlingham und Willy Hoffer leiteten eine study group, mit elf Sitzungen von Jänner bis Juni 1939, an denen sechs Wiener und vier englische Pädagogen teilnahmen (vgl. die Protokolle dieser Arbeitsgruppe in AFML). Aber die Zusammenarbeit in der Londoner Vereinigung war von allem Anfang an durch heftige Konflikte gekennzeichnet. In einem Brief vom 21. 11. 1938 an Eitingon stellte Anna Freud fest (AFP): »Ich warte, wie lange ich es dort [in der BPS] aushalte, ehe ich wild werde.« Und am 10. 12. schrieb sie ihm (ebd.):

---

[16] Zu ihren ersten Jahren in England vgl. insgesamt Young-Bruehl 1995, Bd. 2, S. 9–76.

Sonst geht alles seinen Gang. Während wir bisher in der Vereinigung geschwiegen haben, haben wir letzten Mittwoch nach einem Vortrag von Susan Isaacs zum erstenmal eine prinzipielle Diskussion begonnen. Es wird eine schwere Arbeit werden und eine, die mir wenig liegt. Aber das ist einmal so.

Ernst Kris berichtete, teilweise mit Bezug auf denselben Vortrag von Isaacs:[17]

Der Umfang von Melanesien ist sehr gross. Es reicht von E[rnest] J[ones], der sich naturalisiert hat, ueber Rickman, Isaacs, Riviere bis in die Jugend, die so gut wie ausschliesslich aus Melanesiern besteht. [...] In der Sitzung gab es eine Diskussion. Isaac's Vortrag Temper-Tantrums = Kampf der Internalised Objects. Dagegen Burlingham, Hawkins und Anna Freud: doppelte Identifizierung bei der Beobachtung der Urszene. Der President [Jones] ist sogar grob geworden. Der Sekretaer [Glover] hat versichert, dass seit Jahren nicht so viel ueber Sexualitaet geredet worden sei. Er meint, das Tabu sei gebrochen.
 In einer Anzahl von Privat-Zirkeln wird mit manchen Einzelnen viel disputiert. [...] / A[nna] F[reud] haelt das Kinderseminar, Grete B[ibring] ein klinisches Seminar, beide von einigen wenigen Englaendern besucht, Edi B[ibring] ein Lektuere Seminar, ich ein Anwendungs-Seminar, und ausserdem den offiziellen Traumkurs.

Etwas später, am 26. 3. 1939 (AFP), schrieb Anna Freud an Simmel, der nach der Zusammenarbeit der Wiener mit der englischen Gruppe gefragt hatte:

Das ist ein so schwieriges Problem, das man es nach einem dreiviertel Jahr noch gar nicht beantworten kann. Vielleicht ist das beste, was sich dazu sagen lässt, dass die englische Gruppe selbst nicht einheitlich ist. Soweit es die Klein'sche Schule betrifft, sind die theoretischen Unterschiede schon so gross, dass man sich zwar über die Unterschiede unterhalten, aber nicht wirklich zusammenarbeiten kann. Das gibt im einzelnen sehr viele Schwierigkeiten, die dadurch zugedeckt sind, dass die Gruppe sich menschlich der ganzen Emigrationsfrage gegenüber besonders gut benommen hat.

Und am 7. 4. 1939 an Eitingon (ebd.):

Ich weiß nicht, wie unser Zusammenleben mit der Gruppe sich entwickeln soll. Ich habe nur den einen Wunsch, nichts mit den Leuten zu tun zu haben und bin neugierig, wie und wann ich mir erlauben kann, ihn mir zu erfüllen.

---

[17] Brief vom 25. 1. 1939 an Fenichel (OFP). Das Wort »Melanesien« im ersten Satz ist eine scherzhafte Bezeichnung für das »Reich« von Melanie Klein.

Es gibt natürlich eine ganze Anzahl Menschen darunter, mit denen sich leben und arbeiten liesse, die nur jetzt ganz in den Hintergrund gedrängt sind. Für die neue Art Analyse, die Jones hier als legitime Weiterentwicklung, d. h. als die einzig richtige Freud'sche Analyse propagiert, habe ich nichts übrig. Ehe ich mich damit identifiziere, löse ich lieber meine Verbindung mit der Vereinigung.

Aber alle diese Entwicklungen sind nicht dringend. In einem weiteren Jahr wird man etwas weiter sehen. Lehrtätigkeit habe ich hier jedenfalls keine. Ich halte zwar als private Veranstaltung mein Kinderseminar weiter, aber eigentlich hauptsächlich für die Wiener Analytiker. Bei den hiesigen Kandidaten kann und will ich nicht unterrichten, weil die gleichzeitig bei ihren Lehranalytikern lernen, dass das was wir aus Wien mitbringen, gar nicht Analyse ist. Ausserdem vertrete ich die Meinung, die die Leute hier nicht teilen, dass es unrecht ist, Kandidaten gleichzeitig zwei völlig verschiedene Richtungen zu unterrichten. Was soll dabei herauskommen?

Zu diesen wissenschaftlichen Konflikten kam die schwierige Entscheidung, ob die *Internationale Zeitschrift für Psychoanalyse* weiter erscheinen solle. Die Arbeit an ihr beruhte sowohl redaktionell als auch inhaltlich auf dem Zusammenhalt der Wiener Gruppe. Als der Londoner Kern dieser Gruppe zerbrach, weil ein größerer Teil in die USA weiterzog, wurde die Zeitschrift Ende 1941 endgültig eingestellt.

Auch mit der Vorbereitung einer neuen deutschen Gesamtausgabe von Freuds Werken war Anna Freud beschäftigt.[18] Wie sie am 23. 2. 1939 Eitingon mitteilte (AFP), hatte Marie Bonaparte das Geld dafür gegeben: »Es ist die gleiche Summe, die sie in Wien für uns als Steuer gezahlt hat und die Papa ihr hier zurückgezahlt hat. Sie wollte sie nicht anders verwenden.« Mit diesem Betrag konnten allerdings nur die Kosten für die ersten Bände beglichen werden. Das für die weiteren Bände notwendige Geld zusammenzubekommen, blieb eine stete Sorge (vgl. Rolnik 2008, S. 96 f.).

Über alledem lag schließlich der Schatten des Fortschreitens von Freuds Krebserkrankung. Im September 1939 war Freud für jeden weiteren Eingriff zu schwach geworden, so dass sein Leibarzt Max Schur und Anna Freud beschlossen, seinem Wunsch nach Beendigung der Leiden zu entsprechen. Schur gab ihm eine »Injektion von zwei Zentigramm Morphium«, die am nächsten Tag zweimal wiederholt wurde (Schur 1973, S. 621). Freud starb am

---

[18] Die chronologische Ausgabe von Freuds *Gesammelten Werken* wurde in London zwischen 1940 und 1952 bei Imago Publishing veröffentlicht und 1960 von S. Fischer, Frankfurt/M., übernommen (siehe Grubrich-Simitis 1993, S. 60–66, 71 f.).

23. September. In seinem Beileidsbrief an Anna Freud bemerkte Lajos Lévy:[19] »Es ist mir unendlich wehe, dass ich Ihm den Liebesdienst den Er sich vor 19 Jahren von mir versprechen liess, nicht leisten konnte. Ich hoffe, dass andere ergebene und verehrende Hände Ihm die letzten Stunden so linderten, wie Er es sich immer erwünscht hatte.« Kata Lévy hatte bereits früher geschrieben:

> Ich kann mir die qualvollen Wochen vorstellen, die Ihr inzwischen verbracht habt und hoffe nur, dass Papas Schmerzen gelindert werden konnten; dass er erlaubt hat, sie ihm zu lindern. [...]
> Darf <u>ich</u> dabei noch klagen, wie schwer ich es habe, so weit fort zu sein und die Entfernung wächst dabei immer noch. Man darf <u>sich</u> nicht bedauern, habe ich von Papa sagen gehört. Man kann nichts anderes tun, als trachten in <u>seinem</u> Sinn zu leben und zu arbeiten – ein jeder so gut er's vermag.

Der Brief enthält eine Äußerung, die vermuten lässt, dass Kata Lévy ein (verlorengegangenes) Schreiben Aichhorns an Anna Freud mitgeschickt hatte. Diese fügte ihrer Antwort das Postscriptum bei: »Sage August A. für mich, wie sehr ich mich mit seinem Brief gefreut habe und wie viel ich jetzt mit ihm zu reden hätte; er sicher auch mit mir. Was man alles nicht mehr hat, das merkt man plötzlich doppelt und dreifach.«

b. Krieg und Rest Centres

1940/41 verließen einige der engsten und wichtigsten Mitstreiter Anna Freuds – zuerst Marianne und Ernst Kris, dann auch Grete und Edward Bibring – London, um in die USA zu gehen. Vor allem der rege Briefwechsel von Anna Freud mit Ernst Kris enthält viele Informationen über die Geschehnisse der folgenden Zeit. Im September 1940 bekennt sie, dass sie seine Abreise, die ihr zunächst so vernünftig und sinnvoll erschienen war, immer mehr bedaure. Dann fährt sie fort (3. 9. 1940, EKP; Original englisch):

> London ist unter den gegenwärtigen Umständen eine interessante, vielleicht eine einzigartige Erfahrung. Ich habe nie eine Bevölkerung erlebt, die weniger aufgeregt, weniger ängstlich, die gleichmütiger und würdevoller gewesen wäre. Heute zum Beispiel

---

[19] Brief vom 14. 10. 1939 (AFML). Die beiden nächsten Briefe: K. Lévy an AF, 25. 9. 1939 (ebd.); AF an K. Lévy, 17. 10. (mit Dank an G. Fichtner).

konnten die meisten Menschen in der Nacht kaum schlafen, weil von ½ 11 bis 3 Uhr morgens Flugzeuge in der Luft waren; und am Tag gab es zweimal Alarm. Trotzdem sind alle meine acht Patienten pünktlich und unbeeindruckt gekommen und gegangen. Während des einen Alarms war ich außer Haus und fuhr mit dem Taxi zurück; der Fahrer hat nichts davon erwähnt, dass er bei einem Fliegerangriff nicht zu fahren braucht. Straßenarbeiter arbeiten einfach weiter, Busse fahren weiter, niemand rennt herum, niemand hat es eilig. Plötzlich kam es mir so vor, dass ich mir die Sirenen eingebildet haben muss, es erschien so unglaublich, dass niemand auch nur besorgt aussieht! Wir hören viel Schießen außer dem Fliegerlärm, aber bisher hatten wir großes Glück, in unserer Gegend ist nichts passiert. – Das Einzige, womit wir aufgehört haben, sind abendliche Treffen. Es gibt Abends und Nachts ziemlich regelmäßig Fliegerangriffe, und da ist es besser, drinnen als draußen zu sein [...]. Die meisten Menschen schlafen nicht im Bett, sondern irgendwo auf dem Boden, auf Matratzen etc. Wir schlafen wie gewöhnlich im Bett, nur dass ich immer wieder einen Rundgang im Haus und auf dem Speicher mache, um nachzusehen, ob es nicht irgendwo brennt. – Ich habe London zur Zeit lieber als je zuvor, und ich glaube, das geht den meisten Menschen so.

Am 28. 10. 1940 schrieb Anna Freud an Kris, dass ihr »Rest Centre« (Ruhezentrum) Fortschritte mache. Damit bezog sie sich auf die Hampstead War Nurseries: das Kriegskinderheim, das sie gemeinsam mit Dorothy Burlingham eröffnet hatte und bis 1945 führte.[20] In einem Brief vom 7. 10. 1941 an Otto Fenichel berichtet Hoffer darüber (OFP; Original englisch):

Wie Sie wissen, hat Anna Freud drei Häuser für Kinder eingerichtet, sogenannte rest centres, eines für Babies, zwei für Zwei- bis Sechsjährige oder so. Es gibt dort viel zu tun, besonders auch in der Ausbildung der Mitarbeiter. Leider haben wir bisher fast keine Kinderanalytiker hier – zumindest keine, die zu »unserer Gruppe« gehören – es wäre eine dringende Aufgabe, aber wenn die Arbeit eine Weile durchgeführt werden kann, und sie wird vielleicht noch ein paar Jahre fortgehen, dann hat Anna Freud eine nützliche Sammlung von direkten Beobachtungen zur Kinderentwicklung in einer Gemeinschaft, denn das sind die Zentren eigentlich.

---

[20] Siehe dazu die Berichte 1942–1945, die inzwischen in den *Schriften* Anna Freuds erschienen sind (1980, Bd. 2 und 3). Darin enthalten sind auch die schon früher unter den Titeln *Kriegskinder* und *Anstaltskinder* veröffentlichten zusammenfassenden Auswertungen (Burlingham u. A. Freud 1942; 1944). Gleich zu Beginn der letzteren Arbeit berufen sich die Autorinnen auf die von Aichhorn in seiner Erziehungsanstalt gemachten Erfahrungen mit Kindern, die von früh an in Institutionen aufgewachsen waren (1944, S. 879).

c. Kontroversen, Brüche, neue Perspektiven

Nach dem Eintritt Englands in den Krieg mit Hitlerdeutschland hatten sich einige ärztliche Mitglieder der Britischen Psychoanalytischen Gesellschaft dem Medizinischen Notdienst angeschlossen, andere waren als Psychiater zum Militär gegangen, und wieder andere, darunter Melanie Klein, Susan Isaacs und Joan Riviere, hatten London verlassen und waren aufs Land gezogen. Dadurch waren in den Vereinssitzungen die Emigranten, die sich als feindliche Ausländer im Land nicht frei bewegen durften, zur Mehrheit geworden. Ab Ende 1941, als Klein und einige ihrer Freunde an den Sitzungen wieder regelmäßiger teilnahmen, wurden, wie Pearl King feststellt (King u. Steiner 2000, S. 72), »die Diskussionen erbitterter geführt, und da die Atmosphäre auf den wissenschaftlichen Sitzungen immer unangenehmer wurde, machten sich viele Mitglieder Sorgen über die Entwicklung der Gesellschaft«. In der Folge kam es 1942–1945 zu den berühmten »Freud/Klein Kontroversen«: einer Reihe von »wissenschaftlichen Diskussionen«, deren Organisation und Fortgang in den von Pearl King und Riccardo Steiner herausgegebenen Bänden (2000) ausführlich dokumentiert sind.[21] Ein Brief von Anna Freud an Kris vom 13. Februar 1944 bezeugt ihre Enttäuschung über die Entwicklungen in London und ihren endgültigen Rückzug (EKP; Original englisch):

Der Bruch in der psychoanalytischen Vereinigung ist nun endlich geschehen. Vor zwei Wochen ist Glover aus der Vereinigung ausgetreten, er hat nicht nur seine Mitgliedschaft sondern auch seine sämtlichen Ämter niedergelegt, aus Protest darüber, dass die Vereinigung im Begriff sei, eine »nicht-Freudianische« zu werden. Ich bin aus dem Lehrausschuss ausgeschieden, meinem einzigen Amt in der Vereinigung. Es gab mehr als genug Gründe für diesen Schritt; tatsächlich hätte ich ihn schon vor Jahren tun sollen; oder vielmehr, ich hätte mich überhaupt nie auf eine Zusammenarbeit mit der Vereinigung einlassen sollen. Es tut mit sehr leid, dass ich mich zurzeit nicht in der Lage sehe, meine Mitgliedschaft aufzugeben, so wie es Glover tat. Aber auch wenn es mir nichts ausmachen würde, es würde dadurch eine unmögliche Situation für alle unsere eigenen Kandidaten und für die jüngsten Mitglieder auf unserer Seite entstehen, die ihre Arbeitserlaubnis als Analytiker nur durch das Institut haben, etc. Also warte ich ab, bis ich den nächsten Schritt tun kann. Ich weiß noch nicht, ob das jetzt das Ende der sogenannten »wissenschaftlichen Diskussionen« bedeutet, die

---

[21] Vgl. außerdem u. a. Brühmann 1996; Grosskurth 1986; Roazen 2000; Young-Bruehl 1995.

Sie, wie ich hoffe, regelmäßig bekommen, oder ob nur wir unsere Teilnahme daran beenden. Obwohl die Berichte korrekt sind, vermitteln sie ein falsches Bild von der Situation in der Vereinigung. In Wirklichkeit nimmt niemand auch nur die geringste Notiz von unseren Antworten, und alles, besonders die Ausbildung, läuft weiter, als ob es diese Diskussionen nicht gäbe. Immerhin, sie beschleunigen den Bruch, und das ist doch etwas. Dr. Friedlaender hat gleichzeitig ihr Amt als Kassier niedergelegt, und, als Beginn, werden wir uns alle still aus der Vereinigung zurückziehen, keine Sitzungen mehr besuchen, in keiner Weise kooperieren. Die Donnerstagabende in 20, Maresfield Gardens, unser ehemaliges Kinderanalysenseminar, sind jetzt zu einer Diskussionsgruppe geworden, zu einem neuen Treffpunkt. Diese Gesinnungsgemeinschaft ist eine stumme Revolte gegen das, was hier in der Psychoanalyse passiert, während Glover den offenen Bruch vollzogen hat. Die Zukunft ist noch unsicher.

Im selben Brief erwähnt Anna Freud eine alte gemeinsame Idee: die Herausgabe eines »Handbook of Psycho-Analysis«. Aus einem solchen Unternehmen könne vielleicht eine neue internationale Kooperation von Gleichgesinnten erwachsen, als Ersatz oder zur Wiederbelebung der toten IPV. Kris besprach sich daraufhin mit Heinz Hartmann und Rudolf Loewenstein, und sie entwickelten das Konzept eines systematisch aufgebauten Werks, zu dem sie selbst die Einführungskapitel schreiben wollten. Die dort vorgelegten Ansichten sollten dann für die Mitarbeiter »ein begrenztes Maß an Verbindlichkeit« haben.[22] Im Fortgang der Pläne wurde zunächst beschlossen, einige Beiträge aus der *Zeitschrift für psychoanalytische Pädagogik* in das Werk aufzunehmen, darunter Teile des Aufsatzes über Erziehungsberatung von Aichhorn (1932).

Die Idee des Handbuchs wurde letztlich fallengelassen, aber die Überlegungen dazu gingen ein in die Vorbereitung einer neuen Zeitschrift, *The Psychoanalytic Study of the Child*. Beim ersten Herausgebertreffen am 11. Juli 1944 wurde beschlossen, dass der 1. Band »Klinische Aspekte« dieselbe Aichhorn-Arbeit von 1932 enthalten solle, »mit einer vorangehenden kurzen Analyse der Gründe, warum Aichhorn so erfolgreich war«.[23] Es war der einzige Beitrag eines in Kontinentaleuropa verbliebenen Analytikers, der für das neue Projekt zur Veröffentlichung vorgesehen wurde.

---

[22] Kris an AF, 8. 3. 1944 (AFP); Original englisch.
[23] Masch. Protokoll des Treffens (AFP; Original englisch). Der Gruppe gehörten an: Phyllis Greenacre, Edith Jackson, Ernst Kris, Lawrence Kubie, Marian Putnam und René Spitz. Die erwähnten Publikationspläne wurden noch geändert (vgl. 28AA mit Anm. 80.).

d. Trennungsabsichten

Anfang 1945 war Anna Freuds Unzufriedenheit mit der Situation in der BPS so virulent geworden, dass sie erwog, eine Konkurrenz-Vereinigung zu gründen. Jones war, wie er am 9. 1. an Marie Bonaparte schrieb (MPB; Original englisch), über ihre Einstellung sehr besorgt:

Es ist offensichtlich, dass ihr die autokratische Position, die sie in Wien innehatte, ein Problem auferlegt hat, dem sie nicht gewachsen ist. Glauben Sie mir, wenn ich Ihnen versichere, dass ihre Einstellung weit davon entfernt ist, so objektiv zu sein, wie sie denkt. Ich habe mehrere Male nach Kräften versucht zu helfen, aber sie gehört zu den Menschen, die sich überhaupt nicht beeinflussen lassen außer in Richtung ihrer eigenen Neigungen. [...] Sie sind die einzige Person, die sie dazu bewegen kann, ihren Hang zu extremen Entscheidungen, die äußerst unnötig sind und die katastrophal wären, zu dämpfen.

Eine Bestätigung der Befürchtungen von Jones findet sich in einem Brief Anna Freuds an Kris vom 11. 2. 1945, in dem es heißt (EKP; Original englisch):

Wir sind drauf und dran, mit Glover eine neue Vereinigung zu gründen, und Glover bedrängt uns, das rasch zu tun. Andererseits fällt es mir schwer, meine Mitgliedschaft formell aufzugeben, nicht weil ich mich mit der [Britischen] Vereinigung verbunden fühle oder jemals in sie zurückkehren möchte, sondern weil es bedeutet, dass ich meine Mitgliedschaft in der Internationalen Vereinigung und mein Amt als Zentralsekretär verliere, das ich im Moment an Glovers Stelle bekleide. Es hat vielleicht keine große praktische Bedeutung, aber das lässt sich noch nicht beurteilen. Mit der Befreiung Europas kommen wir wieder mit den dortigen psychoanalytischen Gruppen in Kontakt, und ich kann mich nicht entschließen, ganz draußen zu sein, wenn das geschieht. Glover hat um eine direkte Mitgliedschaft angesucht [bei der IPV], Jones hat sie ihm kategorisch verweigert, und er würde sie mir auch verweigern. So wie die Dinge liegen, würde ich am liebsten unsere derzeitige kleine Gruppe zu etwas Gutem weiterentwickeln und sie dann, mit dem ganzen Konflikt, vor den nächsten europäischen psychoanalytischen Kongress bringen. [...] Die Gruppe konsolidiert sich inzwischen, hat so ungefähr 20–23 Mitglieder und Gäste und ein Programm, das immer besser wird. Was mir ständig Sorge macht, ist die Schwäche, dass wir nicht genug gute Lehrer und Vortragende haben. [...]

Ich hatte ein mehrstündiges Gespräch mit Jones, das völlig ergebnislos verlief, abgesehen von einigen interessanten Streiflichtern auf seine allgemeine Einstellung. Zum Beispiel, als ich sagte, dass die neuen Mitglieder und Funktionäre in der gegenwärtigen Vereinigung sehr wenig gelernt und nicht einmal die Traumdeutung gelesen hätten, sagte er: »Das mag sein; aber man muss nicht den historischen Weg gehen.«

Aus einem Jones-Brief vom 22. März an Bonaparte (MBP) geht hervor, warum er eine Spaltung der BPS um jeden Preis zu verhindern suchte: Er befürchtete, dass die Psychoanalyse dadurch in der akademisch-professionellen Umwelt jeden Kredit als Wissenschaft verlieren würde.

Der Londoner Konflikt zog auch die Schweizer Vereinigung mit ihrem Präsidenten Sarasin in Mitleidenschaft, der als Schatzmeister zugleich dem IPV-Vorstand angehörte. Er schrieb am 17. 7. 1945 an Jones (AFP): »Von den Vorgängen um Mrs. Klein hatten wir durch Anna Freud Kenntnis erhalten. Die Vereinigung bedauert diese Schwierigkeiten sehr und reagierte darauf mit der Uebernahme von Dr. Glover und Anna Freud als Mitglieder in die Schweizer Gruppe.« Jones warf Sarasin am 30. 7. vor (ebd.; Original englisch), er habe durch seine einseitige Parteinahme die »charakteristische Schweizer Neutralität« verletzt und durch die Aufnahme eines landesfremden Mitglieds gegen die Regularien der IPV verstoßen. Und dieser erwiderte am 13. 8. (ebd.):

Leider muss ich Ihnen gestehen, dass sich mein Befremden [sc. durch Jones' Brief] nur noch mehr vertieft hat. Es müssen schwerwiegende Dinge vorliegen, die Fräulein Anna Freud veranlasst haben, die Hilfe unserer Gruppe anzurufen.
Ich denke, dass wir alles unternehmen müssen, um zu verhindern, dass die Tochter von Herrn Professor aus der IPV herausfällt. Diese, die IPV, würde einen solchen Verlust kaum verwinden können.

Letztlich entschied sich Anna Freud dagegen, wie sie an Ruth Eissler schrieb,[24] »einen Bruch in der [britischen] psychoanalytischen Vereinigung herbeizuführen und indirekt die analytische Bewegung in Europa zu schädigen, die ohnehin jetzt so sehr geschwächt ist«. Es kam ihr dabei zugute, dass sie anders als Glover die Mitgliedschaft in der BPS nie aufgegeben hatte. Nachdem sie im Sommer 1946 einen modus vivendi mit der Vereinigung gefunden hatte (siehe III.1.f), bat sie Sarasin, ihre Schweizer Mitgliedschaft in eine »honorary membership« zu umzuwandeln. Zugleich kämpfte sie darum, die Schweizer Mitgliedschaft für Glover, der andernfalls aus der IPV heraus-

---

[24] Brief vom 3. 7. 1946 (AFP); Original englisch. Das Folgende nach AF an Sarasin, 26. 3. 1947 (ebd.).

gefallen wäre, zu erhalten bzw. amtlich zu machen. Jones zeigte sich in dieser Frage zunächst »vollkommen uneinsichtig und ablehnend«. Aber Anna Freud setzte sich durch: In der Mitgliederliste der IPV 1948 erscheint sie selbst als Ehrenmitglied der Schweizerischen Vereinigung und Glover als Mitglied (IJ 1948, S. 272 f.).[25]

3. August Aichhorn in Wien, März 1938 – Sommer 1945

a. Die erste Zeit

Von den damals aktiven Mitgliedern der WPV waren 1938 nur Aichhorn, Richard Nepallek, der langjährige Kassier der WPV, und Alfred Winterstein in Wien zurückgeblieben. Nepallek starb 1940 unter noch ungeklärten Umständen an einer Leuchtgasvergiftung; Winterstein, der jüdische Vorfahren hatte, bemühte sich, während der nationalsozialistischen Herrschaft ein möglichst unauffälliges Leben zu führen.

Aichhorn war seit Beginn der 1930er Jahre pensionierter Beamter der Stadt Wien und ging seit seiner Pensionierung keiner öffentlichen Tätigkeit mehr nach. Obwohl er als Leiter der Erziehungsberatungsstelle der WPV dem Vorstand der Vereinigung angehörte, nahm er im Frühjahr 1938 an keiner der entscheidenden Sitzungen über das Schicksal der Gruppe teil. Als einziges WPV-Mitglied trat er 1938 in die DPG und die Wiener Arbeitsgemeinschaft des Deutschen Instituts (später: Reichsinstituts) für psychologische Forschung und Psychotherapie ein, ohne aber irgendwelche offizielle Funktionen zu übernehmen.[26] Er führte seine Privatpraxis in vollem Umfang weiter (vgl. Johler 2010, 2012). Dies war sogar erleichtert worden, da durch die Einführung der deutschen Gesetzgebung es nun auch Nicht-Medizinern gestattet war, unter der Bezeichnung »Behandelnder Psychologe« als Psychothera-

---

[25] Allerdings noch unter Vorbehalt. Erst 1949 wurde die Mitgliedschaft definitiv bestätigt (Roazen 2000, S. 94, 105).
[26] Zu seiner Tätigkeit während der Nazi-Herrschaft vgl. Ash i. V. Fallend 2003; Gstach 2006; Huber 1977, S. 60 ff.; Leupold-Löwenthal 1997c; Perner 2003; Steinlechner 1989.

peuten zu arbeiten – was in Österreich bis 1938 offiziell unzulässig gewesen war (und 1945 wieder unzulässig wurde).

Ausschlaggebend dafür, dass Aichhorn in Wien blieb und sich der DPG anschloss,[27] war wohl die Hoffnung, damit seinem älteren Sohn helfen zu können, der als aktiver Nazi-Gegner schon am Abend des 11. März 1938 bei dem Versuch, nach Budapest zu entkommen, am Bahnhof verhaftet worden war. Am 24. Mai wurde er in das Konzentrationslager Dachau überstellt; seine Entlassung erfolgte am 20. September 1938.[28] Er stand weiterhin unter Kontrolle und musste sich regelmäßig bei der Gestapo melden. Als ehemaliger KZ-Häftling fand er keine Arbeit und war auf die finanzielle Unterstützung durch den Vater angewiesen.[29]

Am 21. März, also zehn Tage nach der Annektierung Österreichs, teilte Carl Müller-Braunschweig Aichhorn seine Aufnahme in die DPG mit.[30] Aichhorn bedrängte den Kollegen in einem Brief von Donnerstag, dem 24., ihn möglichst bald zu einem Vortrag nach Berlin einzuladen:

Bei unserem Zusammensein am Montag fanden Sie es für wichtig, daß ich möglichst bald vor Professor Dr. Göring einen Vortrag halte: »Der verwahrloste neurotische Jugendliche!« Sie wissen von mir, daß ich erst dann kommen kann, bis mein Sohn wieder zu Hause ist. Ich höre nun von befreundeter Seite, daß seine Entlassung sehr beschleunigt werden könnte, wenn tatsächlich eine Einladung, nach Berlin zu kommen

---

[27] Auch seine Mitgliedschaft bei der D.A.F. (Deutsche Arbeitsfront), der N.S.V. (Nationalsozialistische Volkswohlfahrt) und dem R.L.B. (Ziviler Luftschutz) sind wohl im Zusammenhang mit der Rücksicht auf seinen Sohn und mit seiner Berufsausübung als »Behandelnder Psychologe« zu verstehen (siehe Gauakt Aichhorn; ÖStA).

[28] Zwei undatierte Briefe (»Donnerstag« und »Freitag, August 1938«) an Dworschak (NRD) bezeugen, wie sehr Aichhorn auf die Entlassung seines Sohnes wartete und unter der »peinigenden Ungewissheit« litt.

[29] A. Aichhorn jun. an die Konzeptabteilung der Bezirkshauptmannschaft Wien 13., Schreiben vom 3. 3. 1947 (ThA).

[30] Er schrieb wörtlich: »Nach dem Aufgehen der arischen Mitglieder der ehemaligen ›Wiener psychoanalytischen Vereinigung‹ in der ›Deutschen Psychoanalytischen Gesellschaft‹ sind Sie Mitglied der letzteren u. damit zugleich Mitglied des ›Deutschen Instituts für psychologischen Forschung und Psychotherapie‹ in Berlin.« Dieser Brief und die nachfolgend zitierten Stücke aus Aichhorns Korrespondenz mit Berlin liegen in NAA.

und den Vortrag zu halten, von Ihnen vorläge. Die Entscheidung würde am Samstag vormittags fallen.

Ich ersuche Sie, falls Sie die Angelegenheit für wichtig halten, mir morgen, Freitag, das Einlangen einer brieflichen Einladung telegrafisch anzukündigen. Ich muß Sie um das Telegramm deswegen bitten, weil ein Brief bis Samstag vormittags nicht hier sein kann.

Da ich überzeugt bin, daß Sie volles Verstehen dafür haben, wie dringlich für mich diese Angelegenheit ist, bin ich auch gewiß, daß Sie mir über das verlangte »Tempo« der Erledigung nicht böse sind.[31]

Eine prinzipielle Einladung nach Berlin übermittelte Müller-Braunschweig am 25. März. Das genaue Datum allerdings könne er noch nicht angeben; Aichhorn solle sich »von einem Tag zum anderen bereit halten«. Und am 31. schrieb er:

Lieber Herr Vorstand Aichhorn,
ich muß Ihnen nun leider vermelden, daß wir Ihren Vortrag in diesem Semester nicht mehr werden einrichten können. […]
Ich freue mich recht darauf, Sie bald in Wien sehen und sprechen zu können. Sie werden mir hoffentlich bei meinen Versuchen, die Fortdauer des Institutes zu sichern, bzw. zu untersuchen, ob es überhaupt u. wie zu halten sein wird, helfen. Geht es doch um eine wichtige Sache, des Schweißes der Edlen wert.
In der weiteren Hoffnung, dass die Angelegenheit Ihres Sohnes mittlerweile zur Zufriedenheit geordnet worden ist […]

Als Datum für Aichhorns Vortrag in Berlin[32] wurde letztlich der 22. Juni 1938

---

[31] Das erbetene Telegramm kam zwar rechtzeitig, den erwünschten Erfolg aber hatte es nicht. Es ist wohl nicht von ungefähr, dass Aichhorns Berliner Vortrag auch in den Briefen seines Sohnes aus dem KZ erwähnt wird: »Bitte sage Papa«, schrieb er etwa am 8. 6. an seine Frau Edith (ThA), »daß es mich interessieren würde über seinen Vortrag in Berlin und seine weitere Tätigkeit zu hören«; und an seine Eltern schrieb er am 12. 7. (ebd.): »Sehr schön ist der große Erfolg, den Vater mit seinem Vortrag in Berlin gehabt hat.«

[32] Aichhorn verwendete dafür einen Text, den er bereits im Jänner 1938 auf Einladung von Charlotte Bühler vorgetragen hatte. Damals hatte er an Bühler geschrieben (22. 9. 1937; NAA): »Ich danke für Ihre liebenswürdige Einladung über die Verwahrlosung Jugendlicher einen Vortrag zu halten und beehre mich, Ihnen mitzuteilen, dass ich dazu gerne bereit bin, im Falle Sie auf die nachstehenden Bedingungen

festgesetzt. Auf seine Frage, ob er die Einladung Müller-Braunschweigs, auch vor der DPG-Gruppe zu sprechen, annehmen solle, teilte ihm Göring am 8. 6. mit:

> Natürlich können Sie in der psychoanalytischen Gesellschaft sprechen. Es liegt mir vor allem an einem Ausgleich der verschiedenen Richtungen mit dem Ziel einer deutschen Psychotherapie; dieser kann weder etwas jüdisches (Freud, Adler) noch etwas Ostisches (Jung) zugrundegelegt werden; sie wird eigenartig sein müssen.

Einen Vortrag im September 1938 auf der 2. Tagung der Deutschen Allgemeinen Ärztlichen Gesellschaft für Psychotherapie in Düsseldorf sagte Aichhorn »krankheitshalber« ab.[33] Anfang Oktober 1938 kam er nochmals nach Berlin; im Anschluss sprach er auch in Stuttgart auf Einladung von Felix Schottlaender und in Zürich auf Einladung von Gustav Bally.[34] Ein nächstes Mal war Aichhorn im Februar 1940 in Berlin, wo er den Vortrag »Wie kann der Psychotherapeut dem Entstehen der Neurose vorbeugen?« hielt, und im Mai 1942 gab er in Berlin einen Kurs. Weitere Kurse, die 1942 in den Arbeitsgemeinschaften des Deutschen Instituts in Stuttgart und München und 1943 wieder in Berlin hätten stattfinden sollen, sagte er ab.[35] Für seine ganze damalige Vortragstätigkeit gilt, dass Aichhorn nichts anderes vertrat als zuvor. Er musste sich aber, wie alle Analytiker, den herrschenden zensierenden Sprachregelungen unterwerfen, d. h. er durfte keine theoretischen

---

eingehen können. Meine Grundlage bei der Erörterung dieser Probleme ist die psychoanalytische Psychologie. Nach dem Vortrag findet keine Diskussion statt.«

[33] AA an Göring, 26. 9. 1938 (NAA): »So viele Wochen habe ich mich auf Düsseldorf gefreut und nun zwingt mich mein Arzt in Wien zu bleiben. Ich habe seit einigen Tagen einen heftigen Katarrh, der seit heute mit Fieber verläuft. Ich war entschlossen trotz des Katarrhs zur Tagung zu kommen, aber nachdem mir der Arzt heute nach Feststellung der Temperatur dringendst anrät, im Bett zu bleiben, um Komplikationen zu vermeiden, muss ich leider für diesmal auf die mir so wichtige Fühlungnahme mit den deutschen Psychotherapeuten verzichten.«

[34] Die betreffenden Einträge in Aichhorns Taschenkalender (NAA) lauten: 2. 10. (Sonntag): »Reise nach Berlin«; 3.–7. 10.: »Berlin, Psychol. Institut«; 8. 10.: »Vortrag in Stuttgart«; 9. 10.: »Reise nach Zürich«; 10. 10.: »Vortrag in Zürich«; 11.–13. 10.: »Zürich«; 14. 10.: »Reise nach Wien«. Weitere für Genf und Luzern geplante Vorträge, die u. a. von Jean Piaget organisiert wurden, kamen nicht zustande.

[35] Nach Dokumenten und Briefen in NAA.

Ausdrücke benutzen, die als freudianisch abgestempelt waren (vgl. Schrübbers 2003).

Umso mehr zog es Aichhorn in diesen Jahren nach Budapest zu Kata und Lajos Lévy. Mindestens acht Mal reiste er bis 1943 dorthin.[36] Er benötigte dazu die Fürsprache Görings, der sich für die Reisegenehmigungen einsetzte. Zur analytischen Gruppe in Budapest (wo, wenn auch unter großen Schwierigkeiten, immer noch jüdische Analytiker arbeiten konnten)[37] hatte Aichhorn schon lange einen besonders engen Kontakt. Budapest scheint für ihn in diesen Jahren so etwas wie eine Ersatzheimat gewesen zu sein.[38] Und es war der Ort, wo er etwas über die emigrierten Analytiker erfahren konnte (Perner 2003). Am 23. Juli 1939 schrieb er von dort an Kohut:[39]

Mein lieber Heinz!
Nach langer Pause wieder ein Lebenszeichen von mir. Ich bin auf paar Tage hier, ein Aufatmen und an liebe Freunde schreiben. […] / Von Eisslers habe ich gute Nachrichten. […] / Aus London bin ich seit einiger Zeit ohne Nachricht. Wissen Sie mehr von Dr. Hoffer? […] / Die Zukunft sehe ich für uns alle nicht so ganz grau. Schreiben Sie bald.

---

[36] In einer kurzen chronikalischen Aufstellung (NAA) finden sich folgende Angaben zu Besuchen in Budapest: 12.–13. 11. 1938; 23. 12. 1938 – 2. 1. 1939; 1.–10. 4. 1939 (»Ostern«); 22.–26. 7. 1939 (»Sommerferien«); 8.–15. 5. 1940; 17.–25. 3. 1941; 14.–22. 6. 1942 (»Vorträge: königl. ungar. kinderpsych. Institut und Ungar. Gesell. für Sonderpädagogik«); 20.–30. 5. 1943.

[37] Siehe Berger et al. 2010; Brabant-Gerö 1993; Harmat 1988; Mészáros 2008.

[38] An Rosa Dworschak schrieb Aichhorn 1940 aus Budapest (Brief o. D., Mai 1940; NRD): »Morgen nachmittags bin ich beim Senatspräsidenten im Obersten Gerichtshof beim Tee. Wir hatten schon eine ausführliche Besprechung über den Vortrag, der in einem relativ größeren Rahmen abgehalten werden wird. Ich habe die Zusage bekommen, daß auch die Gesandtschaft vertreten sein wird. Ich freue mich sehr darüber, weil dadurch meine Gedankengänge doch einem weiteren Kreis zugänglich gemacht werden. In Fachkreisen ist recht lebhaftes Interesse, einige Einrichtungen mußte ich mir schon ansehen, einzelne Winke konnte ich auch geben. Ich bin wieder in meinem alten Element. Lajos findet, daß der verhärmte Zug weg ist.«

[39] Mit Dank an G. Cocks. – Dies scheint der einzige Brief zu sein, der aus Aichhorns Korrespondenz mit Emigranten vor 1945 erhalten geblieben ist.

b. Die Wiener Arbeitsgemeinschaft des Deutschen Instituts

In einer Notiz in der *Allgemeinen Zeitschrift für Psychiatrie* (Jg. 108 [1938], S. 410) teilte der »Leiter des ›Deutschen Institutes für psychologische Forschung und Psychotherapie e. V.‹, Prof. Dr. Dr. M. H. Göring« Folgendes mit:

> Die Hochburg der jüdischen Psychotherapie in Wien ist durch den Anschluß Österreichs gefallen. Es ist geglückt, eine kleine Gruppe deutscher Psychotherapeuten in Wien zu einer Arbeitsgemeinschaft zu vereinigen. Diese ist dem oben genannten Institut angeschlossen. Zum Leiter dieser Arbeitsgemeinschaft hat Prof. Dr. Dr. Göring den alten Parteigenossen Dozent Dr. Kogerer bestellt.

Auch wenn sich Göring an den anfänglichen Bemühungen von Müller-Braunschweig und Sauerwald, die Reste der WPV in die DPG und das Deutsche Institut zu überführen, beteiligte – was die zukünftige Leitung eines Instituts nach Berliner Vorbild betraf, hatte er offensichtlich von Anfang an seine eigenen Vorstellungen. Bereits am 15. 3. 1938 schrieb er an Heinrich Kogerer, der seit 1936 die österreichische Landesgruppe der Internationalen allgemeinen ärztlichen Gesellschaft für Psychotherapie geleitet hatte (BAK):

> Es ist mir, zugleich im Namen der Deutschen allgemeinen ärztlichen Gesellschaft für Psychotherapie und des Deutschen Institutes für Psychologische Forschung und Psychotherapie, ein Bedürfnis, Ihnen zu sagen, dass wir uns über den nunmehr vollzogenen Anschluss an Deutschland ausserordentlich gefreut haben; wir begrüssen Sie auf das herzlichste.
> Darf ich Ihnen vorschlagen, dass Sie Ihre Landesgruppe auflösen […].
> Wir würden uns sehr freuen, wenn Sie in Österreich eine Arbeitsgemeinschaft aufziehen würden.

Nach Görings Wunsch sollte also in Wien eine Arbeitsgemeinschaft des Deutschen Instituts entstehen, wie es sie bereits in Düsseldorf, Wuppertal, Stuttgart und München gab. Kogerer freilich, der nicht nur ein scharfer Gegner der Psychoanalyse war, sondern auch die vom Deutschen Institut beförderte psychotherapeutische Tätigkeit von Nicht-Ärzten entschieden ablehnte, scheint auf die Gründung eines solchen Ablegers wenig Wert gelegt zu haben. Es wurde zwar eine Wiener Arbeitsgemeinschaft ins Leben gerufen, aber nur ein Treffen dieser Gruppe im Juni 1939 ist dokumentiert.

Zu ihren Mitgliedern gehörten zunächst die in Wien zurückgebliebenen

Individualpsychologen Ferdinand Birnbaum und Oskar Spiel (vgl. Gstach 2006; Kenner 2007, S. 44), der Arzt Walther Hoffmann, seit 1934 Mitglied der illegalen NSDAP, sowie Norbert Thumb, der als Assistent am Psychologischen Institut der Universität Wien beschäftigt und unmittelbar nach dem »Anschluss« der NSDAP beigetreten war. Als Aichhorn im Mai 1938 um Aufnahme ansuchte, erhielt er von Kogerer folgende Antwort (11. 5. 1938; NAA):

> Ich nehme Ihre Anmeldung freudigst zur Kenntnis und würde mich sehr freuen, Sie recht bald als Gast im Ambulatorium begrüßen zu können.[40] Ob eine Möglichkeit besteht, von Ihrer Mitarbeit Gebrauch zu machen, kann ich allerdings heute noch nicht sagen. Wir haben nämlich gegenwärtig gar kein Kindermaterial. Eine Werbung in dieser Beziehung ist jedoch gänzlich unmöglich, da eine solche voraussichtlich Herrn Prof. Hamburger, dessen Interesse für die Psychotherapie Ihnen ja bekannt ist, verstimmen würde, was unter keinen Umständen geschehen darf.

Die Ambivalenz dieses Briefs konnte Aichhorn nicht entgehen. Am 16. 5. berichtete er Göring (ebd.):

> Bei der Arbeitsgemeinschaft habe ich mich [...] angemeldet. Dozent v. Kogerer hat meine Anmeldung [...] angenommen. Viel Arbeitsaussicht macht er mir damit nicht. Und zu seiner Freude, mich als Gast im Ambulatorium begrüßen zu können, steht im Gegensatz, daß er mir nicht mitteilt, wo das Ambulatorium ist, und wann er seine Sprechstunden hält.

Gewiss tat Göring sein Möglichstes, um die Position Aichhorns gegenüber Kogerer zu stärken.[41] Im April 1939 waren beide Wiener Kollegen bei seinem Geburtstagsfest in Berlin, und Ende Juni kam er selbst nach Wien, um »mit den ärztlichen und nichtärztlichen Psychotherapeuten [zu] sprechen« (Göring

---

[40] Hier ist wohl Kogerers eigenes Ambulatorium, das damals im Wilheminenspital untergebracht war, gemeint und nicht das frühere Ambulatorium der WPV, dessen Leitung ihm ebenfalls übertragen worden war (Rothländer 2008, S. 112–115, 125).

[41] Vgl. seinen Brief an Kogerer vom 15. 7. 1938 (BAK): »Haben Sie besten Dank für Ihren Brief vom 12. 7.! Die 4 von mir genannten Nichtärzte [Aichhorn, Birnbaum, Spiel und vermutlich Thumb] werden Sie am besten als Erziehungsberater beschäftigen; ferner sind sie, wenigstens zum Teil als Vortragende bei Ihren Arbeitsgemeinschaften gut. Ich glaube, wir lassen diese Frage ruhen, bis Sie mit ihnen zusammen in Berlin waren; vor dem Herbst wird doch nicht viel zu machen sein.«

an O. Curtius, 17. 4. 1939; BAK). In einem Brief vom 17. 5. »An die Herren Dozent Dr. v. Kogerer und seine Arbeitsgemeinschaft, August Aichhorn, Oskar Spiel und Dr. Ferdinand Birnbaum« (NAA) spezifizierte er seine Erwartungen an dieses Treffen, das die erste Sitzung der Wiener Arbeitsgemeinschaft des Deutschen Instituts war und vermutlich ihre einzige unter Kogerers Leitung blieb, mit folgenden Worten:

> Da ich am 1. Juli abfahren muss, erlaube ich mir, Ihnen vorzuschlagen, dass die aktiv tätigen Psychotherapeuten am 28. und 29. Juni zu einer von Ihnen zu vereinbarenden Zeit und an einem zu bestimmenden Ort abends mit mir zusammenkommen, und dass am ersten Abend Herr Aichhorn ein kurzes Referat über die Psychoanalyse im nationalsozialistischen Staat und am zweiten Abend Herr Spiel oder Herr Dr. Birnbaum ein kurzes Referat über die Gemeinschaftspsychologie im nationalsozialistischen Staat halten. Es wäre zweckmäßig, wenn Herr Dozent Dr. von Kogerer zum Schluss über den Aufgabenkreis und die Arbeitsmethode seiner Arbeitsgemeinschaft berichten würde.

Das verlangte Thema war gewiss nicht in Aichhorns Sinn. Er zog sich aus der Affäre, indem er nicht über »Die Psychoanalyse im nationalsozialistischen Staat«, sondern über »Die Aufgabe des behandelnden Psychologen« sprach. So blieb er im Feld der klinischen Praxis, ohne der nazistischen Leistungsideologie Zugeständnisse zu machen (Perner 2003), und konnte zugleich auf der Linie Görings eine Lanze für die psychotherapeutische Tätigkeit von Nicht-Ärzten brechen.

Weitere Spuren einer Tätigkeit der Arbeitsgemeinschaft unter Kogerer, der Ende August 1939 zum Militär eingezogen wurde und in Krakau stationiert war, lassen sich nicht nachweisen (Rothländer 2008, S. 128, Anm. 70). Warum er formal dennoch Leiter der Gruppe blieb, war bisher nicht zu klären. Bemühungen, ihn aus dieser Stellung zu entfernen, blieben ohne Erfolg. So erzählt Aichhorn in Briefen aus seinem Sommerurlaub 1943 in Gastein (an Dworschak; NRD):

> [18. 8.] Gestern war Prof. Göring mich im Hotel besuchen. Er ist mit seiner Frau zur Kur hier, wohnt aber Gott sei Dank in einem anderen Hotel. Am Freitag sehen wir uns wieder. Es hat den Anschein, daß er Professor Kogerer ausschalten will und mich zu Rate zieht, wie das gemacht werden könnte.

> [24. 8.] Kogerer wird, wenn Göring nicht umfällt, doch erledigt werden. Er ist am 8.

u. 9. September in Wien zur Besprechung. Am 9. IX. komme ich mit ihm nochmals zusammen, um das Endergebnis zu hören.

Obwohl ihn Göring schätzte und schützte, war Aichhorn Anfeindungen ausgesetzt, die für ihn durchaus gefährlich waren. Eine diesbezügliche Episode ist gut dokumentiert.[42] Göring hatte Aichhorn aufgefordert, bei der 1. Tagung der damals neuen Deutschen Gesellschaft für Kinderpsychiatrie und Heilpädagogik, die am 5. September 1940 in Wien stattfand, einen Vortrag zu halten, und Aichhorn hatte erwidert, dass er lieber nicht in den Vordergrund treten wolle. Er sei aus der Vergangenheit »schwer belastet«, und wenn er unauffällig bleibe, habe niemand ein Interesse, die stille Vorbereitungsarbeit, die er jetzt leiste, zu stören. Als Göring hartnäckig blieb, sagte er schließlich zu. Dann aber schrieb ihm Paul Schröder, der Organisator der Tagung, dass ein lebhafter Streit um seine Person entstanden sei, worauf er seine Zusage wieder zurückzog. Göring gegenüber erklärte er, dass er sich nicht mehr gesund genug fühle, einen ins Persönliche gehenden Kampf auszufechten. In seiner Antwort teilte ihm Göring mit, er habe von Schröder erfahren, dass einige Herren aus dem Wiener Stadtschulrat ihn (Aichhorn) als völlig untragbar bezeichnet hätten. Deshalb müsse er auf seine Mitwirkung verzichten; er solle aber wenigstens in der Diskussion das Wort ergreifen. Als Aichhorn auch das ablehnte, meinte Göring:

Ich verstehe durchaus, dass Sie in der Diskussion nicht sprechen wollen. Ich glaube, dass die Wiener nur deswegen eine Abneigung gegen Sie haben, weil Sie der psychoanalytischen Gesellschaft angehört haben. Ich kann mir nicht denken, dass irgend ein persönlicher Grund vorliegt.

Auch Aichhorn selbst war sich über die Gründe der Feindseligkeit, die er auslöste, nicht im Klaren, hatte aber doch einige Vermutungen, die durchaus ins »Persönliche« gingen. Am 12. 8. 1940 schrieb er an Rosa Dworschak (NRD):

Ich hab den Eindruck, daß Görings Macht nicht ausreicht meinen Vortrag auf dem Heilpädagogenkongreß zu erzwingen, daß er aber aus seinen Beziehungen zu mir, den Leuten zeigen will, daß er mich hält. Deswegen soll ich auf dem Psychotherapeuten-

---

[42] Die im Folgenden zitierten Briefe (alle aus 1940) liegen in NAA. Es handelt sich um: AA an Göring, 6. 7.; Göring an AA, 8. 7.; Schröder an AA, 2. 8.; AA an Schröder, 6. 8.; AA an Göring, 6. 8.; Göring an AA, 7. und 15. 8.

kongreß, der zwei Tage früher stattfindet, 10 Minuten reden. Nun weiß ich nicht, was die Leute gegen mich anführen. Sind es nur die Analytiker, Juden, so käme ich Göring entgegen und würde sprechen, weil er diese Situation genau weiß. Führen die aber die Vaterl.front, Gustl, dessen Ehe oder Dachau an,[43] so könnte Göring mir den Vorwurf machen, daß ich ihn in Unkenntnis gelassen und dadurch in eine schiefe Position gebracht habe. […]

Ich bin sehr froh, wenn eine Klärung »so oder so« eintritt.

Im übrigen bin ich recht froh, habe den Druck des Vortrages weg, mache meine kleinen Spaziergänge, bin immer noch schmerzfrei und den ganzen Tag bei Dir.

Hans Zulliger hat an der fraglichen Tagung teilgenommen. Er schrieb an Otto Fenichel: »Aichhorn war der einzige, der kritisch war. Alle anderen Teilnehmer am Kongreß waren begeistert und überzeugt, daß die Deutschen bald gesiegt haben werden« (zit. Fenichel 1998, S. 1431).

c. Aichhorns Ausbildungsseminare 1938–1944

Eine »Gedenkschrift«, die Aichhorn anlässlich der Wiedereröffnung der Wiener Psychoanalytischen Vereinigung im April 1946 verfasste, beginnt mit den Sätzen:

Als im Jahre 1938 die geistige Umnachtung Deutschlands auf Österreich übergriff, schien jedem kulturempfindenden Menschen alles verloren. Jahrzehnte lange Traditionen auf allen Geistes- und Kulturgebieten, das Edelste was Wien mit der übrigen Welt verband und seinen Weltruf begründete, wurde in der barbarischsten Weise entwurzelt und verfolgt. Die Abreise Sigmund Freuds wurde von vielen wie der symbolische Abzug des Geistes aus der einstigen Heimstätte der Psychoanalyse erlebt, wie der Beginn eines traurigen, fruchtlosen Winters, dessen Ende nicht abzusehen war. Erlahmung, Trauer und Fassungslosigkeit überfiel die wenigen Zurückgebliebenen. Und nur langsam begann man, sich mit der harten Notwendigkeit abzufinden, das Bewußtsein der Verantwortung der Zukunft gegenüber zu …[44]

---

[43] Alle diese Punkte beziehen sich auf Aichhorns älteren Sohn, August jun., dessen Frau und Kinder als jüdisch-arische »Mischlinge 1. Grades« galten.

[44] An dieser Stelle bricht das im Archiv der WPV erhaltene Typskript ab. Die Fortsetzung war bisher nicht auffindbar. Das nachfolgende Zitat stammt offenbar aus dem seither verschwundenen Teil der »Gedenkschrift«.

Wilhelm Solms, der in seiner Arbeit »Psychoanalyse in Österreich« diese »Gedenkschrift« verwendet hat, zitiert weiter (1976, S. 1181):

Schon im Herbst 1939[45] sammelte sich um August Aichhorn ein kleiner Kreis in- und ausländischer junger Ärzte und Psychologen, die sich in der Verborgenheit ... das Erlernen des reinen psychoanalytischen Gedankengutes in Praxis und Theorie zum Ziel setzten. Mit Lehranalysen beginnend, mit regelmäßigen Seminaren und Kursen sowie mit dem Studium der Arbeiten der Freudschen Schule fortfahrend strebte die Gruppe ihrem Ziel entgegen. Einer der Freunde, Graf Karl von Motesiczky, der viel zur Bildung der Gruppe beitrug, wurde später von der Gestapo verhaftet und kam im Konzentrationslager um. Zwei Individualpsychologen, Dr. Spiel und Dr. Birnbaum, schlossen sich dem Kreis an und nahmen regelmäßig an den Seminaren und Diskussionsabenden teil.[46] Ohne Formalitäten und Schwierigkeiten, jedoch mit Vorsicht nach außen arbeitete die Gruppe in wahrhaft kollegialem und freundschaftlichem Geiste die ganze Zeitspanne hindurch.

Anfänglich hatte Aichhorns Seminar keinen Zusammenhang mit der Wiener Arbeitsgemeinschaft des Deutschen Instituts. Es wurde abgehalten trotz des Verbots, im Sinne der aufgelösten WPV weiterzuarbeiten.[47] Man kam in Aichhorns Wohnung zusammen. Friedl Aufreiter, eine der Teilnehmerinnen, erzählt:[48]

Es waren, ab dem Winter 1938/39, wöchentliche, konspirative Treffen. Wir hatten Angst, von der Gestapo entdeckt zu werden, daher hatten wir mit den anderen Teilnehmern – außerhalb des Seminars in Aichhorns Wohnung – keinen Kontakt. Informell

---

[45] Die Angaben, wann die Gruppe zu arbeiten begonnen hat, sind widersprüchlich. Nach anderen Quellen war es bereits im Herbst 1938.

[46] Spiel schrieb 1948 über die damalige Zusammenarbeit: Birnbaum und er hätten »Verbindung mit Aichhorn aufgenommen«, und in vielen Zusammenkünften in dessen Wohnung hätten die beiden Richtungen einander verstehen gelernt, »so dass der unleidliche Zustand einer oft sehr heftig geführten Kontroverse nicht mehr besteht. Die ehemals feindlichen Brüder sind zwar nicht versöhnt, aber doch von gegenseitiger Toleranz erfüllt, man kann sagen, gegenseitiger Achtung« (zit. Gstach 2006, S. 39). Siehe auch Anhang I.2.b.

[47] Laut Bescheid des Wiener Magistrats vom 1. 9. 1938 (ÖStA) war die weitere Aufforderung, Anwerbung oder Fortsetzung der Wirksamkeit eines aufgelösten Vereins verboten und unter Strafe gestellt

[48] Int. mit T. Aichhorn u. F. Früh, Mai 1997 in London/Kanada.

war es eine streng analytische Ausbildung, später, als das Seminar vom Deutschen Institut anerkannt worden war, war es offiziell therapeutisch, im Sinne des Instituts.

Teilnehmer an diesem ersten Seminar waren: Gottfriede Aufreiter-Zwickl, Johann Aufreiter, Ella Lingens, Kurt Lingens und Karl Motesiczky. Die Thematik der Arbeit wurde im Rückblick mit »Einführung in die Erziehungsberatung« und »Einführung in die Neurosenlehre« umschrieben.[49]

Karl Motesiczky, Ella und Kurt Lingens, die Juden bei der Flucht unterstützt hatten, wurden am 13. Oktober 1942 verhaftet.[50] Motesiczky starb am 25. Juni 1943 in Auschwitz an Fleckfieber; Ella Lingens konnte in Auschwitz und Dachau überleben; Kurt Lingens wurde in eine Strafkompanie an der russischen Front versetzt, wurde verwundet und erlebte die Befreiung Wiens durch die Rote Armee in einem Wiener Lazarett.

Als das Seminar 1940/42 vom Deutschen Institut als Ausbildungsstätte anerkannt wurde,[51] setzten die Teilnehmer der ersten Seminare, zusammen mit anderen Mitgliedern der Wiener Sektion des Deutschen Instituts, ihre Arbeit dort fort. Motesiczky allerdings wurde als Kandidat nicht akzeptiert, da er »Mischling ersten Grades« war (Rothländer 2010b, S. 321). Von den 14 Ausbildungskandidaten, die Aichhorn damals betreute,[52] schlossen sich 1946 zehn der WPV an: Friedl und Hans Aufreiter, Lambert und Hedwig Bolterauer, Alois Nentwich, Barbara und Theodor Scharmann, Theon Spanudis, Wilhelm Solms und Emmy Miklas.[53] Auch nach der offiziellen Anerkennung durch Berlin blieb es Aichhorns Ziel, jungen in- und ausländischen (auch einige

---

[49] Bericht Aichhorns an das Reichsinstitut für Psychologische Forschung und Psychotherapie z. H. des Direktors Herrn Prof. Dr. M. H. Göring, 3. Juni 1944 (NAA).

[50] Vgl. zum Folgenden Rothländer 2003 und 2010b, S. 307–338; Lingens 1948, 2003.

[51] Die erste Spur einer solchen Anerkennung findet sich in Aichhorns chronikalischen Aufzeichnungen (NAA), wo es zum Jahr 1940 heißt: »2. und 3. 11. Prof. Göring in Wien (Hotel Regina): Dr. Aufreiter, Dr. Zwickl und Dr. L. Bolterauer ihm vorgestellt.« Voll entwickelt erscheint der Ausbildungsbetrieb ab Frühjahr 1942 (siehe Aichhorns Bericht vom 3. 6. 1944; wie Anm. 49).

[52] Stand nach Aichhorns erwähntem Bericht.

[53] Die Griechen Paris Constandinidis und Polyniki Ikonomu haben Wien wieder verlassen, I. A. Caruso gründete einen von der WPV unabhängigen Wiener Arbeitskreis für Tiefenpsychologie, der sich 1947 formell konstituierte (vgl. Huber 1977, S. 98 ff.). – Zum Ganzen vgl. T. Aichhorn u. Mühlleitner 2003; Brainin u. Teicher 2004; Fallend 2003.

Griechen haben an dem Seminar teilgenommen) Ärzten und Psychologen die Möglichkeit zu bieten, unverfälschte Psychoanalyse in Praxis und Theorie kennenzulernen.

Bis zum Frühjahr 1942 hielt Aichhorn 14-tägige Kurse, ab 1942 monatliche Diskussionsabende ab, alles in seiner Wohnung und damit jeder Kontrolle entzogen. Von den Diskussionen der Jahre 1942–44 sind Protokolle erhalten, die allerdings sehr kurz gefasst sind und keinen klaren Eindruck von den Vorträgen und Debatten vermitteln.[54] Ein wichtiger Punkt darin ist, ganz im Sinne der Zielsetzung des Deutschen Instituts, die Frage einer »Konvergenz« der drei psychotherapeutischen Hauptströmungen. Ferner geht es um Berichte aus der pädagogischen oder therapeutischen Praxis oder um Vorträge Aichhorns über seine psychoanalytisch-pädagogischen Theorien.

Für Aichhorn, der, wie Rosa Dworschak erzählte,[55] mindestens zwei Vorladungen der Gestapo glücklich überstanden hatte, war die politische Situation im Frühjahr und Sommer 1944 derart bedrohlich geworden,[56] dass er sich entschloss, aus seinem Sommerurlaub im niederösterreichischen Frankenfels[57] nicht mehr nach Wien zurückzukehren. Als Vorwand diente ihm, dass seine Wohnung durch einen Bombentreffer beschädigt und daher unbewohnbar geworden sei.[58] Im Jänner 1944 hatte er zudem einen bezahlten Forschungsauf-

---

[54] Es liegen 21 Protokolle vom 9. 4. 1942 bis zum 15. 3. 1944 vor (NAA). Sie werden derzeit von einer Arbeitsgruppe bestehend aus Thomas Aichhorn, Mitchell Ash, Elisabeth Brainin, Christine Diercks, Birgit Johler, Johannes Reichmayr, Christiane Rothländer und Samy Teicher ausgewertet. Die Ergebnisse sollen in einem weiteren Band aus dem Projekt »Brüche und Kontinuitäten in der Geschichte der Wiener Psychoanalytischen Vereinigung 1938–1945« (Ash i. V.) vorgelegt werden.

[55] Gespräch mit C. Schrübbers u. T. Aichhorn, 22. 11. 1987, S. 14; Int. mit V. Ligeti, E. Brainin u. M. Grimm, 10. 5. 1986, S. 21.

[56] Aichhorns Briefwechsel mit Dworschak (NRD) ist zu entnehmen, dass er – vermittelt über eine Patientin – über die Tätigkeit von Max Ulrich Graf v. Drechsel informiert worden war. Drechsel war Verbindungsoffizier der Gruppe um Stauffenberg für den Wehrkreis VII, München. Nach dem fehlgeschlagenen Attentat vom 20. Juli 1944 wurde er als »Mittäter« verhaftet, am 4. September zum Tode verurteilt und noch am selben Tag in Plötzensee erhängt.

[57] Die mit dem älteren Bruder Aichhorns verheiratete Schwester seiner Frau hatte sich nach dem Tod des Bruders nach Frankenfels zurückgezogen, das seitdem ein bevorzugter Urlaubsort von Aichhorn geworden war.

[58] Laut Aussage seines Sohnes August Aichhorn jun.

trag bekommen, um sein schon länger geplantes Buch über die Verwahrlosung auszuarbeiten (siehe II.3.d) – ein Auftrag, der es ihm ermöglichte, seine Praxis aufzugeben und sich aufs Land zurückzuziehen.[59]

Hinzu kam, dass anfangs 1944 Viktor v. Gebsattel nach Wien gekommen war, wo er als Stellvertreter Kogerers die Leitung der Wiener Arbeitsgemeinschaft des Deutschen Instituts übernahm. Ob er auch Aichhorns Ausbildungsgruppe weiterführte, ist nicht bekannt. In der 21. Seminarsitzung vom 5. März 1944 (Protokoll; NAA) berichtete Aichhorn über einen geplanten Ausbau der Arbeitsgemeinschaft im Zusammenhang mit der Umwandlung des Berliner Instituts in eine Reichsanstalt.[60] Die bis dahin in seiner Wohnung abgehaltenen Seminare sollten wohl nach dem Berliner Vorbild umgestaltet werden. Auch die Eröffnung eines Ambulatoriums war vorgesehen, wodurch die bisher völlig privat abgelaufene Arbeit öffentlich geworden wäre. Der Kontakt von Aichhorns Schülern zu Gebsattel blieb »vorsichtig reserviert« (Solms 1976, S. 1182);[61] nur Igor A. Caruso schloss sich ihm an.

d. »Kategorien der Verwahrlosung«

Vorarbeiten zu einem Buch, in dem er die Ergebnisse seiner Lebensarbeit zusammenfassend darstellen wollte, erwähnt Aichhorn bereits in Briefen vom Sommer 1942 an Rosa Dworschak (so am 10. 8.; NRD). Der Titel sollte lauten: »Kategorien der Verwahrlosung«.[62] Ab Sommer 1944 arbeitete er intensiv daran, unterstützt durch den Forschungsauftrag des Reichsinstituts, aber

---

[59] Göring hatte Aichhorn am 3. 1. 1944 geschrieben (NAA), dass er als Mitarbeiter der vom Reichsinstitut für psychologische Forschung und Psychotherapie im Reichsforschungsrat unterhaltenen Forschungsgemeinschaft für »Erziehungshilfe« ein monatliches Honorar von RM 600.– erhalten werde. Er sei verpflichtet, die ihm übertragene Forschungsarbeit fertigzustellen und in schriftlicher Form dem Reichsinstitut einzureichen. In einem weiteren Schreiben vom 12. 3. 1945 heißt es, dass der Forschungsauftrag bis zum 1. Oktober 1945 verlängert worden sei.

[60] Siehe Lockot 2002, S. 207 ff.; Cocks 1997, S. 329 ff.

[61] Am 5. 7. 1946 schrieb Aichhorn an Schottlaender (NAA): »War er [Gebsattel] hellsichtig genug, so muß er bei unseren Zusammenkünften gemerkt haben, daß er es mit Freudschen Analytikern zu tun hatte.«

[62] Die Arbeit wurde nie veröffentlicht. Teile davon hat Aichhorn für Vorträge verwendet (siehe 1948a, 1948b, 1948d).

immer wieder auch behindert durch seine beschwerlichen Lebensverhältnisse und eine Erkrankung seiner Frau.

Bei dieser Arbeit war sich Aichhorn sehr bewusst, dass er die gewohnte psychoanalytische Terminologie nicht verwenden durfte, wenn er das Buch im Sinne seines Forschungsauftrags abgeben wollte.[63] Er schickte daher am 18. 11. 1944 an Felix Boehm »eine Reihe uns geläufiger Ausdrücke« und fügte hinzu: »Ich weiß nicht, welche erlaubt und welche unerlaubt sind. Wenn ich unerwünschte Termini gebrauche, wird mir mein Buch ›Kategorien der Verwahrlosung‹ zurückgeschickt. Haben Sie bitte die Liebenswürdigkeit und übermitteln Sie mir wieder die richtig ergänzte Liste.« Die im selben Brief erstellte Liste psychoanalytischer Begriffe ist in eine zweispaltige Tabelle eingefügt, wobei die linke Spalte mit »erlaubt« überschrieben ist, die rechte mit »Ersatz-Wörter«. Boehm gab die Anfrage an Werner Kemper weiter, der sich aber in einem Brief vom 2. 12. ebenfalls für unfähig erklärte, Aichhorns Wunsch zu entsprechen. Er erläuterte unter dem Gebot strenger Vertraulichkeit:

[M]it einer einfachen Ersetzung anstößiger Termini durch harmlose ist es nicht getan. Diese Ihre Arbeit fußt, wie Ihre Ausdrücke zeigen, auf einer ganz bestimmten libido-theoretischen Voraussetzung oder richtiger: Basis, die, auch wenn verfängliche Termini gemieden werden, doch Ihren ganzen Deduktionen als tragendes Fundament oder, anders ausgedrückt, als orientierendes Coordinatensystem zugrundeliegt. [...] Und eben dieses libido-theoretische Coordinatensystem ist es, das anstößig ist.

Der Begriff »Psychoanalyse«, schrieb Kemper, solle nur als »kritisch-historische Bezeichnung« verwendet werden. Erstaunlicherweise aber hat er auf Aichhorns Liste die Komposita mit »Libido« angekreuzt; sie waren also erlaubt. Für »anale Phase« und »anale Partialtriebe« schlägt er »Trotzphase«, »Trotzverhalten« vor; für »Genitalprimat« »reife Form der Sexualität«; für »orale Phase« »Mundwelt«; für »Sadismus« »Aggression«. »Infantile Sexualität«, »Inzestkomplex«, »Kastrationskomplex«, »Lustprinzip« und »Partialtrieb« sollten durch die Schilderung von Tatbeständen umschrieben werden. Bei »Ödipuskomplex«, »Organlust«, »Sadismus oral«, »Sadismus anal« und

---

[63] Der im Folgenden skizzierte Vorgang ist ausführlich beschrieben bei Schrübbers 2003, S. 133–138. Dort auch die zitierten Briefstellen sowie ein Faksimile der Liste (Original in NAA).

»Sadistische Partialtriebe« steht: »cave!«, bei »Sexualinhalt der Neurose« und »Sublimierung«: »kritisch!«

e. Das Kriegsende

Aichhorn hielt sich bei Ende des Krieges in Frankenfels auf. Wie er die Zeit erlebte, ist in seinen Briefen an Rosa Dworschak, die in Wien geblieben war, dokumentiert (NRD).

Ende März – Anfang April 1945 berichtete er ihr von einem Fliegerangriff auf den Frankenfelser Bahnhof (31. 3.), und einige Tage später teilte er ihr mit, dass sie jetzt längere Zeit keinen Brief bekommen werde, vielleicht sei dies der letzte überhaupt:

[2. 4.] Wir wollen nicht hoffen, wenn aber ... Vor einer halben Stunde erfuhr ich, daß Frankenfels in das Frontgebiet fallen wird, da durch Scheibbs[64] – 40 km von hier – die Abwehrfront gehen soll, hinter der wieder Widerstand geleistet werden soll. Wenn das so ist, dann können wir die Ereignisse hier nicht abwarten. Wir werden wahrscheinlich versuchen, hier in der Nähe, im Gebirge einen Unterschlupf zu finden. Was wird und ob ich mit dem Leben davon komme ist ungewiß.

[5. 4.] Hier ist es augenblicklich ruhig. Wenn die Russen im Traisental vormarschieren – und das versuchen sie, dann wird es bei uns sehr gefährlich. Weit weg kann ich nicht, dazu bin ich im Gehen zu sehr gehindert, dann sehe ich auch das Flüchtlingselend. Dem setze ich mich nicht mehr aus. Was ich versuche, wenn es ganz schlimm wird? Bei einem Bergbauern unterzukommen. Dort oder schon hier, warte ich ab. Ich hätte nie gedacht, daß ich so ruhig sein werde, wenn die letzte Gefahr kommt. Ich arbeite in dem Unruhe-Kessel um mich her, an meinem Buch. Vielleicht geht das, was ich fertig bringe, nicht zugrunde. Ich haste auch nicht.

Als es wieder möglich geworden war, Post von Frankenfels nach Wien zu schicken, erhielt Dworschak folgendes Schreiben von Aichhorn (21. 5. 1945):

Ihr werdet recht arges mitgemacht haben. Hier war es auch recht aufregend, die Front verlief durch Wochen nur etwa 25-30 km von hier und wir wußten nie, wann auch in Frankenfels Kriegsschauplatz sein wird. Wir hatten hier einen Truppen- und auch

---

[64] Bezirkshauptstadt in Niederösterreich.

einen Hauptverbandplatz, recht viel SS war ständig in Frankenfels und es bestand die Gefahr, daß diese den Kampf aufnehmen werden. Am 8. Mai um sieben Uhr abends kam der erste russische Panzer, zwei Stunden vorher gab es noch SS Truppen. [...] Zum Bauern ins Gebirge gingen wir nicht, wir brachten nur Koffer mit Kleidern und Lebensmittel für den äußersten Notfall hin. Ein Großteil davon wurde gestohlen.

Sobald als möglich komme ich nach Wien. [...] Ich bin recht unglücklich, daß ich jetzt noch hier bleiben muß. Von Dr. Solms erfuhr ich, daß recht viel Arbeit in Wien wartet und ich sitze untätig hier. Aus Radiomeldungen weiß ich, daß bereits die Oper im Volksoperngebäude spielt und auch die Philharmoniker wieder konzertieren. [...]

Es gibt so viel, das ich wissen möchte und worüber ich erst hören werde, wenn ich nach Wien komme. Mein Buch mache ich fertig. Jetzt sind ja etwas ruhigere Zeiten. Von wirklicher Ruhe ist hier noch nichts zu spüren. Die Verhältnisse sind so grundlegend andere, daß ich bedauere, nicht russisch gelernt zu haben. Die Bombenangriffe, die wir auch hier auszuhalten hatten, habe ich gut ertragen. Überhaupt merke ich, daß reale Gefahren, wenn sie einmal da sind, mich überhaupt nicht aufregen. Ich habe mich immer recht gut der jeweiligen Situation angepaßt.

Auf Wien freue ich mich recht sehr und ich grüße Dich recht herzlich; alles Liebe.

III.
Briefwechsel 1945–1949

*»Ich bin voll Bewunderung für Sie und Ihre Tatkraft,
mit der Sie wieder aufbauen«*
(Anna Freud 1946)

1. Themen 1945/46

In einem Brief an Peter Blos vom 16. März 1946 (NAA) schilderte Aichhorn die erste Zeit nach Kriegsende:

Für Ihre liebevolle Sorge um uns danken meine Frau und ich Ihnen herzlichst. Ich bin wirklich sehr gerührt, daß Sie mir durch die langen Jahre der Trennung nicht nur ein freundschaftliches Gefühl bewahrt haben, sondern sich auch Sorgen um unser leibliches Wohl machen, wenn es auch nicht so schlimm ist, wie Sie vielleicht denken. Wir nehmen die eingeengten Ernährungsverhältnisse gerne dafür in Kauf, daß wir von dem kaum noch ertragbaren Druck und der ständigen Gefahr doch noch in ein Konzentrationslager zu kommen, endlich endgültig befreit sind.[1]

Was sonst noch zu ertragen war, darüber schreibe ich nicht; wir haben den Krieg überlebt und das ist die Hauptsache, wenn auch mein älterer Sohn dauernden Schaden davon getragen hat. Er hat seinen Optimismus nicht verloren, der ihn auch in »Dachau« nie verließ. Was Dachau ist, brauche ich Ihnen gewiß nicht zu erklären. Meine Frau ist gesundheitlich nicht sehr in Ordnung. [...] Ich bin zwar gesundheitlich auch nicht voll in Ordnung, aber sehr arbeitsfähig und nun kann ich frei und uneingeschränkt arbeiten. Wissen Sie schon, daß ich in den Verbotsjahren in meiner Wohnung, im kleinen Kreise Freuds Lebensarbeit lebendig erhalten habe? Ich bin als der einzige Analytiker in Wien zurück geblieben und kann nun mit sechs Ärzten und sechs Psychologen die wieder erstandene Wiener Psychoanalytische Vereinigung in den Traditionen der alten Vereinigung führen. Das macht mir viel Freude und ist eine kleine Abstattung meiner Dankesschuld an Freud.

---

[1] Vgl. AA an Kohut, 21. 7. 1946 (NAA; in englischer Übersetzung in Kohut 1994, S. 49 f.): »Es ist mir nicht faßbar, wie Sie und auch die anderen Emigranten, die doch ohne jedes Geld weg mußten, imstande waren, sich wieder eine Existenz aufzubauen. [...] / Immer wieder höre ich, aus Briefen von Bekannten und lieben Freunden, was der Nationalsozialismus in deren Familien angerichtet hat. Es ist furchtbar. Sie, lieber Doktor, können sich wahrscheinlich kaum in die Verhältnisse hineindenken, die auch wir hier jahrelang durchgemacht haben. Man war keinen Tag sicher, nicht in der Nacht von der Gestapo ausgehoben zu werden. Es konnte irgend jemand eine ganz unbegründete Anzeige machen und man wurde verhaftet, ohne jedwedes Verfahren und ohne daß man erfuhr warum, kam man in das Konzentrationslager, dann die tägliche Lebensgefahr, durch die sich immer verstärkenden Bombenangriffe.«

a. Vorbereitungen zur Wiedereröffnung der WPV

Zunächst gab es in Wien Zukunftspläne, die Aichhorns Absichten gar nicht entsprachen. Solms berichtet darüber (1976, S. 1182):

Aichhorn war noch in Frankenfels/NÖ, andere Mitglieder des Kreises um ihn waren noch fern von Wien oder in Wien in Kriegsgefangenschaft. Die allgemeine politische Zukunft war unklar, es bestand die Möglichkeit, dass Wien im Bereich des Ostens bleiben würde. In den ersten informellen Besprechungen [...] wurde überlegt, ob es möglich sei, die enge Zusammenarbeit mit den Freunden aufrechtzuerhalten, die nicht zu den Psychoanalytikern zählten.

Es wurde also erwogen, die Wiener Arbeitsgemeinschaft des ehemaligen Reichsinstituts in ein Österreichisches Institut für Psychologische Forschung und Psychotherapie umzuwandeln. Aichhorn konnte, weil die Eisenbahnverbindungen zerstört waren, erst Ende Juni 1945 wieder nach Wien zurückkehren. In einem Brief an Birnbaum (27. 6.; NAA) betonte er, dass er an einer solchen Dachorganisation nicht interessiert sei, sondern dass es seine vordringliche Absicht sei, die Wiener Psychoanalytische Vereinigung wieder aufleben zu lassen und so rasch wie möglich wieder Anschluss an die IPV zu finden.

Bereits am 27. Juni 1945 wandte sich ein Proponentenkomitee[2] an das Staatsamt für Unterricht und führte aus (AWPV):

Die Wiener Psychoanalytische Vereinigung wurde im März 1938 aufgelöst, die Räume samt Einrichtung beschlagnahmt, die Bibliothek vernichtet, das Barvermögen eingezogen und die Psychoanalyse auch in Österreich verboten.

In Wien bildete sich entgegen diesem Verbot eine Gruppe von Freudanhängern, geführt von dem einen in Wien zurückgebliebenen Psychoanalytiker. Die vereinigten Ärzte und Psychologen stellten sich die Aufgabe, die Lehre Freuds über die Zeit des Nationalsozialismus frei von jeder Verfälschung zu erhalten. Die Zusammenkünfte dieser Gruppe erfolgten zuerst privat, dann im Rahmen der Zwangsorganisation:

---

[2] Das Komitee bestand aus Aichhorn, Friedl und Hans Aufreiter, Hedwig und Lambert Bolterauer, Tea Genner-Erdheim, Emmy Miklas, Barbara und Theodor Scharmann, Wilhelm Solms-Rödelheim, Theon Spanudis, Alfred Winterstein und Klara Wolf. Nach seiner Konstitution als provisorischer Vereinsvorstand fungierte Aichhorn als Obmann, Winterstein als Stellvertreter, Kassier war L. Bolterauer und Bibliothekar Spanudis. Später kamen H. Aufreiter und Solms-Rödelheim als Schriftführer hinzu (Kopien der Dokumente in NAA).

Deutsches Institut für Psychologische Forschung und Psychotherapie in Berlin, ohne daß die Leitung die wirkliche Absicht dieser Gruppe erkannte. Trotz des nationalsozialistischen Terrors wurden auch Neurosenanalysen durchgeführt, sie liefen als psychotherapeutische Behandlungen.

Diese Gruppe fühlt sich, da nun die Wissenschaft frei ist, berechtigt, die Wiener Psychoanalytische Vereinigung wieder aufleben zu lassen. Sie hat sich als Proponentenkomitee konstituiert.

Die Unterzeichneten ersuchen als die vorläufigen Beauftragten dieses Komitees das Staatsamt für Unterricht um die Genehmigung zur Gründung der Wiener Psychoanalytischen Vereinigung mit demselben Arbeitsprogramm, das die im Jahre 1938 aufgelöste Vereinigung verfolgte.

Vom August 1945 an sind in Aichhorns Nachlass Anwaltsbriefe erhalten, die die Wiedereröffnung der WPV zum Thema haben.[3] Nachdem Anna Freud ihm mitgeteilt hatte, dass sie mit der Wiedererrichtung eines psychoanalytischen Vereins in Wien einverstanden sei (12AF), verfassten Aichhorn und Winterstein – verbunden mit einer eidesstattlichen Erklärung, dass sie nie der NSDAP angehört hätten – ein auf den 22. 9. 1945 datiertes Ansuchen an den Wiener Magistrat (NAA) um »Außerkraftsetzung der Auflösung des Vereins ›Wiener Psychoanalytische Vereinigung‹ und um Genehmigung des Wiederauflebens der Vereinstätigkeit«.

Erste öffentliche Aktivitäten der Wiener Psychoanalytiker begannen bereits im September 1945 mit Vorträgen zur Einführung in die Erziehungsberatung, die Aichhorn mit Adolf Watzek, damals Leiter des Arbeitsamtes Wien, vereinbart hatte. Die Vorträge für Erziehungsberater des Wiener Jugendamtes und für Berufsberater des Arbeitsamtes hielten Aichhorn, Friedl Aufreiter, Lambert Bolterauer, Rosa Dworschak und Theodor Scharmann.[4] Aus ihnen ging das Seminar für Psychoanalytische Erziehungsberatung hervor, das von Herbst 1946 bis Frühjahr 1949 unter Aichhorns Leitung stand (T. Aichhorn 2001b; vgl. III.1.d).

---

[3] Dass die Auflösung der WPV formal nicht rechtskräftig war, weil die dafür notwendigen Bescheide 1938 nicht zugestellt werden konnten (die Empfänger waren alle schon emigriert), ist damals offenbar niemandem aufgefallen.

[4] Der Kurs, der noch vom Österreichischen Instituts für psychologische Forschung und Psychotherapie, Wien I., Wollzeile 9, angekündigt wurde, fand im Rahmen des Arbeitsamtes Wien statt (Kursankündigung; NAA). Die 13 Vorträge Aichhorns (1945) sind erhalten geblieben.

b. Die Frage der Rückkehr von Mitgliedern der »alten« WPV

Die ersten Verbindungswege nach England und in die USA wurden für Aichhorn im Herbst 1945 durch zwei Angehörige der US-Armee, Klara Wolf und H. Delfiner, eröffnet. Besonders wichtig war es für ihn, den Kontakt zu Anna Freud und zu Ernst Kris herzustellen. Die Ausbildung, die er in den vergangenen sieben Jahren durchgeführt hatte, schien ihm nicht ausreichend, und er hoffte, die beiden ehemaligen WPV-Kollegen würden ihm helfen, Analytiker zu finden, die bereit wären, nach Wien zurückzukehren, um die Schulung der neuen Mitglieder der zukünftigen WPV zu übernehmen. Dies war freilich eine höchst private Initiative von ihm, mit einer Unterstützung durch die österreichischen Behörden konnte er dabei kaum rechnen.

Aichhorn wusste, dass es schwierig sein würde, erfahrene Analytiker der alten Vereinigung zu bewegen, das in der Emigration mühsam genug Erreichte aufzugeben und sich den sehr ungünstigen Lebensverhältnissen, die damals in Wien herrschten, auszusetzen. Deshalb schlug er vor, dafür zu werben, dass einige Emigranten zu Sommerkursen nach Wien kommen sollten (siehe 13AA). Auf die Beantwortung dieser für ihn so wichtigen Frage musste er monatelang warten (Anm. 28 zu 15AF; 17AA). Eine erste, abschlägige Reaktion kam von Anna Freud (18AF, 26AF). Die Antwort von Kris, mit Datum 11. 12. 1945, traf erst am 23. März 1946 ein. Aichhorn schrieb ihm daraufhin am 24. (NAA): »Ich will Ihnen nur mitteilen, dass Ihre Antwort vom 11. Dezember, aufgegeben am 15. Dezember, auf meinen Brief vom 16. November im Original gestern eingelangt ist. Die Kopie kam vor ca. 5 Tagen an.« Kris hatte in seinem Brief ausgeführt (ebd.; Original englisch):

Die Nachrichten über die Wiedererrichtung der Psychoanalytischen Vereinigung und über Ihre Untergrundausbildung sind hier von allen Ihren Freunden mit Beifall begrüßt worden. Wir bewundern Ihre Energie und nehmen in Gedanken an Ihrer Arbeit teil. Was die persönliche Teilnahme betrifft, so habe ich noch von keinem unserer Kollegen gehört, dass er daran dächte, nach Wien zurückzukehren. Aber ich bin natürlich bei Weitem nicht mit allen in Kontakt.

Was Ihre Pläne für Sommerkurse erfahrener Analytiker in Wien betrifft, so scheint mir die Idee sehr bedenkenswert. Ich bin mir fast sicher, dass sich diese Pläne im Sommer 1946 auf Grund von politischen und Reiseschwierigkeiten nicht realisieren lassen. Bis 1947 aber können sich die Verhältnisse verändert haben.

Natürlich wird man sagen, dass die alternative Lösung vielleicht vorzuziehen sei, dass nämlich einige Ihrer Kandidaten und jungen Mitglieder zur weiteren Ausbildung ins Ausland geschickt werden. Alle solche Schritte hängen von den verfügbaren Mitteln ab. Es erscheint mir im Übrigen nicht ausgeschlossen, dass schon im Sommer 1946 das eine oder andere alte Mitglied in Europa ist und sich bereit erklärt, eine Zeitlang nach Wien zu kommen, falls die Genehmigung dazu erteilt wird. In diesem Fall will ich mich gern um Informationen bemühen und Ihnen Bescheid geben.

Keines dieser Projekte wurde letztlich verwirklicht. Zunächst scheint Aichhorn aber wirklich erwartet zu haben, dass Analytiker der alten Vereinigung nach Wien zurückkehren könnten. In diesem Sinn schrieb er am 17. 3. 1946 an K. R. Eissler (NAA):

Die Dinge liegen hier so: ich muß die Vereinigung [...] mit einer kleinen Anzahl von Mitgliedern eröffnen. Den ersten Mitgliederstock bilden die 6 Ärzte und 6 Psychologen, die während der nationalsozialistischen Zeit bei mir in Ausbildung waren. Wenn auch ein kleines Stück theoretischer Ausbildung geleistet wurde und 4 davon bei mir Kontrollanalysen machen, fehlt noch viel zur Ausbildung. Die 12 haben sich trotz der Mitgliedschaft verpflichtet, jedwede von der Vereinigung veranlaßte Ausbildung mitzumachen. [...]
Von den dauernd jetzt in Wien lebenden Analytikern, die als Vortragende in Frage kommen sind: Dr. Hollitscher, der vor 2 Wochen aus England nach Wien zurückkam und dauernd hier bleiben will, Dr. Fleischmann, der bei mir in Analyse war, dann nach Budapest ging, dort Mitglied der ungarischen Vereinigung und auch Lehranalytiker wurde, Dr. Winterstein, den Du ja von der Wiener Vereinigung kennst und ich.

Eissler, den Aichhorn ebenfalls um Vorschläge bezüglich der Ausbildung ersucht hatte, schrieb ihm am 26. 4. 1946 (KRE/AA, S. 28 f.), dass seiner Ansicht nach die eigene Analyse die Hauptsache sei, da der Beruf des Analytikers besondere Gefahren für die Entwicklung von Charakterdefekten enthalte. Freud habe in »Die endliche und die unendliche Analyse« (1937c) eine Andeutung darüber gemacht; aber Aichhorn habe diese Poblematik schon zuvor klar gesehen und oft mit ihm darüber gesprochen. Außerdem seien Kurse über die Anwendung der Psychoanalyse auf Geschichte, Kunst und Erziehung wichtiger als andere, die den medizinischen Aspekt betonen. Zur Rückkehr von Analytikern meinte er:

Ich glaube, daß Dein Plan daß frühere Wiener Analytiker nach Wien kommen werden nicht befriedigt werden wird. Ich glaube sie sollen nicht kommen. Es wird ihnen nicht gut tun + es wird der Wiener Gruppe nicht gut tun. [...] Es ist interessant darüber zu spekulieren welcher Charaktertypus zurückkehren wird. Ich glaube nicht daß es eine gesunde Reaktion ist. Aber ich mag mich täuschen. Wenn ich Dich nicht hätte, ich wüsste nicht was mit Wien in meinen jetzigen Problemen anzufangen. Die Fascinierung, die von Deiner Persönlichkeit ausgeht wiegt den Verlust auf den ich durch den Abbruch von Wien erlitten habe. Ich kann mir vorstellen daß Du die Veränderung die wahrscheinlich mit uns allen hier vorgegangen ist nicht genau kennst.

Er fragte noch: »Schreibst Du mir wirklich aufrichtig?« Darin mag sich seine Sorge ausgedrückt haben, dass Aichhorn ihn über seine wahren Lebensverhältnisse nicht ausreichend informierte (ein wiederkehrendes Thema in ihrer Korrespondenz). In Briefen an seine Freunde betonte Aichhorn immer wieder, dass er (und seine Familie) durch Paketsendungen aus den USA – vor allem Eissler hatte sich seiner angenommen – gut versorgt war.

c. Die feierliche Wiedereröffnung der WPV am 10. April 1946

Nachdem die bürokratischen Hürden genommen waren, wurde im Jänner 1946 die Auflösung der WPV widerrufen. Die neue Adresse der Vereinigung war Wien I., Rathausstraße 20. Aichhorns private Räume befanden sich in derselben Wohnung.

Die feierliche Wiedereröffnung der WPV wurde für den 10. April 1946 festgelegt.[5] In der Vorbemerkung zu einer geplanten Festschrift[6] wurde daran erinnert, dass Freud die Vereinigung 1908 gegründet hatte. Nach 30-jährigem Bestand habe am 25. 8. 1938 der »Stillhalte Kommissar für Vereine, Organisationen und Verbände« ihre Auflösung beantragt, die vom Magistrat mit Bescheid vom 1. 9. 1938 angeordnet worden sei; am 4. 1. 1946 sei die Auflösung außer Kraft gesetzt worden. Es heißt dann weiter:

Die nun bestehende W.P.V. ist daher keine Neugründung, sondern setzt nach 8jähriger gewaltsamer Unterbrechung die Vereinstätigkeit fort. Nach dem Kriege sind die Verhältnisse so wesentlich andere, daß die Vereinstätigkeit über den wissenschaftlichen Zweck hinaus erweitert und die Organisation den neuen Erfordernissen angepaßt werden muß.

[5] Die Konstituierende Generalversammlung, die den provisorischen Vereinsvorstand bestätigte, fand am 29. Mai statt (Protokoll; AWPV).
[6] Zur Veröffentlichung dieser Festschrift ist es nicht gekommen. Die dafür vorgesehenen Texte finden sich in AWPV und NAA.

August Aichhorn bei der Ansprache am 10. 4. 1946

An der Eröffnungsfeier nahmen zahlreiche Honoratioren der Stadt Wien teil; Aichhorn selbst hielt zwei Reden (siehe Anhang I.2.a–c; 25AA). Viele ehemalige Mitglieder der WPV und einige europäische und amerikanische psychoanalytische Institute schickten Telegramme und Glückwunschschreiben. Die wichtigsten dieser Schreiben hatte Aichhorn direkt initiiert. Er hatte sowohl Anna Freud um eine Äußerung ersucht (siehe 14AA, 19AF) als auch Kris gebeten (24. 1. 1946; NAA), ein offiziöses Grußwort der Amerikanischen Psychoanalytischen Vereinigung zu veranlassen: »Dieses gäbe uns gegen gewisse unterirdische Strömungen Rückhalt.« Bertram D. Lewin, damals Präsident der Vereinigung, schrieb daraufhin:[7]

Im Namen der Amerikanischen Psychoanalytischen Vereinigung und der Psychoanalytiker Amerikas sei es mir gestattet, als Präsident unsere Genugtuung darüber auszudrücken, dass die psychoanalytische Vereinigung und das Institut Ihrer Stadt nun daran gehen, ihre Aktivitäten, die durch die deutsche Besatzung und den Krieg unglück-

---

[7] Brief o. D. (AWPV); Original englisch.

Leopold Zechner, August Aichhorn, Felix Hurdes und Otto Kauders

licherweise unterbrochen waren, wieder aufzunehmen. Wir sind voll Mitgefühl für die Prüfungen, die Sie erlebt haben, und vertrauen darauf, dass die Wiedereröffnung des Instituts ein Vorzeichen besserer Zeiten ist.

Seien Sie unserer Sympathie und unseres fortdauernden Interesses für Ihr Unternehmen versichert. Die alte Wiener Vereinigung war der Stolz der ganzen psychoanalytischen Bewegung und nicht nur von lokaler Bedeutung. Sie war wahrhaft international. Möge diese alte Tradition den Neubeginn leiten.

Aichhorn bedankte sich am 7. 3. (auf Englisch; NAA) und gab seiner Überzeugung Ausdruck, »dass die Wiener Vereinigung, angespornt durch den Geist und die Traditionen der alten Vereinigung, eine würdige Hüterin von Freuds Erbe sein wird, die auch in der internationalen Vereinigung, weit über lokale Bedürfnisse hinaus, ihren Wert unter Beweis stellen wird«.

Auch um die Vermittlung von Grußworten einstiger Wiener Psychoanalytiker zur Wiedereröffnung der WPV ersuchte Aichhorn Kris (15. 2. 1946; NAA): »unserer Sache wäre damit sehr gedient und ich freue mich darüber«. Paul Federn entsprach seinem Wunsch, indem er ihm am 12. 3. zugleich im Namen von Marie Bonaparte, Ludwig Jekels, Hermann Nunberg, Smily Blanton und Kilian Bluhm schrieb (AWPV):

Es ist für alle Psychoanalytiker, nicht nur für gewesene Wiener, eine Genugtuung, dass die Wiener Psychoanalytische Vereinigung wiedererstanden ist. Ich selbst bin ihr Mitglied mit Pflichten und aus der Entfernung kaum auszuübenden Rechten, nachdem die Auflösung der Gruppe – gewaltsam gegen alle, ehrfurchtslos gegen Freud – vom Gang der Geschichte annulliert wurde.[8]

Bei dieser kulturgeschichtlich bedeutungsvollen Gelegenheit wird neuerdings den Einsichtigen vor Augen geführt, dass die Psychoanalyse nicht nur eine Heilmethode für seelisch Kranke ist, sondern auch eine wichtige Grundlage bietet für die seelische Wiedergenesung, Wiedererziehung und Hygiene der Menschheit, ihrer Gruppen und Völker, und der einzelnen Individuen. Es scheint mir daher bedeutsam und besonderer Begrüßung wert, dass Sie, der Nicht-Arzt, die Gruppe fortsetzen und erneuern konnten.

Ihre eigene schöpferische Leistung, verbunden mit Ihrer Treue zu Freud, gestützt auf dem Festhalten an der Richtigkeit seiner Funde und Lehren, bietet Gewähr für die kommenden Leistungen der ältesten Psychoanalytiker Gruppe, die sich zuerst um Freud zusammenfand.

Auch hier ist Ihre Arbeit weit und wohl bekannt. Gute Wünsche von hier in Amerika gelten sowohl dem Wiederaufbau der Gruppe, als Ihrer Arbeit.

Einen privaten Glückwunsch hatte Richard Sterba am 18. 3. 1946 geschickt (NAA):

Verehrter, lieber Herr Vorstand,
mit wie viel Besorgnis haben wir Ihrer während dieser Jahre gedacht. Wir sind beglückt, Sie nun wohl zu wissen! Anna Freud schrieb uns gestern, daß Sie das Wiener Psychoanalytische Institut wiedergegründet haben. Seien Sie herzlichst beglückwünscht, Sie und Ihre tapfere Gruppe.

Uns gehts gut im Lande, wo unaufhörlich Milch und Honig floß. Unsere Arbeit, in streng Freudschem Sinne, wird anerkannt und unterstützt. […]

Ich zeige meinen Schülern mit Stolz die große Photographie, die Trude Fleischmann von Ihnen gemacht hat. Wie gerne würden wir Sie einmal hier begrüßen!

Alles Herzliche von Ditha und mir

von Ihrem getreuen
Richard Sterba.

---

[8] Da die Auflösung der WPV außer Kraft gesetzt worden war, waren nach den geltenden Regeln alle Mitglieder der »alten« WPV auch Mitglieder der »neuen«. Davon konnte allerdings nicht Gebrauch gemacht werden, da jedes IPV-Mitglied nur *einer* Zweigvereinigung angehören konnte, und zwar derjenigen, die ihm räumlich am nächsten war (vgl. 45AF).

August Aichhorn, vor 1938; Porträtfoto von Trude Fleischmann

Aichhorn antwortete am 5. 5. (NAA): »Ihr Brief [...] hat mich wirklich sehr gefreut. / Mich frißt der blasse Neid, wenn Sie vom Land schreiben, wo ›unaufhörlich Milch und Honig fließt‹. Bei uns ist es ein wenig anders, aber wir finden uns gerne damit ab, sind nur froh, daß die schwerste Zeit hinter uns liegt.«

Die Wiedereröffnung der WPV wurde in vielen Wiener Tageszeitungen angekündigt und ausführlich besprochen. So war, um nur ein Beispiel zu nennen, im *Wiener Kurier* am 19. 4. unter der Überschrift »Heilung der seelischen Kriegsschäden, Aufgaben der wiedergegründeten Psychoanalytischen Vereinigung« zu lesen:

Wie bereits berichtet fand vor kurzem die Wiedereröffnung der Psychoanalytischen Vereinigung in Wien statt, die im Jahre 1908 von Freud gegründet, 1938 aber verboten wurde. [...]

Die Vereinigung hat den Wunsch, die schweren, durch die Ereignisse der letzten Jahre bedingten seelischen Schäden und Verwirrungen auf Grund der Erkenntnisse Freuds zu bekämpfen und überwinden zu helfen. Ihr Hauptaugenmerk richtet sie beim Wiederbeginn ihrer Tätigkeit auf Verwahrloste und Kriminelle, deren ansteigende Zahl ein Problem für die Gesundung des öffentlichen Lebens darstellt. Es sei in erster Linie notwendig, die verdrängte, nicht bewältigte Angst, gesteigert durch die Erlebnisse des Krieges zu lösen und den Menschen wieder in die Sphäre des Maßvollen, das heißt Gesunden zurückzuführen. [...]

Der Nationalsozialismus hat die Lehre Freuds verboten und doch unter anderem Namen im negativen Sinn seine Entdeckung ausgenützt und die im Menschen lauernde latente Gefahr durch das Ausschalten von Hemmungen akut werden lassen. Gerade die vergangenen Jahre haben die Lehre Freuds durch das zutage treten unbewußter und niemals für möglich gehaltener Dinge in Form von Exzessen bestätigt und rufen den Menschen zur Nachdenklichkeit und zur Vorsicht vor sich selbst auf.

Der nächste Schritt nach der Wiedereröffnung war das Ansuchen an die IPV, auch wieder als Zweigvereinigung anerkannt zu werden. Nachdem sich Aichhorn bei Anna Freud erkundigt hatte, wie er vorgehen solle (28AA, 31AA), und sie ihm mitgeteilt hatte, dass er sich in dieser Angelegenheit an Ernest Jones, den damaligen Präsidenten der IPV, zu wenden habe (30AF), vollzog sich die Anerkennung in einem Briefaustausch vom Sommer 1946 zwischen Aichhorn und Jones (NAA):

[Aichhorn, 10. 7.] Ich beehre mich Ihnen mitzuteilen, daß die Wiener Psychoanalytische Vereinigung, die im Jahre 1938 aufgelöst worden ist, über mein Einschreiten wieder genehmigt wurde. [...]
Ich bitte das Wiederaufleben der Wiener Psychoanalytischen Vereinigung nicht nur zur Kenntnis zu nehmen, sondern sie wieder als Mitglied der Internationalen Psychoanalytischen Vereinigung einzureihen.
Wegen der weiteren, den besonderen Umständen Rechnung tragenden Aus- und Fortbildung stehe ich mit Fräulein Anna Freud in regem Briefwechsel und ersuche Sie, mir das Statut des Internationalen Lehrausschusses zu übermitteln.

[Jones, 26. 7.] Ich hatte von mehreren Quellen von Ihrer lobenswerten Tätigkeit in Wien gehört, und war besonders froh einen persönlichen Bericht von Ihnen zu erhalten. Die alte und berühmte Wiener Gruppe wieder zu beleben ist eine edle Aufgabe und ich wünsche Ihnen den besten Erfolg. Es ist selbstverständlich dass ich Ihre Gruppe als ein Mitglied der Vereinigung akzeptiere und ich zweifle nicht dass dies bei dem nächsten Kongress ratifiziert werden wird, sollte es nötig sein.[9]

Damit waren die für eine reguläre psychoanalytische Vereinstätigkeit und Ausbildung notwendigen Voraussetzungen hergestellt. Als Aichhorn bei Jones nachfragte, ob in Wien absolvierte Lehranalysen von der IPV anerkannt würden – einige Ärzte aus den USA hatten sich erkundigt, ob sie in Wien ihre Ausbildung absolvieren könnten –, antwortete dieser, dass die internationale Vereinigung nicht direkt für die Gültigkeit der Lehranalysen zuständig sei:[10]

Die Sache liegt so: Jede dazu gehörige Vereinigung hat die Pflicht ein Lehrkomité ins Leben zu rufen [...], und es ist die Aufgabe dieses Komités zu entscheiden ob die Lehranalyse des bezüglichen Mitgliedes giltig ist oder nicht und ob die begleitende Ausbildung (Kontrollanalyse, Seminare. etc.) genügend sind. Wenn solch ein Verein von der Internationalen Vereinigung anerkannt ist, so wie Ihr Verein, dann gehört ihr Lehrkomité zu der Internationalen Unterrichtskommission der Internationalen Vereinigung.

---

[9] Jones' Beschluss wurde in der Geschäftsversammlung des nächsten IPV-Kongresses, der 1949 in Zürich stattfand, bestätigt (IJ 1949, S. 186).
[10] AA an Jones, 27. 7. und 26. 10. 1946; Jones an AA, 5. 11. 1946. Eine betreffende Erkundigung findet sich in einem Brief des Worcester State Hospital an die WPV vom 20. 5. 1946. – Alle diese Dokumente in NAA.

d. Zur anfänglichen Tätigkeit der WPV

Wie schon gesagt, betrachtete Aichhorn die Ausbildung, die er während der Nazizeit erteilt hatte, als keineswegs hinreichend. Die frischgebackenen Mitglieder der Vereinigung waren daher ihre ersten Kandidaten. Alle, die ihre Ausbildung nicht vor 1938, in der »alten« WPV, abgeschlossen hatten, waren nach den 1946 eingeführten Statuten verpflichtet, ihre begonnene Ausbildung fortzusetzen und im neugegründeten Lehrinstitut der WPV abzuschließen. Als klar war, dass keine weiteren Analytiker nach Wien zurückkommen würden, dass sich Winterstein kaum mehr am Leben der Vereinigung beteiligte und Hollitscher zu sehr durch seine Tätigkeiten außerhalb in Anspruch genommen war, fiel die Leitung der theoretischen Ausbildungsseminare an Robert Hans Jokl, der im Frühjahr 1946 aus der französischen Emigration zurückgekehrt war,[11] danach an Otto Fleischmann.[12] Ihre Lehr- und Kontrollanalysen setzten die »neuen« Mitglieder bei Aichhorn, Fleischmann oder Jokl fort. Jokl übernahm auch die Leitung des wiedereröffneten Ambulatoriums.[13]

Wie sich Aichhorn die Ausbildung vorstellte, was ihre Grundlage sein sollte, ist u. a. einem Brief zu entnehmen, den er am 26. 10. 1946 an seinen Freund Lajos Lévy schrieb (NAA). Aus den USA, bemerkt er darin, seien ihm immer mehr Einzelheiten über Spaltungen innerhalb der analytischen Gruppen berichtet worden. Er habe den Eindruck, dass es einige gebe, die aus dem Werk Freuds »ein wahres Körnchen« herausgriffen und damit neue Lehrgebäude aufrichteten. Auch Gruppenanalysen und Kurztherapien würden angeboten, die Hauptsache sei Geschäft und Verdienen. Dieser Lage setzt er seine eigene Vision entgegen:

---

[11] Jokl nahm schon an der Mitgliedersitzung vom 18. 7. 1946 teil. Dort wurde beschlossen, ein Statut für den Lehrausschuss auszuarbeiten, ein Ambulatorium (Jokl, Genner, Fleischmann), eine Erziehungsberatungsstelle (Aichhorn, H. Aufreiter, Th. Scharmann) zu eröffnen und eine wissenschaftliche Abteilung (Winterstein, Hollitscher, L. Bolterauer, Spanudis) einzurichten. Den Vorschlag Jokls, das Lehrinstitut der Universität anzugliedern, lehnte Aichhorn mit der Begründung ab, dass dann die Gefahr bestünde, »Abteilung eines anderen Instituts mit anderen Zielen zu werden« (Protokoll; AWPV).

[12] In der ersten Lehrausschusssitzung vom 5. 12. 1946, an der Aichhorn, Fleischmann und Jokl teilnahmen, wurde Jokl zum Vorsitzenden gewählt. Als er im Winter 1948 Wien wieder verlassen hatte, übernahm Fleischmann die Position (Protokoll; AWPV).

[13] AA an Eissler, 25. 10. 1946 (NAA).

Vielleicht wird Wien noch einmal das Mekka zu dem die Analytiker pilgern, wenn sie Freuds Lehre unverfälscht kennen lernen wollen, denn so lange ich lebe gibt es in der Wiener Psychoanalytischen Vereinigung nur ein Weiterbauen im Sinne nach der Auffassung Freuds. Und wenn ich gestorben sein werde, hoffe ich, so überzeugte Nachfahren Freuds zu hinterlassen, daß jede Verwässerung und Verfälschung ausgeschlossen sein wird.

Dem Tätigkeitsbericht der WPV aus dem Arbeitsjahr 1946/47 (NAA) ist zu entnehmen, welches Gewicht Fragen der Pädagogik und Jugendfürsorge im Programm der Vereinigung hatten.

Zunächst hatte die Vereinigung im Juni/Juli 1946 einen allgemein zugänglichen »Einführungskurs in die Psychoanalyse« veranstaltet. Dieser wurde im Oktober 1946 und im Februar 1947 fortgesetzt.[14] Im November 1946 begann ein »Einführungskurs in die Psychoanalyse I. Teil« für 20 Kindergärtnerinnen, der anschließend als »Einführungskurs in die Psychoanalyse II. und III. Teil« fortgesetzt wurde. Daraus entwickelte sich ein Seminar für Kindergärtnerinnen. Der Kurs für Erziehungsberaterinnen des Städtischen Jugendamtes und Berufsberater des Wiener Arbeitsamtes, der im Herbst 1945 begonnen hatte, wurde weitergeführt in der Form eines Erziehungberatungsseminars, das 14-tägig 2–3stündig unter Aichhorns Leitung abgehalten wurde (siehe III.1.a). Aichhorn hielt auch zwei Vorträge bei den Polizeifürsorgerinnen, die so begeistert aufgenommen wurden, dass er die 28 Polizeifürsorgerinnen in ein Seminar zusammenfassen konnte.[15] Dazu kamen

---

[14] An Kohut schrieb Aichhorn am 21. 7. 1946 über diesen Kurs (NAA; in englischer Übersetzung in Kohut 1994, S. 50): »Über das Neueste aus unserem Vereinsleben sind Sie gewiß noch nicht orientiert: Zur Einführung in die psychoanalytische Denkweise I. Teil, haben wir jetzt einen 10stündigen Kurs hinter uns. Es haben sich 192 Interessenten angemeldet, die wir in 4 Gruppen aufteilten; erste Gruppe: Akademiker, Vortragender: Dr. Hollitscher; zweite Gruppe: Universitätsstudenten, Vortragender: Dr. Scharmann; dritte Gruppe: das Volk, Vortragender: Dr. Bolterauer; vierte Gruppe: die Eingeweihten (solche, die schon ein Stück Vorbildung mitbringen), Vortragender: Aichhorn.« – Die Listen der Teilnehmer an diesem Kurs sind erhalten (ThA).

[15] Am 2. 11. 1946 schrieb er an K. R. Eissler (NAA): »Ende Oktober war die Leiterin der Polizeifürsorge Frau Grün, eine aus Paris zurückgekehrte Emigrantin [...] bei mir und ersuchte mich, ihr bei der Reorganisation der Polizei-Jugendfürsorge zu helfen. Es handelt sich um 20 Fürsorgerinnen, die zum Großteil in der national-

Vorträge in Wiener Volkshochschulen, über »Die Psychoanalyse Sigmund Freuds« (1946b) oder »Die Verhütung der Verwahrlosung« (1946c). Als er in einem Seminar für Jugendfürsorge im Institut für Wissenschaft und Kunst über kriminelle Jugendliche gesprochen hatte, verlief die daran anschließende Diskussion so anregend, dass der anwesende Gemeinderat Mistinger, der Vorsitzende des Fürsorgeausschusses der Gemeinde Wien, mit Aichhorn für 30 Erzieher der Gemeindeeinrichtung »Jugend am Werk« eine 4-semestrige gründliche Ausbildung im Rahmen der Fürsorgeschule der Gemeinde Wien vereinbarte. Im Sommersemester 1947 hielt Aichhorn zudem sechs Vorträge über das Problem der Verwahrlosung in der Fürsorgerinnenschule der Gemeinde Wien. An Ruth Eissler schrieb er über seine vielfältige Tätigkeit (17. 4. 1946; NAA):

Ich selbst bin jetzt mit der Organisation der Vereinigung sehr beschäftigt, sie ist viel umfangreicher als die der alten Vereinigung, da wir viel mehr Kontakt mit der Außenwelt haben, da wir einen Teil unserer Arbeit den Verwahrlosten zuwenden, gibt es eine Menge mit dem Stadtschulrat, Jugendgericht, Jugendamt, den politischen, unpolitischen und konfessionellen Jugendfürsorge-Vereinigungen zu tun. Da wir auch Lehrer, Erzieher, Fürsorgerinnen und Berufsberater des Arbeitsamtes in psychoanalytisches Denken einführen wollen, sind entsprechende Kurse einzurichten. Die Hauptlast habe jetzt noch ich zu tragen, da die Vereinsmitglieder erst in einiger Zeit mir einen Teil der Arbeit werden abnehmen können. Aber ich fühle mich erst wohl, wenn recht viel zu tun ist und bedauere mich schon jetzt, wenn man mich nach und nach aufs Eis legen wird. Stelle Dir mich auf dem Eis liegend vor!

sozialistischen Zeit, ohne Nationalsozialistinnen zu sein, angestellt wurden, aber in völlig falscher Auffassung ihren Dienst versehen und um 8 neu eingestellte Fürsorgerinnen. Am 7. November ist die erste Zusammenkunft im Kurssaal in der Polizeidirektion Bräunerstraße. Was sich machen lässt, weiß ich noch nicht, nur entnehme ich den Schilderungen von Frau Grün, dass jede psychologisch fürsorgerische Orientierung fehlt, dass die von der Polizei aufgegriffenen jugendlichen Diebe und Schleichhändler auch von den Fürsorgerinnen als Verbrecher gesehen und nach den alten, in der nationalsozialistischen Zeit ungeheuer verschärften Ansichten behandelt werden. Mich würde es freuen, wenn es gelänge, dort einer rein menschlichen Auffassung Geltung zu verschaffen. An psychologische oder gar psychoanalytische Orientierung denke ich augenblicklich gar nicht.«

e. Das Problem der nicht-ärztlichen Psychoanalyse

Vor 1938 war es Nicht-Medizinern in Österreich untersagt gewesen, als Psychotherapeuten zu praktizieren, ein Umstand, der für die sogenannten Laienanalytiker zu zahlreichen Konflikten mit den Gesundheitsbehörden führte.[16] Während der nationalsozialistischen Herrschaft galten auch in Österreich deutsche Gesetze, nach denen Nicht-Ärzte als »Behandelnde Psychologen« offiziell psychotherapeutisch tätig sein konnten. Nun aber, nach dem Krieg, wurde die alte österreichische Regelung wieder eingeführt (die bis zum Inkrafttreten des Psychotherapiegesetzes im Jahre 1990 in Geltung blieb). Ein Reflex der Probleme, die sich daraus ergaben, findet sich in einem Brief Aichhorns an Paul Federn vom 27. 1. 1948 (NAA), nachdem ihm der Titel Professor verliehen worden war; es heißt darin:

Vor allem muß ich Ihnen mitteilen, daß mich die Anrede in Ihrem Brief an mich »verehrter Herr Professor« schwer gekränkt hat. Ich lehne es ab, innerhalb der Vereinigung und von Bekannten so angesprochen zu werden und man hält sich daran. Wichtig ist die mir gewordene Auszeichnung nicht für mich sondern in dem Kampfe, den wir hier für die nicht ärztlichen Analytiker führen müssen. Der Herr Bundespräsident verlieh mir den Titel mit der Begründung »für hervorragende Verdienste um die Seelenheilkunde und die Jugendfürsorge«. Damit ist von höchster österreichischer Staatsstelle erstmalig ausgesprochen, daß die Seelenheilkunde nicht eine ausschließliche Domäne des Arztes ist. Das Gesundheitsamt hat bereits ein Vorpostengefecht eröffnet. Es schickte mir einen Sanitätsgehilfen, der mir folgendes, sehr dialektisch gefärbt, bekannt gab: »Sie sollen morgen um 9 Uhr in das Gesundheitsamt kommen, die Hitlergesetze gelten nicht mehr, nehmens alle Belege mit«.

Sie können sich vorstellen, wie rasch dieser Sanitätsgehilfe wieder bei der Tür draußen war. Ich ging natürlich nicht hin. Dann kam eine höfliche schriftliche Einladung.

Auf diese »Einladung« antwortete Aichhorn, der auf Grund der Gesetzeslage nicht ganz offen sein konnte, taktisch:[17]

In Beantwortung der heute eingelangten Zuschrift [...] beehre ich mich mitzuteilen, daß ich nicht Heilpraktiker bin.

---

[16] 1937 scheint auch Aichhorn, auf Grund einer Anzeige der Ärztekammer, von dem für ihn zuständigen Polizeikommissariat vorgeladen worden zu sein (Notiz; NAA). Vgl. zum Ganzen 60AA.

[17] Schreiben vom 19. 1. 1948 an die Magistratsabteilung 15, Gesundheitsamt (NAA).

Als Erziehungsberater des Wiener städtischen Jugendamtes i. R. und als Psychoanalytiker beschäftige ich mich ausschließlich mit heil-erzieherischen Angelegenheiten und mit der Behandlung Verwahrloster.

Falls es Ihrer Aufmerksamkeit entgangen ist, verweise ich auf Nummer 256 der Wiener Zeitung vom 4. Oktober 1947, aus der zu entnehmen ist, daß der Herr Bundespräsident mit Entschließung vom 2. Oktober 1947 mir »In Anerkennung hervorragender Verdienste um die Seelenheilkunde und die Jugendfürsorge« taxfrei den Titel Professor verliehen hat.

In den USA hatten Nicht-Ärzte prinzipiell keine Chance, in eine analytische Vereinigung aufgenommen zu werden (vgl. II.1.d). Eissler hatte am 24. 6. 1946 an Aichhorn geschrieben (NAA; vgl. KRE/AA, S. 33), dass Laienanalyse in den USA, bis auf wenige Ausnahmen, unmöglich sei. Diese Beschränkung habe zur Verkümmerung der Anwendung der Psychoanalyse auf die Geisteswissenschaften geführt. Deshalb sei es von größter Bedeutung, die Laienanalyse in Wien aufrechtzuerhalten.

Von Peter Blos kamen ähnliche Klagen. Er schrieb am 12. 8. 1946 (NAA), dass er zwar den größten Teil seiner Zeit analytischer Arbeit mit Kindern und Jugendlichen widme, aber auch mit Erwachsenen arbeite. Am schwierigsten sei für ihn die Isolierung, der man als Laienanalytiker ausgesetzt sei. Es sei für ihn z. B. nicht möglich, an einem kinderanalytischen Seminar der New Yorker Vereinigung teilzunehmen, obwohl ihm jeder der beteiligten Seminarleiter Fälle zu Analyse schicke. Da die analytische Vereinigung Erziehung, Fürsorge und Kindergärten ignoriere, würden diese Bereiche von Gruppen beeinflusst, die sich von der Freud'schen Psychoanalyse emanzipiert hätten. Es sei ein unerfreuliches Kapitel und beeinträchtige die Arbeit sehr. In seiner Antwort vom 30. 12. (ebd.) schildert Aichhorn, wie er versucht hatte, das Problem für die WPV zu lösen:

Was Sie mir über die Stellung des Laienanalytikers – mich ärgert der Ausdruck immer, es heißt viel besser nicht ärztlicher Analytiker; denn Laien sind wir wahrlich nicht – schreiben, erfuhr ich schon von verschiedener Seite. Wahrscheinlich wird nichts anderes übrig bleiben, als eine selbstständige Organisation zu gründen.

Wie ich das Problem für Wien zu lösen suche, können Sie aus dem beiliegenden Organisationsplan sehen.[18] [...]

Die Ärzteschaft, das heißt die Ärztekammer, beziehungsweise die Sanitätsbehörde

---

[18] Siehe 27AA und Faksimile, S. 192.

hat nur mehr in die Abteilung Ambulatorium Einfluß zu nehmen. Alles andere fällt nicht mehr in ihre Kompetenz, daher sind wir heute als Vereinigung viel mehr ungebunden und viel unabhängiger als vor 1938. Es ist auch nicht mehr notwendig, daß an der Spitze der Vereinigung unbedingt ein Arzt stehen muß, was natürlich für den Leiter des Ambulatoriums unerläßlich ist.

In einem Brief an Otto Spranger vom 7. Jänner 1949 (NAA), der sich ähnlich wie Blos über die unerfreuliche Situation der Laienanalytiker in New York beklagte, kam Aichhorn auf seinen Vorschlag zurück, dass die Laien eine unabhängige Organisation gründen und sich gemeinsam an die amerikanische psychoanalytische Vereinigung wenden sollten. Wenn diese Schwierigkeiten mache, dann würde vielleicht eine Eingabe an die IPV Erfolg haben.

f. Anna Freud in London nach dem Ende der Freud/Klein-Kontroversen

Während sich Aichhorn in Wien um das Wiedererstehen der WPV bemühte, schwelte in London der Konflikt zwischen Freudianern und Kleinianern weiter (vgl. II.2.d). Die Notwendigkeit, die Situation zu klären, war vor allem im Hinblick auf die Stellung der Vereinigung gegenüber der Gesundheitsbehörde, dem National Health Service, dringlich, um die Anerkennung des Instituts als zentrale Ausbildungsstätte für Psychoanalytiker zu erhalten (vgl. Brühmann 1996).

Im Frühjahr 1946 war sich Anna Freud immer noch nicht schlüssig, was sie letztlich tun solle. Wie sie am 28. 2., nach einer längeren Arbeitsunterbrechung durch Krankheit (siehe 18AF), an Sarasin berichtete (AFP):

Ich habe auch Zeit gehabt, die Angelegenheit mit der Vereinigung hier in meinem Kopf herumzudrehen, komme aber doch immer wieder zu dem gleichen Ergebnis, dass ich mich da in einer Zwickmühle befinde. Wenn ich mit der Vereinigung hier arbeite, so arbeite ich gegen die uns wichtigen wissenschaftlichen Ideen der Analyse; trenne ich mich mit meinen Freunden von der Vereinigung, so schafft das im gegenwärtigen Augenblick eine schwierige Situation in der I.P.V. Die I.P.V. aber, scheint mir, kann gerade jetzt eine Schwächung schlecht vertragen; sie braucht Stärkung.

In einem Brief vom 18. 3. an Alfhild Tamm, Psychoanalytikerin in Stockholm (ebd.), deutet sich ein Ausweg aus der »Zwickmühle« an. Anna Freud schreibt:

Im Augenblick bemühe ich mich, von der Vereinigung das Recht zu bekommen, mit meinen Mitarbeitern eine vom Lehrinstitut teilweise unabhängige Lehrtätigkeit auszuüben. Sollte das durchzusetzen sein, so lässt sich auf der Basis dieser Kompromisslösung wieder ein besserer Zusammenhang mit der britischen Society herstellen.

Auf dieser Linie kam es dann wirklich zu einer Beruhigung des Londoner Konflikts. Am 26. Juni 1946 wurde der britischen Vereinigung ein nach langwierigen Konsultationen ausgehandelter Kompromissvorschlag unterbreitet, der die Einführung zweier paralleler Ausbildungskurse, eines kleinianischen und eines freudianischen, vorsah (King u. Steiner 2000, Bd. 2, S. 406 f.). Anna Freud nahm daraufhin ihre Arbeit im Lehrausschuss der BPS wieder auf. Ihr Hauptinteresse aber galt von nun an der von ihr und Kate Friedlander begründeten Ausbildung in Hampstead. Am 3. 7. teilte sie Kata Lévy mit (AFP):

Ich bin wieder gesund, aber es ist noch Nachwirkung meiner Krankheit, dass ich mich zum erstenmal in England entschlossen habe, den ganzen Juli auf Ferien zu gehen. Uebermorgen fahre ich weg und freue mich sehr darauf. [...]
  In der vorigen Woche hat sich nach vielen Verhandlungen meine Stellung zu der hiesigen Vereinigung etwas gebessert. Nachdem ich mich 2 Jahre lang nicht am Unterricht und der Unterrichtskommission beteiligt habe, werde ich jetzt wieder anfangen. Man hat mir gewisse Konzessionen gemacht, von denen man hoffen darf, dass sie den Einfluss der Klein'schen Theorie auf den Unterricht wenigstens auf ein bescheideneres Maß herunterdrücken werden, und ich werde vielleicht die Möglichkeit haben, [mit] meinen Kollegen eine kleine Anzahl von Kandidaten wirklich auszubilden, was unter den alten Verhältnissen unmöglich war. Wir werden es im Herbst ausprobieren.

Und am 28. 11. 1946 (ebd.):

Was Du über die [ungarische] Vereinigung schreibst, könnte man mit wenig Aenderungen auch über die hiesige schreiben. Ich kann Dir aus Erfahrung sagen, je gründlicher man aufhört, sich zu ärgern, desto mehr ist man schliesslich imstande, doch noch auch in so einer Situation Positives zu machen. Ich sage mir auch immer noch zum Trost, dass es gar nicht anders wäre, wenn man in die Vereinigung eines anderen Landes hineingeräte. Die Prinzessin [Marie Bonaparte] ärgert sich in Paris genau so über ihre Vereinigung, wie Du in Budapest und ich in London.
  Ich halte jetzt seit mehreren Jahren zum erstenmal wieder ein Seminar am Institut und vom Januar an einen Kurs und es geht ganz gut.

g. Anna Freuds erster Briefaustausch mit Müller-Braunschweig

Etwa um diese Zeit konnte Anna Freud wieder den Kontakt mit europäischen Analytikern aufnehmen. Wie sie in ihrem Brief vom 18. 3. 1946 an Tamm ausführte (AFP):

Nachdem wir durch viele Jahre von den Gruppen auf dem Kontinent vollkommen abgeschlossen waren, kommen in den letzten Wochen und Monaten endlich Nachrichten von überall. In der Schweiz scheint die Vereinstätigkeit am ruhigsten und ungestörtesten weitergegangen zu sein. In Italien ist eben Dr. Servadio wieder eingetroffen, der die ganze Kriegszeit in Indien verbracht hat; er ist dabei, die italienische Gruppe wieder aufzubauen. In Wien, wo Aichhorn als einziger in aller Stille weitergearbeitet hat, steht er jetzt davor, ein neues Wiener Institut zu eröffnen. Die Nachrichten darüber sind noch etwas spärlich und unsicher. Den Budapester Kollegen, mit denen die Verbindung noch außerordentlich schwierig ist, geht es sehr schlecht, besonders in finanzieller Beziehung. Sehr erfreulich ist die Vereinstätigkeit in Holland, wo es in Amsterdam eine geschlossene und gut arbeitende Gruppe gibt, die sich scheinbar auch in den schwierigsten Zeiten der Okkupation nie ganz in ihrer Tätigkeit stören liess. Jetzt, nach der Befreiung, bekommt ihre Aktivität scheinbar einen grossen Aufschwung. Die Pariser Gruppe hat viele Mitglieder verloren, durch Emigration, durch Verschleppung und durch Tod. Aber auch dort sind einige Leute schon sehr ernsthaft an der Aufbauarbeit. Was in Deutschland vorgeht, ist vorläufig noch ganz undurchsichtig.

Am 5. 12. 1946 schrieb sie an Tamm (AFP), dass es traurig sei zu hören, wie viele Psychoanalytiker in den nordischen Ländern während des Krieges untergegangen seien:

Man ist es ja schon gewohnt zu hören, aber die ganze Verschwendung mit Menschenleben, die die Welt in den letzten Jahren getrieben hat, wird einem bei einer solchen Gelegenheit immer wieder vor Augen geführt. Sie werden im letzten Korrespondenzblatt lesen, wieviel Verluste die ungarische Vereinigung gehabt hat und auch die holländische. Da ist es ja fast den deutschen und österreichischen Mitgliedern mit Hilfe der grossen Auswanderung besser gegangen.

Im Mai 1946 erreichte Anna Freud ein langer Brief Carl Müller-Braunschweigs vom 16. 5., in dem es hieß:[19]

---

[19] Brief in AFP; Auszug abgedruckt in Brecht et al. 1985, S. 183. Zum Kontext vgl. Lockot 1994, S. 179–181.

Nach all den furchtbaren Jahren, in denen wir vom Ausland und all unseren alten Freunden und Kollegen völlig isoliert waren, sehnten wir uns danach, wieder von draussen ein Lebenszeichen zu erhalten und die alten Beziehungen wieder anzuknüpfen. Ich habe bald nach der Besetzung Berlins an Prof. Jones geschrieben […] aber ich habe nie eine Antwort erhalten.[20] […] Ob ihn Krankheit oder Alter daran verhindert haben zu antworten? Denn bei der gleichmässigen Freundlichkeit unserer alten Beziehungen kann – so nahe es liegen mag – ich es mir doch nicht vorstellen, dass etwas von der begreiflichen Empörung der ganzen Welt gegen unser Land und Volk auch die Beziehungen zu denen getrübt haben könnten, mit denen man so lange wissenschaftlich und menschlich im Dienste der gleichen Sache zusammen gearbeitet hat, und die nicht weniger zu den ohnmächtig leidenden Opfern einer tragischen geschichtlichen Phase gehören wie die Leidenden ausserhalb Deutschlands.

Ich möchte nicht – jedenfalls jetzt noch nicht – Eingehenderes schreiben über die äusseren und inneren Nöte, durch die wir gegangen sind und noch gehen, da ich weder weiss, ob Sie etwas davon hören wollen, noch mich persönlich – immer noch nicht – recht in der Lage weiss, über diese Dinge vor mir und anderen Rechenschaft abzulegen. Es geht wohl den meisten Deutschen so, dass die Zeit des Hitler-Regimes und des Krieges mit allen ihren Furchtbarkeiten noch wie ein Albdruck auf ihnen liegt, dass die gesunde freie Beweglichkeit und Unbekümmertheit des Gemüts noch lange nicht wieder erreicht sind.

Also davon möchte ich Ihnen nicht schreiben. Aber wohl von unserem Bemühen und unserem Wunsche, uns – nachdem die Fesseln des Regimes gefallen sind – wieder der Pflege der psychoanalytischen Forschung zu widmen. Wir wissen nicht, was in den Jahren der Isolierung in der psychoanalytischen Welt vor sich gegangen ist. […]

Wir werden hier in Deutschland sehr viel nachzuholen haben, so bald wir die Möglichkeit besitzen, uns in den Besitz der inzwischen erschienenen Literatur zu setzen. […].

Im Sommer vorigen Jahres wurde der Plan gefasst, die Deutsche Psychoanalytische Gesellschaft offiziell wieder als solche ins Leben zu rufen, und ich wurde durch den Mund von Dr. Boehm gebeten, den Vorsitz zu übernehmen. […]

Ich wäre glücklich, bald von Ihnen ein Lebenszeichen zu erhalten und in grossen Zügen zu erfahren, wie die Psychoanalyse in der Welt und in den einzelnen Ländern dasteht. Zu meiner grossen Betrübnis habe ich durch Frau Weigert erfahren, dass Dr. Eitingon nicht mehr lebt. Ich habe ihn immer als stillen und vornehmen Menschen verehrt.

Anna Freud antwortete Müller-Braunschweig am 31. 5. (Brecht et al. 1985,

---

[20] Zu diesen Briefen Müller-Braunschweigs vom Oktober 1945 und vom Mai 1946 siehe Lockot 1994, S. 179, Anm. 6.

S. 183), sie habe von ihm fast gleichzeitig zwei Briefe erhalten, den soeben zitierten – und einen früheren vom 4. April, den Aichhorn an sie weitergeleitet hatte (siehe 27AA mit Beilage). Auf dem Umweg über Amerika habe sie durch Freunde seiner Frau bereits erste Nachrichten über ihn und andere Berliner erhalten.[21] Es habe ihr immer sehr leid getan, dass sein Besuch in Wien und seine Beziehung zu ihr für ihn so schlechte Folgen hatte.[22] Sie könne ihm nicht sagen, wie sich die Zweigvereinigungen, besonders in den Ländern, die viel unter Deutschland gelitten haben, bei einer Zusammenkunft zu den Mitgliedern der deutschen Gruppen stellen würden; doch würden sich wohl bis dahin viele Gefühle beruhigt haben. A. Freud schloss mit den Worten: »Jones und ich, die die Verhältnisse in Deutschland gekannt haben, wissen, wie sehr jeder dort Lebende Opfer der Verhältnisse war und dass es unsinnig wäre, daraus Schwierigkeiten für die weitere Arbeit entstehen zu lassen.«

h. Zur Herausgabe der Fließ-Briefe

Im Frühjahr 1946 war endlich der erste Band der neuen Zeitschrift *The Psychoanalytic Study of the Child* erschienen. Anna Freud schrieb an Kris am 14. 3. (AFP), dass sie den Band insgesamt ausgezeichnet finde: »Mit ganz besonderem Vergnügen habe ich Hartmann's und Ihre Arbeit gelesen, das heisst mit einer Art aufatmen, dass es die wirkliche Psychoanalyse doch noch irgendwo gibt.«[23]

Im selben Brief ging Anna Freud auch auf eine andere Arbeit ein, mit der sie und Kris sich in den nächsten Jahren beschäftigen sollten: die Veröffentlichung von Freuds Briefen an Wilhelm Fließ (Freud 1950a). Marie Bonaparte

---

[21] Im Nachlass Anna Freuds befindet sich die Abschrift eines Briefes, den Ada Müller-Braunschweig am 23. 1. 1946 an eine Freundin geschrieben hatte (siehe Lockot 1994, S. 86–88).

[22] Als Müller-Braunschweig 1938 im Deutschen Institut Lehrverbot bekam, wurde als Begründung ein freundlicher Brief von ihm an A. Freud angeführt, den diese der Gestapo vorgewiesen hatte (Lockot 2002, S. 122).

[23] Gemeint ist der Aufsatz »The genetic approach in psychoanalysis« (Hartmann u. Kris 1945). Besonders schlecht fand A. Freud die Hospitalismus-Studie von Spitz (1945), deren Inexaktheit im Denken und in den Tatsachen überbrückt werde durch eine statistische Schein-Genauigkeit.

hatte das Konvolut gekauft, hatte es über den Nazi-Einmarsch in Österreich und die Okkupation von Paris hinweg gerettet und nach dem Krieg nach London gebracht (siehe Freud 1986, S. XVII-XXIII). Zu den Problemen, die das Material für sie aufwarf, bemerkte Anna Freud:

Mir scheint, dass die Frage der Herausgabe, vor der wir jetzt stehen, eine ungeheuer verantwortliche ist und ich hätte es gerne gesehen, wenn Sie, ausser der Prinzessin und mir, an dieser Verantwortung teilnehmen. Die Schwierigkeit, vor der man steht, ist, was man von dem Material auslassen soll, denn das bestimmt im Grunde das Bild, das dann im Leser entsteht. Ich weiss, meine Neigung wird dahin gehen, alles Persönliche soweit wie möglich auszuschalten und mich rein auf die Briefstellen zu beschränken, die die Entwicklung der Psychoanalyse selbst betreffen. Ich nehme an, dass die Prinzessin, die viel mehr als ich das rein biographische Interesse vertritt, anderer Meinung sein wird. So hätte ich gerne darüber Ihre Meinung als dritte gehört. Wenn Sie im Sommer hier wären, liesse sich das leicht machen.

Kris antwortete am 22. 3. (AFP; Original englisch):

Im Großen und Ganzen wusste ich, dass sie [Bonaparte] rein biographisch interessiert ist, und dazu gehört in ihrem Fall auch etwas vom Voyeurismus des Biographen, während Sie natürlich besorgt sind. In meinem Herzen stimme ich mit Ihnen überein und in meinem wissenschaftlichen Interesse in gewissem Maße mit ihr, obwohl ich doch auch meine, dass für den Biographen nicht jedes Detail von Wichtigkeit ist. Ich bin sicher, dass es uns im Sommer gelingen wird, einige Grenzen festzulegen und sie vernünftig anzuwenden.

Den Sommer 1946 verbrachte Kris bei Anna Freud in England. Nach seiner Rückkehr schrieb er ihr am 28. 8. (AFP): »Ich weiss noch nicht, dass ich wieder hier bin. Aber was mir fehlt ist zunächst weder England noch Sie, sondern die Briefe; wie wenn ich ohne die Briefe keine Existenzberechtigung hätte.« In der Folgezeit bekam er in vielen »Lieferungen« Kopien der von Anna Freud ins Englische übersetzten Fließ-Briefe. Am 13. 9. 1946 schrieb sie ihm (EKP), dass sich ihre Eindrücke durch die Kürzungen verwirrt hätten:

wenn man die kleinen Intimitäten aus dem Verkehr mit Fliess herausstreicht, so werden die restlichen, die wir gelassen haben, merkwürdig matt und überflüssig. Die Wärme ist weg, und Persönliches ohne Wärme ist geblieben. – Aber vielleicht denke ich wieder ganz anders, wenn ich die gekürzte Fassung im Zusammenhang lese.

Ihr Gesamturteil lautete wie früher: »eigentlich sollte man sie nicht veröffentlichen, es werden viele Mißverständnisse daraus entstehen«.

Auch einige ehemalige Wiener Kollegen, denen Anna Freud oder Kris Kopien der Briefe zur Einsicht überlassen hatten, nahmen Stellung zur Frage der Veröffentlichung. Der Eindruck, den die Fließ-Briefe mit dem zugehörigen »Entwurf einer Psychologie« auf ihre ersten Leser machten, und auch die Bedeutung, die sie auf die weitere Entwicklung der psychoanalytischen Theorie hatten, ist kaum zu überschätzen. So betonte Heinz Hartmann am 17. 3. 1947 gegenüber A. Freud (AFP):

Ich haette, Ihre Frage, die Briefe betreffend, gerne schon lange beantwortet. Aber ich kannte damals, ausser der grossen Arbeit von 95 [d. h. dem »Entwurf«], nur einen relativ kleinen Teil der Briefe, freilich vielleicht die faszinierendsten, aus der Zeit, in der sich Entdeckungen, hypothetische Ansaetze und Umformulierungen jagen und ein Bild atemberaubender, vulkanischer Produktion auf einem Niveau festlegen wie es mir von keinem anderen Forscher bekannt ist. Dass es einen Ansatz zu einer allgemeinen Psychologie bei Freud schon in sehr frueher Zeit gegeben haben muesse, hatte ich mir »ausgerechnet«; aber in der Arbeit geht das Vorausschauen in einzelnen Fragen, im Psychologischen (Angstsignal usw.) wie uebrigens im Hirnphysiologischen, so weit, dass mein Erstaunen gross war; und die Kohaerenz des Lebenswerkes gewinnt eine neue Eindringlichkeit.

Hartmann plädiert in der Folge für eine möglichst ungekürzte Veröffentlichung, da alle Kürzungen ein Verlust wären. Freilich, die Schöpfungsgeschichte der Analyse sei gleichzeitig die Krisengeschichte ihres Schöpfers. Es wäre überraschend, wäre es anders, aber dem »Publikum« seien solche Zusammenhänge wenig vertraut und etwas unheimlich. Was noch fehle, sei eine ernsthafte biographische Arbeit, durch die der Wert der Briefe noch plastischer zum Ausdruck käme und die Möglichkeit verzerrender Missverständnisse reduziert würde. Hartmann schließt:

Es war lange Zeit ein Lieblingsgedanken von mir, dass Sie diese [sc. Freuds Biographie] einmal schreiben wuerden; aber man hat mir gesagt, dass Sie davon nichts wissen wollen. Ich habe dann an die Prinzessin gedacht und mit ihr darueber gesprochen, als sie im vorigen Jahr bei uns war. Sie verstehen, warum ich den Gedanken jetzt wieder aufnehme: mit der Veroeffentlichung der Briefe legt man dem Leser tatsaechlich etwas wie eine partielle Biographie vor; und sie schiene mir soviel einfacher und bedenkenfreier, wenn es eine vollstaendige gaebe.

In ihrem Antwortbrief vom 27. 3. 1947 (AFP) zeigte sich Anna Freud einigermaßen beunruhigt. Hätte nur sie zu entscheiden gehabt, erklärte sie, dann hätte sie die Briefe an Fließ wohl überhaupt nicht publiziert, da sie in Bezug auf ihren Vater prinzipiell gegen die Preisgabe von Persönlichem sei. Auch sei das in den Briefen Enthaltene von einer gewissen Zufälligkeit. Allerdings:

> Es ist ganz bestimmt so, dass mein Vater weder vorher noch nachher eine ähnliche Beziehung zu einem Freund gehabt hat, oder in einem Briefwechsel in auch nur annähernd ähnlicher Weise seine wissenschaftlichen Erlebnisse mit jemandem geteilt hat. Die Briefe späterer Zeit sind Briefe an Schüler und vermeiden jede Intimität.

Die Zweiteilung in einen öffentlichen und einen Privatdruck, die Hartmann zu erwägen gegeben hatte, halte sie für keine gute Lösung, die Einordnung oder Ergänzung der Briefe durch eine Biographie sei eine bessere Idee. Es gebe auch schon einen Interessenten für ein solches Projekt; Jones solle die Aufgabe übernehmen. So sind dann die Fließ-Briefe in einer gekürzten Fassung und mit einer biographisch-theoriegeschichtlichen Einleitung von Ernst Kris 1950 auf Englisch und Deutsch erschienen.[24]

Auch Aichhorn, mit dem sie über ihre Arbeit an den Briefen bei ihrem Treffen in Lausanne im Frühjahr 1948 gesprochen haben dürfte, gehörte zu jenen, denen Anna Freud die Korrekturfahnen des entstehenden Buches schicken wollte (141AF; 148AA) Auf Grund seiner schweren Erkrankung im Frühjahr 1949 ist es nicht mehr dazu gekommen. Nachdem Jeanne Lampl-de Groot die Fahnen gelesen hatte, schrieb sie am 4. 8. 1949 an Anna Freud (AFP), dass durch die Lektüre ihre Freude auf den bevorstehenden IPV-Kongress in Zürich, den ersten Nachkriegskongress, gesteigert worden sei:

> und ein kleines Stück von der Sehnsucht nach einem Gespräch mit Deinem Vater, die ich immer noch in mir trage, ist gestillt worden. Und mein geplanter Kongress-Vortrag [...] hat heute Nacht zum ersten Mal einigermassen Form angenommen.[25] [...]
>
> Die Briefe sind großartig; sie zaubern einem die Persönlichkeit in so ganz anderer Weise als ich ihn in seinen späten Jahren gekannt habe, und doch wieder so ganz wie er immer war, vor. Die Briefe leben, seine ungeheure Arbeit und Leistung leben, vor allem: Er selbst lebt.

---

[24] Die ungekürzte Ausgabe folgte auf Englisch 1985, im deutschen Original 1986.
[25] Der Titel von Lampl-de Groots Züricher Vortrag war »On Psychic Conflict« (siehe IJ 1949, S. 192). Der Text scheint unveröffentlicht geblieben sein.

Ganz wunderbar fand ich auch sein[en] »Entwurf«. Wenn man die etwas krampfhaften Bemühungen die psychischen Vorgänge in einer physiologischen Neuronen-Sprache zu beschreiben (die offenbar unter Fliess' Einfluss stattfand) in seine spätere Sprache übersetzt, findet man ungeheuer Vieles von dem späteren Gebäude zurück und ausserdem unglaublich Wichtiges über Wahrnehmungs- und Denk-Psychologie, sehr Vieles, an das wir jetzt in der Bemühung zum Ausbau der Ich-Psychologie anknüpfen können.

Ich bin noch ganz gefangen von der Lektüre, die ich gerade beendigt habe und es lässt mich vorderhand nicht mehr los.

Ich hoffe, dass Viele das Buch geniessen werden, empfinde aber von Neuem, ein wie ungeheures Glück es ist, Deinen Vater gekannt (und wie gekannt!) zu haben. Ich kann mir so gut vorstellen, wie ungeheuer das Werk Dich beeindruckt haben muss.

2. Briefe 1945/46

12 AF *[Briefkopf London][1] 17th September 1945[2]*

Dear Dr. Wolf,[3]

I was very happy to get your letter.[4] Thank you very much for writing. It is very good to know that you are all right, even in your new surroundings and that your work continues. Somehow I always felt sure that you would manage to work whatever the outer circumstances were, and that under all conditions people would need you and your help.

I have told many people here about you. You would be pleased how highly people here think of your book[5] and that it is one of the standard works for students.

If you think that it is possible to have an Institute again, then I am sure you are right. Anyway, I would always trust your judgment of any situation.

I have worked a good deal with children during the war (we organised two big residential war nurseries). And we trained a group of students very thoroughly in analytic education.[6]

How is your family? Do keep well until we meet again.

With love and greetings,

yours sincerely
Anna Freud

---

[1] Gedruckter Briefkopf: 20, Maresfield Gardens, / London, N.W.3. / Hampstead 2002. Mit typographischen Variationen verwendet bis 1949.

[2] Handschriftlich.

[3] Die Psychologin Klara Wolf fungierte zunächst als Mittelsperson zwischen Aichhorn und seinen ausländischen Freunden. Der obige Brief ist zwar scheinbar an sie gerichtet, in Wirklichkeit aber eindeutig an Aichhorn.

[4] Ein offenbar vorangegangener Brief Aichhorns an A. Freud ist nicht erhalten. Es scheint darin bereits um die Wiedereröffnung der WPV und um die Wiederaufnahme einer psychoanalytischen Ausbildung gegangen zu sein.

[5] Aichhorns *Verwahrloste Jugend* war 1935 ins Englische übersetzt worden und hatte vor allem in den USA weite Verbreitung gefunden. M. Burlingham schreibt (1989, S. 187): »zeitweise war dieses Buch in Amerika besser bekannt als die *Traumdeutung*«.

[6] Vgl. II.2.b.

[Liebe Frau Dr. Wolf,
ich war sehr glücklich, Ihren Brief zu erhalten. Vielen Dank, dass Sie geschrieben haben. Es ist sehr schön zu wissen, dass es Ihnen gut geht, sogar in Ihrer neuen Umgebung, und dass Ihre Arbeit weitergeht. Irgendwie war ich mir immer sicher, dass Sie es in jeder Lebenslage schaffen würden zu arbeiten und dass die Menschen Sie und Ihre Hilfe unter allen Umständen brauchen würden.

Ich habe hier vielen Leuten von Ihnen erzählt. Es würde Sie freuen zu sehen, wie sehr man Ihr Buch hier schätzt und dass es ein Standardwerk für Studierende ist.

Wenn Sie meinen, dass es wieder möglich ist, ein Institut zu eröffnen, dann bin ich sicher, dass Sie recht haben. Jedenfalls würde ich immer Ihrem Urteil über jede Situation vertrauen.

Ich habe im Krieg viel mit Kindern gearbeitet (wir haben zwei große Heime für Kriegskinder eingerichtet). Und wir haben eine Gruppe von Mitarbeitern sehr intensiv in psychoanalytischer Pädagogik ausgebildet.

Wie geht es Ihrer Familie? Alles Gute, bis wir uns wiedersehen.

Mit herzlichen Grüßen
Anna Freud]

13 AA *Wien, den 16. 11. 1945*[7]

Liebes Fräulein Freud!
Auf Ihre lieben Zeilen vom 17. September, die mich relativ rasch erreichten, kann ich erst heute antworten, da ich Frau Doktor Wolf seit über einem Monat nicht mehr zu Gesichte bekam und früher keine Möglichkeit hatte, mich mit Ihnen in Verbindung zu setzen. Herr Oblt. Delfiner hat die Liebenswürdigkeit, die Zusendung zu übernehmen.[8]

Mit Ihrem Brief war endlich eine bange Sorge behoben. Ich möchte aber sehr gerne mehr wissen; es hat sich doch so viel ereignet seit wir uns, vor Ihrer Abreise, in der Berggasse sahen. Schreiben Sie mir bitte recht bald wieder.

Von einem ehemaligen Analysanden, der in Stockholm lebt,[9] *erhielt ich die*

---

[7] Masch. außer Unterschrift. Am Kopf in der Handschrift von Anna Freud die Adresse des damaligen Mittelsmannes: Lt. H. Delfiner, 0929735 / HQ USFA, 6-2 / APD 777, c/o PM, N.Y.
[8] Vgl. III.1.b.
[9] Nicht identifiziert; ein etwaiger Brief von ihm ist nicht erhalten.

Nachricht, daß Dr. Federns Sohn[10] *gerettet ist und in der Schweiz lebt und daß Dr. Lampl und seine Frau im Herbst 1944 in Amsterdam gesehen worden sind.*
Dr. Fleischmann, der seit 1938 in Budapest lebt, möchte wieder nach Wien übersiedeln.[11] *Er kam vorübergehend hierher und berichtete von den Budapester Analytikern, daß diese augenblicklich in einer wirtschaftlich recht ungünstigen Situation leben, so weit sie überhaupt in Budapest geblieben sind. Lajos hat die Zeit schwer überstanden, war monatelang in einer tiefen, sehr bedenklichen Depression und ist als Spitalsdirektor pensioniert und übt eine bescheidene Praxis aus. Kata hat die Zeit gut überstanden. Sie sind in ihre ursprüngliche Wohnung, die sie in der Zeit der Besetzung Budapests durch die Deutschen räumen mußten, wieder zurückgekehrt, teilen sie aber jetzt mit einem Verlag und leben nicht nur räumlich sondern auch materiell eingeschränkt.*[12]

[10] Ernst Federn.
[11] Nachdem Fleischmann an der Feier zur Eröffnung der WPV und auch an der ersten Geschäftssitzung am 17. 4. 1946 teilgenommen hatte (wo er die Bildung eines Fonds zur Fallhonorierung für junge Analytiker vorschlug: Protokoll; AWPV), war er wieder nach Budapest zurückgekehrt. Am 26. 10. schrieb Aichhorn an Kata Lévy (NAA): »Leider konnte ich meine Absichten für dieses Semester [nicht] voll verwirklichen, da Dr. Fleischmann, mit dem ich 100%ig rechnete, bisher nicht kam. Du schreibst mir, daß Du in ständigem Kontakt mit ihm bist. Bitte sage ihm, daß ich verzweifelt bin. Er sagte mir sein Kommen bis spätestens anfangs Juli fest zu, kam nicht und auch jede Nachricht von ihm blieb aus. [...] Ich bitte ihn um eheste Nachricht.« Fleischmann dürfte wenig später nach Wien übersiedelt sein.
[12] Jahre später fasste Aichhorn das Kriegs- und Nachkriegsschicksal seiner Budapester Freunde gegenüber einem gemeinsamen Freund, der in die USA emigriert war, so zusammen (an A. Hearst, 10. 1. 1949; NAA): »Lajos ist mit seiner Frau und sämtlichen näheren Verwandten dem Blutbad entronnen. So lange die deutschen Nationalsozialisten in Budapest waren, blieben die Juden in Budapest, so sehr sie in der Provinz verfolgt wurden, geschont. Arg wurde es erst, in den letzten 6–8 Wochen, als die Deutschen abgezogen waren und die ungarischen ›Pfeilkreuzler‹ [nationalsozialistische Partei] die Herrschaft an sich rissen. Die Deutschen haben wohl das jüdische Spital, dessen Direktor Dr. Lévy war, beschlagnahmt, die Kultusgemeinde hat aber unter Lajos Leitung 3 Notspitäler eingerichtet. Während der Pfeilkreuzerzeit gelang es Lajos und seiner Frau, Unterkunft in einem dieser Notspitäler zu finden. Während seine übrigen Verwandten zum größten Teil mit falschen Papieren in Budapest lebten. Die Aufregungen haben Lajos so hergenom-

Wie es hier geht, wissen Sie im großen und ganzen. Meine Frau und ich, Walter und Gustl[13] haben den Krieg überstanden. Gustl hat in Serbien einen schweren Unfall erlitten. Er fiel von einer gesprengten Brücke in das Flußbett, blieb mit einem Schädelbasis- und Unterkieferbruch schwer verletzt liegen und war fast ein Jahr lang in Lazarettpflege; völlig auszuheilen ist er überhaupt nicht. Zurückgeblieben ist eine Lähmung der rechten Gesichtshälfte, eine Unbeweglichkeit und geschwächte Sehfähigkeit des rechten Auges. Seine Arbeitsfähigkeit hat nicht gelitten, er steht wieder mitten im politischen Leben. Seine Frau hat vor einem Jahr den Stammhalter der Familie geboren, Thomas wird er genannt.[14] Walter ist seit 1940 verheiratet, seit Kriegsbeginn eingerückt, konnte sich aber bis unmittelbar vor dem Einmarsch der Russen als Kartograph im Militärgeographischen Institut halten. Dann wurde er mit seiner Abteilung nach dem Westen verlegt, erlitt bei einem Eisenbahnzusammenstoß einen rechten Schienbeinbruch und eine Verletzung der linken Mittelfußknochen, kam noch schwer humpelnd Ende September zurück. Ein halbes Jahr wußten wir von ihm nichts. Vorige Woche wurde im Bürgertheater eine Märchenvorstellung gegeben, zu der er das Bühnenbild und die Kostümentwürfe gemacht hat. Er scheint jetzt in der richtigen Entwicklungslinie zu stehen.

Die Genehmigung des Ansuchens zum Wiederaufleben der 1908 von Prof. Freud gegründeten Vereinigung steht in nächster Zeit bevor.[15] In die Wohnung Rathausstraße 20, in der anschließend das Ambulatorium eingerichtet werden soll, bin ich seit einigen Wochen übersiedelt.[16]

men, dass er nach Beendigung des Krieges in eine schwere Depression verfiel und nahezu ein Jahr arbeitsunfähig war. Sehr dazu beigetragen hatte auch der Umstand, dass die jüdische Kultusgemeinde, als sie wieder ihren Gesundheitsdienst organisierte, Lajos pensionierte, weil er schon über 70 Jahre alt war, und man annahm, dass zur Erledigung dieser ungeheuren Aufgabe, eine jüngere Kraft notwendig sei. Lajos fasste seine Pensionierung als Zurücksetzung auf und kränkte sich schwer darüber.« Vgl. T. Aichhorn i. V./a.

[13] Aichhorns Söhne.
[14] Der Autor/Herausgeber des vorliegenden Bandes.
[15] Vgl. III.1.a.
[16] AA an P. Kramer (17. 3. 1946; NAA): »Du wolltest wissen, ob es mir gelungen ist, Möbel aus der Schönbrunnerstraße zu retten. Durch 2 Bombenvolltreffer im Hinterhaus, die 2 Stockwerke glatt abtrugen, sind die Möbel stark beschädigt worden, waren aber reparierbar. In meinem Arbeitszimmer explodierte bei dem Kampf um Wien eine Artilleriegranate. Nachher war der Anblick verheerend: einzelne

Die größte Sorge – alle anderen Schwierigkeiten sind zu überwinden – macht mir die gründliche Ausbildung der heranwachsenden Analytiker. Wenn ich auch in den vergangenen 7 Jahren mein möglichstes getan habe und mich weiter intensiv bemühen werde, so genüge ich lange nicht. Am liebsten wäre es mir, wenn von den erfahrenen Analytikern der alten Vereinigung einige hierher kämen und die Ausbildung übernähmen.[17] Aber wer von den im Ausland lebenden Analytikern sollte das draußen Aufgebaute im Stiche lassen, um hier in den sich noch lange nicht ändernden Verhältnissen zu vegetieren?

Ich sähe noch eine Lösung:

Wir, das heißt, Sie, Dr. Kris, mit dem ich schon in Verbindung stehe,[18] noch der eine oder andere Analytiker und ich, arbeiten ein den besonderen Verhältnissen hier Rechnung tragendes Ausbildungsprogramm aus.

Unter den Analytikern setzt eine Werbeaktion ein, damit sich 2, 3 oder noch mehr zu einem vorübergehenden Aufenthalt in Wien, etwa in ihrer Urlaubszeit melden.

Die zum Ausbildungsprogramm gehörenden Vorträge werden unter diesen aufgeteilt.

Ein Turnus, der die Reihenfolge, in der die Vortragenden nach Wien kommen, festlegt, wird aufgestellt.

Was sonst noch vorher festzulegen wäre, erledigen wir brieflich.

Finden Sie, daß ich einem Tagtraum nachjage, dann bitte ich Sie um realisierbare Vorschläge.

Noch eines tut not; wir haben für die Bibliothek der Vereinigung nicht ein Buch. Selbstverständlich stelle ich aus meiner Bibliothek analytische Literatur zur Verfügung; das reicht für den Bedarf nicht aus und dann: die Neuerscheinungen ab 1938 kennen wir überhaupt nicht.

Sehr freuen würde ich mich, wenn ich sehr bald unter der Adresse des Oblt. Delfiner Antwort bekäme.

Mit recht herzlichen Grüßen
Ihr Aug. Aichhorn

Möbelstücke in Staub aufgelöst, andere so schwer beschädigt, daß sich eine Instandsetzung nicht lohnt. In der Rathausstraße, wo ich jetzt wohne, habe ich für mein Arbeitszimmer völlig neue Möbel.«

[17] Vgl., auch zum Folgenden, III.1.b.
[18] Ebenfalls am 16. 11. 1946, und ebenfalls durch Vermittlung von Delfiner, schrieb Aichhorn an Ernst Kris, dem er wörtlich den gleichen Vorschlag vorlegte wie Anna Freud (NAA).

14 AA [Briefkopf I][19] *Wien, den 31. 12. 1945*[20]

Liebes Fräulein Freud!
Ich freue mich sehr, daß nun Briefwechsel ohne Mittelspersonen möglich ist.[21] *Obwohl der Postverkehr für uns erst am 2. Jänner möglich ist, benütze ich doch den Sylvestertag, Ihnen meine allerherzlichsten Neujahrsgrüße, auch wenn sie Sie*[22] *verspätet erreichen, zu schicken.*
   Ob Sie meinen Brief vom 16. 11. bekommen haben? Wenn nicht, schicke ich eine Kopie, da ich Sie um Stellungnahme in für uns wichtigen Angelegenheiten bat.
   Die Genehmigung der Wiener Psychoanalytischen Vereinigung ist am 27. 12. eingelangt. Nach den Bestimmungen ist noch einige Zeit abzuwarten, bis wir mit der Vereinsarbeit beginnen können. Die konstituierende Sitzung wird erst in der 2. Hälfte Februar möglich sein.[23] *Ich beabsichtige damit eine interne Feier zu verbinden, zu der das Unterrichtsministerium, das Kulturreferat der Bundesregierung und das der Gemeinde Wien, die Universitäts-Ordinarien für Psychiatrie und Neurologie, Psychologie und Philosophie, die Ärztekammer und andere für uns wichtige Stellen eingeladen werden sollen. Die Einzelheiten der Durchführung werde ich Ihnen mitteilen, bis sie feststehen. Von Ihnen, liebes Fräulein Freud, erbitte ich mir dazu auch etwas: ein Begrüßungsschreiben.*[24] *Sind Sie mir darüber nicht böse, aber ich bin überzeugt, daß wir dadurch von den öffentlichen Stellen ein gutes Stück mehr Unterstützung, die wir unbedingt brauchen, finden werden. In einem zweiten Brief-*

---

[19] Für diesen Brief und einige folgende (bis Mai 1946) verwendete Aichhorn ein altes Briefpapier mit dem gedruckten Briefkopf: August Aichhorn / Behandelnder Psychologe, / Erziehungsberater des Wiener städtischen Jugendamtes i. R. / Wien 5, Schönbrunner Straße 110 / Fernruf: A-3-54-58.
[20] Masch. außer Unterschrift; Zensurstempel.
[21] Mit dem 27. Dezember 1945 waren Zensurbestimmungen in Kraft getreten, so dass der Postverkehr wieder aufgenommen werden konnte. Allerdings war durch die Zensur das Briefgeheimnis aufgehoben; Adressaten beschlagnahmter Sendungen wurden nicht über deren Verbleib informiert. Auch die Zustellung von Postsendungen verzögerte sich immer wieder. Die Briefzensur endete erst 1953.
[22] Original: Sie sie.
[23] Sie fand dann tatsächlich am 10. April 1946 statt.
[24] Siehe 19AF; zum Ganzen vgl. III.1.c.

*umschlag schicke ich Ihnen einen kleinen Bericht, der in der Weltpresse vom 15. Dezember über Ihre Arbeit in London abgedruckt ist.*²⁵

*Alles Liebe
Ihr Aug. Aichhorn*

N.S. Der Autor des Berichtes ist unbekannt.

Anlage

31. XII. 1945. ²⁶

*Herzlichste Grüße, bitte um die beiden Bücher.
Aug. Aichhorn*

15 AF　　　　　　　　　　　　　　*[Briefkopf London] 4. I. 1946.*²⁷

*Lieber Herr Aichhorn,
Ob es wirklich wahr ist, daß man wieder nach Österreich schreiben kann? Das Radio hat es gestern hier verkündigt, aber ich kann es noch nicht recht glauben. Ich versuche es erst einmal mit diesem Brief, der Ihnen lauter Neujahrswünsche bringt. Und wenn ich von Ihnen höre, daß es ankommt, dann antworte ich ausführlich auf alle Ihre Pläne über die ich mich freue und über die ich ganz ähnlich denke wie Dr. Kris, der Ihnen schon geschrieben hat.*²⁸

---

²⁵ Der Artikel, den Aichhorn seinem Brief beilegte, erschien unter dem Titel »Psychoanalytisch aufgebaute Kinderheime. Die Tochter Siegmund Freuds hilft Kindern im Geiste ihres Vaters« in der Wiener *Weltpresse* am Samstag, den 15. 12. 1945. Zu den Kinderheimen selbst siehe II.2.c.

²⁶ Handschriftlicher Zusatz zu dem mit gleicher Post übersandten Zeitungsartikel. Dieser endet mit einem Hinweis auf die beiden Bücher, in denen Anna Freud über die Anwendung der Psychoanalyse in ihren Kriegskinderheimen berichtete: »Kleine Kinder im Krieg« und »Kinder ohne Familie« = *Kriegskinder* und *Anstaltskinder*, wie sie in der späteren deutschen Publikation genannt wurden (siehe Burlingham u. A. Freud 1942; 1944). Anna Freud dürfte Virginia Wimperis beauftragt haben, Aichhorn die Bücher zu bringen (siehe 33AA mit Anm. 111). Sie fehlen allerdings in seinem Nachlass.

²⁷ Masch. außer Unterschrift; Zensurstempel.

²⁸ Kris hatte seine Antwort auf Aichhorns Brief vom 16. 11. (siehe Anm. 18 zu 13AA) an Anna Freud geschickt (siehe 18AF). Aufgrund der obigen Mitteilung wandte sich Aichhorn am 24. 1. 1946 erneut an ihn und teilte ihm mit, dass sein Brief noch

Ich möchte Sie schrecklich gerne wiedersehen, aber wann wird man wieder reisen können? Ich bin noch gar nicht naturalisiert und so habe ich auch noch keinen Paß.[29]
Sie wissen gar nicht, wie bekannt Ihr Buch hier ist. Haben Sie etwas Neues geschrieben? Wenn ja, dann übersetzen wir es gerne hier.
Alles Gute und wieder alles Gute!

Ihre Anna Freud

Viele Grüße von Dorothy Burlingham.

16 AA   *[Briefkopf I] Wien, 19. I. 1946.*[30]

Liebes Fräulein Freud!
Ihr Brief vom 4. I. kam heute an. Ich schrieb Ihnen ohne Vermittlung schon zu Sylvester und hoffe, daß Sie meine herzlichsten Neujahrswünsche erreicht haben. Für Ihre danke ich sehr.

nicht eingelangt sei. Inzwischen sei eine neue Bitte an ihn unterwegs: um ein »Begrüßungsschreiben der amerikanischen Gruppe« zur Wiedereröffnung der WPV (siehe III.1.c). Schon am 15. 2. konnte Aichhorn das Eintreffen jenes Begrüßungsschreibens bestätigen und am 5. 3. das Eintreffen der diesbezüglichen Antwort von Kris (die wieder durch Delfiner vermittelt worden war). Aber noch in seinem März-Brief setzte er hinzu: »Leider ist Ihre Antwort auf meinen Brief vom 16. November noch immer nicht da und Ihre Stellungnahme zu meinen Absichten zur Ausbildung werdender Analytiker ist ›lebenswichtig‹« (siehe III.1.b). – Alle erwähnten Briefe in NAA.

[29] Vgl. 38AF mit Anm. 126. Wie Anna Freud am 28. 2. (AFP) an F. Deutsch schrieb, hatte sie schon vor 2 ½ Jahren um die britische Staatsbürgerschaft angesucht, »aber meine Bewerbung liegt irgendwo im Home Office und wartet. Während des Krieges waren die Naturalisationen eingestellt, mit einigen Ausnahmen, soviel man weiss, für Physiker, die an der Atombombe mitgearbeitet haben und dafür als Engländer nach Amerika geschickt werden mussten.« Jetzt würden sie wohl wieder aufgenommen, aber inzwischen hätten sich tausende Bewerbungen angesammelt, auch ältere als ihre. Sie fügte hinzu: »Der Briefverkehr mit dem ganzen Kontinent hat wieder angefangen und vor einem Monat ist aus Wien der erste direkte Brief von Aichhorn [...] gekommen.«

[30] Masch. außer Unterschrift; Zensurstempel. Im Briefkopf ist die gedruckte frühere Adresse durchgestrichen und ersetzt durch: Wien I., Rathausstraße 20.

Aus Ihrem Briefe entnehme ich, daß meiner vom 16. 11. angekommen ist. Antwort von Dr. Kris ist noch nicht eingelangt. Ich bin recht gespannt, wie Sie und Dr. Kris zu meinen Absichten Stellung genommen haben.

Ist es ganz ausgeschloßen, daß Sie zur Eröffnungsfeier kommen? Wäre es möglich? Es soll ab und zu unmöglich erscheinende Freude geben.

Das Programm zur Eröffnungsfeier liegt im großen und ganzen schon vor.[31] *Auf die Liste der Einzuladenden kommen noch: die Kulturreferate der Alliierten, Stadtschulrat, Jugendamt, Jugendgericht, u.s.w. Nach der Begrüßung soll wahrscheinlich Dr. Winterstein über das uns hinterlassene Erbe sprechen und ich werde programmatisch ausführen, wozu uns dieses Erbe verpflichtet. Wir erwarten, daß auch aus der Reihe der Eingeladenen der eine oder andere sprechen wird.*

Der Sitzungssaal wird festlich hergerichtet, die Ausgestaltung des Raumes und den Entwurf der Einladungen hat der akademische Maler Günther von Baszel übernommen. Einzelheiten schreibe ich nicht; wenn Sie nicht selbst kommen und sich überraschen lassen, schicke ich nachher Fotografien ein.[32]

Aus Budapest ist für einige Tage eine Nichte Katas[33] *hier, die keine guten Nachrichten brachte. Lajos ist in schlechter Verfassung. Man hat seinen 70. Geburtstag nicht abgewartet – da hätte er in Pension gehen müssen – sondern hat ihn als Spitalsdirektor früher enthoben. Das empfindet er als schwerste Kränkung. Seine Privatpraxis geht sehr schlecht. Vom Vermögen ist viel verloren gegangen, so daß beide auch materiell recht eingeschränkt leben müssen. Vielleicht gelingt es mir beide auf längere Zeit nach Wien zu bringen. Wenn wir hier auch eingeschränkt leben müssen, so könnte ich Lajos doch im Zusammensein etwas helfen.*[34]

Von Willy[35] *fehlt mir seit Jahren jede Nachricht. Auch aus Katas Brief ist nichts zu entnehmen.*

Schrieb ich Ihnen schon, daß Dr. Fleischmann nach Wien zurückkommen und eine analytische Praxis eröffnen will? Er ist mittlerweile in der Budapester Vereinigung Lehranalytiker geworden.

---

[31] Siehe zum Folgenden III.1.c sowie Anhang I.2.a–c.
[32] Siehe 27AA.
[33] Erzsébet Tószeghi (v. Freund).
[34] Vgl. 13AA mit Anm. 12. L. Lévys Zustand besserte sich, als er neue Arbeitsaufgaben erhielt. Zu einem Treffen mit Aichhorn kam es erst im Herbst 1948 (siehe III.5.d).
[35] Willy Lévy. Sein erster Nachkriegsbrief an Aichhorn datiert vom 8. 3. 1946.

Eine größere Arbeit, Kategorien der Verwahrlosung habe ich fertig.[36] *Veröffentlichen werde ich sie aber erst, bis ich eingehend mit Ihnen darüber gesprochen, oder sie Ihnen eingeschickt habe und Ihr Urteil weiß. Vielleicht gebe ich als ersten Teil noch dazu, die Verwahrlosten Obsorge vom Mittelalter bis in unsere Zeit.*[37]

Gesundheitlich ist soweit alles in Ordnung. Meine Frau hat durch die Gelenksentzündungen Deformierungen im rechten Knie- und Handgelenk zurückbehalten und ist recht bewegungsgehemmt.

Mit Sehnsucht erwarte ich Ihren angekündigten Brief und eine Antwort auf diesen.

An Mrs. Burlingham viele Grüße. Wie geht es ihr und ihren Kindern?

Ihnen alles Liebe
Aug Aichhorn

17 AA *Wien, den 15. 2. 1946*[38]

Liebes Fräulein Freud!
Auf Ihre lieben Zeilen vom 4. Jänner antwortete ich Ihnen am 19. Jänner und teilte Ihnen mit, daß ich Ihnen schon am Sylvestertag Neujahrsgrüße schickte. Ich weiß nun nicht, ob die Briefe vom 31. 12. und 19. 1. angekommen sind.

Ihre angekündigte Antwort auf mein Schreiben vom 16. 11. 45, die Ausbildung der Kandidaten betreffend, ist nicht angekommen. Ich weiß auch nicht, wie Sie sich zu meiner Bitte, an der Eröffnung unserer Vereinstätigkeit persönlich teilzunehmen, verhalten. Ist dieser Brief nicht angekommen? Ich bat Sie, wenn Sie nicht selbst kommen, für diesen Tag um ein Begrüßungsschreiben, das der unterirdischen Gegenströmung wegen nicht unwichtig ist.

Vielleicht ist der direkte Postverkehr doch noch unsicher, deswegen schicke ich Ihnen diesen Brief über Herrn Obltn. Delfiner und bitte Sie um Antwort auch über ihn.

Aus äußeren Gründen müssen wir die Eröffnung der Vereinstätigkeit in die

---

[36] Siehe II.3.d.
[37] Kurze geschichtliche Überblicke über die Verwahrlosung und ihre Behandlung hat Aichhorn 1948 in seinem Lausanner Kurs vorgelegt (siehe Aichhorn 1949).
[38] Masch. außer Unterschrift; Zensurstempel.

2. Hälfte März verschieben, so daß noch Zeit zur Antwort auf diesen Brief bleibt.

Recht herzliche Grüße
Aug Aichhorn

18 AF [Briefkopf London] 21. Februar 1946[39]

Lieber Herr Aichhorn!
Ich bin sicher, Sie können sich gar nicht erklären, warum ich auf Ihren Brief vom 31. XII. und vom 19. I. noch gar nicht geantwortet habe und warum Sie das Begrüssungsschreiben zur Eröffnungsfeier noch nicht bekommen haben. Es täte mir schrecklich leid, wenn es jetzt schon zu spät käme, aber ich bin an der Verzögerung nicht schuld, sie war unvermeidlich.

Nachdem ich den ganzen Krieg über nicht einen Tag lang krank war, bin ich vor 5 Wochen plötzlich mit einer Influenza ins Bett gegangen, in der Hoffnung, nach 3 Tagen wieder aufzustehen. Statt dessen habe ich nach 3 Tagen eine gefährliche doppelseitige Lungenentzündung dazubekommen und liege noch immer im Bett. Das gefährliche ist schon wieder vorüber und in den letzten 3 Tagen ist die Lunge wieder frei geworden. Aber ich kann noch nicht auf meinen eigenen Beinen stehen, kann zwar lesen, aber noch nicht schreiben und von Patienten und Arbeit ist noch keine Rede. Das war eine neue Erfahrung für mich, denn, wie Sie wissen, war ich nie krank und habe die Arbeit nie unterbrechen müssen. Wahrscheinlich muss man es einmal lernen, aber es liegt mir gar nicht. Immerhin verspricht man mir, wenn ich jetzt vernünftig bin und mich nicht zu sehr beeile, dass es keine Folgen hinterlassen wird.

Zu all den Dingen, die ich nicht tun konnte, gehört auch das Begrüssungsschreiben. Jetzt liegt es bei[40] und hoffentlich erfüllt es noch seinen Zweck.

Ich bin voll Bewunderung für Sie und Ihre Tatkraft, mit der Sie wieder aufbauen. Dr. Kris hat mir eine Kopie von seinem Antwortbrief an Sie geschickt.[41] Sicher wollen wir alle Ihnen gerne helfen soweit es geht. Freizügig im Reisen sind die Emigranten nicht. Ich habe noch keine Staatsbürgerschaft

---

[39] Masch. außer Unterschrift; Zensurstempel. Briefkopf ausnahmsweise ebenfalls getippt.
[40] = 19AF.
[41] Vgl. III.1.b.

und, ehe man das hat, ist Reise und Rückkehr sehr riskant. Aber vielleicht sind in 1–2 Jahren alle diese Schwierigkeiten verflogen und die Welt wieder offen, wie sie es einmal war.

Ich möchte schrecklich gerne wissen, wer Ihre Mitarbeiter sind, ob Sie Leute in der Zwischenzeit ausgebildet haben, was es also für einen Nachwuchs gibt.[42] Wenn Sie irgendeine Möglichkeit haben, mir das Manuskript von Ihrem neuen Buch zu schicken, so wäre das eine sehr grosse Freude für mich. Lieber würde ich mit Ihnen beisammen sitzen, wie bei dem letzten Buch,[43] und alles mit Ihnen im einzelnen besprechen.

Ich bin sehr froh, dass Ihre Familie wenigstens vollzählig beisammen ist, wenn auch die Verwundungen und Schädigungen, von denen Sie schreiben, gar nicht schön klingen.

Von Kata hatte ich 2 Briefe, nachdem ich jahrelang gar nichts gewusst habe.[44] Sie klingen einesteils sehr mutig andersteils sehr traurig. Ich glaube, es wäre ein grosses Glück, wenn Lajos in Ihre Nähe kommen könnte. Es muss für Kata furchtbar schwer sein, mit seiner Depression fertigzuwerden.

Jetzt nur noch viele Grüsse und ich hoffe, ich höre sehr viel und sehr oft und lauter Gutes von Ihnen.

Herzlich Ihre
Anna Freud

19 AF   *21. Februar 1946.[45]*

Sehr geehrter Herr Aichhorn!
Ihre Nachricht, dass in Wien wieder, an neuer Stelle ein psychoanalytisches Institut eröffnet wird, hat mir grossen Eindruck gemacht. Die Zerstörung des

---

[42] Die erwünschte Auskunft gibt Aichhorn in 23AA.
[43] Vgl. I.3.b.
[44] Siehe Aichhorn i. V./a.
[45] Masch. – Das Original dieses Briefs ist nicht erhalten; er wird hier nach einer Durchschrift wiedergegeben, die Jula Weiss, Anna Freuds Sekretärin, mit einem Begleitschreiben vom 22. 3. 1946 übersandt hatte. Dort heißt es: »Fräulein Freud ist heute auf kurze Zeit verreist und hat mich ersucht, Ihnen eine Abschrift des Eröffnungsschreibens für das Wiener psychoanalytische Institut, welches an Sie am 21. v. M. abgegangen ist, zu schicken. Es tut ihr furchtbar leid, dass Sie dieses bis jetzt noch nicht erhalten haben.«

alten Instituts durch die Nationalsozialisten, die Schliessung des Ambulatoriums, die Vernichtung der Bücher und die Auflösung des Psychoanalytischen Verlags schien in 1938 das Ende der Psychoanalyse in Oesterreich zu bedeuten. Das hat alle Mitglieder der Internationalen Psychoanalytischen Vereinigung um so tiefer getroffen, als Wien mehr als nur die Geburtsstätte der Psychoanalyse war. Vom <u>Wiener</u> Psychoanalytischen Institut sind von seiner Gründung bis zu seiner Zerstörung unaufhörlich Anregungen ausgegangen, die die psychoanalytische Forschung und Arbeit in der ganzen Welt befruchtet haben.

Dass es Ihnen gelungen ist, in den schweren Zeiten des Nationalsozialismus und des Krieges ohne Unterbrechung an der Psychoanalyse weiterzuarbeiten, zu lehren und zu heilen und damit die Tradition des Instituts weiterzuführen, erfüllt mich mit Bewunderung.

Ich wünsche Ihrer neuen Gründung das allerbeste an Lebenskraft und Wirkung auf die Umwelt. Die Zerstörung der Psychoanalyse in 1938 war logisch unabwendbar. Die Psychoanalyse kann nur dort gedeihen, wo Freiheit des Gedankens herrscht. Die neue Freiheit in Oesterreich wird, so denke ich, neues Leben für die psychoanalytische Arbeit bedeuten.

[ohne Unterschrift]

20 AA *[25. 2. 1946][46]*

briefe vom 16 11 31 12 und 19 1 ohne antwort bitte um rasche nachricht = august aichhorn

21 AF *[27. 2. 1946][47]*

three letters from dr hoffer[48] and three from me on their way for weeks greetings = anna freud.

[drei briefe von dr hoffer und drei von mir seit wochen unterwegs gruesse = anna freud]

---

[46] Telegramm; Datum des Eingangsstempels. Abgeschickt vor Erhalt der beiden voranstehenden Briefe.
[47] Radiogramm; Datum des Eingangsstempels.
[48] Hoffers Briefe datieren vom 24. 1., 2. und 3. 2. 1946 (NAA).

22 AA *[Briefkopf I] Wien, den 3. 3. 1946*[49]

Liebes Fräulein Freud!
Ihr Telegramm kam am 27. 2. an. Die angekündigten 3 Briefe sind noch immer nicht eingelangt. 2 Briefe Dr. Hoffers, gemeinsam in einem Briefumschlag sind angekommen. Dr. Hollitscher war auch schon bei mir.[50]
Dr. Hoffer schrieb mir von Ihrer schweren Erkrankung.[51] *Obwohl sofort wirklich große Freude da war, daß Sie sich schon 3 Wochen auf dem Wege der Genesung befinden, erschrak ich doch heftig: ich sitze hier, fühle mich vernachlässigt, weil keine Nachricht von Ihnen kommt und Ihnen droht nicht faßbares Unheil. Ich mache mir Vorwürfe über meine Kleingläubigkeit, ich müßte es doch besser wissen. Bitte schreiben Sie mir so bald als möglich, wie es Ihnen geht. Wenn ich erwarte, daß Sie sich längere Zeit sehr schonen*

[49] Masch. außer Unterschrift; Zensurstempel. Im Briefkopf ist die alte Adresse nicht durchgestrichen.
[50] Siehe Hoffer an AA, 2. 2. 1946 (NAA): »Wie ich Dir [...] angekuendigt habe, wird Dr. phil. Walter Hollitscher Mitglied der British Psycho-Analytical Society, nach Wien zurueckkehren. Es ist sein Wunsch sich am Wiederaufbau des Wiener Instituts zu beteiligen und die Wiener Psychoanalytiker in England freuen sich, dass sich hiemit eine Moeglichkeit ergibt, dass Deine eigenen Bemuehungen Unterstuetzung finden werden. [...] / Der zukuenftige Nachwuchs der Wr. [Wiener] Psychoanalytiker wird es besonders begruessen, dass Dr. Hollitscher die englisch-amerikanische Literatur besonders gut kennt und in verschiedenen Anwendungsgebieten ein klares Urteil hat.« Anna Freud allerdings hatte schon vorher gegenüber Kris festgestellt (12. 12. 1945; AFP, Original englisch): »Hollitscher: arbeitet analytisch, aber seine politischen Interessen sind viel größer als seine analytischen. Er wartet auf seine Rückkehr nach Österreich in irgendeiner politischen Funktion. Er spielt deshalb nirgendwo eine Rolle in der Analyse.«
[51] Hoffer an AA, 24. 1. 1946 (NAA): »wenn Du den von Anna Freud erwarteten Brief zur Eroeffnung des Instituts nicht bekommen hast, so kannst Du nicht damit rechnen, dass er rechtzeitig in Wien ankommt. Anna Freud ist seit letzten Samstag mit einer Grippe im Bett und es hat sich eine – ich moechte sagen – mittelschwere Pneumonie eingestellt, die sie wohl fuer einige Wochen nicht zum Schreiben kommen lassen wird. Von einer Gefahr ist keine Rede aber sie ist schon vorher so ueberarbeitet gewesen, dass sie nicht so rasch wie man es von ihr gewohnt ist, zur Arbeit wird zurueckkehren koennen. [...] Sie hat seit dem Tode von Professor am 23. September 1939 ununterbrochen schwer gearbeitet, hat immer nur wenige Stunden geschlafen und fuer hunderte von Leuten gesorgt.«

werden, so ist das wahrscheinlich trügerisch, aber etwas müssen Sie auf sich schauen.

Aus äußeren Umständen, die aufzuzählen zu langweilig ist, muß ich die Eröffnungsfeier verschieben, wahrscheinlich auf den 9. April. Es wäre daher noch Zeit für den Brief, um den ich Sie zur Eröffnung gebeten habe.

Dr. Hollitscher hat seine Mitarbeit zugesagt, über die ich mich sehr freue, denn er kann ein Gewinn für uns werden. Ich kannte ihn nicht, auffällig ist mir nur seine große Bescheidenheit, die ich mit den [im Original gelöscht] nicht vereinen kann.[52] *Ich wäre Ihnen für einige Worte der Aufklärung sehr dankbar, da ich ihm nicht Unrecht tun will und mir vorsichtiges Gehaben meinen engsten Mitarbeitern gegenüber so gar nicht liegt.*[53]

Allerherzlichste Grüße
Aug Aichhorn

---

[52] An Eissler schrieb Aichhorn etwas später (5. 6.; NAA): »Du willst von mir wissen, was ich charakterologisch über Hollitscher denke. Ich zerbreche mir den Kopf, weil ich klar werde[n] und ihm nicht unrecht tun will. Mir erscheint in seinem Wesen so vieles widersprechend. Kennst Du ihn näher? Ich wäre Dir sehr dankbar, wenn Du mich über ihn informieren wolltest. Am auffälligsten ist mir seine übergroße Höflichkeit, hinter der sich viel Angst, Aggression, Geringschätzung der anderen und Überschätzung der eigenen Persönlichkeit auszudrücken scheint.« Und Eisslers Antwort (24. 6.; ebd.): »Nun Hollitscher: Ich war mit ihm kurze Zeit in der Schweiz. Etwas stimmt nicht mit ihm charakterologisch. Ich denke immer an saugende Oralität, an ein Baby im schlechten Sinne im Zusammenhang mit ihm. Was Du über seine Höflichkeit sagst ist richtig. […] Aber er ist eifrig + interessiert + gut informiert, aber ein Tiftler. Ich bin neugierig wie er sich machen wird. Er sollte in Analyse gehen. Vielleicht daß Du ihm beikommen wirst. Grete Bibring, habe ich den Eindruck, hat seinen Charakter kaum berührt.«

[53] Offensichtlich hatte es Hoffer übernommen, Aichhorns Anfrage zu beantworten. Am 24. 3. schrieb er an A. Freud (AFP): »Aichhorn's Brief lege ich bei; […] [ich] werde [ihm] nochmals über Hollitscher schreiben. Ich habe es schon so deutlich als moeglich in den vorhergegangenen zwei Briefen getan. […] ueber Hollitscher heisst es dass er schon einen Lehrauftrag an der Universitaet für Biologie und Psychologie hat. […] Ich verstehe sehr gut, dass Aichhorn misstrauisch ist, Hollitscher ist es in einem Sinne auch.« Der angekündigte Brief Hoffers an Aichhorn ist nicht erhalten.

23 AA [Briefkopf II]⁵⁴ Wien, den 17. März 1946⁵⁵

Liebes Fräulein Freud!
Zwei Briefe vom 21. Februar sind gleichzeitig gekommen: das Begrüßungsschreiben und die Antwort auf meine Briefe vom 31. Dezember 1945 und 19. Jänner. Der dritte angekündigte, die Antwort auf meine Anfrage vom 16. November ist noch immer nicht eingelangt.

Ich finde es natürlich selbstverständlich, daß Ihre schwere Erkrankung Antworten unmöglich machte. Ich bin nur so froh, daß Sie wieder auf dem Wege der Besserung sind, nur bringe ich die Sorge nicht los, daß Sie sich wieder überanstrengen werden.

Wir eröffnen den Betrieb am 10. April und ich danke Ihnen herzlichst für das Begrüßungsschreiben.

Wenn nur die Grenzen schon wieder auch offen wären! Damit die Möglichkeit Ihres Kommens gegeben ist.

Die Vereinigung wird mit den 12 Mitarbeitern beginnen, die seit 1938 bei mir in Lehranalyse waren. Dr. med. Aufreiter, seit seiner Abrüstung Hilfsarzt in der ehemaligen Klinik Eppinger, die jetzt Prof. Lauda führt, Frau Dr. med. Aufreiter, (Gattin des erstgenannten), die an der psychologisch neurologischen Klinik arbeitet und unmittelbar vor dem Facharzt steht, Frau Dr. med Scharmann, Kinderärztin, Dr. med. Solms, werdender Assistent an der psychologisch neurologischen Klinik (Kauders ehemals Pötzl), Dr. med. Spanudis, am Institut der Geschichte für Medizin, Dr. phil. Bolterauer, Assistent an der Lehrkanzel für Psychologie (Prof. Rohracher ehemals Bühler), Frau Dr. phil. Bolterauer, Frau Dr. phil. Miklas, Erziehungsberaterin im städtischen Jugendamt, Dr. phil. Scharmann, Leiter des Berufsberatungsamtes in Wien, Dr. phil. Nentwich, Gymnasialprofessor. Dazu kommen: Dr. phil. Winterstein, Dr. phil. Hollitscher, Dr. jur. Fleischmann, der von Budapest wieder nach Wien zurückgekehrt ist und Frau Dr. med. Erdheim,⁵⁶ auch eine werdende Assistentin der psychologisch neurologischen Klinik.

Das Manuskript: »Die Kategorien der Verwahrlosung« schicke ich Ihnen

---

[54] Gedruckter Briefkopf: August Aichhorn / Wien ~~5, Schönbrunner Straße 110~~ / Fernruf: A-3-54-58; durchgestrichene Adresse ersetzt durch: I., Rathausstraße 20. Nur hier verwendet.
[55] Masch. außer Unterschrift; Zensurstempel.
[56] Tea Genner-Erdheim.

sobald es postmöglich ist.[57] *Von einer Veröffentlichung bevor Sie mir Ihr Urteil darüber geschrieben haben, ist keine Rede. Ich werde Ihnen dann zum Manuskript einen ausführlichen Brief über die Arbeit dazu legen. Um wieviel wäre es schöner, wenn wir beisammen sitzend die Einzelheiten besprechen könnten.*

Meine beiden Söhne sind trotz allem voll arbeitsfähig, wenn auch Gustls Gesicht verunstaltet und das rechte Auge nahezu erblindet ist. Meiner Frau geht es nicht gut. Sie kränkelt seit mehr als 3 Jahren ununterbrochen. Der Beginn war eine schwere Halsentzündung, an die sich eine Gelenksentzündung anschloß, im Verlaufe mußte eine Mandeloperation vorgenommen werden. Der Erfolg ist eine sehr verminderte Gehfähigkeit, Schwerbeweglichkeit des rechten Handgelenkes. Immer wieder kommt es zu neuen Schüben. Im Sommer 45 erkrankte sie an Paratyphus. Prof. Lauda, der behandelnde Arzt, hatte sie schon nahezu aufgegeben. Sie erholte sich, dann kam es, wie Prof. Lauda meint, infolge einer Infektion von Paratyphus her, zu einer Gallenerkrankung. Seither treten ab und zu heftige Gallenkrämpfe auf. Um die Hauswirtschaft kann sie sich sehr wenig kümmern, weil sie viel zu Bett sein muß. Natürlich ist das eine große Erschwerung der Übersiedlung gewesen und bedeutet recht viele Hemmungen bei der Einrichtung der Wohnung in der Rathausstraße. Ich muß mich auch viel um die Hauswirtschaft jetzt kümmern und um die Krankenpflege.

In meinem letzten Briefe schrieb ich Ihnen schon, daß ich Lajos und Kata aufgefordert habe, nach Wien zu kommen, weil ich auch der Meinung bin, Lajos etwas helfen zu können.

Bitte vergessen Sie nicht Mrs. Burlingham von mir herzlichst zu grüßen und ihr zu sagen, daß ich mich über einen ausführlichen Brief sehr freuen würde. Ich kann schon »sehr gut« englisch lesen, mit dem Sprechen hapert noch.[58]

Alles Liebe
Ihr Aug Aichhorn

---

[57] Scheint nicht geschehen zu sein; vgl. 161AA.
[58] Dorothy Burlingham schrieb Aichhorn am 1. 6. einen ausführlichen Brief (NAA), in dem sie über das Lebensschicksal ihrer Kinder und über das einiger Schüler der Hietzing-Schule berichtete. Am 19. 5. 1949 bemerkte sie (ebd.; Original englisch): »Ich denke oft an die Englischlektionen, die ich Ihnen gegeben habe, und schäme mich immer noch wegen meiner damaligen Hemmungen.«

24 AF [Briefkopf London] 8th April, 1946.[59]

Lieber Herr Aichhorn!
Ich bin ganz glücklich, dass Sie meine Briefe doch bekommen haben, denn ich habe wirklich schon Angst gehabt, dass die Post nach Oesterreich wieder aufgehört hat zu funktionieren. Ich hoffe, Sie waren mit dem Begrüssungsschreiben auch wirklich zufrieden, das heisst, dass es das ausgedrückt hat, was Sie wirklich von mir hören wollten.

Ich danke Ihnen sehr für die Liste Ihrer Ausbildungskandidaten, die mich ausserordentlich interessiert hat. Es ist schön zu sehen, dass der Druck der Aussenwelt so viele Akademiker nicht davon abgehalten hat, sich für die Analyse zu interessieren, und es zeigt gleichzeitig, wie gut es war, dass wenigstens einer von uns in Wien bleiben konnte, um solchen Leuten das zu bieten, was sie gesucht haben.[60] Sie können sehr stolz sein auf das, was Sie gemacht haben.

Es hat mir sehr leid getan, von der Krankheit Ihrer Frau zu hören. Ich bin gerade von meinem Erholungsurlaub zurückgekommen und hoffe, dass ich jetzt wieder ganz arbeitsfähig bin. Jedenfalls fühle ich mich unvergleichlich besser und wieder zu allem möglichen, neuen aufgelegt.

Und jetzt warte ich mit grosser Ungeduld und Freude auf Ihr Manuskript.[61]
Mit herzlichen Grüssen
Ihre Anna Freud

---

[59] Masch. außer Unterschrift; Zensurstempel.
[60] Ähnlich Kramer an AA, 14. 1. 1946 (NAA): »Dass es in den Jahren auch ausserhalb von Vernichtungslagern junge Menschen gegeben hat, die willig waren um den Preis ihrer Sicherheit Dir und Freud zu folgen, traegt viel dazu bei die pessimistische und etwas misstrauische Haltung zu erschuettern, die viele von uns der Menschheit, und besonders den europaeischen Menschen gegenueber entwickeln mussten. Man atmet erleichtert wenn auch etwas zaghaft auf, nicht nur in der dankbaren Empfindung ›der Aichhorn war nicht ganz allein‹, sondern auch im Gefuehl, dass es immer noch in Europa Menschen gibt, die neben Ich und Es auch ein anstaendiges Ueber-Ich haben.«
[61] Bereits am 14. 3. hatte A. Freud an Hartmann und Kris geschrieben (AFP; Original englisch): »Ich würde es sehr begrüßen, wenn im nächsten Band ein Artikel von Aichhorn aufgenommen werden könnte, da die Verbindung mit Wien jetzt möglich ist, könnte es sogar möglich sein, etwas zu bekommen, was er während des Krieges geschrieben hat.«

25 AA [Briefkopf III]⁶² Wien, den 21. April 1946⁶³

Liebes Fräulein Freud!
Gestern schrieb ich Ihnen den Bericht über die Eröffnung unserer Vereinstätigkeit, als Ihr Brief vom 8. April ankam. Ich brach den Brief ab und fange ihn heute von neuem an.
*Vorerst danke ich Ihnen nochmals herzlichst für das Begrüßungsschreiben, ich bin glücklich darüber und ließ es als erstes vorlesen, wie Sie aus dem beiliegenden kurzen Bericht über die Eröffnungssitzung ersehen können.*⁶⁴
Dann das Allerwichtigste: bitte schonen Sie sich wirklich, nach einer so schweren Erkrankung kann es leicht zu einem Rückfall kommen und Sie dürfen sich nicht, weil Sie sich besser fühlen, wieder überanstrengen.
*Wenn Sie mit der Auswahl der Ausbildungskandidaten einverstanden sind, bin ich froh. Ich habe sehr streng ausgewählt und manche, die es nicht für möglich hielten, zurückgewiesen.*⁶⁵
*Zum beiliegenden Bericht hätte ich noch manches zu sagen. Es ist so schade, daß der Brief durch die Zensur geht und ich Ihnen daher nichts, über das mich in der Eröffnungssitzung Bewegende mitteilen mag. Ich sage Ihnen nur das eine: nicht nur während die anderen sprachen sondern auch als ich zu Worte kam, waren ununterbrochen die Berggasse 19 und unsere gemeinsamen Mittwochabende da. Für mich war dieser Tag auch der Beginn der Abtragung einer Dankesschuld und das macht mir ungemein viel Freude. Vielleicht ist es möglich, Ihnen durch Oblt. Delfiner die Maschinschrift meiner programmatischen Rede zu schicken, damit Sie sehen, wie ich mir die Vereinstätigkeit vorstelle.*⁶⁶ *Auch einige fotografische Aufnahmen von der feierlichen Eröffnung möchte ich beilegen.*
Das Manuskript: Kategorien der Verwahrlosung werde ich erst einschicken können, bis Paketsendungen direkt möglich sind.
Ihre Antwort auf meine Anfrage vom November 45: Vorschläge, die Ausbildung betreffend, sind noch immer nicht eingelangt. Es wäre so notwendig,

---

⁶² Gedruckter Briefkopf: August Aichhorn / Obmann der Wiener Psychoanalytischen Vereinigung / Wien I, Rathausstrasse Nr. 20, 1. Stock, Telefon [hier noch ohne, später immer mit Nr. B 40-0-23]. Verwendet bis Oktober 1949.
⁶³ Masch. außer Unterschrift; Zensurstempel.
⁶⁴ Der beigefügte Bericht wird unten als Anhang I.2.a abgedruckt.
⁶⁵ Der Bezug dieser Aussage lässt sich nicht eindeutig rekonstruieren.
⁶⁶ Siehe 33AA und Anhang I.2.c.

emigrierte Wiener Analytiker als Ausbildungskräfte wenigstens vorübergehend hier zu haben. Sehr dankbar wäre ich Ihnen für eine baldige Antwort, da die Organisierung der Ausbildung jetzt gemacht werden muß.[67]
Herzliche Grüße an Mrs. Burlingham,

Ihnen alles Liebe,
Ihr Aug Aichhorn

1 Anlage

26 AF [Briefkopf London] 3. Mai 1946.[68]

Lieber Herr Aichhorn!
Der Bericht über Ihre Eröffnungssitzung, der vor 2 Tagen hier angekommen ist, hat mir viel Freude gemacht. Gestern abend habe ich ihn einer kleinen Gruppe unserer Freunde und Kollegen vorgelesen und er hat bei allen grosses Interesse erweckt. Natürlich möchte ich sehr gerne Ihre ausführliche Rede lesen und ich hoffe, sie kommt bald hier an.[69]
Es klingt fast wie eine Ironie des Schicksals, dass die Wiener offiziellen Stellen, die in den langen Jahren der Arbeit meines Vaters immer nur Schwierigkeiten gemacht haben, jetzt endlich soweit sind, dass sie dem psychoanalytischen Institut und den Bestrebungen seiner Arbeit positiv gegenüberstehen. Stellen Sie sich vor, was wir zwischen 1908 und 1938 mit unserem grossen Lehrkörper und den damaligen Möglichkeiten Wiens unter solchen Bedingungen alles hätten zustandebringen können: ein Institut, das zum Zentrum für die analytisch psychologischen Institute der ganzen Welt geworden wäre.[70]
Jetzt wird es trotz allem eine harte Arbeit für Sie werden.

---

[67] An Kris, den er ebenso wie Anna Freud im November 1945 wegen seiner Ausbildungspläne um Rat gefragt hatte (siehe 13AA mit Anm. 18) und auf dessen Antwort er ebenfalls sehnsüchtig wartete, schrieb Aichhorn am 5. 3. 1946 (NAA): »Ich kann zu einem endgültigen Entschluß nicht kommen, ehe ich Fräulein Freuds und Ihre Meinung kenne. Auch Fräulein Freuds Antwort steht noch aus.«
[68] Masch. außer Unterschrift; Zensurstempel.
[69] Siehe 33AA.
[70] Vgl. AA an E. Rosenfeld, 31. 3. 1947 (NAA): »Meine alten Mitarbeiter im Jugendamt sind jetzt in führender Stellung und dadurch – wenn auch nicht amtlich offiziell – kann ich eine Menge von dem realisieren, was ich seit Jahren nur mehr als Tagtraum gewertet habe. Und das macht mir viel Freude.«

Ich glaube, Sie haben mit der teilweisen Einschränkung Ihres Programms auf die Richtung, in der Sie sich souverän fühlen, sehr recht. Alles andere wird sich allmählich mit dem Wachsen Ihrer Gruppe daran schliessen.

Es hat mich sehr interessiert, zu sehen, dass das psychologische Institut der Wiener Universität noch immer dieselbe unerschütterliche Ablehnung der Psychoanalyse zeigt wie früher.[71]

Sie dürfen sich nicht wundern, dass ich auf Ihre Anfrage über die Teilnahme emigrierter Wiener Analytiker an der Ausbildung bei Ihnen vorläufig keine Antwort gegeben habe. Die Antwort darauf hängt von Faktoren ab, über die wir keinerlei Macht haben. Vorläufig hat niemand von uns Ausgewanderten eine neue Staatsbürgerschaft, auch ich nicht, das heisst, dass wir keine Reisepässe haben und dass man lieber das Land, in dem man lebt, nicht verlässt, weil man Schwierigkeiten bei dem Wiedereinlassen haben kann. Auch geben andere Länder auf ein sogenanntes Identitätspapier, das ist der Reisepassersatz für Leute ohne oder mit unsicherer Staatsbürgerschaft, nur in den allerdringendsten Fällen ein Visum. Und ganz abgesehen von dieser Schwierigkeit, die uns emigrierte Wiener betrifft: Hier in England werden vorläufig Reiseerlaubnisse nach Deutschland und Oesterreich überhaupt nicht gegeben, ausser, wie im Falle von Dr. Hollitscher, zur endgültigen Rückkehr und sogar dafür warten viele Hunderte auf die Erledigung ihres Ansuchens. Ein solcher Austauschverkehr, wie Sie ihn im Auge haben, ist also erst dann möglich, wenn die Reiseverhältnisse wieder normal geworden sind und wenn die in Betrachtkommenden wieder Reisepässe haben.

Inzwischen sollte es aber möglich sein, mit der Schweiz einen solchen Austausch zu versuchen. Ich habe auch schon an Meng darüber geschrieben und er schien sehr interessiert und positiv eingestellt.[72]

---

[71] Bezieht sich auf das in Aichhorns Bericht erwähnte Fernbleiben des Vorstands des Psychologischen Instituts, Prof. Rohracher, bei der Feier. Zur früheren kritischen Einstellung des Instituts und seines Leiters Karl Bühler gegenüber der Psychoanalyse siehe Benetka 1995.

[72] Siehe Meng an AF, 5. 3. 1946 (AFP): »Sollten Sie bestimmte Wünsche wegen Wien haben, auch was den Wiederaufbau der psychologischen analytischen Schule betrifft, teilen Sie das bitte gelegentlich mir mit; es bahnt sich allmählich eine Verbindung. Wir versuchen auch mit Aichhorn in Kontakt zu kommen.« – AF an Meng, 11. 3. (ebd.): »Mit Aichhorn bin ich wieder in Verbindung […]. Ich teile seine Meinung, dass er grosse Schwierigkeiten haben wird, die Lehrer für Psychoanalyse für sein Institut zu finden und dass er alle Unterstützung aus dem Ausland

Dr. Hollitscher, der ja die Verhältnisse hier gut kennt, wird Ihnen die Unmöglichkeit von Reiseplänen jetzt und wahrscheinlich noch im nächsten Jahr im einzelnen erzählen können.

Halten Sie es für ganz unmöglich, dass man in Wien noch die Spuren früherer Bestände des Verlags finden könnte? Ich kann es mir so schwer vorstellen, dass wirklich alle Bücher aus den Lagern in der Berggasse fortgeschafft worden sind. Und für die Bibliothek der Vereinigung wäre das doch von höchster Wichtigkeit.[73]

Sobald es möglich ist, Bücher von hier zu schicken, können wir Ihnen wenigstens die neue deutsche Freud Gesamtausgabe (in chronologischer Ordnung) schicken, von der wir unterdessen hier etwa 14 Bände herausgebracht haben.[74] Die alte ist ja leider nicht mehr zu haben.

Also noch einmal meinen Glückwunsch, alles Gute für das neue Institut, und ich warte auf Ihren Bericht und, so bald es eben geht, Ihr Manuskript.

*Sehr herzlich
Ihre Anna Freud*

27 AA   *[Briefkopf I] Wien, den 5. Mai 1946[75]*

*Liebes Fräulein Freud!
In der Beilage übersende ich Ihnen einen Brief von Dr. Müller-Braunschweig,*

---

brauchen wird, die er nur haben kann. So wäre es sehr schön, wenn sich eine enge Verbindung zwischen ihm und den Schweizer Freunden anbahnen würde.« – Meng an AF, 21. 3. (ebd.): »Auch ich habe die Verbindung mit Aichhorn jetzt aufnehmen können und hoffe bald zu erfahren, ob in Wien ein neues Institut für Psychoanalyse gegründet werden kann. Ich bin gerne bereit in irgendeiner Weise da mitzuhelfen. Wenn Sie ihm schreiben, lassen Sie ihn das wissen.« An Aichhorn selbst hatte Meng am 18. 3. geschrieben (NAA), mit Bezug auf eine Mitteilung von Anna Freud. Vgl. weiter Anm. 103 zu 31AA.

[73] Vgl. II.1.b und III.3.a. Die Suche nach Büchern des Verlags und schließlich die Rückerstattung der Bestände, die Sauerwald an die Österreichische Nationalbibliothek übergeben hatte, nimmt im späteren Briefwechsel noch großen Raum ein.

[74] Vgl. II.2.a.

[75] Masch. außer Unterschrift; Zensurstempel. Im Briefkopf ist die alte Adresse durchgestrichen, aber nicht durch eine neue ersetzt.

der vorgestern einlangte. Er hat mich auch um Ihre Adresse gebeten, die ich ihm bekanntgab.[76]

Oblt. Delfiner, der morgen nach Amerika zurückreist, hat es noch übernommen, Ihnen einige Bilder von unserer Eröffnungssitzung zu übermitteln.[77] *Wahrscheinlich langen sie früher ein, als dieser Brief.*

Die ersten wirklich guten Verbindungen, die wir anknüpfen konnten, sind mit dem Wiener Stadtschulrat. Sehr erfreulich ist es, daß vor einigen Tagen Dr. Glaser, der Sekretär des Präsidenten Dr. Zechner bei mir war, mir mitteilte, daß der Wiener Stadtschulrat beabsichtigt, die Wiener Lehrerschaft mehr für das Verwahrlostenproblem zu interessieren und sie zur Bekämpfung der Verwahrlosung heranzuziehen. Wie die Situation augenblicklich liegt – ob das so bleiben wird, weiß ich nicht – scheint der Stadtschulrat auf diesem Gebiete grundsätzlich nichts zu machen, auf das ich nicht Einfluß nehmen könnte. Dr. Glaser ersuchte mich um meine Stellungnahme und um Vorschläge, die ich Ihnen kurz mitteile:

Ich vertrat den Standpunkt, daß in einer vorbereitenden Phase die erforderlichen Menschen und Organisationen bereit zu stellen sind. Zu diesem Zwecke hat der Stadtschulrat:

1. Über die Bezirksschulinspektoren jene Lehrer und Lehrerinnen aufzufinden, die ohne behördlichen Auftrag, aus sich heraus, der Verwahrlosten Befürsorgung sich widmen wollen.

2. Das Jugendamt, die politischen, unpolitischen und konfessionellen Vereine um Mitteilung zu ersuchen, welche Einrichtungen zur Bekämpfung der Verwahrlosung sie haben oder in ihrem Rahmen geschaffen werden könnten.

3. Die sich meldenden Lehrpersonen zu einer Besprechung einzuladen, in der diese über die Absicht orientiert werden.

4. Das Jugendamt und die Organisationen einzuladen und sie ebenso wie die Lehrerschaft zu orientieren.

5. Zu überlegen, ob er in seinem Wirkungsbereich eine Beobachtungs- und Untersuchungsstelle für Verwahrloste einrichten kann und will.

Erst wenn diese vorbereitenden Arbeiten wirklich erledigt sind, bin ich zu einer weiteren Diskussion bereit und Vorschläge zu machen und unter anderem mich zu äußern, wie die Arbeit zu beginnen hat, wo wir als Vereinigung und einzelne unserer Mitarbeiter einzusetzen sind.

---

[76] Vgl. III.1.f.
[77] Siehe Abb. auf S. 148 f. und 196.

Im nächsten Brief schicke ich Ihnen den Organisationsplan der Vereinigung, der Ihnen zeigen wird, wie ich mir Aufbau und Arbeit vorstelle.[78]
Beste Grüße an Mrs. Burlingham,

Herzlichste Grüße Ihnen,
Ihr Aug Aichhorn

<u>Luftpost</u>
<u>1 Anlage</u>

[Carl Müller-Braunschweig an Anna Freud]

4. 4. 46

Verehrtes, liebes Fräulein Freud!
Endlich gibt die Wiederaufnahme des offiziellen Postverkehrs mit dem Auslande die Möglichkeit, wieder mit den alten ps[ycho] a[nalytischen] Freunden und Kollegen den lange entbehrten Kontakt zu suchen. – Das Einzige, was ich von Ihnen erfuhr, war ein Zeitungsartikel, der von Ihnen und Ihrem Londoner Kinderheim sprach u. dass Sie es auflösen würden. – Dann hörte ich, sie seien in Wien. – Wir Berliner Ps[ycho] A[nalytik]er haben den sehnlichen Wunsch, wieder in einer D.P.G. im internationalen Rahmen arbeiten zu dürfen, nachdem wir solange vom Auslande u. der internat. Literatur abgeschnitten waren.

Leider ist unser gesamtes Mobiliar u. unsere ps. a. Bibliothek in Flammen aufgegangen u. es heisst: ganz von vorn anfangen. Die ehemal. Mitglieder der D.P.G. sind während des Krieges regelmässig in meiner Wohnung – trotzdem das wegen meiner Diffamierung durch den S. D. u. wegen des auf mir lastendes Verbotes, Vorlesungen zu halten u. Ps. A.er auszubilden, nicht ungefährlich war – zu Sitzungen, Referaten, Diskussionen, Kontroll- u. Lehranalysen zusammen gekommen. Nach der Besetzung Berlins wurde von den hiesigen Ps. A.ern – durch den Mund Boehms – der Wunsch geäussert, die Präsidentschaft der neu zu erweckenden D.P.G. mir zu übertragen, u. a. wegen der Unbill, die ich von seiten des Regimes zu erleiden hatte. Nun tagen wir bereits wieder – vom Juni vorigen Jahres an – alle 14 Tage im alten Stil. – Ich will Ihnen gern – wenn Sie den Wunsch haben – ausführlich über die hiesige Situation berichten – möchte nur vorerst die Gewissheit haben, wo Sie erreichbar sind. – Mit Jones habe ich bis jetzt keinen Kontakt bekommen können, ich schreibe nun mit gleicher Post an ihn. – Vorerst herzliche Grüße u. Wünsche für Sie u. alle Kollegen, die uns – trotz allem – nicht vergessen haben.

Ihr alter
Carl Müller-Braunschweig

---

[78] Der Organisationsplan ist in AWPV und NAA erhalten (siehe Faksimile, S. 192). Im nächsten Brief vermeldet Aichhorn, er könne ihn noch nicht mitschicken. Er muss ihn aber irgendwann an A. Freud übermittelt haben, da er sich auch in AFP befindet.

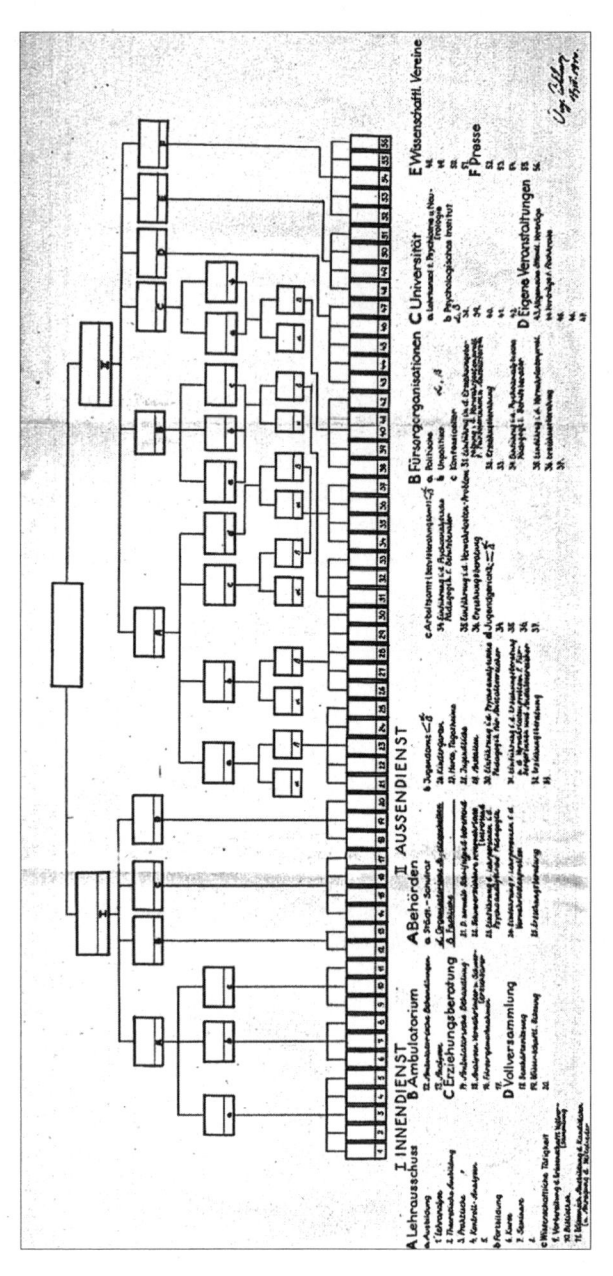

Organisationsplan der WPV 1946

28 AA   [Briefkopf I] Wien, den 25. Mai 1946[79]

Liebes Fräulein Freud!
Ich bin schon so lange ohne Nachricht von Ihnen und gerne würde ich Ihre Meinung hören, wie ich die Ausbildung hier gestalten soll; auch möchte ich wissen, ob die Fotografien von der feierlichen Eröffnungssitzung, die Obltn. Delfiner zur Einsendung übernommen hat, angekommen sind.
Von der International Universities Press Inc. New York, gezeichnet Dr. Hartmann und Dr. Kris, erhielt ich einen Brief, in dem sie mir mitteilen, daß sie im 2. Band der Psychoanalytic Study of the Child eine Arbeit von mir (Zeitschrift für psychoanalytische Pädagogik aus dem Jahre 1932) abdrucken werden. Es wird mir ausdrücklich mitgeteilt, daß sie nicht um meine Erlaubnis fragen, denn die Veröffentlichung hängt weder von meiner Zustimmung noch Ablehnung ab. Ich bin mir klar, daß dieses Recht dem Psychoanalytischen Verlag zusteht und ich möchte gerne wissen, ob Sie die Erlaubnis gegeben haben.[80]
Ich bitte Sie auch, mir Namen und Anschrift des gegenwärtigen Präsidenten der Internationalen Vereinigung mitzuteilen, da ich die Meldung vom Wiederaufleben der W.P.V. machen und ihre Wiedereingliederung in die Internationale Vereinigung verlangen will.[81]
Da ich schon beim Alltag bin, bitte ich Sie mir mitzuteilen, ob ich hier für

---

[79] Masch. außer Unterschrift; Zensurstempel. Briefkopf wie 27AA.
[80] Es geht um Aichhorns Aufsatz »Erziehungsberatung« (1932); vgl. II.2.c. Kris und Hartmann hatten ihm am 4. 5. geschrieben (NAA; Original englisch), dass sie die Arbeit, deren Übersetzungsrechte bei Edith Jackson lägen, ursprünglich schon für Bd. 1 des *Study of the Child* vorgesehen hätten. Der Grund ihres Schreibens sei nicht die Frage der Rechte, sondern die Bitte um eine kurze Einleitung. Deadline dafür sei der 1. Juli. Allerdings sei noch nicht entschieden, ob der Text in den nächsten Band kommen könne. »Selbstredend erscheint es uns höchst wichtig, dass nicht nur Ihr Werk bei uns repräsentiert ist, sondern dass es repräsentiert ist als Zeugnis Ihrer fortgesetzten Arbeit und Leistungen im Dienste der Psychoanalyse. Im 3. Band unseres Jahrbuchs hoffen wir dann, einen Originalbeitrag von Ihnen bringen zu können.« Tatsächlich blieb der alte Aufsatz unberücksichtigt: In Bd. 1 (1946) und 2 (1947) erschien kein Beitrag von Aichhorn, in Bd. 3/4 (1949) ein neuer (Aichhorn 1947a; engl.).
[81] Siehe die nächsten Briefe und den in III.1.c dokumentierten Austausch mit dem IPV-Präsidenten Jones.

Sie Schritte unternehmen soll, damit im Verlaufe der Wiedergutmachungsaktion Ihnen der Psychoanalytische Verlag[82] und ein Ersatz für die vernichteten Bücher[83] wieder zuerkannt wird. Wenn Sie dafür sind, erbitte ich Vollmacht und Weisungen.

Miss Ross teilte mir mit, daß bei der Viking Press New York ein Verkaufserlös der Verwahrlosten Jugend erlegt ist.[84] Wissen Sie davon? Die Hälfte ist doch Ihr Eigentum[85] oder hat man Ihnen dies schon mitgeteilt?

Den Organisationsplan kann ich noch nicht mitschicken, da die Besetzung der »Ämter« noch nicht abgeschlossen ist.

Am 13. Mai hielt ich einen Vortrag im Institut für Wissenschaft und Kunst – einer Gründung des gegenwärtigen Stadtschulratpräsidenten Dr. Zechner – über »Psychologische Probleme in der Erziehungsberatung«.[86] Mich würde

[82] In der Mitgliedersitzung der WPV vom 18. 7. 1946 machte Aichhorn den Vorschlag, den Internationalen Psychoanalytischen Verlag durch Anna Freud und ihn wieder zu eröffnen (Protokoll; AWPV). Er korrespondierte darüber auch mit Müller-Braunschweig, in Verbindung mit dessen Projekt einer neuen psychoanalytischen Zeitschrift (an Müller-Braunscheig, 7. 7.; NAA).

[83] Die letzten sieben Worte handschriftlicher Zusatz.

[84] Helen Ross hatte am 6. 2. geschrieben (NAA): »Our dear Aichhorn, / perhaps we should begin dear Herr Vorstand, but when one almost passes into legend (as you threatened to do), only the famous name is fitting. […] / What about the Verlag? When I saw Mr. Huebsch of the Viking Press recently, he asked about you. Your book, ›Wayward Youth‹ has continued to sell and there is some money at the Viking Press, 18 East 48th Street, New York, which belongs officially to the Verlag.« Aichhorn hatte ihr am 23. 4. geantwortet (ebd.), dass der psychoanalytische Verlag aufgelöst sei und alle Rechte, die er ihm eingeräumt habe, aufgehoben seien: »Wenn die früheren Verlagsinhaber keinen Anspruch darauf erheben, so gehören sämtliche Eingänge mir. Ich werde mich diesbezüglich mit Fräulein Freud in Verbindung setzen. Auf jeden Fall habe ich aber Anspruch auf 50% der Eingänge.« – Über Vermittlung Eisslers kam nach langwierigen Verhandlungen erst 1954 der bis dahin auf einem Sperrkonto festgehaltene Betrag in Wien an (siehe W. Aichhorn an Eissler, 1. 9. 1954; ThA).

[85] Siehe 33AA. Im selben Sinn teilte Aichhorn am 23. 7. der Viking Press mit (NAA): »Ich freue mich sehr, dass mein Buch noch immer verkauft wird. Die Tantiemen sind nach dem mit dem Wiener Psychoanalytischen Verlag abgeschlossenen Vertrag zwischen mir und ihm in gleicher Weise aufzuteilen, daher fallen 50% dem Fräulein Freud zu.«

[86] Aichhorn 1946a.

es sehr reizen, Ihnen diesen Vortrag zu schicken, so wie er gehalten und mit viel Beifall aufgenommen wurde und dazu so: wie er gehalten werden müßte, aber nicht gehalten werden darf, um nicht eine für die Psychoanalyse zwar interessierte, aber noch nicht vorgebildete Zuhörerschaft, mit gesträubten Haaren davon laufen zu lassen.[87]

Recht herzliche Grüße
Ihr Aug. Aichhorn

29 AF [Briefkopf London] 31. Mai 1946.[88]

Lieber Herr Aichhorn!
Ich danke Ihnen sehr für Ihren Brief vom 5. Mai und die Einlage von Dr. Müller-Braunschweig. Inzwischen habe ich auch von letzterem direkt aus Berlin einen Brief bekommen.[89]

Oberlieutenant Delfiner hat die Bilder von Ihrer Eröffnungssitzung geschickt und wir haben uns alle sehr damit gefreut. Wir fanden Sie alle ganz unverändert und Bürgermeister Seitz ist sehr alt geworden.[90] *Das Zimmer schaut grossartig aus und der ganze Rahmen ist sehr würdig.*

Vorgestern habe ich mit Dr. Jones ein langes Gespräch gehabt, wo wir auch überlegt haben, was man wohl tun kann, um die internationalen Verbindungen wieder enger zu verknüpfen. Für einen Kongress ist es natürlich noch zu früh. Die Reisemöglichkeiten sind alle immer noch Reiseunmöglichkeiten. Wir haben keine Ahnung, wann von hier aus Erlaubnis gegeben wird, Deutschland und Oesterreich wieder zu besuchen. Darum scheint es mir wirklich sehr wichtig, dass Sie erst einmal eine Verbindung mit der Schweiz bekommen und einige Gäste von dorther zu sich einladen. Dann werden sich wohl im Laufe des Jahres die Verbindungen allmählich erweitern.

Es ist mir noch nicht recht klar, wie Sie es mit dem Lehren machen wollen. Wenn Sie auch vor allem für die Verwahrlostenarbeit unterrichten, so fangen

---

[87] Dieselbe Idee trug Aichhorn nicht nur Eissler (KRE/AA, S. 31, 42), sondern auch den Herausgebern des *Psychoanalytic Study of the Child* vor, die aber keinen Geschmack daran fanden (AA an Kris, 15. 7. 1947; Hartmann und Kris an AA, 31. 9. 1947; NAA). Vgl. 61AA mit Anm. 91.

[88] Masch. außer Unterschrift; Zensurstempel.

[89] Siehe III.1.f.

[90] Vgl. S. 196 und die weiteren Abb. auf S. 148 f.

August Aichhorn und Karl Seitz bei der Wiedereröffnung der WPV

Sie doch sicher mit einem allgemeinen Einführungskurs in die Psychoanalyse an. Und wie geht es dann weiter? Müssen Sie nicht Neurosenlehre unterrichten, ehe Sie Verwahrlosungstheorie geben können? Wenn Sie mir den Lehrplan schicken, wie Sie ihn im Auge haben, bin ich sehr gerne bereit, die einzelnen Punkte mit Ihnen zu überlegen.

Die Berliner Vereinigung hat ja auch die Arbeit wieder aufgenommen. Aus dem Brief von Dr. Müller-Braunschweig bin ich mir allerdings gar nicht klar, wer dort die Mitglieder sind. Denken Sie an eine engere Verbindung und gibt es leichte Reisemöglichkeiten zwischen Berlin und Wien?[91]

Mit sehr herzlichen Grüssen
Ihre Anna Freud

---

[91] Eine solche Zusammenarbeit ist nicht zustande gekommen.

30 AF [Briefkopf London] 14. Juni 1946.[92]

Lieber Herr Aichhorn!
Ich danke Ihnen für Ihren Brief vom 25. Mai. Ich habe Ihnen am 31. Mai geschrieben und das hat sich mit dem Ihren gekreuzt. Dort habe ich auch über die Ausbildungspläne gesprochen und mich für die schönen Photographien bedankt.

Hat sich inzwischen vielleicht ein Neffe von mir (Walter Freud, der Sohn meines ältesten Bruders)[93] bei Ihnen vorgestellt? Ich freue mich, dass eine Arbeit von Ihnen im II. Band der »Psycho-Analytic Study of the Child« erscheinen wird. Ich habe auch eine Arbeit darinnen,[94] die eben abgegangen ist. Mit den Rechten für die Artikel, die in der pädagogischen Zeitschrift erschienen sind, ist es so, dass sie noch von damals her der Dr. Edith Jackson gehören, die die Zeitschrift damals finanziert hat. Sie hat natürlich gar kein finanzielles Interesse daran und tritt die Rechte immer ab, wenn es für psychoanalytische Zwecke irgendwo wichtig ist.

Der gegenwärtige Präsident der Internationalen Vereinigung ist noch immer Dr. Ernest Jones. Seine Adresse ist: The Plat, Elsted near Midhurst, Sussex, England.

Natürlich wäre ich sehr dankbar, wenn Sie Schritte unternehmen wollten, damit der Psychoanalytische Verlag uns wieder zuerkannt wird. Wir haben allerdings immer angenommen, dass die Rechte über die Bücher uns weiter gehören und sonst wird ja kein Besitzstand mehr da sein. Aber wenn man Ersatz für die vernichteten Bücher und etwa für die Ausstattung des Instituts bekommen könnte, so wäre das natürlich ausgezeichnet. Bitte schreiben Sie mir, wie die Vollmacht lauten müsste und ob Sie vielleicht eine Art Inventar des Besitzstandes brauchen würden (zum Beispiel 4 Schreibmaschinen, Vervielfältigungsapparat etc.).

Von dem Verkaufserlös der »Verwahrlosten Jugend« bei der Viking Press in New York weiss ich nichts. Und wieso ist die Hälfte davon mein Eigentum? Das müssen Sie mir erklären! Ich würde mich schrecklich freuen, Ihren Vortrag im Institut für Wissenschaft und Kunst zu lesen zu bekommen. Im Augenblick, wie man Bücher und Manuskripte von hier nach Oesterreich schicken

---

[92] Masch. außer Unterschrift; Zensurstempel.
[93] Anton Walter, Sohn von Martin Freud.
[94] A. Freud 1947.

kann, müssen Sie mir dann einen ganzen Wunschzettel schicken, damit ich ihn erfüllen kann.

Mit sehr herzlichen Grüssen
Ihre Anna Freud

31 AA [Briefkopf IV][95] Wien, 21. 6. 1946[96]

Liebes Fräulein Freud!
Heute bitte ich Sie um rascheste (Luftpost) Antwort auf meinen Brief. Der Generaldirektor der Österreichischen Nationalbibliothek[97] gibt im Wiener Gallus-Verlag ein Buch »Große Österreicher« heraus, das die Biographien hervorragender österreichischer Persönlichkeiten aller Gebiete, deren Wirkung abgeschlossen vorliegt, nebst fachlicher Würdigung und einer Übersicht der Literatur, enthalten soll. Entgegen den schon bestehenden Werken dieses Charakters (Wurzbach, Bettelheim u. a.), soll dieser Ausgabe weitgehende Verbreitung gesichert und damit die Leistung Österreichs auf allen Gebieten betont werden.[98]
Er ersuchte mich, zu dem gedachten Werk eine Abhandlung über »Freud« beizutragen. Der Beitrag soll auf 6 Druckseiten von je 1000 Silben begrenzt sein. Liefertermin: Ende Juli.[99]
Da es sich um ein durchaus seriöses Unternehmen handelt, frage ich an, ob Sie, liebes Fräulein Freud, die Arbeit übernehmen wollen. Haben Sie nicht die

---

[95] Getippte Absenderadresse (in wechselnder typographischer Anordnung): August Aichhorn, / Wien I., / Rathausstr. 20.
[96] Masch. außer Unterschrift; Zensurstempel.
[97] Josef Bick.
[98] Das geplante Buch ist offenbar nicht zustande gekommen. Die beiden biographischen Werke, die Aichhorn vergleichend erwähnt, sind das *Biographische Lexikon des Kaiserthums Oesterreich*, hg. von Constantin von Wurzbach, und die *Neue österreichische Biographie ab 1815*, begr. von Anton Bettelheim.
[99] Am 15. 5. hatte Bick an Aichhorn geschrieben (NAA): »Ein wesentlicher Grundsatz des Werkes liegt auch darin, dass die einzelnen Abhandlungen von Persönlichkeiten übernommen werden, die den Dargestellten entweder fachlich oder bei jüngeren noch persönlich nahestehen, sodass auch die Darsteller, als gegenwärtige hervorragende Mitarbeiter an der geistigen Kultur Österreichs, in ihrem Wirken mitcharakterisiert erscheinen.«

Absicht, dann übernehme ich die Abhandlung und bitte Sie, mir mitzuteilen, was Sie über die Zeit von 1938 bis zum Tode des Herrn Professors veröffentlicht haben wollen.

Ihre beiden Briefe vom 3. und 31. Mai haben sich mit meinem vom 25. Mai, in dem ich Sie um einiges ersuchte, gekreuzt. Schon im Schreiben vom November bat ich, um ein den besonderen Verhältnissen hier Rechnung tragendes Ausbildungsprogramm; Sie haben dazu noch nicht Stellung genommen. Für selbstverständlich halte ich es, daß an erster Stelle Neurosenlehre vorgetragen werden muß. Aber das Programm allein aufzustellen ist mir zu gewagt. Ich muß warten, bis ich weiß, wie Sie sich die Ausbildung denken.

Soll ich Dr. Jones das Wiederaufleben der Wiener Psychoanalytischen Vereinigung melden oder um Aufnahme in die Internationale Vereinigung ansuchen? Ich betrachte die Meldung als richtig und nehme an, daß wir damit selbstverständlich wieder automatisch Mitglieder der I. V. werden.

Ihrem Brief vom 3. Mai entnehme ich, daß Sie mit meinen Plänen einverstanden sind und das macht mich froh. Sie können sich nicht denken, wie viel Fragen der Alltag bringt und wie ich mit dem Schicksal hadere, die Verantwortung ganz allein übernehmen zu müssen, nicht die Möglichkeit zu haben, mich mit Ihnen zu beraten, einzuschränken, zu erweitern, aufzubauen usw. Was gäbe ich darum, das Rad der Zeit zurückzudrehen und die jetzigen Gegebenheiten der alten Vereinigung zur Verfügung stellen zu können.

Meine programmatische Erklärung bei der Eröffnungssitzung lasse ich nun engzeilig auf Luftpostpapier schreiben und schicke sie entweder in einem Brief oder wenn ihn die Post wegen Übergewicht nicht annimmt, in 2 Briefen.

Diese Woche eröffneten wir einen »Einführungskurs in die Psychoanalyse« I. Teil, in Gruppen zu je 40 Personen im Kurssaal in der Rathausstraße. Eingelaufen sind bis jetzt 169 Anmeldungen; eine Gruppe Studenten der Medizin, Psychologen, Ärzte; eine Gruppe Volksschul- Hauptschul- und Mittelschullehrer; eine Gruppe Kindergärtnerinnen; eine Gruppe verschiedene Berufe.[100]

Gelegentlich des Vortrages im Institut für Wissenschaft und Kunst, teilte mir eine Frau beim Weggehen mit, daß Mrs. Burlingham ihr geraten habe, sich mit mir in Verbindung zu setzen. Sie hat sich aber trotz Aufforderung bei mir nicht gemeldet. Ich weiß nicht um was und um wen es sich handelt.[101] Von Mrs. Burlingham habe ich noch keinerlei Nachricht. Ich grüße sie herzlich.

---

[100] Siehe III.1.c.
[101] Ungeklärt.

Sehr freue ich mich, daß Sie die Bilder erhalten haben. Bürgermeister Seitz ist wirklich sehr alt geworden. Beim Weggehen (nach der Eröffnungsfeier) fragte er mich: »Mit dem K.Z. (damit meinte er seinen Aufenthalt im Konzentrationslager) habe ich ganz vergessen, bin ich Mitglied von der Vereinigung oder bin ich es nicht?«[102]

Meine Anfrage über Dr. Hollitscher ist nicht beantwortet. Mit Dr. Meng habe ich mich in Verbindung gesetzt.[103] *Dr. Jokl, der von Frankreich nach Wien zurückkehrte, war bereits 3 Wochen in Wien, bevor er sich bei mir meldete. Er wußte nicht, daß wir existieren und las zufällig unsere Kursankündigung in der Zeitung. Er ist völlig mittellos, ich borgte ihm 1000,– Schilling. Er ist sehr gealtert. Als Wohnung wurde ihm die Ordination des ehemaligen, uns sattsam bekannten Prof. Hamburger zugewiesen. Wie er sich einleben wird? Ich habe nun etliche Rückkehrer – nicht nur Analytiker – gesprochen. Für uns, die wir die schwere Zeit hier mitgemacht haben ist es recht interessant zu beobachten, welche Charaktertypen zurückkommen. Ich bin, weiß nicht mit Recht oder Unrecht, ihnen gegenüber sehr vorsichtig geworden. Haben <u>diese</u> Emigranten draußen in einer Regression gelebt, nichts zugelernt und kommen sie jetzt ohne unsere Änderung und die Änderung der Verhältnisse hier zur Kenntnis zu nehmen, zurück und fordern völlig infantil etwas nicht mehr Bestehendes zurück?*

Ich stehe auf dem Standpunkt: geschädigt sind wir alle, die Zurückgebliebenen und die Zurückkehrenden. Die meisten von uns hier haben ihre Wohnung, 100.000e noch dazu, ihr Liebstes verloren, waren jahrelang täglich in ärgster Lebensgefahr und konnten ihre materielle Existenz nur mit äußerster Anstrengung halten. Die zurückkehrenden Emigranten haben zumindest unter

---

[102] Karl Seitz war nie Mitglied der WPV.
[103] AA an Meng, 29. 6. 1946 (NAA): »Bitte überlegen Sie, ob Sie nicht bei der Ausbildung des jungen Nachwuchses hier mitwirken könnten. Ich wäre Ihnen sehr verbunden, wenn Sie gelegentlich auf kürzere oder längere Zeit hierher kämen und einen Kurs übernähmen. Wenn ich Ihre prinzipielle Zustimmung bekäme, dann könnten wir das Ausbildungsprogramm für das Wintersemester schon dementsprechend einrichten. Anna Freud, der ich schon mitteilte, daß ich Sie ersuchen werde, in Wien mitzuhelfen, würde Ihre uns gewährte Unterstützung sehr begrüßen.« Und Mengs Antwort vom 18. 7. (NAA): »So gern ich im <u>Winter</u> schon bei Ihnen mithülfe: Es wird nicht gehen. Ich habe hier so viele Verpflichtungen, muss auch einmal nach Deutschland und habe die Praxis weiterzuführen.« Zu dieser Zeit kam aus der Schweiz kein Psychoanalytiker nach Wien.

besseren Verhältnissen gelebt als wir hier, denn die, die das fürchterlichste Los getroffen hatte, waren ja nicht weggegangen und leben nicht mehr. Wiedergutmachung für die Rückkehrer heißt daher nicht unbeschädigtes Eigentum und alte auskömmliche Lebensstellung zur Verfügung stellen. Zu haben ist: beschädigtes Eigentum und eine Arbeit, wie wir alle sie hier haben. Wer mit anderer Hoffnung kommt, wird die ärgsten Enttäuschungen erleben. Wir sind sehr arm geworden und werden es noch lange bleiben. Aber wir fangen ohne zu jammern wieder an und freuen uns über den kleinsten Erfolg. Die tägliche Lebensgefahr und der ungeheure Druck sind weg und schon das macht das Leben wieder lebenswert. Sie werden aus meiner programmatischen Erklärung bei der Eröffnungssitzung auch entnehmen können, daß es nicht möglich ist, einfach dort anzuknüpfen, wo für die Vereinigung im Jahr 1938 die Fäden abgerissen sind. Auch die Vereinigung muß den völlig neuen Gegebenheiten Rechnung tragen oder sie wird unbeachtet abseits stehen.

Ich bitte Sie nochmals um sofortige ganz kurze Luftpostantwort über die Prof. Freud betreffende Abhandlung.

Alles Liebe
Ihr Aug Aichhorn

32 AF   *[Briefkopf London] 28. Juni 1946.*[104]

Lieber Herr Aichhorn!
Haben Sie vor einer Weile einen Brief von einem jungen Mädchen bekommen, die Hedda Rattner[105] *heisst und Sie wegen der Ausbildungsmöglichkeiten in Wien um Rat gefragt hat? Sie war bei mir, um sich vorzustellen und hat mich gebeten, sie an Sie weiter zu empfehlen. Sie ist 26 Jahre alt, hat in Österreich die Matura gemacht und hier, ohne Prüfung, in Kindergärten und Elementarschule als Lehrerin gearbeitet, zum Schluss auch unter früheren Mitarbeitern von mir in einem Kinderheim für österreichisch-jüdische Kinder, die man aus Konzentrationslagern hierher gebracht hat.*[106] *Sie macht einen intelligenten und interessierten Eindruck, wahrscheinlich etwas schwieriger als Mensch.*

---

[104] Masch. außer Unterschrift; Zensurstempel.
[105] Hedda Eppel; vgl. den nächsten Brief mit Beilage.
[106] Dieses Auffanglager des Jewish Refugees Committee, angesiedelt in Windemere, wurde von A. Freuds Kollegin Alice Goldberger und von Oscar Friedmann geleitet. Eine Gruppe von sechs Kindern wurde gesondert in einem Haus in Sussex

Sie hat darum angesucht, nach Oesterreich zurückzugehen, möchte dort die Lehrerinnenprüfung machen und sich unter Ihnen zur psychoanalytischen Pädagogik oder Verwahrlostenarbeit ausbilden. Geld hat sie nicht. Wie sind die Möglichkeiten?

Mit sehr herzlichen Grüssen
Ihre Anna Freud

33 AA [Briefkopf IV] *Wien, den 10. Juli 1946*[107]

Liebes Fräulein Freud!
Am 21. Juni benachrichtigte ich Sie, daß der Generaldirektor der Österreichischen Nationalbibliothek im Wiener Gallus Verlag ein Buch Große Österreicher herausgibt, das die Biographie hervorragender österreichischer Persönlichkeiten aller Gebiete, deren Wirken abgeschlossen vorliegt, nebst fachlicher Würdigung und einer Übersicht der Literatur enhalten soll. Entgegen den schon bestehenden Werken dieses Charakters (Wurzbach, Bettelheim u. a.), soll dieser Ausgabe weitgehende Verbreitung gesichert und damit die Leistung Österreichs auf allen Gebieten betont werden.

Er ersuchte mich, zu dem gedachten Werke eine Abhandlung über »Freud« beizutragen. Der Beitrag soll auf 6 Druckseiten von je 1000 Silben begrenzt sein. Liefertermin: Ende Juli.

Da es sich um ein durchaus seriöses Unternehmen handelt, frage ich an, ob Sie, liebes Fräulein Freud, die Arbeit übernehmen wollen. Haben Sie nicht die Absicht, dann übernehme ich die Abhandlung und bitte Sie, mir mitzuteilen, was Sie über die Zeit von 1938 bis zum Tode des Herrn Professors veröffentlicht haben wollen.

Ich bat Sie, mir umgehend mit Luftpost zu antworten. Bis heute traf eine Antwort nicht ein. Da ich der Nationalbibliothek unbedingt antworten muß, telegrafierte ich Ihnen und ersuchte um telegrafische Rückäußerung.[108]

(Bulldogs Bank) untergebracht und von A. Freud in einer klassischen Arbeit beschrieben (A. Freud u. Dann 1951; vgl. Peters 1979, S. 252–254; Young-Bruehl 1995, Bd. 2, S. 140 f.).

[107] Masch. außer Unterschrift; Zensurstempel.
[108] Siehe 34AA. – An Bick schrieb Aichhorn am gleichen 10. 7., er habe ihm noch nicht geantwortet, weil er zuerst auf den Bescheid von Anna Freud warten wolle. Er fuhr fort: »Um im Falle einer Absage nicht in Zeitnot zu kommen, habe ich die

Von Ihnen langten in rascher Aufeinanderfolge vor 3 Tagen und heute 2 Briefe vom 14. und 28. Juni ein.
Ihr Neffe, Walter Freud, hat sich bei mir noch nicht gemeldet.
Wegen des Psychoanalytischen Verlages habe ich schon Erkundigung eingezogen. In einigen Tagen bekommen Sie den Wortlaut einer Vollmacht, die ich Sie zu unterfertigen bitte, da ich sonst nicht intervenieren kann.[109] *Über den Fortschritt der Verhandlung werde ich Sie am laufenden halten.*
Aus dem Verkaufserlös für die »Verwahrloste Jugend« wird von der Viking Press in New York ein bestimmter Betrag als Autoren Honorar bezahlt. Nach dem Vertrag, den ich seinerzeit mit dem Wiener Psychoanalytischen Verlag geschlossen habe, gehört die Hälfte dem Verlag.[110] *Da Sie Eigentümerin des Verlages sind, ist also diese Hälfte Ihr Eigentum.*
Ein Fräulein Virginia Wimperis, wohnhaft Wien XIII, Hietzinger Hauptstr. 41, verständigte mich, daß sie mir 2 Ihrer Bücher, die Sie ihr für mich übergeben haben, bringen wolle.[111] *Ich lud sie am 28. 6. für den 5. Juli zu mir ein. Bis heute ist sie weder erschienen, noch benachrichtigte sie mich, warum sie der Einladung nicht Folge leistete.*
Dem Präsidenten der I.P.V. Dr. Ernest Jones zeige ich heute das Wiederaufleben der Wiener Psychoanalytischen Vereinigung an.
In Ihrem Brief vom 28. Juni fragen Sie an, ob ich einen Brief von Hedda

Abhandlung bis zur Reinschrift fertig gestellt. Ich übermittle sie Ihnen aber nicht, weil ich bis zum letzten Augenblick zuwarten will.«

[109] Genaues zur damals geplanten »Intervention« Aichhorns ist nicht bekannt; den Text einer zu unterschreibenden Vollmacht hat er erst Anfang 1947 nach London gesandt. Siehe zum Ganzen III.3.a.

[110] Die Aussage bezieht sich auf die Tantiemen aus der englischen Übersetzung (siehe Briefe des Verlags an Aichhorn von 1934 und 1936; NAA).

[111] Wimperis stellte als erste die Verbindung zur Familie Fadenberger her, die das Haus von Dorothy Burlingham und Anna Freud in Hochrotherd bewirtschaftete (siehe III.5.f). A. Freud hatte sie in einem Brief vom 5. 6. an Aichhorn verwiesen, offenbar verbunden mit der Bitte, ihm die beiden Bücher über ihre Erfahrungen mit Kriegskindern (Burlingham u. A. Freud 1942; 1944) mitzubringen (AFP). Wimperis aber hatte Aichhorn zunächst nicht aufgesucht, weil sie mit den Schwierigkeiten der Eingewöhnung in Wien allein fertig werden wollten (an AF, 14. 6. 1946; ebd.). A. Freud antwortete ihr am 28. 6. (Original englisch; ebd.): »Sie sollen wegen Aichhorn kein schlechtes Gewissen haben. Es gibt keine Verpflichtung ihn zu sehen, obwohl ich mir sicher bin, Sie würden es sehr genießen, wenn Sie es tun.«

Rattner bekommen habe. Sie schrieb mir am 19. April von London.[112] Sie berief sich in Ihrem Brief nicht auf Sie, sondern auf Herrn Dr. Hollitscher. Am 29. Juni schrieb ich ihr den in der Abschrift beiliegenden Brief.

Gleichzeitig mit diesem Brief schicke ich Ihnen gesondert einen Durchschlag meiner programmatischen Erklärung bei der feierlichen Eröffnungssitzung, weil Sie daraus entnehmen sollen, wie ich mir die Arbeit der wiedererstandenen Vereinigung vorstelle.[113] Da sich die Verhältnisse hier in einer bestimmten Richtung entwickelt und die Menschen geändert haben, können wir nicht einfach die Arbeit dort fortsetzen, wo sie im Jahre 1938 aufgehört hat.

Von mir spreche ich deswegen so viel, weil der Nachfolger Prof. Pötzls, Prof. Kauders, nicht nur als Leiter der Psychiatrischen Klinik, sondern auch als einflußreicher Mann in politischen Kreisen für uns in Frage kommt und von mir nur wußte, daß ich »Volksschullehrer« sei. Bei seinen Erkundungen um meine Person – als es laut wurde, daß ich Freuds Arbeit über die Nazizeit gehalten habe und die Vereinigung wieder aufleben lasse – trat dies zu Tage. Ich wollte der Öffentlichkeit beweisen, daß ich meine Herkunft nicht verleugne, sondern sie geradezu unterstreiche. Da er, wie Sie aus dem kurzen, Ihnen eingeschickten Bericht[114] entnehmen können, nebst anderen offiziellen Persönlichkeiten an der Eröffnungsfeier teilnahm, mußte er wohl oder übel meine Absicht zur Kenntnis nehmen.

Den Durchschlag schicke ich Ihnen deswegen gesondert, weil ich die Postvorschriften zu wenig kenne und nicht weiß, ob die Zensur ihn passieren läßt. Darf ich Sie bitten, mir vielleicht mit Flugpost das Einlangen zu bestätigen. Wird dieser Durchschlag durchgelassen, dann schicke ich Ihnen auch den im Institut für Wissenschaft und Kunst gehaltenen Vortrag.

*Alles Liebe
Ihr Aug Aichhorn*

1 Anlage

[Brief August Aichhorn an Hedda Rattner; »Abschrift«]

Wien, den 29. Juni 1946

Sehr geehrtes Fräulein Rattner!

Auf Ihren Brief vom 19. April komme ich sehr verspätet zurück. Leider war es unmög-

---

[112] Dieser Brief ist nicht erhalten.
[113] Siehe Anhang I.2.c.
[114] Siehe Anhang I.2.a.

lich zu Ihrer Anfrage früher Stellung zu nehmen, da vorerst die innere Organisation der Vereinigung so weit vorgeschritten sein mußte, daß ein Überblick über die Arbeitsmöglichkeiten der nächsten Zeit gewonnen werden konnte.

Als Ausbildungskandidaten kommen nur Ärzte oder akademische Psychologen in Frage. Ausnahmsweise können auch pädagogisch und fürsorgerisch längere Zeit erfolgreich tätige Persönlichkeiten als Ausbildungskandidaten aufgenommen werden. Ihrem Brief ist nicht zu entnehmen, ob bei Ihnen diese Voraussetzung zutrifft. Eine pädagogisch analytische Ausbildung wird möglich sein. Begonnen wird damit voraussichtlich im Wintersemester 1946/47.

Mit Herrn Dr. Hollitscher habe ich mich Ihretwegen in Verbindung gesetzt. Er empfiehlt Sie.

Wollen Sie mir gelegentlich mitteilen, ob Sie nach Wien kommen werden.

Hochachtungsvoll
August Aichhorn

34 AA [11.7.1946][115]

erbitte drahtantwort auf brief muss nationalbibliothek melden ob sie biographische arbeit uebernehmen = august aichhorn

35 AF [15.7.1946][116]

brief bisher nicht erhalten gruesse = anna freud

36 AF [18.7.1946][117]

letter received cannot undertake work will write fully greetings = anna freud

[brief erhalten kann arbeit nicht uebernehmen schreibe ausfuehrlich gruesse = anna freud]

---

[115] Telegramm; Datum des Eingangsstempels.
[116] Radiogramm; Datum des Eingangsstempels.
[117] Telegramm; Datum des Eingangsstempels.

37 AA   [Briefkopf IV] Wien, den 21. Juli 1946[118]

Liebes Fräulein Freud!
Recht herzlichen Dank für Ihre beiden Telegramme.
Zu Ihrer Orientierung, wie ich die Abhandlung für das Buch »Große Österreicher« auffasse, teile ich Ihnen vorläufig die Einleitung mit:[119]
Im Jahre 1925 erschien im IV. Band des Sammelwerkes »Die Mediziner der Gegenwart in Selbstdarstellung«, herausgegeben von Prof. Dr. L. R. Grote, Verlag Felix Meiner, Leipzig, auch die Selbstdarstellung Sigmund Freuds.[120]
So wie die Jahrhunderte durchgeführte Sammlung der Selbstportraits von Malern in Florenz auf den Beschauer mit großem, die Phantasie anregenden Reiz wirkt, so muß auch eine Reihe von Selbstdarstellungen bedeutender Männer nicht nur interessantes, so weit als möglich authentisches Tatsachenmaterial vereinigen, sondern darüber hinaus auf den Leser eine Anziehung besonderer Art ausüben. Ist ihm das Lebenswerk eines der Autoren nicht fremd, so werden sich ständig zwischen den Darstellungen der einzelnen Lebensphasen und den in diesen Abschnitten entstandenen Werken Verbindungsfäden spinnen, die gerade diese Selbstdarstellung von den anderen ganz plastisch herausheben. Der Leser wird sich nach und nach eingewoben finden, in ein, sein Dasein weit weit überragendes Leben; er wird teilhaben an dem Leben des Großen, vertraute oder befremdende Züge darin erkennen, seine eigenen bescheidenen Gedanken bestätigt haben oder angeregt werden, sich in ein ihm bisher fremd gebliebenes Denken zu vertiefen. Hinter dem allen aber werden ihm verknüpft mit dem eigenen Erleben, wie feine Konturen, die menschlichen Züge des Verfassers immer deutlicher erscheinen und sein Bild wird dadurch, weniger durch das Tatsachenmaterial – eigene Erfahrungen mögen wie schon oft festgestellt, täuschen – immer klarer werden.

---

[118] Masch. außer Unterschrift; Zensurstempel.
[119] Aichhorn schloss seinen Text »Sigmund Freud« (1946d) während des Sommerurlaubs in Bad Gastein im August 1946 ab (vgl. Anm. 108 zu 33AA). Da das Projekt, für das er bestimmt war, scheiterte, blieb der Text unveröffentlicht. Die folgenden drei Absätze sind ein wörtliches Zitat daraus. Aichhorns Typskript ist in NAA erhalten.
[120] Freud 1925d. Das Werk, in dem der Beitrag erschien, hieß richtig: *Die Medizin der Gegenwart in Selbstdarstellungen.*

Wenn hier der Versuch unternommen wird, Sigmund Freud und sein Lebenswerk betrachtend zu würdigen, so soll es in dieser Weise geschehen. Die erwähnte »Selbstdarstellung« und anderes von ihm selbst Ausgesagtes und festgehaltenes Material soll als Zeugnis dienen.
Liebes Fräulein Freud, Sie bitte ich, da ich leider die Arbeit mit Ihnen nicht durchbesprechen, sie Ihnen auch nicht zur Überprüfung einschicken kann, mir mitzuteilen, was ich über des Herrn Prof. Krankheit und die Zeit von 1938 bis zu seinem Tode der Öffentlichkeit mitteilen soll. Am liebsten wäre es mir, wenn ich Ihre Mitteilung wörtlich zum Abdruck geben dürfte und in einer Anmerkung bekannt gäbe, daß sie von Ihnen kommt. Sind Sie mir bitte nicht böse, wenn ich um dringendste Beantwortung dieses Briefes bitte. Ich muß das Manuskript spätestens in der ersten Augustwoche abgeben und werde dem Herausgeber, Generaldirektor der Nationalbibliothek Dr. Bick mitteilen, daß er den Schluß erhalten wird, bis ich Nachricht von Ihnen habe.

Alles Liebe
Ihr Aug Aichhorn

38 AF [Briefkopf London] 23. August 1946.[121]

Lieber Herr Aichhorn,
Es tut mir leid, dass die Briefe immer noch solange dauern und dass dieser letzte noch dazu durch meine Ferien verzögert worden ist. Jetzt schicke ich Ihnen schnell die paar biographischen Daten, um die Sie gebeten haben, und hoffe, dass das alles ist, was Sie brauchen.[122]
Mein Vater hat, wie Sie wissen, am 4. Juni 1938 Wien verlassen, hat auf der Durchreise einen Tag in Paris als Gast der Prinzessin Marie Bonaparte verbracht und ist am 6. Juni in London angekommen, wo er bis zu seinem Tod am 23. September 1939 geblieben ist. – Trotz der Schwierigkeiten, die das Wiederauftreten der Krebskrankheit verursacht hat, hat er bis zu den Sommermonaten 1939 mit Patienten gearbeitet. Die wissenschaftlichen Arbeiten dieser Zeit sind in den Schriften aus dem Nachlass (Imago Publishing Co.,

---

[121] Masch. außer Unterschrift; Zensurstempel.
[122] In seinem Manuskript hat Aichhorn die ihm im Folgenden übermittelten Angaben nicht mehr verwertet.

London) veröffentlicht worden, darunter ein »Abriss der Psychoanalyse«, der eine besonders wertvolle kurze Einführung in die psychoanalytische Theorie enthält.[123] Das Buch »Der Mann Moses und die monotheistische Religion«[124] ist in London vollendet worden und im Jahre 1939 im Verlag Allert de Lange, Amsterdam, erschienen.

Englische Freunde haben Bemühungen gemacht, ihm die englische Staatsbürgerschaft zu verschaffen, was nur durch einen Parlamentsbeschluss möglich gewesen wäre, da gesetzlich 5 Jahre Aufenthalt in England die Vorbedingung zur Naturalisation sind; die sich steigernden politischen Sorgen und schliesslich der Ausbruch des Krieges haben diese Bemühungen nicht zum Erfolg kommen lassen. – Mein Vater hat sehr gerne in England gelebt und nie Andeutungen gemacht oder sich sonst anmerken lassen, dass er die Notwendigkeit der Auswanderung bedauert.

Von Dr. Jones, der jetzt auf Urlaub ist, habe ich noch nichts über Ihren Brief gehört, habe aber jedenfalls das Wiederaufleben der Wiener psychoanalytischen Vereinigung im Korrespondenzblatt des »International Journal« angezeigt.[125]

Vor 14 Tagen bin ich hier naturalisiert worden.[126]

Ich schreibe sehr bald mehr. Indessen mit herzlichen Grüssen

Ihre Anna Freud

---

[123] Dieser »Abriß« (Freud 1940a) erschien in Bd. 17 der *Gesammelten Werke* (Imago-Ausgabe), der »Schriften aus dem Nachlaß« zusammenfasste.

[124] Freud 1939a.

[125] »The Vienna Psycho-Analytical Society resumed its activities under the presidency of August Aichhorn with a formal re-opening in its new quarters at Rathausstrasse 20, Vienna I, on April 10, 1946. A list of members and a detailed report will follow« (IJ 1946, S. 97).

[126] In einem Dokument des Undersecretary of State, Home Office, vom 20. 7. 1946 (AFP) steht zu lesen: »Madam, I am directed by the Secretary of State to transmit to you herewith the Certificate of Naturalization which he has been pleased to grant under the British Nationality and Status of Aliens Act, 1914, to you. [...] The Certificate does not take effect unless the Oath is taken within the time prescribed.«

39 AF [Briefkopf London] 22. September 1946.[127]

Lieber Herr Aichhorn,
Ich hoffe, daß Sie meinen letzten Brief richtig bekommen haben und daß bei Ihnen alles gut geht. Bei mir hat inzwischen das neue Arbeitssemester wieder begonnen und ich bin, zum erstenmal seit meiner Krankheit im vorigen Januar wieder in ganz voller Praxis. Es ist erstaunlich, wie schwer es ist, nach so einer Krankheit wieder die volle Arbeitsfähigkeit zurückzubekommen. Oder ist es nur so schwer, wenn man schon so heruntergearbeitet ist wie ich? Wenn ich ein Staatsbeamter wäre, dann hätte ich schon 30 Jahre und dürfte in Pension gehen!

Im Sommer, während ich zum erstenmal hier auf Ferien war, waren zwei Ereignisse, von denen ich Ihnen noch nicht geschrieben habe, glaube ich. Ich habe endlich die britische Staatsbürgerschaft bekommen. Und Mrs. Burlingham und ich haben uns ein kleines Haus am Meer, an der Ostküste von England gekauft, eine Art Ersatz für das verlorene Hochrotherd, das wir sehr schwer verschmerzen. Vorläufig ist es ein ganz leeres Häuschen, aber im Laufe der nächsten Monate hoffen wir es mit den bunten Bauernmöbeln aus Hochrotherd einzurichten. Für weekends ist es zu weit von London, aber für Weihnachten, Ostern, Pfingsten und Sommerferien wird es hoffentlich sehr schön sein.[128]

Morgen ist der 7. Todestag meines Vaters. Ich glaube immer noch, es war gestern, daß ich an seinem Bett gesessen bin.

Ich möchte so gerne einmal etwas von Ihnen persönlich wissen, nicht nur im Zusammenhang mit der Arbeit und der Vereinigung. Wie es Ihnen mit der eigenen Person geht, wie Sie das Weggehen von uns allen vertragen haben, was diese Jahre innerlich für Sie bedeutet haben. Wissen Sie noch, wie Sie sich den Arm gebrochen haben, weil ich Ihnen zu sehr zugeredet habe, zur

---

[127] Handschriftlich, einschließlich des Briefkopfs; Zensurstempel.
[128] A. Freud und D. Burlingham hatten ein Haus in Walberswick, Suffolk, erworben. In den folgenden Jahren kauften sie ein zweites, größeres Haus, um dort Besuche, vor allem Burlinghams Kinder und Enkelkinder, unterbringen zu können. Freunde aus Wien wie die Ehepaare Kris, Katan oder Bibring mieteten sich in der Umgebung ein oder kauften sich dort ebenfalls Häuser. Walberswick wurde so zu einem Zentrum sommerlicher informeller Arbeitstreffen (Young-Bruehl 1988, Bd, 2, S. 124. 217 f.).– Zu dem Vorgängerhaus in Hochrotherd siehe I.5.a.

Tarockpartie zu kommen?[129] *Ich habe in den letzten Tagen so lebhaft daran gedacht.*

Was hätten wir noch alles in Wien miteinander gemacht ohne Hitler. Ich weiß jetzt erst nachträglich, wie schön unser Institut und alle unsere anderen Institutionen waren.

Gibt es eine Aussicht, daß Sie Lajos und Kata Lévy sehen werden?

Ich schicke Ihnen viele herzliche Grüße,

Ihre Anna Freud

40 AA   *Vom 24. zum 25. XII. 1946.*[130]

Liebes Fräulein Freud!

Ihr Brief, den Sie mir am Vortage des 7. Todestages Ihres Vaters schrieben, hat so viel von dem in den Tagen, Wochen und Monaten nach Ihrer Abreise erlebten, hochkommen lassen, daß ich mich noch in der Nacht nach dem Einlangen zum Schreiben hinsetzte.

Es wurde nicht nur ein Brief, es war vielmehr ein Zwiegespräch mit Ihnen und als der Morgen graute, wußte ich, daß der Brief nie abgeschickt werden wird.

Was geht den Zensor Persönlichstes an und die Mitteilung davon!

In den folgenden Wochen wurden noch drei Briefe geschrieben, aber immer wieder ging es mit mir durch, es war unmöglich sie abzuschicken.

Heute ist wieder eine Nacht – Weihnacht –; unter dem Christbaum wurde Vergangenes lebendig und nahm mich völlig gefangen: ich war wieder in der Berggasse.

Eines verrate ich Ihnen: als Sie weg waren, kam ich oft vorbei, absichtlich und manchmal ohne nachzudenken. An jedem Jahrestag Ihrer Abreise bin ich dort.

Daß Sie weg seien, wollte mir nicht in den Schädel hinein und jetzt ist's wie ich will und so feiere ich Weihnachten auf meine Art ...

Alles Liebe
Aug Aichhorn

---

[129] Vgl. I.1.b.
[130] Handschriftlich; Zensurstempel.

3. Themen 1947

*a. Zur Rückerstattung von Büchern
des Internationalen Psychoanalytischen Verlags*

Bereits Anfang Oktober 1945 hatte Anna Freud ihren Cousin Harry Freud gebeten, herauszufinden, ob in der Berggasse 7 noch irgendwelche Bücher des psychoanalytischen Verlags erhalten geblieben seien: »Und besuche Aichhorn, wenn möglich.«[1] Harry Freud hielt sich damals als Mitglied der alliierten Militärregierung in Österreich auf. Im Herbst 1945 kam er nach Wien. Aber er fand keine Bücher, sondern dürfte nur ermittelt haben, dass die Bestände des Verlags vernichtet worden waren und dass es nicht möglich sei, eine Entschädigung dafür zu bekommen. Am 22. Oktober beantwortete Anna Freud einen (bisher unbekannten) Brief, in dem er ihr Bericht erstattet hatte. Sie dankte ihm und fuhr fort (HFP; Original englisch):

Zu meiner eigenen Überraschung bringt mich jede Nachricht aus Wien weit mehr durcheinander, als ich es für möglich gehalten hätte. Man wird mit einem Teil seines Lebens nie so fertig, wie man glaubt. Eigentlich sollte ich das besser wissen als andere. Trotzdem wird es mir erst jetzt klar. […]

Ich werde alle Nachrichten über die Bücher an Martin und Ernst weitergeben, die schon gespannt darauf warten. Rodker von der Imago Publishing Co. hier hat angeboten, in Sachen des Verlags nach Wien zu fahren, wenn wir meinen, dass es sinnvoll ist.[2] Ich vermute, dass Du als einziger von uns in der Lage bist zu beurteilen, ob ein britischer Verleger derzeit etwas erreichen kann. […]

Über Sauerwald. Ich weiß nicht, ob Dir Martin je von ihm erzählt hat. Aber die Wahrheit ist, dass wir ihm unser Leben und unsere Freiheit verdanken, weil er seine Position als Kommissar des Verlags dazu benützt hat, für unsere persönliche Sicherheit zu sorgen. Ohne ihn wären wir nie weggekommen. Es war er, der uns eine sichere Reise ermöglicht, der in letzter Sekunde die Ausreiseerlaubnis für Dr. Stross erwirkt hat, so dass Papa nicht ohne Arzt reisen musste.[3] Und noch viel mehr als das. Ich nehme an, Du weißt, dass Martin, der damals ziemlich verstört war, in seinem Schreibtisch

---

[1] AF an H. Freud, 6. 10. 1945 (HFP); Original englisch.
[2] Im Herbst 1946 war John Rodker tatsächlich in Wien, wo er auch Aichhorn aufsuchte. Vgl. seinen Brief an diesen vom 2. 10. und die Antwort vom 16. 11. (NAA).
[3] Max Schur, der als Freuds Leibarzt an sich mit hatte ausreisen sollen, war krank geworden. Seine Aufgabe wurde von Josefine Stross übernommen.

einige sehr belastende Unterlagen über unsere Schweizer Angelegenheiten aufbewahrt hatte. Sie wurden dort gefunden, aber Sauerwald hat sie unter Verschluss behalten, bis wir abgereist waren.[4] Er war wirklich mein einziger Freund und Beistand, nachdem Martin und alle unsere jüdischen Freunde weg waren. Die Prinzessin wusste das und dachte immer genauso über ihn; sie erwähnt ihn sogar in ihrem Buch über den Krieg, das demnächst herauskommt, als ein Beispiel für den »Freund in der Verkleidung des Feindes«.[5] Sauerwald soll daher nichts zustoßen. Oder wenn er festgenommen wird, dann soll all das zu seinen Gunsten sprechen. Papa sagte immer, dass wir vielleicht eines Tages für Sauerwald aussagen und so zurückzahlen können, was wir ihm schulden. Und mehr noch: nachdem wir weg waren, besuchte er regelmäßig die Tanten[6] und saß mit ihnen zusammen, ganz ähnlich wie Du es Sonntags gemacht hast. Erst als er zum Militär gegangen war, waren sie schutzlos.

Kannst Du über ihn nochmals nach Wien schreiben? Ist das möglich? Ich nehme an, er könnte eine große Hilfe sein, um die Verlagsdinge wiederzubekommen, soweit es geht. Nur hoffe ich, dass er und Martin einander nie mehr begegnen. Martin konnte ihm nicht verzeihen, dass er plötzlich machtlos war, während Sauerwald alle Macht hatte. Er hat seine Macht aber nicht missbraucht, und nur sehr wenige Menschen sind fähig, einer solchen Versuchung zu widerstehen.

Bereits im Herbst 1945 waren in Wiener Tageszeitungen sehr negative Be-

---

[4] Vgl. die abweichende Darstellung in M. Freud 1999, S. 226–229; außerdem Anhang I.3.

[5] Bonaparte schreibt in ihrem Buch (1947, S. 70), dass der Mythos vom »Friendly Enemy« einen realen Kern habe. »Die Menschen sind also zutiefst ambivalent und können nicht rückhaltlos ihre Freunde lieben oder ihre Feinde hassen.« In diesem Zusammenhang erwähnt sie »Dr. Anton Sauerwald«, einen »überzeugten Nationalsozialisten«, der nach dem »Anschluss«, den er begrüßte, »mit der Verantwortung für den Verlag der Freuds und für all ihre Familienangelegenheiten betraut« worden war. »Er musste dem Befehl Folge leisten, die Lagerbestände des Verlags zu vernichten und die österreichischen Wertpapiere Freuds zu beschlagnahmen, aber er ersparte Freud und seiner Familie viele persönliche Härten.« Nur dank seiner Hilfe konnte Freud seine Möbel, seine Bibliothek und seine Antikensammlung mitnehmen und mit einer Ärztin reisen. Und Bonaparte schließt: »Hier also war ein ›Feind‹, der sich, gewiss wegen seines hohen kulturellen Niveaus, als wahrhaft ›freundlich‹ erwies, obwohl das möglicherweise für ihn selbst nicht ungefährlich war.«

[6] Freuds Schwestern »Rosa«, Maria, Adolfine und »Paula«, die 1938 in Wien zurückgeblieben waren und im KZ umkamen; vgl. Anm. 3 zu Anhang I.3.

richte über Sauerwalds Verhalten im Zusammenhang mit seiner Tätigkeit 1938 erschienen,[7] und am 27. 4. 1946 wurde gegen ihn ein Haftbefehl ausgestellt. Er wurde von der Staatspolizei zur Fahndung ausgeschrieben, anfangs Mai 1947 in Tirol verhaftet und nach Wien gebracht. Am 26. 7. 1947 wurde er aus der Haft entlassen. Man warf ihm vor, dass er bei der Registrierung der Nationalsozialisten seine Mitgliedschaft in der Partei vor 1938, als diese in Österreich verboten war, verschwiegen habe (Verbrechen des Hochverrats und des Betrugs) und dass er sich als kommissarischer Verwalter des Internationalen Psychoanalytischen Verlags und des Ambulatoriums der WPV sowie bei der Beschlagnahme des Vermögens der WPV und Freuds, selbst in Anbetracht der damals gültigen Regelungen, unverhältnismäßige Vermögensvorteile zugewendet habe (Verstoß gegen das Kriegsverbrechergesetz).[8]

Als Anna Freud nach der Verhaftung Sauerwalds von seiner Frau um Hilfe gebeten wurde,[9] wiederholte sie auch ihr gegenüber:[10] »Meine Eltern und ich haben nie daran vergessen, dass wir Grund hatten, Ihrem Mann in verschiedener Beziehung sehr dankbar zu sein«, weil er »eine schützende Hand« über ihren Vater gehalten habe. Er sei diesem »immer mit großem Respekt und großer Rücksicht begegnet«, habe »möglichst vermieden, andere Funktionäre des Regimes in seine Nähe kommen zu lassen«, habe belastende Schriftstücke »in seinem Schreibtisch verborgen gehalten« und ihr selbst, nachdem ihr Bruder und fast alle Freunde Wien schon verlassen hatten, geholfen, ihre eigene und die Ausreise ihrer Eltern zu organisieren, indem er sie z. B. zu verschiedenen Ämtern begleitete. Nach der Auswanderung habe er »dafür gesorgt, daß wir wirklich alle unsere Möbel und vor allem die Sammlung von Antiquitäten, die der liebste Besitz meines Vaters war, nachgeschickt bekommen haben«. Sie fuhr fort:

Im vorigen Jahr ist einmal das Gerücht zu uns gedrungen, daß Dr. Sauerwald verhaftet ist. Ich habe damals einen Brief zu seinen Gunsten an die Behörde geschickt, die mir

---

[7] Siehe u. a. den Artikel in der Zeitung *Neues Österreich* vom 18. 10. 1945: »Sigmund Freuds braunes Leid – Bombennazi Dr. Sauerwald und die Angstpsychose«.
[8] Siehe Gerichtsakt Sauerwald (WStLA). Die Prozesse gegen ihn fanden im Jänner 1949 statt; am 10. 1. wurde er freigesprochen.
[9] Vgl. ferner die in Anhang I.3 dokumentierte Initiative von Berta Steiner.
[10] AF an M. Sauerwald, 22. 7. 1947 (Brief im Gerichtsakt Sauerwald). Die Schreiben, die A. Freud und M. Bonaparte direkt an die Behörden in Wien geschickt hatten, waren nicht auffindbar.

die zuständige schien. Das gleiche tat Frau Prinzessin Georg von Griechenland, eine Freundin unseres Hauses, die 1938 bei uns in Wien war und Dr. Sauerwald in gleicher Weise dafür dankbar [ist], dass er meinen Vater beschützt hat. Wir bekamen aber damals die Antwort, dass das Gerücht auf einem Irrtum beruht haben muss. Prinzessin Georg von Griechenland wäre sicher bereit, ihre Fürsprache von damals jetzt zu wiederholen. [...]

Ich wünsche Ihnen und Ihrem Mann, dass die jetzige Sorge ohne schwere Schädigung für ihn vorübergeht.

Ebenfalls in Sachen Rückerstattung schrieb Anna Freud am 16. März 1946 an Paul Federn (AFP):

Und nun zu Ihren Fragen. Ich habe gleich nach Empfang Ihres Briefes mit meinem Bruder Martin darüber gesprochen, ob es möglich ist, von hier aus irgendeinen Claim für unseren alten Vereinsbesitz in Wien zu machen und er hat es mit einem absoluten nein beantwortet. Es gibt hier keine Stelle, mit der man sich in einer solchen Frage in Verbindung setzen kann. In der letzten Woche ist, glaube ich, ein österreichischer Gesandter hier eingetroffen. Aber es hat noch keiner einen Weg gefunden, auf dem man entweder privates oder Vereinseigentum anfordern könnte. Dazu kommt, dass die Frage unserer Staatsbürgerschaft ganz in der Luft hängt.[11] [...]

Wir haben uns erkundigt, auf dem Weg über Deuticke und durch meinen Vetter Harry, der in Wien war, wie es mit dem Besitz des Verlages steht, aber es scheint absolut nichts davon übrig geblieben. Niemand weiss, ob die Bücher tatsächlich zerstört worden sind oder ob sie nach Deutschland geschafft wurden. Wenn sie in das Berliner Institut gekommen sind, was jemand vermutet, so sind sie dort wahrscheinlich irgendwie untergegangen.

Andererseits sind Sie sicher mit Aichhorn in Verbindung, wahrscheinlich lange vor uns, denn von Amerika konnte man ja nach Oesterreich schreiben, von hier aus nicht. Am 1. Januar ist es dann erlaubt worden und ist auch eine Weile sehr gut gegangen, aber jetzt dauert jeder Brief wieder viele Wochen, wenn er überhaupt ankommt. Wissen Sie etwas, ob Aichhorn, der ja dort ein neues Institut eröffnet, etwas von dem Bestand des alten Instituts dafür bekommen hat?[12] Die Berggasse 7[13] wird überhaupt nirgends erwähnt und ich kann nicht erfahren, ob von allen dortigen Beständen (Möbeln, etc.) irgendetwas gerettet ist. Also, was immer Sie dafür von Amerika aus tun können, ist willkommen. Von hier aus ist man darin sehr hilflos.

---

[11] Siehe 15AF mit Anm. 29.
[12] Eine diesbezügliche Anfrage von Federn bei Aichhorn ist nicht erhalten.
[13] Seit 1936 der Sitz von WPV, Ambulatorium und Verlag.

Im Herbst wandte sich Anna Freud in derselben Angelegenheit an Alfred Indra, den Rechtsanwalt, der die Familie Freud in der Zeit der Emigration juristisch betreut hatte; aber dieser antwortete nur lakonisch (4. 10. 1946; AFP), dass »alle Fragen der Wiedergutmachung beim Verlag Mr. Harry Freud auf Grund seiner recht weitgehenden militärischen Mittel bereits überprüft« habe und dass er keine Chance sehe, irgendetwas zurückzubekommen. Dagegen war Aichhorn offenbar der Meinung, dass es durchaus möglich sei, eine Rückerstattung zu erreichen. Er teilte Anna Freud schon im Juli 1946 mit, dass er eine Vollmacht brauche, um die nötigen Schritte einleiten zu können (33AA).

Seit Harry Freud in Wien gewesen war, hatte sich die Lage verändert. Am 26. Juli 1946 war das erste, am 6. Februar 1947 das zweite und dritte Rückstellungsgesetz (von insgesamt sieben bis 1949) beschlossen worden.[14] Aichhorn bat Anna Freud im Jänner 1947 nochmals um eine Vollmacht (43AA), und im Sommer 1947 äußerte er seine Hoffnung, eine Rückerstattung von Vermögen des Verlags und der Vereinigung zuwege bringen zu können (58AA). Sein Anwalt, Dr. Karl Zingher, berichtete ihm am 22. August (NAA):

1, Die Gewerbeberechtigung des Psychoanalytischen Verlages könnte ohne weiteres wieder erlangt werden, nur müsste die Ges.m.b.H., welche die Inhaberin war, neu gegründet werden. Das hat natürlich nur dann einen Zweck, wenn tatsächlich die Absicht besteht, den Verlag zu eröffnen.
2, Dem Verlag gehörige Bücher unbekannter Menge wurden der National-Bibliothek übergeben.
3, Die Einrichtung des Ambulatoriums, von dem nicht feststeht, ob es Herrn Prof. Freud persönlich oder dem Psychoanalytischen Verlag gehört hat, hat die Universität Wien unentgeltlich übernommen. Es handelt sich um die Einrichtung des Sitzungssaales, der Bibliothek und verschiedene andere Einrichtungsgegenstände.
4, Sonstige Aktiva und Passiva dieses Unternehmens sind nach Mitteilung des Herrn Dr. Sauerwald nicht mehr vorhanden.

---

[14] Vgl. dazu Forster 2001; Walzer u. Templ 2001. Grundlegend zur Rückstellungsproblematik ist ferner der Bericht der 1998 eingesetzten »Historikerkommission«, deren Mandat es war, den Komplex »Vermögensentzug auf dem Gebiet der Republik Österreich während der NS-Zeit sowie Rückstellungen bzw. Entschädigungen (sowie wirtschaftliche und soziale Leistungen) der Republik Österreich ab 1945« zu erforschen und darüber zu berichten. Die Ergebnisse dieser Kommission wurden in Buchform präsentiert (49 Bände, erschienen im Oldenbourg Verlag; kostenlose online-Volltextrecherche unter www.oldenbourg.at/histkom).

5, Die genannten Einrichtungsgegenstände und die Bücher könnten auf Grund des 3. Rückstellungsgesetzes zurückverlangt werden und ich bitte um Weisung, ob ich die erforderlichen Schritte unternehmen soll. Weiter bitte ich um Mitteilung, welche Schritte ich bezüglich der Reaktivierung des Verlages unternehmen soll.

Aichhorn richtete daraufhin am 13. 9. einige Fragen an ihn (ebd.):

ad 1 Hat die Wiedererlangung der Gewerbeberechtigung des Psychoanalytischen Verlages nur dann einen Zweck, wenn tatsächlich die Absicht besteht, den Verlag zu eröffnen, oder ist die Konzession ein Objekt, das verkauft werden könnte?
ad 2 Hat Dr. Sauerwald mittlerweile sich schon wieder gemeldet und wissen Sie, ob die seinerzeit von ihm der Nationalbibliothek zur treuhändigen Verwaltung übergebenen Bücher vorhanden sind?
ad 3 Die Einrichtung des Ambulatoriums, die die Universität Wien unentgeltlich übernommen hat, war Eigentum der Wiener Psychoanalytischen Vereinigung. Kann auch in deren Namen eine Rückerstattung verlangt werden?
Wegen der Reaktivierung des Psychoanalytischen Verlages möchte ich mich erst mit Fräulein Freud in Verbindung setzen, bis Sie mir Mitteilung gemacht haben, ob die Konzession ein verkaufbares Wertobjekt ist.
Wegen der Rückerstattung der Einrichtungsgegenstände und Bücher bitte ich, die erforderlichen Schritte zu unternehmen.

Und Zingher antwortete am 19. 9. (ebd.):

Zu 1.) Der Verkauf der Gewerbeberechtigung ist zwar nach dem Gesetz nicht zulässig, doch werden üblicherweise Vergütungen geleistet, wenn die Gewerbeberechtigung zu Gunsten eines Dritten zurückgelegt wird.
Zu 2.) Herr Dr. Sauerwald hat mir versprochen, nächste Woche eine Liste der der National-Bibliothek übergebenen Bücher zu bringen, um deren Freigabe ich dann bei der Finanzlandesdirektion ansuchen werde.
Zu 3.) Bezüglich der Einrichtung des Ambulatoriums würde der Psychoanalytischen Vereinigung ein Anspruch auf Rückgabe zustehen. Es kann auch nach § 29 des 3. Rückstellungsgesetzes Auskunft über das vorhandene Vermögen verlangt werden. / Da das Orientalische Institut[15] diese Auskunft verweigert hat und auch die Rückstellung ablehnt, würde ich vor Einbringung eines Rückstellungsantrages bei der Rückstellungskommission diesbezüglich an das Philosophische Dekanat herantreten.

---

[15] Es hatte die Räumlichkeiten der WPV nach deren Auflösung bezogen; siehe II.1.a und 60AA.

Sauerwald – und wahrscheinlich auch Berta Steiner, die frühere Prokuristin des Verlags (vgl. Anhang I.3) – hatte Aichhorn wohl erst im Sommer 1947 darüber informiert, dass Bücher des Internationalen Psychoanalytischen Verlags in der Nationalbibliothek deponiert worden waren (siehe II.1.b); und er klärte ihn auch über die seinerzeitige Weiterverwendung der Räume der WPV auf (58AA; 60AA). Nach einem Treffen mit Aichhorn schrieb er an die Generaldirektion der Nationalbibliothek (12. 8. 1947; AÖNB):

Betrifft: Rückgabe deponierter Bücher:
Im Jahre 1939 wurden von mir in meiner damaligen Eigenschaft als Liquidator des Psychoanalytischen Verlages, Wien IX. Berggasse dem damaligen Direktor der Nationalbibliothek Herrn Dr. Heigl grössere Mengen von Druckwerken des Psychoanalytischen Verlages zu treuen Handen übergeben. Dr. Heigl versicherte mir, dass diese Druckwerke in der geschlossenen Abteilung der Nationalbibliothek aufbewahrt werden würden.
  Da das gesamte Schrifttum des Verlages über Weisung der Geheimen Staatspolizei 1939/1940 vernichtet werden musste, werden diese deponierten Buchbestände von den Rechtsnachfolgern des Verlages zum Zwecke der Wiedergutmachung angefordert. Die genaue Auflage der deponierten Buchbestände ist mir nicht mehr erinnerlich, nachdem damals keinerlei Schriftwechsel in dieser Angelegenheit geführt werden durfte. Es dürfte sich um eine Autoladung psychoanalytischer Literatur handeln, die im neuen Zustand in Kisten verpackt war. Bei sämtlichen Büchern und Druckschriften ist der Psychoanalytische Verlag als Herausgeber gekennzeichnet.
  Ich bitte um baldmöglichste Verständigung, damit ich nach Legitimation diese Bestände dem derzeitigen Rechtsnachfolger übergeben kann.

Generaldirektor Bick antwortete am 22. 8. (ebd.):

Auf Ihre Zuschrift vom 12. August beehrt sich der unterzeichnete Generaldirektor mitzuteilen, daß in der nationalsozialistischen Zeit eine Reihe von Werken des Psychoanalytischen Verlages der Nationalbibliothek überwiesen wurden. Soweit sich diese noch im Besitz der Österreichischen Nationalbibliothek befinden, besteht selbstverständlich keine Schwierigkeit, diese dem rechtmäßigen Besitzer zurückzuerstatten. Es muß aber betont werden, daß der damalige Generaldirektor der Nationalbibliothek, Dr. Paul Heigl, einen Großteil dieser Werke an andere, heute nicht mehr feststellbare Bibliotheken abgab. Zur Durchführung dieser Angelegenheit dürfte es am besten sein, wenn Sie sich mit Dr. Ernst Trenkler, dem die Erledigung solcher Rückgabeaktionen obliegt, persönlich ins Einvernehmen setzen wollen.

Die Nationalbibliothek war zwar durchaus bereit, die Bücher herauszusuchen und zurückzugeben; da diese aber seinerzeit in den Bestand der Bibliothek eingereiht worden waren, mussten möglichst vollständige Listen angelegt werden, um – mit Hilfe von Sauerwald und Steiner – nachweisen zu können, welche Bücher aus Verlagsbeständen stammten (vgl. Anhang I.3; 60AA, 62AA). Am Ende der Aktion schrieb Sauerwald an Aichhorn (10. 2. 1948; NAA):

Von Frau Steiner habe ich die Nachricht erhalten, dass die Bücherrückstellung durch die Wiener Nationalbibliothek abgeschlossen sei. […] Es tut mir wirklich leid, dass nicht der gesamte von mir damals der Nationalbibliothek zur Aufbewahrung übergebene Bücherbestand aufgefunden werden konnte. Meines Wissens nach ist beinahe die Hälfte auch an dieser sicheren Stelle verloren gegangen. Wie ich Ihnen, sehr verehrter Herr Professor, anlässlich meines Wiener Aufenthaltes versichert habe, konnte ich damals keine diesbezüglichen Aufzeichnungen führen, ebenso wenig wurde mir die treuhänderische Übernahme der Buchbestände durch den seinerzeitigen Direktor, Dr. Heigl, aus bestimmten Gründen bestätigt. […]
Die Angelegenheit der Rückgabe der dem Universitätsinstitut seinerzeit übergebenen Mobilien und Inventars des Verlages, der Vereinigung und des Ambulatoriums dürfte leichter zu regeln sein, da ja seinerzeit mit dem damaligen Rektor der Universität mit Zustimmung der mir vorgesetzten Dienststelle (Vermögensverkehrsstelle) ein Abkommen getroffen wurde, wonach der gesamte Bestand (Räumlichkeiten in der Berggasse, Einrichtung, Heizanlage usw.) gegen einen Anerkennungsbetrag (ich glaube RM 1.000.–) in den Besitz der Universität übergingen. Dies wurde deshalb verfügt, damit die gesamte Einrichtung der Vereinigung und des Verlages, vor Allem der grosse Sitzungssaal, in einer Hand erhalten bliebe, da die Zins- und Erhaltenskosten mangels Deckung durch die Liquidation nicht getragen werden konnten.

Zunächst wurden die zurückerstatteten Bücher in der WPV zwischengelagert. Die endgültige Restitution und die Ausfuhrbewilligung erfolgten erst im Juli 1949 (154AA).[16]

Ob es in Bezug auf die Räume und das Inventar der WPV je zu einem Rückstellungsantrag gekommen ist – und wenn nicht, warum? –, war aus den bisher aufgefundenen Unterlagen nicht zu klären.

---

[16] Und damit war der Vorgang immer noch nicht abgeschlossen. Noch im Jahr 2004 wurden in der von der Nationalbibliothek veranstalteten Ausstellung »Geraubte Bücher« (Hall et al. 2004) Bände des psychoanalytischen Verlags gezeigt, die danach der WPV übergeben wurden (T. Roberts von Sigmund Freud Copyrights an D. Stock, 1. 9. 2005; AWPV). Mit Dank an Daphne Stock.

b. Die Zusammenkunft europäischer Analytiker zu Pfingsten 1947 in Amsterdam

An Pfingsten 1947 fand in Amsterdam die erste Nachkriegstagung der europäischen psychoanalytischen Vereinigungen statt. Anna Freud wollte, wie sie an Kris schrieb (16. 4. 1947; AFP), die Gelegenheit benützen, um Arbeiten für den 3. Band des *Psychoanalytic Study of the Child* einzuwerben, und hoffte auf ein Wiedersehen mit Freunden aus der Vergangenheit wie Kata Lévy und nicht zuletzt Aichhorn.[17]

Bereits am 31. März 1946 hatte der Sekretär der Niederländischen Vereinigung für Psychoanalyse H. A. van der Sterren mit Aichhorn, dessen Adresse ihm Lampl mitgeteilt hatte, Kontakt aufgenommen (NAA). Er bat um einen Bericht über die Situation in Wien und berichtete seinerseits (vgl. Stroeken 2003):

Die schreckliche Kriegszeit hat Holland viel Leiden gebracht. Wir waren ein wohlhabendes Volk und jetzt sind wir arm; ich wundre mich jedoch, wie rasch wieder die Entwicklung vor sich geht. Vor einem Jahr zurück waren wir noch in tiefstem Elend und jetzt leben wir doch wieder so ziemlich normal.

Dr. Landauer und Dr. Watermann sind während des Krieges gestorben in deutschen Konzentrationslagern; weiter sind u. a. gestorben Prof. Jelgersma und Frl. [Berna-] Citroen [...]. Vielleicht haben Sie auch Dr. Stipriaan Luiscius in Wien gekannt; er ist schon 1939 gestorben. Unser Vorsitzender, Dr. de Monchy, ist mit seiner Frau in August 1944 nach Schweden abgereist; Herr und Frau Katan-Rosenberg werden in Juni übersiedeln in die Vereinigten Staaten.

Als die Deutschen in 1941 Juden verboten haben, Mitglieder von Vereinigungen zu sein, dann sind fast alle holländischen Mitglieder ausgetreten, sodasz wir in November 1945 die Vereinigung neu gegründet haben. [...] Während des Krieges haben wir (besonders in Amsterdam) ziemlich gut weiter arbeiten können und in 1943 haben wir eine offizielle Ausbildung organisiert. Frau Dr. A. Lampl-de Groot[18] ist Sekretärin des Ausbildungsausschusses.

---

[17] Lampl erinnerte sie in einem Brief vom 15. 4. 1947 (AFP) daran, dass sie und er selbst, abgesehen von van Emden, die einzigen Teilnehmer bei der Amsterdamer Zusammenkunft seien, die schon den IPV-Kongress 1920 in Den Haag mitgemacht hatten. »Das ist nicht nur ein Beweis dafür, wie alt wir geworden sind, sondern auch wie viel Umsatz in der analytischen Bewegung stattgefunden hat.«

[18] Der amtliche Vorname von Jeanne Lampl-de Groot war Adriana.

Anschließend informierte van der Sterren Aichhorn über die Absicht, in Amsterdam eine psychoanalytische Zusammenkunft abzuhalten:

> Wir möchten so gerne wieder den internationalen Kontakt aufnehmen und haben den Plan, im Herbst dieses Jahres eine Tagung in Holland zu organisieren. Wir möchten da gerne Mitglieder aus den West-europäischen Ländern versammelt sehen um den persönlichen Kontakt und auch die Organisation wieder her zu stellen. Es gibt natürlich viele Schwierigkeiten und ich weisz nicht einmal ob Sie, z. B. Erlaubnis bekommen werden Wien zu verlassen und nach Holland zu reisen.

Aichhorn antwortete am 14. April (NAA):

> Können Sie sich vorstellen, wie sehr ich mich freute, als Ihr Brief kam? Sie haben das Fürchterliche überlebt und erinnern sich noch meiner!
> Tief erschüttert hat mich das Ableben von Dr. Landauer, Berna-Citroen und Dr. Stipriaan, die ich sehr gut kannte. Dr. Watermann erinnere ich nicht.
> Sehr freute ich mich, daß Sie Freuds Lehre in Holland halten konnten. [...]
> Außerordentlich begrüße ich Ihren Plan, im Herbste dieses Jahres eine Tagung in Holland zu organisieren. Ich käme natürlich sehr gerne, bin aber auch der Meinung, daß ich bis dorthin die Erlaubnis Wien zu verlassen nicht erhalten werde. [...]
> Lieber Doktor van der Sterren, bitte grüßen Sie mir Herr und Frau Katan-Rosenberg, besonders Herrn und Frau Dr. Lampl.

Bis die für die Wiederherstellung der Psychoanalyse in Europa grundlegend wichtige Tagung in Amsterdam Wirklichkeit wurde, verging allerdings auf Grund von Reise- und anderen Schwierigkeiten noch mehr als ein Jahr. Sie fand schließlich am 24.–26. Mai 1947 statt.

Dem Briefwechsel zwischen Anna Freud und Jeanne Lampl-de Groot bzw. Hans Lampl ist zu entnehmen, dass die Organisation der Tagung mit einigen Komplikationen verbunden war. So schrieb etwa Lampl am 20. 1. 1947 an A. Freud (AFP):

> Hier sind wir intensiv mit dem Arrangement der Tagung beschaeftigt. Erinnern Sie sich an den herrlichen Ausspruch von Aichhorn bei der Errichtung des Institutes in der Berggasse, wo die meisten so langweilige und sehr specialisierte Wuensche hatten und er nur sagte: »Wenn ich nur ein Tischerl bekommen kann, bei dem ich sitzen kann.« Leider sind nicht alle so. Einer schrieb schon um ein Hotelzimmer, in dem er auch seinen elektrischen Rasierapparat gebrauchen kann.

Schwierigkeiten bereitete wegen der Gegensätze in der Londoner Gruppe die Erstellung eines Tagungsprogramms. Anna Freud war daran gelegen, dass Mitglieder ihrer Gruppe wie Friedlander und Hoffer in Amsterdam die Möglichkeit bekamen, vor einem größeren analytischen Publikum aufzutreten, was ihnen in London verwehrt wurde (an Lampl-de Groot, 7. 3. 1947; AFP). Auch Glover hatte einen Vortrag angekündigt. Adrian Stephen, sein Nachfolger als Sekretär der britischen Vereinigung, schrieb an Anna Freud, er sei darüber höchst verwundert, da Glover auf Grund seines Austritts aus der Vereinigung nicht mehr IPV-Mitglied sei, worauf diese entgegnete, er habe als Mitglied der Schweizer Vereinigung durchaus das Recht, in Amsterdam zu sprechen (Roazen 2000, S. 88 ff.).

Ein Hauptpunkt, der im Vorfeld der Tagung geklärt werden musste, war, ob auch Psychoanalytiker aus Deutschland eingeladen werden sollten. Auf Lampl-de Groots diesbezügliche Frage schrieb Anna Freud am 19. 12. 1946 (AFP; vgl. III.1.g):

Wir haben hier sehr viel von den Berlinern gehört, teils durch die Korrespondenz mit Jones und mir und teils durch einen Besuch, den Rickman in Berlin gemacht hat.[19] Sein Eindruck von den Berliner Kollegen war ein besonders guter, nämlich dass sie sich so gut gehalten haben, als es unter den Umständen überhaupt möglich war, und dass sie die offene analytische Arbeit mit aller Energie wieder begonnen haben. Derjenige der durch die Nazis am meisten geschädigt war, war Müller-Braunschweig, dem man nach seinem Besuch in Wien (Du erinnerst Dich vielleicht, die Gestapo hat bei mir einen »zu höflichen« Brief von ihm an mich gefunden) die Lehrberechtigung entzogen hat und der die ganze Zeit unter sehr strenger Ueberwachung gelebt hat.

Jones und ich sind zu dem Schluss gekommen, soweit es die Internationale Vereinigung betrifft, uns den Berlinern gegenüber freundlich und tolerant einzustellen. Es ist ganz sicher, dass sie keine Nazis waren. Ich glaube, es ist ebenso sicher, dass sie keine Helden waren. Aber es hat nicht viel Sinn, von Menschen zu verlangen, dass sie Helden sein sollen, besonders da sie ja alle tot wären, wenn sie es gewesen wären. Wie Du selber auch sagst, hat die Politik in der Analyse nicht viel Sinn: sie haben jedenfalls an der Analyse festgehalten, soweit sie konnten.[20]

---

[19] Zu den ersten Kontakten zwischen DPG und IPV, auch in Bezug auf die Amsterdamer Tagung, siehe z. B. Lockot 1994, S. 179–181; zu Rickmans Bericht ebd., S. 188–202.

[20] An Philipp Sarasin schrieb Anna Freud am 26. 3. 1947 in ähnlichem Sinn (AFP): »Ich habe mit Jones und auch mit der Prinzessin mehrere Male die Frage des

Natürlich wäre es ungeschickt, sie einzuladen, wenn sie dann in Holland Schwierigkeiten und Unfreundlichkeiten ausgesetzt sind. In dem Fall wäre es besser, Müller-Braunschweig zu schreiben, dass man sie gerne einladen möchte, aber nicht sicher ist, wie die Umgebung es aufnehmen und sie empfangen würde; dass es darum vielleicht vorsichtiger ist, noch ein Jahr verstreichen zu lassen. Ich halte [es] übrigens für ziemlich ausgeschlossen, dass sie eine Reiseerlaubnis bekommen.

Ich denke, wenn die Internationale Vereinigung sich offiziell tolerant einstellt, so werden die Mitglieder allmählich zu demselben Standpunkt hinüberwechseln.

Schließlich waren Vertreter der DPG nach Amsterdam eingeladen worden. Drei Analytiker aus Berlin kamen: Carl Müller-Braunschweig, Maria Kalau vom Hofe und Käthe Dräger. Sie trafen jedoch erst am Dienstag, den 27., nach Anna Freuds Abreise ein. Lampl berichtete ihr am 1. 6. (AFP):

Hier geht der Kongress langsam zu Ende. Unsere zwei deutschen Frauen sind auch schon wieder abgereist und nur Mueller ist noch hier, aber der reist morgen auch wieder zurueck. Mueller kam krank an, er hatte hohes Fieber (einen Blasenkatarrh) ist aber davon schon wieder genesen. Schade, dass Rickman in Berlin nicht bemerkt hatte, dass Mueller vollkommen senil ist, aerger als van Emden. Wenn wir das gewusst haetten, haetten wir dafuer sorgen koennen, dass ein anderer hergekommen waere. Die beiden Frauen waren sehr nett, von einer erstaunlich guten Gesinnung und Bescheidenheit. Sie kennen doch den Witz: Lachen moechte ich, wenn wir auch dort wern de

politischen Verhaltens der analytischen Mitglieder auf dem Kontinent diskutiert. Sie wissen ja, es haben viele der deutschen Vereinigung sehr übel genommen, dass sie sich nicht aufgelöst hat, sondern sich soweit dem äußeren Zwang angepasst hat, wie es zur Weiterexistenz nötig war. Auch in Frankreich hat es, wenigstens einem Mitglied gegenüber [René Laforgue], Vorwürfe der Kollaboration gegeben. Die Prinzessin, Jones und ich haben uns bisher immer auf den Standpunkt gestellt, dass wir Psychoanalyse und Politik möglichst auseinander halten sollen und nicht in die nachträglichen Rekriminationen verfallen, die besonders in Frankreich eine so unglückliche Wirkung auf das öffentliche Leben gehabt haben. Die deutschen Mitglieder haben sich gegen die jüdischen Kollegen korrekt benommen und haben nur eben gerade kein besonderes Heldentum gezeigt. Aber Heldentum ist Privatsache, man kann es von niemandem verlangen. Bei der jetzigen Einladung nach Holland sind wir alle einig gewesen, dass man die deutschen Kollegen gerne wieder begrüssen wird. Das sage ich nur, um unsere bisherige Erfahrung mit diesen Fragen zu illustrieren.« Im Fortgang des Briefs äußert sich Anna Freud zum Fall Graber, mit dem die Schweizer Vereinigung direkt befasst war (vgl. Schröter 2000).

Huend. Und dieser Witz war jetzt ganz umgekehrt. Sie waren die ungerechter Weise so schwer geplagten und notleidenden. Aber mir waren sie so sympathisch, dass gar kein Gefuehl von Schadenfreude bei mir aufkam.

Jeanne Lampl-de Groot teilte Aichhorn am 4. 6. mit (NAA), es sei zwar schade gewesen, dass die deutschen Kollegen »das Ganze nicht mitgemacht haben«. Sie hätten aber anscheinend den Aufenthalt genossen. »Die Tagung an sich ist wohl gut verlaufen, die Stimmung war gut und es war schön nach so vielen schrecklichen Jahren wieder Kontakte bilden zu können.«

Aichhorn, den Lampl-de Groot aufgefordert hatte, einen Vortrag zu halten, hatte sich zusammen mit Hans Aufreiter und Fleischmann in Amsterdam angemeldet. Am 20. 1. 1947 hatte Kata Lévy an Anna Freud geschrieben (AFP):

Es wäre wundervoll Dich in Amsterdam zu sehen und Dr. Fleischmann, der von Wien hierher und jetzt wieder nach Wien gezogen ist, nährt diesen Tagtraum. Ich musste sogar versprechen, dass wir unsere Pässe bereitstellen u. Flm. kokettiert mit der Idee einer Autofahrt mit Aichhorn u. will uns mitnehmen. L[ajos] ist zwar ungläubig, hat aber noch nicht »nein« gesagt. Es ist lediglich eine Geldfrage, Eisenbahnfahrten sind sehr kostspielig derzeit.

Kata Lévy fuhr nach Amsterdam, aber Aichhorn konnte trotz großer Bemühungen und vielfältiger Unterstützung die Reisebewilligung nicht rechtzeitig bekommen (vgl. 48AF–52AF). So fragte Hoffer am 23. 3. bei ihm an (NAA), ob er etwas tun könne, um ihm die Reise nach Amsterdam zu erleichtern. Alle würden sich freuen, ihn dort zu treffen. Und Lampl erzählte Anna Freud am 20. 2. (AFP):

Vor zwei Tagen hatten wir einen interessanten Besuch aus Wien. Buschbeck, den Sie ja kennen, war bei Jeanne. Es wird eine Ausstellung des Wiener kunsthistorischen Museums in Amsterdam stattfinden und zu diesem Zweck war er hier. Er will auch versuchen, es moeglich zu machen, dass Aichhorn die Bewilligung bekommt, zur Tagung nach Holland zu kommen. Er erzaehlte viel von den Verhaeltnissen in Wien, wie schwer es ist mit den verschiedenen besetzenden Maechten sich zu Recht zu finden. Er lobte die Englaender als die korrektesten der Besatzer. Mit den Russen war es schrecklich. Mehr als 100.000 Frauen sollen geschlechtskrank gewesen sein. Außerdem wurde gestohlen und gepluendert. Aber der ganze Zustand veraenderte [sich] durch energisches Eingreifen der russischen Autoritaeten und jetzt sind sie nicht unkorrekter als die Amerikaner oder Franzosen. Mit Bestechung kann man alles erreichen. Niemand ist unbestechlich. Bei den Generaelen ist es nur teurer als bei den niedrigeren Raengen.

Auch Eissler hatte von Aichhorns »Schwierigkeiten mit den Papieren für Holland« gehört und sich deshalb an Kubie gewandt, der »Schritte in Washington« unternahm. »Vielleicht daß Dir die Amerikaner in Wien behilflich sein können« (an AA, 13. 5. 1947; NAA). Darauf antwortete Aichhorn am 11. 7., also lange nach dem Tagungstermin (ebd.):

Einige Zeit nach dem Kongreß wurde ich von einer hiesigen amerikanischen Stelle angerufen, die mir außerordentlich liebenswürdig mitteilte, daß sie über Nürnberg von einer sehr hohen Stelle aus Washington aufgefordert wurde, mir bei der Einreise nach Holland behilflich zu sein. Die Dame beim Telefon bedauerte, daß die Aufforderung über Nürnberg so verspätet eingelangt sei, meinte aber gleichzeitig, auch bei rechtzeitigem Einlangen wäre eine Intervention unmöglich gewesen, da die amerikanische Behörde die Erledigung aller Reiseangelegenheiten der österreichischen Regierung schon im Vorjahr übergeben habe. Jedenfalls danke ich Dir sehr.

Am 4. 6. schrieb Lampl an Aichhorn, mit einer Anspielung auf Telefonate, die aus Amsterdam mit Wien geführt worden waren (NAA; vgl. 51AA mit Anm. 42):

Obwohl ich bei dem Telefonreigen mit Ihnen nicht mitgespielt habe, wird es Sie doch wohl kaum ueberraschen, wenn ich Ihnen jetzt auch noch schreibe, *wie* enttaeuscht ich war, dass Sie nicht zu dem Kongress kommen konnten. Und dabei aergert es einen eigentlich am meisten, dass es die Schuld einer Fahrlaessigkeit der hiesigen Behoerden ist, die es verschlampt hatten, den Bericht rechtzeitig nach Wien durch zu geben. Aber ich kann sagen, es war die einzige Enttäuschung des Kongresses, der sonst außerordentlich gelungen war. [...]
  Vielleicht wird die Welt doch allmaehlich offener und dann wird es auch mit Ihnen ein Wiedersehen geben.

Aichhorn betonte gegenüber Lampl-de Groot (4. 7.; NAA), wie leid es ihm sei, dass er an der Tagung nicht habe teilnehmen können. Er fügte hinzu: »Einer meiner Tagträume geht dahin, in nicht allzuferner Zeit eine größere Zusammenkunft in Wien veranstalten zu können. Wie ich mir das denke, werde ich Ihnen schreiben, bis die Realisierbarkeit in die Nähe rückt.« Schließlich schickte ihm auch Kata Lévy, die von Amsterdam aus noch nach London gefahren war, am 17. 7. einen ausführlichen Bericht (ebd.); darin heißt es:

Schon lange fühle ich Deine Erwartung, über den Kongress, unsere Reise, und Willy

Bericht zu erhalten, aber es war wirklich unmöglich in all dem Wirbel Zeit dazu zu finden.

Der Kongress hat zwar Anregung, aber wenig Neues geboten. Probleme der Ich-Entwicklung beschäftigen die Leute. Wann u. wie es entsteht? Ob autogen oder durch Erziehung, Umwelteinfluss etc. Auch kein ganz neues Problem. Wichtig war die Feststellung von Glover u. der Lampl d Gr, dass basic concepts = fundamentale Formulierungen, wie Primärvorgang u. Sekundärvorgang etc. als grundlegend zu betrachten sind u. durch keine andere Psychologie klarer formuliert sind o. werden können, als durch Freud. Hingegen warnte Glover vor »Rückprojicierung« indem man Vorgänge im hochstrukturierten Ich in die frühe Kindheit mit unentwickeltem Ich zurückverlegt. »Melanisten« waren darüber anderer Meinung. Annas Vortrag war sehr schön, wie immer. Hatte grossen Beifall im grossen Publikum (es waren dazu auch Aussenstehende zugelassen).[21]

Anna Freuds Resümee lautete (an Kris, 4. 6. 1947; AFP):

Amsterdam war wissenschaftlich uninteressant, aber ganz interessant für das Sehen und Treffen mit den europäischen Kollegen. Aichhorn hat leider die Erlaubnis zu spät bekommen, was mir sehr leid war und die Deutschen sind erst nach meiner Abreise angekommen, was mir weniger leid war. Aber die Schweizer, Franzosen und Holländer waren sehr eifrig und machen im Ganzen einen guten Eindruck. Gut war ein Vortrag von Van Der Waals[22] (Holland) und einer von Glover über die Grundprinzipien der Psychoanalyse. Holland war sehr schön, im vollsten Aufbau und das schöne Wetter hat dem guten Eindruck sehr nachgeholfen.

c. Weiterentwicklungen in London

Die Entwicklung der IPV unter Jones' Führung bereitete Anna Freud große Sorgen. Auf ihre Frage an Kris, ob es richtig sei, eine analytische Bewegung aufrechtzuerhalten, die dem Gegenteil dessen diene, worauf sie gegründet worden sei (24. 1.; EKP), hatte dieser am 1. 2. 1947 geantwortet (AFP):

---

[21] Anna Freud sprach in Amsterdam über »Transformation of instinct in early childhood« (1947a), Glover über »Disorders of the ego« (1947) und Lampl-de Groot über »On the development of the ego and super-ego« (1947). Weitere Referenten waren Hoffer (1949b), Klein (1948) und Scott (1948).

[22] Der Titel des Vortrags von H. G. van der Waals konnte nicht herausgefunden werden.

Sie fragen in Ihrem Briefe, ob es richtig ist eine analytische Bewegung aufrechtzuerhalten. Natürlich nicht, ist die Antwort. Sie hat ihren Zweck erfüllt und wo die Analyse noch um Anerkennung kämpft, kann man die Bewegung noch eine Weile fortführen. Die heutigen Gefahren sind nicht die von 1920. Die psychoanalytischen Vereine sind und werden allmählich die Organisationen sein, die die Analyse am leichtesten preisgeben werden. Wir haben ausserhalb der Bewegung die volle individuelle Freiheit, die Analyse als Wissenschaft zu vertreten und während ich sonst nicht zu den Verteidigern des free enterprise gehöre, erkenne ich seine Berechtigung in der Wissenschaft an. Verlieren Sie also keine Zeit mit der »Rettung der Psychoanalyse« und bitte, überarbeiten Sie sich auch nicht.

Auch in London selbst hatte sich die Situation trotz des Kompromisses von 1946 kaum beruhigt. Am 26. 9. 1947 schrieb Anna Freud an Lampl-de Groot (AFP):

Die Vereinigung ist vorläufig sehr unerfreulich, in manchen Punkten mehr als im vorigen Jahr. Rickman ist jetzt sowohl Vorsitzender als auch Vorsitzender der Unterrichtskommission. [...] Ich bin sowohl im Board wie im Training Committee, aber in beiden als Minorität isoliert, also nicht in der Lage, irgendetwas durchzusetzen. Es geht jetzt in der Vereinigung mehr nach der medizinisch-psychiatrischen Seite hin, was vielleicht etwas besser ist wie nach der rein Kleinischen Seite.[23] Hoffnungsvoll für die Zukunft ist es auch nicht, aber es bleibt nicht viel anderes übrig als es gehen zu lassen wie es geht.

Über die neue Front, die sich damals eröffnete, berichtete Hoffer an Kris (11. 12. 1947; EKP):

Die Klein ist entthront, aber die Englaender bestehen darauf, dass sie am Leben gelassen wird und das ist nicht nur eine negative Forderung. Soeben vollzieht sich eine kleine, unbedeutende Umgruppierung, die vielleicht spaeter einmal sichtbare Folgen nach sich ziehen wird. Unter dem Mikroskop betrachtet, schaut es aus, dass Anna und Klein sich gegen Bowlby verbuenden, der ja ueber das Jahr 1905 zurückgegangen ist. Z. B. letzten Dienstag war eine Sitzung der psychiatrischen Section der Royal Society

---

[23] Später führte A. Freud diesen Punkt etwas genauer aus (an Lampl-de Groot, 9. 1. 1948; AFP): Die Stellung Kleins in der Vereinigung sei nicht mehr die gleiche wie früher, die Oberhand hätten »momentan die Psychiater mit ihrem Interesse an Aussenweltseinflüssen, Gruppenbildung, etz. und zu denen gehören auch einige frühere Schüler der Melanie Klein, was für die, glaube ich, eine grosse Kränkung ist. Im Unterricht hat sich das aber vorläufig noch nicht ausgewirkt.«

of Medicine mit dem Thema: Aggression, its role in emotional life of the child normal an pathological. Anna, Scott, Winnicott und Bowlby waren die offiziellen Redner, 20 minutes each.[24] Bowlby war sicher der unanalytischste und Klein und Heimann haben nachher Anna beglueckwuenscht und ihr volles Einverstaendnis mit allem, was sie gesagt hat, ausgesprochen. Ich muss sagen, dass in dem verwirrten Winnicott sehr viel Wissen des Ubw. steckt, was man dem Bowlby nicht nachsagen kann.[25] Fuer ihn gilt, was Karl Kraus gesagt hat: Bitte die Gemeinplaetze einzunehmen.

Auch Anna Freud informierte Kris über Bowlby und den Eindruck, den er auf sie machte, worauf dieser am 13. 2. 1948 antwortete (AFP):

Ich verstehe Ihre Betrübnis, aber ich bin über Bowlby nicht erstaunt. Die schlechteren an der Analyse interessierten akademischen Psychologen [...] schreiben etwa dasselbe. [...] Natürlich ist diese Richtung unvergleichlich gefährlicher als etwa die Klein Richtung, weil das Banale immer gefährlicher ist als das Absurde. Aber dafür lässt sich das Banale in mühsamer Arbeit wahrscheinlich leichter widerlegen. Am Schluss werden dann der Banalität die folgen, die zu ihr passen, und das wieder stellt einen natürlichen Ausleseprozess dar.

Anna Freud erwiderte am 22. 2. (EKP): »Ich bin nicht eigentlich betrübt über Bowlby, nur etwas disgusted, daß die Alternativen in der Psychoanalyse keine besseren sind. Melanie Klein oder Bowlby! Sie haben Recht; letzterer ist gleichzeitig gefährlicher und ungefährlicher. Wenigstens ist er in diesem Jahr nicht mehr Unterrichts-Sekretär.«

Da sich Anna Freud in der BPS nicht durchsetzen konnte, zog sie aus der für sie unerfreulichen Situation ihre Konsequenzen und teilte im September 1947 dem Vorstand der Vereinigung mit, dass sie und Friedlander eine Ausbildung zu Kindertherapeuten – sogenannten »Child Experts« – einrichten würden. Damit begann ihre Arbeit am Hampstead Child Therapy Course and Clinic,[26] aber auch ihr lebenslanger Kampf um die Anerkennung dieser Ausbildung durch die britische Vereinigung und die IPV (vgl. Young-Bruehl 1995, Bd. 2, passim; Dyer 1983, S. 189 ff.).

---

[24] Die Sitzung fand am 9. 12. 1947 statt. A. Freuds Beitrag wurde publiziert (1949b); eine erweiterte Fassung hat sie bei einer Tagung im Sommer 1948 vorgetragen (A. Freud 1949c). Der Text behandelt die Unterschiede zwischen ihrem Verständnis der Aggression und dem von Klein und Bowlby.

[25] Vgl. auch die Bemerkungen gegen Bowlby in A. Freud 1958–60.

[26] Siehe AF an K. Lévy, 26. 11. 1949 (AFP): »Unser Kindertherapeuten Kurs geht

d. Aichhorns Vortragsreisen in die Schweiz

Auch die zweite Auslandsreise, die Aichhorn für das Frühjahr 1947 geplant hatte, diesmal mit Lambert Bolterauer nach Genf (siehe Anm. 71 zu 58AA), kam nicht zustande, da es ihm wieder nicht gelang, zeitgerecht die notwendigen Reisepapiere zu bekommen. Erst zu den im Herbst angesetzten Vorträgen in Lausanne und Zürich konnte er endlich, zusammen mit Fleischmann, reisen (vgl. 51AA–60AA). Die Vorträge fanden im Rahmen der S.E.P.E.G. statt (Semaines Internationales d'Etudes pour l'Enfance victime de la Guerre – Internationale Studienwochen für das kriegsgeschädigte Kind).[27] Nachdem Anton Tesarek Aichhorn bereits am 20. 5. 1947 (NAA) benachrichtigt hatte, dass er aufgefordert worden sei, ihn einzuladen, als Vertreter Österreichs an der nächsten Tagung der S.E.P.E.G. teilzunehmen, erfolgte die offizielle Einladung am 17. 7. durch Therese Wagner-Simon, die Generalsekräterin der S.E.P.E.G., mit den Worten (NAA):

Hierdurch möchte ich Sie im Namen des Komitees der S.E.P.E.G. einladen, als österreichischer Delegierter an der 2. Internationalen S.E.P.E.G.-Tagung, vom 25.–27. September 1947, in Zürich, teilzunehmen. Wir legen besonderen Wert auf die Mitwirkung österreichischer Fachleute, die mit den Problemen der Praxis vertraut sind. [...]
Wir haben gebeten, Ihre Einreise in die Schweiz schon auf den 19. September freizugeben, da wir Sie gerne als Referent und Gast während der letzten Tage (vom 19. – 23. September) des Fortbildungskurses in Lausanne bei uns sehen würden.[28]

---

sehr gut. Die erste Gruppe von acht Kandidaten, fünf davon ehemalige Hampstead Nursery Workers, sind schon fertig und in Stellungen. Eine zweite Gruppe von acht ist in Ausbildung und macht sich überraschend gut. Ich glaube, sie werden alle sehr brauchbare Leute werden, und der vorige Jahrgang ist im Wissen wirklich nicht weit hinter den analytischen Kandidaten zurück.«

[27] Die S.E.P.E.G war aus einer Initiative des Schweizerischen Bundesrats hervorgegangen, die verlangte, im Rahmen des Wiederaufbaus nach dem Krieg nicht nur die materiellen, politischen und ökonomischen Probleme zu lösen, sondern insbesondere auch die schädlichen Auswirkungen des Kriegs auf die Verfassung der Kinder und Jugendlichen zu behandeln. Die ersten Studienwochen hatten im September 1945 in Zürich stattgefunden (vgl. Aussendungen der S.E.P.E.G.; NAA).

[28] Aichhorn hielt im Rahmen des Fortbildungskurses in Lausanne den ursprünglich für Genf vorbereiteten Vortrag »Die sittlich gefährdete, beziehungsweise sich pro-

Auch die spätere Einladung an Anna Freud und Aichhorn, im Frühjahr 1948 Seminare in Lausanne abzuhalten, ging von der S.E.P.E.G. aus. Sie bedeutete für Anna Freud und Aichhorn die erste und einzige Möglichkeit, sich nach ihrer Trennung 1938 wieder treffen und zusammenarbeiten zu können (vgl. Briefe 72AA ff.; III.5.a).

e. Zu Aichhorns Versuch, ein Forschungs- und Lehrinstitut zu gründen

Im Herbst 1947 erfuhr Aichhorn, dass sich in London ein Komitee gebildet habe, dem auch Hoffer angehörte, »mit der Absicht, die Wiener Jugendfürsorge zu unterstützen«.[29] Zu einer Stellungnahme aufgefordert, betonte er, dass er bei dieser »Englandhilfe für die Wiener Jugendfürsorge« nur mitmachen werde, wenn er dadurch eines seiner dringendsten Vorhaben verwirklichen könne: in Wien ein Forschungs- und Lehrinstitut zu gründen, das der wissenschaftlichen Erforschung von Verwahrlosungsursachen und der Ausbildung von Sozialarbeiterinnen und Erziehern in der praktischen Arbeit mit Verwahrlosten dienen sollte. In diesem Sinn verfasste er auch seine Antwort an Hoffer, als dieser ihn gefragt hatte, ob er an dem Projekt wirklich interessiert sei:[30]

Ich bin an der ganzen Angelegenheit nur interessiert, wenn im Rahmen Eurer Jugendfürsorgehilfe ein Forschungsinstitut, das mit einer Ausbildungsstätte verbunden ist, errichtet wird und eindeutig festgelegt ist, daß die Forschungsarbeit ausschließlich auf psychoanalytischer Grundlage aufgebaut wird. Ob dazu noch Heime errichtet werden, ist mir augenblicklich völlig gleichgültig, aber auf keinen Fall akzeptiere ich, daß Forschung und Ausbildung durch einen Aufsichtsrat überwacht wird, in dem außer mir als Psychoanalytiker auch ein Individualpsychologe und der gegenwärtige Leiter der heilpädagogischen Abteilung der Wiener Kinderklinik, Doz. Dr. Asperger, ein offener Gegner der Psychoanalyse sitzen. Es hat den Anschein, als ob die Amtskreise, die in dem hiesigen Komittee Sitz und Stimme haben, ihre Objektivität dadurch beweisen wollen, daß sie verschiedenen Richtungen die Möglichkeit zum Eingreifen geben. Ich

---

stituierende weibliche Jugend und deren fürsorgerische Betreuung« (1947a); er nahm auch an der Tagung in Zürich teil und hielt dort den öffentlich zugänglichen Abendvortrag »Gewaltlose Erziehung« (1947b).

[29] AA an Eissler, 4. 11. 1947 (NAA). Siehe dazu 67AA mit Aichhorns Stellungnahme in der Beilage.

[30] Anfrage Hoffer vom 11., Antwort Aichhorn vom 23. 10. 1947 (beide NAA).

habe mich bisher hier [...] absichtlich im Hintergrund gehalten, weil ich abwarten will, wie sich die Angelegenheit entwickelt und weil ich nicht, wenn die Absicht in London besteht, der Wiener Jugendfürsorge im allgemeinen zu helfen, ein Hindernis sein möchte. Ich freue mich sehr, wenn in Londoner Fürsorgekreisen ein so reges Interesse für Wien besteht.

Nachdem klar war, dass es Aichhorn nicht gelang, sein Ziel zu erreichen, zog sich auch Hoffer zurück. Er schrieb an Dr. Fried, die Initiatorin der »Englandhilfe«:[31]

Der Wiener Bericht war für mich insofern besonders interessant, als er zeigt, dass die Idee eines von Aichhorn geleiteten psychoanalytischen Heims aufgegeben wurde. [...] Mir persönlich ist nur am psychologischen Aspekt der Fürsorgearbeit etwas gelegen, und in dieser Hinsicht habe ich entschieden andere Vorstellungen als das Wiener Komitee. [...]
Im Moment kann ich kein soziales oder Forschungsprojekt unterstützen, in dem der Name von Professor Aichhorn nur als Aushängeschild benützt wird, während man ihm bereits jede Unterstützung in Wien verweigert hat.[32] Ich kann es mir nicht versagen hinzuzufügen, dass ich als ein Analytiker, der von 1923 bis 1938 in Wien unter Professor Freud und Anna Freud gearbeitet hat, verwundert gewesen wäre, wenn sich die Dinge anders entwickelt hätten.

Aichhorn, dem Hoffer eine Kopie seines Schreibens geschickt hatte, erläuterte ihm am 24. 1. 1948 den Stand der Dinge und seine eigenen, langfristigen Pläne (NAA; vgl. auch III.5.e und III.7.c):

Die Situation liegt nun so: ein Forschungsinstitut wird überhaupt nicht gegründet, sondern die zur Verfügung gestellten Mittel werden zur Errichtung neuer oder Ausgestaltung bereits bestehender Heime und der schon existierenden, den laufenden Zwecken der Unterbringung dienenden Beobachtungsstellen verwendet.

---

[31] Brief vom 18. 1. 1948 (NAA); Original englisch.
[32] Am 11. 10. 1947 hatte Hoffer Aichhorn berichtet (NAA), dass er mit A. Freud über das Projekt gesprochen habe. Sie habe gesagt, es werde sehr ungünstig wirken, wenn man dahinter komme, dass Aichhorns Ideen und sein Namen nur benützt worden seien: »Nur Dein Name zieht, daran ist kein Zweifel und man wird nur etwas tun, wenn man annehmen kann, dass Du daran mitarbeitest. Ich habe allen, die mich fragten, gesagt, was für eine großartige Arbeiterin Frau Dworschak ist, wie sie Dich versteht und nach Deinen Anleitungen handelt. Soll ich das sagen?«

Ich arbeite natürlich, so wie bisher, in der Fürsorge des Jugendamtes weiter mit. Das hat mit dem Forschungsinstitut, an dessen Errichtung ich nach wie vor festhalte, nichts zu tun. Wenn wir, das heißt die Wiener psychoanalytische Vereinigung auf einem anderen Weg, als über diese Arbeitsgemeinschaft, zur Errichtung eines Forschungsinstitutes kommen, so steht uns der Weg zur Gemeinde Wien […] offen. Die Gemeinde Wien hat Verwahrloste beiderlei Geschlechts auch in Privatanstalten untergebracht, so beispielsweise in Klöstern. Es ist lächerlich anzunehmen, daß eine sozialistische Gemeindeverwaltung, die aus der Not heraus Verwahrloste von Klosternonnen erziehen läßt, es ablehnt, Verwahrloste einer Anstalt zu übergeben, die von der Wiener Psychoanalytischen Vereinigung geleitet wird. Das Forschungsinstitut ist der Gemeinde Wien gegenüber eine Privatpflegeanstalt zur Betreuung Verwahrloster. Mit ebenso wenigem Recht – der Gemeinde Wien – sich in den internen Betrieb einzumengen, wie sie das beispielsweise in der von Klosternonnen geführten Anstalt […] machen darf. Wenn ich die Sicherheit habe, daß Mittel aufgebracht werden, dann finde ich über die Politiker zweifellos Einverständnis und Unterstützung. […]

Du darfst Dir die Errichtung eines solchen Forschungsinstitutes nicht als eine nicht zu realisierende Phantasie meinerseits vorstellen. Ich denke gar nicht daran, daß dieses Institut früher als in 3–4 Jahren eröffnet werden könnte, denn die wichtigste Vorarbeit ist die gründliche Ausbildung des erforderlichen Personals und das braucht Zeit. Wenn in England oder Amerika oder in beiden Ländern analytisch und fürsorgerisch interessierte Kreise gewonnen werden könnten, [und] eine Vereinigung zustande kommt, die durch Mitgliederbeiträge, Spenden und sonstige Zuwendungen langsam Kapital ansammelt, hier Personal ausgebildet wird, so ist es praktisch gleichgültig, wann das Institut eröffnet wird. Augenblicklich ist eine Tat zu setzen und die heißt, der interessierten Welt zur Kenntnis zu bringen, daß die englischen und amerikanischen Vereinigungen, vielleicht sogar die Internationale Vereinigung ein Interesse hat, ein solches Institut, zu Ehren Freuds, gerade in Wien zu errichten

4. Briefe 1947

41 AF [Briefkopf London] 6. 1. 1947[1]

Lieber Herr Aichhorn,
Ihr Weihnachtsbrief war endlich die Nachricht von Ihnen, auf die ich schon so lange gewartet habe. So sehr ich alles wissen wollte, was Sie von Vereinigung und Institut und Unterricht berichtet haben, so hat mir doch die ganze Zeit in Ihren Briefen etwas gefehlt, das ich immer darin gesucht und nicht gefunden habe. Jetzt weiß ich endlich, wo es steht, in den Briefen, die Sie mir in Gedanken schreiben, oder die Sie nicht abschicken, und jetzt bin ich zufriedener. Ich habe alles das vermißt, was zwischen uns war, wenn wir uns getroffen und gegenseitig begleitet, oder miteinander gearbeitet haben. Ich war ganz sicher, das kann nicht untergegangen sein, und jetzt bin ich froh, weil Sie mir bestätigt haben, daß es noch lebendig ist.
    Ich habe so oft daran gedacht, wie ich Ihnen zuviel zugeredet habe, zur Tarokpartie zu kommen und Sie sich den Arm gebrochen haben.
    Ich möchte Ihnen so gerne einmal von den letzten Wochen und Tagen meines Vaters erzählen, und was es mir bedeutet, ohne ihn zu leben. Ich möchte Ihnen auch erzählen, was das Weggehen von Wien für mich bedeutet hat, und wie merkwürdig es ist, eine Vergangenheit in sich zu tragen, auf der man nicht weiterbauen kann. Ich habe die Vorgänge der Verdrängung und der infantilen Amnesie daran noch einmal begriffen.[2]
    Wenn man zurücktauschen könnte zur letzten Nachkriegszeit? Dann wäre es gerade die Periode, zu der ich Sie in Oberhollabrunn besucht habe.[3]
    Vielleicht sollten wir an den Zensor vergessen, dem wir ja gleich sind, und alle die nicht abgeschickten Briefe doch schicken? Das wäre ein guter Beginn für 1947.

Immer Ihre
Anna Freud

[1] Handschriftlich; Zensurstempel.
[2] Vgl. das Konvolut »Losing and Being Lost« in AFML; Young-Bruehl 1995, Bd. 2, S. 87 ff.; A. Freud 1967.
[3] Anna Freud hatte Aichhorn nicht in Oberhollabrunn sondern in St. Andrä besucht (vgl. I.2.a).

42 AA [Briefkopf V]⁴ *25. Jänner 1947.*⁵

Liebes Fräulein Freud!
*Gestern vor einer Woche kam Ihr lieber Brief; ich war glücklich über die rasche Antwort. Am nächsten Tag mußte ich ins Bett und heute ist wieder alles in Ordnung.*⁶ *Ob es da Zusammenhänge gibt?*
Ihr Brief macht so froh. Wenn ich auch überzeugt war, richtig verstanden zu werden, war doch die Sorge, Sie könnten weiter abrücken, doch nicht abzuweisen.
Ich weiß nun auch, daß es nicht die äußere Zensur war, die mich hinderte Briefe abzuschicken. Es gibt ja auch viele nicht geschriebene.
Vielleicht hätte ich Ihnen gar nicht schreiben dürfen, daß es ungeschriebene und geschriebene Briefe gibt. Wahrscheinlich ist es aber besser, die geschriebenen nicht zu schicken.
Seit langem weiß ich und Sie sollen es nun auch wissen, daß meine Arbeit hier, mein Bemühen um die Psychoanalyse und den Aufbau der WPV nicht nur das Abtragen einer Dankesschuld ist, die ich Ihrem Vater gegenüber tief empfinde. Es ist viel mehr: Sie sind dabei, es ist immer gemeinsame Arbeit.
Wird die Zeit kommen, in der Sie mir viel von sich, von Ihrem Vater, von all dem Bösen, das Sie erleben mußten und den Schwierigkeiten, aber auch von dem Schönen, das Sie erlebten und erleben, erzählen werden?
Ich muß das alles hören, und möchte Ihnen auch bei mir, an Ort und Stelle zeigen, wie wir beide, gemeinsam an einem großen Ziele arbeiten.
Viel Liebe
Ihr August Aichhorn

N. S. Bekamen Sie die Fotografien von der Eröffnungssitzung?

---

4 Gedruckter Briefkopf: Wien I., Rathausstrasse 20 / Telefon: A-22-3-99-L. Verwendet bis 1949.
5 Handschriftlich; Zensurstempel.
6 An Eissler schrieb Aichhorn am 31. 1. (NAA), er sei eine Woche bettlägerig gewesen. »Prof. Lauda war hier, Elektrokardiogramm wurde aufgenommen, Röntgendurchleuchtung und Blutsenkung gemacht. Alles in Ordnung.«

43 AA [Briefkopf III] Wien, den 29. Jänner 1947⁷

Liebes Fräulein Freud!
In meinem Brief vom 10. Juli schickte ich Ihnen einen Durchschlag der programmatischen Erklärung über die Tätigkeit der wiedererstandenen Wiener Psychoanalytischen Vereinigung mit dem Ersuchen, mir das Einlangen zu bestätigen. Ist dieser Brief angekommen? Eine Bestätigung erhielt ich nicht.⁸ Ich warte daher mit der Zusendung des im Institut für Wissenschaft und Kunst gehaltenen Vortrages, bis ich Nachricht von Ihnen bekomme.⁹
Die Vollmacht, mit der ich in Angelegenheit des Wiener Psychoanalytischen Verlages intervenieren kann, lege ich heute bei¹⁰ (bitte sie mir unterschrieben zurückzuschicken), weil erst seit Ende Dezember Schriftstücke dieser Art ins Ausland geschickt werden dürfen.
Wegen Neuauflage der »Verwahrlosten Jugend«, die die Verlagsbuchhandlung Gerold herausbringen will, bitte ich Sie um Mitteilung, ob seitens des ehemaligen Psychoanalytischen Verlages dagegen Einspruch erhoben wird.¹¹ Selbstverständlich bleiben Ihnen die Rechte der englischen Übersetzung gewahrt.¹² Aus Palästina ist eine Anfrage wegen einer Übersetzung ins Hebräische eingelangt.¹³

---

[7] Masch. außer Unterschrift; Zensurstempel. Im Briefkopf Tel.-Nr. ergänzt.
[8] Siehe 33AA. Das Eintreffen dieses Briefs wurde von A. Freud, soweit ersichtlich, nicht bestätigt.
[9] Siehe 28AA mit Anm. 86 und 44AA.
[10] Nicht erhalten.
[11] Schon am 12. 2. 1946 hatte Franz Deuticke an Aichhorn geschrieben (NAA): »Herr Dr. *Solms* hat mir mitgeteilt, dass Sie eine Neuauflage Ihres Buches ›Verwahrloste Jugend‹ beabsichtigen. [...] / Als ältester psychoanalytischer Verlag läge mir natürlich sehr viel daran auch Ihr Verleger zu werden.« Die betreffenden Verhandlungen scheiterten letztlich, weil Deuticke von der staatlichen Verteilungsstelle nicht das notwendige Papierquantum bekam und keine Druckereien für das Vorhaben fand. In einem Brief Aichhorns vom 13. 2. 1947 an den Verleger Curt Weller heißt es (ebd.; vgl. Anm. 21 zu 44AA): »Mit der Firma Gerold & Co, stehe ich im besten Einvernehmen, wir müssen nur noch eine Antwort von Anna Freud aus London abwarten, damit wir uns nicht Schwierigkeiten mit dem ehemaligen Wiener Psychoanalytischen Verlag aussetzen.« Die Verhandlungen mit Gerold führten zu keinem positiven Ergebnis.
[12] Siehe 33AA mit Anm. 110.
[13] In einem Brief vom 5. 11. 1946 an Aichhorn berichtete Fanny Lowtzky (NAA):

Sehr bitte ich Sie, um die in London erschienene Gesamtausgabe.[14] *Ich weiß nicht, ob die Sendung an mich direkt möglich ist, aber bestimmt ginge sie an Gerold, weil ich höre, daß dieser schon eine Gesamtausgabe erhalten hat. Allerdings müssen wir Ihnen den Betrag dafür einige Zeit schuldig bleiben, bis unsere Vereinskasse über etwas mehr Mittel verfügt.*

Nach der Verordnung, die die Wiederaufrichtung der Wiener Psychoanalytischen Vereinigung ermöglichte, sind alle ehemaligen Vereinsmitglieder auch Mitglieder der neuerstandenen Vereinigung. Wir sind eben dabei, die Adressen der emigrierten Mitglieder zu eruieren und werden dann die Mitgliederkarten für 1946 und 47 einschicken. Wir erhoffen uns daraus eine Einnahme in fremder Valuta, da ich nicht annehme, daß viele Austritte erfolgen werden. Freilich weiß ich nicht, ob nach dem Statut der internationalen Vereinigung die Mitgliedschaft in 2 Vereinigungen möglich ist.[15] *Sollte dies der Fall sein, so ließe sich vielleicht in Anbetracht der außergewöhnlichen Umstände bei der nächsten Generalversammlung für die Wiener Vereinigung eine Ausnahme durchsetzen. (Wenn Sie es für notwendig finden, könnte ich auch offiziell über die Sekretärin der Internationalen Vereinigung*[16] *ein Ansuchen stellen).*

Beiliegend sende ich Ihnen auch den angekündigten Bericht aus der Arbei-

---

»Das Interesse fuer Ihr Buch ›Verwahrloste Jugend‹ ist im Lande sehr gross. Leider ist das Werk vergriffen und eine Haifaer Buchhandlung hat sich bereits mit einer Bestellung an den Wiener Verlag gewandt.« Am 10. 12. 1946 erreichte ihn ein Telegramm der Workers Bookguild Sifriyat Poalim Tel Aviv (ebd.), in dem er gefragt wurde, ob er einer Übersetzung des Buches ins Hebräische zustimmen würde. Wie er Lowtzky am 14. 12. mitteilte (ebd.), hatte er dieser Anfrage »sofort telegrafisch zugestimmt«. – Zur Vorgeschichte gibt es einerseits die Auskunft, das Buch sei Ende der 30er Jahre, vielleicht 1939, von David Idelsohn übersetzt und im Verlag Ever Yerushalaim veröffentlicht worden. Ein anderer Gewährsmann schreibt: »Das Buch wurde schon in 1932 übersetzt [bzw.: Das Buch wurde in 1932 hier herausgegeben von ›Ever‹] und dann wurde es von Matrizen von 2 anderen Verlagen herausgegeben.« (Mit Dank an Gerard Pulver und Yecheskiel Cohen.) Von diesen früheren Übersetzungen und Publikationen dürfte Aichhorn nichts gewusst haben.

[14] D. h. die »Imago-Ausgabe« der *Gesammelten Werke* Freuds (siehe II.2.a). Vgl. 46AA mit Anm. 32.
[15] Sie war nicht möglich (siehe 45AF).
[16] D. h. über Anna Freud, die damals diese Position bekleidete.

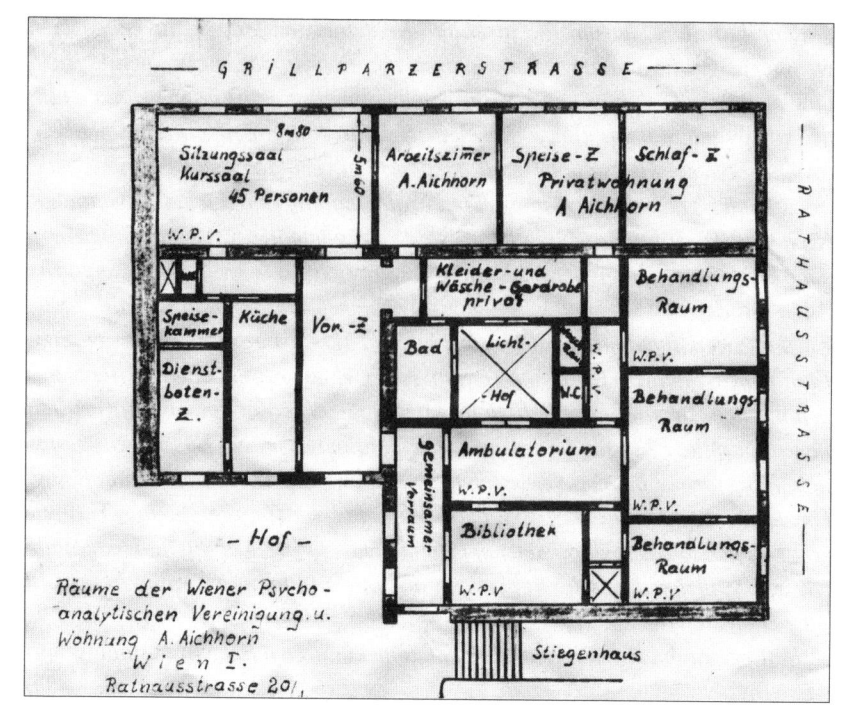

Räumlichkeiten in der Rathausstraße 20:
WPV und Aichhorns Privatwohnung

terzeitung über den Vortrag in der Volkshochschule am Ludo Hartmannplatz[17] und eine Photokopie der Skizze unserer Räumlichkeiten,[18] damit Sie sich ein Bild über unsere Behausung machen können.

Haben Sie die Photographien von der Eröffnungssitzung bekommen? Der amerikanische Oberleutnant Delfiner hat kurze Zeit vor seiner Entlassung aus dem Kriegsdienst es übernommen, sie Ihnen durch die Militärpost zu schicken. Ende Mai 46 fragte ich schon einmal bei Ihnen an, erhielt das Ein-

---

[17] Aichhorn hatte dort am 2. November 1946 seinen Vortrag »Verhütung der Verwahrlosung« gehalten (1946c). Der Bericht darüber erschien in der *Arbeiterzeitung* vom 28. 11. 1946 unter dem Titel »Vom Ohrenabschneiden zur prügelfreien Erziehung, die Gesellschaft und die Verwahrlosten«.

[18] Siehe Faksimile.

langen der Bilder aber nicht bestätigt.[19] *Falls Sie sie nicht haben, schicke ich sie ein zweites Mal.*

*Die herzlichsten Grüße,
immer Ihr August Aichhorn*

1 Vollmacht, 1 Bericht, 1 Skizze

44 AA [Briefkopf III] Wien, den 19. Februar 1947[20]

*Liebes Fräulein Freud,
Heute erhielt ich von Dr. M. Brachyahu aus Jerusalem, einen Brief vom 4. Februar, in dem er mir mitteilt, daß auch Sie mit einer hebräischen Übersetzung der »Verwahrlosten Jugend« einverstanden seien. Ich möchte gerne wissen, ob Sie auf Grund meiner Anfrage bei Ihnen vom 29. Jänner schrieben oder ob er sich direkt an Sie gewandt hat.*

Es wird auch angefragt, wie hoch meine finanziellen Ansprüche seien. Bitte beraten Sie mich dahingehend.

Von einem reichsdeutschen Verleger ist eine Anfrage wegen einer französischen Übersetzung da.[21] Ich bitte Sie, mir auch darüber ihre Meinung mitzuteilen.

Mit gleicher Post schicke ich Ihnen das Jahrbuch des Institutes für Wissenschaft und Kunst[22] in dem auf Seite 119 und folgende, mein dort im Februar gehaltener Vortrag abgedruckt ist.[23]

---

[19] Tatsächlich hat Anna Freud das Eintreffen der Bilder am 31. 5. 1946 bestätigt (29AF).

[20] Masch. außer Unterschrift; Zensurstempel.

[21] Siehe AA an Eissler, 19. 2. 1947 (NAA): »Vorige Woche schrieb der Verleger Kurt Weller in Konstanz, daß er gerne eine französische Übersetzung vermitteln wolle. Weller lernte ich im Oktober 1938, auf meiner letzten Reise in die Schweiz, in Stuttgart bei Dr. Schottländer – der Dir nicht unbekannt sein dürfte – kennen. Weller war auch einige Zeit im Konzentrationslager. Ich sagte ihm mein Einverständnis zu.« – Auch Wellers Projekt kam nicht zustande. Eine französische Übersetzung wurde erst 1973 bei Privat veröffentlicht; eine Neuübersetzung erschien 2000 bei Les éditions du Champ social.

[22] Das *Jahrbuch* wurde von Leopold Zechner, Präsident des Instituts und geschäftsführender zweiter Präsident des Stadtschulrates für Wien, im Verlag Jugend und Volk herausgegeben.

[23] »Psychologische Probleme in der Erziehungsberatung« (Aichhorn 1946a).

Ich wäre Ihnen recht dankbar, wenn Sie mir auf diesen und meine beiden Briefe vom 17. und 29. Jänner recht bald antworten wollten.

Die herzlichsten Grüße
Ihr Aug Aichhorn

45 AF [Briefkopf London] 5. März 1947.[24]

Lieber Herr Aichhorn,
Ich danke Ihnen sehr herzlich für 3 Briefe, vom 25. und 29. Januar und 19. Februar. Den handgeschriebenen beantworte ich bald wieder in derselben Weise; ich habe mich besonders mit ihm gefreut. Heute antworte ich Ihnen erst einmal auf alle anderen Dinge.

Vor allem lege ich Ihnen die Vollmacht ein. Ich habe sie meinem Bruder,[25] der im Norden von England arbeitet, zur Unterschrift eingeschickt, weil er ja der Direktor des Verlages war und ich nur einer von den Teilhabern. Jedenfalls ist es doppelt vielleicht besser. Mein Bruder ist jedenfalls sehr einverstanden, die Sache in Ihre Hände zu geben und ich bin sehr neugierig, was daraus werden kann. Ich nehme an, dass die Gesetze über die Wiedergutmachung vorläufig noch gar nicht fertig sind. Also wird man sich wahrscheinlich in Geduld fassen müssen.

Ich sehe aus Ihren Briefen immer wieder, wieviel von meiner Post an Sie verlorenzugehen scheint. Ich habe die Erklärung über die Tätigkeit der Vereinigung schon lange bekommen und auch schon vor langer Zeit bestätigt.[26] Sie hat mich natürlich sehr interessiert und besonders die Art, wie Sie die Dinge um Ihre Spezialarbeit gruppieren, finde ich sehr vernünftig. Das wird ja nur für den Uebergang so sein. Wir wissen ja alle aus Erfahrung, dass, an welchem Ende man immer anfängt, die Anwendung auf die Medizin immer wieder alle anderen Anwendungsgebiete überwiegt. Es ist merkwürdig, dass es so ist, denn logischerweise könnte man sich vorstellen, dass die Anwendung auf die Erziehung und die Fehlentwicklungen zumindest einen ebenso grossen, dauernden Raum in jeder Vereinigung einnehmen könnte und sollte. Vielleicht wird das in der Zukunft auch so sein. Sie wissen, mein Vater hat

---

[24] Masch. außer Unterschrift; Zensurstempel.
[25] Martin Freud.
[26] Vgl. 43AA mit Anm. 8.

immer prophezeit, dass die Anwendung auf die Erziehung später alle anderen an Bedeutung überflügeln wird.

Sie fragen wegen Neuauflage der »Verwahrlosten Jugend« bei Gerold an. Die ganze Frage der Verlagsrechte ist natürlich im Augenblick ungeklärt. Wir haben die Rechte der Freud-Bücher von dem ehemaligen Verlag auf die Imago Publishing Co. hier übertragen, die auch die neuen »Gesammelten Werke« herausbringt (eine Ausgabe ist an Sie unterwegs). Ich glaube, dass dieser Verlag sehr bereit sein würde, auch die neue Auflage der »Verwahrlosten Jugend« herauszubringen. Was halten Sie davon?[27] Soll ich mit Mr. Rodker, dem Inhaber des Verlages darüber sprechen? Oder ist es günstiger und einfacher für Sie, es Gerold zu geben? Es wäre nur schade, wenn die Rechte dadurch ganz an Gerold übergingen, denn Sie wissen ja, es ist ein Buch, das einen Weltruf hat. Auch die Imago Publishing Co. kann auf dem Kontinent drucken, das wäre also keine Schwierigkeit.

Zu Ihrer Frage über die Regelung der Mitgliedschaft in der Internationalen Vereinigung: Statutengemäss kann jedes Mitglied nur einer Zweigvereinigung angehören und zwar derjenigen, die ihm räumlich am nächsten ist. Ich habe versucht, gleich nach der Auswanderung, bei Dr. Jones durchzusetzen, dass man für die Wiener Vereinigung eine Ausnahme macht, aber es ist mir damals nicht gelungen. Soviel ich weiss, sind jetzt fast alle unsere ehemaligen Mitglieder schon Mitglieder anderer Vereinigungen, wahrscheinlich mit Ausnahme der Laienmitglieder, die den Bestimmungen nach in Amerika keine ordentliche Mitgliederschaft bekommen können.

Die Photographien von der Eröffnungssitzung habe ich vor langem bekommen und auch schon vor langem bestätigt. Ich finde sie sehr interessant, alle Gesichter, die ich kannte, etwas älter geworden, was ja kein Wunder ist, und ich habe sie natürlich allen Freunden hier herumgezeigt.

Die Anfrage aus Jerusalem ist direkt an mich gekommen und ich habe sie nach Ihrem Brief direkt dorthin beantwortet.[28] Ich glaube, Sie sollten als

---

[27] Vgl. 58AA und ff. Auch dieses Projekt wurde letztlich nicht realisiert (siehe 147AA, 151AF).

[28] F. Lowtzky hatte A. Freud am 31. 12. 1946 geschrieben (AFP), dass der Redakteur einer Monatsschrift für Mental Hygiene, Dr. M. Brachjahu, Ausschnitte aus Aichhorns *Verwahrloster Jugend* abdrucken und »das bereits komplett ins Hebräische übertragene Buch in einem großen hiesigen Verlag herausbringen« wolle. »Herr Aichhorn teilte uns brieflich mit, daß Sie die Verlagsrechte besitzen und wir

Royalties den Prozentsatz verlangen, der in dem betreffenden Verlag auch sonst üblich ist. Das ist ausserordentlich verschieden, nach Land und Verlag. Ich habe eben in meinen Verträgen nachgeschaut und sehe, dass ich bei Uebersetzungen 10–15 % vom Verkaufspreis als Royalty bekomme und bei manchen Bücher eine Vorauszahlung von 10–20 Pfund.[29]

Bei einer französischen Uebersetzung kommt es aber sehr auf den Verlag an und noch mehr auf den Uebersetzer. Wenn es ein angesehener Verlag ist, auf den man sich verlassen kann, so sollten Sie es sicher machen. Ich bin nur erstaunt, dass ein reichsdeutscher Verlag die französische Ausgabe übernehmen will.

Ich danke Ihnen sehr für den interessanten Wohnungsplan, der mir sehr gut gefällt. Ist es nicht eine grosse Arbeit, diese ganze Wohnung instandzuhalten? Und wer macht das? Es erinnert mich ein bisschen an die ehemalige Berliner Poliklink, die auch mit der Privatordination von Eitingon kombiniert war. Ich danke Ihnen auch sehr für den Artikel in der Arbeiterzeitung, der sehr gut geschrieben ist.

Bitte lassen Sie mich gleich wissen, wenn die »Gesammelten Werke« glücklich ankommen. Sie dürfen nicht erstaunt sein, dass die Ausgabe noch nicht vollständig ist. Es war sehr schwer, den Druck in den Kriegsjahren nicht zu unterbrechen und so ist sie noch immer nicht ganz da. Aber wir hoffen, sie in nicht allzu langer Zeit fertigstellen zu können.

Mit sehr vielen und sehr herzlichen Grüssen
Ihre Anna Freud

<u>*Beilage.*[30]</u>
<u>*Rekommandiert.*</u>

---

bitten Sie sehr, uns die Veröffentlichungen zu erlauben. / Die Probleme dieses Buches sind im Lande von großer Aktualität«. Anna Freud antwortete am 15. 1. 1947 (ebd.):»Im Grunde hat Aichhorn das Recht, allein über seine ›Verwahrloste Jugend‹ zu entscheiden. Aber ich weiss aus Erfahrung, dass er sich dem ehemaligen Verlag gegenüber mit der grössten Loyalität benimmt und darum immer die Hälfte der Rechte mir zuschreibt. Die legalen Fragen sind ja in dieser Beziehung noch ungeklärt.« Sie selbst stimme der Veröffentlichung »mit grosser Freude« zu.

[29] Am 25. 10. 1947 informierte Lowtzky Aichhorn darüber (NAA), dass sie von Brachjahu £ 10.– als Autorenhonorar für die *Verwahrloste Jugend* bekommen habe.

[30] Die im Brief erwähnte Vollmacht; offenbar nicht erhalten.

46 AA [Briefkopf IV] Wien, den 11. März 1947[31]

Liebes Fräulein Freud,
Heute kamen 2 Bücher Pakete mit den Bänden 7, 9, 11, und 13 der Gesammelten Werke.[32] So sehr ich Ihnen dafür danke, so traurig bin ich, daß auf meine 2 handschriftlichen Briefe[33] und auf die Briefe vom 17. u. 29. Jänner und 19. Februar noch immer keine Antwort kam. Ich habe Sie eingehend informiert, war wirklich froh, Ihnen so viel von mir und meiner Arbeit mitteilen zu können, daß ich überzeugt war, Sie werden mir sofort schreiben. Ich bin nun auch beunruhigt, daß Sie krank geworden sind.
Wollen Sie mir bitte nur ein paar Zeilen auf einer Karte schreiben.
Recht herzliche Grüße
Ihr Aug Aichhorn

47 AF [21. 3. 1947][34]

have answered march 2nd[35] by registered letter many greetings good wishes = anna freud

[habe zweiten märz mit eingeschriebenem brief geantwortet viele gruesse gute wuensche = anna freud]

48 AF [Briefkopf London] 23. IV. 47.[36]

Lieber Herr Aichhorn,
Ich höre gerade aus Amsterdam, daß es noch nicht ganz sicher ist, ob sich alle Reiseschwierigkeiten überwinden lassen und ob Sie zur Tagung kommen

---

[31] Masch. außer Unterschrift; Zensurstempel.
[32] Diese vier Bände sowie die Bände 2/3, 5 und 17 sind in Aichhorns Nachlass erhalten.
[33] Es liegt aus den ersten Wochen 1947 nur ein handschriftlicher Brief vor (42AA). Vielleicht war der zweite der nachfolgend genannte Brief vom 17. 1., der im überlieferten Material fehlt.
[34] Telegramm; Datum des Eingangsstempels.
[35] Tatsächlich am 5.; siehe 45AF.
[36] Handschriftlich; Zensurstempel.

können.³⁷ Ich hoffe so sehr, daß es noch gelingen wird. Wenn Sie nicht kommen können, dann freut mich die ganze Tagung nicht mehr. Ich möchte Sie so sehr gerne wiedersehen.

Wenn Sie aber doch kommen, dann gehen wir einmal allen andern durch und machen einen langen Spaziergang ans Meer oder setzen uns irgendwohin, wo es einem Wiener Kaffeehaus am ähnlichsten ist. Ich weiß noch so gut, wie Sie mir im Kaffeehaus zuerst von Oberhollabrunn erzählt haben. Dann erzähle ich Ihnen alles, was seitdem in meinem Leben war und höre von Ihnen alles was bei Ihnen und in Ihnen vorgegangen ist. Ich weiß nach den Fotografien von der Eröffnungsfeier, daß Sie nicht anders aussehen als früher. Aber ich? Ich glaube, ich habe mich doch sehr verändert in diesen vielen und schweren Jahren.

Worüber werden Sie auf der Tagung sprechen?³⁸ Ich freue mich darauf, Sie zu hören.

Haben Sie meinen Brief über die Neuauflage Ihres Buches bekommen? Ich habe noch keine Antwort.

Ich halte Daumen, damit alle Militär- und Zivilbehörden Ihnen ihre Stempel geben.

*Sehr herzlich
Ihre Anna Freud*

49 AA [Datum fehlt]³⁹

liebes fraeulein freud leider aber nicht durch eigene schuld am kommen verhindert muss ich mich statt eines persoenlichen zusammentreffens mit einem herzlichen gruss begnuegen = august aichhorn

---

[37] Siehe III.3.b. Lampl hatte am 15. 4. an Anna Freud geschrieben (AFP): »Wir freuten uns sehr Aichhorn hier wieder sehen zu koennen, aber es schaut momentan nicht so aus, als ob er die Bewilligung bekommen wird, um nach Holland zu kommen. Aber wir geben die Hoffnung nicht auf. Ein ›Nein‹ der Behoerden hat nicht mehr dieselbe Bedeutung wie frueher.«

[38] Aichhorn wollte in Amsterdam aus seiner Forschungsarbeit über junge Mädchen, die im Sinne der Prostitution gefährdet waren, und deren fürsorgerische Betreuung zu berichten (AA an Eissler, 20. 4. 1947; NAA). Das Manuskript hat er an A. Freud geschickt (siehe 59AA). Vgl. Aichhorn 1947a.

[39] Telegramm nach Amsterdam.

50 AA   *[Briefkopf V] Wien, 20. V. 47.*[40]

Liebes Fräulein Freud!
Daß ich nicht zum Kongreß kommen kann, schmerzt mich mehr, als sagbar ist. Ich habe mir schon sehr viel im Leben versagt, aber diesmal auf ein Zusammensein mit Ihnen verzichten zu müssen, ist kaum erträgbar.
 Die Einreisebewilligung kam so spät, daß zu wenig Zeit bleibt, die Reisepässe zu verschaffen. Ich werde nachdenken und bitte tun Sie das auch, ob es in absehbarer Zeit eine Möglichkeit gibt, vielleicht in der Schweiz zusammenzukommen.
 Ihren lieben Brief habe ich erhalten. Ich antworte auf alles nach London.
         Innigste Grüße und alles Liebe
         Ihr August Aichhorn

51 AA   *[Briefkopf IV] Wien, 25. Mai 1947*[41]

Liebes Fräulein Freud!
Können Sie sich denken, wie sehr ich mich freute, nach so langer Zeit wieder Ihre Stimme zu hören?[42] *Ich weiß nicht, ob es gut war, daß Sie mich anriefen, denn dadurch verstärkte sich noch das Bedauern, von der Teilnahme am Kongreß abgehalten zu sein.*
 Ende September wird in Zürich anschließend an die Internationale Studienwoche für das kriegsgeschädigte Kind in Lausanne eine Tagung sein, zu der ich eingeladen bin. Näheres werde ich erst Ende dieser Woche erfahren. Würden Sie, falls man Sie einlädt, nach Zürich kommen? Vielleicht könnte man

---

[40] Handschriftlich.
[41] Masch. außer Unterschrift; Zensurstempel
[42] AA an Lampl-de Groot, 25. 5. 1947 (NAA): »Der gestrige Telefonanruf aus Amsterdam war für mich, da er so unerwartet kam, eine ganz besondere Überraschung. Ich freute mich außerordentlich und danke Ihnen herzlichst, da ich annehme, daß Sie die Anregung dazu gaben.« Ihre Antwort vom 4. 6. (ebd.): »Ich freue mich sehr, dass das Telefongespräch mit den verschiedenen Gästen, die an dem Sonntagabend bei uns zum Nachtmahl waren, wenigstens ein ganz kleines bisschen Freude für Sie bedeutete! Es hat uns allen so schrecklich Leid getan, dass Sie nicht dabei waren. Aber wir hoffen auf ein nächstes Mal.«

das gleich mit einem Besuch der Schweizer Psychoanalytischen Vereinigung verbinden.[43]

Ich bin Ihnen noch einige Antworten schuldig und werde Ihnen in den nächsten Tagen darüber schreiben, will aber die Absendung des Briefes nicht verzögern, weil ich raschest meine herzlichen Begrüßungswünsche zu Ihnen nach London schicken will.

Recht innige Grüße,
immer Ihr August Aichhorn

52 AF [*Briefkopf London*] *3. Juni 1947*[44]

Lieber Herr Aichhorn,
Heute ist Ihr Brief vom 25. Mai hier angekommen. Ich will gar nichts mehr davon sagen, wie traurig ich war, Sie nicht in Holland zu treffen. Das Einzige, was mich getröstet hat, war, dass an und für sich eine solche Zusammenkunft einem schrecklich wenig Ruhe und Frieden für ein Zusammensein lässt, wie ich es nach so vielen Jahren mit Ihnen haben möchte. Ich wollte, wir könnten uns in mehr Ruhe treffen.

Ich glaube nicht, dass ich es möglich machen könnte, Ende September nach Zürich zu kommen. Ich nehme diesen Sommer 2 Monate Urlaub (Juli/August), weil ich das Gefühl habe, dass es sehr nötig ist. Aber das macht es wohl unmöglich, dass ich Ende September wieder die Arbeit unterbreche. Wäre nicht etwas anderes möglich, dass wir für Sie ein Besuchsvisum zu einem Vortrag hier bei uns bekommen und dass sie von Zürich aus den Abstecher nach England machen? Das wäre etwas ganz anderes und würde sich lohnen. Bitte überlegen Sie es und wenn Sie auch nur irgendwie darauf Lust haben, so würde ich mich gleich nach den Möglichkeiten erkundigen.

Alles was ich in Amsterdam mit Ihnen gesprochen hätte, schlucke ich vorläufig hinunter und statt dessen kommt in diesem Brief nur eine Frage, die mir auch sehr am Herzen liegt. Sie haben vor einigen Monaten meine Anfrage wegen Ihres Buches nicht beantwortet, vielleicht gar nicht bekommen.[45]

---

[43] Siehe III.3.d. Ein Treffen zwischen A. Freud und Aichhorn kam erst im Frühjahr 1948 in Lausanne zustande (vgl. 72AA und ff.).
[44] Masch. außer Unterschrift; Zensurstempel
[45] Siehe 45 AF.

Ihr Buch muss in deutsch unbedingt eine neue Auflage haben und ich wollte wissen, ob Sie der Imago Publishing Co. das Recht hierfür geben würden, statt es einem fremden Wiener Verlag zu geben. Wenn ja, so würde der Verlagsleiter, Mr. Rodker, sich gleich mit Ihnen in Verbindung setzen. Das Bedürfnis nach Ihrem Buch ist sehr gross. Eben erzählte mir ein Besucher aus der Schweiz, dass dort eine Jugendorganisation, die das Buch nicht mehr zu kaufen bekommen konnte, es für ihre Mitarbeiter abgetippt hat, und ihre unverkäuflichen, maschinengeschriebenen Exemplare verteilt! Mehr kann man nicht verlangen.[46]

Ich bin schrecklich müde nach London gekommen und jetzt haben wir eine Hitzewelle, die sich der Kälte des Winters an die Seite stellen lässt.

*Immer sehr herzlich,
Ihre Anna Freud*

53 AA [13. 6. 1947][47]

dr lorand vom yearbook of psychoanalysis[48] in newyork fragt an ob ich als contributing editor mitarbeiten und ob ich eigene und arbeiten unserer vereinsmitglieder zur verfuegung stellen moechte[49] = soll ich zustimmen? bitte drahtantwort herzliche gruesse august aichhorn

---

[46] Am 26. 9. 1947 dankte Maria Pfister-Ammende von der Schweizerischen Vereinigung Aichhorn für die Erlaubnis zur Vervielfältigung der *Verwahrlosten Jugend*, die er bei Gelegenheit seines Vortrags in Zürich erteilt hatte (NAA). »Wir konnten damit ein Seminar, an dem deutsche Flüchtlinge teilnahmen, durchführen. Diese Teilnehmer befinden sich heute zu einem grossen Teil in Deutschland sowie in Österreich und betätigen sich in der Jugendfürsorge. Einige Exemplare haben wir unseren Leitern und Leiterinnen von Jugendheimen, in denen jugendliche Flüchtlinge sowie junge ehemalige Konzentrationslagerhäftlinge untergebracht sind, zur Verfügung gestellt.«

[47] Telegramm; Datum des Eingangsstempels.

[48] Der erste Band des *Yearbook of Psychoanalysis*, das von Sandor Lorand und anderen herausgegeben wurde, erschien 1945 in New York.

[49] Lorands betreffender Brief datiert von 28. 5., Aichhorns zustimmende Antwort vom 23. 6. 1947 (NAA).

54 AF [17. 6. 1947]⁵⁰

kein grund gegen mitarbeit an lorands yearbook aber bitte reservieren sie alle arbeiten ueber kinder und jugendliche fuer annual psychoanalytic study of the child von kris und hartmann redigiert mit dem ich engste verbindung habe = herzlich anna freud

55 AF [Briefkopf London] 26. Juni 1947⁵¹

Lieber Herr Aichhorn!
Ehe ich auf meinen Sommeraufenthalt fahre, muss ich Sie schnell noch mit 2 Bitten belästigen. Ich hoffe, Sie sind nicht böse darüber.
  Die erste handelt sich um eine Wienerin, die ich aus der Vergangenheit recht gut kenne. Sie heisst Mitzi Millberger und ist eine junge Frau, die seinerzeit in der Krippe am Rudolfsplatz bei unseren Babies sehr brav und tüchtig gearbeitet hat,⁵² dann bei Freunden von uns Wirtschafterin und Kinderpflegerin war und dann noch ein Weile hier in London bei Mrs. Burlingham im Haushalt, ehe sie wieder, noch vor Kriegsausbruch nach Oesterreich zurückgekehrt ist. Sie ist ungewöhnlich tüchtig und brav, sympathisch und gut mit Kindern: der beste Typus Wiener Mädel. Ich höre von Freunden aus Amerika, die ihr Lebensmittelpakete schicken, dass es ihr sehr schlecht geht und dass sie trotz ihrer Tüchtigkeit keine richtige Arbeit finden kann. Sie ist viel zu bescheiden, um sich selber an jemanden um Hilfe zu wenden. Könnten Sie vielleicht irgend eine Arbeit für sie finden und sie sich überhaupt einmal anschauen? Ich wäre Ihnen sehr dankbar. Ihre Adresse ist Wien X, Rotenhofgasse 106/50.
  Die zweite ist eine junge Emigrantin, die jetzt nach Wien zurückkehren wird, nachdem sie hier seit ihrer Auswanderung in verschiedenen Kindergärten, zuletzt bei den Kindern, die man aus Konzentrationslagern hierher

---

[50] Radiogramm; Datum des Eingangsstempels. Übermittlungsfehler in Transkription wie bei späteren Telegrammen berichtigt.
[51] Masch. außer Unterschrift; Zensurstempel
[52] D. h. in der Jackson-Krippe (siehe I.4.j). Anna Freud war von Schur über Millbergers Lage informiert worden und hatte ihm versprochen, seine Bitte an Aichhorn weiterzuleiten (Brief vom 24. 6. 1947; AFP).

gebracht hat, gearbeitet hat.[53] *Sie ist intelligent und sehr an der Analyse interessiert. Ich glaube, sie ist gleichzeitig recht neurotisch und braucht dringend Analyse als Vorbereitung für weitere Kinderarbeit. Ich denke mir, dass sie dann sehr brauchbar sein könnte, Geld für eine Analyse könnte sie bezahlen. Es liegt ihr auch sehr daran, analytisch-pädagogische Ausbildungskurse mitzumachen. Sie wollte hier in Analyse gehen, aber da sie beabsichtigt nach Wien zurückzukehren, habe ich ihr geraten, es lieber dort zu tun. Darf sie sich zur Beratung an Sie wenden, wenn sie nach Wien kommt? Sie heißt <u>Edith Belf</u>. Ihr Curriculum Vitae liegt bei.*[54]

Jetzt ist die Arbeit dieses Jahres hier endlich zu Ende, es war vieles sehr Interessantes dabei. Wenn ich jetzt in die Ferienruhe komme, die ich schon sehr brauche, hoffe ich etwas schreiben zu können, was Sie sehr interessieren wird, nämlich meine Gedanken über den jetzigen Stand der psychoanalytischen Pädagogik.[55] *Sehr, sehr schade, dass ich es nicht mit Ihnen vorher besprechen kann. Ich möchte so gerne wissen, ob unsere Ideen in die gleiche Richtung gehen.*

Indessen sehr herzliche Grüsse. Meine Adresse in den nächsten 2 Monaten ist »Amber Cottage« Walberswick near Southwold, Suffolk, England.

Ihre Anna Freud

56 AA *Badgastein,*[56] *9. VIII. 1947*[57]

Liebes Fräulein Freud!
Heute ist eine jener wenigen Stunden, in denen ich ganz für mich sein kann. Ich wurde allein zu Hause gelassen und bin dennoch nicht allein, sitze auf einem kleinen, zum Hotelzimmer gehörenden Balkon und lasse die Ruhe auf

---

[53] Die letzten beiden Sätze handschriftlich eingefügt. – Edith Belf arbeitete wie Hedda Eppel im Lager Windemere (siehe Anm. 106 zu 32AF).

[54] Nicht erhalten.

[55] Diese Arbeit scheint damals nicht abgeschlossen worden zu sein.

[56] Kur- und Wintersportort im Salzburger Gasteinertal. Eine Besonderheit ist die Lage des Zentrums der Stadt, das an Steilhängen um einen Wasserfall errichtet wurde. Aichhorn verbrachte dort die Sommerferien 1943 und 1946–1948. Im Sommer 1947 wohnte er im Grand Hotel de l'Europe,

[57] Handschriftlich.

mich einwirken. Eigentlich ist es gar nicht ruhig. Kaum dreißig Meter entfernt stürzt das Wasser der Gasteiner Ache in die Tiefe und doch ist das ununterbrochene Rauschen des dahin strömenden Wassers kein Lärm, ich empfinde es als das dahin schwinden einer unaufhörlichen Geschäftigkeit, der ich für einige Zeit entronnen bin.

Es ist wirklich schön wieder einmal Phantasien ausleben und Gedanken nachgehen zu können. Erschrecken Sie bitte nicht. Ich weiß längst, daß sie nicht realisierbar sind und bin doch lebensbejahend und zielbewußt arbeitsfähig geblieben. Möglich wurde das, weil ich mir eine innere Welt aufgebaut habe, die niemand kennt und von der auch nur Sie erfahren sollen.

Warum ich Ihnen jetzt und gerade so jetzt schreibe? Vor einer halben Stunde habe ich das Buch »Master and Friend«[58] fertig gelesen und nun ist so viel wach geworden von dem Sie gewiß einen Teil ahnen.[59]

Ich frage mich wieder, wie schon so oft: Habe ich mein Leben richtig gelebt oder habe ich es aus Feigheit verpfuscht? Ich weiß es nicht, weiß nur, daß ich lebe, wie ich leben muß. Nicht nur aus Pflichtgefühl habe ich nie gesprochen, vielmehr noch aus einem sicheren Wissen: die Frau, der mehr als meine Sehnsucht seit langem gilt wäre schwer enttäuscht worden, hätte sie ja gesagt, wie meine Phantasie mir das vorspiegelt.[60]

---

[58] Die Erinnerung von Hanns Sachs (1982 [1950]) an Freud.

[59] An Dworschak schrieb Aichhorn am selben 9. 8. mit Bezug auf seine Lektüre des Buches von Sachs (NRD): »Freud ist so schwer richtig zu sehen. Ich bin überzeugt, daß ihm die Stellung, in die ihn seine Arbeit, sein Erfolg und seine Schüler hineingezwungen haben, veranlaßten, eine ganz bestimmte Rolle zu spielen. In Wirklichkeit war er ganz anders und das kann man aber nicht sagen. Schmutzers Radierung erscheint mir Freud richtig erfaßt zu haben. Wenn ich genau nachdenke, sehe ich Freuds äußere Wandlung im Laufe der Jahre, die ich ihn kannte, deutlich vor mir. Irgendwie war er gefühllos. Mich schaudert, wenn ich daran denke: Einer von den Tarockspielern kommt nicht, man hört er ist erkrankt. Es wird darüber nicht gesprochen. Einige Wochen später stirbt er. Das höre ich von außen. Am nächsten Samstag geht die Tarockpartie mit einem neuen Partner weiter, ohne daß vom Verstorbenen auch nur ein Wort gesprochen wird. Tot, erledigt, wir spielen weiter.«

[60] Vielfach wurde behauptet, Aichhorn habe Anna Freud hier seine bis dahin geheim gehaltene Liebe zu ihr offenbart (Fröhlich 2001, S. 129 ff.; Roudinesco u. Plon 2004, S. 17; Young-Bruehl 1995, Bd. 2, S. 108). Man kann sogar lesen, er habe ihr nach dem Tod seiner Frau einen Heiratsantrag gemacht (Milhaud-Cappe 2007, S. 75). Tatsächlich spricht Aichhorn an der obigen Stelle von seiner jahrelangen

A. Aichhorn

Bad Gastein, 9. VIII. 1947.

Liebes Fräulein Freud!

Heute ist eine jener wenigen Stunden, in denen ich ganz für mich sein kann. Ich wurde allein zu Hause gelassen, und bin dennoch nicht allein, sitze auf einem kleinen, zum Hotelzimmer gehörenden Balkon, und lasse die Ruhe auf mich einwirken. Eigentlich ist es gar nicht ruhig. Kaum dreissig Meter entfernt, & ist das Wasser der Gasteiner fließt in die Tiefe, und doch, ist das ununterbrochene Rauschen des dahin strömenden Wassers kein Lärm, ich empfinde es als das dahinschwindende einer unaufhörlichen Geschäftigkeit, der ich für einige Zeit entronnen bin.

Es ist wirklich schön wieder einmal Phantasien nachleben und Gedanken nachgehen zu können. Erschrecken Sie bitte nicht. Ich weiss längst, dass sie nicht realisierbar sind, und bin doch lebensbejaend und zielbewusst arbeitsfähig geblieben. Möglich wurde das, weil ich mir eine innere Welt aufgebaut habe, die niemand kennt, und von der auch nur Sie erfahren sollen.

Warum ich Ihnen jetzt, und gerade so schreibe? Vor einer halben Stunde habe ich das Buch „Master and Friend" fertig gelesen, und, wie ich so vielfach zu von dem Zeugnis einer Teilnahme.

Ich frage mich wieder, wie schon so oft: Habe ich mein Leben richtig gelebt oder habe ich es aus Feigheit verpfuscht? Ich weiß es nicht, weiß nur, daß ich lebe, wie ich leben muß. Nicht nur aus Pflichtgefühl habe ich sie gesprochen, vielmehr noch aus einem sicheren Wissen: die Frau, der mehr als meine Sehnsucht seit langem gilt wäre, schwer enttäuscht worden, hätte sie ja gesagt, wie meine Phantasie mir das vorspiegelt.

Ich bin nicht dumm, und doch habe ich zu wenig mitbekommen, auch meine Kinderstube war ganz anders als ihre, verschiedene Welten.

Ich klage nicht und klage auch nicht an, nicht mich, nicht die anderen, nicht das Schicksal. Vielleicht tue ich das nicht, weil es mir gelungen ist an Stelle der äußeren Realität mir eine innere Welt aufzubauen: diese Frau in mir zum Leben zu erwecken. Ich habe nicht verzichtet, ich habe sie mir ganz genommen und so wurde sie ja mir zur Quelle, die nie versiegt, aus der ich unaufhörlich schöpfe und schöpfen werde, bis zum Ende. So bin ich auch nie allein, und was ich gebe und leiste, geben wir immer beide zusammen.

Im Augenblick wird mir klar, daß das Rauschen der Gartenes..., Aika, mir die Freiheit gibt preiszugeben was ich bisher stiefverbarg und ich bin froh darüber.

Viel, vielliebe
immer
Fritz

Ich bin nicht dumm und doch habe ich zu wenig mitbekommen, auch meine Kinderstube war ganz anders als ihre, verschiedene Welten.
Ich klage nicht und klage auch nicht an, nicht mich, nicht die anderen, nicht das Schicksal. Vielleicht tue ich das nicht, weil es mir gelungen ist an Stelle der äußeren Realität mir eine innere Welt aufzubauen: diese Frau in mir zum Leben zu erwecken. Ich habe nicht verzichtet ich habe sie mir ganz genommen und so wurde sie in mir zur Quelle, die nie versiegt, aus der ich unaufhörlich schöpfe und schöpfen werde bis zum Ende. So bin ich auch nie allein und was ich gebe und leiste, geben wir immer beide zusammen.[61]
Im Augenblick wird mir klar, daß das Rauschen der Gasteiner Ache mir die Freiheit gibt preiszugeben, was ich bisher tief verbarg und ich bin froh darüber.

Viel, viel Liebe
immer Ihr [ohne Unterschrift]

Liebesbeziehung zu Rosa Dworschak (vgl. I.4.c). Diese Beziehung hatte er vor Anna Freud bisher verschwiegen, und es mag sein, dass ihm das »Geständnis« nicht zuletzt deswegen jetzt schwer fiel. Danach aber – und vor allem nach ihrem Wiedersehen im Frühjahr 1948 – schrieben sich die beiden neben den »offiziellen« auch weit mehr freundschaftlich-zärtliche Briefe als zuvor.

[61] Einige Tage vorher, am 5. August, hatte Aichhorn ebenfalls aus Bad Gastein an Dworschak geschrieben (NRD): »Meine Gedanken sind fast ununterbrochen bei Dir. Es […] steigerte sich bis fast zu physischem Unbehagen […] bei dem Gedanken wie schön es war und wie es sein könnte. Ich kann Neurose und Pflichtgefühl nicht auseinander halten, bemühe mich dem Pflichtgefühl den Vorrang zu geben. – / Ich bin jetzt fast eine Stunde gesessen und habe geträumt. […] Mein Lieb, es ist so schön, daß Du lebst und mir gehörst, bei allem Jammer der dabei ertragen werden muß. Gelt, wir sind und bleiben zusammen. / […] Es ist so ein beseeligendes Gefühl, Dich zu haben und Dich von ganzem Herzen lieben zu dürfen. Wenn ich jetzt die Jahre unserer Einigung, im wahrsten Sinne des Wortes, überblicke, so wird mir deutlich, daß die verrinnende Zeit mit einer Steigerung meiner Bindung an Dich einhergeht. So sehr ich suche, es gab keine Minute des Schwankens, des weniger Werdens und dann wieder Ansteigen. Nein, es ist ein stetes, unaufhörliches Zunehmen und ich bin durchdrungen, so wird es immer bleiben.« Und am 9.: »Wenn Du Dich für den Winter bedankst, schäme ich mich. Du hast mir viel mehr gegeben, als ich Dir; das weißt Du und Du weißt auch, daß ich immer der Schuldner sein werde. Ich weiß nicht ob es Dir genügt, wirklich kann ich Dir nur meine unendliche Liebe geben und nicht mehr.«

57 AA *Badgastein, den 15. VIII. 1947*[62]

Liebes Fräulein Freud!
Heute ersucht mich ein mir sehr gut, Ihnen von Oberhollabrunn bekannter Mann, Ihnen den beiliegenden Brief zu übermitteln.[63] *Ich komme seinem Ersuchen gerne nach und grüße Sie herzlichst.*

Ihr Aug Aichhorn

58 AA *Badgastein, 15. August 1947.*[64]

Liebes Fräulein Freud!
Zunächst:
Ihr Brief vom 26. Juni kam Ende der ersten Juliwoche an. Ich lud Frau Millberger am 10. Juli zu mir in die Wohnung ein. Sie ist bis zu meiner Abreise nach Gastein nicht gekommen. Wenn ein zweiter Brief wieder erfolglos bleiben sollte, werde ich sie selbst aufsuchen.
Das Curriculum Vitae von Edith Belf-Koenig hebe ich auf, bis sie sich melden wird. Selbstverständlich helfe ich ihr dann soweit als möglich.
Ich komme Ende September von Lausanne nach Zürich. In Lausanne spreche ich auf der Tagung für das kriegsgeschädigte Kind und in Zürich halte ich einen öffentlichen Vortrag.[65] *Sehr gerne hätte ich Sie in Zürich gesprochen. London werde ich nicht mehr sehen können. Meine angiösen Anfälle mahnen mich immer, dass es plötzlich ein Ende haben kann, daher unternehme ich eine weitere Reise nicht mehr allein.*[66] *Diesmal wird wahrscheinlich – es ist*

[62] Masch. bis »herzlichst«; Zensurstempel.
[63] Nicht identifiziert.
[64] Masch. außer Unterschrift; Zensurstempel.
[65] In Lausanne sprach Aichhorn über »Die sittlich gefährdete, beziehungsweise sich prostituierende weibliche Jugend und deren fürsorgerische Betreuung« (1947a), in Zürich über »Gewaltlose Erziehung« (1947b). Vgl. III.3.d.
[66] Wenig früher, am 10. 5., hatte Aichhorn an Ruth Eissler geschrieben, dass es ihm in den letzten Monaten nicht gut gegangen sei (NAA): »Zuerst ein leichter anginöser Anfall, dann eine Grippe, anschließend ein arger Husten. Zu Ostern 8 Tage weg von Wien, infolge des schlechten Wetters Verschlechterung meines Zustandes, Heiserkeit fast bis zur Stimmlosigkeit. Kurzwellenbestrahlungen, Inhalieren und noch andere Scherze. Wieder von Wien weggeschickt werden, langsame Besserung, aber

noch nicht ganz sicher – Dr. Fleischmann mitfahren. London ist für mich auch zu aufregend, habe es erfahren, als ich Katas ganz kurze Schilderung ihres Besuches bei Ihnen und den Gang zur Grabstätte las.[67] Ein Zusammentreffen ist nur an einem neutralen Ort möglich. Dass Sie Ihre, im Herbst begonnene Arbeit nicht gleich wieder abbrechen können, verstehe ich. Wenn ich auch noch nicht weiss, wie es sich wird machen lassen, weiss ich doch sicher, dass wir uns in absehbarer Zeit sehen und sehr eingehend aussprechen werden. Darauf freue ich mich schon jetzt.

Die Angelegenheit des W.P.V.[68] scheint nun aussichtsvoll. Der Rechtsanwalt nimmt sich der Sache sehr an.[69] Am Tage vor meiner Abfahrt nach Gastein besuchte mich Dr. Sauerwald, den ich für einen anständigen Menschen halte. Er hat eine beträchtliche Menge von Büchern in Kisten verpackt in der National Bibliothek zur treuhändigen Aufbewahrung, er weiss auch wo Teile des Inventars der Vereinigung hingekommen sind. Er wird sich sofort mit dem Rechtsanwalt in Verbindung setzen und ich werde Sie am Laufenden halten.

Aus Palästina erhielt ich eine Zeitschrift in der schon der Anfang meiner »Verwahrlosten Jugend« ins Hebräische übersetzt abgedruckt ist.

noch nicht völlig hergestellt sein. Das ist so im Telegrammstil der Ablauf der Zeit seit Februar bis jetzt. Daß ich dabei nicht gut aufgelegt und arbeitsfreudig war, kannst Du Dir vorstellen.«

[67] Das letzte Wort des Satzes ist im Original offenbar verschrieben als: schickte. – K. Lévy hatte am 17. 7. berichtet (NAA): »Anna. Sie ist so lieb und klug, wie immer. Etwas trauriger u. etwas gealtert, aber nicht ohne Humor. Mir hat sie unendlich wohlgetan. Sie hat mir im Columbarium Prof.'s Urne gezeigt, u. den wundervoll friedlichen Garten – Gefilde der Seligen. Wir sind im Regen dort herumgegangen, und haben uns die verschiedenen Bestattungsweisen angesehen, die man dort haben kann. Anna hat mir von Prof.s letzten Stunden berichtet. Wir waren uns ebenso nahe, o. näher als vor der 9-jährigen Trennung. Frau Prof. ist rüstig u. lieb, Mathilde unverändert. Mrs. Burlingham wohnt mit ihnen u. man sieht ihr ihre Krankheit nicht an. Kinder und Enkel kommen abwechselnd sie zu besuchen.«

[68] »W.P.V.« ist hier ein Schreibfehler; gemeint ist der Internationale Psychoanalytische Verlag.

[69] Zu den damals verhandelten Rückerstattungsansprüchen in Bezug auf Vermögen der WPV und des psychoanalytischen Verlags und zu Sauerwalds Rolle dabei siehe III.1.a.

Darf ich Sie bitten mit der Imago Publishing Companie wegen Neuauflagen der »Verwahrlosten Jugend« abzuschliessen. Ich bin mit jedem, von Ihnen gemachten Abschluss einverstanden.[70]
Haben Sie meinen Genfer Vortrag[71] bekommen? Ich würde gerne Ihr Urteil wissen. In Zürich spreche ich, über dortige Aufforderung,[72] über »Gewaltlose Erziehung«. Wahrscheinlich wird man sich über meine Auffassung wundern.[73]
Sehr am Herzen liegt mir meine grosse Arbeit: »Die Kategorien der Verwahrlosung«. Sie ist sehr umfangreich und ich arbeite seit Jahren daran. Endlich sehe ich den Abschluss vor mir.[74] Was sonst noch im Herbst auf mich wartet, ist nicht wenig, aber ich schreibe Ihnen erst darüber, wenn ich mitten darin bin.

Recht herzliche Grüsse
Ihr August Aichhorn

---

[70] Siehe Anm. 92 zu 61AA.

[71] Den Vortrag über die »sich prostituierende weibliche Jugend«, den er in Lausanne hielt, hatte Aichhorn ursprünglich für eine Tagung der Union Internationale de Protection de l'Enfance vorbereitet, die vom 29. 4. bis zum 2. 5. 1947 in Genf abgehalten wurde. Vgl. den nächsten Brief.

[72] Als Titel war Aichhorn vorgeschlagen worden: »Non violence in der Erziehung« (Briefe vom 18. und 21. 8. 1947; NAA).

[73] Der Grundsatz der Arbeit Aichhorns in Oberhollabrunn lautete: »Absolute Milde und Güte«, eine Einstellung, die er aber nur bei der Arbeit mit einer bestimmten Gruppe von Neurotisch-Verwahrlosten, wie er sie bezeichnete, angemessen fand. Diese Einschränkung wurde oft übersehen. In seinem Züricher Vortrag betonte er, dass Gewalt unausweichlich in jedem Erziehungsprozess eine Rolle spielt (vgl. T. Aichhorn 2007a).

[74] Vgl. II.3.d und 161AA. Über die Arbeit an diesem Buch schrieb Aichhorn am 28. 3. an Eissler u. a. (KRE/AA, S. 53): »Ich bin nun endlich so weit, darüber etwas sagen zu können. Es ist nur eines schrecklich: ich habe so gar kein inneres Bedürfnis zum Schreiben. Ich stehe immer so mitten im Leben und mit wirklich viel Freude, ich kann der beschaulichen Ruhe und dem gründlichen Denken gar keine Lust abgewinnen. Und irgendwie bin ich zu wenig diszipliniert. Mein Überich ist mit mir zu höflich, es gibt immer wieder nach, wenn ich ihm schön zurede. Ich bin nicht ohne Ehrgeiz, schon gar nicht ohne Narzißmus. Aber beide liegen in anderer Richtung, als durch <u>Bücher</u> berühmt zu werden. Ich verstehe es heute noch nicht, was die Menschen an meiner ›Verwahrlosten Jugend‹ finden.«

59 AA   Zürich, 26. IX. 47.[75]

Liebes Fräulein Freud!

Am 19., am Tage meiner Abreise nach Lausanne, kam: »The psychoanalytic study of infantile feeding disturbances«.[76] Ich danke dafür, werde die Arbeit nach meiner Rückkehr lesen.

Am 22. sprach ich in Lausanne (Studienwochen für das kriegsgeschädigte Kind) über die sich prostituierenden jugendlichen Mädchen. Der Vortrag war für Genf vorbereitet, die Einreisebewilligung kam zu spät. Einen Abzug schickte ich Ihnen im Mai.[77] Sie haben sich darüber nicht geäußert. Ihr Urteil wäre mir so wichtig, auch erhoffte ich mir sehr, mich weiterführende Bemerkungen und Anregungen. So muß ich eben allein weiter.

Gestern war ich mit Dr. Fleischmann, der mein Reisebegleiter ist – allein kann ich weite Fahrten nicht unternehmen, ich weiß nicht, was sich ereignet – 4 Stunden bei Pfarrer Pfister. Es war für mich wundervoll, nach fast 10 Jahren wieder einmal mich in einer Gedankenwelt auszuleben, die mir zur zweiten Natur geworden ist.

Prof. Meng habe ich in Basel angerufen, er kommt heute her und ich freue mich sehr.

Er wird auch bei meinem Vortrag sein, den ich heute in Zürich halte. Er ist allgemein zugänglich und in den Züricher Zeitungen angekündigt.

Das Thema: »Gewaltlose Erziehung« wurde mir vorgeschrieben. In Kreisen von Pädagogen und Psychologen hier, wird diese Frage eifrig diskutiert und man will meine Meinung hören. Ich fürchte nur, daß die Züricher enttäuscht sein werden. Man hat ein völlig falsches Bild von mir. Auch Pfarrer Pfister sieht in mir den Menschen, der aus unerschöpflicher »christlicher« Liebe heraus wirkt.[78] Die »Verwahrloste Jugend« hätte ich nie schreiben dürfen.

---

[75] Handschriftlich.
[76] A. Freud 1946; Sonderdruck mit Widmung in NAA.
[77] Das genaue Datum der Zusendung ist in der Korrespondenz nicht dokumentiert.
[78] Später kam Aichhorn gegenüber Eissler auf diese Diskussion mit Pfister zu sprechen und wiederholte, dass dessen Charakterisierung »mein wirkliches Wesen gar nicht trifft«. Anna Freud, mit der er »über dieses Thema einen kleinen Briefwechsel gehabt«, beurteile ihn »viel richtiger« (KRE/AA, S. 72; dazu auch S. 73). Vgl. 104AF mit Beilage und 106AA.

Sehr froh bin ich, daß Sie meinen Brief aus Gastein nicht erhalten haben.[79]
Durch Wochen fürchtete ich Ihre Antwort. Ich bin aus mir herausgegangen, wie man es nur seinem Analytiker gegenüber darf und sonst nicht. Es könnten schöne Beziehungen schwerst gestört werden.
Einen Abzug vom Vortrag »Gewaltlose Erziehung« schicke ich Ihnen auch. Nicht wahr, Sie werden ihn lesen und mir darüber schreiben.
Morgen früh fahre ich wieder nach Wien zurück. Am Sonntag bin ich zu Hause und am Montag beginnt die Arbeit, die eigentlich schon vor einem Monat hätte anfangen sollen.
Ich hoffe, daß Sie sich in den Ferien recht gut erholt haben und
grüße Sie herzlichst
Aug Aichhorn

N.S. Wissen Sie, daß mich der im Mai in New York abgehaltene Kongreß der amerikanischen Vereinigungen zum Ehrenmitglied gewählt hat? Mir ist das völlig rätselhaft, da die amerik. Psychoanalytiker so gegen den nicht ärztlichen Analytiker sind.[80]

[79] Gemeint ist der intime Brief 56AA, der aber doch bei Anna Freud angelangt war (siehe 62AF u. ö.).
[80] William Menninger und George Mohr teilten Aichhorn am 26. 6. offiziell mit (NAA; Original englisch): »Beim Kongress der Amerikanischen Psychoanalytischen Vereinigung am 18. Mai in New York hat die Vereinigung Sie zum Ehrenmitglied gewählt. Ihre amerikanischen Kollegen sind voll Anerkennung für den wertvollen Beitrag, den Sie über viele Jahre in unserem Interessengebiet geleistet haben, und bewundern besonders den Mut und die Energie, womit Sie Ihre Arbeit in den schweren Kriegsjahren weitergeführt haben. Wie hoffen, Sie akzeptieren diese Ehrenmitgliedschaft als bescheidenes Zeichen unserer Wertschätzung.« Aichhorn erwiderte am 21. 7. an die Adresse von Mohr (ebd.): »Ich bin sehr stolz, nicht nur für mich sondern auch für die ›Wiener Psychoanalytische Vereinigung‹ […]. / Wir fassen diese Ehrung auch als Ihr Bekenntnis zu Freud auf und sind so froh darüber, da gerade der Wiener Vereinigung die Pflicht obliegt, Freuds Lehre in alle Zukunft rein zu erhalten.« In einem privaten Schreiben an Mohr vom gleichen Datum fügte er hinzu (ebd.): »In meinem Leben gab es zwei Höhepunkte: Oberhollabrunn […] und die Begegnung mit Freud. Daß ich beiden die Treue bewahre ist nichts außergewöhnliches und Sie werden verstehen, daß ich mich wundere, dafür eine so bedeutsame Anerkennung zu bekommen. / Vielleicht freue ich mich gerade deshalb deswegen so sehr: die kam so unerwartet.«

60 AA [Briefkopf V] 11. Oktober 1947[81]

Liebes Fräulein Freud!
In der Nationalbibliothek wurden die von Dr. Sauerwald in Kisten deponierten Bücher aus dem Verlag, in den Bestand der Nationalbibliothek eingereiht, so daß das Heraussuchen nun große Mühe macht. Es ist schon eine beträchtliche Menge von Büchern gesammelt und Sie erhalten nächste Woche ein Bücherverzeichnis. Wir können noch mehr Verlagseigentum herausbekommen, wenn wir in der Lage sind, nachzuweisen, was an Büchern im Psychoanalytischen Verlag erschienen ist. Ich selbst habe ein Verlagsverzeichnis aus dem Jahr 1935, das uns gute Dienste leistet. Was wir dringend brauchen, sind Verlagsverzeichnisse aus früheren Jahren. Ich habe hier herumfragen lassen, ob bei Buchhändlern alte Verlagsverzeichnisse aufzufinden sind. Heute erhielt ich vom Rechtsanwalt die Nachricht, daß ein Antiquariat ihm ein Verlagsverzeichnis zum Ankauf angeboten hat. Da ich erst nachfragen muß, aus welchem Jahr es stammt, kann ich Ihnen noch nicht mitteilen, ob es für uns verwendbar ist.
Ich frage an, ob Sie in Ihrem Besitz Verlagsverzeichnisse von vor 1935 haben, oder ob solche etwa durch den Imago-Verlag aufzutreiben sind.[82] Die Angelegenheit ist äußerst dringend, ich bitte daher um <u>umgehende</u> Antwort; denn, wenn wir nicht in der Lage sind weitere Bücher anzugeben, wird dem Finanzministerium das Ansuchen um Rückgabe des Verlagseigentums mit der Bücherliste belegt, die wir aus eigenem zusammenstellen können.
Weiters brauche ich <u>dringend</u> Ihre Einwilligung, die bisher in der Nationalbibliothek als Verlagseigentum ausgeschiedenen Bücher bei uns in der

---

[81] Masch. außer Unterschrift; Zensurstempel
[82] Vom Imago-Verlag kam am 24. 10. 1947 auf Ersuchen von A. Freud die Mitteilung (NAA), man habe außer dem Gesamtverzeichnis des psychoanalytischen Verlags von 1935 noch je ein Verzeichnis von 1922 und 1925. »Ein Vergleich der beiden alten Verzeichnisse mit dem aus dem Jahre 1935 ergibt, dass folgende Werke in 1935 nicht angeführt sind: Hug-Hellmuth, Dr. Hermine: Tagebuch eines halbwüchsigen Mädchens [...], so wie einige alte vergriffene Ausgaben Freud'scher Schriften.« In seiner Antwort vom 6. 11. (ebd.) erläuterte Aichhorn, dass er die Kataloge als Bevollmächtigter des Verlags benötige. Die Nationalbibliothek sei bereit, die von ihr 1938 »treuhändig« übernommenen Bücher herauszugeben, »wenn ihr eine Liste der im Wiener Psychoanalytischen Verlag erschienenen Bücher übergeben wird. Diese will ich aus den verschiedenen Verlagskatalogen zusammenstellen lassen.«

Vereinigung einlagern zu dürfen, bis Sie weiter darüber verfügen. Die Nationalbibliothek drängt auf Abfuhr der Bücher noch vor Einwilligung des Finanzministeriums.

In die Räume der Vereinigung Berggasse 7 ist das Orientalische Institut der Wiener Universität eingezogen.[83] Sie benützen natürlich auch die Einrichtung der Vereinigung. Um sie rückgestellt zu bekommen, ging ich mit Dr. Sauerwald und einem Vertreter des Rechtsanwaltes in das Institut. So entgegenkommend die Leitung der Nationalbibliothek sich verhielt, so ablehnend war der Assistent des orientalischen Institutes, dessen Namen ich mir selbstverständlich nicht gemerkt habe. Ich suchte ihn auf, um aus dem Bestand das für uns Brauchbare auszuwählen und auf dem Wege freundschaftlicher Auseinandersetzungen ihm zu überlassen, was für uns gegenstandslos geworden ist. Er verkannte die Situation völlig, so daß ich ihm recht deutlich erklären mußte, ich komme nicht als Bittender, sondern als Rechtsnachfolger der Wiener Psychoanalytischen Vereinigung, die ihr Eigentum zurück verlangt. Er ist absolut nicht verhandlungsfähig, jemand anderer war nicht zur Stelle und ich nicht geneigt, stundenlang zu warten, bis der Herr Ordinarius sich herabläßt, uns zu empfangen. Die Folge ist nun, daß wir alles restlos zurückverlangen und das orientalische Institut in leeren Räumen zurücklassen. Was wir nicht verwenden können, wird verkauft.

Sehr verbunden wäre ich Ihnen für die Mitteilung, ob Sie mit dem Imago Verlag wegen Herausgabe der 3. Auflage[84] schon abgeschlossen haben. Bei meinem Aufenthalt in der Schweiz, war dringende Nachfrage danach.

Im Mai schickte ich Ihnen einen Abzug meines für Genf vorbereitet gewesenen Vortrages, den ich mit Ergänzungen in Lausanne gehalten habe. Ich erhielt von Ihnen weder ein Bestätigung des Einlangens, noch irgend eine kritische Bemerkung, zustimmend oder ablehnend.

Daß ich mit Dr. Pfister in Lausanne beisammen war, schrieb ich Ihnen von Zürich aus. Ich weiß nicht mehr, ob ich Ihnen auch mitteilte, daß Prof. Dr. Meng eigens aus Basel zu meinem Vortrag nach Zürich kam und ob ich Ihnen Dr. Pfisters und Dr. Mengs herzlichste Grüße übermittelte.

Von meinem Züricher Vortrag schicke ich Ihnen auch einen Abzug.

Der Stadtschulrat führt in Wien 6 Staatserziehungsanstalten, 3 für die weibliche und 3 für die männliche Jugend im Alter von 10–18 Jahren, also

---

[83] Vgl. III.3.a.
[84] Sc. der *Verwahrlosten Jugend*.

für die Mittelschuljugend (ehemalige Bundeserziehungsanstalten).[85] *Ein Vertreter des Stadtschulratspräsidenten hat mich vorige Woche aufgesucht und mich ersucht, die Lehrer und Erzieher über die psychoanalytische Pädagogik zu informieren. Es erscheint mir eine sehr dankenswerte Aufgabe und ich werde versuchen, sie, soweit es in meinen Kräften steht, zu lösen.*[86]
Liebes Fräulein Freud, ich bitte Sie nochmals, mir so rasch als möglich Mitteilung über die Verlagsverzeichnisse und Ihren Entschluß über die Deponierung der Bücher aus dem Verlag bei uns, zukommen zu lassen.

Damit Sie es nicht von anderer Seite erfahren müssen, teile ich Ihnen zum Schluß noch mit, daß mir vom Bundespräsidenten am 2. Oktober 1947 taxfrei der Titel Professor verliehen worden ist.[87] *Sie wissen, wie ich zur öffentlichen Anerkennung stehe, aber sie kommt zur richtigen Zeit, da schon wieder der Kampf gegen die Nicht-ärztlichen-Analytiker beginnt. Ich habe nun ein sehr wirksames Kampfmittel zur Verfügung, da die Verleihung des Titels mit »hervorragende Verdienste um die Seelenheilkunde und die Jugendfürsorge« begründet wird. Damit wird von höchster Stelle ausgesprochen, daß die Seelenheilkunde nicht ausschließlich eine Domäne des Arztes ist.*[88]

Recht herzliche Grüße
Aug Aichhorn

---

[85] 1919 waren Staats- oder Bundeserziehungsanstalten eingeführt worden, um besonders begabten Kindern – unabhängig vom Einkommen der Eltern und vom Wohnort – den Besuch einer höheren Schule zu ermöglichen. Nach dem Krieg wurden die Schulen wieder eröffnet.

[86] Aichhorn hielt 1947 in diesem Kreis drei Vorträge zur Einführung in die Psychoanalyse (Konzepte in NAA).

[87] Um Aichhorns Ernennung zum Professor durchzusetzen, waren langwierige Vorarbeiten nötig. Ein erster, von Winterstein unterzeichneter Antrag der WPV datiert vom 18. 7. 1946 (an den Bundesminister für Volksaufklärung etc.; NAA). Erst im Oktober 1947 erreichte Aichhorn ein Schreiben, in dem ihm mitgeteilt wurde, dass ihm der Österreichische Bundespräsident am 2. 10. in »Anerkennung Ihrer hervorragenden Verdienste um die Seelenheilkunde und die Jugendfürsorge taxfrei den Titel / Professor / verliehen« habe.

[88] Vgl. III.1.e und KRE/AA, S. 38.

61 AA [Briefkopf V] 21. Oktober 1947[89]

Liebes Fräulein Freud,
Heute kam ein Brief von Dr. Hoffer und einer vom IMAGO-VERLAG. Dr. Hoffer teilte mir mit, daß Sie meinen Genfer Vortrag über die jugendlichen, sich prostituierenden Mädchen, im nächsten Band The Psychoanalytic Study of the Child *abdrucken lassen wollen.*[90] *Es ist die erste Nachricht, daß Sie dieser Vortrag überhaupt erreicht hat, ich weiß nicht, wie Sie ihn finden und ob in dieser Phase der Arbeit überhaupt etwas publiziert werden soll. Aber abgesehen davon: von Dr. Hartmann erhielt ich auf meine Anfrage einen, vom 10. September datierten Brief, in dem er mir mitteilt, daß im 3. Band »The psychoanalytic Study of the Child« mein, im Institut für Wissenschaft und Kunst gehaltener Vortrag abgedruckt werden wird.*[91] *Auch darüber fehlt mir noch Ihr Urteil und ich veröffentliche nicht gerne etwas,*

[89] Masch. außer Unterschrift; Zensurstempel.
[90] Hoffer schrieb am 11. 10. 1947 (NAA): »Koennen wir Dein Exposé ueber die jugendliche Prostitution drucken? Hat Dir Anna Freud geschrieben, dass sie vorschlaegt, es im naechsten Band der Psychoanalytic Study of the Child in englischer Sprache erscheinen zu lassen. Bitte sage uns, ob Du ueber dieses Manuskript verfuegen kannst. Wir finden es hier ausgezeichnet und glauben, Du solltest nichts daran aendern.«
[91] Schon am 1. 7. hatten Hartmann und Kris Aichhorn mitgeteilt (NAA): »Wir sind sehr glücklich, Ihre schöne Arbeit im dritten Band der The Psychoanalytic Study of the Child zu veröffentlichen. Leider wird der Band erst im nächsten Jahr erscheinen. Das gibt uns Zeit, eine sorgfältige Uebersetzung zu veranlassen.« In seiner Antwort an Kris vom 15. 7. (ebd.) zeigte sich Aichhorn überrascht, da er nicht wisse, »auf welche meiner Arbeiten Sie sich beziehen. Sollte es sich um den Vortrag handeln, den ich im hiesigen Institut für Wissenschaft und Kunst hielt und Fräulein Freud geschickt habe [= Aichhorn 1946], dann bin ich der Meinung, man könnte einen nicht uninteressanten Versuch machen: den Vortrag so abzudrucken, wie er für ein Laienpublikum gehalten wurde und im Anhang so, wie er gehalten werden müßte, aber nicht gehalten werden darf, weil sonst die Zuhörer mit gesträubten Haaren davon liefen.« Darauf stellten Hartmann und Kris mit Brief vom 30. 9. (ebd.) klar, dass Ihnen das fragliche Manuskript von Eissler zugeschickt worden sei (vgl. dazu KRE/AA, S. 43). Die Publikation in zwei Formen lehnten sie ab. Tatsächlich wurde aber im *Study of the Child* – gemäß einem Votum von Anna Freud (siehe 66AF) – nicht der Vortrag von 1946, sondern der von 1947 publiziert, den Hoffer in seinem oben erwähnten Brief erbeten hatte.

ehe ich weiß, wie Sie dazu Stellung nehmen. Was soll jetzt im 3. Band veröffentlicht werden? Der Genfer Vortrag, wie Dr. Hoffer mir vorschlägt, oder der andere, von dem Dr. Hartmann mir mitteilt, daß er schon ins Englische übersetzt wird.

Der IMAGO-VERLAG schreibt mir, daß Dr. Hoffer vorschlägt, in der Neuauflage der »VERWAHRLOSTE JUGEND« frühere Arbeiten mit zu veröffentlichen: über »Erziehungsberatung« (1932) und die »Technik der Erziehungsberatung« (1936). Der Verlag will Dr. Hoffers Anregung aufgreifen und verlangt von mir einen neuen Titel des Buches.[92]

Ich möchte nun gerne wissen, welcher Meinung Sie sind. Wenn schon etwas abgedruckt werden soll, so stelle ich mir die Sache anders vor. Die »Verwahrloste Jugend« hat zu bleiben wie sie ist. Nur der erste Vortrag der deutschen Ausgabe müßte ersetzt werden durch eine Rückübersetzung des ersten Vortrages der englischen Ausgabe;[93] *und die »Erziehungsberatung«, »Technik der Erziehungsberatung«, der im Institut für Wissenschaft und Kunst gehaltene Vortrag, der in Basel gehaltene Vortrag »Gewaltlose Erziehung«, die beiden, im Psychologischen Institut in Budapest gehaltenen Vorträge, »Der verwahrloste, neurotische Jugendliche«, und »Ein häufig vorkommender eigenartig determinierter Fall der Erziehungsberatung«,*[94] *oder irgend welche anderen Vorträge könnten zusammengefaßt, unter einem Titel, der sich auf die Erziehungsberatung bezieht, gesondert herausgegeben werden. Welche Vorträge ich mir da denke und wie sie zusammenzufassen wären, würde ich Ihnen genau mitteilen, Ihnen auch die Vorträge zur Begutachtung einschicken, bis ich weiß, was Ihre Meinung ist.*[95]

---

[92] Am 9. 10. 1947 hatte die Imago Publishing Co. an Aichhorn geschrieben (NAA): »Fraeulein Freud hat uns den Vorschlag gemacht, Ihr Buch VERWAHRLOSTE JUGEND neu aufzulegen und wir wuerden dies sehr gerne tun. […] Sobald wir von Ihnen eine zustimmende Antwort haben, werden wir Ihnen den formellen Vertragsbrief zukommen lassen.« Vom 13. 10. datiert ein zweiter Brief des Verlags (ebd.), in dem es heißt, dass »Dr. Hoffer uns nahelegt, in dieser Ausgabe auch ihre spaeteren Schriften, veroeffentlicht in der Zeitschrift fuer psychoanalytische Pädagogik […] mit einzuschliessen. […] Bitte lassen Sie uns wissen, was Sie von der Zusammenstellung halten.«. 1951 veröffentlichte der Imago-Verlag das Buch in der englischen Übersetzung.

[93] Siehe 69AA mit Anm. 121.

[94] Aichhorn 1932; 1936; 1946a; 1947b; 1938; 1942.

[95] Die letzten sieben Worte handschriftlicher Zusatz.

Bitte sind Sie mir nicht böse, daß ich meinem Brief vom 11. Oktober so rasch einen 2. folgen lasse, mit der gleichen Bitte um umgehende Beantwortung. Ich habe von Ihnen seit Juli keinerlei Nachricht mehr.

Recht herzliche Grüße Ihr
Aug Aichhorn

62 AF *[Briefkopf London] 21. Oktober 1947*[96]

Lieber Herr Aichhorn!
Das ist nicht der persönliche Brief, den ich Ihnen seit dem Sommer schuldig bin. Der kommt sehr bald, mit der Hand geschrieben, und wird Ihnen auch erklären, warum er so lange auf sich warten lässt. Aus keinem wirklichen Grund, nur weil mehr zu sagen ist, als leicht in einen Brief geht.[97] *Das hier ist nur der Begleitbrief zu der formellen Ermächtigung, um die Sie am 11. Oktober geschrieben haben. Hoffentlich genügt es, wenn sie von mir unterzeichnet ist, wenn nicht, bitte telegraphieren Sie und ich lasse durch meinen Bruder eine offiziellere nachschicken.*

Gleichzeitig meine Gratulation zum Professor Titel. Ich freue mich sehr darüber, aber ich habe ihn in diesem Brief nicht verwendet: für mich sind Sie ja doch immer der Gleiche, Professor oder nicht.

Sehr herzlich
Ihre Anna Freud

P.S. Mit der Imago Publishing Co. habe ich schon vor langem über den Neudruck Ihres Buches verhandelt und er sollte zur letzten Entscheidung an Sie schreiben. Ich werde sofort mahnen, da es offenbar noch nicht geschehen ist. Eben haben wir eine Verkaufsliste aus dem Jahre 1935 gefunden, die ich beilege.[98] *Vielleicht ist einiges darauf, das sie sonst noch nicht festgestellt hatten.*

<u>Beilagen</u>

---

[96] Masch. außer Unterschrift; Zensurstempel.
[97] Es geht hier um die noch ausständige Antwort auf Brief 56AA.
[98] Nicht erhalten.

[Briefkopf London]
VOLLMACHT

Ich ermächtige Herrn Prof. August AICHHORN Wien I, Rathausstrasse 20, alles Verlagseigentum des Internationalen Psychoanalytischen Verlages, das von der Nationalbibliothek als solches ausgeschieden wird, in der Wiener Psychoanalytischen Vereinigung, Wien I, Rathausstrasse 20, bis zur weiteren Verfügung einzulagern.
London, 21. Oktober 1947.

Anna Freud
(Miss Anna Freud.)

63 AF *[Briefkopf London] 21. Oktober 1947*[99]

Sehr geehrter Herr Prof. Aichhorn!
Ich bin Ihnen ausserordentlich dankbar, dass Sie sich um den Besitzstand des Internationalen Psychoanalytischen Verlages annehmen. Es ist natürlich von ausserordentlicher Wichtigkeit für uns, soviele Bücher als möglich wieder zu bekommen, da es sich um sonst nicht ersetzliche Verluste handelt. Ich bemühe mich gleichzeitig, Verlagsverzeichnisse aus früheren Jahren aufzutreiben und werde sie Ihnen zuschicken, sobald ich etwas finde. Wäre es nicht auch möglich, dass Deuticke[100] *eines hat. Wenn nicht, so müsste unser früherer Leipziger Auslieferer, F. Volckmar, Kommissionsgeschäft, Leipzig C 1, Hospitalstrasse 10 (Postfach 174), bestimmt welche haben.*

Ich ermächtige Sie hiemit, alles Verlagseigentum, das von der Nationalbibliothek als solches ausgeschieden wird, in der Wiener Psychoanalytischen Vereinigung, Wien I, Rathausstrasse 20, bis zur weiteren Verfügung einzulagern.

Es wäre natürlich von besonderer Wichtigkeit, Exemplare der Gesamtausgabe meines Vaters wieder zu bekommen. Es waren mehrere 1000 Exemplare

---

[99] Masch. außer Unterschrift; Zensurstempel. Am Ende Empfängeradresse. – Warum Anna Freud außer der voranstehenden förmlichen Vollmacht noch diese zweite, partiell gleichlautende Ermächtigung schrieb, ist nicht recht ersichtlich.

[100] Der Verlag Franz Deuticke hatte ab 1886 zahlreiche Werke Freuds veröffentlicht, so die 1. Auflage der *Traumdeutung*, aber auch das erste psychoanalytische Periodikum, das *Jahrbuch für psychoanalytische und psychopathologische Forschung*. 1945 erschien dort eine Neuauflage der *Traumdeutung*.

in ungebundenem Zustand vorhanden. Ist irgendwelche Hoffnung, dass man auch diesen auf die Spur kommt?[101]

Mit bestem Dank und Grüssen
Ihre Anna Freud

64 AF [22. 10. 1947][102]

formelle ermaechtigung zur buecherueberahme unterwegs herzlichen dank gruss und gratulation[103] *ihre = anna freud*

65 AA [Briefkopf V] Wien, 29. X. 1947.[104]

Liebes Fräulein Freud!
Heute kam Ihr Brief vom 21. und ich schreibe Ihnen gleich zurück.

Daß ich mich um Ihr Eigentum annehme, ist eine Selbstverständlichkeit und Sie dürfen mir dafür, bitte, nicht danken. Wenn ich nur noch mehr tun könnte, erst dann würde ich mich freuen.

Die noch ungebundenen, in Bogen vorhandenen Exemplare der Gesamtausgabe, sind nach Mitteilungen von Dr. Sauerwald nach Berlin gegangen. Ich werde mich bemühen zunächst herauszubekommen, wo sie liegen. Vielleicht kann mir Müller-Braunschweig, der in Berlin lebt, dabei behilflich sein. Heute noch schreibe ich ihm.[105]

Mit Deuticke und dem Leipziger Auslieferer setze ich mich in Verbindung. Die mir geschickte Verkaufsliste von 1935 und die gedruckten Verlagsverzeichnisse vergleiche ich mit der Liste, der bereits in der Nationalbibliothek

---

[101] Zu der aufwendig gemachten, zuerst 10-, am Ende 12-bändigen Ausgabe von Freuds *Gesammelten Schriften*, die der psychoanalytische Verlag von 1924 bis 1934 herausbrachte, siehe Grubrich-Simitis 1993, S. 47–53. Vgl. auch Anm. 25 zu Anhang I.3.

[102] Radiogramm; Datum des Eingangsstempels.

[103] Sc. zur Verleihung des Professorentitels.

[104] Masch. bis »Grüße«; Zensurstempel.

[105] Ein diesbezügliches Schreiben Aichhorns an Müller-Braunschweig war nicht auffindbar. Siehe weiter 72AA mit Anm. 135.

aufgefundenen Bücher und schreibe heraus, was fehlt. Dasselbe geschieht schon mit den Verlagsverzeichnissen von 1929, 1931 und 1935, die ich bereits habe. Wenn Sie weitere auftreiben, bitte ohne Verzögerung, schicken.

»Vollmacht« und »Ermächtigung« Verlagseigentum bei uns einzulagern genügen, ich brauche nicht mehr.

Die Liste der Bücher aus der Nationalbibliothek wird eben abgeschrieben, in einigen Tagen erhalten Sie einen Durchschlag.[106]

Für Ihren Glückwunsch danke ich herzlich. Den Titel Prof. innerhalb der Vereinigung zu gebrauchen habe ich verboten und das Verbot wird eingehalten. Sehr kränken würde ich mich, wenn Sie ihn verwendeten. Mir wäre dies ein Zeichen, daß Sie sich distanzieren wollen. Und damit komme ich auch zum Brief vom Sommer. Als er geschrieben war, fühlte ich mich sehr erleichtert, wurde aber etwas bedrückt, als er im Postkasten lag und ich ihn nicht mehr zurückholen konnte. Dann kam die Zeit des Wartens mit steigender Unruhe. Als diese unerträglich wurde, redete ich mir ein, und zwar mit Erfolg, der Brief sei nicht angekommen. Ich war froh, völlig zufrieden, in Ordnung. Ich hatte ja nichts zu befürchten.

Sollen wir nicht dabei bleiben, daß er nicht angekommen ist?

Die herzlichsten Grüße
Ihr August Aichhorn

66 AF   [Briefkopf London] 29. Oktober 1947.[107]

Lieber Herr Aichhorn!

Das ist noch immer nicht der handgeschriebene Brief, aber ich will Sie auf die Antwort auf Ihren vom 21. Oktober nicht wieder warten lassen.

Ich finde, Sie haben ganz recht, dass Sie die »Verwahrloste Jugend« nicht verändern wollen. Ich werde mit Hoffer und dem Imago Verlag auch direkt darüber sprechen und beiden erklären, warum es uns beiden die viel bessere Idee erscheint, einen eigenen Band zusammengefasster Aufsätze unabhängig erscheinen zu lassen. Ich bin sehr gerne bereit, die Vorträge durchzusehen und mit Ihnen zu beraten.

Ihr Vortrag über die jugendlichen sich prostituierenden Mädchen hat mir

---

[106] Im Nachlass Anna Freuds findet sich keine solche Liste.
[107] Masch. außer Unterschrift; Zensurstempel.

besonders gut gefallen. Ich finde die Einteilung, die Sie gewählt haben, ausserordentlich einleuchtend und aufklärend für die ganz anderen Schwierigkeiten der Beeinflussung in beiden Fällen. Ich wollte nur erst wissen, ob Hartmann und Kris sich für diesen Vortrag für »The Psychoanalytic Study of the Child« entscheiden wollen,[108] ehe ich Ihnen darüber schreibe und Dr. Hartmann hat mich von Amerika aus noch nichts darüber wissen lassen. Wenn ich die Antwort habe, wollte ich dann mit Ihnen brieflich die Stelle über den Anklammerungstrieb diskutieren, die einzige im Vortrag, mit der ich mich nicht befreunden kann. Ich weiss nicht, wie Sie im Allgemeinen zu diesen Ideen von Hermann stehen.[109] Meine Stellung dazu ist sehr ablehnend. Es mag wohl so sein, dass der Anklammerungstrieb ein alter, aus der Tierwelt stammender Instinkt ist, der in den ersten Lebensmonaten, in der – wie ich es nennen würde – vorpsychologischen Zeit, in der das Gehirn noch nach Reflexen arbeitet

---

[108] Am 8. 9. hatte Anna Freud an Kris geschrieben (AFP): »Ich habe eben erst Zeit gehabt, einen Aufsatz von Aichhorn zu lesen, den er mir vor einigen Wochen geschickt hat. Ich schicke Ihnen eine Kopie und möchte gerne wissen, was Sie davon halten und ob er nicht mit einigen Umwandlungen, die sich in der Uebersetzung leicht einfügen liessen, für das Annual geeignet wäre. Mir gefällt die Idee der Sonderung in diejenigen Verwahrlosten die der Vorpubertät und diejenigen die der Pubertät zugehören sehr gut. Es ist besonders einleuchtend für die Arbeit in den Besserungsanstalten, die offenbar mit der ersteren Gruppe gar nicht fertig werden. Wenn Sie derselben Meinung über den Aufsatz sind, so würde ich Aichhorn bitten, den ›Anklammerungstrieb‹ fallen zu lassen und ihm erklären, wie ungeeignet es ist, den guten psychologischen Begriff der Objektbedürftigkeit durch den Instinktbegriff der Anklammerung zu ersetzen etz. Ich denke mir, dass er das gut verstehen würde.«

[109] Siehe dazu 69AA. – Der »Anklammerungstrieb« – und seine Bedeutung für die Psychoanalyse – war der große Fund von Imre Hermann. Er stellte seine diesbezügliche Theorie, die sich auf Beobachtungen an Primaten stützte, in den Arbeiten »Zur Psychologie der Schimpansen« (1923) und »Sich-Anklammern – Auf-Suche-Gehen« (1936) vor und führte sie 1943 in Buchform weiter aus (vgl. N. Abraham 1972; Haynal 1989; List 2009). Die von ihm in die Psychoanalyse eingeführten ethologischen Überlegungen wurden später von Bowlby aufgegriffen und sind zur Grundlage der modernen psychoanalytischen Bindungstheorien geworden. – Mag sein, dass Anna Freud in ihrer Meinung über Hermann und seinen Fund auch von Kata Lévy beeinflusst worden war, die ihr in zahlreichen Briefen über den ihrer Ansicht nach fatalen Einfluss Hermanns auf die Budapester Vereinigung berichtete (z. B. 30. 7. und 15. 12. 1946; AFP).

und die höheren psychologischen Funktionen noch nicht entwickelt sind, eine Rolle spielen mag. Aber diese Instinktwelt reicht wohl nicht über den vierten oder fünften Lebensmonat hinaus. Das womit wir in der Psychologie zu tun haben, der Libidoanspruch, das Liebesbedürfnis, ist seiner Natur nach etwas anderes und ich glaube, es ist irreführend, die beiden Dinge, wie Hermann es tut, gewaltsam für einander einzusetzen. Schade, dass wir nicht, wie seinerzeit bei der »Verwahrlosten Jugend« beisammen sitzen und das gründlich zu Ende diskutieren können.

Um noch einmal zusammenzufassen: Wenn es auf mich ankommt, würde ich gerne die »Verwahrloste Jugend« extra publiziert sehen, die einzelnen Vorträge als Sammelband und den Genfer Vortrag im Band III der »Psychoanalytic Study«. Ich werde versuchen, diese Vorschläge nach allen Seiten hin zu verteidigen.

Sehr herzlich
Ihre Anna Freud

67 AA [Briefkopf V] Wien, den 30. Oktober 1947[110]

Liebes Fräulein Freud!
Dr. Hoffer, der Mitglied des Londoner Hilfskommittees für die Wiener Jugendfürsorge[111] ist, forderte mich zur Stellungnahme auf. Leider kann ich mich mit Ihnen nicht beraten und mache daher selbständig Dr. Hoffer einige orientierende Mitteilungen.

Einen Durchschlag davon lege ich diesem Brief bei und bitte Sie zu streichen, zu ergänzen und umzuformulieren, wie Sie es für richtig finden.

Dr. Hoffer ist verständigt, bei Ihnen anzufragen, was zu ändern ist, ehe er im Komitee von meinen Mitteilungen Gebrauch macht.

Bitte mir gelegentlich die von Ihnen gemachten Änderungen mitzuteilen.

Herzlichst
Ihr August Aichhorn

---

[110] Masch. außer Unterschrift; Zensurstempel.
[111] Ein durch Initiative von Franziska Fried in London gegründetes Rehabilitation of Asocial Youth in Austria Committee.

[Stellungnahme Aichhorns zur
»Englandhilfe für die Wiener Jugendfürsorge«][112]

Der Aufforderung zum Projekt »Englandhilfe für die Wiener Jugendfürsorge« Stellung zu nehmen, komme ich gerne nach.

Vorläufig teile ich einige mir wichtig erscheinenden Richtlinien mit, behalte mir aber vor, in einem späteren Zeitpunkt ergänzende Angaben zu machen.

Dem Vernehmen nach besteht die Absicht, Geld und Sachhilfen mit zweifacher Bestimmung zur Verfügung zu stellen: zum Ausbau der bereits bestehenden Wr. [Wiener] Jugendfürsorgeeinrichtungen und zur Errichtung und Erhaltung eines »Forschungs- und Lehrinstituts« das der wissenschaftlichen Erforschung von Verwahrlosungsursachen und der Ausbildung bezw. Fortbildung von Fürsorgerinnen und Erziehern in Anstalten der Gemeinde Wien für Verwahrloste dienen soll.

Meine Vorschläge beziehen sich lediglich auf das Forschungs- und Lehrinstitut.

Da das Forschungs- und Lehrinstitut wissenschaftlichen und Unterrichtszwecken dient, ist es keine Jugendfürsorgeeinrichtung. Es ist als selbstständige Organisation zu führen und nicht in die bereits bestehenden Jugendfürsorgeeinrichtungen der Gemeinde Wien einzugliedern.

Das Institut wird von einem zu diesem Zwecke in Wien geschaffenen Kuratorium verwaltet, die Leitung und Betriebführung des Instituts übernimmt die Wiener Psychoanalytische Vereinigung.

Das Institut wird für 50 Zöglinge eingerichtet, die in zwei Gruppen zusammengefaßt werden.

Für jede Gruppe werden 2 Erzieherinnen und für beide Gruppen zusammen ein Erzieher bestellt.

Den öffentlichen Stellen gegenüber übernimmt das Institut die Verpflichtung zur Ausbildung qualifizierten Erziehungspersonales und die Spezialausbildung von Fürsorgerinnen in größerem Ausmaß.

Die Schulung erfolgt durch Vorträge, Kurse, Arbeitsgemeinschaften, die Teilnahme an Erziehungsberatung, Hospitieren in Heimen und durch praktische Dienstleistung in einer voraussichtlich in Wien gelegenen städtischen Anstalt für Verwahrloste.

Der Forschungsarbeit werden die Ergebnisse der Freudschen P[sycho]A[nalyse] zugrunde gelegt, dem Unterricht die psychoanalytische Pädagogik.

Das Organisationsstatut des Instituts wird von der W.P.V. gemeinsam mit dem Kommittee geschaffen.

---

[112] Zum Thema dieses Papiers und zum Kontext vgl. III.3.e.

68 AA [Briefkopf IV] Wien, den 3. November 1947[113]

Liebes Fräulein Freud!
Ich fürchte, daß Sie mir wegen der raschen Aufeinanderfolge von Briefen, nun bald wirklich böse werden. Aber augenblicklich ist eine Zeit, in der ich Sie dringend brauche.
Es ist schon wieder etwas Neues, was ich unmöglich allein entscheiden kann.
Ein Herr Kurt Jüdell schreibt mir aus London, daß er eine ernsthafte und angemessene Verfilmung der »Verwahrlosten Jugend« beabsichtigt. Ich kann von hier aus nicht beurteilen, wie weit Herrn Jüdell zu trauen ist, will aber nicht von vorne herein, ohne mit Ihnen Fühlung genommen zu haben, mich ablehnend äußern. Ich lege Ihnen seinen Brief bei und bitte Sie, ihn anzuhören, wenn er sich bei Ihnen meldet. Ich schreibe ihm mit gleicher Post, er möge sich mit Ihnen in Verbindung setzen, da meine endgiltige Entscheidung von Ihrer Stellungnahme abhängig sein wird.
Heute wurde die Liste jener Bücher fertig, die bisher in der Nationalbibliothek als Eigentum des Wiener Psychoanalytischen Verlages festgestellt worden sind.[114] Ich schicke sie mit gleicher Post als Drucksache und bitte Sie, mir den Empfang zu bestätigen.[115] Sobald aus den in meinem Besitz befindlichen Verlagskatalogen herausgefunden ist, welche Bücher des Verlages in der Liste fehlen, erhalten Sie auch diese Zusammenstellung. Ich hoffe, daß dies nicht länger als eine Woche dauern wird.
Frau Berta Steiner, die sich ursprünglich zur Verfügung stellte, diese Sucharbeit aus dem Verlagskatalog von 1935 zu machen, hat sich seit 3 Wochen nicht gerührt. Ich nehme ihn ihr ab und wir erledigen die Arbeit bei uns.[116]
Herzlichst
August Aichhorn

1 Anlage

---

[113] Masch. außer Unterschrift; Zensurstempel.
[114] Die im Archiv der Nationalbibliothek erhaltene Liste umfasst etwa 1050, die dem Sauerwald-Prozessakt beigelegte etwa 930 Druckwerke. Da diesen Listen nicht eindeutig zu entnehmen ist, ob es sich um Rückforderungs- oder Rückgabelisten handelt, lässt sich nicht sicher sagen, wieviele Druckwerke tatsächlich zurückgegeben wurden.
[115] Im Archiv in Washington (AFP; SFP) war keine Liste zu finden.
[116] Tatsächlich führte Steiner die Arbeit dann doch durch. Am 21. 11. schrieb sie an

[Brief Kurt Jüdell an August Aichhorn]

12. Sept. 1947.[117]

Sehr geehrter Herr Doktor,
Letzthin habe ich mich eingehender mit der Literatur über verwahrloste Jugend beschäftigt, weil dieses Problem nach diesem Kriege wohl noch dringender geworden ist als nach dem vorigen.

Dabei bin ich auf Ihr Buch »Wayward Youth«, wie es in der englischen Übersetzung heißt, gestoßen, und ich war tief beeindruckt und zugleich dadurch zu einem Plan angeregt. Ich denke mir, daß eine Verfilmung, die natürlich eine ernsthafte und angemessene sein müßte, Segen spenden könnte, indem sie das mangelhafte Verständnis des großen Publikums vertiefte, und es könnten der Sache neue Interessenten und Wohltäter zugeführt werden.

Ich habe mich an den Verlag Putnam, hier gewendet wegen der Filmrechte, und bin von diesem an die Viking Press in New York verwiesen worden. Ich habe an letztere geschrieben und auch sogleich betont, daß ich gern mit dem Verfasser in Kontakt gebracht werden würde ohne dessen Einverständnis und wenn möglich Mitarbeit ich nichts unternehmen wolle.

Miss (oder Mrs.) Marjorie Griesser von der Viking Press hat mir nun mitgeteilt, daß die Filmrechte noch in Ihren Händen sind und mir Ihre Adresse gegeben, damit ich direkt mit Ihnen in Verbindung trete.

Ich wäre Ihnen sehr dankbar, wenn Sie mir zunächst bestätigen würden, daß dieser Brief Sie erreicht hat, ferner ob Sie im Prinzip bereit sind, diese Sache mit mir zu diskutieren und ob Sie schon irgendwelche Bedingungen formulieren können. Ich würde Ihnen dann das Projekt, wie es mir vor Augen steht, ausführlich beschreiben.

Ihr sehr ergebener
Kurt Jüdell

A. Freud (AFP), sie habe anhand eines von Aichhorn empfangenen früheren Verlagsverzeichnisses eine kleine Reklamationsliste erstellt, von der fünf Bücher noch aufgefunden werden konnten. Die Nationalbibliothek aber habe »nicht nur überzählige Exemplare, sondern auch psa. Literatur fremder Verleger aus ihren Beständen unserer Sammlung beigeschlossen«. Die Bibliothek sei »infolge beschränkten Raumes, sehr interessiert die herausgezogenen Bücher baldigst ausfolgen zu können und es ist im beidseitigen Interesse gelegen, eine rasche Durchführung des eingebrachten Antrages vom Bundesministerium für Finanzen zu erhalten.« Steiners »kleine Reklamationsliste« ist erhalten (AÖNB). Sie umfasst neun Titel. Auf einer späteren Liste (ebd.) wurden nochmals 17 Druckwerke angegeben.

[117] Im Briefkopf Absenderadresse: Kurt Jüdell / 32. Inverness Terrace, London W.2., sowie Adresse Aichhorns.

69 AA   [Briefkopf V] Wien, den 15. November 1947[118]

Liebes Fräulein Freud!
Mit der Sucharbeit sind wir, so weit Verzeichnisse des Psychoanalytischen Verlags in Frage kommen, fertig. Das Ergebnis ist relativ gering. (Ein Durchschlag der Nachtragsliste liegt bei). Die Listen von 1929–1931 und das mir von Ihnen zur Verfügung gestellte Material enthalten nicht mehr, als die Liste 1935. Der Leipziger[119] hat sich noch nicht gerührt und Deuticke schickte mir sein *Verlagsverzeichnis. Ich weiß nicht, was der Psychoanalytische Verlag in sein Eigentum übernommen hat.[120] Sie erhalten in einem zweiten Umschlag Ihr mir überlassenes Material zurück und dazu das Deuticke Verzeichnis. Wenn Sie in diesem das Verlagseigentum anstreichen und es mir wieder zukommen lassen, kann ich in einer dritten Liste noch fehlendes aufnehmen.*

Das Einlangen der ersten Liste haben Sie mir noch nicht bestätigt und das ist wichtig. Bitte um eine kurze Postkarte.

Für die rasche Beantwortung meines Briefes vom 21. Oktober danke ich Ihnen recht herzlichst und bin sehr froh, daß Sie einer Meinung mit mir sind. Die »Verwahrloste Jugend« mit Ausnahme des rückübersetzten Vortrages aus der englischen Ausgabe bleibt wie sie ist. Diesen Vortrag schicke ich Ihnen ein.[121]

Wenn ein Band gesammelter Aufsätze erscheint, hätte ich gerne die Arbeit »Zur Technik der Erziehungsberatung« aus der Psychoanalytischen Pädagogik 1936, aufgenommen, allerdings überarbeitet und das Material besser geordnet. Wegen der anderen Aufsätze und der Einleitung hat es ja noch Zeit. Würden Sie ein Vorwort dazu schreiben?[122]

Zum Vortrag: »Die sich prostituierende weibliche Jugend« bemerke ich, daß das Wort Anklammerungsbedürfnis durchaus nicht im Sinne Hermanns

---

[118] Masch. außer Unterschrift; Zensurstempel.

[119] Die Firma Volckmar. Vgl. 75AA.

[120] Soweit bekannt, hat Deuticke keine Freud-Rechte an den psychoanalytischen Verlag abgetreten.

[121] Im Nachwort zur 1951 erschienenen 3. Auflage schrieb Heinrich Meng (Aichhorn 1925, S. 207): »Die erste Vorlesung wurde ersetzt durch die von August Aichhorn für eine englische Ausgabe umgearbeitete Fassung. Anna Freud und Wilhelm Hoffer in London haben die Übersetzung vorgenommen.« Vgl. 152AA, 155AF, 164AF mit Anm. 98 und Anm. 101 zu 165AA.

[122] Anna Freud schrieb später Vorworte für die Sammelbände *Delinquency and Child Guidance* (Aichhorn 1964) und *Wer war August Aichhorn* (T. Aichhorn 1976).

gemeint ist, sondern nur der Ausdruck ist für die Intensität des Suchens nach einer Verbindung ohne Angabe der Ursachen (Zärtlichkeitsbedürfnis, Angst u.s.w.). Es ließe sich auch sagen: das Bedürfnis sich fest zusammenzuschließen oder dicht beisammen zu sein; oder sich aneinanderzuschließen, sich an irgendwen anzuhängen. Weniger zutreffend erscheint mir: das Suchen nach Annäherung oder nach Anschluß.

Schreiben Sie mir bitte Ihre Meinung und wir ersetzen das Wort durch ein anderes, das ausdrückt, was ich sagen will.[123] Schade, daß durch Hermann »Anklammerung« einen so bestimmten Inhalt bekommen hat.

Herzlichst
Ihr Aug Aichhorn

70 AF [Briefkopf London] 22. November 1947[124]

Lieber Herr Aichhorn!
Das ist immer noch nicht der handgeschriebene Brief. Aber es gibt dazwischen so viele Einzelheiten, dass ich die Antwort nicht wieder aufschieben will.

Erstens: Danke vielmals für die Rückgabeliste des Verlages. Wir freuen uns mit jedem Buch, das wieder aufgetaucht ist, denn die Not an Büchern ist gross und ich finde es wunderbar, dass Sie soviel wieder zustandegebracht haben. Ich kann über die Frage der Verfügung über die Bücher nicht ohne meine Brüder entscheiden.[125] Einen Bruder habe ich schon gefragt, aber den

---

[123] Im unveröffentlichten deutschen Text heißt es u. a. (1947a, S. 9): »Die in der I. Gruppe zusammengefassten – die anscheinend Erwachsenen – [...] wie auch die II. Gruppe – im Pubertätsalter – leiden unter einem ungestillten Anklammerungsbedürfnis; bei den einen ist es mehr oder minder deutlich zu erkennen, die anderen wehren scheinbar ab und verdecken es unter agressivem Verhalten. Wird das Anklammerungsbedürfnis aber erkannt, dann ist es bei richtigem Entgegenkommen ziemlich belanglos, ob eine Frau oder ein Mann als Anklammerungsobjekt sich zur Verfügung stellt.« In der englischen Übersetzung (S. 445) wurde »Anklammerungsbedürfnis« mit »an irrepressible need to cling to others« übersetzt und »Anklammerungsobjekt« mit »object of their attachment«.

[124] Masch. außer Unterschrift; Zensurstempel.

[125] Martin und Ernst Freud. Beide verwalteten gemeinsam mit Anna Freud das Urheberrecht ihres Vaters.

zweiten spreche ich erst in den nächsten Tagen. Am liebsten würde ich von den Freud Büchern eine Art private Leihbibliothek für Kandidaten und Schüler hier machen, wenn das ginge. Auch das neu gegründete holländische Institut ist ungeheuer bücherhungrig.[126] Aber ich weiss noch nicht, wie meine Brüder dazu stehen. Bevor eine Entscheidung getroffen wird, möchte ich auch wissen, wie Sie selber dazu stehen, wenn die Bücher ins Ausland gehen. Haben Sie selbst, was Sie für Ihre Schüler in Wien brauchen?

Zweitens: Wir haben hier einen neuen, kleinen Ausbildungskurs für analytische Behandlung von Kindern in Child Guidance Clinics begonnen[127] und an dem ersten Kursabend, den ich mit den Mädchen hatte, habe ich Ihre Arbeit über die Gruppierung der sich prostituierenden Mädchen referiert. Es hat alle und ganz besonders die auch dabei anwesenden Lehrenden sehr interessiert. Ich halte sehr viel von dieser Idee der Scheidung in Vorpubertät und Pubertätsgruppe.

Drittens: Herr Kurt Jüdell, 32 Inverness Terrace, London W.2, hat mich angerufen und gesagt, dass er die Idee der Verfilmung Ihres Buches vorläufig beiseite gelegt hat, da gerade ein anderer ähnlicher Film im Gange ist, über den er sich erst orientieren möchte. Ich glaube, es ist besser so. Ich habe das grösste Misstrauen gegen alle diese Filmleute. Sie benehmen sich immer so, als ob ihnen die kulturelle Seite der Sache wichtig wäre und zum Schluss ist es eine rein kommerzielle Angelegenheit.[128] Da wäre es schade um Ihr schönes Buch.

Und jetzt noch etwas Wichtiges: Vielleicht treffen wir uns doch im Frühling in der Schweiz.[129]

Bis auf weiteres mit sehr herzlichen Grüssen
Ihre Anna Freud

---

[126] Vgl. III.3.b. Tatsächlich gingen die zurückerstatteten Bücher, wie der nächste Brief zeigt, großenteils nach Amsterdam (vgl. außerdem 75AA mit Anm. 3, 131AA, 132AF u. ö.).

[127] Siehe III.3.c.

[128] Hinter dieser Aussage dürfte eine Erinnerung an die »Filmgeschichte« von 1925 stecken, wo das Projekt eines aufklärenden Kulturfilms über die Psychoanalyse zu dem Spielfilm *Geheimnisse einer Seele* mutierte (Ries 1995).

[129] Siehe 72AA mit Anm. 133.

71 AF [Briefkopf London] 5. Dezember 1947[130]

Lieber Herr Aichhorn!
Das ist jetzt die Fortsetzung von meinem letzten Brief. Ich habe inzwischen mit meinen Brüdern über das Schicksal der Bücher gesprochen.
Wir möchten gerne, dass der ganze Bücherbestand nach Holland an folgende Adresse geht:
Dr. Hans Lampl,
Psychoanalytisch Instituut Van De Ned. Ver. Voor Psychoanalyse
J. W. Brouwersplein 21, Amsterdam Z.
Holland.
Ausgenommen davon ist nur eine Gesamtausgabe, Band I-XII in Ganzleinen, blau, die ich an meine Adresse haben möchte.
Mein Bruder schlägt vor, dass Deuticke, bei dem wir für die neuen Auflagen der Bücher meines Vaters ein Guthaben haben, die Verpackung und Absendung der Bücher übernehmen soll. Das würde die Fragen der Versendungskosten lösen.[131]
Von Holland aus ist es dann leichter für uns, über die Bücher zu verfügen.
Das heute ist nur in Eile.

Mit sehr herzlichen Grüssen
Ihre Anna Freud

---

[130] Masch. außer Unterschrift; Zensurstempel.
[131] Das Arrangement, dass die Bücher durch Deuticke an das Institut der Niederländischen Vereinigung für Psychoanalyse geschickt werden sollten, hatte Ernst Freud mit Lampl abgesprochen. Anna Freud fügte in einem Brief an diesen vom 7. 1. 1948 (AFP) hinzu: »Inzwischen haben wir die Liste der in Wien vorhandenen Bücher mit den Lücken in der hiesigen Handbibliothek verglichen und herausgefunden, daß die in der Beilage angeführten Bücher bei uns fehlen; die sollen jetzt aus dem Wiener Bestand ersetzt werden. Es schien aber zu kompliziert, die Wiener damit zu beauftragen, und ich hoffe, es macht Ihnen nicht zu viel Mühe, mir die angeführten Bücher zu schicken, wenn Sie die ganze Sendung erhalten.« Dem Schreiben liegt eine »Liste nicht vorhandener Bücher in der Bibliothek. 20, Maresfield Gardens, London, N. W. 3.« bei. Diese Liste umfasst 35 Titel.

72 AA [Briefkopf V] Wien, den 13. 12. 1947[132]

Liebes Fräulein Freud!
Ich schlage Ihnen endgültig vor, daß der handschriftliche Brief nicht geschrieben wird, wir uns aber im Frühling bestimmt in der Schweiz treffen.
Von Dr. Bovet langte vorige Woche eine Einladung um den 20. März herum, auf 8 Tage nach Lausanne zu kommen, ein. Er teilte mir auch mit, daß er Sie einladen wird und auf Ihr Kommen hofft.[133] *Worüber ich dort sprechen werde, teile ich Ihnen nächstens noch genauer mit.*[135]

[132] Masch. außer Unterschrift; Zensurstempel.
[133] Bovet, der Aichhorn im September in Lausanne kennen und schätzen gelernt hatte, teilte ihm am 20. 11. 1947 mit (NAA), er habe mit dem Schreiben an ihn gewartet, »weil ich hoffte, Ihnen gleichzeitig einige nähere Angaben über unser Projekt eines Frühjahrskurses in Lausanne machen zu können. Dies ist mir nun möglich, da ich durch Frau Käthe Friedländer aus London die Nachricht erhielt, dass Fräulein Anna Freud wahrscheinlich für einen solchen Plan zu gewinnen wäre. Ich habe also soeben Fräulein Anna Freud geschrieben und wende mich nun an Sie, um auch von Ihnen die Bestätigung Ihrer prinzipiellen Zusage zu erhalten. Als Zeitpunkt käme die Zeit um den 20. März in Betracht. Ich stelle mir vor, dass der Kurs insgesamt ca. eine Woche dauern würde. Das Publikum möchte ich etwas beschränken: ca. 40 Teilnehmer, Aerzte und praktische Psychologen mit analytischer Schulung und die womöglich alle in der Praxis stecken. Neben den theoretischen Kursen sollten Seminarien und Kurse in kleineren Gruppen stattfinden können. Die Auswahl Ihrer Themata würden wir selbstverständlich Ihnen überlassen. Ich kann mir jedoch vorstellen, dass ein eingehendes Exposé über die Kategorien der Verwahrlosung mit entsprechenden therapeutischen Ausblicken besonderen Anklang finden würde.« In Aichhorns Antwort vom 3. 12. heißt es (ebd.): »Ich komme sehr gerne, nur muß ich Sie bitten, auch Dr. Fleischmann in Ihren Plan einzubauen, da ich ohne Reisebegleiter, meines unsicheren Gesundheitszustandes wegen nicht fahren will. [...] / Ich spreche natürlich gerne über die Kategorien. [...] / Ich weiß, daß Sie nicht die Mittel aufbringen können, um den Verdienstentgang in Wien auszugleichen. Ich will aber Reise- und Aufenthaltsspesen gedeckt haben. Der Verdienstentgang ließe sich vielleicht durch öffentliche Vorträge in Zürich und Basel – bei denen es ja Einnahmen gibt – decken. Im Einvernehmen mit Dr. Pfister, Prof. Meng und Dr. Sarasin, ließe sich das vielleicht machen. Von Dr. Pfister erhielt ich vor 14 Tagen schon eine diesbezügliche Anregung [vom 13. 11.]. [...] / Sehr freuen würde ich mich auch, wenn Anna Freud käme. Es wäre ein schönes Wiedersehen nach fast 10 Jahren.« Bovet bestätigte dann am 24. 12., dass »selbstverständlich« auch Fleischmann

Wenn Sie sich über die zustande gebrachten Bücher freuen, so machen Sie mich sehr froh. Ich fürchte schon, Sie wären ungehalten, daß die noch nicht gebundenen und in Bogen gelagerten Gesamtausgaben wahrscheinlich nicht mehr aufzutreiben sein werden.[135] Wollen Sie wirklich alle Bücher aufteilen und auf den Verkaufserlös verzichten? Sollte dies der Fall sein, dann bitte ich Sie, auf die Wiener Vereinigung nicht zu vergessen. Ich habe zwar eine Reihe von Büchern, die ich unseren Mitgliedern und Ausbildungskandidaten zur Verfügung stelle, aber natürlich fehlt vieles und die Vereinigung selbst hat nur die bis jetzt aus London geschickten Bände der Gesamtausgabe und einige – aus Amerika gespendete – englische Literatur. Wir sind aber bescheiden und freuen uns mit jeder Zuwendung Ihrerseits.

Sie schreiben mir auch über meinen Vortrag und daß Sie von der Scheidung in Vorpubertäts- und Pubertätsgruppen sehr viel halten. Für mich ist die Gruppierung ein Nebengewinn, der allerdings jugendfürsorgerisch sehr viel bedeutet. Die Erforschung dieser Art der Verwahrlosung ist mir viel wichtiger.

Augenblicklich sieht es so aus, als ob sich hier etwas ganz besonderes entwickeln würde. Unter den sich prostituierenden Mädchen gibt es zirka 120, die von sämtlichen Anstalten als nicht tragbar abgelehnt werden, man hält sie für verloren, weiß sich mit ihnen nicht zu helfen und überstellt sie der Polizei.

In Simmering[136] hat die Polizei ein Anhaltelager für Ausländer, die ohne Ausweispapiere die Grenze nach Österreich überschritten haben und von der Gendarmerie aufgegriffen worden sind. Sie können weder in ihre Heimat zurückbefördert, noch an andere Staaten abgegeben werden. Im Simmeringer Barackenlager sind sie zusammengefaßt und werden dort, unter Aufsicht von Polizeiorganen in die Wienerberger Ziegelwerke zur Arbeit geführt, dort

mitkommen könne, dass die Spesen übernommen würden und dass es mit den Vorträgen in Zürich und Basel zu klappen scheine (vgl. III.5.a).

[134] Siehe 76AA mit Anm. 7.

[135] Auf die Frage von Steiner, ob sie Nachforschungen zum Schicksal der nach Deutschland versandten Bücher anstellen solle, antwortete A. Freud am 6. 1. 1948 (AFP), sie habe über solche Bestände »keinerlei Nachricht erhalten«. »Natürlich wäre ich sehr interessiert zu erfahren, ob es etwas gibt.« Von den noch nicht gebundenen Exemplaren der *Gesammelten Schriften* Freuds scheint keines mehr auffindbar gewesen zu sein.

[136] Der 11. Gemeindebezirk im Südosten Wiens; ein klassischer Arbeiter- und Industriebezirk.

wieder bis abends polizeilich überwacht und ebenso abends nach Hause geführt.

Mit der Leiterin der Polizeifürsorgerinnen, Frau Anna Grün die aus der Emigration zurückgekehrt ist, hielt ich gestern eine Besprechung.

Frau Grün will versuchen, eine der Simmeringer Baracken für die 120 »erziehungsunfähigen« sich prostituierenden Mädchen zur Verfügung gestellt zu bekommen. Zur Betriebsführung soll ich Personal zur Verfügung stellen, den Betrieb einrichten und überwachen. Ich weiß noch nicht, wie weit unsere Ideen realisierbar sein werden.[137]

Erinnern Sie noch meinen Plan über die Anstalt für jugendliche Hochstapler? Genau so reizt mich dieses Problem. Ich habe – ich weiß nicht woher ich es nehme – das sichere Gefühl, daß diese Verwahrlosten nahezu entgegengesetzt behandelt werden müßten, wie seinerzeit die Oberhollabrunner Zöglinge. Hier gilt es, mit einer schwer narzistischen Einstellung zum Leben fertig zu werden. Mißverstehen Sie mich nicht, wenn ich sage, daß diese Mädchen nur zur sozialen Einordnung gebracht werden können, wenn es gelingt, den Narzißmus zu zertrümmern. Ich weiß schon heute genau, wie diese Anstalt einzurichten und wie der Betrieb zu führen wäre. Eingehendere Mitteilungen darüber mache ich Ihnen auch in der Schweiz.

Von Herrn Kurt Jüdell bekam ich vor kurzem einen Brief, in dem er mir Ähnliches mitteilte, wie Ihnen.[138] *Ich habe der ganzen Geschichte von Anfang an nicht viel Bedeutung beigelegt, wollte aber nicht, Ihnen eventuell Zusagendes, von vorne herein ablehnen.*

Ganz zum Schluß komme ich wieder auf den Anfang zurück: Der Brief wird nicht geschrieben und wir treffen uns in der Schweiz

Herzlichst
Ihr August Aichhorn

---

[137] Dworschak berichtete in »Aus der Arbeit des Sozialarbeiters mit sexuell gefährdeten Mädchen und Frauen« (1968) ausführlich über das von ihr und Aichhorn durchgeführte Forschungsprojekt.

[138] Jüdell schrieb am 14. 11. an Aichhorn (NAA), er habe durch weitere Erkundigungen festgestellt, »dass es gegenwärtig und auch wohl für absehbare Zeit nicht möglich sein dürfte, eine Filmgeschichte mit dem in Frage stehenden Thema der verwahrlosten Jugend bei einer namhaften Firma hier oder in den USA unterzubringen«.

73 AA [21. 12. 1947][139]

erstes weihnachtsgeschenk heute eingelangt stop mitteilung von dr bovet dass sie nach lausanne kommen[140] *ich freue mich schon aussergewoehnlich herzlichste weihnachts und neujahrswuensche an sie und mrs burlingham ihr = august aichhorn*

74 AF 28. 12. 1947.[141]

Lieber Herr Aichhorn,
Ich danke Ihnen sehr für das schöne Weihnachtstelegramm. Ja, jetzt sieht es wirklich so aus, als ob wir uns zu Ostern treffen sollten. Ich habe den Vorschlag von Dr. Bovet nur deshalb angenommen; an und für sich hätte es mich nicht gelockt, drei Tage lang in der Schweiz zu reden. Aber Sie wieder zu treffen und wieder einmal ein Stück gemeinsamer Arbeit und gemeinsamer Überlegung zu machen, – das ja, das war zu verlockend und dazu konnte ich nicht nein sagen.
  (Ich habe inzwischen von Dr. Sarasin einen Brief bekommen;[142] er möchte, daß wir in Basel und Zürich gemeinsam je einen öffentlichen Vortrag halten. Ich habe gesagt, daß mir das zuviel ist. Ich will ja auch keine Vortragsreise machen, der eine Kurs für beruflich Interessierte ist genug).
  Jetzt fange ich an, Angst zu bekommen, ob Sie mich sehr verändert finden werden. Sie dürfen nicht vergessen: es werden genau 10 Jahre vergangen sein, daß ich von Wien fort bin und von 42 bis 52[143] ist es ein weiter Schritt. Aber ich glaube, die Veränderungen sind nur außen, innen bleibt man ja doch immer der gleiche Mensch. Ich habe auch nicht die Vorstellung, daß Sie verändert sind. In den Arbeiten, die ich gelesen habe, sind Sie der gleiche und in dem, was Menschen von Ihnen erzählen, auch. Und die Stellung innerhalb

---

[139] Telegramm; Datum des Eingangsstempels.
[140] Bovet hatte Aichhorn am 13. 12. mitgeteilt (NAA): »Inzwischen habe ich eine prinzipielle Zusage von Anna Freud erhalten, die sich ganz besonders durch die Perspektive, Sie wieder zu treffen, verlockt fühlt.«
[141] Handschriftlich; Zensurstempel.
[142] Der Brief datiert vom 20. 12. und ist in AFP erhalten.
[143] Gemeint sind Altersjahre.

der Analyse, die das Schicksal von Ihnen verlangt hat? Hat das die alten Bedenken und inneren Zweifel sehr verändert? Oder – wenn es noch immer eine Tarockpartie am Samstag Abend gäbe – würden Sie immer noch lieber auf der Treppe den Arm brechen anstatt zu kommen?[144]

Ihr Gasteiner Brief hat mich nicht erschreckt. Manches davon habe ich gewußt und manches erraten. Und gute Freundschaft ist, wie wir wissen, immer aus allen möglichen Ingredienzien zusammengesetzt. Die Hauptsache bleibt, daß das, was dabei herauskommt, wirkliche Freundschaft und Verbundenheit ist. Und das ist es ja.

Ich habe eben sehr schöne ruhige Weihnachtsferien. An der Ostküste hier, in einem kleinen Haus, meinem Hochrothered-Ersatz.[145] Es ist ganz still und einsam, das Meer macht hohe Wellen, es stürmt bei blauem und kaltem Himmel und im Garten blüht dabei noch allerlei. Der Horizont ist so weit als ob es gar kein Ende der Welt gäbe.

Auf Wiedersehen also! Aber bis das kommt, müssen wir noch unsere Kurse für Lausanne miteinander überlegen.

Sehr herzlich
Ihre Anna Freud

---

[144] Vgl. I.1.b.
[145] Vgl. 39AF mit Anm. 128.

Anna Freud und August Aichhorn in Lausanne, März 1948

5. Themen 1948

a. Das Wiedersehen in Lausanne

Für Anna Freud und Aichhorn war der Beginn des Jahres 1948 von der Vorfreude bestimmt, einander im März in Lausanne endlich wiedersehen zu können. Es sollte ihr einziges Treffen nach dem Krieg bleiben.

Über das Programm seiner Schweiz-Reise, die insgesamt 14 Tage dauerte, schrieb Aichhorn am 20. 1. 1948 an Pfister (NAA):

Von Dr. Bovet langte die Verständigung ein, daß vom 18.–25. März in Lausanne ein Kurs stattfindet, den zum Teil Anna Freud und ich bestreiten. Ich werde vom 18.–20., Anna Freud vom 21.–24. sprechen.

Prof. Meng lud mich ein, gelegentlich meiner Anwesenheit in der Schweiz, je einen öffentlichen Vortrag in Zürich und Basel zu halten. Da ich am 14. abends in Zürich eintreffe, schlug ich Prof. Dr. Meng vor, den Vortrag in Zürich am 15. und den in Basel am 16. anzusetzen.

Und am 26. 1. an Eissler (KRE/AA, S. 61):[1]

In Zürich halte ich am 15. März einen Vortrag über »Psychologische Probleme in der Erziehungsberatung«, in Basel wiederhole ich ihn am 16. In dem Kurs in Lausanne, vom 18.–20., der sich aus analytisch orientierten, ungefähr 40 Personen zusammensetzt, behandle ich in den Vorträgen das Thema: »Grundlagen zu einer Theorie der Verwahrlosung«. In 2 je 3stündigen Seminaren: Theorie der Verwahrlosung.

Ich gehe dabei nicht nur auf die, den therapeutisch orientierten Analytiker, interessierenden neurotischen und psychotischen Verwahrlosten ein, sondern behandle auch die Verwahrlosungen, denen eine Perversion zu Grunde liegt und jene Verwahrlosungsformen, die infolge eines irgendwie defekten Überichs, vorwiegend durch Erziehungsmaßnahmen, wieder zur sozialen Einordnung geführt werden können.

Nach dem Ende der Lausanner Veranstaltung berichtete Aichhorn am 26. 3. an Eissler (ebd., S. 62 f.):

Am Samstag kam Anna Freud und hielt ihren Kurs über sexuelle Entwicklung, über

---

[1] Zu Aichhorns Programm bei der Schweizreise im März 1948 siehe 76AA und 82AA mit Anlage. Sein Zürcher und Basler Vortrag: Aichhorn 1946a.

Ich-Entwicklung, Angst, Aggression, Abwehrmechanismen, so wie ich drei Vorträge und drei Seminare.² In den Seminaren waren wir beisammen.

Nach zehn Jahren sah ich sie wieder und es war ein schönes Erlebnis. Wir hatten über so viel zu reden und schon am ersten Tage war es, als ob die zehn Jahre nicht dazwischen lägen. Sie ist natürlich um zehn Jahre älter geworden, aber der alte, liebe und so außerordentlich gescheite Mensch geblieben. Eine besondere Freude war mir, daß wir uns so gar nicht auseinander gelebt haben. Von Dir und Deiner Sorge um sie hat sie geradezu rührend gesprochen. […]

Annas drei Vorträge hörte ich an. Ihr Wissen, ihre praktische Arbeit und die Kunst ihrer Darstellung ist einzig. Du kennst sie ja ohnehin. Sie ist ausgereifter, klarer, präziser und beherrscht das Wort meisterhaft. Sie spricht ohne Konzept, vollständig frei und man merkt erst im Verlaufe ihres Vortrags, wie groß angelegt er vom Anfange an war.

In seinem kürzeren Bericht an Paul Federn vom 31. 3. 1948 (NAA) fügte Aichhorn noch hinzu: »Wie schön wäre es, wenn wir alle wieder einmal – wenn auch nur für einen Nachmittag – beisammen sein könnten. Mir wurde in Lausanne so recht deutlich bewußt, wie einsam ich in Wien lebe. Ich komme mir vor, als ob ich einen Vorposten halten müßte.«

Von ihrer Seite aus schrieb A. Freud an Eissler (31. 5. 1948, AFP; Original englisch):

Ich habe Aichhorn zu Ostern in der Schweiz getroffen, wo wir gemeinsam einen Kurs für Schweizer Child Guidance Workers abgehalten haben. Es war eine große Freude, ihn wiederzusehen. Er ist ganz und gar derselbe geblieben, aber merkwürdigerweise sogar noch mehr. Alle seine menschlichen Qualitäten fallen einem in einer sehr besonderen Art auf, vielleicht deshalb mehr noch als zuvor, weil wir ihn so lange vermisst haben. Er erzählte mir auch, wie sehr Sie sich aus der Ferne um ihn kümmern, und ich denke, das trägt sehr dazu bei, dass er durch die Verhältnisse in Wien nicht erniedrigt wirkt und nicht »hungrig« wirkt. Wir haben also unsere Erfahrungen mit Ihrer Großzügigkeit ausgetauscht und fanden sie sehr ähnlich.

Natürlich ist es nicht möglich, alle Themen der Lausanner Gespräche zwischen Anna Freud und Aichhorn zu rekonstruieren, aber aus den Briefen, die dem Treffen folgten, kann doch einiges erschlossen werden. Zunächst wird es den beiden – nach den vielen »ungeschriebenen« Briefen – darum gegangen sein, sich ihrer persönlichen Beziehung zu vergewissern. Aichhorn war

---

² Siehe 81AF.

offenbar sehr erleichtert, dass sein »Geständnis« (56AA) zu keiner Trübung, sondern eher zu einer Intensivierung ihrer Beziehung geführt hatte. Für Anna Freud bedeutete es viel, dass sie ganz ungeschützt über den Tod ihres Vaters hatte reden können (88AF). Aber auch einige andere Themen, die zur Sprache gekommen waren, werden im Briefwechsel erwähnt. Dazu gehört die noch immer nicht abgeschlossene Rückerstattung der Bücher, die in der Nationalbibliothek deponiert worden waren. Ihre Absendung nach Amsterdam und London konnte erst im Juli 1949 erfolgen (154AA). Andere Themen waren die Photographien von Freuds Wohnung in der Berggasse. Auch über die Herausgabe der Fließ-Briefe werden sie miteinander gesprochen haben.[3] Zentral wurden schließlich die Verhandlungen über die Rückerstattung von Anna Freuds Haus in Hochrotherd, die Aichhorn übernommen hatte. Sie konnten erst nach seinem Tod abgeschlossen werden (vgl. III.5.f).

b. *Searchlights on Delinquency*

Für Aichhorns 70. Geburtstag am 27. Juli 1948 bereitete Eissler eine Festschrift vor unter dem Titel »Searchlights on Delinquency [Blickpunkt Verwahrlosung]« (Eissler 1949a). Ein Jahr vorher bat er Anna Freud telegraphisch, die Herausgeberschaft zu übernehmen:[4] »international universities press wuenscht sie als herausgeber von aichhorn festschrift bedeutet keine arbeit wuerde als ihr assistent fungieren bitte akzeptieren.« Anna Freud telegraphierte zurück (26. 7.), dass sie eine Festschrift nicht für eine gute Idee halte, da es kaum möglich sein werde, geeignete Beiträge dafür zu bekommen; stattdessen könnte der nächste Band der *Psychoanalytic Study of the Child* Aichhorn gewidmet werden. In einem Schreiben vom 29. 7. versuchte Eissler Anna Freud mit dem Argument, er habe bereits ausreichend interessante Zusagen erhalten, dennoch zu überreden. Sie antwortete ihm am 12. 8.:

Es tut mir leid, wenn ich schwierig bin, aber ich kann mich einfach nicht entschließen, den Plan für den Aichhorn-Band und damit die Herausgeberschaft zu akzeptieren.
Ich glaube ernstlich, das ist keine gute Idee. Im Lauf der Jahre habe ich die Ent-

---

[3] Zu den Engelmann-Fotos vgl. II.1.c, III.7.h; zu den Fließ-Briefen III.1.h, 141AF.
[4] Telegramm vom 26. 7. 1947. Alle Stücke des folgenden Meinungsaustauschs zwischen A. Freud und Eissler liegen in AFP und sind im Original englisch.

stehung von mehreren Bänden dieser Art beobachtet und fand sie alle unbefriedigend. Ich habe keinen Zweifel, dass auch dieser unbefriedigend würde trotz der Zusagen, die Sie bereits bekommen haben. Arbeiten, die für so einen Anlass verfasst werden, sind nie gute Originalarbeiten, ganz abgesehen davon, dass viele seiner Freunde, die ihm gern ihre Wertschätzung zeigen würden, ausgeschlossen bleiben, weil sie für das Thema des Bandes nicht kompetent sind, wie z. B. die Prinzessin, die mir in diesem Sinn geschrieben hat, und ich selbst.[5]

Im Übrigen halte ich es auch nicht für richtig, die Anerkennung für Aichhorns Leistung nur auf die Verwahrlosung zu beschränken. Was er getan hat, ist für den ganzen Bereich der analytischen Arbeit mit Kindern bedeutsam.

Und zur Herausgeberschaft: Ich finde, dass ich nicht nominell Herausgeber eines Bandes sein kann, dessen Vorbereitung ohne meine Mitwirkung bereits so weit gediehen ist. Ich würde mich unwohl fühlen, wenn ich nur mit meinem Namen, nicht aber mit meiner aktiven Mitarbeit dazu beigetragen hätte.

Ich schlage daher nochmals sehr nachdrücklich vor, die andere Idee zu übernehmen und ihm den nächstjährigen Band III der *Psychoanalytic Study of the Child* zu widmen. Dieser Band könnte dann in erster Linie Arbeiten bringen, die speziell auf sein Werk eingehen, er könnte ein ihm gewidmetes Vorwort haben, etc.[6]

Am 25. September 1947 teilte Eissler mit, dass ihm Kris geraten habe, weiter an der Festschrift zu arbeiten, und dass Paul Federn bereit sei, als Herausgeber zu zeichnen. Anna Freud antwortete ihm am 3. 10.:

---

[5] Anna Freud steuerte für den Band einen Text bei (vgl. 115AF); Marie Bonaparte beteiligte sich als Mitherausgeberin, einen Beitrag hat sie nicht geschrieben.

[6] An Kata Lévy, die gefragt hatte, ob sie sich mit einem Fall aus der Erziehungsberatung am Aichhorn-Buch beteiligen solle, schrieb Anna Freud am 3. 9. 1947 (AFP), sie sei zuerst »sehr geneigt« gewesen, die Herausgeberschaft zu übernehmen, habe sich dann aber umbesonnen. Am 2. 10. ergänzte sie (ebd.): »In der Angelegenheit des Aichhorn Bandes ist noch keine Entscheidung da. Aber wie immer die Entscheidung auch herauskommt, sollst Du jedenfalls eine Arbeit dafür vorbereiten und schliesslich passt eine Arbeit über Erziehungsberatung auch in einem Delinquency Band, denn zur Erziehungsberatung kommen schliesslich nur schwirige Fälle. [...] Ich glaube, man soll sich nicht davon abschrecken lassen, dass solche Arbeiten anders sind als klinisch-analytische Berichte. Es ist eben ein Thema für die Anwendung und hat als solches seine volle Berechtigung.« Kata Lévy gab in den Band die Arbeit »The eternal dilettante. A contribution to female sexuality« (1949a).

Ich weiß aus Erfahrung, wie schwer es ist, ein Projekt zu stoppen, wenn es einmal in Gang gebracht wurde, vor allem wenn die Leute, mit denen man es dabei zu tun hat, widersprüchliche Absichten haben. Ich möchte daher keine Schwierigkeiten mehr machen und begrüße die Lösung, dass Dr. Federn den Vorsitz des Herausgeberkomitees übernimmt und ich eines der Mitglieder bin. […]

Ich vermute, Dr. Kris hat befürchtet, dass mein alternativer Vorschlag den Charakter von Band III der *Psychoanalytic Study of the Child* verändert hätte. Es tut mir immer noch leid, weil ich sicher bin, dass sich Aichhorn darüber sehr gefreut hätte, aber jetzt sollten wir die Idee besser vergessen und zusehen, dass die andere ein Erfolg wird.

Nachdem sie Aichhorn in Lausanne getroffen hatte, erklärte Anna Freud Eissler am 31. 5. 1948, sie habe bisher ein schlechtes Gewissen gehabt, weil sie noch keinen Beitrag zum Aichhorn-Band geschickt hatte. Aber nun sei ihr Gewissen rein, nachdem aus New York die Nachricht vom Eintreffen ihres Manuskripts gekommen sei (A. Freud 1949a). Sie fügte hinzu: »Ich hoffe, Sie werden es mögen, und ich hoffe, es wird auch Aichhorn gefallen, sobald er es erhält. Ich habe das Inhaltsverzeichnis des Buches gesehen und muss sagen, dass es meine Erwartungen weit übertrifft.«

Eissler hatte den Plan der Festschrift eigentlich vor Aichhorn verborgen halten wollen, aber dann musste er ihm doch schon am 4. 7. 1948 Mitteilung davon machen. Er erläuterte (KRE/AA, S. 64 f.):

Ich lege diesem Brief die gedruckte Ankündigung einer Festschrift für Deinen 70. Geburtstag bei. Ich hatte mir gedacht daß ich Dir dies Buch als Überraschung für den 27. Juli würde schicken können. Aber die Sache nahm einen anderen Verlauf. Erstens wird der Drucker nicht rechtzeitig fertig werden + ich werde froh sein falls ich Dir die Bürstenabzüge von ein paar Arbeiten werde schicken können. Zweitens hat mir der Verleger mitgeteilt er könne mit der Ankündigung des Buches nicht bis zum 27. warten aber müsse dies einige Wochen früher tun. Da nun jemand Dir dies Circular schicken mag […], so entschloß ich mich Dir vorzeitig zu verraten dass wir diese kleine Ehrung für Dich geplant haben. Es wird dies nur ein kleiner + bescheidener Ausdruck der Verehrung Deiner Schüler + Freunde sein, aber er kommt vom Herzen.

Und als er ihm am 22. »die Bürstenabzüge der ersten Seiten des Dir gewidmeten Buches« schickte, würdigte er Aichhorns Lebensleistung mit den Worten (ebd., S. 65):

Du hast mehr erreicht als Du träumen konntest als Du anfingst Dein Leben nach Deinem Geschmacke einzurichten. Die ganze Welt, sozusagen, hat direkt oder indirekt

Kunde von Deinem Wirken erhalten + überall werden bestimmte Typen von Menschen anders behandelt + anders bewertet dank Deiner Arbeit. Wenn es Dir auch nicht geglückt ist jemanden zu finden der Deine Kunst der Menschenerziehung so trefflich ausüben [kann] wie Du es kannst (+ dies muß Dir sehr schmerzlich sein) so muß es Dir doch eine große Genugtuung sein daß zumindest die große Masse zu Dir aufschaut + in Dir den Mann erkennt, der uns eine neue Technik, ein neues Wissen + eine neue Form der Menschlichkeit gelehrt hat.

Aichhorn antwortete (ebd., S. 66 f.), er habe schon eine Weile geahnt, dass zu seinem Geburtstag »etwas beabsichtigt« sei:

Ich stellte mir aber nicht vor, daß etwas so Umfassendes im Werden sei. Die große Überraschung kam, als mit Deinen und Ruths Geburtstagswünschen der wunderschöne Prospekt einlangte. Ich war und bin heute noch weg. Kannst Du Dir vorstellen, mit welch kindlicher Freude ich ihn immer wieder zur Hand nehme? Mich erdrückt förmlich die Zuneigung so vieler Menschen, wenn ich mir auch klar bin, daß ohne Deine Initiative und Dein rastloses Dahintersein nichts geworden wäre. Bitte lieber Kurt schicke mir noch 15–20 solche Prospekte. Es gibt hier einige Leute, die das Buch bestellen wollen. Kannst Du mir mitteilen, wie lange ich <u>ungefähr</u> noch warten muß, bis ich das Buch sehen werde? Dauert es noch Monate bis zu seinem Erscheinen? Sei nicht böse wegen der Frage, aber ich kann es kaum noch erwarten. Ich kann es noch immer nicht fassen, daß meine, mir so wenig bedeutungsvoll erscheinende Arbeit, so gewürdigt wird.

Eissler konnte das Buch erst im Frühjahr 1949 schicken. Es ist anzunehmen, dass Aichhorn, inzwischen erkrankt, nurmehr imstande war, einen kleinen Teil der ihm gewidmeten Arbeiten zu lesen; die von Anna Freud und Eissler hatte er sich dafür übersetzen lassen (siehe 147AA). Anna Freud äußerte sich über den fertigen Band sehr befriedigt und gratulierte Eissler zu seiner Leistung (138AF mit Anm. 9).

c. August Aichhorns 70. Geburtstag

Aus Los Angeles hatte Hanna Fenichel schon am 7. 10. 1947 an Aichhorn geschrieben (NAA), dass die Psychoanalytic Study Group of Los Angeles anlässlich seines 70. Geburtstags plane, eine ihrer wissenschaftlichen Sitzungen der »Bedeutung August Aichhorns für die Psychoanalyse« zu widmen. Die

Feier fand statt, mit einem Vortrag von H. Fenichel über Aichhorn und seine Theorien (Typoskript NAA).

In Wien hatte Otto Fleischmann die Idee, Aichhorns Geburtstag im Rahmen der vom 19. bis 24. 7. 1948 tagenden Bundeskonferenz für Wohlfahrtswesen zu feiern, und zwar am Dienstag, den 20., der in Zusammenarbeit mit der S.E.P.E.G gestaltet wurde. Er trug sein Vorhaben am 15. 6. der Generalsekretärin der S.E.P.E.G., Th. Wagner-Simon, mit folgenden Worten vor (NAA; vgl. 112AA und ff. mit Anm.):

Ich habe seit langem die Absicht, den 70. Geburtstag Aichhorns, der auf den 27. Juli fällt, festlich zu begehen. Es erschien mir als selbstverständlich, daß die Wiener Psychoanalytische Vereinigung die Veranstalterin sein müsse. Da die S.E.P.E.G. Tagung am 20. Juli stattfindet und Aichhorn an dieser Tagung als Vortragender teilnimmt, hatte ich die Idee, seine Geburtstagsfeier damit in Verbindung zu bringen. [...] Mein Plan ist folgender: Der ursprünglich für den Vormittag festgesetzte Vortrag Aichhorns, wird am Schluß der Nachmittagssitzung, in festlichem Rahmen, mit Begrüßungsansprachen der offiziellen Stellen eingeleitet und als Festvortrag innerhalb des S.E.P.E.G. Programms gehalten.

Die Feier fand im Auditorium Maximum der Wiener Universität statt. Als Gäste waren u. a. Vizebürgermeister Honay, Altbürgermeister Seitz, der Präsident des Stadtschulrates, Nationalrat Dr. Zechner, und Stadtrat Dr. Matejka gekommen. Am Ende des Vortrages von Aichhorn, der über das Thema »Die Verwahrlosung einmal anders gesehen« sprach, beglückwünschte ihn zunächst Honay, der sein Lebenswerk würdigte. Er teilte zudem mit, dass die Gemeinde Wien einen namhaften Künstler beauftragt habe, ein Bild Aichhorns anzufertigen, das den Städtischen Sammlungen übergeben werden solle.[7] Nationalrat Zechner sprach im Namen der Schulbehörde seine Glückwünsche aus und betonte, daß die Tätigkeit Aichhorns für die Lehrerschaft von allergrößtem Nutzen gewesen sei und sei (Rathaus-Korrespondenz, 20. 7. 1948; NAA).

Aichhorn bekam zu seinem Geburtstag Glückwunschschreiben vom Österreichischen Bundeskanzler, vom Minister für Soziale Verwaltung, vom Minister für Unterricht, vom Bürgermeister von Wien und von mehreren Stadträten (NAA). Besonders bedeutsam wird für ihn der Brief gewesen sein, den der Vorstand der Psychiatrisch-neurologischen Universitätsklinik, Otto Kauders,

---

[7] Das Bild wurde von Leopold Birstinger gemalt; es befindet sich in der Biographischen Sammlung des Wien Museums.

am 20. 7. auch im Namen des Wiener Vereins für Psychiatrie und Neurologie an ihn richtete (ebd.). Kauders würdigte Aichhorn darin als treuen und überzeugten »Verkünder« von Freuds Psychoanalyse und als denjenigen, der sie in Wien über die Nazi-Zeit hinweg bewahrt hatte. Er setzte fort:

Man muss wie der Schreiber dieser Zeilen, den Élan Vital, mit dem Sie die Wiedereröffnung der psychoanalytischen Vereinigung in Wien durch eine formal wie inhaltlich gleich glänzende und reiche Rede vollzogen,[8] miterlebt haben, um zu ahnen, was Ihnen eine solche Haltung ermöglichte: das Wissen um ein geistiges Erbe, das Sie verwalten und ungeschmälert nun wieder Ihren Schülern mitteilen, die Kraft, die aus diesem Wissen strömte und schliesslich der unermüdliche Heilerwillen, der Ihr Wirken beseelt und weit über das gewöhnliche Mass hinaushebt.

Unsere Wünsche gehen am heutigen Tage auch dahin, Sie mögen dieses Erbe zum Nutzen der Seelenärzte Wiens weiter und für noch recht lange Jahre in ungeschmälerter Weise erhalten, es Ihren Schülern mitteilen und damit dem grossen Ruhme Ihres Meisters und den Ruf der seelenärztlichen Schule Wien's dienen.

Nach der Feier schrieb Aichhorn an Eissler fast mit denselben Worten wie an Anna Freud (KRE/AA, S. 66; siehe 117AA), die Idee von Fleischmann sei ja gut gewesen »und die Veranstaltung nach außen hin ein voller Erfolg«, aber:

Ich mag solche Sachen im Allgemeinen nicht und insbesondere ekelte mir, als dieselben Stellen, wenn auch nicht dieselben Personen, die Du genau kennst, die mich seinerzeit unter den unwürdigsten Umständen in die Pension getrieben hatten, nun sich nicht genug tun konnten zu erklären, welche bedeutende Persönlichkeit ich sei u.s.w.

In einem anderen Brief (29. 7. 1948 an Wagner-Simon) bemerkte Aichhorn:[9]

Der Sepegtag am 20. Juli verlief hier in Wien sehr schön […]. Ich war recht überrascht, über die mir gewordene Ehrung, die ich in diesem Ausmaß nicht erwarten konnte, da ja meine Arbeit bisher in Wien von offizieller Seite kaum Beachtung fand. Ich spreche gar nicht über die Schwierigkeiten, die vor Jahrzehnten nicht zu überwinden waren und die mich veranlassten, mich völlig aus der Öffentlichkeit zurückzuziehen.

Und im Abstand von zwei Monaten berichtete er Kohut (29. 9.):

---

[8] Siehe 33AA und Anhang I.2.c.
[9] Dieser und die anschließend zitierten Briefe liegen alle in NAA.

Der »Kelch« der Geburtstagsfeierlichkeiten ist an mir vorübergegangen, es gab sehr viel zu schreiben. Mit welcher Verlogenheit die Menschen die wirkliche Realität verkennen und tun, als ob sie vergangene Zeiten vergessen hätten. Aber genau so wenig wie mich seinerzeit die Missachtung gestört hat, begeistern mich jetzt die Lobpreisungen.

Auch von vielen Kollegen, Freunden und psychoanalytischen Vereinigungen in Europa und den USA erhielt Aichhorn Glückwunschbriefe und -telegramme. Einer der inhaltsreichsten Briefe kam von Willi Hoffer (16. 7. 1948):

Lieber Freund, unter den vielen Gratulanten, die sich anlaesslich Deines 70. Geburtstags in diesen Tagen bei Dir melden, wird es nicht viele geben, die wie ich die Ehre und die Freude haben Dich seit ueber 25 Jahren persoenlich gekannt zu haben. Ich bin sehr stolz auf diese lange Bekanntschaft und ich freue mich mit Anna Freud, Frau Dworschak, Paul Federn und den Mitgliedern der alten Wiener Vereinigung, soweit sie Dich in ihr Herz geschlossen haben, Dir meine Glueckwuensche zu ueberbringen. Fuer mich und fuer uns alle bist Du nach wie vor der August Aichhorn, der sich mit neuen und bahnbrechenden Ideen der Psychoanalyse angeschlossen hat und ihr immer treu geblieben ist. Es war fuer mich gar keine Ueberraschung als Anna Freud nach der Rueckkehr von Genf sagte: »Aichhorn ist ganz der alte, wie er immer war, es war sehr, sehr schoen mit ihm zu sein«. Ich habe sie nur aufrichtig beneiden koennen.
Deine Verehrer und Freunde in den Vereinigten Staaten haben – was nunmehr kein Geheimnis mehr ist – zu Deinem 70. Geburtstag eine Festschrift herausgegeben. […] Die Festschrift hat zwei Aufgaben zu erfuellen: Dich zu ehren und Deine Lehren zu verbreiten und zu vertiefen. Wir hoffen, dass sie beide Aufgaben erfuellen wird. Ich werde nicht ueberrascht sein, wenn Du finden wuerdest, dass darin auch manches zu lesen ist, was »missverstandener Aichhorn« genannt werden wird. […]
Wie Du weißt ist die Idee der »Verwahrlostenanalyse« den Psychoanalytikern der westlichen Laender neu und sie muss ihnen in einer gelaeufigen Sprache beigebracht werden. Ich habe daher versucht, den Psychoanalytikern klar zu machen, wie Du den »jugendlichen Hochstapler« behandelst und warum die »klassische Methode« bei ihm wirkungslos sein muss. Ich habe meiner Beschreibung den Titel »Deceiving the Deceiver« gegeben, was soviel heisst wie der »Betrogene Betrüger«.[10] Kurt und andere

---

[10] Siehe Hoffer 1949a. – Ursprünglich hatte Hoffer eine andere Idee gehabt, die er am 24. 10. 1947 gegenüber Kris so umriss (EKP): »Heute habe ich mir gedacht ich moechte dafuer eine Arbeit schreiben mit dem vorlaeufig unmoeglichen Titel: The utopic bi-phasic treatment of the delinquent. Es war immer Aichhorn's Idee dass die Analyse des Verwahrlosten aus einer Verwahrlostenanalyse und einer echten

haben sich sehr anerkennend ausgesprochen, ich weiss aber, dass ich Deine Methode nicht ganz erfasst habe. Die Einsicht in meine eigenen Unzulaenglichkeiten bei der Behandlung jugendlicher Hochstapler hat mir aber eine Moeglichkeit gegeben so darueber zu schreiben, dass andere davon profitieren werden. Ich glaube, es ist mir gelungen die Verwandlung des Hochstaplers in einen anhaenglichen Angstneurotiker zu beschreiben und dieses Stueck gelungener Identifizierung mit Dir ist eine Quelle starker Befriedigung fuer mich. So waren unsere Samstagabende in der Berggasse[11] und die Wiener Kaffeehaeuser doch ganz nuetzlich.

Nur zu gerne hätte ich persoenlich die emigrierten Wiener Psychoanalytiker bei Deiner oeffentlichen Feier und mit Dir und Deiner Familie praesentiert, leider muss ich bis zu Deinem 75. Geburtstag warten. Wir muessen arbeiten – nicht so viel wie Du es tust aber man wird nicht juenger, muss ans Alter denken und wir haben spaet angefangen an die Sicherung des Alters zu denken. Hoffentlich ist es der Muehe wert. Du hast allen Grund zufrieden und stolz zu sein. Genius und Treue sind eine Mischung eingegangen, die Dich mit den Gefuehlen des Gluecks, des Erfolgs und der Sicherheit erfuellen muessen, ob Du nun in die Vergangenheit oder in die Zukunft schaust.

Hedwig Hoffer schrieb am 19. 7.:

Lieber Freund, erinnerst Du Dich an den kalten regnerischen Maitag am Graben,[12] als Du mir den ersten und bis jetzt letzten Kuss gabst? In der ganzen Konfusion und Scham dieser Zeit war Deine Wärme und deine Haltung das einzig tröstliche Moment. Ich habe das nie vergessen und ich bin froh, daß Dein Geburtstag mir den Anlass gibt Dir das zu sagen. Aber Dein Geburtstag ist auch der richtige Tag Dir zu sagen wie viel Anregung und Belehrung ich Dir verdanke. Daß ich einigermassen gelernt habe mit Menschen umzugehen, geht auf meine ersten Eindrücke in Wien zurück, als ich völlig unberührt von Erfahrung und Wissen eine staunende und erstaunte Zuhörerin Deiner Beratungen im Rathaus war.

Durch Anna und durch Willi weiß ich was Du in der Zwischenzeit alles geleistet und überstanden hast – das erstaunt mich gar nicht. […]

Tausend gute Wünsche in alter Freundschaft und Bewunderung, Deine Hedwig.

Analyse bestehen soll, wenn es gelungen ist aus dem Verwahrlosten-Perversen einen Neurotiker zu machen. Die Analyse des Aktuellen, Agierten und Uebertragenen soll durch die Analyse der Infantilgeschichte ergaenzt werden. Gemacht ist das noch nicht worden, aber vielleicht sollte es gerade jetzt gesagt werden« (vgl. dazu KRE/AA, S. 30 f.).

[11] Siehe I.3.b.
[12] Straße in der Wiener Innenstadt. – Die Erinnerung muss sich auf das Jahr 1938 beziehen.

Über einen Geburtstagsgruß freute sich Aichhorn ganz besonders: über ein Schreiben von Martha Freud (27. 7. 1948). Es lautet:

Lieber alter Freund, meine Unpünktlichkeit entstand durch das Zusammentreffen unsrer Geburtstage,[13] und noch ganz erdrückt durch die vielen Beweise von Liebe, Freundschaft und Anhänglichkeit, die mir zu Theil wurden – komme ich erst heute dazu, Ihnen zu dem schönen Fest, das man Ihnen bereitet, auch meinerseits meine Grüsse zu senden und meine wärmste Anteilnahme auszudrücken. Doch glauben Sie nicht etwa, daß Ihr 70er mir imponiert, keineswegs, bin ich Ihnen doch um ganze 17 Jahre voraus. Was liegt aber schon daran, ob so ein altes Mütterchen noch zwischen Kindern und Enkeln herumtrippelt? Sie werden mir Recht geben, wenn ich meine, das Gnadengeschenk hohen Alters sollte vor allen Dingen denen beschieden sein, die den Menschen Wertvolles, ja Unersetzliches zu leisten im Stande sind. Und aus dieser Erwägung heraus lassen Sie mich wünschen, daß Ihnen noch ungezählte Jahre rüstigen Schaffens gegönnt sein möchten, zur Freude Ihrer vielen, vielen Freunde zu denen sich ganz im Hintergrunde

zählt die alte Mutter
Freud

Aichhorn antwortete am 31. 7. (Durchschlag in NAA):

Liebe Mama Freud!
Unter den vielen Geburtstagswünschen gibt es zwei wertvollste: den von Anna und von Ihnen. Ich bin gerührt, nicht weil Sie sich meiner erinnern, sondern weil dies in so liebevoller Weise geschieht.

Liebe Mama Freud, Sie meinen, es bedeute nichts, daß ein »altes Mütterchen noch zwischen Kindern und Enkelkindern herumtrippelt.« Ich sehe das ganz anders; ich sehe wie bedeutungsvoll es ist, daß Ihre Kinder und Enkelkinder und auch wir Sie haben.

Aber eines ärgert mich wirklich: ich kann trotz meiner Jugend nicht mehr so rennen, daß ich die 17 Jahre, die Sie mir voraus sind, einhole. Es bleibt mir nichts, als mich damit abzufinden.

Von Ihrem Geburtstag wußte ich leider nichts. Ich bitte, meine innigsten Wünsche bis 120 entgegen zu nehmen.

Mit ergebenem Handkuß,
in Verehrung
Ihr [ohne Unterschrift]

---

[13] Martha Freud hatte am 26. Juli Geburtstag.

Wohler als bei der öffentlichen Geburtstagsfeier fühlte sich Aichhorn bei einem Treffen, das die »Oberhollabrunner« (vgl. I.1.b und I.2.a) für ihn veranstaltet hatten (siehe 118AA). Einer der Teilnehmer, ein ehemaliger Erzieher, schrieb ihm nach dieser Feier (G. Steiniger an AA, 26. 7. 1948):

Im August 1919 übernahmen Sie zusammen mit Frl. Baderle auch in der Baracke 3L das Wäscheinventar des Bundes für die Gemeinde Wien. Damals machten Sie mir auch das Angebot, zur Erziehungsfürsorge zu kommen. Gerne nahm ich dieses Angebot an und trat so in den Kreis der »Hollabrunner«.

Seit damals ist viel Zeit vergangen und vieles hat sich ausserdem geändert. Manchesmal habe ich rückschauend geprüft, ob Hollabrunn wirklich diese ideale Anstalt war, oder ob ich nur in gewohnter Vergoldung alles dessen, was die eigene Jugend betrifft, so urteile. Doch habe ich viele Anstalten kennengelernt und immermehr musste ich mir sagen: es gab nur ein Hollabrunn! Nun sass ich vorgestern in einem kleinen Kreis dieser Hollabrunner und es wurde mir dabei die angenehme Gewissheit, dass nicht die Rückschau in die Jugend die Grundlage meines Urteils war. Diese Menschen, die ich als wirklich grasgrüner Neuling, vor fast dreissig Jahren im Dienste der Fürsorge kennenlernte, die sind auch heute noch die gleichen Hollabrunner.

So ist es wohl nicht falsch, wenn ich zu dem Schluss komme: »die Menschen also waren es, die Hollabrunn ausmachten«, ebenso ist es wohl richtig, wenn ich sage, dass diese Menschen, die ja zum allergrössten Teil alle noch selber Anfänger in dieser Arbeit waren, wohl den Willen zu diesem wunderbaren Anstaltsgeist mitbrachten; derjenige aber, der aus dieser Bereitwilligkeit wirklich den guten Geist von Hollabrunn formte, das war unser Vorstand. Was ich damals in jugendlicher »Grossartigkeit« so durchaus selbstverständlich fand, erscheint mir heute, wo ich doch wohl schon sagen kann, in reiferem Alter zu stehen, als einmalige Leistung eines Menschen. [...]

Ihnen, lieber Herr »Vorstand« Aichhorn, etwas zu wünschen, ist wirklich überflüssig. Ein Mensch, der mit solcher Sicherheit und Geradlinigkeit sein Leben formt, bedarf nicht der Wünsche anderer.

Aber ich muss Ihnen doch sagen, dass es dem jugendlichen, ungestümen und unreifen Hollabrunner eine wahrhafte Freude bedeutete, an dieser intimen Geburtstagsgesellschaft teilnehmen zu dürfen.

Und wenn bei dieser Zusammenkunft im Gegensatz zu der offiziellen Feier die Ehrung des Jubilars fast ganz in den Hintergrund trat, so wurde umsomehr – je nach Eigenart und Temperament – von den Anwesenden der Geist Hollabrunns gefeiert. – Und damit im besten Sinne wieder der Jubilar.

Als eine Art Fazit konnte Hans Aufreiter am 2. 8. 1948 Eissler mitteilen:[14]

---

[14] Mit Dank an B. Reiter.

»Professor Aichhorns Geburtstag ist in ausserordentlich schöner und würdiger Form verlaufen und er ist gestern erschöpft von Empfängen und Vorträgen in seinen Urlaub gefahren.«

d. Aichhorns Vortragsreisen, seine Erkrankung in Budapest

Seinen Sommerurlaub verbrachte Aichhorn wieder in Bad Gastein, für September waren Vorträge in Budapest, Amsterdam und Stuttgart vorgesehen. Auch in die Schweiz war er wieder eingeladen worden.[15]

Als Lampl von Aichhorns Vortragsreisen in die Schweiz im Herbst 1947 und im Frühjahr 1948 erfahren hatte, schrieb er ihm am 26. 12. 1947 (NAA), dass er ihn gern wieder nach Amsterdam einladen würde, am besten gleich anschließend an die Lausanner Veranstaltung mit Anna Freud. Aichhorn bekräftigte in seiner Antwort vom 24. 1. 1948 (ebd.), dass er gern kommen wolle, aber nicht zu dem vorgeschlagenen Termin. Er könne nicht so lange von Wien wegbleiben und fürchte, es werde ihm zu viel. Als aus Holland dann im Juni eine förmliche Einladung der Vereinigung eintraf, schlug er am 6. 7. (an Lampl; ebd.) einen Besuch in der zweiten Hälfte September vor, wo er in der Vereinigung über die »Kategorien der Verwahrlosung« sprechen und einen öffentlichen Vortrag über »Die Verwahrlosung einmal anders gesehen« (Aichhorn 1948d) halten könne. Er fügte hinzu: »Außerordentlich freuen würde ich mich, wenn es Ihnen gelänge, Anna Freud zu bewegen, zur selben Zeit nach Holland zu kommen.«

Felix Schottlaender hatte Aichhorn, wie aus seinem Gruß vom 17. 7. 1948 zu dessen 70. Geburtstag hervorgeht (NAA), zu der in Stuttgart geplanten Pädagogischen Woche eingeladen und eine Zusage erhalten.

Keinen dieser Pläne konnte Aichhorn verwirklichen. Bei seinem Besuch in Budapest, wo er auch einen Vortrag halten wollte – es war die erste Wiederbegegnung mit seinen ungarischen Freunden –, hatte er am 8. September einen Gehirnschlag erlitten (siehe 128AA mit Anm. 144). Lajos Lévy berichtete Anna Freud am 11. 9. (AFP):

---

[15] Siehe AA an Eissler, 12. 8. 1948 (NAA): »Ich bin vom 4.–7. September in Budapest, dann, wenn alles richtig geht vom 12.–16. September in Zürich, anschließend fahre ich einer Einladung der Amsterdamer Vereinigung folgend nach Amsterdam und von dort zu einer pädagogischen Woche nach Stuttgart.«

Aichhorn überraschte mich heute vor 8 Tagen mit seinem Besuch. Bei der Ankunft – es war um ¼ 3 nachts, der Zug hatte 2 und halb Stunden Verspätung – machte er auf mich den Eindruck eines Greises. Dieser Eindruck verflüchtigte sich, als er zu sprechen anfing. Sein reger Geist, seine so eigenartige Sprachwendigkeit waren die alten und ich hatte richtige Freude daran, wie er in Wien Frage und Zukunft der Psa. zugegriffen hat. Ich sah, dass er endlich dort ist, wo er immer zu wollte: der anerkannte und weltberühmte Fürsorger, der in seinem Fach die höchste Kunst erreicht hat.

Kata kam am Dienstag zurück und Mittwoch Vormittag gingen sie ein Kinderheim besuchen, das von der Partei für Kinder der höchsten Parteifunktionäre eingerichtet ist. Die Leiterinnen wollten in einigen Fragen Ratschlag von ihm haben. Während dies hatte er auf einmal das Gefühl, dass er gewisse Worte nicht richtig aussprechen könnte. Mittags sah ich ihn in recht großer Aufregung und hörte seine subjektiven Klagen. Bei näherem Zusehen konnte ich feststellen, dass bei ihm eine ganz leichte Sprachstörung vorhanden ist, die man nach Head als syntaktische Aphasie, in deutscher Terminologie als Jargon-Aphasie bezeichnen kann. Es bestand eine ganz eigentümliche Störung, indem er gewisse Worte beim Aussprechen und vornehmlich beim Abschreiben mit alliterierenden Silben bespickte. Nach 24 Stunden war alles wieder in Ordnung und er ist gestern mit Dr. Fleischmann nach Hause gefahren. Ich glaube dass in Wien niemand etwas anmerken wird. Fremde haben bei ihm nur eine gewisse Müdigkeit bemerkt, die eigentliche Störung haben außer mir nur Kata und Dr. Fleischmann gesehen.

Ich habe ihm den Anfall als eine Folge von Gefässspasmus hingestellt und ihm versichert, dass, wenn er die vorgeschriebene Kur und vorzüglich eine weitgehende Schonung in den nächsten 6–8 Wochen durchführt, es möglich und zu erhoffen ist, dass solche Störungen gar nicht mehr vorkommen würden. Trotzdem er ein blindes Vertrauen zu mir hat, weiß ich nicht, wie lange meine Aeusserung wirken wird. [...]

Was nun jetzt meine Auffassung betrifft, so glaube ich an die so allgemein anerkannten »Gefässspasmen« nicht. Ich habe keine pathologische Vorstellung und auch keine objektive Erfahrung darüber, wie vorübergehende Spasmen d. h. Gefässkaliberschwankungen anhaltende Störungen, Ausfallserscheinungen verursachen könnten. Meiner Auffassung nach handelt es sich immer entweder um Gefässverstopfungen oder um ganz kleine Blutungen. Da bei ihm vorher überhaupt keine Vorsymptome waren und auch die Störung ohne allg. Symptome wie Schwindel, Brechreiz, Bewusstseinsstörung etc., ganz plötzlich auftrat, so glaube ich, dass es sich um eine ganz kleine Blutung in dem die associativen Sprachbahnen enthaltenden Gehirnteil handelte. Es ist ganz gut möglich und auch recht wahrscheinlich, dass diese Laesion ohne Rest ausheilen wird. Seine Grundkrankheit: die Hypertonie hat oft einen Verlauf der mit solchen flüchtigen Lähmungserscheinungen verläuft. [...] Und ich habe sehr viele Fälle gesehen, die nach einem ersten Anfall noch viele Jahre hindurch ihrem oft sehr schweren verantwortlichen und anstrengenden Beruf vollständig nachgehen konnten.

Doch ist die Prognose in jedem Fall anders, so muss ich in der Beurteilung Aichhorns sehr vorsichtig sein. [...]

Ich bedauere sehr, dass ich wieder einmal den Boten schlechter Nachrichten spielen musste. Doch ich musste dies alles Ihnen mitteilen. Aichhorn sagte fortwährend, wie gut es war, dass ihn der Anfall hier überkam, das betonte er mehrmals auch Kata und Dr. Fleischmann gegenüber. Und ich habe das Gefühl, dass ich ihm nicht nur körperlich, sondern auch seelisch etwas helfen konnte. Nun wenn wir etwas Glück haben, so kann er mit einer immer mehr verblassenden Erinnerung eines »bösen« Traumes (sein Ausdruck) davonkommen.

Anna Freud antwortete am 15. 10. (ebd.):

Ich danke Ihnen ganz besonders dafür, dass Sie mir über Aichhorn geschrieben haben. Ich habe mir natürlich große Sorgen um ihn gemacht, aber ich war doch so sehr froh, orientiert zu sein. Inzwischen hat er mir auch geschrieben, dass es ihm wieder gut geht und dass ihm von der überstandenen Attacke vorläufig nur der Schreck und die Unsicherheit geblieben sind. Beides ist sehr begreiflich. Aber ich möchte so gern hoffen, dass es wirklich nur ein Schreckschuss war und sich nicht wiederholen wird.

Wie ich in der Schweiz mit ihm zusammen war ist er mir allerdings gar nicht gut vorgekommen. Er verliert so schnell den Atem und auch die kleinste Steigung strengt ihn ungeheuer an. Das muss doch ein schlechtes Zeichen für das Herz sein. Aber vor allem gefällt es mir nicht, dass er den Budapester Zustand nach der Erholung in Gastein gehabt hat, also nicht als Folge von Arbeit Anstrengung, etc. Nach seinen Briefen würde ich schließen, dass er sich in der Zeit vor seinem Geburtstag mit den Vorbereitungen für die Vorträge ganz besonders überarbeitet und auch aufgeregt hat. Ich bin sehr froh, dass er in Ihrer Nähe war und ich wünschte, er könnte mehr unter Ihrer Aufsicht sein. Sie sehen, wie sehr ich an Ihre Macht glaube, auch das abzuhalten, was sich vielleicht doch nur als Schicksal in irgendeiner Form manifestiert.

Lampl schickte an Anna Freud den Brief, mit dem Aichhorn seine Reise nach Amsterdam abgesagt hatte (siehe Beilage zu 128AA), und fragte sie (22. 9. 1948; AFP):

Was fiel Ihnen an Aichhorn auf, als Sie ihn sahen? Van der Sterren, der Aichhorn ja in Wien sah,[16] fand ihn geistig sehr gealtert. War das auch Ihr Eindruck? Es tut mir sehr leid, dass nach all den vielen Bemuehungen, die die Behoerden hier machten, um Aichhorn & Fleischmann kommen zu lassen, das Ganze sich in dem Nichts aufloest. Es ist das erste Mal, dass uns so etwas mit einem Auslaendischen Gaste passierte.

[16] Er war zur Geburtstagsfeier gekommen (vgl. Beilage zu 128AA).

Anna Freud erwiderte am 24. 9. (ebd.), dass gleichzeitig mit Lampls Brief auch einer von Aichhorn eingetroffen sei (128AA):

Für ihn war es eine grosse Enttäuschung, dass er die Reise aufgeben musste und begreiflicherweise ein Schock, dass er nicht einmal in Budapest seinen Vortrag halten konnte, für den er doch hingefahren war. Lajos Levy muss also Grund haben, um ihn besorgt zu sein, denn er ist, wie ich aus der Vergangenheit weiss, alles eher als ängstlich.
    Sie fragen, was ich in Lausanne an Aichhorn bemerkt habe. Ich fand ihn ausserordentlich angeregt und anregend, also geistig durchaus nicht ermüdet. Im Gegenteil ich fand, dass er in den Jahren, in denen ich ihn nicht gesehen habe, innerlich sehr grosse Fortschritte gemacht hat und sich dabei alles dessen, was er im Unterricht in Wien leisten kann, absolut bewusst ist. Er hat mir auch Andeutungen und Pläne für seinen Amsterdamer Vortrag hierher geschickt und ich fand sie ganz ausgezeichnet, besonders eine sehr fruchtbare Idee über die spezielle Natur der Uebertragung beim Verwahrlosten.[17] Vielleicht kann er es doch noch ein anderes Mal nachholen.
    Körperlich fand ich ihn wirklich nicht gut. Er ist im Krieg viel magerer geworden, aber nicht in einer gesunden Art. Er hat offenbar Beschwerden, sobald er geht. Es ist zum Beispiel sehr schwierig für ihn, gleichzeitig zu gehen und zu sprechen, oder gar zu steigen. Ob er gesteigerten Blutdruck hat oder organische Veränderungen am Herzen, weiss ich nicht. Aber er war schon damals auf dem Standpunkt, dass er zum Beispiel eine Reise wie die nach Lausanne nicht ohne Dr. Fleischmann unternommen hätte, weil er sich nicht sehr sicher gefühlt. Jedenfalls mache ich mir grosse Sorgen um ihn.

Daraufhin erklärte Lampl (30. 9.; AFP): »Nach dem, was Sie schreiben, tut es mir doppelt leid, dass Aichhorn nicht kommen konnte. Aber ich lass ihn jetzt natuerlich voellig in Ruhe und warte ab, ob er von selbst noch einmal auf eine Reise nach Holland zurueckkommt.«

e. Das Projekt eines »August Aichhorn Forschungsinstituts für verwahrloste Jugend«

Obwohl es sich als unmöglich erwiesen hatte, das von Aichhorn geplante Wiener Forschungsinstitut im Rahmen der »Englandhilfe« zu realisieren (vgl.

---

[17] Siehe 126AA, 127AF.

III.3.e; 67AA mit Beilage), wollte er sein Projekt doch nicht aufgeben (vgl. auch III.7.c). Vordringlich war dabei immer wieder das Problem der Geldbeschaffung. Schon am 17. 12. 1947 hatte Paul Federn an Aichhorn geschrieben (NAA):

Ich habe schon ein Committee (Dr. Hawkins, Mahler, Dr. Eissler) zusammengebracht, die die Geldaufbringung in die Hand nehmen. Ich persönlich würde die Versicherung wünschen, dass unter den Schülern & den Zöglingen auch Juden sein werden. Die Verirrung und Vertierung des Wiener Antisemitismus in dem letzten Decennium macht solch eine Gegen-Einstellung nötig. [...]
Ich kann mir vorstellen, wie schwer Alles in Wien wurde – und möchte wissen, ob Sie persönlich genug Auslandshilfe haben. [...] Obgleich man hier schnell lebt und vergisst sind Sie nicht vergessen hier.

Aichhorn antwortete am 27. 1. 1948 (ebd.):

Außerordentlich freuen würde ich mich, wenn Ihnen die allerersten Ansätze zur Errichtung eines Forschungsinstitutes in Wien gelängen.
Für sich wünschen Sie von mir die Versicherung, daß unter den Schülern und Zöglingen auch Juden sein werden. Ich teile Ihnen die Tatsache mit, daß unter unseren Vereinsmitgliedern, Ausbildungskandidaten und unter den Verwahrlosten, die wir betreuen, Juden sind. Es ist daher selbstverständlich, daß auch im Forschungsinstitut weder Rassen noch Konfessionsunterschiede gemacht werden. [...]
Auslandshilfe bekomme ich namentlich durch Dr. Eissler und seine Vermittlung genug.

Weitere Überlegungen sind durch zwei Briefe vom Februar 1948 bezeugt. Am 4. 2. wandte sich Otto Fleischmann, den Aichhorn über den Stand der Dinge informiert hatte, an Hoffer, verwies auf die jüngste Nachricht von Federn und fuhr fort (NOF):

Ich möchte mich mit dem Vorschlag an Sie wenden, zum Anlaß von Aichhorns 70. Geburtstag mit der Begründung eines Fonds, der den Titel haben könnte: »August Aichhorn Forschungsinstitut für verwahrloste Jugend«, den Grundstein für das kommende Institut zu legen. [...] Ich denke aber daran, daß Teilbeträge aus diesem Fonds, in der Zwischenzeit der Wiener Vereinigung zu Ausbildungszwecken zur Verfügung gestellt würden. Ich kann aus unmittelbarer Nähe die aufopfernde Arbeit sehen, in der Aichhorn heute seine Lebensaufgabe sieht, in Wien wieder eine junge Generation von Analytikern und analytisch geschulten Pädagogen heranzubilden und glaube, daß er

sich über die Realisierung meines Vorschlages außerordentlich freuen würde. Über die effektive Überweisung der Teilbeträge und sonstige Einzelheiten, könnte ich mit Fräulein Anna Freud in Lausanne sprechen.
Wenn Sie meinen Vorschlag günstig aufnehmen, bitte ich, diesen an Dr. Federn nach New York weiterzuleiten, um damit eine gemeinsame Aktion in England und Amerika zu veranlassen. Eine Abschrift dieses Briefes sende ich an Herrn Dr. Eissler nach New York.

Und Aichhorn selbst schrieb am 6. 2. an Eissler (NAA):

Wie viel Geld zur Gründung dieses Fonds zusammengebracht wird, ist gleichgültig. Er soll durch regelmäßige kleinere Einzahlungen und durch gelegentliche Zuwendungen im Laufe von Jahren wachsen. Vorläufig ist ja das zur Führung eines Forschungsinstitutes erforderliche Personal, Analytiker und Erzieher, erst auszubilden, was Jahre erfordert. Bis dahin ist auch hier die politische und wirtschaftliche Situation stabilisiert. Ist das nicht der Fall, so ist das Forschungsinstitut nicht örtlich gebunden. Lebe ich noch, so gehe ich mit dem ausgebildeten Stab an die geeignete Stelle. Lebe ich nicht mehr, dann dieser für sich. Auf jeden Fall müsste der Fonds in Amerika bleiben und dort von einem Kuratorium verwaltet werden, dem die Leitung des Forschungsinstituts verantwortlich ist. Ein Statut wäre auszuarbeiten. Vor seiner endgültigen Festlegung fände ich es zweckmäßig, die Wiener Psychoanalytische Vereinigung Einblick nehmen zu lassen, und sie zur Stellungnahme aufzufordern.

Zu den ehemaligen Wiener Analytikern, die sich für Aichhorns Idee begeisterten, gehörte auch Grete Bibring (Boston), wie Hilde Adelberg an Aichhorn schrieb.[18] Die Aufbringung des Geldes in den USA hatte Otto Isakower übernommen, der damals Sekretär der New York Psychoanalytic Society war. Eissler berichtete am 17. 6. 1948 an Aichhorn (NAA), dass er mit mit Isakower und mit Frederick Hacker gesprochen habe, der kurz davor in Wien gewesen war. Er sei hocherfreut gewesen, jemanden zu treffen, der Aichhorn

---

[18] Vgl. Adelberg an AA, 4. 10. 1948 (NAA): »Ich selbst war im Februar in Boston und habe bei der Gelegenheit Frau Grete Bibring davon erzählt. Sie war sehr begeistert von der Idee ein Institut zur Erforschung der Verwahrlosung in Wien zu gründen. Sie bat mich, sobald Sie Ihren genauen Plan an Dr. Isakower hier schicken, auch sie davon wissen zu lassen, da sie in Boston auch dafür Geld sammeln wollen. Eventuell könnte man später daran denken, meinte sie, amerikanische Studenten zum Studium nach Wien zu schicken, was dann wieder eine Einnahmequelle für Ihr Institut werden könnte.«

gesehen und gute Nachrichten gebracht habe. Isakower wolle ein detailliertes Exposé haben. In seinem Antwortschreiben vom 6. 7. (ebd.) gab ihm Aichhorn einen Überblick über seine Pläne, die in etwa denen entsprechen, die er bereits in seiner Stellungnahme zur »Englandhilfe« formuliert hatte (Beilage zu 67AA). Er betonte vor allem die Wichtigkeit einer psychoanalytischen Ausbildung für die im Institut Beschäftigten:

Ehe das Institut seine Arbeit beginnen kann, sind daher 5 Erzieher (4 weibliche und 1 männlicher) in psychoanalytischer Pädagogik auszubilden. Selbstverständlich haben sie sich vorher einer Psychoanalyse zu unterziehen. Außerdem sind noch 2 Fürsorgerinnen für die Erziehungsarbeit und den Verkehr mit den Familien, ebenfalls analytisch, vollständig auszubilden.

Die wissenschaftliche Arbeit müssen in der Neurosen- und Verwahrlostenbehandlung vollständig ausgebildete Psychoanalytiker übernehmen. Es kommen daher 8–10 Personen zur Ausbildung in Frage. Die Ausbildungszeit ist mindestens 3 Jahre. Daher ist an eine Eröffnung des Instituts vorher nicht zu denken.

Die wissenschaftliche Arbeit im Institut wäre nun so zu organisieren, daß jeweils einheitliche Verwahrlostentypen aufgenommen werden – deswegen brauchen wir die Bezirksjugendämter der Gemeinde Wien als Reservoir. Aufgabe des Institutes ist es dann, neben der Fürsorgebetreuung und Erziehung durch Verwahrlostenanalysen zu einer Symptomatologie und Aetiologie der Verwahrlosung zu kommen. Dem Institut bleibt es vorbehalten, welche Erscheinungsformen der Verwahrlosung jeweils zum Studium übernommen werden.

Da in den ersten 3 Jahren lediglich die Mittel für die Ausbildung der später im Institut zu verwendenden Personen aufzubringen sind, so werden diese nicht besonders hoch sein. Der Fonds hat daher vorläufig nur für die Ausbildungskosten aufzukommen.

Den speziellen analytischen Untersuchungen werden meine Kategorien der Verwahrlosung zu Grunde gelegt.

Alle diese Pläne verfolgte Eissler nicht weiter, nachdem ihn eine der Sekretärinnen Aichhorns, Therese Berthel, im November 1948 über dessen prekäre finanzielle und gesundheitliche Lage informiert hatte.[19] Bisher, so schrieb sie, habe Aichhorn trotz seiner großen Arbeitsbelastung nichts aus der Ruhe bringen können. »Hatte er einen Anfall zu überstehen, dann verschwand er auf ein paar Tage in sein Schlafzimmer, dann war er wieder der alte.« Der Anfall in

---

[19] Die beiden im Folgenden zitierten Briefe von Berthel an Eissler datieren vom 9. und 27. 11. 1948; mit Dank an Bettina Reiter. Vgl. KRE/AA, S. 74 f.

Budapest aber sei sehr schwer gewesen, und er solle sich nun schonen. Wie aber »kann er sich schonen, wenn so viel auf ihm liegt?« Für sein eigenes Einkommen könne er durchaus sorgen, aber vor allem die Vereinigung stelle große Ansprüche an ihn. Dazu kämen Aufforderungen, Kurse einzurichten und abzuhalten, Einladungen zu Vorträgen, Besprechungen, Kommissionen, Besichtigungen etc. Das koste viel Zeit, und er müsse Stunden absagen, die ihm sein Einkommen sichern sollten. Wäre er gesund, würde er länger arbeiten. Aber er fühle sich körperlich nicht mehr dazu imstande. Seine Pension decke nicht einmal die laufenden Kosten für Haushalt und Vereinigung, es sei daher nötig, dass ihm die Sorge um seinen und seiner Frau Lebensunterhalt abgenommen werde. Sie könne sich aber nicht vorstellen, dass er eine finanzielle Hilfe annehmen würde, es sei denn über eine Art Fonds, von dem er jeweils abrufen könne, was er brauche. Zum Abschluss schrieb Berthel:

Bitte machen Sie ihm möglichst bald irgendeinen Vorschlag damit er sieht, daß doch von irgendwo Hilfe in nächster Zeit zu erwarten ist, lassen Sie ihn aber um Gotteswillen nicht wissen, daß es Hilfe ist. Ich weiß, daß ich mit seinen Augen gesehen, wie ein Scheusal handle.

Einige Tage später ergänzte sie ihren Hilferuf an Eissler:

Daß er arbeiten muß und muß, das kenne ich. Nun kommt aber dazu, daß er fühlt, er kann nicht und muß doch arbeiten und ich glaube, der Gedanke, daß es noch ärger werden könnte, er vielleicht gezwungen wäre, materiell jemanden in Anspruch nehmen zu müssen, dürfte ihn furchtbar quälen. Obwohl es ihm seit einigen Tagen etwas besser geht, trotzdem der quälende Husten wieder dazugekommen ist, macht er doch einen sehr überangestrengten Eindruck und ich habe das Gefühl, daß er 2–3 Monate ganz ausspannen sollte, um sich ganz zu erholen und sich wieder zu finden.

Eissler gelang es – umgehend und unabhängig von allen bisherigen Initiativen –, die nötigen Geldmittel aufzubringen und einen Aichhorn-Fonds zu gründen. Präsident des Fonds war Ludwig Jekels, Sekretär Paul Kramer, Eissler war Kassier. In der Folge kam es immer wieder zu Missverständnissen, da Aichhorn, der über Berthels Mitteilungen offenbar nicht informiert war, meinte, er sei dazu verpflichtet, das Geld nur für wissenschaftliche und nicht für seine persönlichen Zwecke auszugeben (vgl. KRE/AA, S. 75 f. u. ö.).

f. Zur Rückerstattung von Anna Freuds Haus in Hochrotherd

Ein Thema, das in den Briefen der Jahre 1948/49 einen großen Raum einnahm, waren die Bemühungen Anna Freuds, ihr Haus in Hochrotherd[20] zurückerstattet zu bekommen, um es der Familie Fadenberger, die dort schon vor 1938 die Wirtschaft geführt hatte und sie auch danach weiter führte, zu schenken.

Ursprünglich, d. h. im Vorfeld ihrer Emigration, hatte Anna Freud das Haus verkaufen wollen, um den für die Sicherstellung der Reichsfluchtsteuer nötigen Betrag aufzubringen.[21] Es stellte sich allerdings heraus, dass die Summe, die sie bekommen hätte, für diesen Zweck zu gering gewesen wäre. Auch konnte die Transaktion nicht mehr rechtzeitig vor ihrer Emigration vollzogen werden. Deshalb hatte sie den Rechtsanwalt Alfred Indra, der die Familie Freud damals in allen Emigrationsangelegenheiten vertrat, beauftragt, den »Verkauf« durchzuführen. Eine weitere Komplikation war, dass der Käufer, Otto Sweceny, das Haus nicht im eigenen Interesse, sondern stellvertretend für seine Frau Lotte und ihren Bruder Walter Stein erwerben wollte, die den Kauf, da sie teilweise jüdischer Abstammung waren, nicht selbst vornehmen konnten (siehe 90AF mit Anm. 41).

Sweceny erhielt die Genehmigung der Vermögensverkehrsstelle für den Kaufvertrag zwischen »Anna Sara Freud, früher Wien IX, Berggasse 19, dzt. Ausland und Otto Carl Sweceny« erst im Juni 1940. Der Vertrag enthielt nämlich die Klausel, dass er erst dann rechtkräftig werde, wenn die Devisenstelle, die Vermögensverkehrsstelle und die Gestapo ihn genehmigt hatten. Sämtliche Abgaben, wie etwa auch die Reichsfluchtsteuer, gingen zu Lasten Anna Freuds, der Restkaufpreis musste auf ein gesperrtes Konto eingezahlt werden.[22]

Erste Informationen über das Schicksal der Familie Fadenberger hatte Anna Freud schon 1944 von ihrem Cousin Harry bekommen, der den Mann, Gustav Fadenberger, als Kriegsgefangenen entdeckt hatte. In ihrem Antwortbrief heißt es:[23] »Die Nachrichten über Fadenbergers haben uns einigermaßen schockiert. Alles wurde dadurch wieder so nahe, als ob man plötzlich

---

[20] Beide Schreibweisen, »Hochrotherd« und »Hochroterd«, sind korrekt.
[21] Vgl. AF an Jones, 20. 5. 1938 (ABPS).
[22] Nach dem Hochrotherd-Akt im ÖStA.
[23] Brief vom 28. 9. 1944 (HFP); Original englisch. Desgleichen auch der nächste Brief.

die Vergangenheit mit der Hand berühren könnte.« Auf eine spätere Mitteilung Harrys über die Situation in Hochrotherd erwiderte sie am 22. 10. 1945 (HFP):

Mit Hochrotherd steht es genauso, wie ich befürchtet habe, dass es nämlich in der russischen Zone liegt. Ich sorge mich so um Josefa und das Kind. Hoffentlich haben die Russen sie nicht getötet oder verschleppt. Ich wünschte, ich könnte sie hierher oder an einen sicheren Ort bringen. Aber bei den Russen kann niemand etwas erreichen. Arme Josefa. Sie ist die einzige, die ich gerne wiedersehen würde. Ich nehme an, es ist gleichgültig, ob uns Hochrotherd noch gehört oder nicht. Vielleicht hat Indra es verkauft, vielleicht auch nicht.

In ihrem ersten Brief an Anna Freud, vom 25. 2. 1946 (AFP), berichtete Josefa Fadenberger, dass sie während der Kriegszeit nicht allein gewesen sei, sondern dass auch die Familie Stein im Haus gelebt habe. Ihr Sohn sei im Krieg gefallen; auf ihren Mann, der noch in Kriegsgefangenschaft sei, warte sie sehnsüchtig. Die Familien Stein und Sweceny sorgten für das Nötigste. Anna Freud bedankte sich am 9. 3. mit einem langen Brief (ebd.), in dem sie viel von sich und Dorothy Burlingham erzählte. Dass der Sohn der Fadenbergers, Fritz, nicht mehr am Leben sei, habe sie schon von ihrem Vetter Harry erfahren. Besonders vermisse sie die kleine Anna: »Ich habe mich immer darauf gefreut in früheren Jahren, dass das Annerl einmal gross sein wird und dass ich so eine Art Tochter an ihr haben werde, weil ich doch keine eigenen Kinder habe. Aber wir haben uns vieles anders gedacht, als es gekommen ist.«

Am 7. 6. 1946 meldete sich auch Walter Stein bei Anna Freud. Er schrieb u. a. (ebd.):

Das einst so schöne und gepflegte Hochroterd hat durch die langen Kriegsjahre und durch die unmittelbaren Kriegshandlungen immerhin schwer gelitten. Es war im letzten Kriegsjahr zur Zeit der vielen Fliegerangriffe die Zufluchtsstätte der Kinder und Frauen unserer Familie und es hat sich ergeben, daß dieselben Bewohner, also fast ausschließlich Kinder und Frauen, auch die Befreiung durch die Russen draußen mitmachen mußten. Da Hochroterd verhältnismäßig längere Zeit unmittelbares Kriegsgebiet war, so war die Situation dieser Bewohner zu denen auch Frau Josepha und das Annerl, meine Frau und mein 1 ½ jähriger Bub gehörten, wohl einigermaßen tragisch. Ich selbst war, eigentlich zufällig, da ich nur die Osterfeiertage bleiben wollte, auch draußen und bemühte mich, ihnen meinen »männlichen Schutz« angedeihen zu lassen. [...] Wie durch ein Wunder sind aber doch alle wenigstens an Leib und Leben gesund davon gekommen und nur die Verwüstungen im Garten, in der Umgebung des Hauses und im Haus selbst zeugen von den Wochen in denen der Krieg hier tobte.

Anna Freud antwortete ihm am 27. 6. (ebd.) und erkundigte sich nach Einzelheiten des Verkaufs ihres Hauses. Da sie ja nicht mehr in Wien gewesen sei, habe sie Dr. Indra eine Vollmacht hinterlassen, aber von ihm nie eine Anzeige der Durchführung bekommen, und weder sie noch Dorothy Burlingham seien darüber informiert worden, wo der Kaufpreis erliege und was mit ihm geschehen sei. Mrs. Burlingham habe vor einigen Wochen bei Indra wegen ihrer Hälfte der Angelegenheit angefragt, aber wiederum keine Antwort erhalten.

Nachdem sie wochenlang nichts von Indra gehört hatte, bat Anna Freud eine Bekannte, Virginia Wimperis, die damals in der Presseabteilung der Allied Commission for Austria in Wien tätig war, ihn in seiner Kanzlei aufzusuchen. So erfuhr sie schließlich, dass laut Indra das Haus legal verkauft und das Geld auf ein Bankkonto eingezahlt worden sei, wo es immer noch liege. Nach dem bevorstehenden Rückstellungsgesetz werde sie wieder in den Besitz des Hauses kommen. Indra rate, den Verkaufserlös nicht anzurühren, sondern zu warten, bis das Gesetz wirksam geworden sei.[24]

Da Anna Freud den Eindruck gewann, dass sie sich in der Frage der Rückerstattung ihres Hauses auf Indra nicht verlassen konnte (vgl. 90AF mit Beilagen), ersuchte sie Aichhorn in Lausanne, sich der Sache anzunehmen. Viele Briefe ab April 1948 dokumentieren die nun folgenden Verhandlungen. Trotz all seiner Bemühungen konnte Aichhorn die komplizierte und langwierige Angelegenheit während seiner Lebenszeit nicht mehr zum Abschluss bringen (zu den Ereignissen nach seinem Tod siehe III.7.g).

---

[24] Wimperis an AF, 19. 9. 1946 (AFP). – Tatsächlich war im November 1941 gemäß der 11. Verordnung zum Reichsbürgergesetz das Vermögen der »Jüdin Anna Sara Freud« vom Deutschen Reich eingezogen worden (nach dem Akt im ÖStA).

6. Briefe 1948

75 AA [*Briefkopf III*] *Wien, den 4. Jänner 1948*[1]

Liebes Fräulein Freud!
Ihr Brief vom 5. Dezember kam am 31. Dezember an. Es ist mir unverständlich, wo er so lange gelegen ist. Mittlerweile werden Sie meinen Brief vom 13. 12. erhalten haben. So lange ich von Ihnen nicht eine Abänderung Ihres Entschlußes, den ganzen Bücherbestand nach Holland zu schicken, bekomme, bleibt für mich die Weisung vom 5. Dezember bestehen.
Mit Deuticke setze ich mich – wenn Sie damit einverstanden sind – erst ins Einvernehmen, bis wir vom Finanzministerium die Entscheidung über die erfolgte Rückerstattung der Bücher bekommen.[2] *Nach der Rechtslage ergibt sich ein Verfügungsrecht meinerseits erst nach dem Einlangen dieses Schriftstückes.*[3]
Beiliegend sende ich Ihnen eine Abschrift des gestern eingelangten Briefes von Volckmar.[4] *Der Brief war auch über einen Monat unterwegs.*
Herzlichste Grüße
Ihr Aug Aichhorn

[Brief F. Volckmar Kommissionsgeschäft an August Aichhorn; Abschrift]

Leipzig C1 [ohne Datum][5]
Ich bestätige den Eingang Ihres Schreibens vom 29. 10. 47 betreffend den Wiener Psychoanalytischen Verlag.
Leider ist es mir nicht möglich, Ihnen in irgend einer Form behilflich zu sein; denn

---

[1] Masch. außer Unterschrift; Zensurstempel.
[2] Siehe 71AF mit Anm. 131.
[3] Nun waren zwar die Bücher in der Nationalbibliothek bereitgestellt worden, aber es bedurfte noch einer Genehmigung durch das Finanz- und das Unterrichtsministerium, dass sie ausgefolgt und außer Landes gebracht werden konnten. Bis der Vorgang abgeschlossen war, verging noch mehr als ein Jahr (vgl. 154AA).
[4] Siehe 63AF und 65AA.
[5] Am Kopf des Briefs: Briefkopf mit Absenderadresse (Leipzig C1, Hospitalerstr. 16); Empfängeradresse.

Verlagskataloge des genannten Verlages stehen mir nicht zu Verfügung. Ich habe mich auch bei befreundeten Firmen erkundigt, ob dort evtl. noch ein solcher vorhanden ist. Auch das ist nicht der Fall, so daß ich Ihnen leider nur einen negativen Bericht geben kann.

Hochachtungsvoll
F. Volckmar Kommissionsgeschäft

76 AA   [Briefkopf V] 10. Jänner 1948[6]

Liebes Fräulein Freud!
Dr. Bovet teilt mir mit, daß Sie am 19. März in der Schweiz ankommen. Er schlägt vor, daß ich in Zürich und Basel zwischen dem 15. und 17. März spreche und in Lausanne am 18., 19. und 20. März. Ich möchte in diesen Tagen 3 Vorträge halten:[7]
1. Kurzer geschichtlicher Überblick über die Auffassung der Verwahrlosung durch Gesetz, Gesellschaft und Wissenschaft bis zur Psychoanalyse.
2. Die normale Entwicklung des Kindes und die abwegigen in Neurose, Psychose und Perversionen.
3. Die Kategorien der Verwahrlosung.
Für die Seminare kündigte ich an: Die fürsorgerische Betreuung Verwahrloster und die Psychoanalyse Verwahrloster.
Ich bin so froh, daß ich, wenn Sie kommen, mit meiner Arbeit schon nahezu fertig bin, weil ich dann die ganze Zeit frei habe, um an Ihren Vorträgen teilnehmen zu können und uns auch Zeit bleibt, zu recht eingehenden Aussprachen.
Der handgeschriebene Brief[8] langte heute ein. Vorläufig herzlichsten Dank.

Alles Liebe,
Ihr Aug Aichhorn

---

[6]   Masch. außer Unterschrift; Zensurstempel.
[7]   Vgl. zum Folgenden III.5.a und 82AA mit Anlage (das Programm hat sich noch etwas geändert). Zum ersten Vortrag: Aichhorn 1948a; zum dritten: Aichhorn 1948b.
[8]   74AF.

77 AF [Briefkopf London] *14. Januar 1948.*[9]

Lieber Herr Aichhorn!
Eben bekomme ich einen Brief von Dr. Lampl, der mich dringend bittet, die Adresse, die ich Ihnen für die Büchersendung nach Holland angegeben habe,[10] *umzuändern, damit die Bücher nicht im dortigen Institut, sondern in seiner Privatwohnung ankommen. Die neue Adresse ist jetzt also:*
Dr. Hans Lampl,
Haringvlietstraat 39,
Amsterdam Z.,
Holland.
Ich kann leider von mir aus nichts an der Entscheidung über die Bücher ändern, denn sie liegt bei meinen beiden Brüdern. Aber ich würde Sie sehr bitten, mir doch noch schnell eine Liste von dem zu schicken, was Sie am liebsten behalten würden. Vielleicht kann ich dann bei meinen beiden Brüdern durchsetzen, daß das in Wien bleibt. Wenn ich eine neue Entscheidung habe, schicke ich sie Ihnen telegraphisch, wenn nichts kommt, dann müssen wir eben beim Absenden bleiben.

Ich weiss nicht, warum meine Briefe so lange dauern. Ist wenigstens mein Weihnachtsbrief inzwischen angekommen? Ich habe ihn gerade einen Tag vor der Ankunft des Ihren geschrieben, der mir von ihm abreden sollte.

Sehr herzlich
Ihre Anna Freud

78 AA *[17. 1. 1948]*[11]

dr bovet hat fuer lausanne die tage vom 18=24 maerz festgelegt bitte um drahtantwort wann sie von der schweiz rueckreise antreten = herzlichst august aichhorn

---

[9] Masch. außer Unterschrift; Zensurstempel.
[10] Siehe 71AF.
[11] Telegramm; Datum des Eingangsstempels.

79 AF [23. 1. 1948][12]

beabsichtige fuendundzwanzigsten maerz zurueckzufliegen brief folgt herzliche gruesse = Anna Freud

80 AA 22. I. 1948.[13]

Liebes Fräulein Freud!
Vielen Dank für Ihren Weihnachtsbrief. Sie wissen, warum er mich so froh macht.

In der, dem Einlangen folgenden Nacht hatte ich einen Traum von unserer Begegnung in Lausanne mit vielen Einzelheiten. Sie war sehr herzlich. Aber plötzlich kam Angst. Ich wußte, daß ich die Niederschrift der Vorträge in Wien habe liegen lassen und mich ohne Unterlagen bei den Vorträgen nicht zurecht finden werde. Da machten Sie eine Bemerkung, welche weiß ich nicht, aber Sie mußten meine Angst gemerkt haben und nun wußte ich, daß ich ja erst in zwei Tagen zum Sprechen kommen werde. Ich könne daher nach Wien telefonieren, ein Bote muß mir die Vorträge bringen und alles ist in Ordnung. Trotzdem werde ich unsicher, etwas stimmt nicht und auf einmal weiß ich, das mit dem Boten ist unmöglich; denn wir sind nicht in Lausanne sondern in New York. Damit wache ich auf, weiß, daß ich geträumt habe und ein Gefühl der Enttäuschung nicht wirklich in New York zu sein läßt mich nicht los, das den ganzen Tag anhielt.

Ich freue mich riesig auf Lausanne.

Sie schreiben mir die neue Adresse für die Büchersendung nach Amsterdam und fordern mich auf Ihnen mitzuteilen, welche Bücher ich am liebsten behalten würde. Das werde ich nicht tun. Als ich mich bescheiden meldete, wußte ich noch nicht, daß bereits eine Entscheidung gefallen war. Ich kann mir denken, warum Ihre Brüder von den Büchern nichts in Wien lassen wollen und wozu soll ich Sie einer neuen Bemühung aussetzen. Lassen wir es, wie es ist.[14]

Alles Liebe
immer Ihr August Aichhorn

---

[12] Radiogramm; Datum des Eingangsstempels.
[13] Handschriftlich; Zensurstempel
[14] Siehe dann aber 131AA und 132AF.

81 AF　　　　　　　　[Briefkopf London] 23. Januar 1948.[15]

Lieber Herr Aichhorn!
Vorgestern habe ich ein langes Gespräch mit Dr. Friedländer gehabt[16] und wir haben unsere drei Vorträge, Montag, Dienstag und Mittwoch, vorläufig folgendermassen eingeteilt:[17]

	Anna Freud	Dr. Friedländer
Montag:	Das infantile Triebleben.	Die Entwicklung der Objektbeziehungen, der Oedipuskomplex.
Dienstag:	Die Entwicklung des Ichs.	Ueberich-Entwicklung, Gruppenbildung, Moral, etz.
Mittwoch:	Die Angst und die Abwehrmechanismen.	Symptombildung, Pathologie.

Dr. Friedländer schreibt diesen Stundenplan gerade an Dr. Bovet, ob es ihm recht ist. Für die Seminare haben wir uns noch keine bestimmten Themen vorgenommen, sind bereit alles zu machen, was die Leute dort gerne wollen, also etwa Beziehung zwischen Analyse und Erziehung, Latenzentwicklung, Schwierigkeiten der Pubertät, etz. Sie sehen, der Speisezettel ist sehr reichlich.

Mit sehr herzlichen Grüssen
Ihre Anna Freud

---

[15] Masch. außer Unterschrift; Zensurstempel.
[16] Friedlander begleitete Anna Freud ebenso nach Lausanne wie Fleischmann Aichhorn. Dieser bemerkte gegenüber Federn am 31. 3. (NAA): »Anna Freud brachte Frau Dr. Friedländer mit, die ergänzende Fragen zu Anna Freuds Vorträgen beantwortete.«
[17] Die Vorträge von A. Freud und K. Friedlander wurden wie die von Aichhorn im Sommer 1949 in einem vom Office Médico-Pédagogique Vaudois herausgegebenen Heft veröffentlicht, das die Kursteilnehmer erwerben konnten (Exemplare in NAA). Sie erscheinen dort unter den Überschriften: Trieblehre, Ichbildung und Ichfunktion, Angst und Abwehrmechanismen (A. Freud) bzw. Entwicklung der Objektbeziehungen, Überich-Bildung, Neurosenentstehung (Friedlander).

Kate Friedlander und Otto Fleischmann in Lausanne, März 1948

82 AA [Briefkopf V] *Wien, den 5. Februar 1948[18]*

Liebes Fräulein Freud!
Für die Mitteilung des Kursprogrammes herzlichen Dank. In der Beilage sende ich einen Durchschlag des Briefes an Dr. Bovet, dem mein Vorschlag zu entnehmen ist. Aus der Form können Sie sehen, welch gelehriger Schüler ich bin.
Sehr froh bin ich, daß ich die öffentlichen Vorträge in Zürich und Basel schon am 15. u. 16. halte[19] und mein Kurs zum größten Teil vorbei ist, wenn Sie kommen, dadurch habe ich viel freie Zeit.

Herzlichst
Ihr Aug Aichhorn

1 Anlage

[18] Masch. außer Unterschrift; Zensurstempel.
[19] Nach dem »wunderbaren Vortrag« in Basel dankte Sarasin Aichhorn (17. 3. 1948; NAA) und bemerkte: »Sie boten uns nicht nur eine Probe Ihrer profunden Kenntnisse und Ihrer erstaunlichen Erziehungskunst, sondern vermittelten uns unmittelbar und mit bestrickendem Charme ein Bild jenes auch uns so teuren Österreichs, das so schwere Zeiten durchgemacht hat.«

[Brief August Aichhorn an Lucien Bovet]

Wien, den 5. Februar 1948

Lieber Herr Doktor!

Von Ihrem Justiz- und Polizeidepartement ist für mich heute eine Einladung eingelangt. Ich bitte Sie, dieselbe Einladung schleunigst für Dr. Fleischmann zu veranlassen.

Der Wiener Schweizer Gesandtschaft habe ich die Einladung vorgelegt; sie verlangt von mir ein Ansuchen mit Fragebogen, der mir übergeben wurde. Ich befürchte nun, daß auf einem langen Amtsweg die Einreisebewilligung so verspätet einlangen wird, daß ich im hiesigen Ministerium nicht mehr rechtzeitig um meine Ausreise aus Österreich ansuchen kann. Der Amtsweg wird sicher abgekürzt, wenn – so wie ich schon gebeten habe – von Ihnen, bezw. Ihrem Justiz- und Polizeidepartement, die Berner Fremdenpolizei veranlaßt wird, der hiesigen Gesandtschaft die Ermächtigung zu erteilen, mir und Dr. Fleischmann die Einreisebewilligung zu geben.

Im folgenden schicke ich Ihnen meinen endgültigen Vorschlag, für den Kurs.[20] Der Titel des Kurses wäre:

<u>Zur Theorie und Therapie der Verwahrlosung.</u>

	Aichhorn	Dr. Fleischmann
Donnerstag vorm.	Kurzer geschichtlicher Überblick über »Der Verwahrloste und das Gesetz, der Verwahrloste und die Gesellschaft«.	Historischer Überblick über die Entwicklung der Psychoanalyse.
Donnerstag nachm.	Der Verwahrloste und die Wissenschaft.	Libidotheorie und Narzißmus.
Freitag vorm.	Kategorien der Verwahrlosung.	Übertragung und Therapie.
Freitag nachm.	Seminar zur Therapie der Verwahrlosung,	Krankengeschichte eines Homosexuellen mit Verwahrlosungserscheinungen.
Samstag	eventuell Erziehungsberatung. Anschließend Diskussion	

Ich freue mich sehr auf ein Wiedersehen und grüße Sie

Herzlichst
August Aichhorn

---

[20] In dem Heft für die Kursteilnehmer (Aichhorn 1949) erscheinen die Vorträge in einer leicht variierten Einteilung.

83 AF [Briefkopf London] 20. Februar 1948.[21]

Lieber Herr Aichhorn!
Danke sehr für Ihren Brief vom 5. Februar. Es hat mich ein bisschen erschreckt, dass Sie Ihre Einreisebewilligung noch nicht haben, denn was mache ich, wenn sie vielleicht nicht rechtzeitig kommt. Dann habe ich nur 3 Tage Arbeit in der Schweiz, aber habe den Hauptzweck verfehlt, nämlich Sie zu treffen. Jedenfalls halte ich Ihnen alle Daumen und hoffe, es wird alles glatt gehen.

Ihr Kursprogramm gefällt mir sehr gut. Meines besteht leider vorläufig nur auf Papier, noch nicht im Kopf. Ich fürchte, ich verlasse mich diesmal darauf, dass es von selber gehen muss.

Mit sehr herzlichen Grüssen
Ihre Anna Freud

84 AA [10. 3. 1948][22]

alle schwierigkeiten ueberwunden kommen 17 lausanne an freue mich riesig auf zusammentreffen = august aichhorn

85 AA [18. 3. 1948][23]

please cable the time of your arrival by train or plain = aichhorn alexandra hotel

[bitte drahtet zeit ihrer ankunft mit zug oder flugzeug = aichhorn alexandra hotel]

86 AF [19. 3. 1948][24]

leaving london airport saturday 11.30 morning service number 745A arriving geneva 2 oclock taking next train lausanne probably arriving about six greetings anna freud

[21] Masch. außer Unterschrift; Zensurstempel.
[22] Telegramm; Datum des Eingangsstempels.
[23] Telegramm; Datum des Eingangsstempels.
[24] Telegramm; Datum des Eingangsstempels in Lausanne.

[abflug london samstag 11.30 morgens flugnummer 745A ankunft genf 2 uhr nehmen naechsten zug lausanne ankunft wahrscheinlich ca sechs gruesse anna freud]

87 AA   Zürich, 25/26 [März] 1948.[25]

Liebes Fräulein Freud!
Sie sind zu Hause, hoffentlich ruhen Sie schon und erholen sich von der Anstrengung. Mir macht Ihr Gesundheitszustand Sorge. Viel gäbe ich, wenn ich Ihnen einen Teil Ihrer Last abnehmen könnte; denn ich bin glücklich. Ich weiß nun, daß alles so ist – nicht wie ich es wünsche – sondern wie es mir lebensnotwendig ist. Damit ist eine schon lange vorhandene Spannung weg. Ich bin völlig orientiert, weiß wohin ich gehöre und daß ich aufgenommen werde, wie ich bin.[26] Das macht das Leben trotz der recht großen Schwierigkeiten und Entsagungen doch wieder lebenswert. Der Augenblick der Abfahrt Ihres Zuges bleibt mir unvergeßlich. Vielen herzlichen Dank und alles Liebe dafür.
Auf die gemeinsame Arbeit freue ich mich. Darf ich bei Ihrer Inanspruchnahme damit kommen?[27] Niedergeschrieben habe ich das aus einem echten Gefühl. Jetzt, da es dasteht, kommt es mir verlogen vor; denn ich kann mir nicht vorstellen wie es wäre, wenn Sie nein sagten. Aber bitte, wenn ich was

---

[25] Handschriftlich.
[26] Nach einer persönlichen Mitteilung von Rosa Dworschak sprach Aichhorn in Lausanne mit Anna Freud ausführlich über seine privaten Lebensverhältnisse.
[27] Offensichtlich war eine engere Zusammenarbeit zwischen Wien und London geplant. Kate Friedlander schrieb am 12. 4. 1948 an Aichhorn (NAA): »Ich würde mich sehr freuen, wenn aus dem Wiener Plan etwas würde, obwohl ich im Augenblick noch nicht sehen kann, wie man es möglich machen kann. Ich hoffe immer noch, dass Sie vielleicht nach England kommen werden, wenn Sie in Holland sind.« (Zur geplanten Hollandreise Aichhorns siehe III.5.d.) Aichhorn antwortete am 21. 4. (ebd.): »Aus Ihrem Wiener Plan muß etwas werden, wir müssen, sobald Sie wieder in London sind, uns den Plan zurechtlegen und werden ihn sicher, mit Fräulein Freuds Hilfe, durchführen können. / Vielleicht kann ich von Holland nach London kommen.« Und Friedlander an Aichhorn, 1. 5. (ebd.); »Je mehr ich mirs überlege, umso mehr möchte ich für eine Woche nach Wien kommen. Wir müssen im Sommer besprechen, ob es eine Möglichkeit dazu gibt.« Zu einem Besuch Friedlanders in Wien scheint es nicht gekommen zu sein.

schicke, es ist nicht so dringend, lassen Sie es nur liegen, wenn anderes zu tun ist. Ich werde bestimmt nicht zu ungeduldig.

Zu schreiben hätte ich noch viel, aber nichts, das Sie nicht ohnehin wissen. Es gibt einen Menschen, der Sie lieb hat, wie gewiß sonst niemand.[28]

*Innigst
Ihr Aug Aichhorn*

88 AF 3. April 1948.[29]

Lieber Herr Aichhorn,
Das ist schon mein zweites Weekend hier am Meer. Ich wollte schon vorige Woche schreiben, aber ich bin in keinem guten Zustand hier angekommen und habe lieber gewartet; sonst wäre ich es gar nicht selber gewesen. Auf der Rückreise ist die Erkältung schlechter geworden und die Müdigkeit größer. Aber dann habe ich hier vier sehr ruhige Tage gehabt, ehe die Arbeit wieder begonnen hat. Die haben mich wieder zurecht gebracht. Die erste Arbeitswoche war auch nicht schwer, die Patienten froh, mich wieder zu haben und heute bin ich wieder herausgefahren, diesmal ganz alleine. Es war Sonne, Wind und blauer Himmel und sehr viel Zeit zum Nachdenken.

Ich glaube, Sie haben mich wirklich zu viel verwöhnt in Lausanne. Ich merke jetzt, daß es wirklich so ist, daß ich mir abgewöhnt hatte, daß man für mich sorgt oder, richtiger, daß man um mich sorgt. Dann habe ich Ihnen auch etwas anderes nicht gesagt: nämlich daß ich sonst nie von meinem Vater spreche, wie ich mit Ihnen getan habe. Ich tue es nie, weil ich es eigentlich nicht kann. Es kommt von zu tief her und bringt zu viel mit herauf. Aber es war sehr schön, es zu tun. – Jetzt ist sein Tod 8 ½ Jahre her. Aber wenn ich mich gehen lasse, dann ist es immer noch so als wäre es gestern gewesen. Das ist wohl auch der Grund, warum ich mich nicht gehen lasse.

Ich bin froh, daß ich jetzt so viel mehr von Ihnen und Ihrem täglichen Leben weiß und daß die zehn Jahre Abwesenheit wieder ausgelöscht sind. Jetzt ist auch das Schreiben leicht. Danke sehr für Ihren Brief.

---

[28] Im Wiener Deutsch deutet »lieb haben« nicht auf eine Liebeserklärung hin, es ist eher der Ausdruck für eine familiäre, liebevolle Zärtlichkeit.

[29] Handschriftlich; Zensurstempel. Absenderadresse: Amber Cottage, / Walberswick, / Suffolk.

Es war doch schön von Dr. Bovet, daß er die gute Idee gehabt hat, uns beide einzuladen. Und ich bin sehr froh, daß ich gekommen bin.[30]
Geben Sie acht auf sich und arbeiten Sie nicht zu viel.[31] *Und hoffentlich geht alles gut in der Außenwelt.*

Ich bin sehr herzlich
Ihre Anna Freud.

Ich lasse Dr. Fleischmann grüßen. Er bekommt sehr bald das versprochene Kursprogramm von mir. Ich muß es nur zusammenstellen.[32]

89 AF [Briefkopf London] 7. April 1948.[33]

Lieber Herr Aichhorn!
Ich habe Ihnen aus der schönen Sonntagsruhe von Walberswick einen Brief mit der Hand geschrieben, der, denke ich, schon bei Ihnen angekommen ist. Jetzt von London aus gibt es die Geschäfte und es sieht aus, als ob eine ganze Reihe davon kommen würde. Heute erst einmal die Angelegenheit der Bücher, die Sie mir mitgegeben haben.

Ich habe mit meinem Bruder darüber gesprochen und er möchte nicht gerne, dass wir irgendeine Behauptung aufstellen, die sich nicht belegen lässt, zum Beispiel dass die Bücher entweder persönliches Eigentum von uns oder von der Vereinigung waren. Er meint, der beste Weg wäre der vom Rechtsanwalt an Sie gemachte Vorschlag, dass die Forderung von dem wieder errichteten Verlag erhoben wird.[34] *Ich habe die Stelle im Brief rot unterstrichen.*

---

[30] An Marianne Kris schrieb Anna Freud am 2. 4. über den Lausanner Kurs (AFP): »Es war besonders interessant, mit einem sehr guten Niveau und einer überraschend weiten Kenntnis der psychoanalytischen Prinzipien bei einer Hörerschaft von etwa 70 Personen. Es war sehr anstrengend, ähnlich wie ein Kongress, aber es hat mir nicht leid getan, hingefahren zu sein. Auch das Wiedersehen mit Aichhorn war nur erfreulich.«

[31] Anna Freud war in Lausanne Aichhorns schlechter Gesundheitszustand aufgefallen. Siehe III.5.d und 128AF.

[32] Siehe 130AA mit Anm. 153.

[33] Masch. außer Unterschrift; Zensurstempel.

[34] Diese Idee des Rechtsanwalts Zingher dürfte Aichhorn Anna Freud in Lausanne mitgeteilt haben. Vgl. AA an Lampl, 20. 4. 1948 (NAA): »Die Bücher des Verlages

Der Rechtsanwalt wird wohl wissen, wie so etwas gemacht werden muss. Es tut mir nur leid, wenn es Komplikationen ergibt. Aber leider ist ja das jetzige Leben voll von Komplikationen.

Morgen schicke ich Ihnen Material zu der Angelegenheit Hochroterd, die auch sehr kompliziert zu werden scheint.[35] Bleiben Sie wirklich bei Ihrem Versprechen, das auch unter Ihre Sorgen aufzunehmen? Ich habe eigentlich ein sehr schlechtes Gewissen, wenn ich Sie bitte, das für mich zu tun.

Ich bin wieder in der Arbeit und meine Erkältung ist schon drei Viertel vorüber.

Mit sehr herzlichen Grüssen
Ihre Anna Freud

<u>*Beilagen*</u>[36]

90 AF *[Briefkopf London] 9. April 1948.*[37]

Lieber Herr Aichhorn!
Hier ist die angekündigte nächste Inanspruchnahme, für die ich Ihnen mein schlechtes Gewissen schon im letzten Brief vorausgesagt habe.
Ich möchte Sie erst einmal nur bitten, die beiden eingelegten Briefe zu

können noch nicht nach Holland geschickt werden, weil, trotzdem sie in der Nationalbibliothek schon sichergestellt sind, die Rückgabe aus formellen Gründen erst erfolgen kann, bis der Verlag wieder genehmigt worden ist.« Und AF an Lampl, 7. 5. 1948 (AFP): »Es steht so, dass zwar prinzipiell die Herausgabe der Bücher von der Nationalbibliothek schon zugesagt ist, dass aber über die Form immer noch verhandelt wird, weil ja der eigentliche Besitzer der Bücher, der ehemalige Verlag, nicht mehr besteht. Aichhorn, Sauerwald und die österreichische Regierung bemühen sich gemeinsam, eine Lösung für diese Schwierigkeit zu finden und es sieht aus, als ob das in den nächsten Wochen erledigt werden würde. Zum Glück muss es nicht von allen vier okkupierenden Mächten nachher noch bestätigt werden, sonst würde Russland am Ende sicher protestieren (nur aus Gewohnheit).« Tatsächlich wurde dann eine andere juristische Konstruktion gewählt, die weniger umständlich war als die Wiedererrichtung des Verlags (siehe die Briefe ab 92AF mit Beilage).

[35] Vgl. III.5.f.
[36] Diese Beilagen waren nicht aufzufinden.
[37] Masch. außer Unterschrift und Postscriptum; Zensurstempel.

lesen, d. h. meinen Brief an Indra und seine Antwort, und mir dann Ihren Rat zu geben. Indras Brief ist für mich aus vielerlei Gründen deprimierend.[38]

Erstens sieht es nicht so aus, als ob Indra sich wirklich um die Sache annehmen würde. Teils sagt er es ja selbst, teils geht es auch daraus hervor, dass er uns nicht verständigt hat, wie das Rückstellungsgesetz in Kraft getreten ist, obwohl wir ihn vor etwa einem Jahr darum gebeten hatten.

Zweitens ist es eine grosse Enttäuschung, dass eine eventuelle Rückstellung sich nur auf meine Hälfte und nicht auf die von Mrs. Burlingham beziehen würde. Denn was machen die Fadenbergers[39] mit einem halben Haus und einem halben Gut?

Drittens finde ich die Auskunft, die Indra gibt, dass der deponierte Kaufpreis[40] einfach verschwunden ist, sehr empörend. Es heisst nämlich, dass die sogenannten Käufer zwar von unserer Abreise an Hochrotherd in Besitz genommen, dort gewohnt und natürlich keine Miete gezahlt haben, dass sie aber bis der Verkauf legal durchgeführt worden ist, was erst mehrere Jahre später war, die Steuern, etc. von unserem Geld gezahlt haben. Jedenfalls heisst es, dass sowohl Mrs. Burlingham wie ich das Gut hergegeben haben, ohne je eine Gegenleistung zu bekommen oder den angeblichen Kaufpreis dafür auch nur zu sehen.

Noch etwas zur Erklärung. Der Direktor Sweceny, von dem Indra spricht, war in Wirklichkeit gar nicht der Käufer. Käufer waren seine Frau, von der er jetzt geschieden ist, und deren Bruder; aber da diese beiden Mischlinge sind, haben sie den Direktor Sweceny, der Arier ist, als Käufer verschoben. Indra erwähnt das nicht, aber ich weiss es von Frau Sweceny, die es mir in einem sehr freundlichen Brief geschrieben hat.[41]

---

[38] Anna Freud hatte am 20. Mai 1938 eine Vollmacht unterschrieben, in der sie Indra zur Abwicklung der »Arisierung« ihres Besitzes Hochrotherd ermächtigte (Akt A. Freud/Hochrotherd im ÖStA).

[39] Offenbar hatte A. Freud mit Aichhorn in Lausanne über ihren Plan gesprochen, Hochrotherd der Familie Fadenberger zu schenken (siehe III.4.f).

[40] Der Kaufvertrag datiert vom 28. Juni 1940 und war entsprechend einem »Schätzungsbefund« auf 18.334.– Reichsmark festgesetzt worden (Akt A. Freud/Hochrotherd im ÖStA).

[41] In diesem Brief vom 19. 11. 1947 heißt es (AFP): »Die Frage nach Ihrem persönlichen Ergehen, die mir in den Jahren ›dazwischen‹ oft und oft durch den Kopf gegangen ist, konnte mir Frau Josefa [Fadenberger] bald nachdem wieder eine Verbindung möglich war, beantworten. Was nun Hochrotherd betrifft, so schien es mir richtiger sie nicht gleich nach dem sozusagen beendeten Kriege aufzurollen, sondern eine

Wenn Ihnen nach dem Lesen der beiden eingelegten Briefe und den jetzt geschriebenen die ganze Angelegenheit zu kompliziert und unerfreulich erscheint, dann bitte schreiben Sie es mir ganz offen. Ich werde es sehr gut verstehen und ich möchte Sie so furchtbar ungern zu allen Ihren vielen Sorgen auch noch belasten. Wenn das aber nicht so ist, dann bitte schreiben Sie mir, was Sie davon halten, ob Sie glauben, dass irgendeine Aussicht besteht, dass für die Fadenbergers etwas Gutes dabei herauskommt. Wenn wir uns zu einem Vergleich entschliessen müssen, so könnte man ja dann wenigstens den Fadenbergers das Geld zukommen lassen. Aber es ist natürlich nicht dasselbe.
Mit sehr herzlichen Grüssen
Ihre Anna Freud

Meinen Sie, daß Ihr Anwalt[42] der Richtige für diese Sache wäre? Und meinen Sie, daß wirklich auf Mrs. Burlinghams Anteil kein Anspruch erhoben werden kann?

Beilagen

Klärung der allgemeinen Situation und eventuelle Fragen von Ihnen abzuwarten. / Ich habe leise gehofft Sie eines Tages wieder hier begrüssen zu dürfen und es hätte keinen Zweifel für mich gegeben Ihren älteren Gefühlsbindungen zu diesem Stückl Land Rechnung zu tragen. [...] / Ich bin, wie Sie wahrscheinlich gehört haben, von meinem Mann geschieden [....] aber [...] sowohl mit ihm als auch mit seiner zweiten Frau recht befreundet. Nicht so harmonisch ist mein Verhältnis zu meinem Bruder, mit dem zusammen ich es seinerzeit gekauft habe, wenn auch als Besitzer mein Mann fungierte, weil wir beide als Mischlinge zur Zeit des Nazi-Regimes als Käufer nie bestätigt worden wären. Es hat die Bewilligung, weil ja auch er bei den Behörden nicht gut angeschrieben war, ohnehin Jahre gedauert und ist hauptsächlich deshalb endlich erreicht worden, weil die Behörden über den amerikanischen Teil des Besitzes nicht bestimmen konnten. [...] / Ich möchte Sie nun bitten mir Ihre Intentionen, auch für die Klärung der Frage den Behörden gegenüber mitzuteilen. – Haus und Grund haben durch die Abwesenheit Fadenbergers und durch die örtlichen heftigen Kämpfe mit nachfolgender Besetzung schwer gelitten. [...] Nur bescheidene Investitionen konnten schon gemacht werden, doch sind noch grosse Opfer notwendig und es werden viele Jahre darüber vergehen bis es wieder das kleine Paradies sein wird, das es einmal war.« Anna Freud hatte Frau Sweceny am 16. 12. gebeten (ebd.), noch 2–3 Wochen auf ihre endgültige Antwort zu warten.

[42] Damit könnte RA Zingher gemeint sein. Wenig später nahm Aichhorn in Sachen Hochrotherd mit Dr. Eugen Fleischacker Kontakt auf (vgl. 99AA).

[1. Brief Anna Freud an Alfred Indra; Abschrift]

12. März 1948

Sehr geehrter Herr Doktor!

Ich habe gehört, dass Sie in der letzten Zeit in London waren und habe sehr bedauert, dass ich keine Gelegenheit gehabt habe, Sie zu sprechen. Aber ich weiss, dass Sie immer sehr beschäftigt sind, würde mich nur freuen, wenn es ein nächstes Mal möglich wäre.

Mrs. Burlingham und ich erbitten Ihren Rat und Unterstützung in der Angelegenheit unsres ehemaligen Besitzes in Hochroterd. Wir wissen natürlich nicht, ob die Gesetze über das Rückgängigmachen von Zwangsverkäufen inzwischen schon entschieden sind und ob sie zu unseren Gunsten stehen. Wenn dies der Fall sein sollte, so wären unsere Absichten die folgenden: Wir möchten den Kaufpreis, der ja noch bei der Bank erliegt, an den damaligen Käufer zurückgehen lassen und möchten das Eigentum wieder antreten in der Absicht, es auf unsere ehemalige Wirtschafter, Gustav und Josefa Fadenberger, übertragen zu lassen.

Wir wissen nun natürlich nicht, ob die legalen Möglichkeiten zu einem solchen Schritt bestehen und wenn dies der Fall sein sollte, was für Gebühren dafür zu zahlen wären. Soviel ich weiss, sind Schenkungen dieser Art nicht möglich, wo sie Bargeld betreffen. Wir hoffen aber, dass die Verfügungen andere sein könnten, wo es sich um Landbesitz handelt. Es läge uns ausserordentlich viel daran, dieses Stück Land, an dem wir immer noch sehr hängen, diesem uns sehr nahe stehenden Ehepaar zukommen lassen zu können.

Im Falle diese Schritte Ihnen in dieser Form undurchführbar erscheinen, könnten Sie uns irgendwelchen Rat geben, auf welchem Weg oder Umweg man doch zu dem gleichen Ziel gelangen könnte, nämlich dass das Ehepaar Fadenberger und ihre Tochter Anna rechtmässige Besitzer des kleinen Gutes werden?

Mit besten Grüssen und guten Wünschen

Ihre Anna Freud m.p.

[2. Brief Alfred Indra an Anna Freud]

Wien 30. März 1948[43]

Liebes und verehrtes Fräulein Freud!

Ich danke für Ihr Schreiben vom 12. III. 1948. Ich war allerdings Ende November einige Tage in London, hatte aber meine Zeit so streng eingeteilt, dass ich mich nicht einmal telefonisch bei Ihnen melden konnte. Sonst hätte ich bestimmt nicht versäumt, Sie zu besuchen. Ueberdies tröstete ich mich mit der Aussicht, spätestens im Jänner zur Fortsetzung des Prozesses, jedoch mit mehr Muße wieder nach London zu kommen. Diese zweite Reise hat sich verschoben und ich weiß nicht einmal, ob sie stattfinden wird.

---

[43] Am Kopf Absenderadresse (Rechtsanwalt Dr. Alfred Indra / I. Reichsratsstrasse 9) und Empfängeradresse.

In der Sache Hochrotherd bin ich natürlich gerne bereit, Ihnen mit Rat und Unterstützung zur Verfügung zu stehen. Ich mache Sie aber, liebes Fräulein Freud, auf folgende Tatsache aufmerksam: Ing. Sweceny, Ihren Käufer, habe ich erst anlässlich des Kaufabschlusses kennen gelernt. In den folgenden Jahren habe ich die Firma des Herrn Direktor Sweceny und auch ihn persönlich in verschiedenen Angelegenheiten vertreten. Ueberdies hat er vor einiger Zeit eine mit meiner Frau und mir seit längerer Zeit befreundete Dame geheiratet. Wir sehen uns nicht oft, stehen aber im durchaus freundschaftlichen Verkehr.

Diese Beziehungen werden meine Objektivität nicht trüben, müssen Ihnen aber bekannt sein. Auch würden sie mich hindern, falls ein Vergleich oder eine sonstige einvernehmliche Regelung nicht zustande kommt, den einen oder anderen Teil vor der Rückstellungskommission zu vertreten.

Dies vorausgeschickt, lassen Sie sich die Rechtslage auseinandersetzen:

I.) Das so genannte 3. Rückstellungsgesetz ist längst in Kraft und gilt bis 31. XII. 1948.

Es bestimmt, dass Rechtsgeschäfte, die zwischen einer politisch verfolgten Person und einem beliebigen Käufer während der deutschen Herrschaft abgeschlossen wurden, nichtig sind.

Es spielt keine Rolle, ob die Verfolgung aus Gründen der Rasse, der Religion oder der Nationalität (Tschechen, Polen, Jugoslaven) stattfand. Es ist gleichgültig, ob der Verkauf unter Zwang oder im besten gegenseitigen Einvernehmen durchgeführt wurde. Er ist jedenfalls nichtig und der Kaufgegenstand muss zurückgestellt werden.

Das Verhalten des Käufers spielt nur bei der Verrechnung der in der Zwischenzeit ergangenen Nutzung eine Rolle: Hat er »die Regeln des redlichen Verkehrs« beachtet, d. h. sich persönlich anständig verhalten, so braucht er die Nutzungen nicht zurückgeben und kann sich seine künftigen Aufwendungen ersetzen lassen.

Der Kaufpreis ist ihm soweit zurückzuerstatten, als er dem Partner wirklich zugeflossen ist. (Denken Sie z. B. an Beträge, die der Käufer, allerdings in Widerspruch zu den sehr strengen Vorschriften dem Verkäufer im Ausland oder unter der Hand gegeben hat, ein Fall, der sich häufiger ereignete, als man bei dem großen Risiko glauben sollte). Ueber die Ansprüche auf Rückstellung entscheiden Rückstellungskommissionen, die eigens zu diesem Zweck bei allen Landesgerichten gebildet wurden und aus einem Richter als Vorsitzenden und zwei Laienbeisitzern bestehen. Nach dem Gesetz ist das Verfahren rasch und formlos. Praktisch sind die Kommissionen ungeheuer überlastet und Erkenntnisse erst nach Monaten zu erlangen.

II.) Ihre Ansprüche, also auf Rückstellung der Hälfte, stehen fest und jede Rückstellungskommission wird sie Ihnen zusprechen. Sie waren politisch verfolgt. Für Mrs. Burlingham gilt dies nicht. Ich glaube, dass hinsichtlich ihrer Hälfte der Kauf aufrecht bleibt.

Den Anspruch auf Rückstellung können Sie auf niemanden übertragen. Er kann persönlich (im Ablebensfall von den Erben) geltend gemacht werden.

Staatliche Gebühren sind mit der Geltendmachung und auch mit der grundbücherlichen Durchführung nicht verbunden. Die Republik Oesterreich will aus der Durchführung der Rückstellungsansprüche kein Geschäft für sich machen.

Sind Sie wieder Eigentümerin der Hälfte, so können Sie natürlich darüber verfügen und sie demgemäß auch dem Ehepaar Fadenberger schenken.

Ich frage mich aber, ob Sie diesen Ihnen nahe stehenden Leuten mit dieser Lösung etwas Gutes tun: Ich war trotz wiederholter Einladung nie in Hochrotherd, habe aber immer wieder gehört, dass es stark vom Krieg hergenommen wurde und große Investitionen erfordert, die bisher nur zum Teil durchgeführt werden konnten. Auch glaube ich, dass ein solcher Besitz, wenn er gut erhalten bleiben soll, fortlaufend Zuschüsse erfordert. Woher sollen sie die Leute nehmen. Sie werden vermutlich ihre Hälfte früher oder später doch dem Ehepaar Sweceny verkaufen. Es werden aber vorher Reibungen und Unzukömmlichkeiten aller Art entstehen und das Verhältnis, das derzeit gut zu sein scheint, ungünstig beeinflusst werden. Ich nehme an, dass Ing. Sweceny mit einem Opfer rechnet, um seinen illegalen Besitz in einen legalen umzuwandeln. Er lässt sich Vorschläge machen und wenden Sie den Fadenberger's die Leistungen zu, die er Ihnen vorschlägt und die Sie für angemessen halten. Auch müsste man meines Erachtens die Fadenberger selbst befragen, was sie sich wünschen. Sie wollen ja Gutes stiften und keine Verwirrung.

Geordnet muss die Frage im Interesse aller Beteiligten bis <u>spätestens</u> Ende dieses Jahres werden: Rückstellungsansprüche, die der Berechtigte nicht geltend macht, sollen einem Fonds zufallen und zur Entschädigung jener verwendet werden, deren Vermögenschaften zerstört wurden oder sonst nicht mehr rückstellbar sind. Dieser Fonds ist noch nicht konstituiert und wird, wenn es je dazu kommt, zweifellos mit bürokratischer Schwerfälligkeit, aber auch Rücksichtslosigkeit arbeiten. Alle Rückstellungsfälle werden in Evidenz gehalten, weil die Erwerber seinerzeit eine Anmeldung erstatten mussten.

Mit dem deponierten Kaufpreis bei Pinschof & Co. rechnen Sie nicht mehr. Er ist im Laufe der Jahre auf Bezahlung von Steuern etc. gebraucht worden, da – wie Sie wissen – die Uebertragung sehr spät erfolgte. Wenn Sie es wünschen, lasse ich Ihnen von Pinschof & Co. Kontoauszüge zugehen. Im Uebrigen wäre er zunächst durch Umwandlung der Reichsmark in Schilling und die damit verbundenen Abstriche und später durch die Währungsreform aufgezehrt worden.

Schreiben Sie mir, sehr verehrtes Fräulein, was Sie zu tun gedenken. Ing. Sweceny verständige ich von Ihrem Schreiben nur mit Ihrer ausdrücklichen Ermächtigung. Im übrigen hat er in den letzten Jahren wiederholt erklärt, dass er Ihren Standpunkt und Ihre Absichten gerne kennen würde. Nur bitte ich Sie, im Interesse aller Beteiligten Ihre Entschliessungen nicht zu lange zu verschieben.

Mit Handküssen und besten Grüßen Ihr aufrichtig ergebener
Dr. Indra m.p.

91 AA Wien, 10. April 1948.[44]

Die übliche Anschrift lasse ich weg, sie will mir nicht mehr in die Feder, – für offizielle Schreibmaschinenbriefe ist das anders – zu einer anderen brauche ich erst Ihre Einwilligung, daher schreibe ich keine.

Es ist aber noch etwas: Beziehungen entstehen, sie sind eines Tages da, entwickeln sich und werden zu so tiefer Freundschaft, daß ungesucht, von selbst das Du sich einschleicht und von da an alles andere als unnatürlich empfunden wird. In Lausanne konnte ich darüber noch nicht sprechen, weil ich es nur von mir wußte. Erst bei Abfahrt Ihres Zuges gewann ich aus Ihrem Abschiedsgruß die Gewißheit, daß Sie ähnlich empfinden und aus Ihrem Briefe vom zweiten Weekend will ich dasselbe herauslesen.

Irre ich mich, dann wird mir Ihre Antwort auf diesen Brief die Schranken zeigen, die Sie eingehalten haben wollen. Ich fühle mich ohne Ihr Einverständnis verpflichtet sie einzuhalten. Es soll nichts sein, wozu Sie nicht innerlich wirklich zustimmen können.

Lassen Sie sie aber fallen, – für die Außenwelt mag sie immer bleiben, die geht das gar nichts an – dann werde ich sehr glücklich sein, vieles ist weggeräumt, der Weg zum Schreiben wird erst wirklich frei und das Schreiben wird mir leicht.

Daß Sie mir so viel vom Vater erzählten, war mir selbstverständlich. Er ist ja auch mein Vater. Und wie sehr ich Ihn liebe, wissen nur Sie allein und wahrscheinlich schon recht lange, trotzdem ich mich bemühte es ganz für mich zu behalten[45]

---

[44] Handschriftlich; Zensurstempel.
[45] Als Hoffer Eisslers knappe Aichhorn-Biographie (1949b) gelesen hatte, schrieb er an A. Freud (24. 5. 1950; AFP), es sei eine sehr bewegende, ehrliche und angemessene Würdigung. Er habe nur eine Erwähnung vermisst, was Sigmund und Anna Freud Aichhorn gegeben und für ihn bedeutet hatten. »[englisch] Aichhorn selbst wusste das natürlich, aber ich glaube, er wollte, dass es sein Geheimnis bleibe, mehr oder weniger. / [deutsch] Es bleibt schon noch etwas sehr wertvolles uebrig, wenn man die Berggase subtrahiert von seiner Persoenlichkeit aber ich glaube es ist humaner es nicht zu tun. Oder nicht?« A. Freud darauf (5. 6. 1950; ebd.): »Sie haben natürlich ganz recht und ich glaube, Eissler hätte nichts dagegen, wenn Sie einige Sätze, die sich auf seine Stellung zu meinem Vater und mir beziehen, einschalten. Er kann das alles ja kaum wissen, denn Aichhorn hat über diese Dinge nie gesprochen. […] / Merkwürdigerweise war mir das Fehlen dieser Seite der Angelegenheit nicht aufgefallen.«

Er lebt in mir und wird immer in mir leben. Ich weiß nicht, ob Sie auch erkannt haben, daß all mein Tun, seit Sie von Wien weg sind und ich allein zurückblieb nur ihm galt. Wie viel oder wenig das Ergebnis sein wird, weiß ich nicht, aber ich weiß, daß ich nur mehr eine einzige Aufgabe habe.

Als Antwort auf meinen Glückwunsch zu seinem 80. Geburtstag[46] schrieb er mir einen einzigen Satz: »Sie zähle ich auch zu meinen Erfolgen.« Damit hat er mich als seine Schöpfung, seinen Sohn anerkannt. Verargen Sie es mir, daß ich darauf stolz bin und zu tiefst empfinde, daß ich mit Ihnen auch ihm gehöre. Daran ändert sein Tod nichts.

Sie meinen, ich hätte Sie in Lausanne zu sehr verwöhnt. Es war nichts im Vergleich zu dem, wie ich Sie umsorgen möchte. Ich bin böse, daß Ihre Umgebung so verständnislos ist und habe wirklich Angst um Sie. Der Husten, die Müdigkeit nach der schweren Lungenentzündung und die Schonungslosigkeit gegen sich selbst, machen mich bangen. Bitte denken Sie an sich, ich komme aus der Unruhe nicht heraus.

Seit Lausanne ist mein Leben viel reicher geworden. Ich bin glücklich, arbeite mit Freude und habe Sie immer bei mir.

Darf ich recht bald Antwort erwarten, auch wenn sie[47] anders ausfällt als ich sie[48] haben möchte.

*Alles Liebe
immer Ihr August Aichhorn*

92 AF   [Briefkopf London] 14. April 1948.[49]

*Lieber Herr Aichhorn!
Ich habe heute den inliegenden Brief von Frau Steiner bekommen. Ich denke, es ist am besten, wenn ich in einer Antwort an Frau Steiner nur wiederhole, was ich im Auftrag meiner Brüder an Sie geschrieben habe, nämlich, dass es doch besser ist, im Namen des wieder errichteten Verlags den Anspruch zu machen. Ich warte aber doch mit der Antwort, weil die Formel, dass »wir*

---

[46] Siehe I.1.b.
[47] Im Original: Sie.
[48] Im Text folgt durchgestrichen: erwarte.
[49] Masch. außer Unterschrift; Zensurstempel.

gegen die Uebernahme etc. nichts einzuwenden hätten«, Ihnen vielleicht als annehmbare Zwischenlösung erscheint.

*Herzlich
Ihre Anna Freud*

Beilage.

[Brief Berta Steiner an Anna Freud]

Wien, 9. April 1948[50]

Sehr geehrtes Fräulein Freud!

Eben war ich mit Dr. Sauerwald bei der Finanz Landesdirektion, Wien, wegen der Rückgabe der in der National Bibliothek deponierten Bücher und wir konnten mit dem betreffenden Abteilungsleiter die Angelegenheit ausführlich erörtern.

Um langwierigen Verhandlungen und um den grossen Weg tunlichst abzukürzen, hat uns der Referent den Vorschlag gemacht, dass Sie, sehr geehrtes Frl. Freud, als einziges Mitglied der ehemaligen Verlags GmbH ein Schreiben schicken, aus dem hervorgeht, dass Sie als Rechtsnachfolgerin nach Hr. Prof. Freud und als Gesellschafterin der GmbH gegen eine Uebernahme, der in der National Bibliothek, Wien, deponierten Bücherbestände durch die Wiener Psa Vereinigung, Wien, nichts einzuwenden hätten. Dieses Schreiben müsste allerdings notariell beglaubigt sein.

Es wäre dies der rascheste Weg, da die Bücher seinerzeit von Hr. Dr. S. nur aus bekannten Gründen zu treuen Handen der National Bibliothek übergeben wurden, um sie vor der Vernichtung zu bewahren. Auf diese Weise wäre es möglich, den langen Weg der offiziellen Rückstellung, die nur über einen Antrag der über das Ministerium und verschiedene Behörden laufen müsste (6–9 Monate Wegzeit) auf ein Mindestmass abzukürzen.

Nicht nur von uns, sondern auch von seiten der National Bibliothek würde ein solches, abgekürztes Verfahren sehr begrüßt werden. Selbstverständlich könnten Sie dann jederzeit über die Bücher über Hr. Prof. Aichhorn resp. Psa. Vereinigung, Wien, nach Ihrem Ermessen frei verfügen.

Sollten wir diese Bescheinigung von Ihnen, sehr geehrtes Frl. Freud in kürzester Zeit in Händen bekommen, so könnte Hr. Dr. S., welcher sich nur ganz kurz in Wien aufhält, noch persönlich die hiezu notwendigen Durchführungen vornehmen.

Ich will noch bemerken, dass Herr Dr. Zingher, Rechtsanwalt, welcher seinerzeit mit der Angelegenheit betraut wurde, mit unserer beschleunigten Durchführung vollkommen einverstanden ist.

---

[50] Gedruckter Briefkopf: Berta Steiner; mit dem Zusatz: Wien VI. Grabnerg. 16.

In der Annahme, dass Sie sich sehr geehrtes Frl. Freud, gesundheitlich wohl fühlen, erlaube ich mir Sie herzlichst zu begrüssen

Berta Steiner [51]

93 AA   *[Briefkopf V] 16. April 1948*[52]

Liebes Fräulein Freud!
Heute kam Ihr Brief vom 7. April, in dem Sie mit dem Vorschlag des Rechtsanwaltes, den Verlag wieder zu errichten, einverstanden sind.
   Ich weiß nun nicht, ob Ihr Brief nicht durch einen, den Dr. Sauerwald an Sie geschrieben hat,[53] *überholt ist. Dr. Sauerwald war am vergangenen Sonntag bei mir und teilte mir seinen Plan, die Bücher raschest zu bekommen, mit und auch, daß er Sie davon verständigt hat. Damit nicht 2 Aktionen, von denen die eine die andere aufhebt gleichzeitig laufen, muß ich abwarten, bis ich Ihren endgültigen Entschluß habe. Um nicht Zeit zu verlieren, wäre es nicht schlecht, wenn Sie mir nach Erhalt dieses Briefes telegraphierten, etwa so: Ihr, (das heißt mein) Plan akzeptiert; oder: Ihr Plan nicht akzeptiert. Das zweite Telegramm hieße dann, daß Dr. Sauerwald Schritte unternehmen müsse.*
   Dr. Indra, den ich gleich nach meiner Rückkehr aus der Schweiz anrief, ist bis 20. April verreist. Ich bin jetzt froh, daß ich ihn nicht sprechen konn-

---

[51] Anna Freud antwortete Steiner am 21. 4. 1948 (AFP): »Ich habe Ihnen die erbetene Bestätigung noch nicht schicken können. Da wir Prof. Aichhorn in dieser Angelegenheit eine Vollmacht gegeben haben, kann ich jetzt nichts unternehmen, ohne ihn jedes Mal vorher um sein Einverständnis zu fragen. [...] / Es lässt sich nicht erklären, dass die Buchbestände entweder mein Eigentum oder das der Psychoanalytischen Vereinigung sind, denn beides entspricht ja nicht der Wahrheit, kann also nicht in einem offiziellen Dokument niedergelegt werden. Aber es lässt sich wohl eine Formel finden, diese Schwierigkeit zu umgehen. / Die Bücher, wenn sie freigemacht sind, sind nicht für die Psychoanalytische Vereinigung bestimmt, sondern sollen ins Ausland gehen. Es hat also darum keinen Zweck, mit der Buchübergabe auf einen bestimmten Zeitpunkt zu warten.«

[52] Masch. außer Unterschrift und Gruß mit Unterschrift bei Postscriptum; Zensurstempel.

[53] Dieser Brief war nicht auffindbar. Vielleicht meint Aichhorn das zuvor wiedergegebene Schreiben von Steiner. Vgl. weiter 99AA mit Anm.

te, weil ich nun das mir angekündigte Material abwarte. Wenn dazu nicht genaue Weisungen mit folgen und solche notwendig sind, bitte ich auch um telegraphische Verständigung. Wenn Sie ein Brieftelegramm schicken, so kostet das nicht einmal die Hälfte des gewöhnlichen Telegramms, es muß aber mindestens 25 Worte enthalten und die kosten nicht mehr als 10 Worte für ein gewöhnliches Telegramm.

Sie schreiben mir auch, daß Sie wieder in Arbeit sind und Ihre Erkältung schon ¾ vorüber ist. Viel lieber würde ich hören, daß die Erkältung schon ganz vorbei ist, Sie müssen sehr auf sich acht haben und nicht vergessen, daß die schwere Lungenentzündung Sie noch lange gefährdet.

Mir geht es sehr gut, ich habe mich nach dem üppigen Leben in der Schweiz gezwungen gesehen, etwas abzumagern, bin die Sache energisch angegangen und habe mein Gewicht, in 2 Wochen, schon um 1.33 kg verringert. Ich will für mein heldenhaftes Verhalten – habe jedwede Zuckerzufuhr, sämtliche Mehlspeisen und eingebranntes Gemüse eingestellt – Ihre Anerkennung holen. Bitte damit nicht zurückzuhalten, ich vertrage sehr viel. Sie verstehen sicher, daß ein Ausgleich unbedingt notwendig ist und 1.33 kg ist nicht wenig.

Recht herzliche Grüße
Ihr August Aichhorn

N.S. Die Lausanner Bilder sind nicht schlecht ausgefallen. Vergrößerungen sind in Arbeit. Ich schicke sofort nach der Fertigstellung einige Kopien.[54]

Beiliegend eine Besprechung des Lausanner Kurses aus der Basler National Zeitung vom 5. April 1948,[55] die mir ein Redakteur der Wiener Arbeiter Zeitung brachte und eine Aufnahme,[56] die ich zu Weihnachten 47 für Dr. Fleischmann – er wünschte sich ein Bild als Weihnachtserinnerung – machen ließ.

Nochmals herzlichst
Ihr August Aichhorn

<u>Beilage</u>

---

[54] Siehe 104AA, 106AF mit Anm. 80 u. ö.
[55] Der Artikel ist betitelt »Kurs zur psychotherapeutischen Vervollkommnung«. Aichhorn hat seinem Brief eine Abschrift beigefügt. Originalzeitungsausschnitt in NAA.
[56] Nicht identifiziert.

94 AA [18. 4. 1948]⁵⁷

beide briefe angekommen wegen buecher brief unterwegs über hochroterd spreche mit prominenten rechtsanwalt⁵⁸ herzlichst = august aichhorn

95 AA [21. 4. 1948]

drahtet ob mrs burlingham kaufpreis persoenlich bekam wenn nicht wem er ausbezahlt wurde und wie hoch er war herzlichst = august aichhorn

96 AF [22. 4. 1948]

mrs burlingham never received money herself stop sum was paid to indra same as mine same amount stop we dont know amount greetings = anna freud

[mrs burlingham nie persoenlich geld bekommen stop summe wurde indra bezahlt wie meine gleicher betrag stop wissen nicht betrag gruesse = anna freud]

97 AA [23. 4. 1948]

brief mit einlage steiner erhalten lade sauerwald zu besprechung ein sehr herzlich immer ihr = august aichhorn

98 AF 23. IV. 48.
Walberswick.⁵⁹

Lieber Aichhorn,
Ich habe mir ein paar Tage Zeit gelassen, um Ihrem Brief zu antworten. In London in der Arbeit bin ich im Augenblick zu wenig ich selber. Aber hier bin ich mit mir alleine und kann so schreiben wie ich mich fühle.

---

[57] Telegramm; Datum des Eingangsstempels. Ebenso 95AA–97AA.
[58] Fleischacker; siehe 99AA.
[59] Handschriftlich; Zensurstempel.

23. IV. 48.
Waldawick.

Lieber Aichhorn,

Ich habe mir ein paar Tage Zeit gelassen, um Ihren Brief zu antworten. In London in der Arbeit bin ich im Augenblick zu wenig ich selber. Aber hier bin ich mit mir alleine und kann so schreiben wie ich fühle.

Ja, ich habe nachgedacht, was ist die richtige Anrede unter uns. Ich möchte Ihnen gerne "Aichhorn" sagen, denn so denke ich an Sie, und ich möchte, daß Sie mir "Anna" sagen, denn so denken Sie doch wahrscheinlich an mich, oder so möchte ich, daß Sie an mich denken. Ich sage nicht gerne du und weiß aus Erfahrung, daß ich mich nicht daran gewöhnen kann. Es hat dann die umgekehrte Wirkung, macht mich nicht vertrauter

-2-

Wenn es Ihnen also recht ist, so machen wir es "Aichhorn" und "Anna", wenn wir uns alleine treffen und auch vor den anderen Menschen.

Ich gebe mir Mühe, daß es mir besser geht, aber es ist noch nicht ganz gelungen. Pfingsten nehme ich 6 Tage frei und hoffe jetzt darauf. Aber erst einmal beginnen in der kommenden Woche alle Abendkurse von neuem. Ich überlege jetzt ganz ernstlich, für das nächste Jahr hier alle meine Abendkurse aufzugeben. Ich glaube, ich brauche das für mindestens 1 Jahr, aber ich tue es nicht gern.

Ist es recht so? Ihre Anna

Ja, ich habe nachgedacht, was ist die richtige Anrede unter uns. Ich möchte Ihnen gerne »Aichhorn« sagen, denn so denke ich an Sie, und ich möchte, daß Sie mir »Anna« sagen, denn so denken Sie doch wahrscheinlich an mich, oder so möchte ich, daß Sie an mich denken. Ich sage nicht gerne <u>du</u>, und weiß aus Erfahrung, daß ich mich nicht daran gewöhnen kann.[60] Es hat dann die umgekehrte Wirkung, macht mich nicht vertrauter. Wenn es Ihnen also recht ist, so machen wir es »Aichhorn« und »Anna«, wenn wir uns alleine treffen <u>und auch</u> vor den andern Menschen.

Ich gebe mir Mühe, daß es mir besser geht, aber es ist noch nicht ganz gelungen. Pfingsten nehme ich 6 Tage frei und hoffe jetzt darauf. Aber erst einmal beginnen in der kommenden Woche alle Abendkurse von neuem. Ich überlege jetzt ganz ernstlich, für das nächste Jahr hier alle meine Abendkurse aufzugeben. Ich glaube, ich brauche das für mindestens 1 Jahr, aber ich tue es nicht gern.

Ist es recht so?

Ihre Anna

99 AA *[Briefkopf V] 3. Mai 1948[61]*

Liebes Fräulein Freud!
Dr. Sauerwald hat sich wegen Schwierigkeiten, die die Finanzlandesdirektion macht, an deren vorgesetzte Behörde, das Unterrichtsministerium gewendet.[62]

---

[60] Abgesehen von Familienangehörigen und einigen Freundinnen wie Lou Andreas-Salomé oder Kata Lévy dürfte Anna Freud damals nur mit Ernest Jones »per Du« gewesen sein.

[61] Masch. außer Unterschrift; Zensurstempel.

[62] Sauerwalds betreffender Brief an das Bundesministerium für Unterricht datiert vom 23. 4. 1948 (NAA). Er teilt darin mit, dass er offiziell beauftragt gewesen sei, die Liquidation des psychoanalytischen Verlags durchzuführen. Die gesamte psychoanalytische Literatur sei von der Staatspolizei beschlagnahmt und vernichtet worden. Um aber die wertvollen Buchbestände vor der gänzlichen Vernichtung zu bewahren, habe er einen Teil davon dem damaligen Generaldirektor Dr. Heigl zu treuen Händen ins Depot der Nationalbibliothek übergegeben. Sie wären, wie er mehrmals betont, sonst sicherlich vernichtet worden; Heigl aber

Er stellt sich auf den Standpunkt, daß er die Bücher der Nationalbibliothek nur in treuhändige Verwaltung übergeben hat, daß diese daher niemals deutsches Eigentum geworden sind. Die Rückgabe hat daher nicht nach dem österreichischen Rückstellungsgesetz zu erfolgen, sondern in dem Augenblick, in dem er sie zurückverlangt. Daß er sie nachher mir, als Ihrem Bevollmächtigten übergeben wird, ist selbstverständlich. Der Referent im Unterrichtsministerium anerkannte die Richtigkeit seiner Auffassung und nun läuft beim Unterrichtsministerium das Ansuchen um Rückgabe.[63] Der Referent versicherte ihm, daß die Angelegenheit in 14 Tagen erledigt sein wird. Ich glaube zwar nicht an die Richtigkeit dieses Termins, aber jedenfalls versuchen wir, die Bücher auf diesem, sicher kürzeren Weg, zurückzubekommen.[64] Ergibt

habe ihm versichert, dass die Bände so für spätere Zeit bewahrt werden könnten. Dr. Trenkler und Berta Steiner sei der Sachverhalt bekannt, und auch Aichhorn habe er nach 1945 informiert. Sauerwald behauptet zudem, dass er Sigmund und Anna Freud 1939 bei einem Besuch in England von der Deponierung Mitteilung gemacht habe. Er ersuche nun, die deponierten Bände, die nie Eigentum der Nationalbibliothek gewesen seien, ihm zurückzustellen, damit er sie unverzüglich der Wiener Psychoanalytischen Vereinigung ausfolgen könne. In einem Schreiben an das Unterrichtsministerium vom 24. 4. (NAA) bestätigte der Leiter der Erwerbsabteilung der Nationalbibliothek, Dr. Trenkler, dass Heigl Bücherbestände des psychoanalytischen Verlags übernommen hatte. »Einer Übergabe an den Besitzer, bzw. Liquidator, steht von Seiten der Österr. Nationalbibliothek nichts im Wege.«

[63] Auch Steiner teilte A. Freud am 7. 5. mit (AFP), dass sich das Unterrichtsministerium eingeschoben habe. Sie erwähnt einen gemeinsamen Behördenbesuch von ihr und Sauerwald und bemerkt dazu: »Unseres Erachtens dürften wir jetzt schon sämtliche Ministerium durchgemacht haben, so dass keine Gefahr besteht dass eine neue Behörde auftauchen wird.« Allerdings, so erklärt sie weiter, »werden bezüglich der Versendung der Bücher ins Ausland weitere Schwierigkeiten auftauchen, die zu erörtern wir ja noch Gelegenheit haben werden«.

[64] Tatsächlich schrieb das Unterrichtsministerium der Nationalbibliothek am 31. 5. 1948 (NAA), dass nach übereinstimmenden Angaben der Generaldirektion der Bibliothek und des ehemaligen Liquidators des psychoanalytischen Verlags, Sauerwald, eine größere Anzahl psychoanalytischer Werke »in der Zeit der deutschen Okkupation Österreichs« dem damaligen Direktor Heigl als Depot übergeben worden seien. Schriftliche Aufzeichnungen gebe es nicht, aber die Aussagen aller Beteiligten seien völlig übereinstimmend. Da die Bücher der Nationalbibliothek niemals einverleibt worden seien – sie wurden als fremdes, anvertrautes Eigen-

sich ein ungünstiges Resultat, so können wir noch immer auf den Vorschlag des Rechtsanwalt Dr. Zingher eingehen.[65]

Bezüglich Hochrotherd sprach ich mit dem Rechtsanwalt Dr. Eugen Fleischacker, Wien I., Wollzeile 25. Er hat nach Kenntnisnahme der mir eingeschickten Briefe erklärt, daß man auf keinen Fall ohne nähere Untersuchung, auf den Vorschlag Dr. Indras eingehen soll. Er kann sich mit der Sache erst beschäftigen, bis Sie ihn dazu bevollmächtigen. Die von Ihnen ausgestellte und unterschriebene Vollmacht muß in London notariell beglaubigt und dann von der österreichischen Gesandtschaft überbeglaubigt werden.

Die Rückstellung Ihres Anteils unterliegt keinerlei Schwierigkeiten. Von Mrs. Burlingham müssen wir wissen, ob sie rassisch oder politisch verfolgt wurde oder ob sie den Verkauf unter dem Druck machte, weil sie mit Ihnen und Ihrem Vater gleichzeitig Wien verlassen wollte. Ob sie den Kaufvertrag selbst unterschrieben oder jemanden bevollmächtigt hat. Wenn jemand bevollmächtigt wurde, dessen Namen. Ob bestimmte Anordnungen wegen des Kaufpreises gegeben wurden oder ob der Verkäufer den Preis frei bestimmt hat. Ob der Auftrag erteilt worden ist, den Betrag bei einer bestimmten Bank zu erlegen. Ob Mrs. Burlingham mit der Höhe des Verkaufspreises einverstanden war.

Außerordentlich wichtig wäre, wenn den Verkauf betreffende Urkunden im Besitz von Mrs. Burlingham sind, Originale oder Abschriften einzuschicken: Kaufvertrag, Grundbuchauszug, etc. Haben Sie oder Mrs. Burlingham Grundbuchauszüge nicht, ist Ihnen aber das Bezirksgericht und die Grundbuchnummer bekannt, so wird, wenn Sie mir diese einschicken, die Nachforschungsarbeit erleichtert,

Recht herzliche Grüße
Ihr August Aichhorn

tum geführt –, handle es sich nicht um entzogenes Vermögen, das den Verfahrensvorschriften der Rückstellungsgesetze unterliege, sondern um ein Depot, das ohne Weiteres den Eigentümern ausgefolgt werden könne. Die Nationalbibliothek werde daher ermächtigt, die von Sauerwald deponierten Buchbestände ihm oder einem von ihm dazu Bevollmächtigten gegen eine Empfangsbestätigung auszufolgen.

[65] Nämlich, den in der Nazizeit liquidierten Internationalen Psychoanalytischen Verlag wiederaufleben zu lassen.

100 AA [ca. 3. 5. 1948]⁶⁶

mit dr sauerwald gesprochen versuchen den kuerzeren weg ueber unterrichtsministerium wenn erfolglos dann mit dr zingher stop wegen hochroterd brief unterwegs herzlichst = august aichhorn

101 AA [5. 5. 1948]⁶⁷

liebe anna brief aus walberswick heute eingelangt vielen dank antwort darauf schreibe ich morgen herzlichst = august aichhorn

102 AA Wien, 5. Mai 1948.⁶⁸

Meine liebe Anna!
Ihr Brief macht mich sehr froh. Nun ist wirklich viel weggeräumt. Ihnen sagt das Du nicht so viel wie mir, bleiben wir bei Ihrem Vorschlag. Daß ich es mit mir allein, anders mache, stört Sie doch nicht, nicht wahr? Meinen Vornamen mag ich auch nicht. Das hat einen besonderen Grund. Ich habe nie erlebt, daß man ihn in seiner verkürzten Form gebraucht. Mein Zwillingsbruder wurde bei seinem verkürzten Vornamen gerufen, was ich mir auch immer wünschte.⁶⁹ Dadurch empfand ich, daß man mich weniger lieb hat; ob es wirklich so war, weiß ich nicht.
Dummerweise hatte ich eine ganz leise Hoffnung, Sie wissen das und werden darauf eingehen. Aber es ist auch so schön wie es ist. Sie sind nun einverstanden, daß ich für Sie da bin, wie Sie – ich weiß nicht mehr wie lange schon – es für mich sind. Meinen Sie nicht auch, daß Sie mir damit ein gewißes Recht eingeräumt haben? Von nun an dürfen Sie nicht mehr allein, so ganz allein sein, allein mit dem Leben fertig werden. Ich weiß, daß wir beide im Laufe

---

⁶⁶ Telegramm; Datum des Eingangsstempels unleserlich.
⁶⁷ Telegramm; Datum des Eingangsstempels.
⁶⁸ Handschriftlich; Zensurstempel.
⁶⁹ Aichhorns Zwillingsbruder hieß Rudolf und wurde wohl »Rudi« genannt. Aichhorns Vorname August wäre zu »Gustl« verkürzt worden, so wie er seine Briefe an Dworschak unterschrieb.

der Jahre gelernt haben in uns hinein und nicht hinaus zu leben, wenn es auch anders aussieht. Nicht wahr, liebe Anna, das soll jetzt anders werden. Ich will Sie schützen, beschützen, umsorgen, Ihnen abnehmen, was nur möglich ist. Aber wissen muß ich es; lassen Sie mich teilhaben an dem was Sie freut und bedrückt. Es ist Mitternacht geworden und ein besonderer Tag beginnt.[70]

6. Mai.
Nahezu drei Stunden sind vergangen. Wir waren beisammen, der Vater, Du und Ich. Zuerst war ich sehr traurig und um Sie besorgt. Und dann ganz langsam – alles spielte sich in der Berggasse in Vaters Arbeitszimmer ab – kam Ruhe und Stärke über mich. Ich kann Ihnen nicht schreiben worüber wir sprachen aber es war zum Schluße wunderbarer Frieden und so gehe ich jetzt schlafen.

Gute Nacht!
Recht viel Liebe
Aichhorn

9. Mai.
Heute ist Sonntag und ich denke so wie seit einigen Tagen darüber nach, warum so viele Menschen hinter meiner Arbeit mit den Verwahrlosten die »Menschenliebe« sehen. Ich meine auf der richtigen Spur zu sein, werde im nächsten Briefe Ihnen meine Überlegungen mitteilen und bitte Sie schon heute, dann dazu Stellung zu nehmen.

Herzlichst
Ihr Aichhorn

103 AF [Briefkopf London] 12. Mai 1948[71]

Lieber Herr Aichhorn!
Als Antwort auf Ihre Anfrage vom 3. Mai kann ich Ihnen über den Anteil von Mrs. Burlingham an Hochrotherd folgende Angaben machen:
Mrs. Burlingham selber ist nicht rassisch oder politisch verfolgt worden, war aber ausgesprochen gefährdet dadurch, dass sie in engster Verbindung mit mir und meinem Vater gearbeitet, im gleichen Haus mit uns gewohnt hat

---

[70] Der 6. Mai: Freuds Geburtstag.
[71] Masch. außer Unterschrift; Zensurstempel.

und allgemein als zu unserem Haushalt gehörig angesehen wurde. Ihre Familie in Amerika war unter diesen Umständen ausserordentlich besorgt um ihr Schicksal und mein Vater hat sie genötigt, noch vor uns Wien zu verlassen, um einer etwaigen Verfolgung zu entgehen. Eine der Gefahren war auch, dass man sie hätte nötigen können, ihr amerikanisches Vermögen zu Gunsten der Nazis nach Wien zu bringen.

Mrs. Burlingham hat den Kaufvertrag nicht selbst unterschrieben, da der Kauf erst jahrelang nach ihrer Abreise durchgeführt wurde. Ihr Bevollmächtigter, wie auch meiner, war Dr. Indra, mit dem ich die Verhandlungen geführt habe. Soviel ich mich erinnere, habe ich die Vollmacht für Dr. Indra unterschrieben und ich glaube, dass ich eine Generalvollmacht von Mrs. Burlingham hatte und so auch für sie Vollmacht geben konnte. Aber den letzten Punkt kann ich nicht beschwören, es könnte auch sein, dass ich von ihr aus der Schweiz, wohin sie emigriert war, eine Vollmacht erhalten habe. In der Unzahl legaler Verhandlungen, die ich damals geführt habe, habe ich für die einzelnen Punkte keine volle Sicherheit mehr.

Ich erinnere mich, dass Dr. Indra vor meiner Abreise den Kaufpreis mit mir diskutiert hat und dass ich ihm alles weitere überlassen habe. Mrs. Burlingham selbst war nicht mehr mit Dr. Indra in Kontakt, die Einwilligung für die zu unternehmenden Schritte ist über mich gegangen. Ich habe kein wirkliches Interesse an der Höhe des Kaufpreises gehabt, da es unter den gegebenen Verhältnissen keine Möglichkeit gegeben hat, das Geld anders als nominell zu bekommen.

Weder Mrs. Burlingham, noch ich besitzen Grundbuchauszüge. Ich habe offenbar die Dokumente, die Hochrotherd betreffen, gleichzeitig mit der Vollmacht bei Dr. Indra zurückgelassen. Obwohl die Verhandlungen mit dem Käufer vor meiner Abreise bei Dr. Indra gelaufen sind, ist der wirkliche Verkauf erst Jahre später durchgeführt worden. Einen Kaufvertrag besitzen also weder Mrs. Burlingham, noch ich, weil es zu dieser Zeit keinen Postverkehr mehr zwischen Oesterreich und England gegeben hat.

Ich nehme an, dass das Bezirksgericht, das in Betracht kommt, Mödling[72] ist.

Mit sehr herzlichen Grüssen
Ihre Anna Freud

---

[72] Mödling ist eine kleine Stadt südlich von Wien; während der Nazi-Zeit der 24. Bezirk von »Groß-Wien«.

104 AA *[Briefkopf V] Wien, 17. V. 1948.*[73]

Liebe Anna!
In der Beilage sende ich Ihnen:
1, einen Ausschnitt aus der Arbeiterzeitung vom gestrigen Sonntag.[74] *Er ist vom Chef-Redakteur Dr. Pollak geschrieben, von dem ich nicht wusste, daß er sich mit Psychoanalyse beschäftigt.*
2, Vier Kopien von Lausanner Aufnahmen. Auf der Rückseite ist die Filmnummer angegeben, die Sie mir einsenden müssen, wenn Sie noch Abzüge haben wollen. Sie bekommen natürlich so viele Sie brauchen, nur bitte mir zur Filmnummer auch die Stückzahl bekanntzugeben. B/7a ist eine Vergrößerung von Ihnen allein von B/7, wo wir beide fotografiert sind.[75]
3, Meine Überlegungen zur »Menschenliebe«. Wenn Sie die Gedankengänge für absurd halten, dann bitte verbrennen Sie das Original, ich mache dann mit der Kopie dasselbe.
Ich weiß, daß man das Gesagte besser und einwandfreier formulieren kann, aber ich schrieb so, wie es kam.

Wenn Sie meinen, daß die Überlegungen richtig sind, so frage ich ob man sie erweitert und des Persönlichen entkleidet als allgemeine Forderung für den Erzieher des Verwahrlosten aufstellen könnte. Dabei aber müßten Sie mir helfen.

Noch eine Bemerkung nur ganz für Sie: Daß letzten Endes meiner Betätigung mit Verwahrlosten orale Fixierungen zu Grunde liegen erscheint mir ganz sicher.[76]

Recht viel Liebe
Ihr Aichhorn

N.S. Dr. Fleischmann schickt auch einige Aufnahmen.

---

[73] Handschriftlich; Zensurstempel.
[74] Der Artikel erschien am 16. 5. 1948 unter dem Titel »Die Moses-Theorie Sigmund Freuds. Zur Geschichte der Religion«. Nachdem Hoffer ihn gelesen hatte, meinte er am 6. 6. gegenüber A. Freud (AFP), er sei »sehr gut gemeint und die Parallele zu zeitgenössischen Führern ganz interessant«.
[75] Siehe 106AF mit Anm. 80.
[76] Vgl. auch einen Brief an Dworschak vom 18. 8. 1943 (NRD), in dem Aichhorn ausführt, dass seine Arbeit mit den Verwahrlosten bzw. deren Bindung an ihn auf einer homosexuellen Basis beruhe. Er sei sich dessen bewusst und wisse auch, dass sein Vorgehen von seiner eigenen homosexuellen Komponente gespeist werde, die er kenne und nicht schuldbewusst abwehre.

[Überlegungen zur »Menschenliebe«][77]

Ich meine mir klar geworden zu sein, was meine Einstellung zum Verwahrlosten bedingt und warum man dahinter »Menschenliebe« sieht.

Wenn wir »die Verwahrlosung an sich« personifizieren, so ist ein Kind oder ein Jugendlicher verwahrlost, wenn er der Person »Verwahrlosung« Gefolgschaft leistet, daher aus irgend einer Ursache an sie gebunden ist.

Ich will nun dieses Kind oder diesen Jugendlichen für mich haben. Dabei ist mir völlig gleichgültig, was die soziale Gemeinschaft dazu sagt. Mein primäres Ziel ist nicht, ihn in die soziale Gemeinschaft zu führen, sondern mir soll er gehören und nicht »der Verwahrlosung«. Ich bekämpfe nicht ihn, sondern er ist der Preis, der mir zufällt, wenn ich siege.

Meine einzige Waffe ist die List. Ich verlocke ihn und schaffe dasselbe Abhängigkeitsverhältnis, das in der normalen Erziehung von Haus aus besteht. Das heißt, die normalerweise vorhandene und vom Erzieher ausgenützte Notlage des Kindes, die aus dem Bedürfnis nach Befriedigung der Zärtlichkeitswünsche entsteht, erzeuge ich künstlich.

Um aber diese Notlage schaffen zu können, muß ich zuerst aus meiner gesicherten Stellung innerhalb der sozialen Gemeinschaft heraussteigen und mich mit dem Verwahrlosten identifizieren. Je besser dies gelingt, desto mehr verstehe ich seine Bedürfnisse und was er braucht, verstehe es aber nicht über den Kopf, sondern empfindungsgemäß. Allerdings ist der nächste Schritt die Objektivierung.

Ob es sich nun um ein defektes ES, ICH oder Ü-ICH handelt oder ob das eine oder andere nur zum Teil gestört ist, auf jeden Fall handelt es sich um den Ausgleich eines Defizits im Erleben. Dem gilt mein Bemühen. Je mehr er mir Gefolgschaft leistet, desto mehr identifiziert er sich nun mit mir, desto mehr nehme ich ihn »der Verwahrlosung« weg. Ist der Sieg errungen, dann interessiert er mich nicht mehr und ich hole mir den nächsten. Daß er dabei zur sozialen Einordnung gekommen ist, ergibt einen nicht unangenehmen Nebengewinn für die soziale Gemeinschaft, ihn und mich.

(Eine Bemerkung dazu: ich kann mir recht gut vorstellen, daß ich, wenn ich selbst das Bedürfnis hätte, verbrecherische Neigungen zu realisieren, auf dieselbe Weise mir eine recht brauchbare Bande schaffen könnte.)

Aber nun zum Schluß:

Meine Umgebung sieht mein Eingehen auf den Verwahrlosten, mein Bemühen um ihn, sieht aber nicht das dahinter stehende Motiv und schließt aus dem, was in Erscheinung tritt, auf »Menschenliebe«; denn irgendwie sieht es so aus.

---

[77] Typoskript. Auch abgedruckt in T. Aichhorn 1976, S. 119.

105 AA   *[Briefkopf V] 21. Mai 1948*[78]

Liebes Fräulein Freud!
Ihr Brief vom 21. Mai gibt uns schon recht erschöpfende Auskünfte. Aber die zur Intervention notwendige Vollmacht für den Rechtsanwalt lag nicht bei. Bitte diese ehestens zu schicken.
    Gestern ging ein handgeschriebener Brief mit Bildern, dem Zeitungsausschnitt aus der Arbeiterzeitung und einigen Überlegungen über meine Einstellung zum Verwahrlosten an Sie ab.
Herzlichste Grüße
Ihr August Aichhorn

106 AF   *30. Mai 1948.*[79]

Lieber Aichhorn,
Wir müssen wirklich sehr gute Freunde sein, denn alle hier finden, daß ich noch nie auf einer Photographie so freundlich ausgeschaut habe wie auf der, auf der ich Sie ansehe. Jeder ist ganz begeistert von dem Bild und sogar mir selber gefalle ich auch, was sonst nie der Fall ist. Sonst ärgere ich mich immer wenn ich mich auf einem Bild sehe. Und jetzt mache ich wirklich eine große Bestellung: kann ich 1 Dutzend von B/7 haben und 1 Dutzend von B/7a oder ist das zu unverschämt? Schade daß B/6 ein bißchen schief geraten ist sonst wäre es fast noch netter.[80]
    Was ich sonst in der letzten Zeit gemacht habe? Einen öffentlichen Vortrag gehalten in der British Psychological Society über Eß- und Schlafstörungen im frühen Kindesalter;[81] *eine Arbeit geschrieben, die Sie mit der Zeit auch*

---

[78] Masch. außer Unterschrift; Zensurstempel.
[79] Handschriftlich; Zensurstempel.
[80] Eines der Bilder vom Lausanner Bahnsteig (B/7) ist auf S. 280 wiedergegeben; der Porträt-Ausschnitt (B/7a) auf S. 338. Je ein Exemplar von B/7 und B 7/a hat Anna Freud Aichhorn mit einer Widmung auf der Rückseite geschenkt (NAA). Bei B/7 lautet die Aufschrift: »Für Aichhorn / Anna«; bei B/7a: »Nicht die Mona Lisa, sondern die sehr geschmeichelte / Anna Freud«. Zu Bild B/6 siehe 119AA mit Anm. 116.
[81] Vgl. A. Freud 1951b.

Anna Freud in Lausanne, März 1948

zu lesen bekommen werden;[82] *die Übersetzung von Infants without Families ins Deutsche fertig gemacht;*[83] *und sonst das Gewöhnliche. Es geht mir besser jetzt, aber immer noch nicht ganz richtig. Manchmal kommt plötzlich ein Rückfall in die Müdigkeit und dann fange ich an nachzudenken, wie ich mir das Leben leicht und bequem machen könnte. Dann ist die Müdigkeit wieder vorüber und ich fange an, die umgekehrten Pläne zu machen. Ich möchte ein großes Buch über Psychoanalyse und Erziehung schreiben, für das ich das Material schon fast beisammen habe; oder ein Buch über die Latenzperiode, für das ich auch schon Material habe und die mich immer besonders interessiert hat.*[84] *Dann kommt aber immer wieder die tägliche Arbeit dazwischen und es wird nichts daraus. Manchmal denke ich über die Müdigkeit: ob es wirklich der Körper ist, der revoltiert oder nicht doch eher ich selber die gegen das Eingespanntsein in die Arbeit Revolte macht? Ich weiß es noch nicht recht, aber ich versuche draufzukommen.*

Über Ihre Gedanken über die »Menschenliebe«. Ich glaube, daß sie ganz richtig sind, aber nur für einen bestimmten Typus stimmen, nicht für die Erzieher überhaupt oder die Verwahrlostenerzieher überhaupt. Sicher haben Sie dabei von sich ein großes Stück erkannt und gleichzeitig etwas aufgedeckt was für eine ganze Gruppe von »Sozialarbeitern« gilt, bei denen man auch immer von der »Menschenliebe« spricht, während ein solcher Machtkampf dahinter steckt. Wahrscheinlich haben Sie damit den Mechanismus der Missionare erraten, hier gibt es in den Elendsvierteln solche »Missionen«, wo Menschen die ein Mittelding zwischen Geistlichen und Fürsorgern sind in derselben [Weise] um die Menschen kämpfen, die sich »dem Elend«, »der Verkommenheit«, »dem Verbrechen« verschrieben haben. So wie Sie für eine Weile mit dem Verwahrlosten gemeinsame Sache machen, so machen diese Leute es indem sie mit im Elend leben, etc. Ist es nicht im Grunde der alte »Kampf um die Seelen«, wie die Kirche ihn geführt hat um dem Teufel die Seelen abzugewinnen? Nur hat man damals keine weitere Motivierung gesucht, weil es ja »zu Ehren Gottes« geschehen ist. Aber wie wenig die Menschenliebe damit zu tun gehabt hat, war klar. Und ich glaube auch der Diener der Kirche hat an der geretteten Seele schnell das Interesse verloren, weil es ihm ja nur um den Kampf und Sieg gegangen ist.

---

[82] »Sublimation as a factor in upbringing" (A. Freud o. J.); Sonderdruck in NAA.
[83] Burlingham u. A. Freud 1944 (dt. 1950).
[84] Keines dieser beiden Bücher wurde geschrieben.

Vielleicht haben Sie doch recht, daß alle <u>erfolgreichen</u> Verwahrlostenerzieher von diesem Typus sind? Ich möchte es gerne wissen. Haben Sie dazu nicht Material von Schülern, die Sie analysiert haben?
Wie steht es mit Dr. Fleischmann? Ich möchte ihm gerne die Disposition meines Kurses schicken, wenn er in Wien bleibt.[85] Aber wenn er wirklich nach Amerika auswandern wird, dann hat es keinen Zweck. Oder ist es noch ganz unsicher.[86]
Über Hochrotherd: ich schicke Ihnen zwei Briefe der jetzigen Besitzer, Lotte Sweceny und ihr Bruder Dr. Stein.[87] Der Direktor Sweceny war nur der vorgeschobene Käufer. Die Briefe sind unangenehm im Ton und haben mich geärgert. Aber irgendwo haben die Leute auch recht, auch mit dem Argument, daß die Fadenbergers es vielleicht nicht halten könnten, wenn sie es haben. Es ist sehr schwer zu sagen, was das Richtige ist. Wenn irgend möglich möchte ich einen Rechtsstreit vermeiden und es zu einem Vergleich kommen lassen, der den Fadenbergers zu Gute kommt. Ist es zu viel wenn ich Sie bitte, sich die beiden Schreiber der Briefe, Lotte Sweceny und Walter Stein, einmal zu einem Gespräch kommen zu lassen und herauszuhören zu welchem Vergleich sie bereit wären? Ich schicke die beiden Briefe in separatem Kuvert.
Das ist genug für heute. Es ist Sonntag und ich bin in Walberswick und ich

---

[85] Siehe 130AF mit Anm. 153.
[86] Am 11. 9. 1948 schrieb L. Lévy an A. Freud über die »neue Arbeit der Wiener Vereinigung« (AFP): »Heute steht und fällt diese mit Aichhorn. Würde es mit der Zeit nicht möglich, dass er sie führt und für sie handelt, so ist kein entsprechender Ersatz da. Dr. Fleischmann, wenn ich ihn recht beurteile, ist nur durch die Person Aichhorns gebunden und ich glaube, dass mit Ausscheiden A.s er seine Libido sofort abziehen wird. Real angesehen ist er auch schon von äusseren Umständen her nicht der geeignete. Als Nichtarzt, Halbausländer und Jude könnte er nicht der sich behauptende Obmann sein. Ich habe von Aichhorn gehört, dass erst Pötzl, dann der ignorante Kauders danach strebten. Es wäre daher sehr nützlich ruhig zu überlegen und ganz im Stillen vorzubereiten, ob nicht jemand von den früheren Analytikern oder von den Jüngeren öst[erreichischer] Abstammung nach Wien zurückkehren wollten. Das weiß ich, vielleicht am besten, dass Aichh. vorläufig nicht zu ersetzen ist. Doch wäre [es] ein Jammer, wenn die alte Stätte ganz versiegen würde.« – Fleischmann verließ Wien tatsächlich kurz nach Aichhorns Tod im Winter 1949/50.
[87] Siehe den nächsten Brief mit Beilagen.

hätte gerne lauter Sonntage und immer das Meer und den weiten Himmel und die große Ruhe.

Sehr herzlich
Ihre Anna.

107 AF   *1. VI. 1948*[88]

Lieber Aichhorn,
Das sind die im gleichzeitigen Brief angekündigten Schreiben über Hochrotherd.

Ihre Anna.

P.S. Ich habe die Briefe noch nicht beantwortet.

[1. Brief Walter Stein an Anna Freud]

Wien, den 8. Mai 1948[89]

Sehr geehrte gnädige Frau!
Meine Schwester und Partnerin in Hochrotherd, Frau Charlotte Sweceny, hatte die Güte, mir eine Abschrift Ihres freundlichen Schreibens zur Einsicht und Stellungnahme zukommen zu lassen. – Gestatten Sie mir, im nachstehenden auf die Angelegenheit Hochrotherd einzugehen, wie sie sich uns in Wien darstellt. –

Wie Sie selbst richtig vermuten, hat uns Ihr Brief eine gewisse Enttäuschung bereitet. – Völlig unabhängig von irgendwelchen gesetzlichen Bestimmungen hatten wir immer das moralische Bewusstsein, dass in der Angelegenheit Hochrotherd mit dem seinerzeitigen Kauf im Jahre 1938 nicht das letzte Wort gesprochen sei und dass wir uns nach der von uns mit Sicherheit erwarteten und erhofften Aenderung der politischen Verhältnisse in freundschaftlicher Weise auseinandersetzen würden. – Wir hatten uns zum Beispiel vorgestellt, dass wir selbstverständlich die Pflicht hätten, Ihnen den Besitz zurückzuerstatten, wenn Sie selbst oder Mrs. Burlingham nach Oesterreich zurückkehren würden und wieder dieses Ihnen liebgewordene Fleckchen Erde besitzen wollten. – Eine materiell für beide Teile tragbare Lösung der gewiss ohne beiderseitiges Verschulden einander widerstreitenden Interessen hätte in diesem Fall gefunden werden müssen und an unserem guten Willen hätte es hierbei sicherlich nicht gefehlt. –

---

[88] Handschriftlich; Zensurstempel. Datum am Fuß der Seite.
[89] Am Kopf Absenderadresse: Walter Stein / Wien I. / Herreng. 6-8.

Für uns im höchsten Masse enttäuschend und erstaunlich ist jedoch Ihre Mitteilung, dass Sie nur zu dem Zwecke in den Wiederbesitz des Anwesens gelangen wollen, um es dann an die Fadenbergers zu verschenken. – Diese haben im Jahre 1938 ausdrücklich die geschenkweise Uebernahme von Hochrotherd aus sehr vernünftigen materiellen Erwägungen abgelehnt, aus Gründen, die im übrigen nach unserer Ueberzeugung auch heute noch völlig zu Recht bestehen. – Das Anwesen in Hochrotherd kann auf die Dauer nicht eine »Bauernfamilie« ernähren und auch nur die Kosten der augenblicklich unbedingt nötigen Investitionen würden die Verhältnisse der Fadenbergers um ein vielfaches überschreiten. – Die Fadenbergers sind gewiss brave Leute, wenn Sie auch von Ihnen, liebe Frau Freud, wahrscheinlich in einem durch die lange Trennung stark verklärten Lichte gesehen werden; wir wünschen und gönnen ihnen von Herzen alles Gute und haben im Rahmen des in diesen schrecklichen Jahren Möglichen in Ihrem Sinne und aus eigener Menschlichkeit für sie nach besten Kräften gesorgt. – Sie würden den Besitz Hochrotherd aber nach unserer festen Ueberzeugung auf die Dauer gar nicht halten können, – wenn sie überhaupt diese Absicht haben. – Hochrotherd ist ihnen derzeit aber wahrscheinlich einfach ein Wertobjekt und sie wissen wohl auch, dass sie desto besser damit fahren werden, je früher sie es wieder verkaufen oder sonst wie verwerten. –

Sie werden es unter diesen Umständen wohl verständlich finden, wenn wir uns nicht in der Lage sehen, zu einer derartigen Transaktion mehr beizutragen, als dies die bestehenden österreichischen Gesetze vorschreiben. – Hiezu dürfen wir immerhin auch darauf hinweisen, dass der Verkauf seitens Ihrer Person im Sinne der bestehenden österreichischen Rückstellungsgesetze wohl als »unter Zwang« erfolgt und daher rückstellungspflichtig gelten würde; ganz gewiss gilt dies aber nicht für den Anteil von Mrs. Burlingham, für den eine Rückstellungspflicht keinesfalls besteht, da auf sie als amerikanische Staatsbürgerin zur damaligen Zeit ein politischer Druck nicht ausgeübt werden konnte. –

Ich möchte doch nicht unterlassen, Ihnen, liebe Frau Freud, deren Persönlichkeit ich seinerzeit so hoch schätzen gelernt habe, zu bedenken zu geben, ob ein derartiger Versuch einer einseitigen Enteignung eines gutwilligen und gutgläubigen Käufers, an den Sie selbst seinerzeit durch unseren gemeinsamen Freund Hans Vetter[90] wegen des Kaufes herangetreten sind, ganz abgesehen von wie immer lautenden gesetzlichen Bestimmungen, moralisch zu rechtfertigen ist. – Wir hätten ohne Ihren eigenen ausdrücklichen Wunsch doch niemals im entferntesten daran gedacht, diesen oder irgendeinen anderen Besitz unter den damaligen Umständen zu erwerben. – Nun aber, da wir in den vergangenen zehn Jahren eine Unmenge von Sorgen – viel, viel mehr als Freuden – mit dem Besitz hatten ist uns dieses Stück Wiener Wald, das so viele, zum Teil leider sehr trübe Erinnerungen für uns birgt, kein Wertobjekt in

---

[90] Möglicherweise der Architekt Hans Vetter.

irgendeinem Sinne, sondern eine Herzensangelegenheit, für die wir einzig und allein Ihnen selbst oder Mrs. Burlingham irgendwelche moralische Vorrechte einräumen können. –

Dürfen wir Ihnen, verehrte Frau Freud, zum Schlusse versichern, dass wir von Herzen Ihren Wunsch teilen, die ganze Angelegenheit zu einem guten und beide Teile befriedigenden Ende zu führen und dass wir gewiss zu diesem Ziele unser Möglichstes beitragen werden. –

Wir erwarten mit grossem Interesse Ihre freundliche Rückäusserung. – Da uns eine rasche Klärung durchaus im beiderseitigen Interesse gelegen erscheint, wären wir Ihnen für möglichste Beschleunigung der Angelegenheit ausserordentlich dankbar.

Ich begrüsse Sie und zeichne mit dem Ausdruck meiner besonderen Wertschätzung als

Ihr sehr ergebener
Walter Stein

[2. Brief Lotte Sweceny an Anna Freud]

Wien 15. Mai 1948

Verehrtes Fräulein Freud,

Ich weiß nicht was ich auf Ihren Brief sagen soll.[91] Ich hab' mir viel Mühe gegeben einen sowohl Sie und die Familie Fadenberger, als auch uns befriedigende Lösung zu finden. Die Decke ist immer mindestens nach einer Seite zu kurz. So hoffe ich, dass Sie, nachdem Sie durch Dr. Indra über die rechtliche Seite der Angelegenheit informiert worden sind, nun auch einen Vorschlag machen, der annehmbar ist. Ich versteh's nicht recht. – Im Jahr 1938 und noch einmal während des Krieges, als die Bauernkammer ihnen anbot den Kauf zu finanzieren, hat das Ehepaar Fadenberger abgelehnt den ganzen Besitz zu übernehmen, in ausgezeichnetem Zustand damals, weil sie ganz

---

[91] Am 7. 4. 1948 hatte A. Freud Lotte Sweceny mitgeteilt (AFP), was ihr Wunsch bezüglich Hochrotherds wäre, ohne dass sie wisse, ob er durchführbar sei: »Mrs. Burlingham und ich würden gerne den Verkauf des Gutes wieder rückgängig machen, also wieder in unser Besitzrecht eintreten, dann aber das Gut als freiwillige Schenkung dem Ehepaar Fadenberger und ihrer Tochter übertragen. [...] / Sie dürfen mir nicht böse sein, wenn diese unsere Absicht nicht mit der Ihren zusammentrifft. Ich denke, Ihr Wunsch ist es, Hochroterd zu behalten und wieder aufzubauen [...] / Sie wissen sicher, wie schwer es mir damals geworden ist, Hochroterd aufzugeben. Ich hatte durch Jahre alles Geld, das ich erübrigen konnte, in diesen kleinen Besitz gesteckt, in der Hoffnung etwas für die Zukunft davon zu haben (ganz abgesehen von den vielen Gedanken und Gefühlen, die ich hineingesteckt habe). Wenn es auch von Ihrer Seite aus eine Art ›Kauf‹ war, so war es doch von meiner kein ›Verkauf‹ in dem Sinn, dass ich je etwas dafür bekommen hätte.«

richtig erkannt haben, dass Hochrotherd kostet. Und dass es gerade in den nächsten Jahren nicht weniger, sondern viel mehr kosten wird, das kriegen wir jetzt schon zu spüren. Wir zahlen in jedem Monat ungefähr 1500.– S., ohne besondere Investitionen, und das Geld ist sehr rar geworden. Noch mehr scheint da wirklich nicht tragbar. Können Sie es uns da übel nehmen, wenn wir davon dann auch Freude haben wollen? Das würde aber nicht möglich sein, wenn zwischen den Fadenbergers und uns ein halbes Vertrags- und halbes Angestelltenverhältnis herrschen würde.

Wir haben unser Versprechen an Sie, für die Familie zu sorgen sehr ernst genommen und manches krumme grad sein lassen. – Ich hab' die dicke Josefa gern, auch ihn, aber er ist ein ewiger Pessimist. (Manchmal denk' ich mir »arme Josefa«). Er weiss im Nachhinein immer alles besser, im Vorhinein macht er den Mund nicht auf. Er ist kein Landwirt und auch eher ungeschickt in allen Dingen, die Initiative erfordern, dabei sehr fleissig und pflichtbewusst. Gemessen an dem Durchschnitt der allgemeinen Lebenshaltung in Österreich leben sie recht gut und sorgenlos; wie könnten sie auch sonst ihre Ersparnisse erhalten haben, wo alles nur vom Zusetzen und Verkaufen lebt. Auf ihren eigenen Wunsch hat mein Mann das Geld für das Inventar weiter bewahrt und es auch über sämtliche Vermögensabgaben hinweg, unvermindert erhalten.

Nun möchte ich noch auf Ihre Bemerkung antworten: »Wenn es auch von Ihrer Seite eine Art ›Kauf‹ war, so war es doch von meiner Seite kein ›Verkauf‹ in dem Sinne, dass ich je etwas dafür bekommen hätte.« Die Tatsache, dass Sie, verehrtes Fräulein Freud, von dem Geld, das wir effektiv bezahlt haben, wenig, oder gar nichts haben würden, war Ihnen wie Sie selbst damals sagten, ganz klar. Wenn auch der deutsche Staat, nicht wir, einen Zwang ausgeübt haben, so bestand doch andererseits kein Zwang an uns zu verkaufen, die Sie doch gar keinen Grund hatten schädigen zu wollen. Wir hätten damals einen anderen Besitz erwerben können, wie z. B. meine Schwester in der Sulz, die keinerlei Schwierigkeiten hat oder hatte. – Für uns war Ihre Person Garantie genug, dass Sie, wenn Sie einen Verkauf an uns durchführen es auch so meinen. Sonst wären wir, die Sie doch nicht als Ihre Feinde betrachtet haben, doch von Ihnen in eine ungerechte Lage gebracht worden.

Mein Mann ersucht mich, Ihnen seine ergebenen Grüße zu übermitteln. Er steht völlig zu dem was ich geschrieben habe und würde sich auch in diesem Sinne an Sie wenden, wenn er nicht der Ansicht wäre, dass er, durch eine gar dreigeleisige Korrespondenz, (da Ihnen mein Bruder geschrieben hat,) das Ganze noch mehr komplizieren würde.

Ich möchte am Liebsten Ihre Abschiedsworte wiederholen und sagen: »Die ganze Sache macht mir große Sorgen und ich würde sie gern zu einem guten Ende führen.« Wiewohl ich es ehrlich bedaure, mit Anlass zu sein, dass Sie Sorgen haben, sehe ich zunächst keinen Vorschlag, – der durchführbar wäre, – und auch nur annähernd die von Ihnen geäußerten Wünsche erfüllt. Ich hoffe, dass es Ihnen Ihre

Zeit erlaubt bald von sich hören zu lassen und bin mit den besten Wünschen und Grüssen

Ihre Lotte Sweceny

108 AA *[10. 6. 1948]*[92]

liebe anna beide briefe eingelangt brauche dringendst vollmacht fuer rechtsanwalt herzlichst august aichhorn

109 AF *[12. 6. 1948]*[93]

bitte antwort ob wir vollmacht geben koennen obwohl indra noch unsere vollmacht hat bitte auch antworten ob wir bei eventueller rueckgabe erlegten kaufpreis rueckzahlen muessten herzliche gruesse = anna

110 AF *[Briefkopf London] 1. VII. 1948.*[94]

Lieber Aichhorn,
Ich habe so lange nichts von Ihnen gehört, daß ich beunruhigt bin. Hoffentlich sind Sie gesund. Sie haben mich mit Kontakt und Fürsorge verwöhnt und jetzt ist eine Lücke da, wenn nichts von Ihnen kommt.
Ich benütze die Gelegenheit, daß Jula Weiss (jetzt bei mir Sekretärin, früher Buchhalterin-Sekretärin im Wiener Verlag, dann bei uns in den Hampstead Nurseries) nach Wien fährt, um Ihnen ein kleines Geschenk zu schicken: meine Aufsätze aus der letzten Zeit soweit ich sie habe. Vielleicht freut es Sie und hoffentlich mache ich bald etwas Besseres und Größeres.
Heute ist mein erster Ferientag. So beginnen die Ferien mit einem Gruß an Sie.

Sehr sehr herzlich
Ihre Anna.

---

[92] Telegramm; Datum des Eingangsstempels.
[93] Radiogramm; Datum des Eingangsstempels.
[94] Handschriftlich.

111 AA [2. 7. 1948]⁹⁵

konnte rechtsanwalt erst heute sprechen wenn brief an sweceny und stein noch nicht geschrieben meinen brief abwarten schreibe noch heute herzlichst = august aichhorn

112 AA [Briefkopf V] 1. Juli 1948⁹⁶

Liebes Fräulein Freud!
Rechtsanwalt, Minister a. D. Dr. Eugen Fleischacker, konnte ich erst heute sprechen, er war auf Urlaub.

Er kann in der Angelegenheit Hochrotherd erst intervenieren, bis er Ihre Vollmacht hat. Sie können ihn natürlich als Ihren Bevollmächtigten erklären, nur muß er dann die Dr. Indra gegebene Vollmacht aufkündigen.

Zu diesem Zweck bitte ich, eine Vollmacht nachstehenden Inhalts auszustellen, zu unterfertigen und wie ich Ihnen schon im letzten Brief mitgeteilt habe, notariell beglaubigen und dann von der österreichischen Gesandtschaft überbeglaubigen zu lassen.

VOLLMACHT

Ich beauftrage und bevollmächtige hiemit, Herrn Rechtsanwalt Dr. Eugen Fleischacker, Wien I., Wollzeile 25, in meiner Rechtssache (Namen der jetzigen Eigentümer Hochrotherds) betreffend den Besitz in Hochrotherd, mich gerichtlich und außergerichtlich voll und ganz zu vertreten und meine Interessen in jeder Weise wahrzunehmen, sowie die derzeit noch laufende Vollmacht des Herrn Dr. Alfred Indra, Wien I., Reichsratstraße 9, in meinem Namen sofort aufzukündigen.

Mrs. Burlingham hat die gleiche Vollmacht auszustellen. Wenn Dr. Indra von ihr eine Vollmacht nicht hat, bleibt natürlich der die Aufkündigung der Vollmacht betreffende Satz weg.

Die Angelegenheit Mrs. Burlingham ist nicht so eindeutig klar, günstig zu erledigen, weil die Verhältnisse für sie doch anders liegen. Dr. Fleischacker schlägt aber trotzdem vor, den Versuch zu machen, auch

---

⁹⁵ Telegramm. Wurde entgegen dem Datum des Eingangsstempels vor 112AA geschrieben.
⁹⁶ Masch. außer Unterschrift; Zensurstempel.

für Mrs. Burlingham den Anteil zurückzubekommen. Der einzige Nachteil, wenn die für Mrs. Burlingham unternommenen Schritte erfolglos bleiben ist der, daß möglicher Weise auch die gegnerischen Kosten bezahlt werden müssen. Ich meine, daß das kein Grund sein kann, die Sache nicht zu verfolgen, weil nach Angaben Dr. Fleischackers die Kosten ein bis 2 000.– Schilling ausmachen können.

Er meint, daß wir streng auseinander halten sollen, Rückgabe Ihres Eigentums und Geschenk an Fadenberger. Die jetzigen Eigentümer sind in einer ungünstigen Situation, wenn sie nicht wissen, was Sie mit Ihrem Eigentum zu tun beabsichtigen. Schließlich und endlich, wenn Fadenbergers nicht in Frage kommen, können Sie ja Ihr Eigentum auch jemanden anderen schenken. Sobald der Rechtsanwalt Ihre Vollmacht hat, wird er Fadenbergers zu einer Besprechung einladen, um Ihnen nach dessen [!] Anhörung endgültige Vorschläge machen zu können.

Wenn die beiden Briefe an Sweceny und Stein noch nicht beantwortet sind, so sollen Sie sich in Ihrer Antwort auf das Meritorische nicht einlassen, sondern den beiden mitteilen, daß Sie die Erledigung einem Rechtsfreunde in Wien übergeben haben und daß Sie zu gelegener Zeit auf die Briefe zurückkommen werden. Alle von nun an in dieser Angelegenheit einlangenden Briefe wären von Ihnen in derselben Art zu beantworten und mir die Briefe, bezw. Abschriften einzuschicken.

Zur Beantwortung Ihres handgeschriebenen Briefes, für den ich wirklich sehr herzlich danke, fand ich bisher nicht die richtige Ruhe, weil ich für den 16. und 20. Juli (Bundestagung für Wohlfahrtswesen in Wien) 2 Vorträge vorzubereiten habe: »Forderungen an den Erziehungsberater«[97] und »Die Verwahrlosung einmal anders gesehen«.[98] Der erste Vortrag ist sehr einfach,

---

[97] Aichhorn hielt diesen Vortrag (1948c) bei der »Konferenz über Diagnose und Behandlung schwererziehbarer Kinder«, die von der Arbeitsgemeinschaft für Heilpädagogik in Verbindung mit der Österreichischen Bundeskonferenz für Wohlfahrtswesen am 16. und 17. 7. in der Universitäts-Kinderklinik veranstaltet wurde,

[98] Dieser zweite Vortrag (1948d) fand im Rahmen der Österreichischen Bundeskonferenz für Wohlfahrtswesen statt, als Auftakt für die offizielle Feier zu Aichhorns 70. Geburtstag (siehe Anm. 104 zu 115AF und 117AA; vgl. III.5.c). Mit der Überarbeitung des Textes, den er als Zusammenfassung seiner grundlegenden Ideen ansah, war Aichhorn bis kurz vor seinem Tod beschäftigt (T. Aichhorn 2006; vgl. Anm. 128 zu 124AA, 126AA, 127AF und Anm. 141 zu 128AA).

*aber der 2., der eine grundsätzliche Auseinandersetzung ist, macht mir recht viel Arbeit.*⁹⁹

*Alles Liebe,
immer Ihr August Aichhorn*

113 AA [10./11. 7. 1948]¹⁰⁰

jula weiss heute hier gewesen vielen herzlichen dank am 20 hetzjagd vorbei schreibe abends ausfuehrlich = alles liebe aichhorn august

114 AF [19. 7. 1949]¹⁰¹

your vienna friends in london think of you today gratefully of all the friendship and help and inspiration in peace and war in past years and the years to come anna freud dorothy burlingham lily frankl willi hoffer hedwig hoffer ernst kris marianne kris

[ihre wiener freunde in london denken heute an sie in dankbarkeit für alle freundschaft hilfe und inspiration in frieden und krieg in vergangenen und kuenftigen jahren]

115 AF Walberswick, 19. Juli 1948.¹⁰²

*Lieber Aichhorn!
Dieser Brief soll zwischen dem 20. und dem 27. Juli, also zwischen Ihrem*

---

⁹⁹ An Eissler hatte Aichhorn geschrieben (19. 6. 1948; NAA): »Mit Arbeit bin ich wieder bis oben eingedeckt.« Im Rahmen der Bundeskonferenz für Wohlfahrtswesen, »zu der aus den österreichischen Ländern ungefähr 600 Personen kommen werden, angeblich sollen sich auch Schweizer, Holländer, Dänen, Schweden und Amerikaner einfinden«, habe er zwei Vorträge übernehmen müssen. Der erste sei »im großen und ganzen eine Zusammenfassung von an anderen Stellen schon Gesagten«, der zweite dagegen sei neu.
¹⁰⁰ Telegramm; Daten der Eingangsstempel in London und Kilburn.
¹⁰¹ Radiogramm; Datum des Eingangsstempels.
¹⁰² Handschriftlich; Zensurstempel.

»offiziellen« und Ihrem privaten Geburtstag[103] bei Ihnen ankommen. Zum offiziellen Teil[104] habe ich Ihnen ein Telegramm geschickt und einen Artikel für das Ihnen gewidmete Sammelbuch geschrieben.[105] Der Artikel gefällt Ihnen hoffentlich; das Thema ist, wie Sie wissen, Ihres und nicht meines und Sie hätten es selber besser ausgeführt. Aber ich habe es in Gedanken an Sie geschrieben, und zum Zeichen davon wieviel ich ebenso wie so viele andere – von Ihnen gelernt habe. Sie wissen ja selbst gar nicht, daß Sie ein »berühmter Mann« sind und ich weiß, daß Sie viele Hindernisse in sich selbst haben, um es zu spüren. Man muß es aber auch gar nicht selber spüren. Wenn einem die andern Menschen diesen Titel verleihen, so heißt das im Grunde nur, daß man imstande war, und ist, den andern irgendetwas zu bieten was sie selbst nicht haben oder können und wonach sie sich, als nach einer Bereicherung, sehnen. In Ihrem Fall ist das eine sehr einzigartige Einfühlung in das Problem Verwahrlosung, die die Menschen an einem besonderen Punkt berührt: vielleicht an dem Punkt, wo jeder innerlich Stellung zu seiner eigenen potentiellen Verwahrlosung nehmen muß, oder einmal im Leben genommen hat. So sind Ihnen die Menschen für etwas Persönliches dankbar und schätzen Sie gleichzeitig für etwas Sachliches. Das ist doch eine schöne Kombination. Daß Sie dabei verurteilt worden sind eine Vaterfigur zu werden, was Sie im Grunde sogar ablehnen, das ist den Menschen gleich. Es handelt sich bei diesem merkwürdigen Vorgang des Berühmtwerdens ja nicht um Ihre Wünsche sondern um die der andern.

Daß Ihnen alles mögliche Vergnügen an der Feier durch die Vortragsvorbereitung verdorben ist, tut mir sehr leid. Ich muß dabei an eine Skizze über den »Muttertag« denken, die ich einmal in Wien gelesen habe: die Familie macht dem Muttertag zu Ehren einen Ausflug und zur Vorbereitung muß die brave Mutter waschen, bügeln, die Kleider der Kinder stärken, einen Guglhupf

---

[103] Siehe III.5.c.

[104] Anna Freud hatte eine Einladung zur öffentlichen Feier erhalten (AFP): »Die Bundeskonferenz für Wohlfahrtswesen, die Arbeitsgemeinschaft für Heilpädagogik, die Wiener Psychoanalytische Vereinigung laden Fräulein Anna Freud höflichst ein, an der Begrüßung *August Aichhorn's* zu seinem 70. Geburtstag anlässlich seines Vortrages auf der SEPEG-Tagung am 20. Juli 1948, 11 Uhr, im Auditorium Maximum teilzunehmen.«

[105] Das Telegramm ist das vorstehende. A. Freuds Beitrag für die Aichhorn-Festschrift geht über »Certain types and stages of social maladjustment« (1949a). Vgl. III.5.b.

backen, das Essen einpacken, etc. etc. etc. bis sie sich, zu ihren eigenen Ehren, völlig erschöpft hat. So macht man es mit Ihnen, so hat man es mit meinem Vater gemacht und so macht man es oft mit mir. Nur die Grabrede braucht man sich zum Schluß nicht selber halten.

Dabei fällt mir ein, warum ich im Grunde nicht einverstanden bin, daß Sie 70. Geburtstag haben. Ich will gar nicht, daß Sie älter werden, verzichte gerne auf alle runden und eindrucksvollen Zahlen bei Ihnen und will auch nicht erinnert werden, daß Sie älter sind als ich. Viel lieber als Ihr 70. Geburtstag wäre mir ein Versprechen, daß Sie immer der Gleiche bleiben, daß Sie gesund sind, daß Ihr Herz sich anständig benimmt – und daß Sie mir als Freund bleiben. Aber der Geburtstag ist gut für die andern Leute, – die Ihnen nicht so nahe stehen und eine Gelegenheit abwarten müssen, um Ihnen etwas Gutes über Sie zu sagen.

Ich schreibe Ihnen diesen Brief vom Strand, auf allen Seiten ist nur Meer, Sand, Marschlandschaft und Gewässer, nirgends ein Mensch zu sehen. Der Himmel ist so blau wie in Lausanne an der Ecke vom See.

Vielleicht können wir bald einmal wieder irgendwo zusammensitzen.

Alles Gute bis dahin!
Ihre Anna.

116 AA [24.7.1948][106]

geburtstagsbrief vor einundeinhalb stunden angekommen haben gemeinsam an der blauen eibe vom see[107] *geburtstag gefeiert es war wunderschoen vielen innigen dank = august aichhorn*

117 AA [Briefkopf V] 24. VII. 1948.[108]

Meine liebe Anna!
Vor eineinhalb Stunden kam Ihr Geburtstagsbrief. Gemeinsam mit Ihnen

---

[106] Telegramm; Datum des Eingangsstempels.
[107] Möglicherweise eine Anspielung auf Gespräche in Lausanne.
[108] Handschriftlich. Der Brief wurde von Otto Fleischmann persönlich überbracht (siehe 123AA).

feierte ich meinen Geburtstag und bin über die tiefe Verbundenheit glücklich. Leid tut mir, daß ich Ihnen jetzt nicht wortlos die Hand drücken kann. Nehmen Sie tiefstes Empfinden als Dank, anderes kann ich nicht geben.

Aber auch von der »offiziellen« Geburtstagsfeier am 20 einiges. Fleischmann hatte die unglückliche Idee, im Rahmen der vom 19.–24. hier tagenden »Bundeskonferenz für Wohlfahrtswesen«, anschließend an meinen Vortrag: »Die Verwahrlosung einmal anders gesehen«, eine Geburtstagsfeier zu veranstalten. Als ich davon erfuhr, war es zu spät sie zu verhindern. Seine Absicht war gut und nach außen hin wurde die Veranstaltung zu einem vollen Erfolg. Stellen Sie sich aber mich, auf dem Podium sitzend, die offiziellen Glückwünsche entgegennehmend, vor.

Ich mag solche Sachen an sich nicht, dazu noch die besondere Situation: dieselben Stellen, die mich seinerzeit verfehmten, mir Oberhollabrunn nahmen, nichts unversucht ließen, mich im Jugendamt in die untergeordnete Stellung zu zwingen, können sich nun der Ehrungen nicht genug tun. Es ekelt einen an. Erinnern Sie noch, wie schmählich sich Tandler in Angelegenheit der Erziehungsberatung benommen hat und wie sein Verhalten mich zwang die Erziehungsberatung sofort einzustellen?[109]

Ich habe damals das alles über mich ergehen lassen, wie diesmal die lächerliche Geburtstagsfeier.

Am Schluße kam der seinerzeitige Leiter des Jugendamtes Senatsrat Dr. Rieder auf mich zu und sagte: »Wie haben Sie sich gefühlt?« Meine Entgegnung: »Das fragen Sie, der doch seinerzeit im Auftrage der Dienststelle meine Absägung besorgten.« Darauf er: »Wenn ich heute beauftragt worden wäre, Sie zu beglückwünschen, hätte ich gesagt, irren ist menschlich, wir haben Sie weitaus unterschätzt und dementsprechend behandelt, wir geben zu, daß Sie sich trotzdem durchgesetzt haben und freuen uns heute, zu Ihrem 70. Geburts-

---

[109] Vgl. I.4.g. Am 15. 9. erinnerte Aichhorn auch Eissler in einem Rückblick auf seine »öffentliche Geburtstagsfeier« daran, wie Eissler seinerzeit mit einer kleinen Abordnung bei Tandler vorgesprochen und versucht hatte, ihn zu einer Weiterbeschäftigung Aichhorns im Jugendamt zu bewegen, »damit wir das für die Ausbildung erforderliche Material zur Verfügung gestellt bekommen«, und wie Tandler sie damals abgefertigt hatte »mit der Bemerkung, daß die Verhandlungen wegen ›kleinlicher Gehaltforderungen‹ meinerseits abgebrochen werden mussten«. Er fügte hinzu: »Ich habe noch die gesamte Korrespondenz aufgehoben und am Abend der ›großen Feier‹ wieder durchgelesen« (KRE/AA, S. 70).

tag die Möglichkeit haben, dies einzugestehen.« Er fügte dann noch hinzu, »das wäre ehrlich und anständig gewesen.« Ähnliches als Privatmann – er ist längst in Pension – zu sagen, dazu hat ihm doch der Mut gefehlt. Er beglückwünschte mich auf seine Art.
    Liebe Anna, heute nachmittags wird es schön werden. Einige »Hollabrunner« und alte Mitarbeiter im Jugendamt wollen mich in ihrer Mitte haben.

Unendlich viel Liebe
Aichhorn

118 AA   *[Briefkopf V] 24. VII. 1948 (abends)*[110]

Liebe Anna!
Ein ganz kurzer Bericht über die nachmittägige Geburtstagsfeier mit den »Hollabrunnern«.
    20 Leute waren wir in der Wohnung einer Fürsorgerin beisammen. Es war ein so lieber, warmer Ton, alle in froher Stimmung, im Schwelgen von Erinnerungen gemeinsamen Erlebens.
    Beiliegend schicke ich Ihnen die Festrede, sie ist so gut gemeint und voller Humor. Schon das Umschlagbild, das mich als den, im Sternbild des Löwen geborenen, umgeben von den übrigen Sternbildern zeigt, finde ich ganz reizend.
    Ich darf Sie bitten, Fleischmann die Festrede wieder mitzugeben, da ich sie aufheben will.[111]
    Auch Winkelmay[e]r war dabei; er ist knapp über 60, ein alter, kränklicher, mit sich und der Welt zerfallener Mann.
    Trude Hollstein[112] *hat im letzten Moment abgesagt. Ich nehme an, daß sie, da ihr Mann gestorben ist, manchen Erinnerungen ausweichen wollte.*
    Sagt Ihnen der Name Krämer etwas? In Oberhollabrunn war er der Onkel Martin. Ein prachtvoller Mensch, der jetzt auch schon über fünfzig ist, aber der alte, positiv zum Leben eingestellte Erzieher geblieben ist.
    Das Zusammensein mit diesen lieben Menschen hat mich voll für die »offizielle« Feier entschädigt. Es ist kaum zu glauben, wie das gemeinsame Er-

---

[110] Handschriftlich. Auch dieser Brief wurde von Fleischmann überbracht.
[111] Die Festrede, ein langes Gedicht, ist im Nachlass Aichhorns erhalten. Siehe ferner Anm. 115 zu 119AA.
[112] Gertrude Hollstein, geb. Baderle. Ihr Mann war Erzieher in Hollabrunn gewesen.

leben in Oberhollabrunn Beziehungen schuf, die Jahrzehnte überdauert [haben]. Einige hatte ich zwanzig Jahre nicht mehr gesehen und der alte Kontakt war sofort da.[113]
Ich hätte Sie so gerne mit dabei gehabt. Der Geburtstagsbrief war in der Tasche mit. Finden Sie das sehr kindisch? Mir war es etwas ganz besonderes.
Innigste Grüße und viel Liebe,
Ihr Aichhorn

119 AA [Briefkopf V] 29. VII. 1948.[114]

Liebe Anna!
Dr Fleischmann wird einiges mitbringen,[115] *aber schon der erste Bote darf nicht mit leeren Händen kommen.*
Es ist gelungen, das schief geratene Bild in Ordnung zu bringen. Es ist wirklich das am besten gelungene.[116]
Was soll ich Ihnen schreiben? Ich bin so erfüllt von dem Wissen, daß unsere Freundschaft auch Ihnen etwas bedeutet. Es ist das Schönste in meinem Leben und ich gewinne daraus mehr, viel mehr innere Kraft, als Sie sich denken können.
Bleiben Sie bitte immer so bei mir.
Alles Liebe
Aichhorn.

---

[113] Siehe III.5.c.
[114] Handschriftlich. – Diesen Brief, mit dem darin erwähnten Foto, nahm Jula Weiss bei der Rückkehr nach London mit.
[115] Siehe 122AA. – Fleischmann besuchte den III. International Congress of Mental Health, der vom 11. bis 21. August 1948 in London stattfand. Der Kongress war ein Großereignis, an dem auch viele Psychoanalytiker teilnahmen. Aichhorns Freunde, einschließlich Anna Freud, schickten ihm am 21. 8. eine kollektive Grußbotschaft, die auf S. 365 f. faksimiliert wird.
[116] Siehe die Abb. auf der folgenden Seite; vgl. dazu 106AF mit Anm. 80 sowie 125AA. Das gerade gerichtete Bild wurde für den Umschlag des vorliegenden Bandes verwendet. Auch von diesem Foto gibt es in NAA ein Exemplar mit einer Aufschrift von A. Freud auf der Rückseite: »Eine freundliche Erinnerung / Anna«.

Anna Freud und Aichhorn in Lausanne, März 1948:
das »schiefe« Foto mit Retuschieranweisungen Aichhorns

120 AA [Briefkopf III] Wien, den 29. Juli 1948[117]

Liebes Fräulein Freud!
Darf ich Sie bitten, meinen Wiener Freunden, Dorothy Burlingham, Lily Frankl, Willi Hoffer und Hedwig Hoffer, Ernst und Marianne Kris meinen herzlichsten Dank für die lieben, mir telegrafisch übermittelten Geburtstagswünsche auszusprechen.

[117] Masch. außer Unterschrift. – Der Brief ist die Antwort auf 114AF und wurde ebenfalls von Fleischmann nach London mitgenommen (siehe 122AA).

In der Vergangenheit sind »Inspirations«, für die die Wiener Freunde sich im Telegramm bedanken, meines Wissens von mir nicht ausgegangen; aber ich bin sehr gerne bereit, wenn solche in den kommenden Jahren sich einstellen sollten, meine lieben Freunde damit freigiebigst zu überschütten.
  Viele herzliche Grüße an alle, insbesonders an Sie,
  Ihr August Aichhorn

121 AA *[Briefkopf V] 31. VII. 1948.*[118]

Liebe Anna!
Um das »Fest« vollständig zu machen, mußte ich am 28. auf ein Stahlband des Radio Senders ein Zwiegespräch mit einem Redakteur aufnehmen lassen. Er war zwei Tage vorher bei mir und ich schrieb ihm die Fragen vor. Schwierig war nur, etwas zu finden, das in fünf Minuten den Radio Hörern ein abgeschlossenes Bild gibt. Mehr als 5 Minuten durften dazu nicht verwendet werden, weil es täglich eine Sendung gibt: »Spiegel der Zeit« und da müssen in 15 Minuten drei aktuelle Angelegenheiten gesendet werden.
  Die wirkliche Sendung erfolgt am Montag, so daß ich mich in Gastein hören kann.
  Ich schicke Ihnen beigeschlossen einen Durchschlag.
  Herzlichst
  Aichhorn

<u>Interview für Sender Rot-weiß-rot (amerikanischer Sender Salzburg-Linz-Wien)</u>

1. Frage:
In den letzen Tagen wurde Ihre Lebensarbeit in der Öffentlichkeit allgemein gewürdigt. Könnten Sie, sehr geehrter Herr Professor uns kurz sagen, worin Ihre hauptsächlichsten Leistungen bestanden?
1. Antwort:
Ich möchte Ihnen zuerst etwas anderes sagen.
  Nach dem ersten Weltkrieg war die Verwahrlosung sehr arg. Die Gemeinde Wien hatte in Oberhollabrunn ein aufgelassenes Flüchtlingslager übernommen und das Jugendamt beauftragte mich im Herbst 1918 ein Erziehungsheim für verwahrloste Kinder und Jugendliche beiderlei Geschlechts von 6–18 Jahren einzurichten.

---

[118] Handschriftlich. Auch dieser Brief wurde von Fleischmann überbracht,

Eine Schar junger, begeisterter Lehrer und Lehrerinnen ging mit mir. Uns allen war klar, dass wir den Verwahrlosten <u>anders</u> als bisher behandeln müssen. Abschreckende Vorbilder waren für uns die Besserungsanstalten alten Stils. Bei uns gab es keine Anstaltsmauern, keine versperrten Türen, keine vergitterten Fenster, nur ebenerdige Baracken. Es gab weder Arrestantenzelle, noch Arrestantenkost und auch keine Prügel. Wir nahmen uns auch vor, kein böses Wort zu sagen. Alles wurde restlos eingehalten. Oberster Grundsatz in Oberhollabrunn blieb: Absolute Milde und Güte; nicht Anwalt der Gesellschaft, sondern Anwalt des Verwahrlosten zu sein.

2. Frage:
Und welche Ergebnisse hat die Anwendung dieser grundsätzlich neuen Methode gezeitigt?

2. Antwort:
Zunächst schienen die Verfechter der alten Methoden recht zu behalten: Unsere Zöglinge waren nach ihrem bisherigen Erleben auf Brutalitäten vorbereitet. Deren Ausbleiben hat dazu geführt, daß ihr Verhalten zunächst immer schlimmer wurde. Sie provozierten die Prügel. Unser geduldiges konsequentes Festhalten an Milde und Güte hat aber schließlich den Widerstand in den weitaus meisten Fällen überwunden. Aus den verkommensten, unleidlichsten Verwahrlosten wurden lenkbare Kinder, die der Erziehung später nicht mehr Schwierigkeiten bereiteten, als die in jeder Kinderstube üblichen.

3. Frage:
Also Sie meinen, daß man die Verwahrlosung mit Menschenliebe, mit Milde und Güte, mit Eingehen auf den Verwahrlosten beheben kann?

3. Antwort:
Mit diesen Mitteln haben seit Jahrhunderten einzelne besonders begabte Erzieher die Verwahrlosung erfolgreich bekämpft. Aber diese besondere Begabung ist erstens leider recht selten, zweitens aber führt sie ohne wissenschaftliche Methodik zu bloßen Zufallstreffern. Menschliches Verstehen und das Bedürfnis helfen zu wollen, müssen da sein; sie allein reichen aber nicht aus. Um die richtigen Mittel zur Behandlung des Verwahrlosten finden zu können, muß man viel von dem wissen, was in den Tiefen des Unbewußten, der Seele vorgegangen ist, ehe das Kind als Verwahrloster in Erscheinung tritt. Dieses Wissen holten wir immer wieder aus der Psychoanalyse Freuds.

Die Einsichten, die mir die Psychoanalyse über die normale und abnorme menschliche Entwicklung gab, bildeten die wissenschaftliche Grundlage für mein Buch: »Verwahrloste Jugend«. Als ich sie schrieb, hatte ich keine Ahnung, damit etwas Grundlegendes zu einer neuen Auffassung der Verwahrlostenbehandlung geschaffen zu haben. Mir erschien alles so selbstverständlich. Das Buch wurde in Wien nicht beachtet, erst die englische Übersetzung machte die in der Jugendfürsorge und besonders in der Verwahrlostenbetreuung arbeitenden Kreise auf meine Arbeit aufmerksam. Heute ist das Buch nicht nur in England und Amerika, sondern auch in Schweden, Norwegen,

Belgien, Holland, Schweiz und Ungarn zu einem Lehrbuch bei der Ausbildung von Jugendfürsorgern und Fürsorgeerziehern geworden.

4. Frage:

Kann man denn bei Gefahr von Verwahrlosung von Kindern und Jugendlichen nicht so rechtzeitig vorbeugen, dass die Aufnahme der Kinder in Erziehungsheime und längere Behandlung vermeidbar wird?

4. Antwort:

In vielen Fällen ist das möglich. Und schon im Jahre 1922 richtete ich für diese Zwecke in den einzelnen Wiener Bezirksjugendämtern Erziehungsberatungsstellen ein, die auch heute von Eltern, Schulen und Fürsorgeorganisationen immer wieder in Anspruch genommen werden. Auch im Rahmen der alten Wiener Psychoanalytischen Vereinigung gründete und führte ich eine Erziehungsberatungsstelle bis 1938 die Psychoanalyse verboten wurde. Erst im Jahre 1946 gelang es uns, die alte von Sigmund Freud gegründete W.P.V. wieder aufzurichten und seither führe ich wieder diese Erziehungsberatung.

Uns über die wissenschaftlichen Grundlagen meiner Arbeit auseinanderzusetzen ist zu wenig Zeit, dazu müßten wir uns gelegentlich länger zusammensetzen.

122 AA　　　　　　　　　　　　　　*[Briefkopf V] 31. VII. 1948.*[119]

Liebe Anna!

Dr Fleischmann bringt Ihnen in Brief N° 1 meinen Dank auf Ihren lieben Geburtstagswunsch und einen kurzen Bericht über eine Geburtstagszusammenkunft von »Hollabrunnern«.

Brief N° 2 enthält den Durchschlag eines Interviews mit einem Radio-Redakteur.

Brief N° 3 enthält den Dank auf das offizielle Telegramm.

In der schweren Schachtel ist die Plakette, die ich für meine Freunde machen ließ in Originalgröße und eine auf 6 ½ cm reduzierte.[120] *Außerdem liegt das Festgedicht von der Oberhollabrunner Begegnung bei, das ich bitte*

---

[119] Handschriftlich. Auch diesen Brief mit den vielen Beilagen (darunter die Briefe 117AA, 118AA, 120AA und 121AA mit Anlage) nahm Fleischmann nach London mit.

[120] Die Plakette (siehe 125AA) gibt Aichhorns Porträt im Halbprofil wieder. Mit Eissler hatte Aichhorn einen scherzhaften Austausch darüber, nachdem jener »einen kleinen jüdischen Zug in der Nase« erkannt zu haben glaubte (KRE/AA, S. 71–73).

Dr. Fleischmann wieder zu übergeben, da ich es gerne aufhebe. Eventuelle Erläuterungen kann Dr. Fleischmann geben.
Für Ihre Arbeiten, die Sie mir als Geburtstagsgeschenk durch Jula Weiss schickten, vielen Dank. Ich nehme sie nach Gastein mit, wo ich sie in Ruhe lesen kann.
Zu Ihren Bemerkungen: Meine Einstellung zum Verwahrlosten und »Menschenliebe« habe ich einiges zu sagen. Wird auch von Gastein aus geschehen.
Wenn Sie jetzt von mir nacheinander Briefe bekommen werden, bitte erschrecken Sie nicht. Ich erwarte auch nicht, daß Sie mir jeden beantworten. Aber ab und zu möchte ich schon einen Brief erwarten dürfen.
Diesem Brief lege ich eine Fotografie bei, damit Sie den Maler kennen lernen, der das schiefgeratene Bild gerade gerichtet und ergänzt hat. Es ist wirklich gut geworden. Von ihm stammt auch die Plakette.[121]
Gestern war Frau Bertha Steiner bei mir und teilte mir mit, daß nun die Bücher des Verlages von der Nationalbibliothek zurückgestellt werden. Wir übernehmen sie nächste Woche.[122] Ich habe schon veranlaßt, daß sie vorläufig in Dr. Fleischmanns Zimmer, hier in der Vereinigung (Rathausstr. 20) deponiert werden. Leider kann ich die Versendung nach Amsterdam erst durchführen bis ich zurückkomme, da ich morgen früh nach Gastein fahre. Wenn es auch langsam vorwärts geht, aber es geht doch. Mit dem Plan der Berggasse und dem Foto-Album ist es auch so.[123] Der Architekt läßt sich Zeit, ich

---

[121] Die Plakette gestaltete Günther v. Baszel (siehe 154AA), der Aichhorn auch in einem Gemälde porträtiert hat (siehe Abb. auf S. 422). Welches Foto von ihm Aichhorn dem obigen Brief beigelegt haben mag, lässt sich nicht klären.

[122] Steiner schrieb am 29. 7. an A. Freud (AFP; Brief im Original offenbar fehldatiert), sie habe mit einiger Verspätung nun endlich vom Unterrichtsministerium die Mitteilung erhalten, dass die Bücher freigegeben worden seien; sie könnten nun abgeholt werden. Es gab dann aber weitere Komplikationen (siehe 131AA).

[123] Es geht hier um die Engelmann-Fotos von Berggasse 19 (siehe II.1.c). An Eissler schrieb Aichhorn am 2. 11. 1948 darüber (KRE/AA, S. 74): »Ich habe nun von einem Architekten einen Grundriß der Wohnung, die Fassade des Hauses und einen Querschnitt durch Freuds Wohnung machen lassen. In Lausanne hatte ich den Grundriß der Wohnung und Kopien der gemachten Aufnahmen mit und ließ mir von Anna genau die Blickrichtung von der aus die Aufnahmen gemacht wurden, angeben. All dieses Material wird nun in einem Album vereinigt. Anna und Du sollst als Weihnachtsgeschenk dieses Album bekommen.« Vgl. u. a. 154AA mit Anm. 54 und III.7.h.

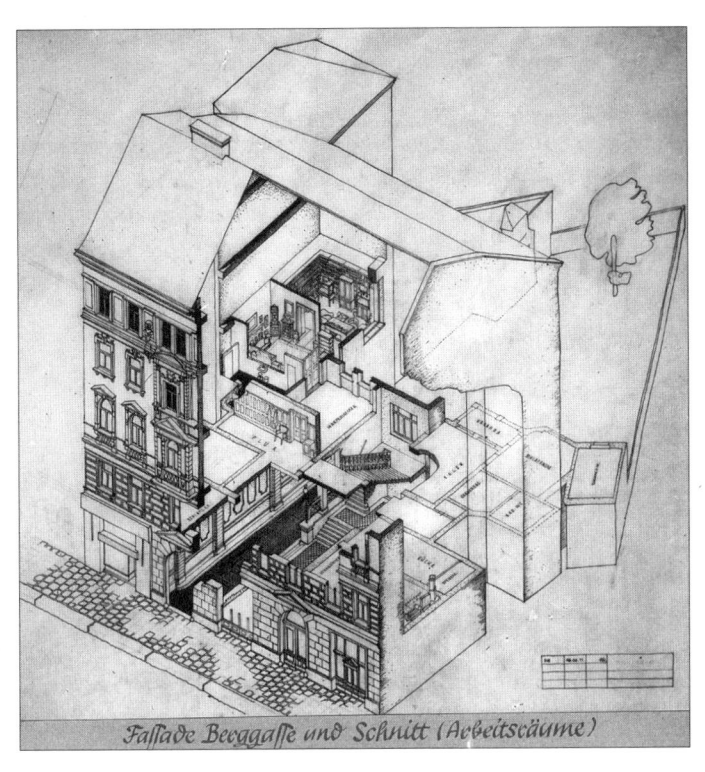

Querschnitt durch das Haus Berggasse 19

lasse nicht locker. Auch das wird fertig. Auf mich können Sie sich bestimmt verlassen.

Liebe Anna, meine liebe Anna, für wen bin ich lieber da als für Sie. Morgen abends bin ich in Gastein. Wieder bei dem Wasserfall, der uns so vertraut ist[124] und der mir schöne, recht schöne Wochen mit Ihnen verspricht.

Viel Liebe
Ihr Aichhorn

---

[124] Vgl. den »Geständnis«-Brief 56AA. Aber Anna Freud hatte auch eigene positive Erinnerungen an Bad Gastein, das sie 1923 kennenlernte (vgl. S. u. A. Freud 2006, S. 181; LAS/AF, S. 202).

123 AA   *4. VIII. 1948.*[125]

Liebes Fräulein Freud,
seit zwei Tagen ist Anna Mänchen hier, wir sind viel beisammen, sie berichtet sehr interessant.[126] *Wenn diese Karte einlangt, werden Sie Dr. Fleischmann schon gesehen und von ihm gehört haben, wie die »Festtage« in Wien verliefen.*

Herzlichst
Aichhorn

Ich freue mich sehr, daß ich für paar Tage hierhergekommen bin.

Sehr herzlich
Ihre Anja Maenchen

124 AA   *5. VIII. 48.*[127]

Liebe Anna!
Dr. Maenchen ist heute abgereist, nun fangen meine Ferien an. Ich habe mir einiges zu arbeiten mitgenommen.[128]
Der Wasserfall rauscht genau so wie im Vorjahr, er ist sehr schön.

Recht viele herzliche Grüße
Aichhorn

---

[125] Ansichtskarte aus Bad Gastein; handschriftlich.
[126] Auf einer Ansichtskarte schickten Maenchen und Aichhorn am selben 4. 8. einen »Gruß aus einem Kaffeehaus« an Kurt und Ruth Eissler (mit Dank an B. Reiter).
[127] Ansichtskarte aus Bad Gastein; handschriftlich.
[128] In einem Brief an Dworschak vom 10. 8. (NRD) schilderte Aichhorn, wie seine Ferien aussahen: »Wir kamen am Sonntag [1. 8.] abends an und am Montag vormittags war Frau Dr. Maenchen aus Kalifornien schon da und nahm mich bis Samstags abends, also eine volle Woche ›über Gebühr‹ in Anspruch. Als dann alles schlafen ging, arbeitete ich täglich bis Mitternacht an den ›endogenen und exogenen Faktoren‹ [= Aichhorn 1948d]. Du wirst mich für verrückt halten, aber ich bin wie besessen. Als ob ich nicht mehr Zeit hätte, die Arbeit fertig zu machen. Es ist das Grundlegende meiner ganzen Arbeit mit den Verwahrlosten und muß völlig klar formuliert heraus kommen. Ich war der Meinung in zwei bis drei Tagen damit fertig zu sein und bin es immer noch nicht. Was ich heute schreibe, verwerfe ich morgen und so komme ich nur sehr langsam weiter. Es werden bisher kaum fünf

125 AA   [Briefkopf V] Bad-Gastein, 18. VIII. 1948.[129]

Liebe Anna!
Seit drei Wochen ist fast jeden Abend der Tisch zum Fenster gerückt, auf ihm liegt vor mir die Mappe mit Ihren Arbeiten, zum Lesen bereit und ich komme nicht richtig weiter. Aber nicht, weil mir das Lesen Schwierigkeiten macht, das ginge ganz gut; aber der <u>Wasserfall</u> zieht mich, wenn ich mich zum Tisch setze, sofort in seinen Bann. Genauso wie im Vorjahr höre ich das rhythmische Rauschen und doch ist es in mir ganz anders.
Damals war es zuerst ein nicht mehr zu unterdrückendes Drängen, Ihnen offen und ehrlich zu schreiben, das Bedürfnis nach Klarheit; dann kamen lange Wochen des Bangens, des Vorwurfes geschrieben zu haben: ein Hoffen, ein Fürchten, tiefe Unruhe. Heuer ist alles ausgeglichen, überzeugtes Wissen, wirkliche Helle und Frohsein. Wir sprechen jeden Tag viel miteinander und wenn ich auch weiß, daß ich träume, habe ich Sie doch greifbar wirklich bei mir und bin glücklich, daß wir uns restlos verstehen. Lange, lange Jahre trug ich die Ungewißheit in mir bis ich endlich den Mut fand.
Ich verlebe so hier die schönsten Tage des Jahres und danke Ihnen für das nicht mehr trennbare Beisammensein.
Und nun etwas anderes!
Gefällt Ihnen die in Lausanne schief geratene, nun gerade gerichtete und ergänzte Fotografie?[130] Ich finde, daß sie von allen die bestgelungene ist: Zu tiefst bilde ich mir ein, ich muß immer eine Beziehung zu mir herstellen, wenn etwas von Ihnen ausgeht – gerne sage ich es nicht – das Lächeln gilt mir und das beglückt mich besonders.
Noch etwas will ich von Ihnen wissen!
Haben Sie mich ausgezankt, sind Sie enttäuscht oder finden Sie es lächerlich, daß ich die Plakette machen ließ? Zur Erklärung: Ich hatte das Bedürf-

Maschinenschreibseiten sein.« Am 16. 8. schickte er an Dworschak (NRD) »den umgearbeiteten letzten Teil des Vortrages: Die Verwahrlosung einmal anders gesehen [1948d]. / Zuerst war ich der Meinung, er sei jetzt gut. Nun gefällt er mir nicht mehr, trotzdem ich vierzehn Tage damit verbracht und dadurch meine ganze Post vernachläßigt habe. Ich bin ein schrecklich langsamer Arbeiter. Immer wieder anders formulieren und nie fertig werden.«

[129] Handschriftlich.
[130] Siehe 119AA mit Anm. 116.

nis zu meinem Geburtstag zu schenken und überlegte lange: »was«? Eine Arbeit schreiben? Aus Äußerungen Pfarrer Pfisters im September des Vorjahres vermutete ich, daß für mich ähnliches im Werden sei.[131] *Gleichwertiges, fürchtete ich, kann ich dem nicht entgegenstellen. Gedanken, die ich in mir herumtrage, bringe ich so wie sie da sind, nicht zu Papier. Ich fühlte seit jeher einen Zwiespalt in mir: das Denken reicht für die wissenschaftliche Arbeit nicht aus und das Empfinden nicht zum künstlerischen Gestalten. So bin ich weder Wissenschaftler noch Künstler geworden, beides nicht einmal halb. Was war es, daß keines zur Entfaltung kam? Ist zu wenig da, oder waren es äußere Umstände? Es ist ja auch müßig heute darüber nachzudenken. Ich komme nur darauf, weil ich Ihnen klar legen will, warum ich zum Geburtstag nicht schrieb. Schenken wollte ich. Eine Fotografie? Das erschien mir lächerlich und so kam ich schließlich zur Plastik.*
Bitte schreiben Sie mir Ihre Meinung und auch etwas von sich.
Am 24. September bin ich in Amsterdam.[132]

Viel Liebe
immer Ihr Aichhorn

---

[131] Bezieht sich auf die Aichhorn-Festschrift (siehe III.5.c). Genaueres über die Äußerungen Pfisters in einem Brief an Eissler (KRE/AA, S. 66).

[132] Dies war eine von mehreren Vortragsreisen, die Aichhorn für den Spätsommer und Herbst 1948 plante. Die erste sollte ihn nach Budapest führen. Am 5. 7. mahnte er Kata Lévy (NAA), sie müsse ihm rasch antworten, wo er welche Vorträge dort halten solle, »weil im September noch eine gewaltige Auslandstournee zu bewältigen ist, die Dr. Fleischmann und ich unternehmen müssen. Du hast keine Ahnung, wie vielbegehrte Menschen wir geworden sind, die Leute wollen uns immer beide zugleich haben. Das Dioskurenpaar Castor und Pollux. Wir beide strahlen solche Energien aus, daß die Menschen schon Tage vorher das Elmsfeuer zu sehen bekommen. Ich nehme an, daß Du weißt, in welchem Zusammenhang Elmsfeuer und Castor und Pollux stehen. Du darfst, wenn Du es nicht weißt, keine Minderwertigkeitsgefühle bekommen, wegen meiner Gescheitheit. Vor 5 Minuten wußte ich auch nichts davon. Wir haben im Lexikon nachgesehen. Dir gegenüber bin ich so analytisch ehrlich, von den anderen Menschen lasse ich mich wegen meiner ›Gelahrtheit‹ bewundern, obwohl Dr. Fleischmann nicht damit einverstanden ist und mich immer zur Bescheidenheit veranlassen will. Das ausgenommen, ist er der glänzendste Reisebegleiter, den ich mir vorstellen kann, da ich Einschränkungen meiner persönlichen Freiheit gewohnt bin.« Von den damals geplanten Reisen kam nur mehr die nach Budapest zustande. Vgl. III.5.d.

126 AA [Briefkopf V] Bad-Gastein, 20. VIII. 1948.[133]

Liebe Anna!
Mit gleicher Luftpost geht ein Durchschlag meines Vortrages: »Die Verwahrlosung einmal anders gesehen«, an Sie ab. Er ist zum Teil eine kurze Zusammenfassung aus den »Kategorien der Verwahrlosung«.[134] Ich habe nun eine sehr sehr große Bitte an Sie; ich brauche <u>Ihre Hilfe</u>, wie damals bei der Verwahrlosten Jugend und sind Sie mir nicht böse, wenn ich um baldige Antwort ersuche. Ich muß wissen, ob meine Auffassung über <u>Ursachen</u> der Verwahrlosung richtig ist und was an der Formulierung klarer darzustellen ist, wenn Sie mir beistimmen. Im öffentlichen Vortrag war das nicht so gefährlich, die Menschen hören ja nur halb hin, aber ich möchte in Amsterdam am 24. September in der Vereinigung über die Kategorien der Verwahrlosung sprechen und sie bauen sich auf diesen Überlegungen auf. Im allgemeinen würde es mir nichts machen, wenn ich mich blamiere, aber – lachen Sie mich nicht aus – in Amsterdam darf das Ihretwegen nicht sein. Liebe Anna, verstehen Sie mich richtig.
Wirklich zu lesen, brauchen Sie nur die zweite Hälfte, von dort an, wo ich die Frage aufwerfe, ob es zweckmäßig ist, wenn die Verwahrlosung schon von sovielen Seiten gesehen wird, sie auch noch vom Standpunkte des Fürsorgeerziehers aus anzuschauen (Seite 4). In der ersten Hälfte hole ich mir nur die Legitimation für eine selbständige Betrachtung. Noch eine kleine Bemerkung zu dem in der Einleitung gebrachten Kinderspiel. Ich fand es bei Kleist.[135]

---

[133] Handschriftlich.

[134] Der Vortrag = Aichhorn 1948d (vgl. Anm. 98 zu 112AA); zu den »Kategorien« vgl. 16AA und II.3.d.

[135] Kleist hat die Geschichte, die Aichhorn verwendete, unter dem Titel »Von einem Kinde, das kindlicher Weise ein anderes Kind umbringt« 1810 veröffentlicht (Kleist 1997; nach G. Wickram). Sie handelt von Kindern, die Schweineschlachten spielen, wobei ein Kind als »Metzger« ein anderes als »Sau« tötet. Der junge Täter kommt vor das Gericht der Ratsherren. Die »saßen all über diesen Handel, und wussten nicht, wie sie ihm tun sollten, denn sie sahen wohl, das es kindlicherweise geschehen war. Einer unter ihnen, ein alter weiser Mann, gab den Rat, der oberste Richter solle einen schönen, roten Apfel in die eine Hand nehmen, in die andere einen rheinischen Gulden, solle das Kind zu sich rufen, und beide Hände gleich gegen dasselbe ausstrecken; nehme es den Apfel, so solle es ledig erkannt werden, nehme es aber den Gulden, so solle man es auch töten. Dem wird gefolgt; das Kind aber ergreift den Apfel lachend, wird also aller Strafe ledig erkannt.«

Mir war zu tun, ein Auditorium von 1000–1200 Menschen, möglichst sofort in entsprechende Spannung zu versetzen und gleich am Anfang eine andere Einstellung zu Verbrechen und Verwahrlosung als die übliche, aufzuzeigen.

Viel, viel Liebe
Aichhorn

127 AF [Briefkopf London] 2. September 1948.[136]

Lieber Aichhorn!
Ich antworte Ihnen, wie Sie es wollten, vor allem auf Ihren Vortrag und seine Verwendung in Amsterdam. Alles andere schiebe ich auf den nächsten Brief auf.
Der Vortrag hat mich ausserordentlich interessiert und zwar auch der Teil, von dem Sie gemeint haben, dass ich ihn gar nicht lesen brauche. Ich finde das Beispiel, mit dem Sie anfangen, ausgezeichnet. Ich könnte mir keine schönere Illustration dazu denken, dass das Kind erst straffällig wird, wenn seine Ideale den Stand der Gemeinschaft, in der es lebt, erreicht haben, also die Verantwortlichkeit abhängig von der durchgeführten Überich-Entwicklung. Die Geschichte ist wirklich ein Fund, den Sie sicherlich in Ihrem nächsten Buch verwerten sollten.
Ich finde auch Ihre Zusammenstellung der Entwicklung der Fürsorge im Mittelalter und Neuzeit ausserordentlich interessant. Wahrscheinlich hätte ich alle diese Einzelheiten längst wissen sollen, aber irgendwie weiss man nie genug und sehr vieles daran war mir neu und was einen besonders stark beeindruckt ist, wie jung die Fürsorge überhaupt ist und was für ungeheure Fortschritte sie im Vergleich mit dieser verhältnismässigen Jugend gemacht hat. Alle Zusammenstellungen und die Art, wie Sie die Entwicklung anführen, ist wirklich faszinierend.
Bei dem nächsten Punkt, der Darstellung der <u>Ursachen</u>, fehlt einem irgendein Wort, das die populäre Darstellung mit der analytischen verbindet, nämlich was ist analytisch das, was Sie in Ihrer Arbeit den persönlichen Faktor oder den Willensakt nennen. Ist es das Schicksal der Libido? Ich finde die Auseinandersetzung in <u>Material und Mittel</u> sehr gut, nur finde ich für das unbekannte

---

[136] Masch. außer Unterschrift; Zensurstempel.

Grußadresse an Aichhorn aus London vom 21. 8. 1948
Unterschriften: Anna Maenchen, Marianne Kris, Hedy Schwarz, Anna Freud, Hedwig Hoffer, P. J. van der Leeuw, Hilde Lewinsky, René Spitz, Ernst Kris, C. Gomperts, Josefine Stroß, Edith B. Jackson, F. Coltof, Grete Bibring, Edward Bibring, Julia Deming, A. Bromley, Kate Friedlander, H. G. van der Waals

Unterschriften: Barbara Lantos, Hilda C. Abraham, Dr. Klara Frank, Lili Frankl, Willi Hoffer, Jenny Waelder Hall, S. J. René de Monchy, Michael Balint, Lisl Schwarz, Lois Munro, Sandor Lorand, Werner Kemper Berlin, Dr. Dosužkov, [Helen Ross]

Dritte nicht das richtige Wort.[137] *Da Sie dieses unbekannte X auf dem Weg über den Erzieher finden, so kann es doch wohl nur das Libido-Schicksal sein, denn das ist es dann, was Sie in dem Erleben zwischen Erzieher und Zögling schildern. Oder habe ich es noch nicht ganz so verstanden, wie Sie es meinen? Es ist der einzige Punkt Ihrer Arbeit, wo ich etwas unsicher bin; alles andere ist mir so klar und deutlich in Ihrer Darstellung, als ob ich es selber gedacht hätte.*

Wenn ich Ihnen jetzt für Amsterdam einen Rat geben soll, so meine ich, Sie sollen zum Hauptpunkt Ihres Vortrags eben diesen Vorgang zwischen Zögling und Erzieher machen und zeigen, dass es sich zum Unterschied von der Neurosenbehandlung nicht um eine Übertragung von Objektlibido, sondern um Übertragung von narzistischer Libido handelt.[138] *Das ist Ihr neuer Fund dessen Wichtigkeit man gar nicht hoch genug einschätzen kann und der mit einem Schlag die Schwierigkeiten, die Abweichungen und die beim gewöhnlichen Analytiker so regelmässigen Fehlschläge der Verwahrlostenbehandlung erklärt.*[139] *Wenn Sie das der holländischen Gruppe bringen, so bringen Sie etwas völlig Neues, aber gleichzeitig etwas, was für jeden Analytiker völlig einsichtig und überzeugend ist.*

---

[137] Da sich Analysen im üblichen Sinn bei Verwahrlosten nicht durchführen ließen, sei, so Aichhorn, eine psychoanalytische Behandlung zur Erkenntnis der Ursachen der Verwahrlosung nicht brauchbar. Analytische Einsicht könne aber sehr wohl einen Beitrag »zur Aufhellung« der Verwahrlosung liefern. Dazu benützt er zunächst ein Bild aus der Architektur (1948d, S. 98 f.), indem er den Verwahrlosten mit einem Bauwerk, seine Erbanlagen mit dem Baumaterial und seine Umwelt mit den äußeren Beanspruchungen des Bauwerks vergleicht. Das Bescheidwissen darüber ergebe jedoch nur die Grenzen, innerhalb derer ein Bauvorhaben möglich wird. Der Techniker sei nun fähig, einen Willensakt zu setzen, der sich dann im Bauwerk manifestiert. Beim Verwahrlosten trete an die Stelle des Willensaktes »ein Vorgang, der sich aus den Gefühlsbindungen des Kindes an seine erste erziehende Außenwelt ergibt« (ebd., S. 99).

[138] Wenn der Erzieher fähig ist, sich mit dem Verwahrlosten zu identifizieren, verschwindet für diesen, so Aichhorn, die Eigenpersönlichkeit des Erziehers: »Der Verwahrloste erlebt, ohne es zu wissen, sich selbst wieder im Erzieher. [...] Sein Abhängigkeitsverhältnis zum Erzieher ergibt sich vorwiegend aus einer überfließenden narzißtischen Libido« (1948d, S. 101).

[139] In ihrem Nachruf für Aichhorn (1951a, S. 1600 f.) bezeichnet A. Freud als dessen wichtigsten Beitrag zur Technik der Psychoanalyse seine Entdeckung der narzisstischen Übertragung (vgl. Aichhorn 1937).

Sie können natürlich die Ausführungen über das Überich, die in Wien so nötig waren, in Amsterdam auf ein Minimum einschränken, denn gerade diese Dinge sind dort ganz geläufig. Aber die Unterscheidung müssen Sie sehr breit ausführen, so wie in Ihrem Wiener Vortrag, und in analytischer Terminologie noch verbreitern. Ich glaube, Sie werden einen besonderen Erfolg damit haben, und bitte schreiben Sie schnell zurück, wenn das noch nicht alles ist, was Sie von mir dazu wissen wollen.

Sehr herzlich
Ihre Anna.

128 AA   *[Briefkopf V] 16. IX. 1948.*[140]

Liebe Anna!
Für die Bemerkungen zum Amsterdamer Vortrag danke ich sehr herzlich. Ich werde ihn für Analytiker umarbeiten und Ihnen den Entwurf schicken, beziehungsweise verschiedene Fragen stellen.[141] *Ihre Stellungnahme zur »Menschenliebe« hat noch einige Überlegungen ausgelöst, auch darüber werde ich schreiben.*

Heute muß ich Ihnen aber über recht qualvolle 24 Stunden berichten.[142]
Der Vorfall war folgender:
Ich besuchte mit Kata und Dr. Fleischmann ein Säuglingsheim. Nach der Besichtigung setzten wir uns mit der Leiterin und der führenden Kinderärztin zusammen, um einige Fragen zu besprechen. Da die Ärztin keinerlei Reinlichkeitserziehung gestaltet, die Kinder von selbst rein werden, interessierte mich das Bettnässerproblem, das in Heimen so viele Schwierigkeiten macht.

---

[140] Handschriftlich; Zensurstempel.
[141] An Dworschak schrieb Aichhorn am 23. 9. 1948 (NRD), nachdem er den Vortrag hatte absagen müssen: »Anna Freud hat mir recht beachtenswertes über den Vortrag ›Die Verwahrlosung einmal anders gesehen‹ geschrieben. Er gefällt ihr übrigens sehr gut. Ich möchte ihn für Analytiker bearbeiten. Vielleicht wollte ich mich in Budapest und Amsterdam um diesen Vortrag herum drücken. Ich spürte genau, daß er für Analytiker anders gehalten werden müsse.« Auch während seines letzten Urlaubs im Sommer 1949 beschäftigte sich Aichhorn noch mit der Umarbeitung dieses Vortrags. Es konnte die Neufassung aber nicht mehr vollenden (vgl. Anm. 98 zu 112AA).
[142] Zu diesem Vorfall in Budapest Anfang September, bei einer Vortragsreise mit Besuch bei Kata und Lajos Lévy, siehe III.5.d.

Als ich die Frage stellen wollte, konnte ich plötzlich das Wort »Bettnässer« nicht aussprechen. Gleichzeitig hatte ich das Gefühl vergessen zu haben, was ich fragen wollte. Es wurde irgendein Gestammel, das die anderen zwar merkten, aber wie Dr. Fleischmann mir nachher sagte, im allgemeinen Gespräch nicht besonders auffiel. Ich erlebte einen fürchterlichen Schock, hatte die Angst überhaupt nicht sprechen zu können, versuchte es auch nicht mehr, sondern blieb stiller Zuhörer. Beim Abschied gelangen die Worte ganz gut und deutlich. Und doch merkte ich, daß ich einzelne Worte nicht aussprechen konnte, was bei anderen gelang.

Lajos wollte ich begreiflich machen, daß ich Schwierigkeiten beim Artikulieren habe. Das Wort brachte ich nicht heraus. Als Lajos es aussprach, konnte ich es auch aussprechen und behielt es von da an.

Nach dem Mittagessen versuchte ich durch Aufschreiben von Worten Kontrolle über mich zu gewinnen und dabei merkte ich, daß es sich nicht nur um Sprechen handelt, sondern daß auch das Niederschreiben Schwierigkeiten machte. Mehrsilbige Wörter wurden im Schreiben immer länger. Ich wußte genau, daß ich Silben verdoppelte, aber irgendwie gehörte das dazu. Nach stundenlangem Bemühen wurde es langsam besser. Es war, als ob ich jedes Wort neu lernen müßte. Wenn es da war, behielt ich es auch.[143]

Nach 24 Stunden war der Anfall abgelaufen und zurück blieb mir eine große Unsicherheit. Es war richtig Angst da, die Kontrolle zu verlieren und arbeitsunfähig zu werden.

Lajos behauptet, daß es sich um einen Gefäßkrampf gehandelt hat, ich bin anderer Meinung.[144]

---

[143] Aichhorns Schreibversuche blieben in seinem Nachlass erhalten. Siehe auch den Rückblick von K. Lévy in einem Brief an AF (16. 11. 1948; AFP): »Aichhorn war sehr erschütternd, u. hat sich mit aller psych. Energie gegen den körperl. Defekt gewendet – was gar nicht so gut für ihn war, er hat ›geübt‹ statt auszuruhen. Und doch schien er von einer relaxierten Aussprache mit mir Erleichterung zu empfinden.«

[144] An seine Freundin Rosa Dworschak, die sich damals auf einer Studienreise in die Schweiz und nach Holland befand, schrieb Aichhorn am selben 16. 9. einen etwa gleichlautenden Brief. Am 23. 9. berichtete er ihr (NRD): »Mittlerweilen hast Du ja schon meinen Brief bekommen, aus dem Du den wirklichen Grund meiner Absage [des Amsterdamer Vortrags] entnommen hast. Ich kann darüber den Leuten natürlich nichts schreiben. Sorgen brauchst Du Dir aber nicht zu machen. Es ist alles wieder in Ordnung. Arg war es nur die 24 Stunden, in denen

Lajos verbot den Vortrag in Budapest, die Reise nach Amsterdam, für die nächsten 6 Wochen Kurse, Seminare, Vorträge in Wien und verordnete mir für die Zeit Tropfen und Tabletten. Wir vereinbarten, daß er, (Lajos) Kata und Dr. Fleischmann niemandem von dem Vorfall Mitteilung machen werden und daß wir die etwas eingeschränkte Arbeit in Wien mit der notwendigen Schonung nach der Gasteiner Kur begründen. Lajos weiß natürlich auch nicht, daß ich Sie genau informiere.[145]

Mir ist außerordentlich leid auf Amsterdam jetzt verzichten zu müssen, sehe aber ein, daß ich augenblicklich nicht in der richtigen Verfassung bin. In der Beilage eine Kopie des an Dr. Lampl gerichteten Briefes.
Schreiben Sie mir bitte bald <u>nur paar</u> Zeilen.

Alles Liebe
Aichhorn

mich die Angst quälte arbeitsunfähig zu werden und deswegen auch die ungeheure Anstrengung die Kontrolle über mich zu gewinnen. Ich bin überzeugt, dass es <u>hysterische Lähmungserscheinungen</u> waren und daß ich ohne Analyse verloren gewesen wäre. Erinnerst Du, was ich Dir über die Schwester meines Vaters, die Mutter des Kapellm. Mayer-Aichhorn erzählte? Sie war ungefähr im selben Alter, fing eines Tages zu lallen an und die Ärzte konstatierten einen Schlaganfall. Zehn Jahre quälte sie ihren Sohn immer mehr, bis er sie zum Schluß auf den Nachttopf setzte. Welches mein Motiv war, weiß ich nicht, aber irgendetwas spielte sich ab. Warum hatte ich den Zustand auch in Budapest? Weil Lajos zur Stelle war!!! In Wien hätte ich doch keinen Arzt rufen können. Analytiker für mich brauchbaren gibt es keinen und das spürte ich genau, dass es nichts sei, wo man einen Arzt wie etwa Lauda oder Pötzl holen könnte. Für mein sicheres Gefühl war es nichts Organisches.«

[145] Lévy hatte A. Freud schon am 11. 9. einen Bericht über Aichhorns Erkrankung geschickt (siehe III.5.d). Am 25. 10. dankte er ihr für ihre Antwort und erklärte (AFP): »Ich ahnte, dass er aus Wien Ihnen schreiben wird und wollte mit realer Beschreibung ihm zuvorkommen. [...] Wie Fl[eischmann] schreibt, hat er sich eine psychologische Theorie gestaltet, die ihm über seine sonst auch bestehende körperliche Angst hinweg hilft. Es war mir immer merkwürdig, wie ein Mensch von seiner Geistigkeit fast magische Angst und Vertrauen zu Medikamenten und ärztl. Verordnungen haben kann. Nun will ich hoffen, dass ein neuer Anfall oder sonstige Folgen recht lange ausbleiben werden. Doch nemo nescit.« – Wahrscheinlich wollte Lévy mit dem lateinischen »nemo nescit« sagen: niemand weiß; aber der doppelt verneinte Satz heißt im Gegenteil: jeder weiß.

[Brief August Aichhorn an Hans Lampl]

Wien, den 14. September 1948

Lieber Herr Doktor!

Nach der Gasteiner Badekur fuhr ich zu einem Vortrag nach Budapest. Dort wohnte ich bei meinem alten Freunde, dem ehemaligen Direktor des jüdischen Spitals, Dr. Levy.

Da er meinen Gesundheitszustand als Arzt seit vielen Jahren kennt, war es nur zu natürlich, daß er mich nach einer 5 jährigen Unterbrechung einer gründlichen Untersuchung unterzog. Dabei stellte sich als Ergebnis heraus, daß ich mich einer viel größeren Schonung unterziehen muß, als ich dachte. Er verbot mir sofort, den in der Budapester Vereinigung angesetzt gewesenen Vortrag zu halten, legte mir für die nächsten 6 Wochen größte Schonung nahe und untersagte ausdrücklich, Reisen auf weitere Strecken zu unternehmen.

Lieber Herr Doktor, Sie werden verstehen, mit welch schweren Herzen, wir beide, Dr. Fleischmann und ich, auf Amsterdam, auf das wir uns schon so sehr freuten, verzichten. Ich bin aber überzeugt, daß ich doch noch Amsterdam und meine lieben Freunde dort sehen werde. Aufgeschoben ist nicht aufgehoben. Ich hole mir schon noch die Krone, die mir Dr. van der Sterren bei seiner Geburtstagsrede im Auditorium Maximum angetragen hat.[146]

Im besonderen bitte ich Sie, dem Herrn Präsidenten der Amsterdamer Vereinigung und sämtlichen Mitgliedern mein Bedauern über die notwendig gewordene Verschiebung meines Vortrages auszusprechen.

Dr. Fleischmann und ich danken noch außerordentlich für die Einladung und senden herzlichste Grüße Ihrer Gattin und Ihnen [147]

---

[146] Von seiner damaligen Wienreise hatte van der Sterren am 22. 8. 1948 an A. Freud berichtet (AFP): »Ende Juli war ich vierzehn Tage in Wien und im Salzkammergut [...]. Am Mittwoch hatten wir eine Sitzung der Wiener Vereinigung: es waren Kollegen aus Schweden und Palästina anwesend.« A. Freud antwortete am 1. 9. (ebd.): »Ich kann mir vorstellen, wie sehr Aichhorn sich mit Ihnen gefreut hat. Ich habe ihn ja im Frühjahr in der Schweiz getroffen und ich weiss, wie hungrig er nach Besuchen, Vorträgen und Anregungen aus dem Ausland ist.«

[147] Lampl antwortete Aichhorn am 22. 9. 1948 (NAA), dass seine Absage eine große Enttäuschung gewesen sei, aber Lévy habe ihm sicher einen guten Rat gegeben. Am 26. 10. ergänzte er (ebd.): »Damals wusste ich noch nicht, dass wir ausser Ihnen noch eine ganze Anzahl anderer Freunde versaeumen mussten. Ich hoerte nachtraeglich, dass auch Anna Freud die Absicht hatte, zu Ihrem Vortrag nach Amsterdam zu kommen, ausserdem auch Hoffer und Hedi Schwarz, aber auch noch einige andere Freunde. Es waere also wirklich eine Art analytisches Fest geworden. Mache ich Ihnen damit nicht das Herz zu schwer?« Vgl. III.5.d.

129 AF   21. September 1948.

Lieber Aichhorn,
Ob ich über die Entfernung weg etwas von dem gespürt habe, was Sie in Budapest erlebt haben? Vor einer Woche habe ich plötzlich mitten in einer Arbeitsstunde beschlossen, daß ich doch nach Amsterdam fliegen kann, um Sie dort zu treffen. Tags vorher hatte ich noch an Jeanne Lampl geschrieben, daß ich gerne kommen möchte, aber nicht kann. Dann war der Entschluß plötzlich da, ich weiß nicht woher und ich habe bei der Fluggesellschaft angefragt um Fahrplan, Preis etc. Mit der Antwort gleichzeitig habe ich auch schon aus Holland gehört, daß Sie nicht kommen können, und dann heute Ihr Brief! Ob die vielen Reisen der letzten Zeit zu viel Anstrengung für Ihr Herz waren? Oder die Unruhe der Geburtstagsfeier mit der vielen Arbeit vorher für den Vortrag? Was immer das kurze Versagen der Gefäße war, es kann keinen Schaden hinterlassen haben und es kann nur eine minimale Region betroffen haben. Sonst könnte die Störung nicht so zircumscript gewesen sein und das Wiedererobern des Gestörten innerhalb weniger Stunden. Ich habe sofort nachgelesen in einem medizinischen Handbuch und versucht zu verstehen, was es bedeutet.
Ihre Schilderung hat mich merkwürdig daran erinnert, wie mein Vater in bestimmten Zuständen, die er »Flimmermigraine« genannt hat, geklagt hat, daß ihm Worte entfallen oder sich verzerren. Das hat gewöhnlich einige Stunden gedauert. Nur muß das Ihre schärfer und konzentrierter gewesen sein.
Ich kann mir sehr gut vorstellen, was für ein Schreck es war. Das Ärgste ist die plötzliche Einsicht, wie alles, was man selbst ist, nur an einem Haar hängt, an irgendetwas Minimalem, Mechanischem, über das man keine Macht hat und das einen doch so ganz in der Hand hat. Wie ich Ihren Brief bekommen habe, war es plötzlich als wäre ich es selber und ich fand plötzlich das Sprechen schwer.
Es ist gut, daß Lajos in der Nähe war. Ich glaube, er ist der klügste Internist, den wir überhaupt jetzt haben. Und es ist gut, daß er Ihnen den Vortrag und die Reise verboten hat, – wenn ich Sie auch so sehr gerne in Holland getroffen hätte. Nächstes Mal!
Jetzt soll es nur nicht wiederkommen, so daß Sie sich wieder sicher und unbedroht fühlen. Ich bin ganz bei Ihnen, mit jeder Stunde, in der Sie sich Ruhe gönnen.

[148] Handschriftlich; Zensurstempel.

Ich bin sehr froh, daß Sie es mir so genau geschrieben haben und ich werde dasselbe tun, wo es sich um meine Sorgen oder Schrecken handelt.
Immer
Ihre Anna.

130 AA   *[Briefkopf V] 29. IX. 1948.*[149]

Liebe Anna,
es ist mir unmöglich zu schreiben, wie sehr ich mich über den heute gekommenen Brief freue. So rasch hatte ich Antwort nicht erwartet; Vorwürfe machte ich mir, Sie beunruhigt zu haben.[150]
Es ist wirklich unheimlich, wie wir ineinander klingen: nicht nur Ihr plötzlicher Entschluß während einer Arbeitsstunde nach Amsterdam zu fliegen, sondern auch mein Verhalten in Budapest ist ein Beweis dafür. Als ich mich unausgesetzt bemühte, die Kontrolle über mich zu gewinnen, beherrschte mich mehr als Angst und Schrecken das Gefühl, Sie dürfen nicht allein bleiben, ich muß unter allen Umständen für Sie da sein. Dabei spielte gar keine Rolle, wie weit die Realität es zuläßt, wirklich für Sie zu sorgen. Das gab mir große Kraft.
Liebe Anna, Sie wollen wirklich jede Stunde, die ich mir Ruhe gönne, ganz bei mir sein, vielen, vielen Dank dafür. Das gibt mir eine große Sicherheit im Zweifel, die so leicht in mir auftauchen. Es ist so eigenartig: ich bin geteilt. Der riesige Starke, der Ihnen alles abnimmt, sie unermeßlich verwöhnt und gleichzeitig der, der seine Stärke nur aus der Gewißheit bekommt, daß Sie untrennbar in mir leben. Aber nicht erst seit gestern oder vorgestern, sondern seit vielen, vielen Jahren. Nur habe ich das zutiefst, ganz für mich geheim gehalten. Ich weiß nicht ob das ist, was man wirklich lieben, nennt.[151]

---

[149] Handschriftlich; Zensurstempel.
[150] Kata Lévy teilte AF am 28. 9. 1948 mit (AFP), Aichhorn habe ihr geschrieben, dass die Störung schon im Abflauen gewesen sei, als er die Heimreise antrat. Das Ganze sei nach seinen Worten wie ein Gewitter gewesen, das vorüber zog. Sie fährt fort: »Er betont immer wieder wie froh er ist, dass der accident hier passiert ist, wo er sich bei Lajos so geborgen fühlte. Ich glaube die Aufregung des Wiedersehens mit L. war größer als zuträglich.«
[151] Vgl. Anm. 45 zu 91AA.

Ihre Zusage, mich jederzeit wissen zu lassen, wenn Sie etwas bedrückt, nehme ich als endgültig gegeben. Damit ist auch etwas weg, das mir recht oft Unsicherheit brachte.
Mir geht es recht gut. Was noch da ist, nehme ich nicht mehr als Organisches. Ich meine es ist die Nachwirkung des Schocks. Die Angst, es könnte jeden Augenblick wieder wie ein Angriff aus dem Hinterhalt kommen. Wahrscheinlich muß da mehr Zeit vergehen, oder es bildet sich irgendeine Abwehr heraus, die Wache bezieht, um nicht überrascht zu werden.[152]
Nochmals vielen Dank für die Liebe.

Unwandelbar der Ihre,
Aichhorn.

N.S. Dr Fleischmann läßt um die Disposition für den theoretischen Kurs bitten.[153]

131 AA   *[Briefkopf III] Wien, den 18. Oktober 1948*[154]

Liebes Fräulein Freud!
Am Tage meiner Rückkehr aus Budapest brachten Dr. Sauerwald und Frau Steiner die Bücher von der Nationalbibliothek zu uns. Bei der Übernahme der Bücher stellte sich heraus, daß die Ihnen eingeschickte Liste nicht mehr stimmt; es fehlen welche und in der Liste nicht angeführte wurden geliefert.[155]

---

[152] An Dworschak schrieb Aichhorn am 9. 10. 1948 (NRD), dass es ihm recht gut gehe und dass kein Anlass zu Sorgen bestehe: »Aber ich habe unauslöschlich erlebt, wie das Leben an einem Faden hängt, der, ohne daß wir es verhindern können, abgeschnitten wird. Wenn man das auch immer weiß, so fehlt doch der Erlebnis-Inhalt dazu. Ich bin irgendwie anders geworden, Wärme ist verloren gegangen. Ich bin nur froh, daß hier niemand davon etwas merkt. [...] Mein Denken ist heller geworden, gegenteilig als ich befürchtete. Ich hatte Angst vor Intelligenz-Abbau. Das ist nicht der Fall, irgendwie lüftet sich ein Schleier, aber ich bin nicht mehr, der ich war, aber auch nicht alt geworden, oder traurig, eher ein wenig trotzig. Vielleicht der Spieler: Nur raufe ich jetzt nicht mit dem Croupier, der mir das Geld wegnehmen will, sondern mit einem Feind, der stärker sein will als ich.«

[153] Vgl. schon 88AF und 106AF. Den betreffenden Brief hat A. Freud dann wirklich am 15. 10. 1948 geschrieben (siehe Anhang I.4).

[154] Masch. außer Unterschrift; Zensurstempel.

[155] Am 20. 9. hatte Steiner Anna Freud mitgeteilt (AFP), dass am 11. der Transport

In der Beilage 1 finden Sie die Liste mit den angeführten Differenzen.[156]
Ich schreibe Ihnen erst heute, weil Frau Steiner versprach, wegen der fehlenden Bücher in der Nationalbibliothek zu urgieren und mir erst vor einigen Tagen telefonisch bekanntgab, daß weitere Bücher nicht mehr von der Nationalbibliothek zu bekommen seien.

In der Beilage 2 sind Bücher aufgeschrieben, die mir fehlen, jedoch aus der Büchersendung der Nationalbibliothek ergänzt werden könnten. Rot angestrichen habe ich die, die ich gerne haben möchte.[157]

Beilage 3 ist eine Wunschliste Dr. Fleischmanns. Ich finde sie zwar etwas unverschämt, kann sie aber nicht unterschlagen.

Wegen des Transportes der Bücher an Dr. Lampl,[158] *werde ich mich jetzt um die erforderlichen Formalitäten, die erfüllt werden müssen, erkundigen; angeblich bedürfen Büchersendungen ins Ausland einer besonderen behördlichen Genehmigung.*

Von Dr. Lampl langte vor einigen Tagen ein Brief ein, in dem er folgendes schreibt: »Vor längerer Zeit schrieb man mir von einer Büchersendung, die aus Wien zu mir kommen soll. Das hatte die Konsequenz, daß wir vorläufig analytische Bücher, die uns hier angeboten wurden, nicht kauften, in der Meinung, daß doch bald die Bücher aus Wien kommen werden. Nun möchte ich Sie fragen, ob wir diese Hoffnung aufgeben müssen oder ob noch immer die berechtigte Hoffnung besteht, daß die Bücher hierher kommen werden.«[159]

der Bücher per Lastenauto von ihr durchgeführt worden sei, dass sich die Bücher seither in den Räumen der WPV befänden und dass Sauerwald sie beim Transport unterstützt habe. Allerdings fehlten einige Bände, was durch andere, hinzugefügte wettgemacht werde. Damit könne die »langwierige Angelegenheit« abgeschlossen werden, abgesehen von den etwaigen Formalitäten des Abtransportes ins Ausland, die zu erledigen sie sich erbot.

[156] Keine der oben genannten drei Beilagen (Listen) war auffindbar.
[157] Vgl. 77AF und 80AA.
[158] Vgl. u. a. 71AF.
[159] Lampls Brief vom 22. 9. 1948 ist in NAA erhalten. Aichhorn antwortete ihm am 18. 10. (ebd.), er verstehe Lampls Ungehaltensein wegen der Verzögerung der Büchersendung, aber der Weg, sie zu bekommen, sei sehr langwierig gewesen. Als sie dann im September endlich eingetroffen sei, habe sich herausgestellt, dass sie nicht mit den Listen übereinstimmte; der Versuch, alle Bücher zu erhalten, sei aber misslungen. Was jetzt noch fehle, sei eine behördliche Ausfuhrbewilligung, und es sei ungewiss, wann sie erteilt werde. Die weitere Verzögerung der Absendung gab

Wenn Dr. Lampls Zeilen auch keine Schuldgefühle in mir auslösten, finde ich seine Anfrage doch berechtigt und möchte, falls Sie Ihre Absicht nicht geändert haben, doch alles unternehmen, damit die Bücher rasch abgeschickt werden können.

Aus der telefonischen Mitteilung von Frau Steiner entnehme ich, daß sie sich Ihnen angetragen hat, den Bücherversand zu übernehmen. Ich weiß, daß sie sehr dienstei frig ist, möchte Ihnen aber doch nicht raten, sie dazu zu verwenden.[160]

Auf meinen Brief vom 1. Juli, in dem ich Ihnen mitteilte, daß Dr. Fleischacker Ihre Vertretung nur übernehmen kann, wenn Sie ihm eine besonders stilisierte Vollmacht schicken (den Text der Vollmacht schrieb ich Ihnen in diesem Brief), ist bis heute keine Antwort eingelangt. Ich urgiere die Antwort deswegen, weil die Zeit sehr drängt. Wenn Wiedergutmachungsansprüche nicht bis Ende des Jahres eingereicht werden, verfallen sie. Eine Terminverlängerung wird nicht mehr stattfinden.

Mir geht es recht gut, am 18. und 19. September (mit Nächtigung) und am 2. Oktober, war ich in Begleitung Dr. Fleischmanns in Eggenburg.[161] *Gegen den gegenwärtigen Direktor Jalkotzy, den Sie von Ihrem Kurs für Horterzieher her kennen, sind verschiedene Beschwerden eingelaufen und Bürgermeister Körner hat mich ersucht, die Stichhältigkeit dieser Beschwerden zu überprüfen. Ich freue mich sehr, Jalkotzy, der in seiner eigenartigen Persönlichkeit zwar nicht voll entspricht, stützen zu können; denn unter dem heute in Wien verfügbaren Erziehermaterial ist er sicher einer der brauchbarsten. Die Verhältnisse, unter denen er arbeiten muß, sind außerordentlich mißlich. Er hat gegenwärtig 240 Zöglinge in Eggenburg, keine pädagogisch geschulten Erzieher, sondern ehemalige Handwerker als Zöglingsaufseher. Außer ihm*

noch mehrfach Anlass für Briefwechsel zwischen Aichhorn und A. Freud auf der einen und Lampl auf der anderen Seite.

[160] Worauf sich Aichhorns Misstrauen Steiner gegenüber bezog, war nicht zu klären.

[161] Aichhorn verfasste über seinen Besuch in Eggenburg einen ausführlichen Bericht an den Wiener Bürgermeister (1948e). Am 15. 9. hatte er an Eissler geschrieben (KRE/AA, S. 70): »Am Samstag soll ich, über Ersuchen des Bürgermeisters, nach Eggenburg fahren, (Du weißt doch, was Eggenburg ist? Die Anstalt, die die Gemeinde Wien von Niederösterreich übernommen hat, als sie mich in Oberhollabrunn absägten) um über den Betrieb ein Gutachten abzugeben.« Eissler hatte geantwortet (ebd., S. 72): »Der Eggenburg Auftrag zeigt doch, daß sich vieles in Wien geändert hat.«

gibt es in Eggenburg nur noch einen als Erziehungsleiter tätigen Lehrer. In der 10 klassigen allgemeinen Fortbildungsschule für die in 12 Werkstätten und in der Landwirtschaft beschäftigten Zöglinge sind außer ihm und dem Erziehungsleiter nur noch ein ehemaliger kaufmännischer Angestellter als Lehrer tätig.

Lajos ist sehr fleißig im Schreiben und außerordentlich um meinen Gesundheitszustand bemüht. In jedem Brief heißt es, daß ich nicht zu viel arbeiten und spätestens um 11 Uhr schlafen gehen soll. Er ist sehr lieb. Vor einigen Tagen wurde er 73 Jahre alt. Er hat sich völlig erholt; von seinen depressiven Zuständen ist nichts mehr zu merken, bedauerlich ist nur, daß seine Arbeitsfähigkeit etwas auf Leerlauf gestellt ist; die Privatpraxis geht nicht gut.

Liebes Fräulein Freud, ich erwarte recht bald eine Antwort auf diesen Brief, namentlich Ihre Entscheidung in der sehr dringlichen Angelegenheit Hochroterd.

Herzlichst
Ihr Aichhorn

<u>*3 Anlagen.*</u>

132 AF   *[Briefkopf London] 23. November 1948.*[162]

Lieber Herr Aichhorn!
Es tut mir leid, dass meine Antwort auf Ihre Anfragen bezüglich der Bücher solange gedauert hat. Aber, wie Sie wissen, musste ich die Angelegenheit meinen Brüdern vorlegen und das nimmt immer Zeit.[163]

Dafür ist der Beschluss ein sehr einfacher: Sie sollen alle Bücher behalten,

---

[162] Masch. außer Unterschrift; Zensurstempel.

[163] Ihrem Bruder Ernst hatte Anna Freud am 3. 11. (AFP) den Stand der Bücher-Angelegenheit mitgeteilt: dass die rückerstatteten Bände in der WPV lägen, dass die Sendung nicht mit der früheren Liste übereinstimme (»Die Differenz ist aber nicht sehr gross«) und dass sich Aichhorn jetzt um die Ausfuhrbewilligung bemühe. Sie erwähnte dann die beiden Wunsch-Bücherlisten aus Wien (siehe 131 AA) und kommentierte: »Ich glaube für die ausserordentliche Mühe, die Aichhorn jetzt ein Jahr lang mit der Herausgabe der Bücher gehabt hat, ist es die beste Anerkennung, wenn man ihm beide Wunschlisten erfüllt. Es handelt sich ja nur um einen Bruchteil der zurückgegebenen Bücher. [...] Ich glaube, Aichhorn wäre sehr befriedigt, wenn man ihm seine Wünsche erfüllen könnte.«

die auf Beilage II Ihres Briefes angeführt waren, und das Institut alle die auf Beilage III angeführten.

Es könnte höchstens sein, dass ich Sie persönlich um den kleinen Band von Vera Schmidt: Psychoanalytische Erziehung in Sowjetrussland[164] bitte, der bei mir in der Bibliothek fehlt und den ich oft für unsere Studenten hier brauchen könnte. Aber es ist besser, Sie behalten ihn erst einmal, damit er nicht nach Holland mitgeht und schicken ihn mir dann einmal mit einem persönlichen Boten oder geben ihn mir, wenn wir wieder zusammentreffen.

Ich weiss nicht, ob Sie sich noch daran erinnern, dass ich seinerzeit gebeten habe, eine Gesamtausgabe direkt an mich nach London gehen zu lassen. Sollte es aber zuviel Mühe machen, so bitte lassen Sie der Gesamtausgabe nur irgendein besonderes Zeichen anhängen, dass sie für mich bestimmt ist und Dr. Lampl soll sie mir dann von Holland hierher schicken.[165]

Wieweit Sie Frau Steiners Angebot verwerten oder nicht verwerten wollen, liegt natürlich ganz bei Ihnen. Ich habe nur nicht gleich brieflich nein gesagt, weil ich gedacht habe, Sie könnten sich vielleicht auf diese Art irgendwelche unangenehmen Bemühungen ersparen. Darum habe ich sie an Sie gewiesen.

Dass Sie in Eggenburg waren, hat mich sehr interessiert, auch dass es Jalkotzky noch immer gibt. Ich lasse ihn bestens grüßen.[166]

Mit sehr herzlichen Grüssen und Wünschen Ihre
Anna Freud

133 AA   [Briefkopf V] Wien, den 29. November 1948[167]

Liebe Anna!
Mein Brief verzögerte sich deswegen so sehr, weil ich zuerst die Angelegenheit Hochrotherd mit dem Rechtsanwalt Minister a. D. Dr. Fleischacker durchbesprechen wollte, ehe ich Ing. Sweceny zu einer Besprechung auffordere.

Der Rechtsanwalt war verreist und nachher dauerte es fast eine Woche bevor Ing. Sweceny zu mir kam. Ich bin der Meinung, daß es zu einem Abschluß in Ihrem Sinne kommen wird. Wir sind aber in der Zeit sehr gedrängt, da

---

[164] Schmidt 1924; erschienen im Internationalen Psychoanalytischen Verlag.
[165] Siehe 71AF und mehrere spätere Briefe bis 164AF.
[166] Der letzte Satz handschriftlich hinzugefügt.
[167] Masch. außer Unterschrift; Zensurstempel.

Ende Dezember die Einreichungsfrist für Rückstellungsanträge abläuft und mit einer Verlängerung nicht mehr zu rechnen ist, wie ich Ihnen schon einmal mitteilte.

Sweceny wäre daher im Vorteil, wenn er die Verhandlungen über den 31. Dezember hinauszöge. Diesen Vorteil dürfen wir ihm nicht lassen. Es ist daher <u>unerläßlich</u>, daß Sie mir so rasch als möglich eine so beglaubigte Vollmacht, wie die für Dr. Fleischacker hätte sein sollen, einschicken, in der Sie mich berechtigen, das Rückstellungsansuchen für Sie einzureichen.

Sweceny ist bereit, die schriftliche Zusicherung zu geben, für seine Person den Termin bis Ende Februar zu verlängern. Wird mir dieses Schriftstück von den Behörden als rechtsbindend anerkannt, dann entfällt natürlich die Geltendmachung des Anspruches bei der Rückstellungskommission. So viel zur allgemeinen Einleitung.

Die Unterredung mit Sweceny verlief in außerordentlich ruhiger und sachlicher Form. Damit ich selber über die Sachlage orientiert bin, verlangte ich von Sweceny folgendes:

1. Die Vorlage des Kaufvertrages.
2. Die Höhe der Kaufsumme.
3. Wer den Betrag übernahm.
4. Was mit dem Geld geschehen ist.
5. Vorschläge über die Art der Rückstellung, bezw. die Höhe des für die Erwerbung zu entrichtenden Betrages.

Sobald ich seine Vorschläge bekomme, schicke ich sie Ihnen per Luftpost ein und kündige Ihnen die Absendung telegraphisch an. Wichtig ist, daß Sie dann sofort Stellung nehmen und mir Ihre Forderungen zur Weitergabe an Sweceny mitteilen.

Aus der Unterredung mit ihm entnahm ich, daß Fadenbergers schon im Jahre 1938 die Übernahme des Besitzes – von Ihnen angeboten – abgelehnt haben (stimmt das?) und daß in der nationalsozialistischen Zeit die Frage noch einmal von behördlicher Seite aufgerollt wurde und sie auch da ablehnten. Nach den Schilderungen Swecenys kann der Besitz, da der Boden nicht so reichlich ertragfähig ist, eine Familie nicht ernähren.[168]

Annerl[169] hat er, seit sie aus der Schule heraus ist, bei sich im Büro angestellt. Sie besucht die Fachschule und wird zur Kontoristin ausgebildet. Ihre

---

[168] Vgl. bereits die Beilagen zu 107AF.
[169] Anna, die Tochter der Fadenbergers.

Eltern sind nach wie vor bei ihm in Stellung und das Verhältnis ist nach seinen Schilderungen ein durchaus freundschaftliches.

Mit Fadenbergers habe ich absichtlich noch nicht gesprochen, weil ich, da sie ja ein Geschenk bekommen sollen, sie erst rufen will, bis ich mir über Art und Höhe des Geschenkes aus den Verhandlungen mit Sweceny klar geworden bin. Wenn Sie nicht damit einverstanden sind und wollen, daß ich Fadenbergers gleich einladen soll, dann bitte teilen Sie es mir mit.

Zum Schluß erwähne ich noch, daß sich alle Verhandlungen mit Sweceny nur auf Ihren Anteil des Besitzes beziehen, aber nicht auch auf den von Mrs. Burlingham.

1. habe ich dazu keine Vollmacht.

2. teilte mir Dr. Fleischacker mit, daß die Rechtslage erst in einem Prozeß geklärt werden müßte und es nicht sicher ist, daß der Prozeß – der nicht unerhebliche Kosten verursachen würde – gewonnen wird.

Daß Mrs. Burlingham ihre Ansprüche über die Amerikaner geltend macht, dazu scheint mir die Zeit jetzt nicht mehr auszureichen.

Hoffentlich kann ich Ihnen Swecenys Vorschläge schon in einigen Tagen schicken.

*Herzlichst
immer Ihr Aichhorn*

134 AF   *[Briefkopf London] 8. Dezember 1948.*[170]

Lieber Herr Aichhorn!
Hier ist die Vollmacht. Man hat mir auf der österreichischen Gesandtschaft gesagt, daß sie in dieser Form genügt, denn die österreichische Gesandtschaft hat gar nicht die Möglichkeit, die Unterschrift eines englischen Notars zu überbeglaubigen. Ich habe dort die Auskunft bekommen, daß für Wiedergutmachungsansuchen die Vollmachten immer in dieser Weise bestätigt werden. Ich hoffe, es geht alles in Ordnung und ohne zuviel Mühe für Sie.

*Herzlich
Ihre Anna Freud*

<u>*Beilage*</u>

---

[170] Masch. außer Unterschrift; Zensurstempel.

VOLLMACHT[171]

Ich beauftrage und bevollmächtige hiemit
Herrn Prof. August AICHHORN,
Wien, I.,
Rathausstrasse 20,
in meiner Rechtssache betreffend den Besitz in Hochrotherd No. 1 bei Breitenfurt, Niederösterreich, mich gerichtlich und aussergerichtlich voll und ganz zu vertreten und meine Interessen in jeder Weise wahrzunehmen, sowie die derzeit noch laufende Vollmacht des Herrn Dr. Alfred Indra, Wien, I., Reichsratstrasse 9, in meinem Namen sofort aufzukündigen.
London, December 1948

135 AA *[Briefkopf V] 20. Dezember 1948*[172]

Liebe Anna!
In der Beilage übersende ich Ihnen den Vorschlag, den Direktor Sweceny mir übermittelte.

Nach meiner heutigen Rücksprache mit dem Rechtsanwalt schlage ich Ihnen vor, vorläufig zu diesem Vorschlag nicht Stellung zu nehmen. Der Rechtsanwalt ist der Ansicht, daß Sweceny zuerst eine Planskizze zu übermitteln hat, aus der Lage und Größe der rückzustellenden Liegenschaft (Grund oberhalb der Straße) im Vergleich zu den übrigen Liegenschaften ersichtlich ist. Erst dann ist eine Stellungnahme möglich.

Es läßt sich auch noch nicht entscheiden, inwieweit die vorgeschlagenen S 10.000,– entsprechend sind. Außerdem erscheint mir nicht annehmbar, daß Sweceny die Rückzahlung des Betrages koppelt mit dem Zeitpunkt des Ausscheidens Fadenbergers aus seinen Diensten. Daß er angeblich Fadenbergers ein Altenteil sichern will, ist sehr edel, aber es enthebt ihn einer vorläufigen Leistung und wir wissen ja nicht, wie die Zeiten sich ändern.

Der Rechtsanwalt ist auch der Meinung, daß wir augenblicklich das Rückstellungsansuchen nicht einbringen müssen, da im letzten Moment noch die Einbringungsfrist um ein halbes Jahr verlängert wurde. Es ist daher auch gegenstandslos, wenn Sweceny sich mit seinem Angebot nur bis 28. Februar 1949 gebunden erachtet.

---

[171] Hier zitiert nach einem unsignierten Durchschlag.
[172] Masch. außer Unterschrift; Zensurstempel.

Sobald ich Antwort von Sweceny habe, werde ich Sie sofort benachrichtigen.
Bis der Brief Sie erreicht, sind Weihnachten und Neujahr schon vorüber; aber von den 365 Tagen des Jahres 1949 sind erst so wenige vergangen, daß ich Ihnen für den bleibenden großen Rest alles erdenklich Gute wünsche.

Alles Liebe
Ihr Aichhorn

Anlage

[Brief Otto Sweceny an August Aichhorn]

8. Dezember 1948[173]

Sehr geehrter Herr Professor,
Ich komme zurück auf die wiederholt mit Ihnen gehabten Rücksprachen und beehre mich, Ihnen tieferstehend Vorschläge zur endgiltigen Regelung der zwischen Frl. Anna Freud, London und mir bestehenden Situation zu unterbreiten und Sie zu bitten, diese an Frl. Freud weiterleiten zu wollen:

Im Falle Frl. <u>Freud</u> bereit ist, den im Jahre 1938 abgeschlossenen Abtretungsvertrag uneingeschränkt und unter Verzicht auf alle gegenwärtigen oder zukünftigen allfälligen gesetzlichen Sonderregelungen anzuerkennen, bin ich freiwillig bereit, den oberhalb der Strasse, vor dem Jahre 1938 Frl. Freud alleingehörigen Grund, eigentümlich, sowie uneingeschränkt und unbelastet, an die Familie Fadenberger oder ein von Frl. Freud bestimmtes Mitglied der Familie Fadenberger grundbücherlich zu übereignen.

Des weiteren verpflichte ich mich, unter den obigen Voraussetzungen, freiwillig an die Familie Fadenberger einen Betrag von ÖS 10.000,- (Schilling Zehntausend) mit der Widmung als für den Bau eines Wohnhauses bestimmt, in dem Zeitpunkte zu bezahlen, zu dem sie aus irgendwelchen Gründen ihre Dienste bei mir nicht mehr ausüben werden (oder diese nur fallweise oder gelegentlich ausüben werden).

Der Sinn meines Vorschlages ist der, dem Ehepaar Fadenberger ein Altenteil zu sichern.

Sie sehen, sehr geehrter Herr Professor, dass ich dem von Ihnen ausgedrückten Wunsche, in möglichst freundschaftlicher und rascher Form die Angelegenheit zu regeln, weitgehend entgegengekommen bin und dies um so mehr, als ich nach meinen persönlichen Darstellungen den Kauf seinerzeit optima fide abgeschlossen habe und mich moralisch zu keinerlei Konzessionen verpflichtet sehe.

Ich bitte Sie, diesen meinen Vorschlag mit entsprechendem Commentar weiter-

---

[173] Im Briefkopf Absenderadresse: Wien I. / Dir. Ing. O. Sweceny / Löwelstrasse 8. Am Ende des Briefs Empfängeradresse.

zugeben und schließe die von Ihnen gewünschte Abschrift des Kaufvertrages, sowie den Grundbuchsauszug mit der Bitte bei, mir diese beiden Unterlagen möglichst bald wieder retournieren zu wollen, da ich keine Kopien besitze.

Ich werde mich sehr freuen, möglichst in Kürze von Ihnen zu hören und möchte der guten Ordnung halber nur bemerken, dass ich mich an das oben gemachte Angebot bis zum 28. Februar 1949 gebunden erachte.

Genehmigen Sie, sehr geehrter Herr Professor, meine besten Empfehlungen, sowie den Ausdruck meiner

Vorzüglichsten Hochachtung:
Sweceny

7. Themen 1949

a. Zur politischen Lage in Mitteleuropa

Wenn Lajos Lévy im April 1949 an Anna Freud schrieb, dass Fleischmann auf ihn den Eindruck gemacht habe, »in eine geographische Angst geraten« zu sein (siehe III.7.c), dann meinte er wohl dessen Reaktion auf die politische Lage in Österreich. Dass sich die große Mehrzahl der aus Wien Vertriebenen nach dem Ende des Kriegs und der Befreiung von der Nazi-Herrschaft nicht zur Rückkehr nach Österreich entschließen konnte, war unter anderem durch die katastrophale wirtschaftliche Lage, aber auch durch die damals vollkommen ungewisse Zukunft des von den vier Alliierten besetzten Landes bedingt. In Ungarn und in der Tschechoslowakei wurde ab 1948 der politische Apparat unter die vollständige Kontrolle der Kommunistischen Partei gebracht. Die Länder unterwarfen sich der stalinistischen Politik der Sowjetunion. Auch für Österreich bestand die Gefahr, so wie Deutschland in eine westliche und eine östliche Hälfte geteilt zu werden.

In Ungarn hatte bereits 1948 die systematische Verdrängung der Psychoanalyse aus dem wissenschaftlichen Leben begonnen (Harmat 1988, S. 306 ff.; Mészáros 2010). Kata Lévy schrieb am 31. 3. / 2. 4. an Anna Freud (AFP): »Es hat sich aber hier eine tragikomische Angriffsgeschichte gegen unseren Beruf abgespielt. [...] Wir sind zahlenmässig so gering, dass es wie Kanonen gegen Spatzen auffahren lassen erscheint.« Im Jänner 1949 kam es dann zur Selbstauflösung der Ungarischen psychoanalytischen Vereinigung (vgl. Harmat 1988, S. 317 f.). Fleischmann berichtete A. Freud am 24. 4. (AFP):

Kurz vor der Erkrankung Aichhorns war ich für einige Tage in Budapest und habe mit Kata und Lajos gesprochen, es geht ihnen leidlich gut. Kata bat mich, da sie es aus bestimmten Gründen selbst nicht tun kann, Ihnen die ›freiwillige‹ Selbstauflösung der Ung. Vereinigung mitzuteilen. Was hinter der Tatsache der Selbstauflösung steht, können Sie sich vielleicht schwer vorstellen, sie war scheinbar nicht zu vermeiden, aber über die genauen Vorgänge, die dazu führten, sind teilweise auch für Kata Nebel gedeckt. Wie weit eine andere wissenschaftlich-politische Führung sie hätte vermeiden können, kann ich nicht genau beurteilen. Wir waren sehr traurig darüber, daß es so und dazu gekommen ist, was selbst in der Hitlerzeit vermieden werden konnte.

In verschlüsselter Weise resümierte Kata Lévy selbst am 26. 4. (ebd.):

Das Gerücht über unseren Verlust beruht leider auf Wahrheit. Eine lange Krankheit hat das unaufhaltsame Ende vorbereitet. Die Meinungen, ob die Behandlung richtig oder zu radikal vorgenommen wurde, können verschieden sein – zu helfen war ihr [der Vereinigung] nicht mehr. Ein trauriger Blumenstrauss für den 3. Mai![1] Und jetzt noch A[ichhorn]'s Zustand! Was soll einen da noch freuen!

b. Anna Freuds Reise nach Griechenland

Marie Bonaparte, die ab 1946 das Winterhalbjahr in Athen verbrachte und dort in ihrer Wohnung die ersten psychoanalytischen Seminare und Supervisionen in Griechenland abhielt, lud Anna Freud im Winter 1949 ein, zu ihr zu kommen. Während dieses Athen-Besuchs, am 13. Januar 1949, wurde eine griechische psychoanalytische Studiengruppe gegründet, die sich allerdings bereits 1950 wieder auflöste (vgl. Kutter 1992-95, Bd. 2, S. 291 ff.).

Über ihre Reise berichtete Anna Freud am 13. 1. 1949 an Kris (EKP):

Ich habe es allerdings leichter, in guter Laune zu sein. Mein Aufenthalt in Griechenland war sehr gut gelungen und noch schöner, als ich ihn mir vorgestellt hatte. Die einzige Trübung war, dass es der Prinzessin nicht sehr gut geht und sie einen Teil meines Aufenthalts im Bett war. Aber sie war ganz entschlossen, dass ich deshalb nicht weniger von Griechenland sehen soll und der Prinz hat mich sehr viel herum gefahren und geführt und es war alles wirklich ganz grossartig. Ich habe beschlossen, dass jeder von uns mindestens einen griechischen Aufenthalt in seinem Leben gehabt haben sollte.

Auch an Heinz Hartmann schrieb sie am 8. 4. über ihre griechischen Eindrücke und Erlebnisse (AFP):

Die Reise nach Griechenland war ein ganz besonderes Erlebnis und wie ich dort war, konnte ich irgendwie nicht verstehen, dass Menschen überhaupt Reisen in andere Länder als Griechenland machen. Es hat mir etwas Gewissensbisse gemacht, dass ich doch in Gedanken sogar Rom untreu geworden bin. Von Griechenland aus gesehen sind die Römer und Rom die Barbaren und die römischen Bauten über den griechischen Tempeln werden so gezeigt wie späte bauliche Verirrungen des Mittelalters oder der faschistischen Zeit in Rom. Alles was man von der Antike sieht hat eine Leichtigkeit und Reinheit, dabei eine solche Vollkommenheit der Proportionen, dass man

---

[1] Möglicherweise meint Kata hier den 6. Mai, Freuds Geburtstag.

irgendwie aus dem gewöhnlichen Erleben herausgehoben wird. Mir war auch die Art der Landschaft fremd und neu und ungeheuer anziehend. Irgendwie stellt man sich die griechische Landschaft als eine reiche vor, aber sie ist arm an allem, vor allem an Erde und nur reich an Farben. Nebenbei habe ich mich für die kleinen Esel begeistert, die dort die Rolle spielen, die wohl in Amerika den alten Ford Autos zugekommen ist. Jedenfalls: Ich kann Ihnen nur raten, lassen Sie sich eine Reise nach Athen nicht entgehen

Und an Lampl schrieb sie am 3. 11. 1949 (ebd.):

Gleichzeitig mit diesem Brief schicke ich erst einmal vier Bücher über Athen an Sie ab. Das interessanteste ist das von Henry Miller,[2] ein Buch, das in Amerika sehr grosses Aufsehen gemacht hat. Henry Miller ist ein sehr merkwürdiger Autor. Die Hauptfigur des Buches habe ich in Athen kennen gelernt.[3] Die Bücher sind übrigens in mehreren Ländern wegen ihres allzu freien Inhalts verboten. Ich habe dieses Buch durch die Prinzessin bekommen, die sehr davon begeistert ist. Ich fand es übrigens die beste Vorbereitung auf Griechenland, die man haben kann; die Stimmung ist besonders gut geschildert.

c. Psychoanalytisch-pädagogische Projekte in Wien

Zu Beginn des Jahres 1949 hatte sich Aichhorns Zustand so weit stabilisiert, dass er daran denken konnte, seine Arbeit wieder voll aufzunehmen. Wie aus einem Brief an Lajos Lévy vom 26. 3. hervorgeht (NAA), hielt er zu dieser Zeit – neben der Arbeit in seiner Praxis – vier Vorträge für Krankenpflegerinnen und sechs bis sieben für die Redakteure aller Wiener Tageszeitungen. In der reorganisierten Fürsorgerinnenschule der Gemeinde Wien führte er die Schülerinnen in das Verwahrlostenproblem ein, und an zehn Montagen klärte er 50 bereits längere Zeit im Dienste des Wiener Jugendamtes stehende Fürsorgerinnen je 2 Stunden lang über das Wesen der Psychoanalyse auf. Er berichtete Lévy:

---

[2] Das Buch von Miller, das A. Freud an Lampl schickte, war wohl *Der Koloß von Maroussi* (Erstveröffentlichung 1942).
[3] Miller hatte Griechenland von August 1939 bis Jänner 1940 bereist. Anlässlich dieser Reise hatte er George Katsimbalis kennengelernt, auf den sich der Titel seines Buches bezieht.

Da ich mich sehr wohl fühle, bin ich der Arbeit völlig gewachsen. Nach Deiner Vorschrift beginne ich erst um 8 Uhr zu arbeiten, schlafe 2 Stunden zu Mittag und liege spätestens um 11 – ½ 12 im Bett und nehme daher an, dass Du mit mir zufrieden bist. Dr. Bovet aus Lausanne hat Anna Freud und mich, René Spitz und Dr. Maenchen aus Californien eingeladen, eine Woche vor dem Züricher [IPV] Kongreß in Lausanne wieder einen Kurs zu halten, wie im März 1948. Da Lausanne eine äußerst liebe Erinnerung ist, die Menschen dort sehr an mir hängen, freue ich mich als Vorbereitung zum Kongreß recht.

Aichhorn beteiligte sich auch an dem Pädagogischen Fortbildungsseminar für Lehrer, Erzieher und Sozialarbeiter, das die WPV schon ab Frühjahr 1948 eingerichtet hatte. Damit sollte die Tradition des Lehrganges für Pädagogen wieder aufgenommen werden. Vortragende waren – neben Aichhorn – Lambert Bolterauer, Otto Fleischmann und Wilhelm Solms (Dokument NAA).

Im Jänner 1949 schrieb Aichhorn an Eissler (KRE/AA, S. 76), dass die Child Guidance Clinic der WPV, an der Dworschak und Hedwig Bolterauer arbeiten sollten, in allernächster Zeit eröffnet werde. Die Klinik solle nicht öffentlich zugänglich sein, sondern als Forschungsstelle im Rahmen der Vereinigung geführt werden:[4]

Beginnen werden wir mit 30 Knaben im Alter von 7–9 Jahren, die alle durch ärgste Aggressionen in der Schule auffallen. Die Schulen klagen über die Unmöglichkeit, die Kinder im Klassenverband zu behalten. Du kennst meine Auffassung, dass die Verwahrlosung sehr früh beginnt. Ich bin der Meinung, daß wir in diesen 30 Kindern zum ersten Mal <u>wirklich</u> kriegsgeschädigte Kinder zu sehen bekommen, also bei denen Kriegserlebnisse zur <u>Ursache</u> der Verwahrlosung wurden. […] Wenn mein Gefühl richtig ist, werden sich recht interessante Ergebnisse erzielen lassen.

Bereits im Sommer 1948 hatte Otto Spranger, ein früherer Analysand Aichhorns, der inzwischen in New York als Laienanalytiker arbeitete, ihn in Bad

---

[4] Vgl. AA an O. Spranger, 7. 1. 1949 (NAA): »Wir sind schon im Begriffe eine child guidance clinic im Rahmen der Wiener Psychoanalytischen Vereinigung einzurichten. Wir übernehmen aber nur deren innere Organisation; die Arbeit wird nur Forschungszwecken dienen, das heißt, wir wollen hier grundsätzliches für den Ausbau der child guidance clinic schaffen und versuchen, durch unsere Ergebnisse wesentlich neue Gesichtspunkte für die Arbeit in diesen Jugendfürsorgeeinrichtungen zu finden.«

Gastein besucht. Spranger bemühte sich zunächst bei der Rockefeller Foundation um eine finanzielle Unterstützung für die Child Guidance Clinic der WPV. Im Sommer 1949 kam er wieder nach Wien, um mit Aichhorn und anderen Mitgliedern der Vereinigung über seine Mitarbeit an einem neuen »Forschungs- und Behandlungsinstitut für seelisch gestörte Kinder« zu verhandeln. Dieses sollte von der Rockefeller Foundation und dem Fonds finanziert werden, den Federn schon 1948 angeregt hatte (vgl. III.5.e). Am 12. 9. teilte Spranger Aichhorn mit, unter welchen Bedingungen er bereit sei, die Leitung des Instituts zu übernehmen (NAA):

Dr. Fleischmann hat mich ersucht, die Bedingungen zu präzisieren, unter denen ich bereit wäre, für drei Jahre zum Aufbau und zur Leitung des geplanten Institutes nach Wien zu kommen. Ich denke, dass ich dazu nur bereit wäre, wenn Sie die geistige Oberleitung behielten und uns nach Massgabe Ihrer Kräfte mit Ihrem Rate unterstützten. Ich fühle, dass es im beiderseitigen Interesse liegt, für den Fall meiner Rückkehr meinen Aufgabenkreis klar zu umschreiben, bevor ich mich zu einem so schwerwiegenden Schritte entschliesse. Ich nehme an, dass ich als Direktor des zu gründenden Institutes nach Wien käme. Als meine Obliegenheiten würde ich die Vertretung der Klinik nach aussen, die Organisation der Arbeit, die Finanzgebarung und Einfluss auf die Auswahl der auszubildenden Kandidaten betrachten.

Aichhorns Gesundheitszustand hatte sich im Herbst 1949 bereits so verschlechtert, dass er an den entscheidenden Verhandlungen nicht mehr teilnehmen konnte. Letztlich verliefen alle Bemühungen im Sande; es kam nicht zur Gründung des Forschungsinstituts.

Nur eines von Aichhorns Projekten wurde doch noch verwirklicht. Er hatte trotz aller Schwierigkeiten (vgl. III.3.e.) weiter mit dem Wiener Komitee der »Englandhilfe« zusammengearbeitet. An Rosa Dworschak, die sich damals auf einer Studienreise in der Schweiz und den Niederlanden befand, schrieb er am 19. 9. 1948 (NRD), dass er leider nicht ausscheiden könne. Miss Pohek sei es nämlich gelungen zu veranlassen, dass er zum »Ehrenvorsitzenden« der damals gegründeten »Arbeitsgemeinschaft für Heilpädagogik« gewählt wurde:

Als sie und Dozent Asperger als Deputation bei mir erschienen und mir unterbreiteten die Wahl anzunehmen, fragte ich Asperger, ob er nicht das Lächerliche der Situation einsehe und hielt mir Bedenkzeit offen. Durch drei Wochen beschwor mich Miss Pohek im Interesse der Psychoanalyse anzunehmen, bis ich über Anraten Dr. Fleischmanns nachgab. So wirst Du mich daher in besonderer Funktion begrüßen können.

Wahrscheinlich ist es nicht schlecht, mir dadurch einen gewissen Einfluß auf die child clinic gesichert zu haben. Zur Verteilung des Londoner Geldes hat Frau Dr. Fried ein Komitee [...] zustande gebracht. [...] Du siehst es geht weiter und die Gelder die ursprünglich die Arbeitsgemeinschaft verteilen sollte, sind ihr soweit entzogen, daß sie bei uns ansuchen muß.

Mit dieser finanziellen Unterstützung konnte Dworschak im Sommer 1949 die erste Wiener Child Guidance Clinic, das Institut für Erziehungshilfe, eröffnen. Im August erreichte Aichhorn folgendes Schreiben des Vereins Arbeitsgemeinschaft für Heilpädagogik, Institut für Erziehungshilfe:[5]

Sehr geehrter Herr Professor! Das neueröffnete Institut für Erziehungshilfe erlaubt sich, Sie zu begrüßen, und der Hoffnung Ausdruck zu geben, daß Sie uns gegebenenfalls Ihren bewährten Rat nicht versagen. Wir beginnen unsere neue Arbeit mit großer Freude und Begeisterung, wollen für sie verwenden, was wir bisher an Berufskenntnissen erwerben konnten, sind aber überzeugt davon, daß wir unsere Menschenkenntnis bedeutend vertiefen müssen, unseren Gesichtskreis erweitern und unsre eigene Einstellung zur Arbeit erkennen und sichern müssen – kurz, daß wir noch sehr viel zu lernen haben. Wenn uns dann dabei einmal sehr bange werden sollte vor unserer eigenen Unzulänglichkeit, dann hoffen wir, zu Ihnen kommen zu dürfen.

Unterzeichnet wurde dieses Schreiben von Linettl Sallmann, Trude [Baderle-] Hollstein und Rosa Dworschak, den ersten Mitarbeiterinnen des Instituts.[6]

d. Aichhorns neuerliche Erkrankung

Am 2. April 1949 erlitt Aichhorn einen neuerlichen Schlaganfall. Eine erste Nachricht davon bekam Anna Freud von K. R. Eissler, der ihr am 15. 4. schrieb (AFP; Original englisch):

Ich wurde vertraulich informiert,[7] dass Aichhorn ernsthaft erkrankt ist. Sie sind die erste, der ich davon Mitteilung mache. Bitte, behandeln Sie es als Geheimnis, obwohl ich nicht verstehe, warum meine Informantin solchen Wert darauf legt. Aichhorn fiel

---

[5] Sallmann et al. an AA, 11. 8. 1949 (NRD).
[6] Das Institut für Erziehungshilfe besteht bis heute (vgl. Brainin 2001). Trägerverein ist die Österreichische Gesellschaft für Psychische Hygiene, Landesgesellschaft für Wien, subventioniert wird es vom Jugendamt der Gemeinde Wien.

am 2. April in Ohnmacht und war, wie der Bericht nahelegt, einige Tage in einer Art Koma. Die jüngste Information klingt weit besser. Er ist bei Bewusstsein und guter Laune, muss aber im Bett bleiben, obwohl er keine Symptome zu haben scheint. Ich weiß nicht, was die medizinische Diagnose ist. Ich fürchte, es wird lange dauern, bis er wieder Briefe schreibt, aber ich will versuchen, Sie auf dem Laufenden zu halten, sobald ich mehr erfahren habe.

Anna Freud bedankte sich erst am 8. 6. (ebd.; Original englisch) bei Eissler für seine Mitteilung:

Es war sehr freundlich von Ihnen, mir über Aichhorn zu schreiben, denn es dauerte lang, bis Dr. Fleischmann sich entschloss, es zu tun. Schließlich hat auch er geschrieben, und dann schickte mir Dr. Lévy aus Budapest einen ausführlicheren Bericht. In der Zwischenzeit habe ich gute Neuigkeiten aus Wien und nun auch zwei diktierte Briefe von Aichhorn und einen in seiner Handschrift, die sehr gut ausschaut.[8] Dennoch, es muss ein fürchterlicher Zustand für ihn gewesen sein und ich bin mir sicher, dass er sehr unglücklich ist. Ich weiß nicht, wie man ihm helfen könnte. Haben Sie vielleicht vor, ihn zu besuchen, wenn Sie in der Schweiz sind?[9] Ich habe oft an den Satz gedacht, den Sie in Ihrem Artikel in den Searchlights verwendet habe: dass er nicht am Jungsein leidet.[10] Ich wünschte, es wäre so, dann würde er sicher auch diese Leiden frohgemut ertragen.

Bei Fleischmann hatte sich Anna Freud am 1. 5. nachdrücklich beschwert (NOF):

Warum schreiben Sie mir nicht über Aichhorn? Ich habe aus drei verschiedenen Ländern, zum Teil von ganz Fremden, die Gerüchte gehört, daß er sehr krank ist. Sie denken sicher, es ist besser, wenn man es nicht weiß, aber er ist doch eine zu bekannte Person als daß es sich geheim halten läßt.
Bitte schreiben Sie mir! Ich bin sehr bestürzt und sehr traurig über die Nachricht.

---

[7] Durch Aichhorns Sekretärin Klara Regele. Zu Aichhorns Unwillen über derartige Informationen siehe KRE/AA, S. 86 f.
[8] Siehe 143AA und ff.
[9] Tatsächlich gab Eissler seine Absicht, den IPV-Kongress 1949 in Zürich zu besuchen, mit Rücksicht auf Aichhorn auf (vgl. III.7.e).
[10] Eissler beendete seine biographische Skizze in der englischen Fassung mit dem Satz (1949b, S. XIII): »Thus he is truly young, but spared the hardship of youth, and truly happy because oblivious of his own genius.«

Tatsächlich hatte Fleischmann schon am 24. 4., wiewohl recht verspätet, an Anna Freud geschrieben (AFP):

Liebes, gnädiges Fräulein Freud! Nachträglich bin ich froh, dass ich meinen Bericht an Sie hinausgeschoben habe, denn er muß heute nicht mehr so Schwarz in Schwarz ausfallen, als es ursprünglich aussah.
   Um mit dem Schwersten zu beginnen: Aichhorn hat vor 3 Wochen einen schweren Schlaganfall erlitten – Sie wissen, daß dem einer im letzten Herbst in Budapest vorangegangen ist – in den letzten Tagen hat sich sein Zustand glücklicherweise fortschreitend gebessert, daß wir begründete Hoffnung für eine Wiederherstellung haben können. [...]
   Anfangs hat er es abgelehnt, an anatomische Veränderungen zu glauben, er wollte Alles als hysterische Symptome auf seine frühere Neurose zurückführen. Die psychischen Störungen sind zum großen Teil geschwunden, er hat einen heroischen Kampf geführt, die Synthese seines Ich wiederherzustellen, was ihm bis zu einem gewissen Grade auch wunderbar gelang und er führt ihn noch weiter.
   Wie weit wir mit der Erlangung der vollen Arbeitsfähigkeit rechnen können, muß noch offen bleiben. Daß er nochmals der wird, der er vor den beiden Anfällen war, wage ich nicht zu glauben.
   Vor einigen Tagen hat er sich schon erkundigt, ob ich Ihnen geschrieben hätte. Ihren letzten Brief[11] hat er sich von mir vorlesen lassen. Ich bin jetzt täglich mehrere Male bei ihm, damit er sich Einiges vom Herzen reden kann.

Auch aus Budapest war Nachricht gekommen. Kata Lévy bemerkte gegenüber Anna Freud am 26. 4. 1949 (ebd.):

Etwas verspätet bekamen wir die Nachricht von August's neuerer Erkrankung. Und heute von einer eingetretenen wesentlichen Besserung, Ich vermute, dass Du direkte Nachrichten bekommst. Lajos schreibt Dir auf jeden Fall. Schrecklich muß ihn, (A.), jetzt nach eingetretener Besserung u. klarer Einsicht der Zwischenfall berühren. Die Fortsetzung der Lausanner Kurse u. die dort angeknüpften Freundschaftsbeziehungen waren ihm so wichtig. Die Sekretärin, die Lajos verständigt hatte, schrieb, dass er fortwährend Ansprachen u. Vorträge zu halten versuchte. So wie er im ähnlichen Zustand hier unaufhörlich Schreibversuche machte – »um zu sehen, ob es geht«.

Und Lajos Lévy schrieb unter demselben Datum (ebd.):

---

[11] 142AF.

Am 19. d. M. hatte ich einen Brief von der Sekretärin Aichhorns,[12] in dem sie mitteilte, dass A. am 2. einen Schlaganfall erhielt – der Brief war am 9. abgesandt. – Heute hatte ich eine sehr ausführliche Antwort auf meinen Brief. Daraus ersehe ich, dass sein Zustand gebessert sei und eine gewisse Hoffnung besteht, dass er ohne schwere Ausfälle rekonvaleszieren wird. Nur weiß ich nicht auf wie lange und wie er sein Leben einrichten muss? Sie wissen ja aus meinem September-Brief, wie ich den ganz leichten Anfall hier beurteilte und heute kann ich noch viel weniger optimistisch sein. Dass Dr. Fleischmann mir bis heute überhaupt nicht schrieb, verwundert mich etwas. Seit Langem scheint mir, dass er dadurch, dass Aichhorn ihn so zusagen als Manager hinstellte, das richtige Maß für die eigene Person nicht richtig fand und sich so verhielt, wie der berühmte Diener Helmholtzs der immer sagte: Ich und der Professor machten heute einen schönen Versuch. Nebenbei bemerkt, war er Ende März hier und machte den Eindruck, dass er in eine geographische Angst geraten ist, die sachlich gar nicht begründet ist. Er wäre, meiner Meinung nach gar nicht der richtige Vertreter Aichhorns, wenn A. überhaupt nicht weiter arbeiten sollte und könnte.

Anna Freud antwortete ihm am 19. 5. (ebd.):

Ich danke Ihnen so sehr dafür, dass Sie mir geschrieben haben und über Aichhorn berichtet, wenn die Nachricht selbst auch so sehr traurig ist. [...] Ich habe ja eine solche Wiederholung der damaligen Attacke immer befürchtet und für ihn muss es ein fürchterliches Gefühl sein, unter dieser Drohung zu stehen. [...]
Übermorgen fährt eine der hiesigen Kolleginnen[13] nach Wien, um dort einige Vorträge zu halten, und sie wird wohl bei der Rückkehr noch mehr berichten können. Aber wie es auch ist, es bleibt eine traurige Geschichte, denn ich weiss sehr gut, dass so etwas sich wiederholt, wenn es einmal beginnt und das ist ja mehr als ein Beginn.

e. Einschränkungen, Tod

Aichhorn musste nun seine Tätigkeiten noch wesentlich mehr einschränken als im Herbst zuvor. Seine Praxis konnte er nur noch in sehr geringem Ausmaß aufrechterhalten; er war finanziell auf die Unterstützung durch den Fonds, den Eissler für ihn eingerichtet hatte, angewiesen (III.5.e). Als Therese Berthel Eissler wissen ließ, dass Aichhorn dem Fonds nur das verrechnete, was er für die Vereinigung ausgab, nicht zuletzt weil er befürchtete, sonst ununter-

---

[12] Edith Skopnik; vgl. Anm. 24 zu 144AA.
[13] Hedy Schwarz.

brochene Dankbarkeit und Rücksichtnahme bezeigen zu müssen, mahnte ihn Eissler am 29. 5. (KRE/AA, S. 83):

Was die »Verrechnung« des Geldes betrifft, will ich nichts davon hören. Das Geld gehört Dir; Du kannst es verbrennen, verschenken, versteigern, was immer Du willst. Manche haben den Wunsch geäußert es möge für Dich persönlich verwendet werden + nicht für andere. Ich versicherte sie es werde in diesem Sinne verwendet ohne Dich erst zu fragen.

An Lajos Lévy schrieb Aichhorn am 25. 5. 1949 (NAA; ähnlich KRE/AA, S. 82):

Ich werde nicht nur mit Halbdampf, sondern mit Vierteldampf oder noch weniger arbeiten; ich will alles dazu beitragen, dass die Tage, die mir noch vergönnt sind, durch meine Bemühungen sich vermehren.

Denk Dir, ich bin ein Held geworden: trotzdem die Ärzte mir nach dem Mittag- und Abendessen je eine Zigarette erlaubt haben, stellte ich seit vier Wochen das Rauchen vollständig ein und werde auch dabei bleiben.

Die Apostel-Arbeit wälze ich auf Dr. Fleischmann ab, Vorträge werde ich wirklich auf ein Minimum reduzieren und auch Analyse-Stunden viel weniger geben.

Ob ich in der freien Zeit werde mein Buch »Kategorien der Verwahrlosung« schreiben dürfen, hängt von den Ärzten ab.

Auch ein Kurs in Lausanne, der wieder ins Auge gefasst wurde, überstieg Aichhorns Kräfte. Auf Bovets Anfrage vom Februar[14] hatte er am 9. 3. geantwortet (NAA): »wenn Sie wirklich den Wunsch haben, mich wieder bei sich zu sehen, kommen Sie meinem nur entgegen. Begeistert bin ich über Ihre

---

[14] Bovet hatte am 24. 2. 1949 geschrieben (NAA): »Unser aller heisser Wunsch wäre, Sie wieder bei uns zu haben! Und zwar trage ich mich mit folgendem Plane um: Im August findet in Zürich der internationale Psa. Kongress statt. Unmittelbar vorher, d. h. etwa die letzte Juliwoche oder die erste Augustwoche möchte ich in Lausanne wieder einen aehnlichen Kurs wie im letzten Jahr veranstalten. Als Lehrer habe ich vorgesehen: Sie selber, Frl. Freud, sodann Dr. René Spitz, aus New York, der im psychoanalytischen Studium der allerersten Kindheit spezialisiert ist und Frau Anna Maenchen, aus S. Franzisko. [...] Darf ich Sie nun fragen, was Sie, sehr geehrter Herr Professor, zu diesem Plan meinen würden? [...] / Die Erinnerung an Ihren Aufenthalt unter uns wirkt nachhaltig und wohltuend, und wir brauchen Sie alle noch einmal ... und noch viele Male.«

Absicht, mir die Möglichkeit zu geben, 6 Tage gemeinsam mit Anna Freud und anderen bei Ihnen in Lausanne zu sein.« Dann aber teilte ihm Bovet am 29. 4. mit (ebd.), dass der geplante Kurs ausfalle, da Anna Freud nicht kommen könne, worauf Aichhorn am 30. 5. erwiderte (ebd.): »Daß aus dem heurigen Kurs aus verschiedenen anderen Gründen nichts wird, begrüße ich, denn wie mein gesundheitlicher Zustand jetzt liegt, hätte ich absagen müssen.«

Besonders schmerzlich war für Aichhorn, dass er im August 1949 nicht zum Kongress der Internationalen Psychoanalytischen Vereinigung in Zürich fahren konnte, wo er gehofft hatte, alte Freunde wiederzusehen. Daraufhin verzichtete auch Eissler auf Zürich. Wie er Anna Freud am 16. 6. erklärte (AFP; Original englisch):

Ich bin mir sicher, dass es Aichhorn verletzen würde, wenn ich in die Schweiz ginge, aber nicht nach Wien. Da ich mich nur zu gut erinnere, wie es ihn aufgeregt hat, als ich mich 1938 von ihm verabschiedete, und da es ihn unvermeidlich wieder aufregen würde, wenn er mich zum ersten Mal nach der langen Trennung wiedersieht, denke ich, es ist besser, wenn ich meinen Besuch auf den nächsten Sommer verschiebe.[15] Ich weiß von meiner vertraulichen Informantin, dass eine alte Phobie bei ihm wieder aufgebrochen ist, die er vor vielen, vielen Jahren verloren hatte und die sich jetzt auf eine mögliche Wiederholung des letzten Anfalls bezieht. Ich fürchte, die Situation wird dadurch erschwert, dass er niemanden hat, mit dem er über dieses Problem reden kann. Meines Erachtens würde er, neben den anderen Gründen, aus denen er vor allem Sie zu sehen wünscht, jemanden brauchen, dem er vertrauen und mit dem er über dieses belastende Symptom sprechen kann. – In seinem letzten Brief machte er eine Bemerkung, die anzeigen könnte, dass er nun vielleicht eher bereit ist, das Fonds-Geld für seine persönlichen Bedürfnisse zu verwenden, als zuvor. Sollte der Punkt in seinem Brief aufkommen, wäre ich Ihnen dankbar, wenn Sie ihn dazu ermuntern.

Anna Freud antwortete am 14. 7. (ebd.; Original englisch):

---

[15] Vgl. Th. Berthel an Eissler, 23. 5. 1949 (mit Dank an B. Reiter): »Fräulein Regele las mir ein Stück Ihres Briefes vor, in dem Sie sie fragen, ob sie Ihnen jemanden nennen kann, den Sie fragen können, ob er ein Wiedersehen mit Ihnen u. Professor für ratsam hält. Wie wäre es, wenn Sie Dr. Levy fragen? […] So viel ich weiß, freute er [Aichhorn] sich schon riesig auf das Wiedersehen mit Ihnen und am Beginne seiner Krankheit fragte er oft den Arzt ob er meine, daß er zum Kongreß wieder reisefähig sein werde. Könnten Sie Fräulein Freud nicht anregen, auch nach Österreich zu kommen? Auch auf die Begegnung mit ihr freute er sich sehr. Und von der Schweiz ist es nach Österreich nicht mehr weit.«

Ich hatte letzthin mehrere Briefe von Aichhorn, und seine Genesung scheint wirklich gut zu verlaufen. [...] Was Sie über seine Angst vor einer Wiederholung des Anfalls schreiben, erscheint mir so logisch und unvermeidbar, dass man es kaum eine Phobie im analytischen Sinn nennen kann. Es ist doch bekannt, dass sich solche Anfälle wiederholen, jedes medizinische Lehrbuch würde ihm das sagen. Andererseits weiß ich natürlich sehr gut, dass auch eine reale Gefahr mit einer inneren Angst verknüpft werden kann.

Bitte glauben Sie mir, dass ich ernstlich darüber nachgedacht habe, ihn zu besuchen, wenn ich in der Schweiz bin. Aber irgendwie habe ich mich entschlossen, nicht nach Österreich zu gehen, und die Frage ist immer noch zu gefühlsbeladen, als dass ich diese Entscheidung ändern wollte.

Während des Sommers verbesserte sich Aichhorns Zustand deutlich. Lajos Lévy berichtete Anna Freud am 18. 7. 1949 (ebd.), dass er von und über Aichhorn spärliche Nachrichten habe. Es sei beruhigend, dass dieser nun, im Gegensatz zu früher, wo er immer »etwas groteske Angst zeigte und Forderung auf vollständige Gesundheit reklamierte«, eine gewisse philosophische Genügsamkeit in Bezug auf seine Gesundheit entwickelt habe. Man könne zwar feststellen, dass eine sehr wesentliche Normalisierung eingetreten sei, für ihn als Arzt bestehe aber kein Zweifel, dass die Anfälle eben doch Schlaganfälle gewesen seien, und wann und wie oft sich solche Attacken wiederholten, könne man nicht voraussehen. Er hoffe, dass Aichhorn mit Schonung und Zurückhaltung seine Arbeit werde fortsetzen können, wenn auch nicht mit der früheren »dämonischen Dynamik«, also nicht mit 8–10 Analysestunden täglich und mit Kursen, Sitzungen etc. Aichhorn selbst vermeldete in einem seiner letzten Briefe an Eissler, vom 21. September 1949 (NAA; vgl. KRE/AA, S. 98), dass er zwei Analysestunden habe und täglich eine Stunde für Vereinszwecke bzw. für Korrespondenz zur Verfügung stelle. Die Sommerfrische in Ischl habe seiner Frau gut getan, und er habe sich durch den vielen Aufenthalt im Freien und entsprechende Bewegung auch recht gut erholt.

Am 13. 10. 1949 aber telegrafierte Fleischmann Anna Freud (AFP): »aichhorn heute frueh durch herzschlag ruhig entschlafen.«[16] Diese schrieb am 23. 10. an Ruth Eissler (ebd.; Original englisch): »Aichhorns Tod war ein Schock, trotz all der Informationen, die wir vorher hatten. In seinem letzten Brief an mich beklagte er sich über die Leere in seinem Leben jetzt und über die

---

[16] In Aichhorns Sterbeurkunde vom 14. 10. 1949 (ThA) wurde als Todesursache angegeben: »Herzschlag durch Angina pectoris, Coronarsklerose, Herzschwäche.«

Unfähigkeit, zu arbeiten wie zuvor.« Ruth Eissler antwortete ihr am 6. 11. (ebd.; Original englisch):

Aichhorns Tod hat uns natürlich sehr getroffen, vor allem weil die Nachricht nach einem kurz zuvor verfassten sehr positiven Brief gekommen ist. In diesem Brief schrieb er, er erhole sich gut, habe wunderbare Ferien gehabt, könne wieder zeitweise arbeiten, und sogar seine Augensymptome hätten sich gebessert. Wir haben uns mit diesem Brief getröstet und gedacht, wenn er wirklich in einer optimistischen Stimmung war, dann hat ihm der Tod zu diesem Zeitpunkt viel Angst und Leid erspart. Aber der Verlust von Aichhorn als Freund und Lehrer ist für uns unersetzlich.

Anna Freud hatte Ernest Jones bereits am 22. 6. über Aichhorns Erkrankung berichtet. Am 17. 10. informierte sie ihn über seinen Tod, und Jones antwortete am 19. (alles AFP; Original englisch):

Es sterben jetzt so viele, dass mich die traurige Nachricht aus Wien nicht überrascht hat. Wir kannten Aichhorn viele Jahre, aber natürlich kanntest Du ihn weit besser als ich, und ich bin sicher, dass Du über seinen Tod traurig bist. Ich frage mich, wer ihn in Wien ersetzen wird. Es ist bedauerlich, dass er nicht einige Jahre länger gelebt hat, um die Dinge dort zu konsolidieren.

f. Die WPV nach Aichhorn

Die Lage der WPV war damals tatsächlich nicht gesichert. Die Miete für die Räume der Vereinigung konnte mit Hilfe der noch im Herbst 1949 gegründeten »August Aichhorn Gesellschaft« – deren Obmann Lambert Bolterauer war – aufgebracht werden.[17] In einem Brief vom 3. 11. (ThA) teilte die Gesellschaft Eissler mit, ihr Ziel sei »die materiell gesicherte Fortsetzung der Forschungsarbeit auf dem Gebiete der verwahrlosten Jugend«. Weiters wolle sie das Gedankengut von Freud und Aichhorn durch Vorträge bewahren, der Wiener Psychoanalytischen Vereinigung den Ausbau ihrer wissenschaftlichen Arbeit auf dem Gebiet der Tiefenpsychologie ermöglichen, junge Kräfte für die Psychoanalyse interessieren und so der Vereinigung neues Blut zuführen. Nicht zuletzt solle der Arbeitsraum Aichhorns erhalten bleiben. Eissler wurde

---

[17] Die erste Besprechung zur Gründung der Gesellschaft fand am 3. 11. 1949 in Aichhorns ehemaligem Arbeitszimmer statt (Typoskript; NLB).

auch mitgeteilt, dass die Sorge, die WPV werde ihrer Auflösung entgegengehen, unbegründet sei: »Der Wille zur Weiterarbeit ist vorhanden – das große Hindernis ist und bleibt die materielle Not in Österreich.«

Laut erstem Tätigkeitsbericht vom Juli 1951 (ThA) hatte die August Aichhorn Gesellschaft 115 Mitglieder; ihre Vorträge seien sehr gut besucht. Außerdem sei es in enger Zusammenarbeit mit dem Pädagogischen Institut der Stadt Wien und dem Wiener Stadtschulrat gelungen, eine Child-Guidance-Kinik für die 63 Wiener Mittelschulen ins Leben zu rufen, die von Lambert und Hedwig Bolterauer geleitet wurde. Eine Besonderheit dieser Beratungsstelle war die enge Zusammenarbeit mit den Schulen. Im Lehrkörper jeder Wiener Mittelschule war ein eigens dafür ausgebildeter Lehrer damit beauftragt, den Kontakt zwischen den Schülern und Eltern und der Beratungsstelle zu knüpfen. Außerdem werde ein Fürsorgerinnenseminar und eines für die Wiener Jugendrichter abgehalten.

Der Fortbestand der WPV war auch deshalb gefährdet, weil die kleine Gruppe wieder auseinanderzubrechen drohte (vgl. III.1.d). Hollitscher trat schon 1947 aus und wurde Universitätsprofessor in der DDR, Jokl war 1948 nach Topeka gegangen, Fleischmann folgte ihm im Winter 1949/50 nach. Auch einige der neuen WPV-Mitglieder verließen Wien: Emma Miklas ging nach Graz, Theodor Scharmann kehrte nach Deutschland zurück. Sie arbeiteten später nicht als Psychoanalytiker. 1950 wanderte Theon Spanudis nach Sao Paulo aus; 1955 das Ehepaar Aufreiter nach Montreal. Sie trugen als Lehranalytiker wesentlich zur Entwicklung der Psychoanalyse in Brasilien und Kanada bei. Auch die ersten Kandidaten der WPV blieben nicht in Wien. Ernst Ticho ging nach Topeka, wohin ihm Gertrud Ticho – nach einem kurzen Aufenthalt in Brasilien – folgte. Am 9. 12. 1950 schrieb Anna Freud an Grete Bibring, die damals Sekretär der IPV war (AFP; Original englisch):

Darf ich Sie zugleich auf noch einen Punkt aufmerksam machen, der wahrscheinlich beim nächsten Kongress besprochen werden muss. Es ist besser, sich darauf vorzubereiten. Ich meine die Wiener Vereinigung, die mit Aichhorns Tod ihren Gründer und Leiter verloren hat. Wir wissen nichts über die Entwicklungen dort, und ich frage mich, ob Sie irgendwelche Nachrichten erhalten haben. Wer ist der neue Vorsitzende der Vereinigung? Gibt es genügend vollausgebildete Mitglieder? Dr. Fleischmann in Topeka vermag vielleicht zu beurteilen, ob die Verantwortlichen dort eine Gewähr für ein ordentliches Funktionieren der Vereinigung sind oder nicht.

Nach Aichhorns Tod war Winterstein Obmann der WPV geworden, der das Amt bis 1957 innehatte. Ihm folgte Wilhelm Solms, der über viele Jahre den theoretisch-wissenschaftlichen und praktisch-therapeutischen Stil der Vereinigung prägte.

Während es in den 1950er Jahren zahlreiche Anmeldungen zur Ausbildung gegeben hatte, kam die Ausbildungstätigkeit in den folgenden Jahren mangels Kandidaten fast zum Erliegen. Ende der 1960er Jahre und vor allem nach dem IPV-Kongress 1971 in Wien, bei dem Anna Freud erstmals seit 1938 wieder ihre Geburtsstadt besuchte, meldeten sich so viele Interessenten, dass die Ausbildungskapazität des Vereins bald überbeansprucht war und es zu oft sehr langen Wartezeiten auf freie Lehranalyseplätze kam. Die Zahl der Mitglieder stieg seitdem stetig an auf heute über 100.

g. Vergleich um Hochrotherd

Die Verhandlungen über die Rückerstattung von Hochrotherd (vgl. III.5.f) dauerten nach Aichhorns Tod fort und konnten erst im Juli 1951 abgeschlossen werden.

In einem Brief vom 12. 3. 1950 teilte RA Fleischacker Anna Freud mit,[18] dass den Fadenbergers von den S 20.000, auf deren Zahlung man sich, neben der Übereignung von Grundstücken, schließlich geeinigt hatte (163AF mit Beilagen), nach Abzug aller Gebühren und Kosten höchstens die Hälfte bleiben würde. Falls sie mit dieser Regelung aber nicht einverstanden sei, müsse sie einen Rückstellungsprozess führen. Sie würde dann zwar höchstwahrscheinlich ihre Liegenschaftsanteile zur Gänze zurückbekommen, müsste aber den von Sweceny erlegten Kaufpreis (von dem sie nie etwas bekommen hatte) und sämtliche allfälligen Aufwendungen bezahlen, was ihr wiederum laut einer Information, die er von Aichhorn erhalten habe, wegen der Devisenschwierigkeiten nicht möglich sei. Dem Anwalt der Gegenpartei, R. Berzé, schrieb er am 14. 3., dass seine Auftraggeber nur dann mit dem Angebot Swecenys (vgl. Anm. 93 zu 163AF) einverstanden seien, wenn dieser den nördlichen Grund ins Eigentum der Fadenbergers übertrage, auf die Räumung der Dienstwohnung verzichte und die Zahlung ohne »Zweckbestimmung« erfolge.

---

[18] Alle in diesem Kapitel zitierten Briefe liegen als Original oder in Kopie in AFP.

Anna Freud antwortete Fleischacker am 31. 3., dass sie sich auf einen Rückstellungsprozess nicht einlassen wolle und ihr daher nur ein Vergleich übrig bleibe. In seinem Schreiben vom 7. 7., in dem er ihr den Vergleichsentwurf zusandte, teilte ihr der Anwalt mit, dass es gelungen sei, die Auflösung des Dienstverhältnisses zwischen Sweceny und den Fadenbergers zu verhindern, und dass Sweceny nunmehr bereit sei, die Kosten und Gebühren zu tragen, so dass den Fadenbergers die ganzen S 20.000 blieben, abzüglich der zu bezahlenden Steuern.

Am 22. 11. 1950 konnte Fleischacker schließlich berichten, dass Sweceny die S 20.000 überwiesen habe. Anna Freud musste noch in einer »eidesstattlichen Erklärung« bestätigen, dass sie nicht zum Personenkreis der nach dem Nationalsozialistengesetz zu registrierenden Personen gehöre und infolgedessen hinsichtlich Ihres Verfügungsrechtes über Ihr Vermögen keinen Beschränkungen unterworfen sei (Fleischacker an AF, 2. 1. 1951). Ein Vierteljahr später, am 14. 4. 1951, übersandte Fleischacker den zwecks »Übertragung der bewussten Grundstücke an Frau Josefa Fadenberger konzipierten Schenkungsvertrag« und ersuchte um genaue Prüfung. Am 25. 7. schickte ihm Anna Freud eine beglaubigte »Spezialvollmacht« und konstatierte: »Ich freue mich, dass jetzt alles zur allgemeinen Befriedigung durchgeführt sein wird.«

Am 28. Mai 1971 schrieb Walter Stein, schon 1938 der faktische Käufer und nun der Besitzer von Hochrotherd (vgl. III.5.f), an A. Freud:

Von unseren Fadenbergers und auch aus den Gazetten habe ich gehört, dass Sie nach so langer Abwesenheit doch in diesem Juni zum Kongress wieder nach Österreich, nach Wien, zu kommen beabsichtigen.

Ich freue mich darüber umso mehr als ich hiedurch die Möglichkeit habe, Sie verehrte gnädige Frau, während dieser Zeit zu einem Besuch in Ihrem, unserem alten Hochrotherd einzuladen. [...]

Meine Frau oder ich selbst werden uns freuen, Sie allein oder mit Begleitung wann immer von einem beliebigen Punkt der Wienerstadt zur Fahrt nach Hochrotherd abzuholen.

In späteren Jahren pflegte Anna Freud ihre Aufenthalte in Wien tatsächlich mit einem Besuch in Hochrotherd zu verbinden.

h. Die Photographien von Freuds Wohnung in der Berggasse 19

Auch in Bezug auf die Photographien, die Aichhorn von Freuds Wohnung hatte machen lassen – er ließ 1948/49 eine Auswahl davon zu einem Album zusammenstellen (siehe 154AA mit Anm. 54; 159AA mit Anm. 78) –, gibt es einiges nachzutragen (vgl. II.1.c).

Engelmann war im Jänner 1939 aus Wien geflohen und hatte sich, nach einer Odyssee über Frankreich und Italien, 1940 in New York niedergelassen (Werner 2002, S. 449 ff.). 1949, am 21. März, schrieb er an Aichhorn (NAA):

Was ist aus den Negativen der Freud'schen Wohnung geworden? Hoffentlich sind sie nicht zerstoert worden. Ich selbst habe leider aus Ungeschicklichkeit keine der Bilder mitgenommen, mit Ausnahme des einen Portraits von Freud mit seiner Widmung. / Sollten Sie die Negative noch besitzen, dann bestuende die Moeglichkeit, sie in amerikanischen Zeitschriften zu veroeffentlichen. Das allgemeine Interesse für Psychoanalyse in Verbindung mit der Popularitaet Freuds gibt die Wahrscheinlichkeit, dass eine Zeitschrift wie »Life« eine solche Bildserie abdruckt. Ich habe gute Verbindungen mit der Redaktion. Vielleicht waere es Ihnen sogar moeglich einen einschlaegigen Artikel dazu zu schreiben. Die Honorierung solcher Beitraege ist im Allgemeinen sehr hoch. Bevor ich mich an die Zeitschrift wende, wuerde ich vor allem wissen wollen, ob einerseits die Negative vorhanden sind und ob Sie eventuell bereit waeren einen Artikel im Zusammenhang mit Ihrer Arbeit mit Freud zu schreiben. Die Zeitschrift selbst ist nicht wissenschaftlich, mehr populaer und beruehrt von Zeit zu Zeit Probleme der Analyse. Bitte lassen Sie mich wissen, wie Sie sich dazu stellen.

Engelmanns Brief scheint unbeantwortet geblieben zu sein. Jedenfalls stand Aichhorn einer Veröffentlichung der Photographien offenbar grundsätzlich ablehnend gegenüber (vgl. Anm. 79 zu 159AA).

Als Meng am 13. 12. 1949 Anna Freud berichtete (AFP), dass die Zeitschrift *Du* beabsichtige, eine Sondernummer »Psychoanalyse« herauszubringen, und dass dazu Bildmaterial benötigt werde, schrieb sie ihm (1. 4. 1950; ebd.), es gebe in London »eine schöne Sammlung von Photographien [...], die Aichhorn noch von dem Arbeitszimmer meines Vaters aus seiner Sammlung in Wien machen liess«.

Am 16. 12. 1955 teilte Sydney G. Margolin Anna Freud mit (AFP), er sei 1948 in Wien gewesen und dort auch mit Aichhorn zusammengekommen, der ihm die Photographien der Freud-Wohnung gezeigt habe. Nun habe ihm Eissler sein Album geborgt, und er habe vier Kopien davon angefertigt. Eine habe er für sich behalten, eine habe er Eissler gegeben, der erwäge, sie für die Ausstellung der American Psychoanalytic Association anlässlich von Freuds 100. Geburtstag zu verwenden, eine habe er dem Vorstand des Psychiatrischen Instituts der Universität von Colorado überlassen, und eine sei für eine permanente Ausstellung der Bibliothek dieses Instituts vorgesehen. Nun aber habe er mit Eissler vereinbart, sie, Anna Freud, zu fragen, ob sie mit der Verwendung dieser Kopien überhaupt einverstanden sei.

Eissler bestätigte gegenüber Anna Freud am 13. 12. (ebd.), dass er Margolin gestattet habe, Kopien von Aichhorns Album zu machen. Dass dieser Kopien weitergegeben habe, sei ohne sein Einverständnis geschehen. Es sei zwar unsicher, wer im Besitz des Copyrights sei, aber er werde dafür sorgen, dass dieses auf Ernst Freud übertragen werde. Zum Schluss wollte Eissler noch wissen, ob Anna Freud zustimme, die Fotos anlässlich der Ausstellung der amerikanischen Vereinigung zu zeigen. Ihre Antwort vom 23. 12. 1955 lautete (ebd.):

Die Entscheidung in dieser Sache ist keine leichte. Ich bin sicher, dass Dr. Margolin in bester Absicht gehandelt hat, aber was er getan hat, ist doch nicht erwünscht. Ich glaube nicht, dass es richtig wäre, es wieder rückgängig zu machen, nachdem es geschehen ist. Er soll die Kopien in den Departments lassen, denen er sie geschickt hat, und ich werde ihn persönlich bitten, einige der persönlicheren Aufnahmen herauszunehmen. Aber diese Angelegenheit zeigt, wie kritisch die ganze Sache der Photographien überhaupt ist und wie wenig Einsicht die Menschen haben, dass dieses ganze Material von Bildern, Filmen, etc. nicht nur eine historische, sondern für uns auch eine persönliche Angelegenheit ist. Es mahnt also zur Vorsicht für die Zukunft, ganz besonders so, wie Sie erwähnen, mit Bezug auf die Photographien, die mein Bruder zusammenstellt und die wirklich einzigartig in ihrer Auswahl sind.[19] Wir möchten aber wirklich nicht, dass sie bei den verschiedensten Menschen herumlaufen.

Damals hatte Engelmann seine Suche nach den Photographien offenbar noch nicht begonnen. In seiner eigenen Publikation der Bilderserie berichtete er, dass er die Negative 1939 bei seiner Ausreise mit dem Flugzeug bei Aichhorn gelassen habe, und fuhr fort (1977, S. 62 f.; vgl. Anm. 100 zu 165AA):

Sobald es nach dem Krieg möglich war, forschte ich nach meinen Negativen. Zu-

---

[19] Möglicherweise eine Vorausdeutung auf den Band *Sigmund Freud. Sein Leben in Bildern und Texten* (E. Freud et al. 1976).

erst schrieb ich an Aichhorn. Er wohnte aber nicht mehr an seiner alten Adresse, und mein Brief erreichte ihn nie. […] Als ich endlich seine neue Adresse erfuhr und die Verbindung herzustellen suchte, erhielt ich die traurige Mitteilung, daß er inzwischen verstorben war. Seine Angehörigen hatten die Negative seiner einstigen Sekretärin, Fräulein Regele, übergeben. Ich beschloß, nach Europa zu reisen, um diese Negative zu suchen. In Wien erfuhr ich, dass Fräulein Regele sie Anna Freud nach London gesandt hatte, damit sie sicher verwahrt wurden.

Ich fuhr nach London und rief Anna Freud an. Sie bestätigte, dass sie meine Negative hatte, und sagte, sie sei gern bereit, sie mir zurückzugeben. Ich besuchte sie in ihrem Haus in Maresfield Gardens [und] nahm die Negative dankbar an mich.

8. Briefe 1949

136 AF 13. Januar 1949[1]

Lieber Aichhorn!
Ich danke Ihnen sehr für Ihren Brief vom 20. Dezember und für die Beilage von Sweceny.[2] Ich halte mich natürlich ganz an das, was Sie sagen, schiebe also die Stellungnahme auf, bis Sie mir wieder schreiben. Der Grund über der Strasse, den Sweceny anbietet, ist ein sehr schöner Acker von 3 Joch. Aber er ist ganz ohne Bäume, nur ein Feld, wenn man also ein Haus dorthin bauen will, so dauert es natürlich viele Jahre, bis man dieses Feld in das umgebaut hat, was ein kleines Bauernhaus für seine nötigsten Bedürfnisse braucht. Aber als Grund ist es gut. Inwieweit man in Österreich von S 10.000 bauen kann, kann ich von hier aus nicht beurteilen. Hier wären das Pfund 250 und das Minimum für ein kleines Siedlungshaus sind 1.000 also das Vierfache. Aber das lässt sich wohl von einem Land ins andere nicht übersetzen.
Wäre jetzt nicht der richtige Zeitpunkt, dass Sie mit Fadenbergers sprechen? Vielleicht wäre den Fadenbergers am allerliebsten, wenn Sie Geld auf die Sparkasse bekommen, obwohl das natürlich wieder allen Entwertungen, etc. ausgesetzt ist. Oder vielleicht wäre den Fadenbergers der Grund und Boden wichtiger wie das Geld. Oder wenn sie keinen Grund und Boden bekommen, sondern eine grössere Geldsumme, so könnten sie vielleicht ein kleines fertiges Haus kaufen, was ja im allgemeinen praktischer ist, wie etwas zu bauen. Kann man überhaupt in Oesterreich bauen?
Immerhin es ist die Basis für weitere Verhandlung.
Wenn es die Angelegenheit nicht erschwert, so wäre mir eigentlich lieber, dass die Josefa Fadenberger diejenige ist, auf deren Namen die Zahlung gemacht wird. Nicht dass der Mann nicht verlässlich ist, im Gegenteil er ist so sparsam und ängstlich für die Zukunft, dass er der Familie das Leben eher schwer als leicht macht und dass vor lauter Sparen wahrscheinlich weder die Josefa, noch das Annerl etwas von dem eventuellen Geld geniessen würden. Die Josefa dagegen ist philosophisch und lebensklug und was sie hat, gehört auch der ganzen Familie.

[1] Masch.; hier wiedergegeben nach einem unsignierten Durchschlag.
[2] Siehe 135AA.

Ich kann nur immer wieder sagen, es ist nicht schön von mir, dass ich Sie damit belaste.

Und wissen Sie, von wo ich zurückgekommen bin? Von Griechenland, wo ich für die Weihnachtsferien bei der Prinzessin eingeladen war.[3] Es war sehr schön und ungeheuer interessant und ich bin sehr erfrischt zurückgekommen.

Und jetzt wünsche ich Ihnen noch sehr eindringlich und herzlich und ernstlich ein gutes und gesundes Neues Jahr.

Immer Ihre
[ohne Unterschrift]

P. S. Ist es sehr unbescheiden, wenn ich noch um mehrere Abzüge von meinem Bild bitte, auf dem ich soviel schöner bin wie in Wirklichkeit?[4]

137 AA   *[Briefkopf IV] 22. 1. 1949[5]*

Liebe Anna!
Ihr Brief vom 13. Jänner ist gestern angekommen.
So sehr ich verstehe, daß Sie meine Unterredung mit Fadenbergers bald haben wollen, muß ich Ihnen doch raten, mir beizustimmen, die Unterredung noch etwas hinauszuschieben.
Wir müssen bedenken, daß die Restitution, beziehungsweise die Vereinbarung mit Sweceny und Ihre Absicht, das von Sweceny Erhaltene Fadenbergers zuzuweisen, zwei Angelegenheiten sind, die voneinander abhängen.
Solange wir von Sweceny nicht bindende Zusagen haben, kann ich wohl mit Fadenbergers sprechen, aber ihnen Positives nicht sagen.
Fest steht, daß Fadenbergers den Besitz nicht erwerben wollen.
So lange Sweceny nicht mehr als in seinem ersten Brief an mich – dessen Abschrift ich Ihnen einschickte – sagt, wissen wir noch gar nicht, woran wir sind. Ich schrieb ihm am 20. Dezember, er möge mir – um nicht einen Geometer beauftragen zu müssen – den Grund ausmessen und nähere Angaben machen. Auf diesen Brief ist bis heute keine Antwort eingelangt, so daß ich

---

[3] Siehe III.7.b.
[4] Siehe 106AF mit Anm. 80 und S. 338.
[5] Masch. außer Unterschrift; Zensurstempel.

der Meinung bin, er will die Verhandlungen verzögern, damit wir durch den Termin, 28. Februar – so weit reicht seine Zusage – gebunden bleiben. Er scheint übersehen zu haben, daß der Termin Restitutionsansuchen einzureichen, um ein halbes Jahr verlängert wurde. Es wird wohl nichts anderes übrig bleiben, als Ihre Rechte tatsächlich anzumelden. Sweceny muß erkennen, daß wir die Stärkeren sind.

Sie fragen auch an, ob man in Österreich bauen kann? Ja. Es wird relativ viel gebaut, allerdings sind die Baukosten enorm.

Selbstverständlich werden die Zahlungen auf Frau Josefa Fadenberger gemacht werden. Zeitgerecht werden Sie mir gewiß noch mitteilen, was ich ihr alles zu sagen habe, wenn ich ihr das Geld übergebe.

Sie dürfen nicht in jedem Brief schreiben, daß es Sie irgendwie stört, wenn ich für Sie interveniere. Ich tue es gerne, ich lerne ungeheuer viel dabei, weil ich dadurch mit einem Gebiet vertraut werde, mit dem ich bisher nichts zu tun gehabt habe. Damit ich sachlich nichts unterlasse, oder falsch vorgehe, dazu habe ich den Rechtsanwalt. Ich bin überzeugt, daß Sweceny aus der Art, in der ich mit ihm gesprochen habe, mich weit unterschätzt. Vielleicht ist er einer von jenen, die ausgesuchte Höflichkeit als Schwäche auffassen.[6]

[6] Am 16. 2. 1949 schrieb Aichhorn an Sweceny (NAA): »Sie schweigen sich über meinen durchaus freundschaftlich gehaltenen Brief vom 20. 12. 48 so gründlich aus, daß ich annahm, Sie denken sich eine für Sie günstigere Lösung der Angelegenheit Hochroterd, als ich sie Ihnen vorgeschlagen habe. / Ich kann natürlich nicht nachprüfen, ob Sie nicht unterrichtet waren, daß der Termin zur Anmeldung der Rückstellungsansuchen verlängert wurde und Sie durch Ihr Schweigen mich in Zeitnot bringen wollten, oder ob die in Ihrem Brief angeführten Gründe die Ursache zur Nichtbeantwortung meines Briefes waren. / Dies ist nun auch gegenstandslos geworden, da der Minister a. D. Dr. Eugen Fleischacker [...] durch mich bevollmächtigt, sich mit Ihnen, Herr Direktor in Verbindung setzen wird. / Alles Hochroterd betreffende wird er für mich erledigen.« Fleischacker seinerseits unterrichtete Sweceny am 17. 2. von seinem Mandat und fuhr fort (NAA): »Was nun den ersten Teil Ihres Vorschlags betrifft, nämlich die Rückstellung des oberhalb der Straße gelegenen derzeit dem Frl. Freud allein gehörigen Grundes anbelangt, so müsste ich wohl durch Vorlage der in Aussicht gestellten Planskizze über Umfang und Lage dieses Grundstücksteiles näher unterrichtet werden. Dagegen ist Ihr weiterer Vorschlag, an die Familie Fadenberger einen Betrag von S 10.000.– für den Bau eines neuen Wohnhauses zu bezahlen, nicht nur wegen der niedrigen Höhe dieser Summe nicht annehmbar, sondern auch deswegen, weil Sie diese Zahlung erst dann

Daß ich Ihnen über Hochrotherd bisher nichts mitgeteilt habe, liegt daran, daß tatsächlich nichts Neues geschehen ist.

Sehr freue ich mich, daß Sie schöne Weihnachtsferien verbrachten und daß Sie sehr erfrischt zurückkamen. Bei Ihrer Arbeitsintensität ist eine so kurze Ruhepause eigentlich zu wenig.

Heute habe ich von dem gewünschten Bild 20 Kopien bestellt. Wenn Sie das Auslangen damit nicht finden, so schicke ich mehr.

Ihre sehr eindringlichen, herzlichen und ernstlichen Wünsche für ein gutes und gesundes Neues Jahr, haben mich tief gerührt. Wie soll ich sie erwidern? Sie wissen, wie ich das Neue Jahr für Sie haben möchte und sehr, sehr freue ich mich auf den Kongreß in der Schweiz.[7]

*Alles Liebe
immer Ihr Aichhorn*

138 AF   *[Briefkopf London] 2. II. 1949*[8]

Lieber Aichhorn,
Eben ist der fertige Band Searchlights on Delinquency bei mir angekommen und ich habe große Freude damit.[9] *Ich bin sehr zufrieden mit den Vorworten über Sie, Jones sowohl wie Federn und Eissler. Es ist alles wahr, und es ist*

vornehmen wollen, wenn die Familie Fadenberger bei Ihnen nicht mehr im Dienst steht. / Wenn Sie daher Wert auf eine einvernehmliche Regelung legen, so müsste der angebotene Betrag zumindest auf eine solche Höhe gebracht werden, dass er für den Bau eines kleinen Siedlungshauses für die Familie Fadenberger ausreicht und müsste weiterhin vereinbart werden, dass diese Zahlung zu einem bestimmten Kalendertermin der nächsten Zukunft geleistet wird.«

[7] Der 15. Internationale Psychoanalytische Kongress, der erste nach dem Krieg, fand vom 15. bis 19. 8. 1949 in Zürich statt. Aichhorn konnte ihn nicht mehr besuchen. Vgl. III.7.e.
[8] Handschriftlich einschließlich Briefkopf; Zensurstempel.
[9] Vgl. III.5.b. – A. Freud gratulierte am 4. 2. 1949 Eissler, dem eigentlichen Herausgeber der Festschrift, mit den Worten (AFP; Original englisch): »Der Band macht einen ausgezeichneten Eindruck, und die Liste der Autoren und Themen ist überaus befriedigend. Ich hoffe sehr, er wird Aichhorn große Freude machen.« Eissler habe in seiner Skizze über Aichhorn »ein wirklich gutes Bild von ihm« gezeichnet.

kein Wort zuviel. Sie werden es sicher nicht glauben wollen, aber es stimmt, daß niemand anderer so viele ehrliche Bewunderer und Anhänger in der I. P.V. hat – und keine Feinde!

Sind Sie mit meinem Beitrag zufrieden?[10] *Sie müssen mir ehrlich schreiben, was Sie davon halten. Danke sehr für Ihren Brief, der vor zwei Tagen gekommen ist. Ich sage auch nichts mehr von schlechtem Gewissen, weil Sie das nicht wollen. Und ich überlasse es auch ganz Ihnen, Sie sehen ja am besten was sich machen läßt. Sweceny ist ja natürlich nur zum Schein der Besitzer. Ob seine ehemalige Frau (Stein?) zugänglicher ist? Er ist ein unangenehmer, glatter Kerl.*

Manchmal, besonders wenn ich hier Vogelstimmen höre, glaube ich plötzlich für einen Augenblick (wie in einem déjà-vu), daß ich in Hochrotherd auf der Wiese stehe.

Dr. Friedlaender liegt im Sterben. Es wird wohl in zwei oder drei Tagen zu Ende sein. Man hat jetzt das Carcinom in den Bronchien gefunden, von dem der Hirntumor ausgeht. Ein furchtbarer Tod und ein großer Verlust für unsere Arbeit. Wenn man denkt, daß Lausanne noch kein Jahr her ist und wie viel gesünder und tatkräftiger sie dort war wie wir anderen. Es ist nicht schön, wenn man plötzlich so zu spüren bekommt, wie das Schicksal mit uns Menschen spielt.

Ich möchte Sie bald wieder sehen. Wie steht es jetzt bei Ihnen mit dem Reisen? Hat Lajos Sie wieder einmal gesehen?

Ich denke sehr viel an Sie.

Ihre Anna

139 AA [Briefkopf V] Wien, 20. 2. 1949.[11]

Liebe Anna,
Ihr gestern eingelangter Brief vom 2. d. M. macht mich völlig fassungslos.

Daß Frau Dr. Friedländer ernstlich erkrankt sei, erfuhr ich vor längerer Zeit, aber an einen katastrophalen Ausgang konnte ich nach den Mitteilungen

---

[10] Siehe 115AF mit Anm. 105.
[11] Handschriftlich; Zensurstempel.

nicht denken. So sehr mich ihr Schicksal berührt, so völlig außer mir bin ich aber, daß ich so spät erfahre, welch schwere Zeit Sie wieder erleben müssen. Wenn ich auch aus der Entfernung nicht eingreifen kann, aber viel früher schon hätte ich Ihnen sagen wollen, wie sehr ich bei Ihnen bin. Vielleicht – so glaube ich – bedeutet es für Sie doch ein wenig, das zu wissen.

Kann ich irgend etwas tun? Bitte schreiben Sie mir. So ganz passiv bleiben zu müssen, ist unerträglich.

Über Searchlights und über mich schreibe ich im nächsten Brief.[12]

Heute ist Sonntag; der Brief geht erst morgen weg. Mit selber Post kommen 20 Kopien von der gewünschten Aufnahme. Wenn Sie mehr brauchen, lassen Sie es mich wissen.

Alles Liebe
Ihr Aichhorn

140 AA   *Wien, 21./II. 49.*[13]

Mit recht herzlichen Grüßen

Aichhorn

---

[12] Dieser Brief blieb wegen Aichhorns neuerlicher Erkrankung ungeschrieben. Gegenüber Eissler bemerkte Aichhorn am 26. 1. (KRE/AA, S. 77): »Es ist ein ganz sonderbares Gefühl, etwas Ungewohntes, das ich beim Durchblättern dieses Buches erlebe: die Freude an der Arbeit anderer, ein Nicht-Glauben-Können, dass ich selbst etwas geschaffen habe, das für andere wichtig geworden ist. / Du weißt, lieber Kurt: ich mache nicht mehr, als mich ausleben.« Eissler erwiderte, den letzten Satz aufgreifend (ebd., S. 78): »Dies ist ganz richtig + deswegen ist Deine Arbeit so imponierend. Es fehlt ihr das Moment der Beschwerlichkeit, des gezwungenen, des Opfers u. deswegen hast Du die faszinierende Wirkung auf andere weil Dir alles wie aus dem Handgelenk gelingt.« Und darauf wieder Aichhorn (ebd.): »Wir sind da beide verschiedener Meinung. Für mich verdient ein Mensch, der das macht, was ich mache, weder Lob noch Anerkennung. All das gebührt dem, der mit Beschwerlichkeit gegen verschiedenes in sich ankämpfen muß und trotzdem erfolgreiches leistet.«

[13] Handschriftlich; Zensurstempel. Offenbar Beilage zu den übersandten Photographien.

141 AF *Walberswick, 27. 2. 49.*[14]

Lieber Aichhorn,
Ich danke Ihnen sehr für Ihren Brief, er sagt genau, was ich fühle. Aber ich weiß immer, was und wie Sie mit mir denken und fühlen und es macht das leichter, was man in seinem eigenen Kopf herumwälzt.

Am vergangenen Mittwoch war wirklich die Einäscherung von Dr. Friedländer, so unglaublich es klingt. Ich kann nicht vergessen, wie sie uns beiden im vorigen Jahr in Lausanne an Ausdauer, jugendlichen Kräften und Lebenslust voraus war. Aber wir beide halten immer noch aus und sie ist verschwunden. Es ist wirklich nicht leicht, dem »Schicksal« in die Karten zu sehen und sich einen Sinn daraus zusammenzusetzen.

An diesem Todesfall ist viel Trauriges und Deprimierendes, auch abgesehen von der gräßlichen Krankheit selbst: den Metastasen im Gehirn, die ihr noch wochenlang Zeit gelassen haben zu fühlen, wie es mit ihr steht. Sie hat kein glückliches Leben gehabt, eine qualvolle erste Ehe, dann die Emigration, einen sehr schweren Anfang hier, die Kriegsjahre, nur Feindseligkeit von der hiesigen Vereinigung und kein Arbeitsfeld für ihre Tatkraft und ihren Ehrgeiz. Die Arbeit mit Child Guidance und Delinquency war ihr positiver Ausweg und sie hatte gerade begonnen, ihren Weg zu finden, eine Gruppe von Mitarbeitern zu sammeln und sich einen Namen zu machen. Sie hat ein Stück Nach-Analyse bei mir gemacht, wie ich hergekommen bin und ich glaube, es hat ihr dabei geholfen.

Nicht schön, wenn einem ein solcher Schlußpunkt gesetzt wird.
Wie ist es bei Ihnen? Was machen Arbeit und Pläne? Wie steht es mit Dr. Fleischmann?[15] *Wird jemand von den Ausbildungskandidaten ein Mitarbeiter für Sie werden? Haben Sie noch Kontakt mit Kata und Lajos?*[16]
Die Briefe meines Vaters sind jetzt in Korrekturfahnen da.[17] *90 Fahnen*

---

[14] Handschriftlich; Zensurstempel.
[15] D. h. wohl vor allem mit dessen Auswanderungsplänen (vgl. z. B. 159AA). Generell zur damaligen Personalsituation vgl. III.7.f.
[16] Mag sein, dass Anna Freud wegen der sich zuspitzenden politischen Lage in Ungarn um die beiden Lévy in Sorge war. Vgl. III.7.a.
[17] Offensichtlich hatte A. Freud Aichhorn in Lausanne über ihre und Kris' Arbeit an den Fließ-Briefen berichtet. Vgl. III.1.h.

habe ich schon durchgearbeitet. Ich kann nicht erwarten, daß Sie sie zu lesen bekommen.

Ihre Anna

142 AF [Briefkopf London] 7. April 1949.[18]

Lieber Aichhorn!
Was ist mit Ihnen? Warum höre ich schon so schrecklich lange gar nichts? Ich hatte große Sorge, daß Sie krank sind, aber zum Glück haben Sarasin und Bovet in Briefen erwähnt, daß Sie mit Ihnen in Briefwechsel sind.
Vergessen Sie nicht, Sie haben versprochen mir über das »Aichhorn-Buch« zu schreiben.
Mir geht es gut und ich werde jetzt nicht mehr so müde wie früher. Vor 14 Tagen war ich zu einem Vortrag in Holland. Sonst stecke ich sehr in der Arbeit.
Schreiben Sie bald?

Herzlich Ihre
Anna

Haben Sie Nachricht von Kata? Ich seit langem nicht.

143 AA [Ohne Datum][19]

Liebe Anna!
Diese paar Zeilen sollen nur anzeigen, daß ich wieder hinauf bin.[20]
Das Schreiben fällt noch etwas schwer, weil ich nur ein Auge verwenden kann, aber dümmer bin ich nicht geworden.

Herzlichst
Aichhorn

[18] Handschriftlich; Zensurstempel.
[19] Handschriftlich; Zensurstempel.
[20] Zu dem schweren Schlaganfall, den Aichhorn damals erlitten hatte, und zu den Informationen, die Anna Freud darüber von Eissler, Fleischmann und L. Lévy erhielt, siehe III.7.d.

144 AA   *Wien, am 12. Mai 1949.*[21]

Liebe Anna!
Mit der Maschine kann ich noch nicht schreiben, daher diktiere ich diesen Brief. Er soll als erste Nachricht Ihnen ankündigen, daß ich mich von dem schweren Gefäßkrampfanfall am 2. April wieder soweit erholt habe, daß begründete Aussicht besteht, im Herbst voll arbeitsfähig zu sein.
Ich weiß nicht, wie weit Sie Dr. Fleischmann verständigt hat. Der Sachverhalt ist kurz folgender: Am Samstag, den 2. April, in einer nachmittägigen Stunde, erfaßte mich ganz plötzlich ein Gefäßkrampf. Ich mußte meinen Patienten ersuchen, mich auf den Diwan hinlegen zu lassen.[22] *Ohne jedes Übelbefinden hatte ich ein so eigenartiges Gefühl. Einzelne Funktionen waren außer Betrieb gesetzt. Bei geschlossenen Augen hatte ich keinerlei Beschwerden; öffnete ich aber die Augen, dann sah ich doppelt, und das Zusammenlegen der von beiden Augen aufgenommenen Bilder in eines gelang nicht, ebenso wenig die Koordination der linksseitigen Bewegungen; Lippen und Zungenspitze waren unempfindlich geworden. Ich wurde zu Bett gebracht, mein Hausarzt*[23] *erschien sofort und später auch Prof. Lauda, wie auch Dozent Reisner an Stelle von Prof. Pötzl, der nicht zu erreichen war. Ich verlor keinen Augenblick das Bewußtsein, konnte nur Realität und Traumwelt schwer auseinanderhalten. Man erzählte mir, daß ich ganze Vorträge hielt. In den ersten Tagen soll mein Zustand bedenklich gewesen sein. Nun bin ich aber wieder, Gott sei Dank, auf dem Wege hinauf. Die Erholung schreitet sehr günstig fort. Es ist keinerlei Lähmungserscheinung da, mein Intellekt ist gänzlich in Ordnung. Es fehlt nur die Koordination der Bewegungen und die Fähigkeit, die von beiden Augen erzeugten Bilder in eines zu vereinen, mit*

[21] Masch. außer Unterschrift; Zensurstempel.
[22] Vgl. AA an L. Lévy, 4. 5. 1949 (NAA): »Stelle Dir vor, lieber Lajos: Ich sitze wieder aufrecht, außer Bett und diktiere. Was mit mir los war, hat Dir sicherlich Dr. Fleischmann geschrieben. Ich kann Dir nicht mehr dazu sagen, als daß ich in der Stunde am 2. 4. zwischen 2 und 3 Uhr plötzlich ohne jedes Übelbefinden ein so eigenartiges Gefühl bekam, daß ich Dr. Solms (Neurologe), der gerade eine ›Stunde‹ bei mir hatte, ersuchen mußte, mich auf den Diwan hinlegen zu lassen, und dann ging's los.« Er erwähnt dieselben Phänomene wie im obenstehenden Brief und schließt: »Ich weiß nur noch, daß mir in den ersten Tagen der Gedanke an die materielle Situation sehr viel Sorge machte; das ging dann vorbei.«
[23] Dr. Kurt Fellner.

anderen Worten, ich schiele mit dem rechten Auge; fraglich bleibt, wie weit sich die Doppelsichtigkeit zurückbilden wird. Es geht schon recht gut mit den Beinen; diese Angelegenheit wird durch Übung in Ordnung gebracht werden können. Ich kann sogar schon ohne Hilfe gehen. Die Ärzte erklären mir, daß ich bis zum Herbst wieder voll arbeitsfähig sein werde, jedoch meine Arbeitsintensität wesentlich einschränken muß.[24] Was sich bei mir ereignete, war ein Alarmzeichen, das zu berücksichtigen ist.

Wegen Fadenbergers bitte ich, sich ja nicht zu beunruhigen! Diese Angelegenheit läuft recht gut und in kurzer Zeit werde ich Ihnen den endgültigen Sweceny-zu-machenden-Vorschlag zur Genehmigung einschicken.[25]

[24] Vgl. dagegen L. Lévy an E. Skopnik, 20. 4. 1949 (NRD): »Ich glaube, dass ich Ihnen gegenüber volle Offenheit schulde. Seit dem August-Anfall hier war es mir ganz klar, dass mein Freund eine schwere Gefässerkrankung der Hirnarterien hat. [...] Ich wusste schon damals, dass diese Blutungen sich wiederholen werden und dass eigentlich seine übrige Zeit zu übersehen ist. [...] Die Behandlung der Anfälle ist rein symptomatisch. [...] Für die weitere Behandlung kann ich selbstverständlich keine brieflichen Ratschläge erteilen. [...] An meine Hinreise – so gerne ich auch gehen würde – ist reell nicht zu denken. Die Pass-Schwierigkeiten sind momentan so gross, dass sie nicht zu überwältigen sind. [...] Da ich ganz sicher weiss, dass auch mein Wissen und ärztliche Kunst zu seiner Herstellung ungenügend ist, so kann und will ich nicht das Unmögliche unternehmen. Ich hoffe mit Ihnen, dass die Zeit gnädig sein wird, und dass unser Freund seine Gesundheit mehr oder minder wiedererlangen wird. Als guter Freund wünsche ich aber nicht, dass er ein ständige Hilfe bedürftiger Krüppel bleibt. Das sollte ihm erspart bleiben.«

[25] Diese Ankündigung war voreilig (vgl. III.7.g). Zwar hatte Sweceny, wie Fleischacker Aichhorn mitgeteilt hatte (25. 3. 1949; NAA), sein ursprüngliches Vergleichsangebot (siehe Beilage zu 135AA) auf S 20.000 verdoppelt und einen Zahlungstermin (30. 4. 1949) anerkannt. Aber er hatte auch betont, dass er »im Zusammenhang mit dem Abschluss dieses Vergleiches das Vertragsverhältnis mit den Fadenbergers unbedingt zu lösen gedenke, da er keinesfalls beabsichtige, den Abfindungsbeitrag zu zahlen und die Fadenbergers weiter in seinen Diensten zu lassen«. Am 25. 5. schrieb Fleischacker (NAA), dass Josefa Fadenberger zu ihm in die Kanzlei gekommen sei, aber noch keine Entscheidung getroffen habe. Da Ende Juni die Frist für die Einbringung eines Rückstellungsantrages ablaufe, empfehle er, »Frl. Freud mitzuteilen, dass wir vorsichtshalber nunmehr das Rückstellungsbegehren bei der Rückstellungskommission überreichen werden, um zu verhindern, dass durch Fristablauf für Frl. Freud bzw. die Fadenbergers ein unwiederbring-

Ich bin auf der ganzen Linie sehr optimistisch, sowohl was Hochrotherd, als auch mich selbst anlangt.

Alles Liebe
Ihr Aichhorn

145 AF [Briefkopf London] 19. Mai 1949[26]

Lieber Aichhorn,
Eben ist Ihr Brief angekommen und ich bin sehr sehr froh damit.[27] Hier nur einen Gruß. Am Weekend schreibe ich ausführlich.
Alles Gute! Ihre Anna

146 AA [Briefkopf III] Wien, am 27. Mai 1949[28]

Liebe Anna!
Über die mir durch Hedy Schwarz geschickten kurzen Mitteilungen[29] und das Bild[30] freue ich mich außerordentlich, über die Mitteilungen, weil sie mir den week-end-Brief versprachen, über das Bild, weil ich es außerordentlich gut finde und von ihm week-end-Freude erfahre.
Mir geht es laufend besser. Ich kann schon wieder allein gehen. Die Augen

licher Nachteil eintritt.« – Auf dem Briefbogen ist vermerkt: »telefonisch erledigt am 27. Mai 1949«.

[26] Handschriftlich. Der Gruß wurde von Hedy Schwarz, die damals von London nach Wien fuhr (siehe III.7.d), nach Wien mitgenommen.

[27] An Fleischmann hatte A. Freud am 18. 5. geschrieben (AFP; vgl. III.7.c): »Unsere Briefe haben sich gekreuzt, Sie wissen aus meinem, wie sehr unglücklich ich über Aichhorns neuerliche Erkrankung bin. Es ist nicht viel, was ich dazu sagen kann, denn man kann es nicht gut mit Worten ausdrücken, was man verliert, wenn Aichhorn nicht der alte ist, und was man empfindet, wenn man weiß, dass er sich quält. [...] Bitte schreiben Sie mir auch ein schnelles Wort, ob man Aichhorn schreiben kann oder ob ihn das zu sehr aufregt.«

[28] Masch. außer Unterschrift; Zensurstempel.

[29] 145AF.

[30] Um welches Anna-Freud-Porträt es sich hier handelt (vgl. auch den nächsten Brief), wurde nicht ermittelt.

machen mir noch einige Schwierigkeiten und der dumme Schädel hat seine Faxen.
Auf Ihren Brief freue ich mich schon wirklich sehr.

Herzlichst
Ihr Aichhorn

147 AA [Briefkopf III] Wien, 28. Mai 1949[31]

Liebe Anna!
Heute beginne ich die Post durchzusehen, die während meiner Krankheit eingelangt ist und nicht beantwortet werden konnte. Zuoberst liegt Ihr Brief vom 7. April für den ich herzlich danke.

In Ihrem Brief befürchten Sie, daß mein langes Nichtschreiben auf Krankheit zurückzuführen sei; mittlerweile ist sie gekommen und ich war recht lange aktionsunfähig.

Ich freue mich sehr, daß Sie nicht mehr so müde sind und sich wohler fühlen. Davon zeugt ja auch die Fotografie, die Hedy Schwarz mitgebracht hatte.

Vom »Searchlights« kann ich Ihnen leider noch nichts berichten. Ich war vor meiner Erkrankung dabei, die mir wichtigst erscheinenden Arbeiten zu lesen. Seit Wochen ist mir Lesen unmöglich, und es wird noch einige Zeit dauern, bis ich lerne, mit einem Auge mich im Leben und auch beim Lesen zurechtzufinden.

Darf ich Sie um etwas bitten? Ich meine mich zu erinnern, daß der Imago Verlag in London eine Neu-Auflage der Verwahrlosten Jugend herausgeben wollte.[32] Ich werde von der Schweiz, von Deutschland und auch von hier ungeheuer danach bedrängt. Zu ändern wäre nur der 1. Vortrag, der aus der englischen Übersetzung in's Deutsche rückübersetzt werden müßte.[33] – Würden Sie so lieb sein, mit den Imago-Leuten zu sprechen?

Kata lebt sich in die Verhältnisse[34] langsam ein. Ihr Bruder Emil ist gestorben.[35]

---

[31] Masch. außer Unterschrift; Zensurstempel. Am Anfang des Briefs Empfängeradresse.
[32] Siehe 45AF, 52AF, 61AA mit Anm. u. ö.
[33] Siehe weiter 152AA.
[34] D. h.: in die sich etablierende kommunistische Herrschaft (vgl. III.7.a).
[35] Der Brauereibesitzer Emil von Tószeghi (Freund). Vgl. K. Lévy an AF, 16. 4. 1949

Bei mir geht es gesundheitlich auch langsam vorwärts. Auf Zürich wage ich nicht zu hoffen.[36]

Alles Liebe
Aichhorn

148 AA   *[Briefkopf III] Wien, 30. Mai 1949*[37]

Liebe Anna!
Am 28. Mai begann ich, die liegen gebliebene Post zu beantworten und – wie ich Ihnen ausführlich mitteilte, lag Ihr Brief vom 7. April obenauf. Heute am 30. finde ich Ihren Brief vom 27. Febr. Gestern wurde nichts geschrieben, Dr. Fleischmann führte meine Frau, mich, die Pflegerin und Christl[38] *hinaus ins Freie; zum Mittagessen waren wir im Ottakringer Bräu in Hietzing, dann ging's über die Höhenstraße – prachtvolle Fahrt – zurück in die Stadt, noch zu einem Kaffee in das Kaffee Bastei. Weg waren wir von halb 12 bis halb vier. Ich habe den Ausflug wunderbar vertragen und heute Nacht ausgezeichnet geschlafen. Es geht doch langsam aufwärts.*

(AFP): »Wir haben heute meinen Bruder beerdigt! – Seit den bösen Zeiten, die wir – wenn auch nicht zusammen – durchgemacht haben, sind wir uns näher gekommen. Es hat sich seit wenigen Wochen eine angina pectoris bei ihm gezeigt, die mit ungewohnter Schnelligkeit einen Sekundenherztod herbeiführte.« Lajos Lévy hatte am 17. 4. an Aichhorn berichtet (NAA): »Ich will nicht, daß Du durch Zufall erfahren sollst, dass Katas Bruder, Emil, Donnerstag Früh plötzlich gestorben ist. Vor cca 6 Wochen kam er zu mir mit einigen Klagen und ich habe sofort gesehen, dass es sich trotz wenigen Klagen und kaum bemerkbare Erscheinungen um etwas schwereres handelt. […] In den letzten Jahren hatte er fortwährend starke Aufregungen und lebte in den letzten vier Jahren unter einer angstvollen Spannung. […] Jetzt drohte ihm, dass er seine Wohnung aufgeben müsse und ich glaube, dass eben dies ihm am eigentlichsten beibrachte, dass er für ihn irreversiblen Wirtschaftszuständen gegenüber stehe. […] Er hatte keine Ahnung wie schlecht es um ihn steht und ging ganz ohne Todeskampf weg.«

[36] Schon am 3. 5. hatte Aichhorn Sarasin mitgeteilt (NAA), dass er am bevorstehenden IPV-Kongress nicht werde teilnehmen können.
[37] Masch. außer Unterschrift; Zensurstempel. Am Anfang des Briefes Empfängeradresse.
[38] Enkelin Aichhorns, heute Christine Braunsberger.

Ihre Frage um meine Pläne und ob von den Ausbildungskandidaten ein geeigneter Mitarbeiter heranwachsen wird, muß durch meine Erkrankung in den Hintergrund gestellt werden, es wird sich dies erst in dem Augenblick herausstellen, wenn zu übersehen ist, wie weit meine eigene Arbeitsfähigkeit gehen wird.

Dr. Schreyer, ein zurückgekehrter Emigrant, war in Amerika und hat mit Dr. Eissler gesprochen und es ist nicht ausgeschlossen, daß er mich in meinem Sommeraufenthalt besuchen wird.

So viel von mir.

Die Korrekturen der Fahnen[39] macht Ihnen sicherlich viel Mühe, aber ich kann mir denken, auch recht viel Freude.

Wegen meines Kontaktes mit Kata und Lajos berichtete ich Ihnen schon am 28. Mai.

Sehr freuen würde ich mich über baldige Antwort!

*Herzlichst
Ihr Aichhorn*

149 AF   *[Briefkopf London] 8. VI. 1949.[40]*

Lieber Aichhorn,
Ich bin so froh, daß Sie wieder schreiben. Gleichzeitig aber traue ich mich gar nicht daran zu denken, wie schwer Sie alle Einschränkungen und Behinderungen empfinden müssen. Ihren langen Autoausflug habe ich in Gedanken mitgemacht. Wenn ich noch in Wien wäre, würde ich Sie mit dem Auto abholen, nach Hochrotherd hinausführen (das inzwischen noch viel schöner geworden wäre als es schon immer war), und dann mit Ihnen auf Liegestühlen unter dem großen Birnbaum sitzen. So wie es in der Wirklichkeit ist, kann man nur einen Tagtraum daraus machen und das ist nicht genug.

Mein Weekendbrief hat sich verspätet, denn inzwischen war ich nicht wie gewöhnlich in Walberswick, sondern in Paris, zu Besuch bei der Prinzessin.

Es war eine gute Abwechslung, denn in der täglichen Arbeit wird man müder als man es sich selbst gerne eingesteht. Dann sieht man plötzlich, daß es auch ein Leben außerhalb der Routine gibt und man bekommt neue Kräfte

---

[39] Sc. der Fließ-Briefe.
[40] Handschriftlich; Zensurstempel.

davon. Vielleicht haben wir alle das Arbeiten zu gut und das Faulenzen zu schlecht gelernt?

An die Imago-Leute schreibe ich gleichzeitig und lasse Sie die Antwort gleich wissen.

Sonst gibt es nur ein Wichtiges: daß es Ihnen so bald als möglich wieder ganz gut geht und daß Ihnen die Zwischenzeit nicht zu schwer wird.

Sie schreiben vom Sommeraufenthalt. Wo wird das sein; und wann?

Lauter gute Wünsche,
Ihre Anna

150 AA   *[Briefkopf IV] Wien, am 11. Juni 1949[41]*

Liebe Anna!
Eben als ich den Brief mit der Empfehlung für Frau S. zur Post geben wollte, kam Ihr Brief vom 8. Juni. Ich lege daher den Brief vom 9. bei.[42]

Ich freue mich sehr über Ihre innige Anteilnahme. Das Ärgste ist nicht einmal die durch die Erkrankung gebrachte physische Behinderung. Was so wenig verstanden wird, ist, daß mit der Erkrankung ein kolossaler Einbruch in das ICH verbunden war, das wieder aufzubauen nicht leicht ist. Es geht das ja auch langsam aufwärts. Anfangs war eine so deutliche Teilung zu spüren zwischen etwas, das ICH war und das Andere. Dieser zweite Teil wird immer kleiner und ich hoffe, mein ICH wieder zurückzubekommen.

Finden Sie nicht, daß der Tagtraum viel schöner ist, als die Realität? Da läßt sich doch alles gestalten, was die Realität verhindert! – So kann ich mir Ihr Hiersein und die Fahrt nach Hochrotherd so ausmalen, wie ich will. –

Zu Ihrem Ausflug nach Paris möchte ich eine Bemerkung machen: Laufen Sie der täglichen Arbeit nur so oft als möglich davon. Sie zermürbt, ohne daß man eine Ahnung davon hat und eines Tages ist das Unglück geschehen.

Vielen Dank für Ihre Bemühungen wegen der Verwahrlosten Jugend.

Wie die Situation jetzt liegt, werde ich um den 12. Juli herum für 3–4 Wochen mit meiner Frau nach Ischl[43] gehen. Ich bin vom behandelnden Arzt

---

[41] Masch. außer Unterschrift; Zensurstempel. Briefkopf mit Zusatz »Prof.« beim Namen.
[42] Siehe 153AF, 154AA. Aichhorns Empfehlungsbrief war nicht mehr aufzufinden, die Identität von Frau S. wurde nicht ermittelt.
[43] Bad Ischl ist ein Kurort im oberösterreichischen Salzkammergut. Erlangte besondere Berühmtheit als Sommerresidenz Kaisers Franz-Josephs.

noch so sehr abhängig, habe mich von dem Schock[44] vom 2. April, der die Krankheit brachte, noch nicht frei machen können. Mir liegt irgendwie noch die Angst in den Knochen, der Anfall könnte sich im nächsten Augenblick wiederholen und deswegen möchte ich den Arzt in der Nähe haben. Er hat seinen Aufenthalt in Strobl,[45] von wo er Ischl in 10 Minuten erreichen kann.

Schreiben Sie mir recht bald wieder, auch über das, was Sie aus Berichten von Hedy Schwarz über uns entnehmen.

Herzlichst
Aichhorn

151 AF *14. Juni 1949.*[46]

Lieber Aichhorn!
Das ist nur ein Nachtrag zu meinem letzten Brief. Ich habe eben Antwort von der Imago Publishing Co. über Ihre Verwahrloste Jugend bekommen. Zu meinem grossen Bedauern schreibt John Rodker, dass er im Augenblick so schlechte Möglichkeiten hat, Bücher von hier nach Oesterreich zu verkaufen, dass er es nicht unternehmen kann, ein Buch wie das Ihre hier zu drucken. Die Druckkosten sind hier grösser als auf dem Kontinent, daher der Preis des fertigen Buches für den Kontinent zu hoch; und ausserdem bestehen eine Menge von Einschränkungen, die den Verlag in Beziehung zu Oesterreich und Deutschland im Verkauf behindern. Rodker bedauert es selber ausserordentlich, meint aber, dass das die richtige Entscheidung ist. Er hat immer gehofft, dass die Verhältnisse in dieser Beziehung sich bessern werden. Aber das ist nicht der Fall.

Was ist jetzt das Nächstbeste? Vielleicht Huber in Bern? Oder Deuticke in Wien? Bitte schreiben Sie mir, wenn ich etwas bei der Neuausgabe mittun kann. Was ist es mit dem ersten Kapitel, das man rückübersetzen muss? Ist es denn nicht mehr das erste Kapitel von früher? Bitte schreiben Sie mir darüber.

Herzlich
Ihre Anna

---

[44] Im Original: habe den Schock.
[45] Strobl liegt im Salzkammergut am östlichen Ufer des Wolfgangsees.
[46] Masch. außer Unterschrift; Zensurstempel.

152 AA [Briefkopf III] Wien, am 21. Juni 1949.[47]

Liebe Anna!
Ich danke Ihnen herzlichst für Ihren Brief vom 14. Juni und bedaure es natürlich sehr, daß die Imago Publishing Co die »Verwahrloste Jugend« nicht übernehmen kann. Ich habe mich sofort an Dr. Meng in Basel mit der Bitte gewendet, beim Verlagshaus »Hans Huber, Bern« diesbezüglich anzufragen.[48]
Sie erkundigen sich, liebe Anna, wegen der ersten Vorlesung, die rückübersetzt werden müßte. Ich habe, bevor die englische Übersetzung zustandekam, die erste Vorlesung überarbeitet und finde sie so bedeutend besser. Natürlich wäre ich sehr froh, wenn Sie die notwendige Rückübersetzung dieser Vorlesung übernehmen würden. Da ich jedoch Ihren Zeitmangel kenne, bitte ich Sie vor einer Zusage die Angelegenheit nochmals eingehend zu überlegen.[49]
Mein körperliches Befinden ist bedeutend besser; nichtsdestoweniger warte ich mit Ungeduld auf die Auswirkung des Aufenthaltes in Ischl. Ich halte sogar schon jetzt eine tägliche Analysestunde[50] *und finde, daß dies recht gut geht. Was sagen Sie dazu, liebe Anna? Ein guter Fortschritt, nicht wahr?*
Schreiben Sie bald wieder und seien Sie herzlichst gegrüßt!
Ihr August Aichhorn

---

[47] Masch. außer Unterschrift; Zensurstempel. Am Anfang des Briefs Empfängeradresse.

[48] Siehe AA an Meng, 21. 6. 1949 (NAA): »Es wurde mir von verschiedenen Seiten nahe gelegt, mein Buch ›Verwahrloste Jugend‹ neuerlich verlegen zu lassen. Es bestand der Plan, dies der Imago Publishing Co zu übertragen. Wie mir Anna Freud nun mitteilt, kann dies aber nicht durchgeführt werden, da der Preis des fertigen Buches für den Kontinent zu hoch wäre und außerdem Einschränkungen bestehen, die den Verkauf behindern. / Glauben Sie, lieber Doktor, dass der Verlag ›Hans Huber, Bern‹ die Neuausgabe übernehmen würde? Ich wäre Ihnen überaus dankbar, wenn Sie bei ihm deshalb anfrügen und mir die diesbezügliche Nachricht zukommen ließen.« Siehe weiter 157AA und ff.

[49] Vgl. 69AA mit Anm. 121.

[50] Es dürfte sich um Friedrich Hacker gehandelt haben, der in den Sommern 1948 und 1949 zur Analyse bei Aichhorn nach Wien gekommen war.

153 AF [Briefkopf London] *29. Juni 1949*[51]

Lieber Aichhorn!
Ich habe Ihren Brief vom 9. Juni vor mir, der Frau S. an unseren Child Therapy Course empfiehlt. Sie wissen sicher, wie ungerne ich Ihnen eine Bitte abschlage, aber nachdem ich die Situation mit den anderen Organisatoren durchgesprochen habe, sehe ich, dass wir Frau S. nicht annehmen können. Wir nehmen prinzipiell nur ganz junge Leute und unsere allerhöchste Altersgrenze ist 40. Frau S. ist sehr viel älter. Ausserdem sind wir jetzt, wo der Kurs offiziellen Status bekommt,[52] leider nicht mehr selbständig in der Aufnahme, sondern müssen unsere Kandidaten von einem offiziellen Selection-committee bestätigen lassen und diese Bestätigung würde sie auch nicht bekommen.
Ich hoffe, Sie sind nicht böse, aber ich sehe nicht, wie sich die Vorschrift umgehen lässt.

Sehr herzlich Ihre
Anna

154 AA [Briefkopf III] *Wien, am 7. Juli 1949*[53]

Liebe Anna!
Ich verstehe sehr gut, daß Sie unter den geschilderten Umständen Frau S. für den Child-Therapy Course nicht annehmen können und ich bin nicht im mindesten böse darüber.
Gleichzeitig teile ich Ihnen mit, daß das Album mit der Wohnung in der Berggasse fertig ist und morgen mit der Post an Sie abgehen wird.[54]

[51] Masch. außer Unterschrift; Zensurstempel.
[52] Wahrscheinlich war es notwendig geworden, ein offizielles Auswahlkomitee zu installieren, weil Anna Freud, vermittelt durch Helen Ross, bei der Field Foundation um finanzielle Unterstützung für ihre Klinik angesucht hatte.
[53] Masch. außer Unterschrift und den beiden Postscripta; Zensurstempel.
[54] Das Album hatte eigentlich zu Weihnachten 1948 fertig werden sollen (122AA mit Anm. 123; vgl. III.7.h). Am 7. 3. 1949 aber hatte Aichhorn an Eissler geschrieben (KRE/AA, S. 80): Nachdem er einen Architekten mit Querschnitts- und Grundrisszeichnungen der Berggasse 19 und einen Künstler mit der Gestaltung des Albums beauftragt hatte, »wurde eine etwas großzügige Angelegenheit daraus, die natürlich seine Zeit braucht. Ich lege Wert auf eine tadellose Ausführung, das Leder für den

Den Entwurf und die Zusammenstellung der Bilder hat Günther von Baszel gemacht, derselbe, von dem die Medaille zu meinem 70. Geburtstag stammt.[55] Ich wäre Ihnen sehr dankbar, wenn Sie ihm für seine Bemühungen ein paar Zeilen schreiben möchten. Er wohnt: Wien III, Eslarngasse 1.

Auch sämtliche Bewilligungen für die vom Verlag zustande gebrachten Bücher sind da. Die Bücher sind bereits eingepackt und der Spediteur wird sie in den nächsten Tagen holen. Die endgültige Liste schicke ich Ihnen ebenfalls in einigen Tagen zu.[56]

Am Dienstag den 12. Juli fahre ich nach Ischl, wahrscheinlich auf vier Wochen. Mir geht es weitaus besser, die Ärzte sprechen von einem Wunder, das geschehen ist. Wie die Verhältnisse liegen, hoffe ich, daß ich auch wieder mit beiden Augen werde sehen können.

Machen Sie mir bitte die Freude und schicken Sie mir einige Zeilen nach Ischl, Hotel Post.[57]

Herzlichst
Aichhorn

N. S. Soeben holt der Spediteur das Bücherpaket an Sie.[58]

Nochmals herzlichst Ihr Aichhorn

N. S. 2 Mit heutiger Post kam ein Brief vom Rechtsanwalt in Angelegenheit Fadenberger.[59] Ich schicke ihn mit gewöhnlicher Post an Sie.

Einband ist augenblicklich in der Färberei. Wenn alles den Vereinbarungen gemäß richtig erledigt wird, kommt das Album in längstens 3 Wochen zum Buchbinder.«

[55] Siehe 122AA mit Anm. 120.

[56] Auch diese Liste war nicht aufzufinden.

[57] Das im Stadtzentrum gelegene Hotel zur Post in Ischl war das älteste Hotel des Salzkammergutes. 1988 wurde es aufgelassen.

[58] Fleischmann an Lampl, 8. 7. 1949 (NAA): »In Erledigung Ihrer an Professor Aichhorn gerichteten Anfrage wegen der Expedition der Bücher habe ich Ihnen heute telegrafisch den Wiener und Amsterdamer Spediteur bekanntgegeben. [...] / Eine Schachtel mit Büchern für Miss Anna Freud geht transit über den Amsterdamer Spediteur nach London.« Die Londoner Sendung wird Freuds *Gesammelte Schriften* enthalten haben (siehe 132AF mit Anm. 165).

[59] Im Vormonat hatte Fleischacker Aichhorn berichtet (7. 6. 1949; NAA): »Am 1. 6. war Frau Fadenberger neuerlich bei mir und gab an, sie habe mit Herrn Sweceny über die Angelegenheit selbst gesprochen.« Er habe ihr geraten, sich »von einem ländlichen Bau- oder Maurermeister einen Kostenvoranschlag für den Bau eines

August Aichhorn und Günther v. Baszel, mit Porträt Aichhorn

[RA Eugen Fleischacker an August Aichhorn; Abschrift]
Wien, am 7. 7. 1949[60]
Sehr geehrter Herr Professor!
Unter Bezugnahme auf Ihr letztes freundliches Schreiben vom 9. v. M. in der Angelegenheit des Frl. Freuds empfing ich kürzlich den wiederholten Besuch der Frau Fadenberger, die mir auch das beiliegende Offert eines Baumeisters für ein Einfamilienhaus überbrachte,[61] das allerdings die immense Höhe von Schilling 52.000.– aufweist.

    kleinen Häuschens geben zu lassen«. Inzwischen werde eine Verordnung zur Fristverlängerung für Rückstellungsansprüche bis Ende des Jahres vorbereitet. »In diesem Fall hätten wir ja wieder einige Zeit gewonnen. Ich hoffe doch noch in dieser Sache zu einem halbwegs annehmbaren Vergleich zu kommen.« Aichhorn hatte am 9. 6. geantwortet (ebd.): »Versäumen Sie ja nicht die rechtzeitige Anmeldung der Rückstellungsansprüche, wenn der Termin bekannt gegeben ist.«

[60] Am Kopf des Briefs Absenderadresse (Rechtsanwalt / Eugen Fleischacker / Verteidiger in Strafsachen / Wollzeile 25 / Wien I.) und Empfängeradresse.

[61] Dieser Kostenvoranschlag des Baumeisters Franz Wallner ist in AFP erhalten, wird aber nicht mit abgedruckt.

Ich glaube nicht, dass es auf dieser Basis möglich ist, mit Herrn Dir. Sweceny zu einem gütlichen Übereinkommen zu gelangen. Ich habe daher Frau Fadenberger empfohlen, sich umzusehen, ob sie nicht zu einem weit billigeren Preis irgend ein bestehendes Häuschen mit Grundstück käuflich erwerben könnte. Von Herrn Sweceny könnte man, wenn man ihm das zur Rückstellung angebotene Grundstück oberhalb der Strasse auch überlässt, ja einen höheren Betrag als Schilling 20.000.– fordern. Wenn es also gelingt, so um 25.000.– Schilling herum für die Fadenbergers ein Häuschen mit Grundstück aufzutreiben, dann wäre meiner Meinung nach die Sache gewiss zu machen.

Mit der Einbringung des Rückstellungsanspruches haben wir ja jetzt Zeit, da die Terminverlängerung im Bundesgesetzblatt vom 30. 6. verlautbart ist.

Ich möchte Sie natürlich, sehr geehrter Herr Professor, mit dieser Sache während Ihrer Rekonvaleszenz nicht allzusehr bemühen, sonst hätte ich schon wieder einmal vorgesprochen, um gemeinsam darüber zu reden. Frau Fadenberger will in dieser Sache durchaus auch direkt an Frl. Freud schreiben. Ich glaube, sie hat den Eindruck, dass wir die Sache etwas lax betreiben. Damit mag sie ja vielleicht recht haben, aber ich glaube, Frl. Freud ist sich selbst noch nicht im klaren, ob sie gegen Herrn Sweceny überhaupt einen Rückstellungsprozess anstrengen soll. Wenn nämlich in diesem Prozess kein Vergleich zustande kommt, so kann es möglich sein, dass Frl. Freud ihre seinerzeitigen Liegenschaftsmiteigentumsrechte zurück erhält, jedoch Zug um Zug den seinerzeitigen von ihr ja niemals empfangenen Kaufpreis und vielleicht sogar noch Aufwendungen ersetzen muss. Da sie aber, wie sie ja schreibt, in Österreich keinerlei Mittel verfügbar hat, wäre diese Situation für uns einigermassen eine Verlegenheit. Ich suche daher, selbst auf die Gefahr hin, dass sich die Sache noch hinzieht, zu irgend einer gütlichen Lösung zu kommen.

Ich gehe nun im August auf Urlaub und will, sobald ich im September wieder in Wien bin, auf die Sache gerne zurückkommen. Inzwischen wünsche ich Ihnen, sehr geehrter Herr Professor, noch weiter recht gute Erholung und baldige völlige Wiederherstellung Ihrer Gesundheit und zeichne mit herzlichen Grüssen als

Ihr ergebener
Unterschrift: Dr. Fleischacker

155 AF   *[Briefkopf London] 14. Juli 1949.*[62]

Lieber Aichhorn!
Morgen gehe ich auf Urlaub nach Walberswick (»Amber Cottage«, Walbers-

---

[62] Masch. außer Unterschrift.

wick near Southwold, Suffolk) und schreibe Ihnen dann gleich von dort einen langen Brief. Das hier soll nur ein erster Gruss sein, wenn Sie in Ischl ankommen, wo es Ihnen hoffentlich sehr gut gehen wird.

Ich schreibe Ihnen dann noch ausführlich, wieviel Schönes ich von Hedy S. über das Wiener Institut gehört habe.

Und noch etwas: ich habe inzwischen die erste Vorlesung Ihres englischen Buches genau durchgesehen und bin sehr gerne bereit, die Rückübersetzung zu machen. Bitte lassen Sie mich wissen, wie bald sie gebraucht werden wird. Wenn sie fertig ist, schicke ich sie direkt an Sie zur eventuellen Korrektur.

Und jetzt alles Gute für die Gesundheit

Ihre Anna

156 AA *Bad Ischl, 22. 7. 1949.*[63]

Hotel Post

Liebe Anna!

Ich danke Ihnen herzlichst für den Brief vom 14. Juli, der mich sehr rasch in Ischl erreichte.

Sehr verbunden wäre ich, wenn Sie bei Ihrer Arbeitsüberlastung die Rückübersetzung des ersten Vortrages der Verwahrlosten Jugend wirklich machen wollten. Darf ich Sie noch um etwas bitten? Sie treffen in Zürich sicher Professor Meng und könnten mit einem bestimmten Nachdruck viel dazu beitragen, daß das Buch in der Schweiz gedruckt wird oder daß ich raschest erfahre, wenn die Drucklegung aussichtslos ist. Ich darf keine Zeit mehr verlieren.

Liebe Anna, ich weiß nicht, wie viel oder wie wenig ich Ihnen von mir und meinem Zustand mitgeteilt habe. Wenn ich im Verlaufe der Genesung nicht alles wieder vergesse, dann schreibe ich ein Buch: Wie ich mein Ich verlor und es wieder fand. Diese physische Beeinträchtigung ist viel, viel leichter zu ertragen als der mit dem Anfall einhergehende Einbruch in das Ich. Ich empfinde jetzt so sehr was uns die Analyse über den Ichaufbau sagt, weil ich sehr schwer kämpfen mußte, es zu halten und nicht abzubauen. Gelegentlich werde ich Ihnen mehr darüber schreiben.

Für heute herzlichste Grüße und alles Liebe

Ihr Aichhorn

---

[63] Masch. außer Unterschrift und Postscriptum.

N.S. Ich gehe im Hotelzimmer schon mit unverbundenem rechten Auge herum. Die beiden Augenbilder decken einander schon soweit, daß ich nicht mehr verwirrt werde und irgendwo anrenne.

Herzlichst Aichhorn

157 AA   *[Briefkopf III] Bad Ischl, 28. 7. 1949*[64]

Liebes Fräulein Freud!
In der Beilage schicke ich Ihnen die Abschrift des Briefes, den Professor Meng am 17. Juli von Basel abgeschickt hat.

Ich wäre Ihnen außerordentlich verbunden, wenn Sie mit Prof. Meng zu einer Einigung wegen der neuen Herausgabe kämen. Ich bin nicht nur mit allem, was Sie für gut befinden, einverstanden, sondern auch außerdem dankbar, wenn Sie sich um die Sache bemühen.

Alles Liebe
Ihr August Aichhorn

[Brief Heinrich Meng an August Aichhorn; Abschrift]
Basel, den 17. Juli 1949[65]

Lieber Herr Aichhorn!
Ich hatte in diesen Tagen eine Besprechung mit Hans Huber, Bern. Er hatte früher schon bei Aussprachen über Psychoanalytische Publikationen mitgeteilt, dass er zwar grundsätzlich gerne solche Veröffentlichungen brächte, aber ich sollte sie möglichst in die gut angeführte Sammelreihe aufnehmen.[66] Herr Huber wird bis zum Kongress in Zürich sich entschieden haben, ob und wann er die »Verwahrloste Jugend« bringen kann. Wenn er bejaht, ist das Buch auch für Deutschland gut untergebracht, und ich würde mich besonders freuen, wenn es im Rahmen der von Federn und mir herausgegebenen Sammlung erscheint. Huber hält es buchhändlerisch für notwendig, dass Sie in einer grösseren Einleitung oder in einer neuen Schlussvorlesung, über die Zeit nach der Publikation der ersten und zweiten Auflage berichten, so dass das Buch, wie

---

[64] Masch. außer Unterschrift.
[65] Am Kopf des Briefs Absenderadresse (Prof. Dr. med. Heinrich Meng / Dozent für Psychohygiene an der Universität Basel / St. Albanring 174) und Empfängeradresse.
[66] Tatsächlich ist Aichhorns Buch in der von Federn und Meng bei Huber herausgegebenen Reihe »Bücher des Werdenden« herausgekommen.

Huber meint, auf den Stand des Jahres 1949/50 kommt.[67] Ich werde von Herzen gern alles tun, was für Ihr Buch möglich ist.

Ich reise jetzt für einige Vorlesungen nach Deutschland. Bei meiner Rückkunft, vor allem beim Züricher Kongress, wird die Situation klar sein.

Lassen Sie mich bis 10. August wissen, was Sie zu den Vorschlägen meinen.

Auf Wiedersehen in Zürich und herzliche Grüsse
Ihr Meng

158 AF *11. VIII. 49.*[68]

Lieber Aichhorn,
In zwei Tagen fahre ich zum Kongreß. Wie anders wäre es, wenn ich wüßte, daß ich Sie dort finde. So fahre ich mit einem gewissen Bangen, unsicher wie es eigentlich sein wird, wie groß der Wechsel der Menschen seit dem letzten Mal und auch mit einem anderen Gefühl als in früheren Jahren.[69] *Was man die analytische Bewegung nennt, ist mir nicht mehr so wichtig wie es einmal war.*[70]. *Die Analyse breitet sich jetzt von selber aus, eher zuviel, man braucht nichts mehr dazutun. Die Administration und der Unterricht haben sich weit voneinander entfernt, und die Administration der Bewegung interessiert mich nicht mehr.*

Ich hasse die Streitigkeiten der Menschen untereinander und auch die

---

[67] Diese Idee wurde nicht realisiert. Vgl. Anm. 98 zu 164AF.

[68] Handschriftlich.

[69] Heinz Hartmann hatte an Anna Freud schon ein Jahr zuvor geschrieben (19. 7. 1948; AFP): »Koennten Sie es sich nicht vielleicht so einrichten, dass man nach dem Zuericher Kongress eine Zeit lang gemeinsam in der Schweiz (am liebsten natürlich in Sils) bleiben wuerde – Sie, Ernst, Marianne [Kris], wir und wen Sie sonst noch dabei haben wollen? Die Lampls haben ihre Seelen ebenso an Sils verkauft wie ich und werden sicher auch naechstes Jahr dort sein.« A. Freud aber teilte Hartmann am 8. 4. 1949 mit (ebd.): »Ich bin schon recht neugierig auf den Kongress, fürchte mich auch etwas vor den Anstrengungen, die er mit sich bringen wird zu einer Zeit, wo man doch eigentlich sehr auf Ferien und Ausruhen eingestellt ist. Ich glaube nicht, dass ich mehr in der Schweiz bleiben kann, als im Ganzen eine Woche, denn ich lasse in Walberswick Patienten zurück, zu denen ich zurück kommen muss.«

[70] Vgl. III.3.c.

Wichtigtuerei, die hinter so vielen nur scheinbar wichtigen Angelegenheiten steckt.
Hoffentlich wird es auch nicht zu heiß sein. Ich kann jetzt manchmal sehr müde werden.
Als Vortrag habe ich nach vielem Überlegen (Sarasin hat mir sogar im letzten Moment noch eine Änderung erlaubt) gewählt: Einige Bemerkungen über die Behandlung der männlichen Homosexualität.[71] Ich habe einige Erfahrungen darüber gesammelt, die vielleicht andere interessieren werden. Ich habe es wieder einmal nicht niedergeschrieben, das macht mir auch etwas Sorge.

Es tut mir sehr weh, wenn ich daran denke, wie Sie um Ihre Gesundheit kämpfen müssen, die doch Ihr Recht ist. Ich kann es mir gut vorstellen, vielleicht zu gut; ich habe soviel Kampf um Gesundheit aus der Nähe mitangesehen.[72] Daß Ihr Auge wieder arbeitet, ist sehr schön. Ich bin sicher, Sie erobern sich alles wieder. Aber werden Sie sich auch dann sicher gut behandeln? Und es nicht alles anderen opfern? Ich glaube, die Zeit um den Geburtstag herum war zu viel für Sie, der Vortrag zu all den anderen Anstrengungen. Wie wird es mit Dr. Fleischmann? Bleibt er Ihnen eine Hilfe?[73]
Hedy Schwarz hat sehr geschwärmt von dem schönen Eindruck in Ihrem Institut. Aber ich brauche Hedy Schwarz gar nicht dazu. Ich weiß ja, wie Sie arbeiten und welchen Rahmen Sie sich immer für die Mitarbeiter schaffen können.
Machen Sie sich gar keine Sorgen um die »Verwahrloste Jugend«. Ich werde alles mit Meng besprechen und erledigen und es darf keine neue Arbeit für Sie entstehen.

---

[71] Aus diesem (englischen) Vortrag gingen A. Freuds 1952 veröffentlichten »Studien über Passivität« hervor.
[72] D. h. bei ihrem Vater.
[73] L. Lévy schrieb am 13. 8. 1949 an A. Freud (AFP): »Sehr merkwürdig ist mir, dass Dr. Fleischmann absolut schweigt und nach seinem späten, einzigen Brief nie weiter schrieb. Da muss doch etwas Neurotisches vorliegen.« A. Freud anwortete am 6. 10. (ebd.): »Dr. Fleischmann habe ich auf dem Kongress gesprochen. Seine Unsicherheit rührt daher, dass er dringende amerikanische Auswanderungspläne hat, sie Aichhorns wegen verschiebt und sich darüber in einem großen inneren Konflikt befindet.«

Über Hochrotherd: ich möchte durchaus nicht es auf eine Gerichtssache ankommen lasen, nur auf eine gütliche Einigung auf Nachzahlung, an Frau Fadenberger zu leisten. Soll ich Dr. Fleischacker direkt schreiben?[74] Hochrotherd war so schön; es soll am Ende nicht in einen Streitfall ausgehen.
Alles Liebe für Sie. Und halten Sie mir Daumen für den Kongress.

Ihre Anna

159 AA [Briefkopf III] Bad Ischl, 17. 8. 1949[75]

Liebe Anna!
Ihr Brief vom 11. August kam heute, Dienstag, am zweiten Kongreßtag an.
Ich halte Ihnen nicht nur Daumen für den Kongreß, ich bin seit Tagen mit Ihnen beim Kongreß. Sie können sich doch vorstellen, was es für mich bedeutet, auf Zürich verzichten zu müssen. Ich kann mir die Frage nicht beantworten, warum mir dieser Verzicht auferlegt worden ist.
Ich war schon recht beunruhigt, weil der angekündigte Bericht über die Mitteilungen [von] Hedy Schwarz nicht einlangte [und] ich nicht wußte, ob der Brief wegen der Verwahrlosten Jugend und der[76] Aussprache mit Meng, sowie das Album der Wohnung Berggasse angekommen seien[77]. Es wurden vier Alben angefertigt. Ein Album erhielten Sie, das zweite Dr. Eissler, das dritte Dr. Fleischmann, das vierte behielt ich mir selbst. Die Alben für Sie und

---

[74] Tatsächlich schrieb A. Freud am selben 11. 8. einen solchen Brief, in dem sie direkt auf Fleischackers Brief vom 7. 7. an Aichhorn (Beilage zu 154AA) Bezug nimmt. Es heißt darin (AFP; NAA): »Ich zoegere sehr Professor Aichhorn in seinem jetzigen Gesundheitszustand mit meinen Dingen zu belasten und so denke ich, dass es Ihnen auch recht sein wird, wenn ich Ihnen direkt schreibe. / Ich bin ganz Ihrer Ansicht, dass man alles daraufhin anlegen sollte, ohne Prozess zu einem guetlichen Ausgleich mit Herrn Sweceny zu kommen und habe in diesem Sinne auch immer mit Prof. Aichhorn gesprochen. Ich fuerchte tatsaechlich den Aufwand eines Prozesses, den moeglichen Ausgang in Rueckgabe oder vielmehr Rueckerwerb, und auch die Feindseligkeit die unbedingt von Seiten der jetzigen Besitzer gegen Fadenbergers etc. entstehen wuerde.«

[75] Masch. außer Unterschrift; ausnahmsweise auch der Briefkopf. Einige Schreibfehler in diesem Brief wurden stillschweigend berichtigt.

[76] Im Original: unter.

[77] Im Original: weisen.

Dr. Eissler wurden gleichzeitig aufgegeben und Dr. Eissler hat das Einlangen schon bestätigt.[78] *Sie wissen, daß ich auch mehr Filme von der Wohnung besitze als im Album aufscheinen. Ich will nun wissen, ob ich Ihnen die Filme (Negative) zur eventuellen späteren Verwertung überschicken oder ob ich sie Dr. Eissler zur treuhändigen Verwahrung übergeben soll. Mir wäre eine Antwort sehr wichtig, weil dieses historische Material nicht verloren gehen darf.*[79]

Ihr Gefühl mit dem Sie nach Zürich fahren, ist mir so verständlich und ich selbst teile es vollständig. Auch ich hasse die Streitigkeiten der Menschen untereinander. Wenn man sie nur überzeugen könnte, daß letzten Endes das Leben sinnlos wird, wenn man es nicht positiv für den anderen lebt.

Ihren Vortrag hätte ich gerne gehört. Wenn Sie ihn auch vorher nicht niederschreiben, gibt es eine Niederschrift nachher? Wenn ja, dann bitte ich um Einsendung einer Kopie.

[78] Zu diesem Album vgl. 154AA mit Anm. 54. Aichhorns Exemplar ist in NAA erhalten. – Eissler hatte am 5. 8. geschrieben (KRE/AA, S. 86), das Freud-Album sei »wie ein kleines Heiligtum. Wie eine Botschaft – eine frohe – aus weiter, weiter Vergangenheit. Es ist ein wichtiges historisches Dokument das der Oeffentlichkeit übergeben werden sollte. Falls Du willst kann ich bei einem der hiesigen illustr. Magazine anfragen. Es ist sicher ein großes Interesse da + es würde nicht Dein Schaden sein falls Du das Veröffentlichungsrecht abtrittst. / Ich habe eine eigentümliche Scheu, es anzusehen.«

[79] Vgl. AA an Eissler, 11. 8. 1949 (KRE/AA, S. 87): »Dein Vorschlag, die Bilder einer größeren Öffentlichkeit zugänglich zu machen, ist sehr nett, meiner Meinung nach aber ungangbar. Das erste Wort dazu hat Anna Freud zu sagen und ich bin überzeugt, daß sie ablehnen wird. Ehrlich gesagt, mir selbst scheint, daß die Bilder nur einem kleineren Kreis zugänglich gemacht werden sollen. Ich könnte mir vorstellen der Internationalen Vereinigung usw. Es muß auch noch über etwas gesprochen werden. Ich habe die Filme seinerzeit angefertigt, weil ich der Meinung war, daß der Nationalsozialismus einmal abwirtschaften und es dann zur Errichtung eines Freud Museums kommen wird. Ich setzte aber die Herrschaft der Nationalsozialisten auf ungefähr 20 bis 30 Jahre an, also auf eine Zeit, die mir das Erleben des Endes nicht mehr möglich machen wird. Nun war ich überzeugt, daß irgendwann einmal in der Berggasse ein Freudmuseum entstehen wird, dann aber niemand mehr weiß, wie die Wohnung eingerichtet gewesen ist und deswegen die Aufnahmen.« Er werde demnächst bei A. Freud anfragen, ob er ihr die von ihm verwahrten Filme schicken solle. »Mir wäre es am liebsten, wenn sie ablehnte und ich das ganze Material Dir in treuhändische Verwahrung überlassen könnte.« Vgl. auch III.7.h.

Der Kampf um meine Gesundheit geht weiter, scheinbar mit nicht schlechtem Erfolg. Was mich in diesem Kampf aber schwächt, ist die große Ungewißheit, ob es sinnvoll ist; denn soweit ich von den Ärzten orientiert bin, kann jeden Augenblick ein neuerlicher Anfall eintreten. Wozu dann dieses rastlose Bemühen. Und doch gebe ich es nicht auf. Ich habe schon bevor ich hierher fuhr durch drei Wochen eine Analysestunde einem amerikanischen Arzt gegeben.[80] Hier halte ich täglich eine Analysestunde für eine Amerikanerin. In Wien will ich im September langsam mit zwei Analysestunden, eine vormittags und eine nachmittags, beginnen. Wenn es geht, hoffe ich um Weihnachten die zulässige Höchstbeanspruchung mit vier bis fünf Analysestunden im Tage zu erreichen. Wenn Sie diesen Brief zu lesen bekommen, ist Zürich vorbei. Dr. Solms, der von Anfang der Erkrankung an dabei war,[81] ersuchte ich, Ihnen den Verlauf und die Prognose mitzuteilen.

Wie weit ich mir Alles wiedererobern kann, kommt auf den Standpunkt an, den man einnimmt. Auf keinen Fall werde ich meine frühere Arbeitsintensität wieder erreichen.

Ob Dr. Fleischmann mir eine Hilfe bleiben wird, ist nicht sicher. Er trägt sich mit dem Gedanken, auf ein Jahr nach Amerika zu gehen. Ich nehme an, wenn er einmal weg ist, wird er nicht mehr kommen. Ich bin auch neugierig, was Sie zu den Mitgliedern der Wiener Vereinigung sagen, die Sie in Zürich kennengelernt haben. Es sind einzelne sehr brauchbare Menschen darunter. Freilich wäre es notwendig, noch einige Jahre zu leben, daß die Vereinigung sich so fundiert, wie ich sie mir denke und wie sie Ihnen dann entsprechen würde.

Daß Sie mit Meng über die »Verwahrloste Jugend« sprechen, freut mich sehr. Ich bin mit Allem einverstanden, was Sie für richtig finden und bin besonders beruhigt, daß Sie selbst sagen, es darf keine Neuarbeit für mich entstehen.

Über Hochrotherd werde ich nach meiner Rückkehr mit dem Rechtsanwalt sprechen und es wird alles so geschehen, wie Sie wollen.

Recht vielen Dank für das, was Sie mir mit Ihrem Briefe geben.

Alles Liebe
Ihr Aichhorn

---

[80] Vgl. 152AA mit Anm. 50
[81] Vgl. 144AA mit Anm. 22.

160 AF	Zürich, 19. VIII. 49.[82]

Lieber Aichhorn,
Gestern Abend hat der Kongress geendet und ich will nicht von Zürich wegfahren ohne Ihnen zu schreiben. Sie wissen (hoffentlich) selbst, wie sehr Sie mir gefehlt haben, Ihr Gesicht, wenn man beim Vortraghalten in die Menge der Gesichter schaut, das Gefühl, daß ich auch für Sie spreche und daß Sie stolz sind, wenn es gut geht. Daß Sie auch dem Kongress gefehlt haben, Ihr Thema, und Ihre Art es zu behandeln, Sie als Vertreter des jetzigen Wien – das ist selbstverständlich und hat eigentlich gar keinen Platz in diesem Brief.

Ich habe Ihre jungen Leute kennengelernt und fand die Gesichter besonders gut und frei und lebendig. Ich hoffe nur, ich habe sie nicht gekränkt. Auf die Frage, warum ich noch nicht zu Besuch gekommen bin, einen Vortrag halten, habe ich zu schnell und zu negativ reagiert. Das zeigt nur, daß die Kränkung, von Wien ausgewandert zu sein, immer noch nicht überwunden ist. Ich war doch offenbar zu gerne ein Wiener – anders als mein Vater, der Wien nie gerne gehabt hat.[83] Ich bin neugierig, was man Ihnen vom Kongress erzählt; Sie müssen es mir schreiben.

Wir haben freie Vorträge halten lassen diesmal, kein Symposium. Das hat eine Art Übersicht ergeben: 4 oder 5 sehr gut; vieles mittelmäßig; 4 oder 5 sehr schlecht. Das ist so der gewöhnliche Durchschnitt.

Aber man hat gesehen, daß die Bindung an die Vereinigung doch noch sehr groß ist und das hat mich gefreut.

---

[82] Handschriftlich.
[83] Als sich Anna Freud entschlossen hatte, anlässlich des IPV-Kongresses 1971 erstmals wieder nach Wien zu kommen, schrieb sie an O. Herz (23. 8. 1969; AFP): »Ich sehe, Sie wundern sich, dass es mir nicht leicht wird, wieder zu fuehlen, dass Wien doch meine Heimatstadt ist. Ist das wirklich so erstaunlich? Ich war meine ganze Jugend lang von ganzem Herzen Wienerin und habe mich der Stadt sehr verbunden gefuehlt, viel mehr als mein Vater das je gefuehlt hat. Darum ist mir die Entfremdung und das Fortgehen sehr schwer geworden und der Bruch mit der Vergangenheit war sehr gruendlich. Ich erinnere mich noch, dass wir alle das schriftliche Versprechen abgeben mussten, nie mehr zurueckzukommen und dass ich mir dabei gedacht habe: das will ich auch wirklich halten! Jetzt halte ich es also doch nicht und will mich wieder an den Gedanken gewoehnen, mitzutun und auch zurueckzukehren.«

Ehe ich London verlassen habe, ist das Album angekommen. Gerade zum Geburtstag meiner Mutter (88!). Sie hat sich ungeheuer gefreut. Da ist die ganze Vergangenheit und schaut aus, als ob man noch einmal in sie hineingehen könnte. Die Bilder sind unglaublich gut und das Ganze ist ein wunderbares Geschenk von Ihnen. Ich weiß nicht, wie ich genug Danke dafür sagen soll.

Jetzt geht es in der Luft nach London.

Ihre Anna

161 AA *Wien, am 11. September 1949.*[84]

Liebe Anna!
Ehe ich Ihre lieben Zeilen vom Tage nach Abschluß des Kongresses beantworte, will ich Ihnen mitteilen, daß vom Rechtsanwalt Dr. Fleischacker gestern der in Abschrift beiliegende Brief ankam. Ich schicke Ihnen auch meine Antwort darauf. Sind Sie mit dieser Antwort einverstanden?
Ihr Brief aus Zürich vom 19. VIII. war die erste Nachricht, die ich vom Kongreß bekam. Sie haben wieder so richtig gefühlt, was ich brauche und mir sofort geschrieben. Die Kongreßtage waren recht schwer zu ertragen.
Wie die Sache liegt, bleibt nichts anderes übrig, als abzuwarten, wie weit Gesundheits- und Arbeitsfähigkeit zurückkehren. Ob ich meine Absicht, eine zusammenfassende Arbeit über die Verwahrlosung zu schreiben,[85] *noch werde vollenden können, ist nicht vorauszusagen.*
Jedenfalls ist in der langen Zeit von anfangs April bis jetzt so manches in mir gereift.
Daß Ihnen die Mitglieder der Wiener Vereinigung einen guten Eindruck gemacht haben, freut mich sehr. Ich bin nur mit Doktor Fleischmann jetzt recht unsicher. Ich höre von mehreren Seiten, daß er nach Amerika gehen will. Mir gegenüber sagt er, daß er nur studienhalber bis zum nächsten Sommer in Amerika bleiben will. Sie können sich denken, daß meine jetzige gesundheitliche Lage diese Unsicherheit schwer ertragen kann.
Von Ihrer Äußerung auf die Frage, warum Sie bei uns noch keinen Vortrag gehalten haben, hörte ich. Doch alle billigen Ihren Standpunkt. Einstimmig

---

[84] Masch außer Unterschrift; Zensurstempel.
[85] Vgl. II.3.d, 16AA, 58AA, III.7.e u. ö.

ist das Urteil über den Kongreß: Von allen Vorträgen hat der Ihre den größten Eindruck hinterlassen!

Sehr froh bin ich, daß das Album endlich fertig geworden ist und Ihnen Freude macht und auch gerade zum 88. Geburtstag Ihrer Mutter ankam. Ich kann mich sehr gut in ihre Situation beim Durchblättern des Albums hineindenken.

Sie haben mir noch nicht geschrieben – bitte, tun Sie dies bald – ob ich Ihnen die Filme (Negative) zur eventuellen späteren Verwertung schicken oder ob ich sie Dr. Eissler zur treuhändigen Verwahrung übergeben soll. Die Antwort ist mir sehr wichtig, weil dieses historische Material nicht verloren gehen darf.

Sehr interessieren würde es mich auch, wie Ihre Unterredung mit Meng wegen der Verwahrlosten Jugend verlief.

Augenblicklich fühle ich mich gesundheitlich nicht ganz auf der Höhe.

*Alles Liebe
Ihr Aichhorn*

[1. Brief Eugen Fleischacker an August Aichhorn; Abschrift]

Wien, am 8. IX. 1949[86]

in Sachen: Freud-Sweceny

Sehr geehrter Herr Professor!
Ich nehme auf Grund Ihres Schreibens vom 9. VIII. an, dass Sie nunmehr von Ihrem Kuraufenthalt in Bad Ischl wieder nach Wien zurückgekehrt sind und will gerne hoffen, dass Ihre Genesung weitere Fortschritte gemacht hat.

Ich erlaube mir Ihnen beiliegend die Abschrift eines Briefes zu übersenden, den ich während meines Urlaubsaufenthaltes in Bad Hall von Fräulein Freud erhalten habe.[87]

Ich möchte ihr nicht antworten, ohne mit Ihnen, sehr geehrter Herr Professor, Fühlung genommen zu haben.

Ich würde empfehlen, nun neuerlich mit den Fadenbergers zu sprechen, ob sie es vorziehen, statt der Übergabe des bewussten Grundstückteiles eine erhöhte Geldsumme zu bekommen. Ich hoffe nämlich bei Direktor Sweceny erreichen zu können, dass bei Verzicht auf jede Grundrückforderung doch ein Vergleichsbetrag zwischen Schilling 20.000–25.000 erreicht werden kann.

Freilich weiss ich nicht, was die Fadenbergers mit diesem Geld machen sollen,

---

[86] Am Kopf des Briefs Empfängerandresse.
[87] AF an Fleischacker, 11. 8. 1949 (siehe Anm. 74 zu 158AA).

wenn sie von Sweceny gekündigt werden und sich eine andere Wohnung und Existenz suchen müssen. Ob sie um diesen Betrag irgendwo ein kleines Häuschen mit Grund zu kaufen bekommen, ist sehr unsicher.

Ich warte also, wie gesagt, eine Stellungnahme von Ihnen, sehr geehrter Herr Professor, ab, und werde dann gerne die Sache weiter verfolgen, um sie nun endlich einmal zum Abschluss zu bringen. Inzwischen zeichne ich mit herzlichen Grüßen als
Ihr ergebener Dr. Fleischacker

[2. Brief August Aichhorn an Eugen Fleischacker; Abschrift]
Wien, am 11. September 1949

Sehr geehrter Herr Doktor!
Vor allem danke ich Ihnen für Ihr warmes Interesse an meinem Gesundheitszustand. Der Aufenthalt in Ischl hat mir weitere Besserung gebracht. Es ist anzunehmen, ich werde in absehbarer Zeit wieder arbeitsfähig werden, wenn auch nicht so wie früher.

Und nun zur Angelegenheit »Hochrotherd«. Fräulein Freud hat mir am 11. VIII. folgendes geschrieben:»Ich möchte es durchaus nicht auf eine Gerichtssache ankommen lassen; nur auf eine gütliche Einigung, auf eine Nachzahlung, die an Frau Fadenberger zu leisten ist. Hochrotherd soll nicht in einem Streitfall ausgehen!«

Die an mich geschriebenen Zeilen decken sich völlig mit dem am selben Tag geschriebenen Brief an Sie, sehr geehrter Herr Doktor. Mir scheint daher Ihre Absicht richtig, Fadenbergers vorzuladen. Nur kommt mir vor, daß man mit dem von Direktor Sweceny zu erzielenden Betrag von S 20.000–25.000 schwerlich ein brauchbares Häuschen wird erwerben können. Aber vielleicht wollen Fadenbergers sich gar nicht irgendwo ankaufen und würden mit dem von Ihnen zur Verfügung gestellten Geld ganz andere Absichten haben.

Auf jeden Fall bitte ich Sie, ehe Sie irgend einen Abschluß treffen, sich mit Fräulein Freud oder mit mir in Verbindung zu setzen. Eine Abschrift dieses Briefes schicke ich Fräulein Freud.
Mit recht herzlichen Grüßen
Ihr August Aichhorn

162 AA *Wien, am 16. September 1949.*[88]

Liebe Anna!
In der Beilage sende ich Ihnen die Abschrift eines Briefes Dr. Fleischackers an mich. Soweit ich Sweceny kenne, muß ich Dr. Fleischacker in seiner An-

---

[88] Masch außer Unterschrift; Zensurstempel.

sicht Recht geben. Ich halte es daher für notwendig, daß Sie Dr. Fleischacker das Recht einräumen, das Rückstellungsverfahren einzuleiten. Sweceny gegenüber muß Dr. Fleischacker eine Androhung zur Verfügung haben, sonst ist wirklich nichts herauszubekommen. Übersehen Sie, liebe Anna, auch nicht, daß die Sache unbedingt noch im Laufe der Verjährungszeit ausgetragen werden muß.

Alles Liebe Ihr
Aichhorn

[Brief Eugen Fleischacker an August Aichhorn; Abschrift]
Wien, am 13. 9. 1949[89]

in Sachen: Freud

Sehr geehrter Herr Professor!
Ich bestätige dankend den Erhalt Ihres Schreibens vom 11. ds. in Sachen Freud–Hochrotherd.

Obwohl auch ich der Meinung bin, dass man um 20.000–25.000 Schilling schwerlich ein brauchbares Häuschen mit einem kleinen Grundstück wird erwerben können, fürchte ich doch, dass von Herrn Sweceny ein Mehreres kaum zu erreichen sein wird. Ing. Sweceny wird sich natürlich überhaupt nur unter der Androhung eines Rückstellungsverfarens zu einer Zahlung bereit erklären. Würde er jemals erfahren, dass Fräulein Freuds es »durchaus nicht auf eine Gerichtssache ankommen lassen will«, so würde natürlich von ihm nicht 1 Schilling zu erreichen sein. In diesem Falle müssten wir zweckmässigerweise überhaupt jede weitere Verhandlung aufgeben, da sie vollkommen aussichtslos wäre. Nur die Befürchtung eines Rückstellungsprozesses wird Herrn Sweceny veranlassen, irgend einen Vergleich zu schliessen. Daher muss die Sache unbedingt noch im Laufe der Verjährungszeit ausgetragen werden.

Ich habe Frau Fadenberger für die nächste Woche in meine Kanzlei gebeten, um mit ihr den Fall weiterhin zu besprechen und werde Sie dann sofort über das Ergebnis in Kenntnis setzen.

Inzwischen zeichne ich mit den besten Wünschen für eine weitere gute Genesung
Ihr hochachtungsvoll ergebener
Dr. Fleischacker

---

[89] Wie Anm. 60 zu 154AA.

163 AA   *Wien, am 21. Sept. 1949.*[90]

Liebe Anna!
Beiliegend sende ich Ihnen die Abschriften vom Brief von Dr. Fleischacker an mich, als auch von der Abschrift von Dr. Fleischacker an Dir. Sweceny. Ich glaube, mehr als Dr. Fleischacker von H. Sweceny verlangte, wäre aus ihm nicht herauszuholen. Sind Sie damit einverstanden, liebe Anna? Ich hätte gerne Ihre diesbezügliche Antwort.
Mit meinem Gesundheitszustand bin ich recht zufrieden; auch die Besserung meines rechten Auges macht gute Fortschritte.
Recht herzliche Grüße!

Alles Liebe
Ihr Aichhorn

<u>*2 Beilagen*</u>

[1. Eugen Fleischacker an August Aichhorn; Abschrift]

Wien, am 20. Sept. 1949[91]

in Sachen: Freud–Sweceny.

Sehr geehrter Herr Professor!
Ich glaube in Ihrem und im Sinne des Frl. Freud zu handeln, wenn ich den in Abschrift beiliegenden Brief, den ich nach Rücksprache mit Frau Fadenberger verfasste, Herrn Direktor Sweceny zusenden will. Frau Fadenberger ist mit seinem Inhalte einverstanden.

Ich bitte Sie, sehr geehrter Herr Professor, mir möglichst umgehend mitzuteilen, ob Sie mich ermächtigen, diesen Brief abzusenden. Frl. Freud selbst kann ich wohl in der kurzen Zeit nicht mehr um ihre Zustimmung fragen, da sich sonst die Sache wieder hinausziehen würde. Da aber der Inhalt dieses Schreibens auch dem Inhalte des Briefes von Frl. Freud an mich vom 11. Aug. d. J. entspricht, habe ich die Gewissheit, dass sie damit einverstanden sein wird.

Ihrer freundlichen Antwort im kürzeren Wege entgegensehend,

zeichne ich
hochachtungsvoll
Dr. Fleischacker (m.p.)

1 Beilage

---

[90] Masch außer Unterschrift; Zensurstempel.
[91] Wie Anm. 60 zu 154AA.

[2. Eugen Fleischacker an an Otto Sweceny; Abschrift]

Freud–Sweceny

19. Sept. 1949[92]

Sehr geehrter Herr Direktor!

Die Besserung im Befinden des Herrn Professor August Aichhorn ist nun soweit fortgeschritten, dass ich wieder mit ihm in der Angelegenheit Hochrotherd sprechen konnte, ohne befürchten zu müssen, dass hierdurch sein Zustand eine Verschlechterung erleidet. Auch hatte ich Gelegenheit im Korrespondenzwege mit Frl. Freud selbst den Fall gründlich zu erörtern.

Ich bin beauftragt, Ihnen mitzuteilen, dass mein Mandant Ihr Anbot auf unentgeltlicher Rückstellung der beiden westlich gelegenen Strassenparzellen und Bezahlung eines Barbetrages von Schilling 20.000.– akzeptiert, um auf diese Weise die Sache endgültig zu bereinigen.

Wohl haben Sie mir, sehr geehrter Herr Direktor, mit Schreiben v. 1. April d. J. mitgeteilt, dass Sie sich an Ihr seinerzeitiges Anbot nicht mehr gebunden erachten, doch darf ich neuerlich darauf verweisen, dass an der Verzögerung seiner Annahme nur die Tatsache der plötzlichen schweren Erkrankung des Herrn Prof. Aichhorn schuld war, und meiner sicheren Erwartung Ausdruck geben, dass Sie schon aus Gründen der Menschlichkeit diesen bedauerlichen Krankheitsfall nicht zum Anlass nehmen werden, von einem gegeben Wort Abstand zu nehmen.

Sie dürfen mir glauben, dass es auch mir sehr unangenehm wäre, diese Sache im Wege eines Rückstellungsprozesses vor Gericht, bzw. der Rückstellungskommission auszutragen.

Ich bitte Sie, mich über Ihre Entschliessung möglichst umgehend in Kenntnis zu setzen und zeichne inzwischen

Hochachtungsvoll
Dr. Fleischacker (m. p.)[93]

[92] Am Kopf des Briefs Empfängeradresse: An Herrn Dir. Ing. O. C. Sweceny, / Wien I., Löwelstraße. Der Brief wurde rekommandiert geschickt.

[93] Sweceny antwortete am 13. 10. 1949 auf Fleischackers Schreiben (Abschrift AFP): »Ich habe mit Interesse Ihrem gesch[ätzten] Schreiben vom 19. 9. entnommen, dass sich Frl. Freud nunmehr entschlossen hat, das von mir seinerzeit mündlich gestellte Angebot zu akzeptieren. Ich bedaure nur ungemein die lange Verzögerung dieser Angelegenheit, die mich letzten Endes eine Menge Geld kostet, weil ich notwendige Maßnahmen im Hinblick auf den Schwebezustand nicht durchführen konnte. / Mit Rücksicht auf die beklagenswerte Erkrankung des Hr. Prof. Aichhorn, möchte ich aber trotzdem zu meinem seinerzeitigen Anbot stehen und damit die für beide Teile unerquickliche Angelegenheit aus der Welt schaffen.« Sweceny erklärte

164 AF [Briefkopf London] *21. September 1949.*⁹⁴

Lieber Aichhorn!
Ihr Brief vom 11. September ist gestern angekommen und hätte mich sehr gefreut, wenn nicht der letzte Satz darin gewesen wäre, dass Sie sich gesundheitlich nicht ganz auf der Höhe fühlen. Das macht mir Sorge und ich möchte sehr gerne bald von Ihnen hören, dass es wieder besser ist.
Ich bin sehr einverstanden mit Ihrer Antwort an Dr. Fleischacker. Wenn man jetzt nur noch verhüten könnte, dass die Auszahlung einer Summe die Folge hat, dass Fadenbergers ihre Stellung verlieren, dann wäre alles in Ordnung. Denn Sie sagen ja ganz richtig, dass sie sonst schlechter daran sind als vorher. Ich will auch noch an Frau Josefa direkt im selben Sinn schreiben.⁹⁵
Denken Sie, letzte Woche ist die Wiener Gesamtausgabe hier angekommen und ich habe sie mit grosser Freude in Empfang genommen.⁹⁶ Sie haben die viele Mühe gehabt und ich habe jetzt den Vorteil, dass ich eine Gesamtausgabe mehr in meiner Reichweite habe. Irgendwie ist das ungerecht.

---

sich bereit, den nördlich der Straße gelegenen Grund an die Familie Fadenberger zu übertragen und der Familie S 20.000.– mit der Widmung »für den Bau eines Wohnhauses bestimmt« spätestens 4 Monate nach Abschluss der Vereinbarung zu bezahlen. Er verlangte jedoch, dass die Familie längstens nach einem Jahr ihre Dienstwohnung aufzugeben habe, und beendete sein Schreiben mit dem Satz: »Somit verzichtet Frl. Anna Freud auf ihre Rückstellungsansprüche mir gegenüber, betreffend des Anwesens Hochroterd 1 mit den dazu gehörigen südlich der Bezirksstraße gelegenen Grundstücken und erklärt den im Jahre 1938 abgeschlossenen Kaufvertrag uneingeschränkt unter Verzicht auf alle gegenwärtigen und zukünftigen gesetzlichen Sonderregelungen als rechtmäßig rechtskräftig.« Zu den weiteren Vorgängen siehe III.7.g.

⁹⁴ Masch außer Unterschrift; Zensurstempel.
⁹⁵ Nach Aichhorns Tod, am 17. 10. 1949, schrieb A. Freud an J. Fadenberger (AFP): »Wissen Sie worüber ich mir die meisten Sorgen mache? Dass Direktor Sweceny geärgert sein wird und dass Sie vielleicht Ihre Stelle verlieren könnten. Denn soviel ist das Geld doch nicht, dass es für den Verlust der Stelle aufkommen könnte. Haben Sie mit ihm einmal über die ganze Angelegenheit gesprochen? Und wie denken Sie darüber?«
⁹⁶ Siehe 132AF mit Anm. 165 und 154AF

Sehr gerne hätte ich die Negative (Filme) des Albums der Berggasse hier in London. Aber wie sollen sie hierher kommen?[97]

Mit Ihrem Buch ist alles in Ordnung. Ich habe mit Meng besprochen, dass die Herausgabe in die Wege geleitet wird, sobald ich das erste Kapitel übersetzt habe. Die Übersetzung wird meine nächste Fleissaufgabe sein und Meng meint, dass der Druck dann gleich beginnen wird.[98]

Ich bin seit dem 15. wieder in Arbeit. Aber der Herbst ist hier so schön und strahlend, dass der richtige Arbeitsgeist noch gar nicht wieder da ist.

Das ist alles für heute. Ich wollte Sie nicht auf Antwort warten lassen. Alles weitere sind Grüsse und gute Wünsche.

*Herzlich
Ihre Anna*

165 AA   *[Briefkopf III] Wien, am 26. 9. 1949[99]*

Liebe Anna!
Es tut mir recht leid, daß der letzte Satz in meinem Brief, der meinen Gesundheitszustand betraf, Sie irritiert hat.

Ich habe außer den Folgeerscheinungen meiner Erkrankung vor Ostern auch mit Beschwerden zu tun, die sich aus einem hochgestellten Zwerchfell ergeben. In der Hochstellung des Zwerchfells wird das Herz aus seiner nor-

---

[97] Siehe den nächsten Brief mit Anm. 100.

[98] Vgl. AF an Meng, 6. 10. 1949 (AFP): »Noch ein Wort zum Aichhorn Buch. Es tut mir leid, dass das erste Kapitel noch nicht in Ihren Händen ist. Ich habe in diesen ersten Wochen der Arbeit einen unerwarteten Schub von anstrengenden Vorträgen mit den dazugehörigen Vorbereitungen gehabt und komme erst jetzt wieder zum Uebersetzen. Darf ich ganz ehrlich sagen, dass ich den Plan, die vier Lausanner Vorträge dem Buch anzuschliessen, durchaus nicht für günstig halte? Ich glaube, der Verleger müsste den Standpunkt verstehen, dass die ›Verwahrloste Jugend‹ ein klassisches Lehrbuch geworden ist, das in der ganzen Welt als solches bekannt ist und verwendet wird. Auch sind die Vorträge sicher auf einem anderen Niveau der Darstellung und wie immer, wenn etwas fürs Sprechen und nicht für den Druck geschrieben wird, sicher weniger sorgfältig ausgearbeitet. Es wäre etwas anderes, solche Vorträge als Brochure erscheinen zu lassen, als sie dem Buch anzufügen, das einer solchen Ergänzung ja wirklich nicht bedarf.«

[99] Masch außer Unterschrift; Zensurstempel.

malen Lage verschoben und ruft – einmal mehr, einmal weniger – Schmerzen am Aortabogen hervor, und als ich Ihnen den Brief schrieb, war gerade wieder eine etwas arge Zeit. Ich hoffe, daß ich nun für lange Zeit von diesen Beschwerden verschont bleiben werde.

Der Gesundungsprozeß geht günstig weiter; die Schwierigkeiten mit den Augen müssen eben ertragen werden.

Ihren Brief schicke ich in Abschrift Dr. Fleischacker, damit er sieht, daß auch Sie der Meinung sind, die Verhandlungen müssen so geführt werden, daß Fadenbergers nicht ihre Stellung verlieren.

Ich freue mich, daß die Bücher endlich angekommen sind. Von Dr. Lampl habe ich noch keine Bestätigung, daß auch er sie erhalten hat.

Sie können ein völlig ruhiges Gewissen haben, denn was wir retten konnten, ist ohnehin ein so geringer Bruchteil.

Die Filmnegative werde ich absendebereit zusammenstellen, so daß sie jeden Moment abgeschickt werden können. Entweder wir bekommen von der Nationalbank die Ausfuhrbewilligung oder warten ab, bis jemand aus London zu Besuch herkommt und sie mitnimmt.[100]

Für Ihre Bemühungen um die Neuherausgabe der Verwahrlosten Jugend bin ich sehr dankbar, aber noch vielmehr, daß Sie den ersten Vortrag in's Deutsche rückübersetzen wollen.[101] *Für mich ist das, wie die Verhältnisse lie-*

---

[100] Die Übersendung wurde von Klara Regele, Aichhorns Sekretärin, bald nach dessen Tod durchgeführt. Sie teilte A. Freud am 13. 11. 1949 mit (AFP): »Als langjährige Wahrerin von Professor Aichhorns Sachen erlaube ich mir anknüpfend an Vorstands Brief vom 26. IX. – da sich gerade eine günstige Gelegenheit [sc. eine Botin, die von Wien nach London fuhr] bietet – Ihnen alle Ihre Wohnung in der Berggasse betreffenden Bilder und Negative zu senden. [...] / Daß wir nun hier sehr, sehr vereinsamt sind und uns unser so lieber Vorstand unsagbar abgeht, brauche ich wohl nicht zu erwähnen.« Als Anna Freud das Material erhalten hatte, schrieb sie am 13. 12. an Regele (ebd.): »Ich danke Ihnen vielmals für die Zusendungen, die mir bei aller Trauer, die daran hängt, viel Freude gemacht haben. Ich werde sie sehr hochhalten in der Erinnerung an Prof. Aichhorn, den wir wohl alle nie vergessen werden. [...] / Bitte sagen Sie allen Freunden, wie sehr ich mit ihnen fühle und wie der Tod von Aichhorn in der ganzen Welt als ein unwiederbringlicher Verlust beklagt wird.«

[101] Meng an AA, 24. 9. 1949 (NAA): »Hans Huber war in diesen Tagen bei mir. Es ist nun sicher, dass Ihr Buch von ihm übernommen wird. [...] / Es beginnt der Druck, sobald Anna Freud oder Hoffer die Uebersetzung des in Englisch etwas anders

gen jetzt unmöglich, und ich wüßte niemanden, der es besser machen könnte als Sie.
Daß der richtige Arbeitseifer noch fehlt, kann ich mir gut denken, auch bei uns ist der Herbst so prachtvoll, daß ich jeden Tag vormittags und abends eine Stunde im Rathauspark spazieren gehe.

Alles Liebe
Ihr Aichhorn

166 AF [Briefkopf London] 27. 9. 49.[102]

Lieber Aichhorn!
Ich bin sehr einverstanden mit Dr. Fleischackers Vorschlag.[103]
In aller Eile (zwischen 2 Patienten!)

herzlich
Ihre Anna

167 AA [Briefkopf III] Wien, am 3. Oktober 1949

Liebe Anna!
Ich freue mich sehr über Ihren Brief vom 27. 9., weil ich aus den paar Zeilen entnehme, daß Sie mit Dr. Fleischackers Vorschlag sehr einverstanden sind.

gefassten ersten Kapitels schickt. Ferner die Uebersetzung aus dem Festband ›A Biographical Outline‹ [Eissler 1949b] zu Ihrem Geburtstag. Dazu käme, falls Sie die Erlaubnis erteilen, der Abdruck der vier in Lausanne von Ihnen gehaltenen Vorträge.« Die Vorträge wurden nach A. Freuds Einspruch (siehe Anm. 98 zu 164AF) nicht in den Band übernommen. – A. Freud schickte Meng am 2. 11. die deutsche Fassung des Einleitungs-Kapitels und am 9. 12. Eisslers Aichhorn Biographie (beide Begleitschreiben AFP). Sie hatte am 2. 11. hinzugefügt: »Ich bin traurig, dass ich es ihm nicht mehr zur Durchsicht schicken kann.« Meng antwortete am 11. 11. (ebd.): »Auch mich hat es sehr bewegt, dass Aichhorn doch so unerwartet gestorben ist. Die beste Würdigung seiner Arbeit dürfte die Herausgabe seines Lebenswerkes sein.«

[102] Handschriftlich; Zensurstempel.
[103] Bezieht sich auf Beilage 2 zu 163AA.

Sie haben in aller Eile (zwischen zwei Patienten) geschrieben, mir drängt die Zeit sich jetzt nicht.
Um so mehr werde ich die Angelegenheit »Hochrotherd« verfolgen!
Herzlichst
Ihr Aichhorn

August Aichhorn auf dem Weg zur Rathausstr. 20

Anhang

I. Dokumente

1. August Aichhorns Gutachten für Dr. Franz Rudolf Bienenfeld (15. 2. 1938)[1]

Wien, am 15. Feber 1938[2]

Sehr geehrter Herr Doktor!

Sie ersuchten mich um ein psychologisches Gutachten dahingehend, ob die am 2. September 1928 geborene [T. K.], die seit acht Jahren bei der väterlichen Grossmutter und Schwester des Kindesvaters[3] wohnt, dort weiter in Pflege und Erziehung bleiben soll, oder ob dem Wohle des Kindes am besten damit gedient sei, wenn das natürliche Verhältnis zwischen Mutter und Kind wiederhergestellt werde.

Eine solche Wiederherstellung sei allerdings nur durch Abgabe des Kindes an die Mutter zu erzielen. Hiebei hätten sich bezüglich der Einflussnahme der Mutter auf das Kind in anderer Weise nach Angabe der Mutter Schwierigkeiten dadurch ergeben, dass sie an dem ihr vom Gericht eingeräumten Besuchsrecht behindert worden sei.

An Tatsachen führen Sie an:

1). Der Vater ist Halbjude, die Mutter Arierin.
2). Der jetzt bestehende äussere Erziehungszustand beruht auf einem Scheidungsabkommen zwischen den Eltern des Kindes.
3). Die Mutter besuchte durch sechs Jahre das Kind nicht (gerichtlich festgestellt) und stand demnach mit ihm in keinen persönlichen Beziehungen.
4). Die Mutter gebar in zweiter Ehe mit einem Arier diesem ein nunmehr zweijähriges Kind und hat die Familie ihren ständigen Wohnsitz in Berlin.
5). Ein erstes Ansuchen der Mutter, ihr das Kind zu übergeben, wurde im September 1937 vom Obersten Gerichtshof abgelehnt und der Mutter lediglich ein Besuchsrecht auf die Dauer ihres damals verhältnismässig kurz in Aussicht genommenen Aufenthaltes dahin eingeräumt, dass sie durch mehrere Stunden täglich mit dem Kinde beisammen sein könne.
6). Die Mutter hat neuerlich um die Ausfolgung des Kindes angesucht mit der Begrün-

---

[1] Abdruck nach einer Kopie in AFP; masch. – Zur Sache siehe 10AA und 11AF.
[2] Zusatz zum Namen in Aichhorns gedrucktem Briefkopf: Vorstand des Erziehungsheimes der Stadt Wien in Oberhollabrunn und Erziehungsberater des Wiener Städtischen Jugendamtes i. P.; Empfängeradresse: Herrn / Dr. Rudolf Bienenfeld, Rechtsanwalt, / Wien, I., / Seilerstätte Nr. 13.
[3] Annie Hermann.

dung, sie sei in der Ausübung ihres Besuchsrechtes dadurch behindert, weil Tante und Großmutter sie nicht mit dem Kinde allein sprechen lassen und offenbar das Kind gegen sie aufhetzen.

7). Schriftliche Aeusserungen einer Lehrerin und Aerztin, die vorliegen, stellen eine Zerfahrenheit des vorher ruhigen Kindes und offenbar eine Störung des psychischen Gleichgewichtes des Kindes fest.

8). Das Bezirksgericht Innere Stadt hat nunmehr dem Ansuchen der Mutter stattgegeben. In der Begründung wird aber auch angeführt, dass das Kind bei den Pflegeeltern vorzüglich gehalten ist und diese mit besonderer Liebe an dem Kinde hängen.

Ich habe mir den persönlichen Eindruck des Kindes verschafft, dasselbe exploriert und eine Formdeutung nach Rorschach durch die Aerztin Dr. Margarete Mahler-Schönberger[4] veranlasst, das ich diesem Schreiben in der Beilage anschliesse.

Aus dem sich ergebenden Befund ergibt sich für mich das nachstehende

Gutachten:

[T. K.] ist ein weit über den Durchschnitt begabtes, sehr sensibles Kind, das affektiv ungemein leicht ansprechbar und daher geneigt ist, den Schwierigkeiten des realen Lebens durch die Flucht in die irreale Welt ihrer reichen Phantasie auszuweichen. Sie reagiert schon auf normale Beanspruchungen des Alltags inadäquat: bereits geringe Reize lösen abnorm grosse Reaktionen aus. Diese Art von Kindern ist ständig in Gefahr, auch bei unvermeidlichen Konflikten in innere Erregungszustände zu kommen, die schliesslich untragbar werden und zu schweren neurotischen Erkrankungen führen. Bei [T. K.] ist anzunehmen, dass nur die erzieherische Erfahrung der Tante und das liebevolle Verhältnis des Kindes zu Tante und Grossmutter diese Gefährdung auf ein Minimum herabdrücken.

Ich habe die Mutter nicht gesprochen, kenne daher ihren Charakter und ihre Eigenart nicht. Es ist möglich, wenngleich nicht alltäglich, dass die Mutter aus inneren Kämpfen heraus nach Jahren sich ihrer Mutterpflichten bewusst wird und dann wird verständlich, dass sie das Kind bei sich haben will.

Wäre das Kind in seiner ganzen Anlage robust und widerstandsfähig, dann könnte man dem, wenngleich offenbar spät erwachten, aber natürlichen Drang der Mutterliebe entgegenkommen, wenngleich auch in diesem Fall ein »natürliches Verhältnis«

---

[4] Mahler-Schönberger berichtete in einem Interview vom 1. 12. 1977 (ANY; Original englisch): »Aichhorn […] erkannte sofort die Bedeutung der Rorschach-Methode, die aus der Schweiz kam. Rorschach selbst ist sehr jung gestorben – aber Behn-Eschenburg kam zu Aichhorn, ich glaube für eine Konsultation oder so etwas, und Aichhorn sorgte dafür, dass ich die Rorschach-Methode von Behn-Eschenburg lernte. […] / Ich wurde die Rorschach-Expertin von Wien.« Vgl. Stepansky 1989, S. 92 f.

zwischen Mutter und Kind niemals wiederhergestellt werden kann. Aeusserlich können Mutter und Kind zusammengebracht werden, aber aus dem Erlebnis des Kindes sind die acht Jahre liebevoller und sorgsamer Pflege ebensowenig auszuschalten, wie die acht Jahre Vernachlässigung durch die Mutter. Es ist hiebei gleichgiltig, auf welche Ursachen diese Vernachlässigung zurückzuführen ist, weil es allein massgebend ist, wie das Kind subjektiv die Abwesenheit der Mutter einschätzt. Es kann aber nach allgemeinen Erfahrungen gar kein Zweifel sein, dass subjektiv ein Kind die Ursachen der Abwesenheit nicht in Betracht zieht, sondern aus der Tatsache allein die gefühlsmässigen Folgerungen zieht.

Bei [T. K.] wäre daher die Herstellung dieses äusseren natürlichen Verhältnisses zwischen Mutter und Kind psychisch gesehen ein Fehlgriff. Selbst liebevollstes Eingehen der Mutter auf die Bedürfnisse des Kindes vermögen bei der Besonderheit dieser psychischen Konstellation nicht aufzuhalten, was nur wirklich erzieherisches Können zu bewältigen vermag.

Zu betonen ist noch die Schockwirkung, die sich für ein so sensibles Kind ergeben muss, wenn es aus seiner bisherigen vertrauten Umgebung in eine andere verpflanzt wird, in der es nicht nur der bisherigen Liebe wird entbehren müssen, sondern auch als Kind eines Halbjuden – gerade infolge seiner Sensibilität – die veränderte Stellung ihm gegenüber wird bemerken müssen, die ihm in einer auf rassische Mentalität eingestellten Umgebung zukommen wird, wobei auch schon davon abgesehen, die Wiener Atmosphäre von der Berliner Atmosphäre sich immer wesentlich unterschieden hat.

Ich zeichne mit
vorzüglicher Hochachtung
[ohne Unterschrift]

2. Feier zur Wiedereröffnung der WPV (10. 4. 1946)

a. Bericht über die Eröffnungssitzung [1]

DIE WIENER PSYCHOANALYTISCHE VEREINIGUNG
1908 von Sigmund Freud gegründet, 1938 aufgelöst, nimmt
nach Aufhebung des Verbotes ihre Tätigkeit wieder auf.

Festsitzung
10. April 1946.

Anwesend:
Sämtliche Vereinsmitglieder.
Vertreter der Psychoanalytischen Vereinigungen: Budapest, Dr. Fleischmann; London, Dr. Hollitscher.
Unterrichtsminister Dr. Hurdes; Altbürgermeister K. Seitz;
Staatssekretär Watzek vom Arbeitsamt (Berufsberatungsamt) und einige Nationalräte.
Stadtrat Dr. Matejka, Leiter des Kulturamtes, als Vertreter des gegenwärtigen Bürgermeisters Dr. Körner; Dr. Zechner, Präsident des Stadtschulrates; Dr. Jackel[2] für das Jugendamt.
Universitätsprof. Dr. Kauders, der Nachfolger Prof. Pötzls an der Klinik für Psychiatrie und Neurologie; Dr. Karmel, Präsident der Ärztekammer; Doz. Dr. Nowotny, Präsident der Wiener Individual-Psychologischen Gesellschaft.
Der Präsident des Institutes für Wissenschaft und Kunst.
Dr. Toth, Sekretär der Ungarischen Gesandtschaft.
Alliierte: (Kultur- und Gesundheitsreferate)
5 Amerikaner, 2 Engländer, 2 Franzosen, 1 Russe.
Presse:
Vertreter sämtlicher Wiener Zeitungen und je 1 Vertreter der Times und von Reuter, 2 ungarische Journalisten aus Budapest.
Zahlreiche Ärzte, Psychologen und für das Wohlfahrtswesen Interessierte. Insgesamt 102 Personen.
Entschuldigt:
Prof. Dr. Rohracher, Vorstand des Psychologischen Institutes der Wiener Universität, aus prinzipiellen Gründen;[3] Dr. Freund, amtsführender Stadtrat des Wohlfahrtswesens der Gemeinde Wien, wegen dringender Amtsgeschäfte verhindert.

---

[1] Beilage zu 25AA; vgl. III.1.c.
[2] Nicht ermittelt; desgleichen im Folgenden Dr. Karmel und Dr. Toth.
[3] Hubert Rohracher lehnte die Einladung zur Teilnahme an der Eröffnungsfeier aus Gründen, die er Aichhorn »mündlich dargelegt« habe, ab (Brief vom 9. 4. 1946; NAA).

TAGESORDNUNG

1. Eröffnung und Begrüßung der Festgäste, Obmann Aichhorn.
2. Begrüßung der W.P.V. durch die Vertreter der ausländischen Vereinigungen.
3. Verlesung der Briefe und Telegramme durch Frau Dr. Aufreiter:
   Von Fräulein Anna Freud, London; Dr. Federn, Obmann der W.P.V. bis 1938, New York; in Amerika lebenden Wiener Psychoanalytikern; Prinzessin Bonaparte.
   Dr. Pfister und Dr. Meng, Schweiz; Dr. von der Sterren, Holland;
   Mr. Bertram D. Lewin M.D., President of the AMERICAN PSYCHOANALYTIC ASSOCIATION, New York; Psychoanalytische Vereinigungen: New York, Chicago, Philadelphia, Topeka (Cansas); einigen amerikanischen Psychoanalytikern, die sich in Wien aufgehalten hatten.
4. Gedenkrede auf Prof. Sigmund Freud: Obmann Stellvertreter Dr. v. Winterstein.
5. Zielsetzung der Arbeit, Aichhorn (Zusammenfassung hier nur in Schlagworten) [...].[4]
6. Ansprachen:
   Universitätsprofessor Dr. Kauders;
   Stadtrat Dr. Matejka für Bürgermeister Körner;
   Dr. Zechner, Präsident des Stadtschulrates;
   Dr. Birnbaum für die Individual-Psychologische Gesellschaft;
   Dr. Hollitscher für die junge Generation der Wiener Analytiker.
7. Dank und Schlussworte, Aichhorn.

Der Verlauf der Sitzung war ein dem Anlaß entsprechend vollkommen gelungener. Die Reden wurden von einer Stenographin festgehalten; gegenwärtig stellen wir einen ausführlichen Bericht zusammen, den wir einsenden werden.[5]

Die Eröffnungsfeier war in einigen Wiener Tageszeitungen angekündigt.

Sämtliche Wiener Zeitungen brachten kürzere oder längere Berichte über den Verlauf der Festsitzung. Die »Presse« veröffentlichte einen ausführlichen Auszug aus Dr. v. Wintersteins Gedenkrede.[6] Im »Wiener Kurier«, der größten österreichischen Tageszeitung (herausgegeben von den amerikanischen Streitkräften) erschien unter der

---

[4] Die folgende Zusammenfassung ist weitgehend identisch mit dem Schluss von Aichhorns Eröffnungsrede (Anhang I.2.c).
[5] Die geplante Veröffentlichung ist nicht zustande gekommen, der »Stenographische Bericht« aber ist erhalten geblieben. Dort sind auch die verschiedenen Ansprachen zu finden (AWPV).
[6] Der Auszug aus Wintersteins Gedenkrede wurde am 13. April 1946 in der *Presse* veröffentlicht (AWPV).

Überschrift »Heilung der seelischen Kriegsschäden« eine längere Besprechung der programmatischen Erklärung Aichhorns. Die »Weltpresse« (herausgegeben vom britischen Weltnachrichtendienst) brachte in ihrem illustrierten Teil eines der Bilder, die anläßlich der Eröffnungsfeier aufgenommen wurden. Es zeigt: Obmann A. Aichhorn im Gespräch mit dem russischen Major Dr. Makarov und Colonel Ruche[7] (Frankreich).

Die beiden ungarischen Journalisten werden in Budapester Zeitungen berichten.

b. Eröffnung und Begrüßung der Festgäste durch Obmann Aichhorn[8]

Als im Jahre 1938 die W.P.V. aufgelöst wurde, ihr Vermögen eingezogen und ihre Bücher eingestampft waren, verließen auch ihre Mitglieder bis auf einen ganz kleinen Rest Österreich.

Die Psychoanalyse wurde verboten; dasselbe Schicksal erfuhr auch die Individualpsychologie: eine deutsche Einheitstiefenpsychologie sollte erfunden werden.

Psychoanalyse und Individualpsychologie konnten nur getarnt betrieben werden. Eine kleine Gruppe psychoanalytisch interessierter junger Ärzte und Psychologen fand sich zusammen; gemeinsam mit 2 Individualpsychologen wurde eine Arbeitsgemeinschaft gebildet.[9]

In gemeinsamer, jahrelanger, wissenschaftlicher Arbeit wurde der Nachweis erbracht, daß es eine Basis gibt, auf der Psychoanalytiker und Individualpsychologen, jeder den Erkenntnissen seiner Schule treu bleibend, Gedanken, Betrachtungen, Überlegungen, Spekulationen bringen können, die gemeinsam beraten und diskutiert, den anderen anregen und zu dessen Weiterbildung beitragen.

Jetzt ist die Bahn wieder frei, jeder kann wieder seiner Forschungsrichtung ungehindert leben und tut es auch.

Aber die Zeit, in der das Schicksal Psychoanalytiker und Individualpsychologen zusammengeschmiedet hatte, hinterließ Einsichten und schuf ein Einvernehmen, das im »Neuen Österreich« etwas nicht mehr zurückkehren läßt: den affektiv geführten Kampf um die Richtigkeit einer Schulmeinung.

Ich freue mich ganz besonders die beiden Individualpsychologen Dr. Birnbaum und Spiel, mit denen uns herzliche Freundschaft verbindet, mit unter den Festgästen begrüßen zu können.

---

[7] Beide Militärpersonen nicht ermittelt.
[8] Nach einem unveröffentlichten Typoskript in NAA.
[9] Vgl. II.3.b und c.

Verehrte Anwesende! Die W.P.V. wurde von der Mag. Abt. VII/2 im staatlichen Wirkungskreise verständigt, daß die am 25. 8. 1938 verfügte Auflösung außer Kraft gesetzt ist und daß die Vereinstätigkeit wieder aufgenommen werden dürfe.

Heute beginnen wir unsere Arbeit festlich! Ihr Erscheinen zeigt, daß Sie unsere Bestrebungen mit Interesse verfolgen wollen. Das erfüllt uns ebensosehr mit Freude und Zuversicht, wie das uns anspornende Erscheinen von Vertretern der Psychoanalytischen Vereinigungen aus Budapest und London.

Die aus dem Auslande und von Übersee gekommenen Begrüßungsschreiben und Telegramme sind uns ebenfalls Beweis, wie zustimmend die internationale psychoanalytische Bewegung das Wiederaufleben der Wiener Psychoanalytischen Vereinigung zur Kenntnis nimmt.

Wir haben heute nicht <u>neu</u> anzufangen, wir haben <u>fortzusetzen</u>: dort fortzusetzen, wo im Jahre 1938 die Fäden abgerissen sind. Wie wir fortsetzen wollen, werde ich mir erlauben auszuführen, wenn ich das <u>Wort zum zweiten Mal ergreife</u>.

Lassen Sie uns am Beginne unserer Vereinstätigkeit zuerst Freud ehren, dessen Geburtstag sich in wenigen Wochen am 6. Mai zum 90. Male jähren wird.

c. A. Aichhorn: Eröffnungsrede[10]

<u>Die zukünftige Arbeit der Wiener Psychoanalytischen Vereinigung</u>

Meine Damen und Herrn!
Ich habe es übernommen, Ihnen das Ziel der zukünftigen Arbeit unserer Vereinigung aufzuzeigen.

Thomas Mann hat in seiner Festrede zu Freuds 80. Geburtstag am 8. Mai 1936 im Wiener Konzerthaus unter anderem ausgeführt:[11]

»Die analytische Einsicht ist weltverändernd; ein heiterer Argwohn ist mit ihr in die Welt gesetzt, ein entlarvender Verdacht, die Verstecktheiten und Machenschaften der Seele betreffend, welcher, einmal geweckt, nie wieder daraus entschwinden kann. Ein Argwohn, der das Leben infiltriert, seine rohe Naivität untergräbt, lieber zum untertreibenden als übertreibenden Ausdruck, zur Kultur des mittleren, unaufgeblasenen Wortes, das seine Kraft im Mäßigen, in der Bescheidenheit sucht, erzieht. Vergessen wir nicht, dass Bescheidenheit von Bescheidwissen kommt und erst über ihn den zweiten von Moderatio, Modestia angenommen hat. Bescheidenheit aus Bescheidwissen

---

[10] Auch diese Erklärung schickte Aichhorn an A. Freud (siehe 33AA). Der Text ist außer in AFP in NAA und AWPV erhalten.
[11] Mann 1991, S. 91; Zitat nicht ganz genau.

wird die Grundstimmung der ernüchterten Friedenswelt sein, die mit herbeizuführen die Wissenschaft vom Unbewußten berufen ist.«

So denkt ein Dichter vom Formate Thomas Manns über das Lebenswerk Freuds und so sieht er von seiner geistigen Ebene aus den Anteil der Psychoanalyse am Aufbau einer neuen Welt.

Thomas Mann konnte die Untergründe des damaligen Zeitgeschehens, zu dessen Opfern er bereits zählte, klar erkennen und sich in die Geisteswelt, deren Kommen er für die Menschheit erst ankündigte, versetzen, weil er die Wissenschaft vom Unbewußten, richtig verstehend, nicht nur als eine Therapie zur Behebung von Neurosen wertete, sondern auch als ein völlig neues Fundament für eine Erziehung besonderer Art zu sehen vermochte.

Wenn ich heute an diese bedeutungsvollen Worte des Dichters erinnere, so geschieht es, weil wir, die wir das Erbe Freuds hier zu verwalten haben, nicht nur überzeugt sind, daß die Wissenschaft vom Unbewußten am Aufbau einer neuen Friedenswelt Anteil nehmen <u>kann</u>, sondern weil wir als Organisation und jeder von uns daran teilnehmen <u>wollen</u>.

Wir wissen Bescheid, daß die »Wiener Psychoanalytische Vereinigung« nicht einfach ihre Arbeit dort fortsetzen wird, wo 1938 die Fäden abgerissen sind. Das entsetzliche hinter uns liegende Geschehen, das in seinen Auswirkungen die ganze Welt an den Abgrund der Vernichtung geführt hat und Europa noch lange Zeit in materiellem und geistigen Elend versunken lassen sein wird, stellt die Psychoanalyse und uns als deren Wiener Vertreter vor neue Aufgaben, wenn auch nicht vor neue Probleme.

Wir wissen Bescheid, daß es heute brennendere Angelegenheiten zu bewältigen gibt, als die Ausheilung von Neurotikern, wenn wir diese auch nicht vernachlässigen dürfen. Aber so wichtig es für diese seelisch Gequälten ist, daß in Wien nicht 100, sondern 500 und mehr in Behandlung kommen und so wertvoll dies für die Gemeinschaft werden kann, wenn fähige, bedeutende Persönlichkeiten durch die Behandlung gesunden, so wenig, im Großen gesehen, wird damit für den Aufbau des »Neuen Österreich« geleistet.

Wesentlich ist einzelnen von uns die analytische Forschungsarbeit. Wir werden auch nicht völlig auf sie verzichten; aber gemessen an dem, was das Elend der Zeit von uns fordert, wird sie weniger wichtig. Die Forschungsarbeit muß daher den vordringlicheren an uns herantretenden Forderungen vorläufig nachgestellt werden.

Legen wir uns nun die Frage vor: »Wo kann die Psychoanalyse und wo können wir, Psychoanalytiker, eingesetzt werden?«

Hätte Freud nicht mehr als den sexuellen Faktor in der Neurose erforscht, dann allerdings müßten wir, seine Schüler, heute abseits stehen und tatenlos zusehen, wie der Bau des »Neuen Österreichs« wächst. *Davon* sind auch jene überzeugt, die nur Freuds Anfangsarbeit beachteten. Diese konnten die langsame Entwicklung der Psychoanalyse nicht abwarten, wurden ungeduldig und kamen zu einem Urteil, das <u>ab-</u>

lehnend ausfiel; es wurde endgültig, aber zu früh gefällt. Die späteren Ergebnisse der Forschungsarbeit Freud's kamen dann nicht mehr in Frage.

Als diese Männer dann selbst Lehrer wurden, oder wenn sie schon Lehrer waren, übertrugen sie die eigene ablehnende Stellungnahme auf ihre Schüler. In der jüngeren Generation wuchs daher eine nicht unbeträchtliche Anzahl von Kritikern Freuds heran, die nicht einmal mehr die ersten Arbeiten Freud's gelesen hatten. Und so ist die Situation zum Teil noch heute.

Allerdings ging Freud von so neuen Voraussetzungen aus und kam zu so überraschenden Einsichten, daß es vielen schwierig war, seine Forschungsergebnisse ihrem alten Gedankengut einzuverleiben. Es darf daher nicht überraschen: Ehe Freud sein »Jenseits des Lustprinzips«, »Das Ich und das Es«, seine »Massenpsychologie und Ich-Analyse«, die »Abhandlung über die Lebens- und Todestriebe« geschrieben hatte, um nur einige Arbeiten aufzuzählen, wurde es selbst engeren Fachgenossen Freud's nicht leicht, zu Überzeugungen zu kommen.

Wie ganz anders läßt sich mit jenen diskutieren, die Freuds ganzes Lebenswerk kennen. Ich hatte Gelegenheit, mich mit einzelnen völlig orientierten Vertretern verschiedener fest umrissener Weltanschauungen und politischer Richtungen über die Psychoanalyse auseinanderzusetzen. Wir trennten uns immer mit der Erkenntnis, dass die kulturkritischen und die kulturmorphologischen Einsichten Freuds in ihrer Bedeutung für die Gestaltung des heutigen Weltbildes von größter Wichtigkeit sind.

Als ich vor 40 Jahren von der Schule wegging und mich der Jugendfürsorge zuwandte, fielen mir sehr bald jene sich abwegig entwickelnden Kinder und Jugendlichen auf, die wir gewohnt sind, als die Verwahrlosten zusammenzufassen.

Ohne viel Wissen – die Pädagogik dieser Zeit in der Lehrerbildungsanstalt zeigte uns ein beim Schreibtisch konstruiertes Kind, dem wir im Leben nie begegneten – ohne psychologisches Wissen, aber aus einem sicheren Gefühl, war mir klar: wie man den Verwahrlosten sieht und wie er behandelt wird, kann nicht richtig sein. Und so ohne Vorbildung kam ich zum Verwahrlosten.

Vorgänge im Gehirn – so dachte ich damals – spielen in der Verwahrlosung eine bedeutende Rolle. Die erste Enttäuschung stellte sich nach den viele Mühe und beträchtlichen Zeitaufwand erfordernden Studien der Gehirnanatomie ein. Mit gleichem Ergebnis schloß ich das Suchen in Vorlesungen über Psychiatrie und Neurologie in »Grundzüge der physiologischen Psychologie« v. Wundt,[12] in den Vorlesungen »Zur Einführung in die Experimentelle Pädagogik und ihre psychologischen Grundlagen« von Meumann[13] ab.

---

[12] Wilhelm Maximilian Wundt (1832-1920) gilt als der Begründer der Psychologie als eigenständiger Wissenschaft. Seine *Grundzüge der physiologischen Psychologie* erschienen 1874.

[13] Ernst Friedrich Wilhelm Meumann (1862-1915) war der Begründer der Pädago-

Und doch blieb mir klar: Erfolge aus einer Begabung sind Zufallstreffer, wichtig für den einzelnen, aber völlig wertlos für den Ausbau einer Methode. Nur wenn es mir gelingt, theoretische Einsicht in die Berechtigung meines Handelns zu erlangen und wenn es mir möglich wird, es vor anderen zu begründen, kann ich hoffen, den Anfangsweg zu dieser Methode aufzufinden, von der ich noch nicht wußte, wie sie aussehen wird. Daher suchte ich weiter und kam in meinem Suchen zur Psychoanalyse: nicht um Psychoanalytiker zu werden, nicht um von der Schulbank her mir ein neues Wissensgebiet anzueignen; sondern mitten aus der Verwahrlosungsfürsorge, um Hilfen zu finden im Kampfe gegen die Verwahrlosung; den Verwahrlosten zu begreifen, den Anfang einer Methode festzulegen, die es ermöglicht, den Verwahrlosten nicht mehr durch Gesellschaft und Staat verfolgen zu müssen, ihn aufzugreifen, einzusperren, zu verurteilen und dem Strafvollzug zuzuführen.

Die dynamische Betrachtungsweise der Psychoanalyse, die Einblick gibt in das psychische Kräftespiel und in die Wirkung unbewußter seelischer Vorgänge auf bewußte, zog mich sofort an. Schon beim ersten Bekanntwerden mit der Psychoanalyse klärte sich manches.

Die Psychoanalyse gab in ihrer eigenen Entwicklung immer mehr Hilfen: ein neuer Aspekt eröffnete sich, als erkannt war, daß für den Aufbau der späteren Persönlichkeit die ersten Kindheitserlebnisse ausschlaggebend werden. So konnte z. B. der sogenannte »Milieuverwahrloste« nun ganz anders gesehen werden als bisher.

Als die Psychoanalyse ihren Anteil zur Aufhellung der sittlichen Entwicklung des Kindes geleistet hatte und aufzeigen konnte, wie es zu Beziehungen der Menschen untereinander kommt und welcher Art diese Beziehungen sein können, waren Grundlagen vorhanden, von denen aus der Verwahrloste zu verstehen war und Ansätze zur Verwahrlostenbehandlung geschaffen werden konnten.

Am Ende des ersten Weltkrieges war in Wien die Anschwellung der Verwahrlosung und der Kriminalität der Jugendlichen ebenso bedrohlich wie jetzt, am Ende des zweiten.

Im Winter 1918 ging ich mit einer Schar junger, für ihre Arbeit begeisterter Lehrer und Lehrerinnen nach Oberhollabrunn, um dort in einem aufgelassenen Flüchtlingslager eine Besserungsanstalt einzurichten. Die Gemeinde Wien hatte diese Einrichtung geschaffen und das Jugendamt mit der Durchführung betraut. Wir sind der Gemeinde Wien noch heute dankbar, daß sie uns damals die Möglichkeit gab, den Nachweis zu liefern: In der Besserungsanstalt sind der prügelnde Aufseher und die Einzelzelle mit Arrestantenkost nicht notwendig, wenn diese mit tiefenpsychologischer Einsicht geführt wird – für uns war Freuds Lehre maßgebend –: Nur dann gibt es eine wirkliche

gischen Psychologie und der Experimentellen Pädagogik. Seine *Vorlesungen zur Einführung in die experimentelle Pädagogik und ihre psychologischen Grundlagen* veröffentlichte er 1911.

Behebung der Verwahrlosung. Sonst: Das andere Verfahren führt letzten Endes zu einem Dissimulieren der Verwahrlosung, zu einem Vortäuschen des Sozialseins aus Angst.

In unserem jugendlichen Überschwang waren wir überzeugt: Die absolute Milde und Güte muß Grundpfeiler der Anstaltserziehung sein; das sei der ausschlaggebende Faktor in der Verwahrlostenbehandlung.

Die Psychoanalyse lehrte es uns anders: diese Art der Behandlung ist richtig, aber nur für jene psychisch gesunden Verwahrlosten, die mit einem Defizit an Liebe aufzuwachsen gezwungen waren, sei es im Elternhaus, sei es in einer anderen, schicksalhaft ebenso ungünstig gestalteten Umgebung.

Die psychisch Gesunden, die durch ein Übermaß an Zuneigung, durch fortwährendes Gewähren, ohne richtige triebeinschränkende Verbote heranwuchsen und dadurch in der Verwahrlosung landeten, bedürfen anderer Einflußnahme. Für diese gibt es ohne Zertrümmerung ihrer Ichhaftigkeit, ihres Egoismus, des Wegräumens ihrer Beziehungslosigkeit zur Umwelt kein soziales Einordnen.

Für die durch ein psychisches Trauma Geschädigten, das sich in der Verwahrlosung auswirkt, bedarf es wieder eines anderen Eingehens.

Und wieder anders sind jene aufzufassen, denen in der Kinderstube die richtigen Identifizierungsobjekte fehlen.

Überlegen wir noch, daß recht häufig im Kinde selbst neurotische Tendenzen, psychotische Ansätze, Perversionen, intellektuelle Defekte schon eine normale Entwicklung hemmen, wie viel mehr noch tragen diese endogenen Faktoren zur Verwahrlosung bei. Obwohl sie nicht erschöpfend aufgezählt sind, läßt sich doch schon erkennen, in welch verwirrender Mannigfaltigkeit, phänomenologisch gesehen, uns der Verwahrloste entgegentritt.

Erst eine dynamische, ökonomische und topische Betrachtungsweise, wie sie die Psychoanalyse uns gibt, weist Richtlinien, Zustandsbilder nicht nur beschreiben, sondern auch in ihrem Werden verstehen zu können. Wir sind dann auch in der Lage, das »Warum« des typischen Verhaltens der Verwahrlosten aufzuzeigen, zur Gruppierung der Verwahrlosten nach dynamischen Gesichtspunkten zu kommen und damit die Zeit zu überwinden, in der die Verwahrlostenforschung deswegen steril geworden ist, weil sie sich in statistischen Methoden festgerannt hatte.

Als ich dann von Oberhollabrunn in die Zentrale des Wiener städtischen Jugendamtes zurückging, in den einzelnen Bezirksjugendämtern die Erziehungsberatung als Neueinrichtung schuf und über ein Jahrzehnt führte, zogen tausende und tausende schwer erziehbare, verwahrloste, kriminell gewordene Kinder und Jugendliche beiderlei Geschlechts an mir vorüber. Und wenn ich heute zurückblicke, waren es mehr als 50.000.

Im Laufe der Jahre wurde ich immer bescheidener, weil mein »Bescheidwissen« wuchs, das mich immer mehr erkennen ließ, wieviel an Wissen und Erfahrung notwendig ist, um das Problem der Verwahrlosung wirklich an der Wurzel fassen zu können.

Mit diesem Bescheidwissen über das Problem der Verwahrlosung und über die Erfordernisse, die gerade die Jetztzeit an uns, Psychoanalytiker, zu stellen berechtigt ist, trete ich mit meinen Mitarbeitern vor Sie hin, um Ihnen mitzuteilen, welches Ziel die neuerstandene Wiener Psychoanalytische Vereinigung sich gesetzt hat:

Wir werden die Neurosenbehandlung und die Neurosenforschung nicht vernachlässigen, ein Ambulatorium und eine Erziehungsberatung einrichten.

Wir wollen unsere Kräfte konzentrieren, um sie in den Dienst der Lösung des Problems der Verwahrlosung zu stellen: vorerst fortfahren, jenes Material weiter zu sammeln und zu sichten, das der Aufhellung von Ursachen der Verwahrlosung dienen kann und gleichzeitig uns dem Aufbau einer Methode zur Verwahrlostenbehandlung widmen.

Ebenso werden wir unsere Aufmerksamkeit der Ausbildung zuwenden:

Heranbildung des analytischen Nachwuchses, Einführung von Lehrern, Erziehern, Erziehungsberatern, Berufsberatern und Fürsorgerinnen in die psychoanalytische Pädagogik.

Einführung von Erziehungsberatern, Erziehungsfürsorgerinnen und Anstaltserziehern in das Verwahrlostenproblem.

Einführung von Psychoanalytikern in die Verwahrlostenbehandlung, um diesen die für das Sondergebiet der Jugendfürsorge »Verwahrlosung« erforderliche Fachausbildung zu vermitteln.

In bescheidenem Rahmen Übernahme von Behandlung Verwahrloster.

Falls wir zu Rate gezogen werden, Gutachten über die zur Verhütung und Behebung der Verwahrlosung erforderlichen organisatorischen Maßnahmen.

Darüber hinaus hat die psychoanalytische Forschungsarbeit bisher zur Heranbildung einer gesunden, sozial eingeordneten Generation schon so wichtige und bedeutsame Beiträge geliefert, daß fruchtbare Pädagogik und Sozialwissenschaft ohne diese Beiträge der Psychoanalyse nicht mehr gut denkbar sind.

Die »Wiener Psychoanalytische Vereinigung« wird daher auch künftighin diesen Wissenszweigen ihre volle Aufmerksamkeit zuwenden und die Kontakte mit Pädagogen und Soziologen suchen.

Aus diesen Andeutungen mögen Sie entnehmen, wie wir an die im Jahre 1938 abgerissenen Fäden anknüpfen wollen und wo wir als Organisation und wo jeder einzelne von uns eingesetzt werden kann.

So stellen wir uns zum Aufbau des »Neuen Österreich« zur Verfügung.

3. Zwei Briefe von Berta Steiner an Anna Freud (August und Oktober 1947)[1]

Wien, 8. August 1947[2]

Sehr geehrtes Fräulein Freud!
Wenn mich mein Weg zu Ihnen führt, sehr geehrtes Frl. Freud, so deshalb, um in das Chaos von Gerüchten, Widerwärtigkeiten und Anschuldigungen über Dr. Sauerwald Licht zu bringen auf das der Gerechtigkeitswillen Anspruch erheben darf.
Dr. S. ist seit Kurzem auf Grund eines Treuegelöbnisses nach monatelanger Untersuchungshaft auf freiem Fusse gesetzt und ist daran, Beweismaterial gegen seine Anschuldigungen zu sammeln.
Bevor ich mir erlaube meine Bitte vorbringen zu dürfen, will ich Ihnen bemerkenswerte Tatsachen schildern, die Ihnen sicherlich nicht bekannt sein dürften.
Gleich nach Ihrer Emigration aus Wien, lernte Dr. S. Ihre 4 Tanten,[3] von deren Hiersein er vorher keine Kenntnis hatte, im Verlag kennen und sagte ihnen seine Unterstützung bei auftretenden Schwierigkeiten zu. Dieses Versprechen wurde, ich glaube anlässlich seines Londoner Besuches Herrn Rat Alex[ander] Fr[eud] nochmals wiederholt.[4] Ganz ausserstande, all die vielen Details seiner Agenden zu schildern,

---

[1] Abdruck nach den Originalbriefen in AFP. – Zur Sache vgl. II.1.a und b.; III.3.a.
[2] Am Kopf Absenderadresse: Berta Steiner / Wien VI./56 / Grabnergasse Nr. 16.
[3] Freuds Schwestern Marie (1861-1942) und Adolfine Freud (1862-1942), Pauline Winternitz (1864-1942) und Rosa Graf (1860-1942) waren 1938 in Wien zurückgeblieben (die fünfte, Anna, lebte seit 1892 in den USA). Sie wurden 1942 nach Theresienstadt deportiert und starben in den Vernichtungslagern der Nazis (Leupold-Löwenthal 1989; Tögel 2004). Als A. Freud Kata Lévy über das Schicksal der Tanten berichtet hatte, schrieb diese ihr am 30. 7. 1946 (AFP): »[...] muss ich gestehen, dass mein stets angriffsbereites Schuldgefühl sich stark an Tante Rosas Schicksal geheftet hat. Wie oft war es in unseren schweren Tagen, dass ich mich in Gedanken vor ihr gerechtfertigt habe: <u>diese</u> Wahrscheinlichkeit, dass wir ja all das unvermeidlich auch hierher bekommen, war die Ursache sie nicht zu uns gerufen zu haben, ihren Hilferuf zu spät erhört zu haben. Einesteils hat man sich nicht getraut, sie der riskanten Grenzübertretung, mit stundenlanger Wanderung auszusetzen – und vielleicht bleibt sie doch unbehelligt in ihrer Wohnung! Als es dann schon zweifellos war, dass man sie deportieren wird, war es schon zu spät.«
[4] Der Besuch war im Oktober 1938 (Molnar 1996, S. 445, 447). Ein Jahr später, am 14. 8. 1939, teilte Alexander Freud seinem Sohn Harry mit (HFP), dass ihm Steiner geschrieben habe, die Tanten Maria und Adolfine seien durch Sauerwalds

in bezug auf Verlag, Ihre Angehörigen und Verwandten resp. Freudanhänger oder Freunde, will ich nur jene streifen, deren Auslegung in Unkenntnis der Sachlage eine Anschuldigung gegen Dr. S. wurde.

Zuallererst waren die Agenden wegen der mehrmaligen Wohnungskündigungen Ihrer Frau Tanten, Verhandlungen mit Hausherrn, Wohnungsamt, Intervention wegen Befürwortung seiner Arrangements bei Gestapo aktuell, dann als systematisch die äusseren Bezirke Wiens freigemacht werden mussten, war die spätere Lösung, I. Biberstrasse,[5] die gleichzeitig einen Rattenschwanz von behördlichen Wegen verursachte, für Dr. S. infolge der ungleichen Art der Damen, eine nicht leichte Arbeit.[6] Das Suchen nach einem Arzt bei ihren oftmaligen Erkrankungen, seine vielen Besuche um die Wünsche und Beschwerden jeder einzelnen Dame entgegenzunehmen und in hochherziger Weise Abhilfe zu schaffen, abgesehen von den unzähligen Krankenbesuchen selbst, die Dr. S. seiner eigenen Mutter in einem erhöhten Masse nicht hätte machen können, geben von seiner Rechtschaffenheit Zeugnis. Sorgen, bei nicht eingetroffener Auslandspost oder Freudekundgebungen bei eingelaufener Post, Reichsfluchtsteuerexecution oder Steuerangelegenheiten, Vorsprechen bei ausländischen Gesandtschaften wegen ihrer Ausreisen[7] und Versorgung von Mehrbeträgen für deren Anschaffung, Bankdurchführungen oder verspäteter Geldeingang, kurz Dr. S. war jener Mann, welcher für jede Ihrer Frau Tanten nicht nur das nette, richtige und tröstende Wort übrig hatte, sondern hilfsbereit für jeden Weg und Zeitbelastung in uneigennütziger Weise seine Hand bot.

Das Regime, das immer straffer und härter angespannt wurde, zeigte seine Auswirkung. Bestürzt über das stundenlange Anstellen wegen Ablieferung des vorhan-

Vermittlung in einem Sanatorium in Baden bei Wien untergebracht worden: »Die Damen werden mit einem von uns bestellten Auto von ihrer Wohnung bis nach Baden gebracht, so dass weder Unruhe noch Aufregung oder Unannehmlichkeiten für die Damen entsteht und diese den vorhergesehenen Aufenthalt von 14 Tagen in angenehmer Ruhe, Luft, etc. verbringen können.« Er habe eine Kopie von Steiners Brief »an Anny gesendet«.

[5] Adresse der ehemaligen Wohnung von Alexander Freud, der seinem Sohn Harry am 30. 12. 1938 schrieb (HFP): »Da fällt mir noch ein, dass in dem heutigen Brief von Tante Rosa es heisst, Sauerwald hat versichert, dass jetzt endlich mit Dampf daran gearbeitet wird, die Einrichtung flott zu machen. Und er ist der einzig verlässliche Mensch in der ganzen Naziblase.«

[6] Lampl an AF, 15. 4. 1947 (AFP): »Wissen Sie eigentlich durch welchen Teil Ihres Lebens Sie es gelernt haben, die Schwierigkeiten der Analytiker unter einander zu vertragen? Dafuer muessen Sie den Tanten dankbar sein, denn die waren genau so, und so konnten Sie sich darin ueben.«

[7] Alle Versuche, den Tanten doch noch die Ausreise zu ermöglichen, schlugen fehl.

denen Gold und Silbers, zufolge eines erlassenen Gesetzes, löste grösste Aufregung bei Ihren kränklichen, alten Tanten aus. Auch Dr. S. wusste noch nicht, wie diese Situation zu meistern war. Auf mein Befragen, wo doch die Ablieferungsstelle sich befinde, nannte er das Dorotheum.[8] Kurz entschlossen stellte ich meine diesbezügliche Verbindung zur Verfügung und Dr. S. nahm wieder in gewohnter, uneigennütziger Hilfsbereitschaft, diese Kommission auf sich. Er brachte in meiner Begleitung das erhaltene Ablieferungsgut mit Verzeichnis ins Dorotheum, dessen Uebernahmsstelle von Herrn Oberrechnungsrat Bauer[9] geleitet wurde, welchen ich von früheren Auktionen kannte. Bei Uebergabe fragte Dr. S. ob es möglich wäre ein Medaillon von geringem Goldwert, das Frau R. Graf gehörte, für die Eigentümerin zurückbehalten zu dürfen, da es für diese ein teures Andenken war. Oberr.Rat Bauer gab uns den Rat, an das Reichswirtschaftsministerium ein diesbezügliches Ansuchen zu stellen und er sei überzeugt, dass demselben stattgegeben werde. Nach erhaltener Information von Frau Graf, diktierte Dr. S. mir die Eingabe. Als ein negativer Bescheid von der zuständigen Stelle einlief, beauftragte mich Dr. S. bei einem Heimarbeiter in meiner Wohnungsnähe VI. Webgasse, dessen Adresse er mir bekannt gab, das schmale Goldreiferl zu entfernen und durch unechtes Metall ersetzen zu lassen. Ich entsinne mich noch der Worte Fr. Grafs bei Übergabe des Medaillons. »Ach, das ist ja viel schöner als mein altes.« Und es war auch tatsächlich schöner, weil die beiderseitigen Gläser, innen und aussen vor der neuerlichen Montierung gereinigt wurden; natürlich hatte es den Goldwert eingebüsst.

Dieser aus einem gesunden Menschenverstand gewählte Ausweg war für Dr. S. eine Selbstverständlichkeit und keine in die Welt hinausschmetternde Angelegenheit, die übrigens zu jener Zeit, für sein menschliches Empfinden kein Verständnis gehabt hätte. Haben wir doch im Juni 1938 die Auswirkung des so gut gemeinten Abschiedsbriefes Dr. Müller-Br[aunschweigs] an sie, verfasst in unserer Gegenwart, kennengelernt, welcher für letztgenannten jahrelange Folgen mit sich brachte.[10]

Die Bewertung des Ablieferungsgutes soll nach der seinerzeitigen Aussage, infolge meiner Beziehungen, gegenüber der anderer Ablieferer, eine bedeutend bessere gewesen sein, obwohl das Ergebnis der Bewertung im grossen und ganzen vom Staate nach dem Masstabe der seinerzeitigen Tendenz gehandhabt wurde. Die Abrechnungen, die auf die jeweiligen Damen lauteten, wurden zu meinen Handen reserviert, weil es sonst für die Damen wieder ein langes Anstellen bezüglich Nachfrage der Erledigung

---

[8] Das 1707 von Kaiser Joseph I. gegründete Dorotheum ist das älteste der großen Auktionshäuser der Welt. Von 1938 bis 1945 war es eine zentrale Verwertungsstelle für entzogene mobile Vermögenswerte mit überregionaler Bedeutung (Lütgenau et al. 2006).

[9] Nicht ermittelt.

[10] Vgl. III.1.g mit Anm. 22.

und des Inkassos bedeutet hätte. Diese wurden von Ihren Frau Tanten durchgesehen, überprüft und die Beträge sind ihnen ordnungsgemäss zugeflossen, was ich bei dieser Gelegenheit festhalten muss. Anlässlich des Besuches Herrn Dr. Harry F[reuds] bei mir,[11] als ich über Befragen nach Dr. S. meine seinerzeitigen Wahrnehmungen äusserte, erhielt ich zu Antwort »nun er hat sich ja mit dem Schmuck meiner Tanten reichlich bezahlt gemacht«.

Ausser den in der ersten Anfangszeit durch die Finanzbehörde vorgenommenen Steuerexecutionen, die Dr. S. nach Kenntnisnahme mit der zuständigen Stelle schlichtete, hat weder Dr. S., denn dieser ist immer nur beschützend über Ihre alten Frau Tanten gestanden, noch sonst eine Behörde während seiner Betreuungszeit je eine Hausdurchsuchung vornehmen lassen. Auch noch viele Monate später, als Dr. S. bereits eingerückt war und ich in seinem Auftrage des öfteren nach Ihren Fr. Tanten sah, waren keine fremden Eingriffe oder Behelligungen zu verzeichnen, wohl aber bei der Nachbarschaft Ihrer Fr. Tanten, was für Letztgenannte erklärliche Aengstlichkeit mit sich brachte, dagegen für Dr. S. anlässlich seiner Urlaube diesen für Beruhigungsbesuche, weitere Laufereien etc. fast vollkommen in Anspruch nahmen. Das war auch der Grund, warum Dr. S. die Abrechnungszettel des Dorotheums im Verlag und nach dessen Auflösung in seiner Wohnung aufbewahrte, um bei event[uellen] ungerechtfertigten Hausdurchsuchungen bei den Damen, diese nicht Anlass zu einer Geldabnahme wären. Auch für spätere Ueberprüfungen wurden diese und andere Belege ordnungsgemäss gesammelt und aufbewahrt.

Wenn mir auch nicht mehr der Wortlaut bezüglich der seinerzeitigen Eingabe wegen der beschlagnahmten Gelder Herrn Dr. Martin Fr[euds] in Erinnerung ist, so kenne ich dessen Hintergrund und weiss genau, dass zur Zeit der Beschlagnahme der Anwaltsgelder Dr. S. Existenz dem Verlag noch nicht bekannt war. Seine erste Intervention war die Freimachung dieser beschlagnahmten Gelder und es ist ihm gelungen, diese Beträge fast restlos freizubekommen und nach Angabe Herrn Dr. Martin Fr[euds] an seine Klienten zu übermitteln. Die Unsicherheit und Aengstlichkeit die seinerzeit bei Ihrem Bruder berechtigt vorherrschend war, veranlasste Dr. S. bei Einholung seines Rates ihm bezüglich seiner Anwaltspraxis und seiner Privatagenden zu empfehlen, diese nach Berggasse Nr. 19 zu verlegen, später zu einem mehrwöchentlichen Urlaub ausserhalb Wien (Gutenstein)[12] zu raten, um einerseits seine Nerven zu beruhigen und andererseits nicht durch einen unüberlegten Schritt in einen Konflikt mit den Behörden zu kommen, der unzweifelhaft noch Weiterungen für Herrn Professor Freud mit sich gebracht hätte.

Dr. S. war durch seine wissenschaftlichen Studien und als Intellektueller die Lehre Prof. Freuds nicht unbekannt und zeigte er schon bei Beginn seiner Verlagstätigkeit

---

[11] Vgl. III.3.a.
[12] Gutenstein liegt südlich von Wien im Tal der Piesting in Niederösterreich.

die Anständigkeit eines aufrichtigen Menschen in jeder seiner Handlungsweise[n] gegenüber den Verlagsangestellten und den in Wien gebliebenen Anhängern.

Sie kennen, sehr geehrtes Fräulein Freud, in grossen Zügen Dr. S. Bemühungen um den Verlag, die Verhandlungen mit Ihrer königl. Hoheit Frau Prinzessin [Marie Bonaparte], dabei das Für und Wider, die Beiziehung von Herrn Prof. G[örin]g und Herrn Dr. Müller-Br[aunschweig] Berlin. Jedoch unbekannt wird Ihnen sein, dass Dr. S. keinen Instanzenweg scheute, um einen für den Verlag günstigen Ausweg zu finden. Herr Prof. Gg., welcher ja selbst Mitglied der B.Psa.V. [Berliner Psychoanalytischen Vereinigung] war,[13] hatte, um das Bestehen des Verlags für die nächste Zeit sicherzustellen, in einer geschlossenen mehrstündigen Sitzung in der Aerztekammer, den Wünschen Dr. S. gerecht werden wollen. Wir warteten beide im Vorzimmer auf das Ergebnis. Kreidebleich, fast zum Zusammenbrechen trat Herr Prof. Gg. nach Abschluss der Verhandlungen uns entgegen und sagte: »Es war nichts zu erreichen! Ich reise heute noch ab. Sprechen wir kein Wort mehr darüber.« Es erübrigte sich auch jede Erörterung, hatten wir doch die erregte Debatte vernommen.

Im Verlaufe der Dinge konnte Dr. S. im Einverständnis mit Herrn Prof. Dr. Gg. von der Gestapo erreichen, dass sämtliche Universitäts- und Fachbibliotheken Deutschlands mit der Psa. Literatur beschenkt wurden, jedoch wurde ihm die Einschränkung aufgetragen, dass dieselben vorderhand unter Verschluss und Kontrolle durch die Staatspolizei gehalten würden. Die Sendung ist tatsächlich abgegangen und war nach Aussage Herrn Prof. Gg. im Jänner 1945 anlässlich eines Besuches in Wien, damals noch vorhanden.[14]

Dr. S. konnte in seiner Eigenschaft überhaupt keine Entscheidungen, welcher Art immer, über das Schicksal der Verlagswerke treffen. Die Vernichtung der Freudschen Bücher und Zeitschriften ist einzig und allein über Weisung von Berlin zurückzuführen, die auch die restliche Durchführung allein in der Hand hatte. Auf Befehl dieser Dienststelle wurden die restlichen Verlagswerke eingezogen und vernichtet. Einen ganz kleinen Bruchteil hatte Dr. S. damals der Nationalbibliothek Wien zur Aufbewahrung übergeben können.

Im Uebrigen weiss jeder, der Einblick in die Materie hatte, dass Dr. S. nicht einer Behörde, sondern vielen behördlichen Stellen unterstand, somit selbst von vielen Meinungen und Willkürsakten ausgesetzt war. Die Härten und Ungerechtigkeiten von übergeordneten Organen und Behörden wurden auch Dr. S. in ausreichendem

---

[13] Ein offensichtlicher Irrtum Steiners. – Zum Folgenden vgl. Rothländer 2008, S. 129.

[14] Über das weitere Schicksal dieser Bücher ist nichts bekannt. Nach Aussage des Berliner Antiquars Urban Zerfaß (persönl. Mitteilung, Juni 2003) wurden noch nach Jahren Bücher mit dem Stempel des Internationalen Psychoanalytischen Verlags zum Kauf angeboten.

Masse zuteil. Dabei wurde laufend die Verlagsabwicklung und seine Tätigkeit z. T. in schikanöser Art von Kommissionen und Kontrollorganen überprüft. Selbst von dem vielen Psychoanalytikern bekannten und von diesen wohlwollend behandelten Ehepaar H.[15] wurde gegen Dr. S. intrigiert und Anzeige wegen Judenbegünstigung erstattet.

Ich habe das und noch vieles andere persönlich mitgemacht und erlebt und kann Ihnen, sehr geehrtes Fräulein Freud, nur versichern, dass Dr. S. alles Menschenmögliche getan hat um die günstigste Form der Verlagsabwicklung durchzusetzen. Diese Tatsache sowie die Betreuung Ihrer Frau Tanten hat ihn vollkommen in Anspruch genommen und sein Privatleben fast völlig verdrängt.

Diese Tatsachen kann ich, wenn ich vor einen weltlichen oder himmlischen Richter gestellt werde nur wiederholen und bekräftigen.

Ich habe, sehr geehrtes Fräulein Freud, keine Veranlassung, Situationen aus jener Zeit schöner zu gestalten oder mich dafür zu erwärmen, denn ich habe selbst durch das damalige Regime schweren Schaden erlitten. Durch meine Zugehörigkeit zum Verlag wurde ich an der Ausübung meiner neuen freiberuflichen Tätigkeit jahrelang gehindert. Ebenso verlor ich auf gleiche Art wie Sie Ihre Tanten, meine beste Freundin und einige liebe Bekannte. Wenn ich von den Kränkungen und Demütigungen absehe, so war ich und meine Angehörigen nach der militärischen Einrückung Dr. S. durch Anzeigen bei der Geheimen Staatspolizei schwersten Aufregungen und Gefährdungen ausgesetzt.

Ich weiss auch, dass Dr. S. Hilfsbereitschaft für ihn eine Selbstverständlichkeit bedeutete und ohne ein Wort darüber zu verlieren in der Versenkung der Befriedigung ihren Weg fand, denn Vieles erfuhr ich aus dem Munde Ihrer eigenen Tanten oder der Begünstigten. Umso schwerer wird es ihn treffen All dies vor Gericht in die Oeffentlichkeit bringen zu müssen.

Unfassbar und unverständlich erschienen mir die Angriffe, die von Seite der Zeitung[16] und von Aussenseitern gegen ihn geführt wurden. Diese Tendenz zeigt sich noch heute in dem Gerichtsverfahren gegen Dr. S. das fast ausschliesslich nur auf diese Unterlagen aufgebaut ist.

Da fast jeder Mensch gerecht oder ungerecht an der vergangenen Zeit zu tragen und an den Folgen des Krieges oder der Nachkriegszeit sichtbar oder unsichtbar zu leiden hat, so müsste man meinen, dass jetzt im Zeichen des Friedens und des Wiederaufbaues der psychoanalytischen Sache, wie ich von Herrn Vorstand Aichhorn gehört habe, die ohnehin schon sehr geschwächte Energie allein für jene Faktoren zu verwenden wäre. Ein Heer von Zeugen, Geschäftsleuten und Fabrikanten, unzählige Dienststellen und Behörden werden monatelang in Bewegung gesetzt, um eine Sache

---

[15] Nicht identifiziert.
[16] Vgl. Anm. 7 zu III.3.a.

aufzurollen, die für die Leidtragenden sicher keinen Nutzen bringt und den Beschuldigten wahrlich nur den Ausgang bringen kann, welcher eindeutig für sein rechtschaffenes Vorgehen vorgezeichnet erscheint. Wohl wird ihm jene Rehabilitierung, infolge Ueberbürdung der Gerichtsbarkeit wahrscheinlich erst nach Jahren zuteil. Somit wird nur seine Schaffenskraft für den Wiederaufbau seines neuen Lebens gehemmt, die er umso dringlicher braucht, da er über keine Glücksgüter, welcher Art immer verfügt. Dieser Umstand zwingt ihn auch seine Verteidigung selbst zu führen. Der Akt, welcher sich noch im Stadium der Voruntersuchung befindet – wie mir ein befreundeter Anwalt versicherte – wird aller Wahrscheinlichkeit nach durch das Zeugen und durch das Beweismaterial einen grossen Umfang annehmen. Ich glaube, dass sich der Weg der Kürzung oder der Aufklärung finden liesse, wenn Sie sehr geehrtes Fräulein Freud Ihre Stellung dem Gericht bekanntgeben würden, bezw. in dieser Sache intervenieren würden lassen.

Meine langjährige Vertrauensstellung im Verlag und mein bis heute bestehendes Interesse und Zugehörigkeitsgefühl zur psychoanalytischen Idee haben mich bewogen, Ihnen sehr geehrtes Fräulein Freud diese Bitte vorzutragen.

Indem ich mich bestens empfehle, erlaube ich mir Sie herzlichst zu grüssen und verbleibe

Berta Steiner[17]

Wien 22. Oktober 1947

Sehr geehrtes Frl.. Freud!

Für Ihre freundl. Mitteilung v. 5. IX. 1947 danke ich Ihnen bestens, doch konnte ich Ihnen leider Umstände halber nicht sofort antworten, da mich verschiedene Agenden, teils geschäftlicher und teils privater Natur daran gehindert haben, dass Sie mir freundl. entschuldigen wollen.

Ebenso danke ich Ihnen für Ihre gütige Benachrichtigung, dass Sie, sehr geehrtes Frl. Freud, sowie Ihre königl. Hoheit Frau Prinzessin Maria von Griechenland, eine Information an das Landesgericht gesandt haben. In der Zwischenzeit hat Dr. S. eine

---

[17] A. Freud antwortete Steiner am 5. 9. 1947 (AFP): »Ich danke Ihnen für Ihren ausführlichen Brief, der mir sehr nützliche Informationen gegeben hat, die mir nach meiner Kenntnis der Sachlage auch ausserordentlich plausibel erscheinen. Ich habe eine Kopie davon an die Prinzessin geschickt. Sowohl Prinzessin Marie wie auch ich haben inzwischen an die zuständige Stelle im Landesgericht eine Information geschickt und hoffen, dass Dr. Sauerwald davon Nutzen haben wird. / Von Herrn Aichhorn höre ich, dass doch noch Aussicht besteht, irgendwelche Bestände des Verlags wieder zustandezubringen.« Vgl. Anm. 10 zu III.3.a.

Rechtfertigung seiner Anklage beim Landesgericht eingebracht.[18] Im November beginnt das Zeugenverhör, wo ich Mitte November, Vorstand Aichhorn nach dem 20. XI. zur Zeugenaussage eingeladen sind.[19] Dr. S. benützte in erster Linie seine Freiheit dazu, um eine schwebende Verlagsangelegenheit zu ordnen. Seine mehrmaligen Verhandlungen brachten jedoch jenen Erfolg, welchen Sie aus beiliegender Liste ersehen können.[20] Hiezu erlaube ich mir Folgendes mitzuteilen:

Dr. S. hat im Jahre 1939 als die Vernichtung der Bücher des Verlags nicht mehr aufzuhalten war, mit dem damaligen Direktor der Wiener Nationalbibliothek Dr. Heigl eine Abmachung getroffen über die nur Direktor Heigl und Dr. S. informiert waren. Schriftliche Aufzeichnungen konnten nicht geführt werden, da die Staatspolizei ein solches eigenmächtiges Vorgehen untersagt und geahndet hätte. Über seinen Auftrag wurden von jedem Verlagswerk mehrere Exemplare aufbewahrt.[21] Da, wie schon erwähnt, keine schriftlichen Aufzeichnungen geführt werden konnten und Direktor Heigl bei der Besetzung Wiens umgekommen ist und somit der einzige Zeuge nicht mehr am Leben war, ebenso eine Umbesetzung von Personal in der Zwischenzeit stattgefunden hat, hatte es Dr. Sauerwald bei den Verhandlungen sehr schwer, seine Sachlage glaubhaft zu machen. Dr. S. ist es jedoch nach einigen Verhandlungen trotzdem gelungen, dass seinem Ansuchen stattgegeben wurde und eine Tatsache

---

[18] Diese sehr ausführliche »Rechtfertigung« Sauerwalds findet sich im Akt des Prozesses im WStLA.

[19] Aichhorn wurde vom Gericht am 12. 11. 1947 zu einer Zeugenvernehmung geladen. Laut Protokoll sagte er u. a. aus: »Ob der psychoanalytische Verlag passiv war, entzieht sich meiner Kenntnis. Von der psychoanalytischen Vereinigung nehme ich an, dass sie aktiv war, weil der Besch[uldigte] bei meinem ersten Zusammentreffen mit ihm in den Räumen der Vereinigung oder des Verlages, sagte, wenn die SA kommt, ist das alles weg. Damit meinte der Besch. die vorhandene umfangreiche Bibliothek und die Einrichtung. Ich glaube mich erinnern zu können, dass der Besch. im weiteren Verlauf des Gespräches die Erwähnung tat, die Werte für die Psychoanalyse zu retten, in dem er die in Berlin bestehende Vereinigung dafür interessieren will. […] Ich habe den Eindruck gehabt, dass der Besch. sich bei Abwicklung seiner Geschäfte als kommiss[arischer] Verwalter bzw. Liquidator absolut korrekt verhalten hat. […] Ich habe wohl angenommen, dass der Besch. Nationalsozialist ist, weil er als Verwalter der PAV [= WPV] [und] des Verlages eingesetzt wurde. Ich kann aber nicht aus eigener Wahrnehmung sagen, ob er tatsächlich der NSDAP angehört hat, illegal war, oder welche Funktionen er bekleidete« (Akt Sauerwald; WStLA).

[20] Dem Brief lag keine Liste bei; im Archiv der Nationalbibliothek und im Akt des Sauerwaldprozesses sind Listen erhalten geblieben (Kopien in ThA).

[21] Vgl. dagegen den Abschlussbericht Sauerwalds vom 6. 5. 1939 (zit. II.1.b).

kam ihm dabei sehr zu Hilfe. Es hatte sich nämlich herausgestellt, dass die Verwaltung der National Bibliothek, diese ihr zur Aufbewahrung übergebenen Bücher, bereits inventarisiert und in ihre Bibliothek eingereiht hatte. Bei Stichproben wurde festgestellt, dass Bücher den Stempel des »Psa Verlagsarchives« trugen, welchen ich seinerzeit bei Anlage des Archives der Verlagsbibliothek durch Hr. Pauli[22] einstempeln liess. Die National Bibliothek hat in äusserst korrekter Weise dem Wunsche des Dr. S. Rechnung getragen, sich bereit zu erklären, die Bücher aus den ungeheuren Beständen der Bibliothek herauszusuchen und den Rechtsnachfolgern zur Verfügung zu stellen. Sie hat weiters zugesichert, diese Buchbestände ohne irgendwelche Vergütung auszufolgen. Unsere verschiedenen Reklamationen aus dem Gedächtnis haben die von der National Bibliothek herausgesuchten Bücher wesentlich vermehrt. Es hat sich die viele Arbeit wirklich reichlich gelohnt und wir sind sehr erfreut darüber, dass wir doch noch einen so grossen Bestand z. T. mit verschiedenen Raritäten zusammen bringen konnten, was Sie, sehr geehrtes Frl. Freud, aus der bereits erwähnten Liste ersehen können.

Es wäre gut, wenn Sie entscheiden würden, ob diese Bücher im Inlande verbleiben, da die formelle Freimachung von dem Bundesministerium für Finanzen auch von diesem Faktor abhängig ist.

Gerne werde ich auch meine Hilfe in dieser Angelegenheit weiter zur Verfügung stellen, da ich durch meinen derzeitigen Beruf[23] persönliche Verbindungen mit dem angeführten Ministerium habe, so dass berechtigte Hoffnung besteht, diese Bestände in aller kürzester Zeit frei zu bekommen.

Es wäre gut, wenn Sie mir ein Verlagsverzeichnis zur Verfügung stellen könnten, um in gegebenen Falle, nach dem einen oder anderen Buch noch Nachschau zu halten.

Je eine Liste der aufgenommenen hat Dr. S. bereits vor einiger Zeit Hr. Dr. Zingher u. Vorstand Aichhorn übergeben.

Bei dieser Gelegenheit will ich nicht unerwähnt lassen, dass Dr. S. Herrn Dr. Zingher das Dokument der <u>früheren Verlagskonzession</u> zur Verfügung stellen konnte, welches ich in den verbliebenen Akten vorfand. Des weiteren eine <u>Genehmigungsurkunde</u> bezüglich des Bauplatzes. Aus dieser Urkunde konnte man entnehmen, dass zwischen der psa Vereinigung und der Gemeinde Wien, ein Bestandsvertrag über die an der Berggasse, Türkenstr. und Rossauerlände gelegenen in dem Plane bezeichneten Grundflächen u. zw. für die Zeit bis 31. XII. 1978 abgeschlossen wurde.[24]

---

[22] Nicht ermittelt.
[23] Steiner war Buchprüferin und Steuerberaterin.
[24] Die Wiener Stadtverwaltung hatte 1927 Freud ein Grundstück zum Bau eines psychoanalytischen Institutes angeboten. Das Projekt konnte wegen Geldmangels nicht durchgeführt werden. Unterlagen dazu im AWPV.

Ich will gerne hoffen, dass diese Unterlagen eine wesentliche Erleichterung in der Durchführung bringen.

Hoffentlich sind Sie, sehr geehrtes Frl. Freud, bei guter Gesundheit.

Indem ich mir erlaube Sie bestens zu begrüssen, zeichne ich mit dem Ausdrucke der vorzüglichsten

Hochachtung
Berta Steiner[25]

---

[25] Anna Freud antwortete Steiner am 10. 11. 1947 (AFP): »Ich danke Ihnen für Ihren ausführlichen Brief vom 22. Oktober und habe mich sehr gefreut, die Liste der vorhandenen Bücher zu bekommen. Ich habe meinem Bruder die Entscheidung überlassen, was mit den Büchern geschehen soll. / Sie erwähnen gar nicht, ob Herr Aichhorn über die Genehmigungsurkunde bezüglich des Bauplatzes informiert ist. Ich denke mir, dass das von grossem Interesse für ihn ist, wenn man auch wohl für lange Zeiten noch nicht an Bauen denken kann. / Ich habe mich besonders gefreut, dass auch einige Gesamtausgaben bei den aufgefundenen Büchern waren. Schade, dass es nicht noch viel mehr sind.«

4. A. Freuds Kursprogramm zur Einführung in die Psychoanalyse (Ein Brief an Otto Fleischmann vom Oktober 1948)[1]

[Briefkopf London] 15. Oktober 1948

Lieber Dr. Fleischmann!

Ich habe mit meinem Brief über den theoretischen Kurs lange auf mich warten lassen. Jetzt fange ich gerade an, mich selber wieder für den neuen Jahrgang vorzubereiten und da ist es am leichtesten, wenn ich Ihnen nach meinen Notizen den Kursplan für das erste Semester mitteile, wie ich ihn jetzt vorhabe.

Wir haben also zwischen jetzt und Weihnachten (das ist hier ein Term) 8 Kursabende für den ersten Jahrgang unter dem Namen »Grundprinzipien der Psychoanalyse«. Die Absicht ist die Einführung in die Freud'sche Psychoanalyse, das heisst eigentlich in die Freud'schen Schriften. Wenn ich auch vor dem Sommer eine kurze Leseliste für die Kandidaten zusammengestellt habe (Studien über Hysterie, Sexualtheorie, Traumdeutung, Vorlesungen), so halte ich den Kurs doch so, dass er an und für sich als Anregung zum Lesen wirken soll. Ich halte im Grunde sehr wenig von den Leselisten und dem Lesen der Kandidaten, das auf Auftrag hin geschieht. Ich glaube, das Lesen hat nur dann Sinn, wenn sie es aus eigener Neugierde machen und gerade diese Neugierde versuche ich im Kurs anzuregen. Nach einer Kursstunde fragen die Kandidaten gewöhnlich, was sie lesen können, um das Vorgetragene oder Diskutierte weiter durchzuarbeiten.

Wir haben heuer in diesem Einführungskurs eine Aenderung gemacht. Es schien mir im vorigen Jahr, dass die Kandidaten auf die Theorie selbst nicht genügend vorbereitet waren und zu wenig von der Vorgeschichte der Psychoanalyse wissen. Ich habe darum im Lehrkomitee hier den Vorschlag gemacht, dass nach einer einleitenden Stunde von mir Dr. Hoffer zwei historische Stunden hält und ich dann erst in der dritten mit der Theorie beginne. Das Programm ist also etwa so:

Erste Stunde Einleitung: Ich diskutiere die verschiedenen Möglichkeiten, eine zusammenfassende Darstellung der psychoanalytischen Theorie zu geben. Das Prinzip der Darstellung kann entweder historisch, genetisch oder systematisch sein. Bei der historischen Darstellung geht man vom Fall Anna O. aus, entwickelt an ihm die ersten Erfahrungen über das Unbewusste und die pathogenen Wirkungen der Verdrängung und folgt dann in derselben Weise der Entwicklung der Analyse. Die genetische Darstellung würde mit der psychoanalytischen Theorie der Kindheit beginnen, über die

---

[1] Wiedergegeben nach einer Kopie in AFP. Vgl. 88AF und 106AF.

Latenzperiode zur Pubertät gehen, etc. Die systematische Darstellung sieht natürlich von der Entwicklung ab und stellt die Analyse als geschlossenes System dar. Ich diskutiere dann mit den Studenten die Vor- und Nachteile dieser verschiedenen Methoden und wir entschliessen uns für ein gemischtes Prinzip, das heisst eine mehr oder weniger systematische Darstellung, wobei wir aber jeden einzelnen analytischen Begriff in seiner historischen Entwicklung verfolgen wollen.

Man kann auch sagen, dass man bei der Darstellung der Psychoanalyse von der Klinik zur Psychologie gehen kann oder von der Psychologie zu ihrer Anwendung auf die Klinik.

Zur Illustration schildere ich dann kurz die zwölf Versuche Freuds, eine zusammenfassende Darstellung der Analyse zu geben und schildere kurz, welches Prinzip er in jeder dieser Arbeiten verfolgt.

Fünf Vorlesungen, 1909,
Das Interesse an der Psychoanalyse, 1913,
Geschichte der psychoanalytischen Bewegung, 1914,
Vorlesungen erster Teil, 1916/17,
»Psychoanalyse« und »Libidotheorie« (Handwörterbuch für Sexualwissenschaft), 1922,
Kurzer Abriss, 1924,
Selbstdarstellung, 1925,
Psycho-Analysis (British Encyclopaedia), 1926,
Laienanalyse, 1926,
Neue Vorlesungen, 1932,
Abriss der Psychoanalyse, 1938,
Some Elementary Lessons in Psycho-Analysis, 1938.

<u>Zweite Stunde</u> Dr. Hoffer: Freuds Arbeitsweg von der Physiologie und Neurologie zur Psychologie. Vorläufer der Psychoanalyse.

<u>Dritte Stunde</u> Dr. Hoffer: Geschichte der Behandlung psychischer Störungen vom Altertum bis zur Gegenwart.

<u>Vierte Stunde:</u> Der Begriff des Unbewussten in der Psychoanalyse (dargestellt etwa nach den metapsychologischen Arbeiten, Vorlesungen, Abriss), also: das Unbewusste im deskriptiven, dynamischen und systematischen Sinn. Der Primärvorgang. Das Urverdrängte. Einführung des Begriffs Verdrängung.

<u>Fünfte Stunde:</u> Die Verdrängung (dargestellt wie oben). Definition, Dynamik, Urverdrängung, Nachdrängung. Das Verhältnis zur Wortvorstellung. Wiederkehr des Verdrängten. Hinweis auf Witz, Orgie, Symptom, Pubertätserscheinungen, freie Assoziation.

<u>Sechste Stunde:</u> Der seelische Apparat (dargestellt etwa nach Abriss), ausführliche Schilderung des Es und der Es-Vorgänge (noch nicht die Es-Inhalte).

<u>Siebente Stunde:</u> Das Ich und seine Funktionen. Vor zwei Jahren habe ich das Ich

systematisch vorgestellt. Voriges Jahr habe ich es anders versucht, nämlich die Ableitung der Ich-Vorstellungen aus der Selbstbeobachtung, aus der Psychopathologie, Traum, Konflikt, etc. Es lässt sich aber kaum in einer Stunde unterbringen.

<u>Achte Stunde:</u> Das Ueber-Ich und seine Entwicklung. In der Darstellung abgeleitet aus der Beobachtung der abnormen Zustände, also aus der Ich-Spaltung in der Melancholie-Manie, Trauer, Paranoia, Minderwertigkeits-, Schuldgefühl, etc.

In den acht Stunden des zweiten Terms kommen dann die seelischen Inhalte. Voriges Jahr hatte ich die Einteilung, wie folgt: Trieblehre, Libidotheorie, Entwicklung des Sexualtriebs, Entwicklung der Aggression, Entwicklung der Objektbeziehung, Oedipuskomplex und Kastrationskomplex. Bisexualität, negativer Oedipuskomplex, Kastrationswunsch. Die weibliche Psychologie.

Der dritte Term soll dann die Verarbeitung dieser Inhalte im seelischen Apparat bringen. Das wäre also etwa die Einteilung des dritten Terms:

Die Prinzipien des psychischen Geschehens (Konstanzprinzip, Lustprinzip, Realitätsprinzip, Wiederholungszwang).

Die Entstehung der Angst.

Der Begriff der Abwehr.

Die Entstehung der Träume.

Die Entstehung der Symptome.

Die analytische Technik.

Die Anwendung auf die Erziehung.

Die anderen Anwendungen.

Sie sehen, das ist im Ganzen nicht viel mehr als ein Speisezettel und man kann wirklich von jedem Kapitel nur das Allernotwendigste geben. Da hier aber die weiteren Jahre des Unterrichts klinisch sind und dann alle die neuen Theorien dazu kommen, so ist dieser Kurs die einzige Gelegenheit, den Kandidaten wirklich Einsicht in die Freud'sche analytische Theorie zu geben. Darum halte ich ihn so zusammengedrängt. Ich wollte Ihnen auf diese Art nur einen Eindruck geben. Bitte stellen Sie mir weitere Fragen, sodass ich Ihnen einzelne Punkte ausführlicher beantworten kann.

Ich hoffe, es geht alles wieder gut.

Mit sehr herzlichen Grüssen
Ihre [ohne Unterschrift]

II. Biographische Skizzen[1]

Abraham, Karl (1877–1925) ließ sich, nach einer Assistentenzeit bei Bleuler in Zürich, 1908 in Berlin nieder, wo er die Berliner Psychoanalytische Vereinigung und 1920 (zusammen mit Eitingon) die Berliner Psychoanalytische Poliklinik (ab 1923: Institut) gründete (Freud u. Abraham 2009).

Adelberg, Hilde nahm in den 1930er Jahren an den Pädagogenkursen der WPV teil. Leiterin eines Privatkindergartens, der 1938 geschlossen werden musste. Emigrierte nach New York, wo sie als Psychiatric Social Worker an einer Child-Guidance Clinic arbeitete (Adelberg an AA, 14. 7. 1946; NAA). Sie versorgte Aichhorn mit Büchern und mit Nachrichten über die Psychoanalyse in den USA. In den 1950er Jahren gehörte sie in New York der Aichhorn Subgroup der Paul Federn Study Group an (E. Federn 2000).

Adler, Alfred (1870–1937) war Gründungsmitglied von Freuds Psychologischer Mittwoch-Gesellschaft. 1910 erster Obmann der WPV; 1911 Bruch mit Freud und Begründung der »Individualpsychologie« (BL/WPV).

Aichhorn, Antonia (geb. Lechner) (1854–1927) war die Mutter Aichhorns. Seine Beziehung zu ihr war konfliktreich. In einer »Traumanalyse« (stenographisches Ms. vom 8./9. 12. 1921; NAA) charakterisierte er sie als das schönste Mädchen in Gaudenzdorf (Teil des 12. Wiener Gemeindebezirks). Sie habe seinen Vater, der sich sehr um sie bemühte, »so mehr aus Gnade geheiratet. [...] Bei meiner und der Geburt meines Zwillingsbruders erkrankte sie lebensgefährlich und hat von da an für ihr ganzes weiteres Leben das Recht abgeleitet, freilich unbewußt, daß sich, noch mehr als bisher, alle um sie drehen müßten. [...] Als mein älterer Bruder im Hochschwab tödlich verunglückte, ist seine Frau mit dem 2 ½ jährigen und 6 Monate alten Kind zurückgeblieben. Es wäre nun selbstverständlich gewesen, daß sich das ganze Interesse auf sie konzentrierte. Das paßte aber nicht in den Lebensplan meiner Mutter. Nach 4 Wochen löste

---

[1] In diesem Anhang finden sich Kurzbiographien aller im vorliegenden Band erwähnten Personen. Die Texte sind knapp gehalten, soweit sie Informationen bieten, die im Druck bereits zugänglich sind. Sie werden ausführlicher, soweit sie die Ergebnisse eigener Forschungen, zumal aufgrund von Archivalien, enthalten. Die Abkürzungen für benutzte Quellen sind auf S. 521 f. aufgelöst. Wo keine Quelle angegeben ist, wurden leicht zugängliche Internetadressen benützt, vor allem wikipedia.

sich in ihr ein derartiger Magenkrampf aus, daß natürlich alle wieder sich besorgt um sie kümmerten.«

Aichhorn, August jun. (1910–1996) war der ältere Sohn Aichhorns. Er studierte einige Semester Jus und absolvierte dann einen kaufmännischen Kurs an der Wiener Handelsakademie. Am 9. 11. 1935 Heirat mit Edith Hajdu. Seit Herbst 1936 Angestellter der Vaterländischen Front (Kriechbaumer 2005, S. 108, 112), der er sich seiner Aussage nach angeschlossen hatte, weil er sich aktiv gegen den Nationalsozialismus in Österreich engagieren wollte. Am 11. 3. 1938 auf der Flucht verhaftet, war er bis zum 20. 9. in Dachau interniert. Im Februar 1940 rückte er zum Kriegsdienst ein. Nach einer schweren Verwundung wurde er 1943 – wegen der jüdischen Abstammung seiner Frau – aus dem Militärdienst entlassen (siehe 13AA). Nach Kriegsende Sekretär des Niederösterreichischen Wirtschaftsbundes, einer Teilorganisation der konservativen Österreichischen Volkspartei (ÖVP). In den Folgejahren war er ferner im Österreichischen Wirtschaftsbund, in der Österreichischen Wirtschaftskammer und – bis wenige Monate vor seinem Tod – in seiner Außenhandelsfirma tätig. 1962 wurde ihm der Titel Kommerzialrat verliehen.

Aichhorn, Edith (geb. Hajdu) (1914–1992) war väterlicherseits von ungarisch-jüdischer Herkunft (Geburtsurkunde der Israelitischen Kultusgemeinde Wien, 1633/1914). 1919 wurde sie katholisch getauft. Nach der Matura Ausbildung zur Modistin; 1935 Heirat mit August Aichhorn jun. Während der Nazi-Zeit galt sie als Mischling 1. Grades. Der Rechtsanwalt Walter Merio schrieb an die NSDAP Gauleitung Wien (31. 5. 1943; ÖStA): »Der derzeit zur Wehrmacht eingerückte August Aichhorn hat mich dahin unterrichtet, dass seine Ehefrau Edith als Mischling 1. Grades gilt, was der blutmässigen Abstammung entspricht, dass aber auch seine eheliche Tochter Christine als Mischling 1. Grades gilt, weil die mütterliche Großmutter, Hermine Spinka,[2] die zwar blutmässig Arierin ist, anlässlich Eheschliessung mit dem Juden Deszö Hajdu[3] zum mosaischen Glauben übergetreten war und dieser jüdische Grossvater, sowie die Mutter erst am 4. November 1919 getauft worden waren. Da August Aichhorn Arier ist, ist seine Tochter blutmässig Mischling II. Grades. Er hat mich gebeten dieser blutmässigen Abstammung gemäss, auch die Anerkennung seiner Tochter als Mischling II. Grades zu erwirken.« Der Antrag wurde durch das Sippen-

---

[2] Herma Hajdu (geb. Spinka) (1894–1965).
[3] Deszö Hajdu (geb. Desiderius Hirschler) (1884–1968), Jurist, wurde in Jászberény, Ungarn, in eine deutschsprechende jüdische Familie geboren, die um 1900 den Namen Hajdu annahm. 1914 Heirat nach mosaischem Ritus, 1919 Taufe und katholische Heirat. 1938 Emigration mit seinen beiden Söhnen nach Budapest, 1946 Rückkehr nach Wien.

amt abschlägig beschieden, »weil die Grossmutter im Zeitpunkt der Heirat dem mosaischen Glauben beigetreten und daher Geltungsjüdin war und deren Ehemann Jude ist, sodass zwei Grosselternteile Juden sind. Die Tatsache, dass auch die Mutter des Kindes als Mischling 1. Grades bezeichnet wurde, kann [...] sich bei dem Kinde nicht auswirken« (Merio an A. Aichhorn jun., 19. 7. 1943; ThA).

Aichhorn, Hermine Alexandrine (geb. Lechner) (1881–1969), die Ehefrau Aichhorns, war seine Cousine, eine Tochter des Bruders seiner Mutter. Sein älterer Bruder Wilhelm war mit ihrer Schwester verheiratet.

Aichhorn, Walter (1915–1985) war der jüngere Sohn Aichhorns. Schüler der Hietzing-Schule und Analysand D. Burlinghams und W. Hoffers; Ausbildung zum Bühnen- und Kostümbildner bei Ladislaus Czettel. Während des Krieges als Kartograph im Militärgeographischen Institut tätig (siehe 13AA). Arbeitete später als technischer Zeichner bei den Niederösterreichischen Elektrizitätswerken. Er war zweimal verheiratet und blieb ohne Kinder.

Aichhorn, Wilhelm (1848–1931) war der Vater Aichhorns. Gründete mit 23 Jahren ein eigenes Bankhaus. Trotz seiner Jugend als Fachmann geschätzt, wurde er zu einem wohlhabenden Mann. Durch den Zusammenbruch der Wiener Börse im Jahr 1873 verlor er alles. Seine Schwiegermutter schlug ihm vor, bei ihr das Bäckergewerbe zu erlernen und mit seiner Familie bei ihr zu wohnen. Nach einem halben Jahr konnte er das Bäckereigeschäft übernehmen. Daneben kaufte und verkaufte er Mehl. Er wurde wieder wohlhabend, besaß 3 Zinshäuser in Wien und Barvermögen. Nach seinem Rückzug ins Privatleben wandte er sich der Politik zu. Er wurde in den Gemeinderat gewählt und war über 20 Jahre Gemeinderat. Aufgrund der wirtschaftlichen Schwierigkeiten im Ersten Weltkrieg verlor er wieder sein Vermögen, suchte eine Anstellung und verdiente genug, dass er mit seiner Frau davon leben konnte. Nachdem er auf der Straße einen Ohnmachtsanfall erlitten und sich die linke Kniescheibe zersplittert hatte, wurde er ins Spital gebracht. Dort meinte er zu Aichhorn: es sei gar nichts passiert, er sei nur gestolpert und habe sich am Knie ein wenig weh getan. Aichhorn schreibt (an Eissler, 20. 10. 1947; NAA): »Der Assistent, der mit mir hinausging, sagte mir wörtlich: ›Wo nimmt der Mann diese Energie her? Die Kniescheibe ist zersplittert, wir haben sie mit Draht zusammengeflickt, er muß furchtbare Schmerzen haben und tut als ob nichts wäre.‹« Danach musste er widerstrebend Unterhaltszahlungen von seinem Sohn annehmen (ebd.): »Wenn ich ihm am Monatsanfang das Geld für seinen und der Mutter Lebensunterhalt gab, musste ich das immer ganz verstohlen mit einem Händedruck tun, um ihn nicht zu kränken.«

Alexander, Franz (1891–1964) war Mediziner. 1919–1930 in Berlin, wo er der erste

Ausbildungskandidat des BPI, später Dozent am Institut und ein geschätzter Lehranalytiker war. 1930 wurde er nach Chicago eingeladen; 1932 gründete er das Chicago Psychoanalytic Institute. Gilt als ein Pionier der psychoanalytischen Psychosomatik (Grotjahn 1995).

Andreas-Salomé, Lou (1861–1937) war eine erfolgreiche Schriftstellerin, Freundin Nietzsches und Rilkes, als sie sich der Psychoanalyse zuwandte. Ging 1912 nach Wien, um sich zur Analytikerin auszubilden. Zwischen ihr und Freud entstand eine freundschaftliche Beziehung (siehe Freud u. Andreas-Salomé 1980). 1915 Eröffnung einer psychoanalytischen Praxis in Göttingen, 1922 Mitglied der WPV (Klemann 2005; Welsch u. Wiesner 1988). Ihre Freundschaft mit Anna Freud fand ihren Niederschlag in einem umfangreichen Briefwechsel (LAS/AF).

Asperger, Hans (1906–1980) war Kinderarzt und Heilpädagoge. Ab 1931 arbeitete er an der Kinderklinik der Wiener Universität; 1962 Professor für Pädiatrie und Leiter der Universitäts-Kinderklinik.

Aufreiter, Gottfriede (Friedl) (geb. Zwickl) (1915–2003) studierte bis 1939 in Wien Medizin und arbeitete 1940–1946 an der Ambulanz der Universitätsklinik für Psychiatrie und Neurologie. 1942 Heirat mit Hans Aufreiter. Ab Winter 1938/39 Teilnahme an Aichhorns Arbeitsgruppe. 1946 Mitbegründerin, 1954 Lehranalytikerin der WPV. 1955 ging sie mit ihrem Mann nach Montreal (AiV; A/M).

Aufreiter, Hans (Johann) (1916–2001) hatte Aichhorn bereits 1932 als jugendlicher Patient in der Erziehungsberatungsstelle der WPV kennen gelernt. Wurde von ihm zu Eissler in Behandlung geschickt; später Analyse bei Walk und Aichhorn. Ab 1941 Mitglied des Deutschen Instituts. 1946 Vorstandsmitglied der WPV, 1949 in den Lehrausschuss gewählt, 1950 als Lehranalytiker bestätigt. Hielt vom WS 1949/50 bis zum WS 1953/54 die theoretischen und technischen Ausbildungsseminare der WPV. Nach der Emigration wurden die Aufreiters Mitglieder der BPS, beteiligten sich am Aufbau einer IPV-Gruppe in Kanada und an der Einrichtung eines Lehrinstituts in Montreal (AiV; A/M).

Baderle-Hollstein, Gertrude (1893–1992) war Tochter eines Offiziers und eine Schul- und Jugendfreundin Anna Freuds. Sie absolvierte den ersten Jahrgang der von Ilse Arlt 1912 initiierten Vereinigten Fachkurse für Volkspflege. Während des Ersten Weltkrieges zunächst Fürsorgerin im Wiener Städtischen Jugendamt; dann Mitarbeiterin Aichhorns in Oberhollabrunn und St.Andrä. Nach ihrer Eheschließung – sie heiratete Walter Hollstein, der ebenfalls Erzieher in Oberhollabrunn gewesen war – lockerte sich ihr Kontakt zu Aichhorn und A. Freud. Nach dem Tod ihres Mannes 1944 nahm sie wieder Kontakt zu Aichhorn auf. Sie gehörte dem ersten Team des Instituts für Erziehungshilfe an (siehe III.7.c).

Baer-Frisell, Christine (1887–1932) war Tanzpädagogin. Sie übernahm im Herbst 1919 die pädagogische Leitung der Neuen Schule Hellerau für Rhythmus, Musik und Körperbildung; später in Laxenburg bei Wien.

Bally, Gustav (1893–1966), Schweizer Psychoanalytiker. 1956 wurde er Professor für Psychotherapie an der Universität Zürich.

Bartsch, Robert (1874–1955) war Beamter im Sozial- und Justizministerium. Ab 1905 war er habilitierter Universitätslehrer, ab 1922 Mitglied des Verwaltungs-, später des Bundesgerichtshofes. Am 29. 4. 1920 verfasste er nach einem Besuch in Hollabrunn einen höchst anerkennenden Bericht (NAA).

Baszel, Günther v. (1902–1973) war Landschaftsmaler, Porträtist – von ihm stammt auch ein Aichhorn-Porträt (ThA) –, Bildhauer, Graphiker und Glaskünstler. Mit der Schwester Mahler-Schönbergers befreundet (siehe Briefwechsel Aichhorn/Mahler in NAA; Briefwechsel Dworschak/Mahler in NRD).

Behn-Eschenburg, Hans (1893–1934) war ein Schweizer Psychiater und Psychoanalytiker. Ab 1919 in der Heil- und Pflegeanstalt Herisau tätig, wo er den Rorschach-Test kennenlernte, zu dessen Verbreitung er viel beigetragen hat.

Belf, Edith arbeitete nach 1945 im Auffanglager des Jewish Refugees Committee für ehemalige KZ-Kinder in Windemere.

Berna, Ada (geb. Citroen) (1904–1943) machte bei A. Freud eine Ausbildung zur Kinderanalytikerin und arbeitete zugleich mit in Aichhorns WPV-Erziehungsberatungsstelle. 1938 Rückkehr in die Niederlande, Mitgliedschaft in der dortigen IPV-Gruppe. 1940 heiratete sie den Schweizer Kinderanalytiker Jacques Berna. Flucht vor den Deutschen in die Schweiz (BL/F).

Bernays, Minna (1865–1941) war die jüngere Schwester von Freuds Frau Martha. Lebte in Freuds Familie (siehe Freud u. Bernays 2005).

Bernfeld, Siegfried (1892–1953) studierte Pädagogik und Psychologie, war ein engagierter Zionist und Sozialist. 1919 Mitglied der WPV, seit 1922 Praxis als Psychoanalytiker. Als A. Freud ihn kennenlernte, war er mit der Errichtung der Freien jüdischen Siedlung Baumgarten beschäftigt, in der Kriegswaisen betreut wurden. Unter seinen

Mitarbeitern befand sich W. Hoffer, der später mit der Leitung des Heims betraut wurde (Barth 2010; Hoffer 1981). Im Herbst 1925 Umzug nach Berlin, wo er eine psychoanalytisch-pädagogische Arbeitgemeinschaft leitete (Kloocke u. Mühlleitner 2004). 1932 kehrte er nach Wien zurück; 1934–1937 Emigration über Frankreich und London nach San Francisco (Dudek 2012; Fallend u. Reichmayr 1992; BL/WPV)

Berthel, Therese war Bücherrevisorin und Bilanzsachverständige. Sie war eine Analysandin von Ruth Eissler und Aichhorn. Später schrieb sie Aichhorns Korrespondenz und erledigte Verrechungsarbeiten (AA an R. Eissler, 17. 4. 1946; NAA). Am 9. 11. 1948 berichete sie K. R. Eissler darüber (ebd.):»Seit ca. 7 Jahren arbeite ich mit ihm, für ihn. Zuerst ein, zwei bis 3 Mal in der Woche. Nach Kriegsende fast täglich, auch Sonntag. Vorausschicken muß ich, daß er fast ausschließlich nur am späten Abend seine Korrespondenzen und Arbeiten erledigen kann, da er von 7 Uhr früh bis 8, 9, 10 Uhr abends und auch später Stunden geben muß, und auch ich in meinem Beruf arbeite. Für ihn arbeite ich nach 7 Uhr abends bis 11, 12. [...] Daß ich gerne für ihn arbeite, daß es mir Freude macht, brauche ich wohl nicht hervorzuheben.« Als Eissler einen Fonds für Aichhorn eingerichtet hatte (vgl. III.5.e) und ihn per Brief darüber informiert hatte, schrieb ihm Berthel (16. 12. 1948; mit Dank an B. Reiter):»Schade, daß Sie die Wirkung nicht erleben konnten. Auf jeden Fall war er [dieser Brief] ein voller Erfolg, was beweist, daß eine Aktion notwendig war. Darf ich Ihnen auch für Ihre Hilfe danken, ohne missverstanden zu werden? Können Sie sich den Eindruck vorstellen, den er in seiner Hilflosigkeit machte und Sie müßten dabeistehen, ohne helfen zu können? [...] Was sonst noch fehlt? Ich weiß es nicht. Daß er gewendete Anzüge und geflickte Hemden trägt, das dürfte ihn nicht stören (so geht es übrigens allen Österreichern, die von ihrer Arbeit leben). [...] / Wenn ich könnte, würde ich ihm zu Weihnachten ein großes großes Paket mit Konfekt schicken, Sie wissen, er nascht sehr gerne.«

Bibring, Edward (1894–1959) studierte Geschichte, Philosophie und Medizin. Er zählte zu den ersten Kandidaten des Lehrinstituts der WPV; 1925/27[4] Mitglied. Ab 1932 im Lehrausschusses, ab 1934 dessen Schriftleiter. Im selben Jahr trat er in die Redaktion der *Internationalen Zeitschrift für Psychoanalyse* ein. 1938 Emigration nach London, wurde einer der Herausgeber von Freuds *Gesammelten Werken*. 1941 Übersiedlung nach Boston (BL/WPV).

Bibring, Grete (geb. Lehner) (1899–1977) studierte Medizin; 1925/32 Mitglied der WPV. 1938 Emigration nach London, 1941 Übersiedlung nach Boston. 1950–1952 Sekretärin, 1959–1963 Vizepräsidentin der IPV (BL/WPV).

---

[4] Die beiden Jahreszahlen beziehen sich auf den Erwerb der außerordentlichen bzw. der ordentlichen Mitgliedschaft; so auch in späteren Einträgen.

Bick, Josef (1880–1952) war 1923–1938 Generaldirektor der Österreichischen Nationalbibliothek. Wurde 1938 suspendiert und verhaftet. 1945–1949 wieder Generaldirektor der Nationalbibliothek (Hall et al. 2004; Hall u. Köstner 2006).

Bienenfeld, Franz Rudolf (1886–1961) war Rechtsanwalt und Publizist. Er verehrte Freud und besuchte als junger Mann dessen Vorlesungen; später gehörte er zu Freuds Tarockrunde. Unter dem Pseudonym Anton van Miller publizierte er 1936 das Buch *Deutsche und Juden* (1936). 1939 emigrierte er nach London, wo er zum Präsidenten der Jacob Ehrlich Society, der Vertretungsorganisation der emigrierten Juden Österreichs, gewählt wurde. Als Vorsitzender der Rechtsabteilung des World Jewish Congress begann er bereits 1944 mit dem Kampf um Restitution und Entschädigung, den er nach dem Krieg fortsetzte.

Birnbaum, Ferdinand (1892–1947) war zunächst Hauptschullehrer. Ab 1920 verschiedene Studien bis zum Dr. phil. 1937. Lernte 1920 Adler kennen, dessen Anhänger er wurde. Als sein Nachfolger Dozent am Pädagogischen Institut der Stadt Wien; rege Vortragstätigkeit. 1938 Mitglied des Deutschen Instituts. Wurde von der Gestapo einvernommen und beruflich zurückversetzt. Am 1. 10. 1945 suchte er bei der Vereinsbehörde um Reaktivierung des Vereins für Individualpsychologie an. Am 25. 11. 1946 kam es zur konstituierenden Generalversammlung, in der Birnbaum zum Obmannstellvertreter gewählt wurde (Gstach 2006; AiV).

Birstinger, Leopold (1903–1983) war ein in Wien lebender Maler und Grafiker.

Blanton, Smiley (1882–1966) war ein US-amerikanischer Psychiater und Psychoanalytiker. 1971 wurde das Tagebuch seiner Analyse bei Freud veröffentlicht.

Blos, Peter (1904–1997), in Karlsruhe geboren, absolvierte in Heidelberg eine Ausbildung zum Lehrer, anschließend Wanderjahre in Italien. 1925 kam er zum Biologiestudium nach Wien, wo er bei Eva Rosenfeld wohnte. Wurde auf ihre Empfehlung Hauslehrer des ältesten Sohnes von D. Burlingham und lernte A. Freud kennen. Als er im Frühjahr 1927 nach Deutschland zurückkehren wollte, schlug ihm Burlingham vor, die Leitung der neuzugründenden Hietzing-Schule zu übernehmen. Über seine Beziehungen zu A. Freud und Aichhorn schrieb Blos (Quelle wie Anm. 130 zu I.4.e; Original englisch): »Meine Einstellung zu Anna Freud war durch eine Mischung von Ehrfurcht und Reserve geprägt. Ich fragte sie kaum je um Rat, obwohl sie leicht zugänglich und fast immer bereit war zu helfen. Viel öfter sprach ich über Schulprobleme und auch Persönliches mit Aichhorn. Meine Beziehung zu ihm war natürlicher und mehr auf derselben Wellenlänge. [...] Eine Zeitlang las ich mit ihm Freud; es war eine Art von Unterricht. Er wusste, dass ich, indem ich mich zu seinem Geschöpf machte, der Notwendigkeit einer Analyse auzuweichen versuchte. Eines Tages [...] sagte er zu mir: ›Nun gibt es für Sie keinen andere Möglichkeit mehr, als in Analyse zu gehen; gehen Sie!‹ Ich wusste, dass er recht hatte, und ich ging.« Nach Schließung der Hietzing-Schule blieb Blos noch zwei Jahre in Wien. Er setzte seine Analyse bei Salomea Gutman (Isakower) fort und beendete sein Studium. 1934 ging er zunächst nach Schweden, wo er heiratete, und dann als Lehrer nach New Orleans; von dort kam er mit einem Forschungsprojekt zur Adoleszenz nach New York. Über die Ergebnisse dieses Projekts berichtete er in dem Buch *The Adolescent Personality* (1941). Blos war Mitglied der New York Psychoanalytic Society. Sein Buch über *Adoleszenz* (1962) gilt bis heute als ein Standardwerk zur Psychoanalyse Jugendlicher (Int. T. Aichhorn u. F. Früh, April 1996; Früh 1998; Perner 1993).

Blu(h)m, Kilian (1890–1950) war Mitglied der DPG. 1934–1941 lebte er in Tel Aviv, 1941 emigrierte er nach New York, wo er Mitglied der New York Psychoanalytic Society wurde (Kloocke 2002, S. 212).

Blum, Ernst (1892–1981) war ein Schweizer Psychoanalytiker. 2006 wurden die Protokolle seiner Analyse bei Freud veröffentlicht (Pohlen 2006).

Boehm, Felix (1881–1958) war Psychoanalytiker in Berlin. Wurde nach der Machtübernahme der Nazis Vorsitzender der DPG. 1938 wurde ihm die Erlaubnis zur Durchführung von Lehranalysen entzogen, er blieb aber u. a. Leiter der Abteilung »Katamnesen« an der Poliklinik des Deutschen Instituts. Machte nach 1945 die Annäherung an die IPV nicht mit; wurde 1950 nach Gründung der DPV Vorsitzender der DPG (Cocks 1997; Lockot 1985).

Bolterauer, Hedwig (geb. Fuchs) (1902–2001) wurde in Berlin geboren. Sie studierte Philosophie und Psychologie in Berlin und Wien; 1927 Dr. phil. 1929 Heirat mit Lambert Bolterauer. Nach einer entsprechenden Ausbildung als Bibliothekarin tätig. Ihre Analyse bei Aichhorn begann sie im Herbst 1941. Sie war Kandidatin des Deutschen Instituts und nahm an den von Aichhorn geleiteten Sitzungen der Wiener Arbeitsgemeinschaft des Instituts teil. 1946 Mitglied der WPV. H. Bolterauer arbeitete an der Child Guidance Clinic der WPV (siehe III.7.c) und besuchte Seminare bei A. Freud in London. 1954 wurde sie Lehranalytikerin (Int. T. Aichhorn, Mai 1998; C. Bolterauer 2001; AiV; A/M; K/K).

Bolterauer, Lambert (1903–2000) studierte in Wien Philosophie, Psychologie, Geschichte und Musik. Er wurde Mittelschullehrer und hielt Vorträge an Volkshochschulen, die z. T. von der Individualpsychologie Adlers beeinflusst waren. 1939 wurde er von einer Schülerin denunziert, weil er sich kritisch über den Krieg geäußert hatte.

Meldete sich zur Wehrmacht. Im Herbst 1940 Beginn einer Analyse bei Aichhorn; 1941 Mitglied des Deutschen Instituts. 1946 Mitglied der WPV, 1954 Lehranalytiker. Gründete 1950 mit Dworschak die August-Aichhorn-Gesellschaft, die Themen der Psychoanalyse in öffentlichen Vorträgen präsentierte, und 1952 als deren Außenstelle eine Beratungsstelle für Mittelschüler (Int. T. Aichhorn, Mai 1998; Bolterauer 1992, S. 63 ff.; Leupold-Löwenthal 1984; AiV; A/M).

Bonaparte, Marie (1882–1962) war eine Großnichte Napoleons, mit Prinz Georg von Griechenland verheiratet. Wurde nach ihrer Analyse bei Freud Psychoanalytikerin und eine seiner Vertrauten. Half 1938 bei der Emigration der Familie (Bertin 1989; BL/F).

Bonhoeffer, Karl (1868–1948) war von 1912 bis 1938 Ordinarius für Psychiatrie und Neurologie an der Berliner Charité.

Bornstein, Berta (1899–1971) war Fürsorgerin in Berlin, Arbeit mit schwererziehbaren Kindern. 1930/32 Mitglied der DPG, 1933 Emigration nach Wien, ab 1936 Lehr- und Kontrollanalytikerin der WPV. 1938 Emigration nach New York, wo sie »special member« der psychoanalytischen Vereinigung wurde. 1942–1960 Unterricht am psychoanalytischen Institut in New York (BL/F; BL/WPV; K/K).

Bovet, Lucien (1907–1951) war als Psychiater vor allem im Bereich der Kinder- und Jugendpsychiatrie tätig. Er war Lehrbeauftragter an der Universität Lausanne und am Institut Jean-Jacques Rousseau in Genf; Berater für die Weltgesundheitsorganisation (WHO). Bovet organisierte die Kurse der SEPEG in Lausanne (vgl. III.3.d und III.7.a).

Bowlby, John (1907–1990) war ein englischer Kinderpsychiater und Psychoanalytiker. Schuf auf der Grundlage von ethologischen und psychoanalytischen Ansätzen eine eigenständige »Bindungstheorie«.

Brunswick, Ruth Mack (1897–1946) wurde in Boston zum Dr. med. promoviert. Ging 1922 nach Wien, wo sie bei Freud eine Analyse machte und Mitglied der WPV wurde. 1938 kehrte sie in die USA zurück und wurde Lehranalytikerin der New York Psychoanalytic Society (BL/F; BL/WPV).

Bühler, Charlotte (geb. Malachowski) (1893–1974) war Professorin für Kinder- und Jugendpsychologie in Wien. 1938 Emigration in die USA (Benetka 1995; K/K).

Bühler, Karl (1879–1963) war 1922–1938 Professor für Psychologie und Leiter des Psychologischen Instituts der Universität Wien. Emigrierte 1938 mit seiner Frau über Oslo und London in die USA (Benetka 1995).

Burlingham, Dorothy Tiffany (1891–1979) stammte aus New York und kam 1925 mit ihren vier Kindern nach Wien, wo sie eine lebenslange Freundschaft mit Anna Freud schloss. 1932/34 Mitglied der WPV. Sie beteiligte sich an der Hietzing-Schule und an der Jackson Nursery (vgl. I.4.e; I.4.j). 1938 verließ sie Wien. Blieb in London eine der Hauptmitarbeiterinnen von A. Freud (Burlingham 1989; K/K).

Buschbeck, Ernst (1889–1963) war Kunsthistoriker. 1939–1946 Emigration nach England, 1949–1955 Direktor der Gemäldegalerie des Kunsthistorischen Museums in Wien.

Buxbaum, Edith (1902–1982) war eine der ersten Absolventinnen des Lehrinstituts der WPV. Arbeitete nach der Promotion in Geschichte (1925) als Gymnasiallehrerin. Teilnahme an dem von Anna Freud geleiteten kinderanalytischen Seminar. 1937 Emigration in die USA, wo sie als Nicht-Medizinerin Mitglied der New York Psychoanalytic Society wurde. Ab 1947 in Seattle (K/K; Kaufhold 2001).

Caruso, Igor A. (1914–1981) studierte Psychologie in Löwen, Belgien, lebte dann in Reval und ab Jänner 1942 in Wien, wo er von Februar bis Oktober 1942 in der »Kinderfachabteilung« der Wiener Fürsorgeanstalt Spiegelgrund arbeitete (vgl. u. a. Benetka u. Rudolph 2008; Frank-Rieser u. Steger 1988; List 2008). Nach 1945 distanzierte er sich von der wiedereröffneten WPV und gründete 1947 den Wiener Arbeitskreis für Tiefenpsychologie (jetzt: Wiener Arbeitskreis für Psychoanalyse). 1972 wurde er an die Universität Salzburg berufen (AiV).

Chladek, Rosalia (1905–1995) war Tänzerin und Tanzpädagogin. Sie unterrichtete ab 1925 am Hellerauer Institut in Laxenburg. Nach 1945 übernahm sie die Tanzausbildung am Konservatorium der Stadt Wien.

Cihlarz, Josefine (gest. 1925) war Anna Freuds Kindermädchen bis zum ersten Schuljahr. Wurde von ihr besonders geliebt (Young-Bruehl 1995, Bd. 1, S. 43).

Constantinides, Paris (geb. 1919) war ab 1941 Ausbildungskandidat der Wiener Arbeitsgemeinschaft des Deutschen Instituts; Lehrbehandlung bei Aichhorn. 1945 Auswanderung nach Kanada; wurde Professor für Psychiatrie an der Universität Vancouver (AiV).

Czettel, Ladislaus (1895–1949) war ein Analysand und Freund Aichhorns; Kostümbildner, Modeschöpfer und Maler. Aus Budapest nach Wien gekommen, arbeitete er für Theater und Film. 1935–1938 Lehrer am Wiener Reinhardt-Seminar. Emigration über London nach New York; im März 1949 Selbstmord. Von November 1945 an ist ein Briefwechsel Aichhorn–Czettel erhalten (NAA).

Delfiner, Henry (Heinrich) (geb. 1922) emigrierte 1938 in die USA. 1942–1946 in der US-Army, zuletzt als Intelligence Officer in Wien. War damals bei Aichhorn in Behandlung. Mit seiner Hilfe stellte dieser erste Verbindungen zu seinen Freunden in England und den USA her. Delfiner arbeitete dann im Herzmansky-Konzern seines Vaters. Später Professor für International Relations an verschiedenen Universitäten.

Deri, Francis (geb. Hertz) (1881–1971) studierte Psychologie und Soziologie. In Berlin gründete sie eine Fürsorgeorganisation, deren Direktorin sie elf Jahre lang war. Ab 1926 Ausbildung am BPI; wurde nie förmlich in die DPG aufgenommen (Fenichel 1998, S. 69). 1933 Emigration nach Prag, wo sie eine psychoanalytische Arbeitsgemeinschaft gründet; 1934 Mitglied der WPV. 1936 Übersiedlung nach Los Angeles. Ab 1946 Lehr- und Kontrollanalytikerin im Los Angeles Psychoanalytic Institute (BL/F).

Deutsch, Felix (1884–1964) studierte in Wien Medizin, habilitierte sich 1919 für Innere Medizin. 1922 Mitglied der WPV. Folgte 1935 seiner Familie in die Emigration nach Boston. Am 10. 3. 1946 schrieb er an A. Freud (AFP) unter Bezugnahme auf Hochrotherd: »Ich würde gerne einen Blick auf diesen Platz werfen, aber daraus wird kaum etwas werden, weil der eigene Widerstand dagegen zu groß ist. Die Nachrichten, die ich über das neue Österreich bekomme, sind nicht sehr einladend für einen Besuch.«

Deutsch, Helene (geb. Rosenbach) (1884–1982) schloss ihr Medizinstudium 1912 in Wien ab; im gleichen Jahr heiratete sie Felix Deutsch und wurde Assistenzärztin an der Psychiatrischen Universitätsklinik. 1918 Analyse bei Freud und Mitglied der WPV; ab 1925 Leiterin des Wiener Lehrinstituts; 1934 Emigration mit ihrem wegen politischer Aktivitäten gefährdeten Sohn in die USA, Niederlassung in Boston (Deutsch 1975; Roazen 1989; BL/WPV). Vor ihrem ersten Wiedersehen in den USA schrieb ihr A. Freud am 14. 2. 1950 (AFP): »[Ich sehe] Sie immer noch im weißen Ärztemantel bei der Vorlesung meines Vaters auf der Wagner-Jauregg Klinik und fühle den ganzen Respekt, und etwas Neid, für Ihre größere Erfahrung und solideres Wissen, mit dem Sie mir voraus sind, Vorsprünge, die man nie wirklich einholen kann. Ich spüre auch noch den Schock, den es mir gegeben hat, wie Sie sich entschlossen haben, Wien zu verlassen und meine innere Frage: ›Habe ich Sie weggetrieben?‹ Und was hätte ich anders machen müssen, um Sie zu halten? / Jedenfalls, ich freue mich ganz besonders darauf, Sie wiederzusehen.«

Dräger, Käthe (1900–1974) war zunächst Volksschullehrerin. 1936 Mitglied der DPG und des Deutschen Instituts. Nach 1945 zuerst in Ost-Berlin tätig, dann Erziehungsberaterin beim Jugendamt Berlin-Charlottenburg. 1950 beteiligt an der Gründung der DPV (Winkelmann 2007; BL/F).

Dworschak, Rosa (1896–1990) wurde in St. Peter (Steiermark) geboren. Ihr Vater war Militärkapellmeister, später Ministerialbeamter. Nach Abschluss der Handelsschule besuchte sie die Vereinigten Fachkurse für Volkspflege. Aus der Folgezeit berichtete sie (Int. E. Brainin, M. Grimm u. V. Ligeti, 10. 5. 1986; NRD): »Meine erste Begegnung mit Aichhorn war am 2. 1. 1917, da bin ich ins Jugendamt eingetreten. […] Dann hat er mir, wie Hollabrunn eröffnet worden ist, gesagt, entweder muß die Baderle-Hollstein oder ich mit hinaus kommen als Fürsorgeleiterin. Ich habe gesagt, nein […] und da ist die Trude Baderle gegangen.« Wiederbegegnung mit Aichhorn, als er 1923 seine Tätigkeit als Erziehungsberater in den Wiener Bezirksjugendämtern aufnahm. Dworschak besuchte die pädagogischen Kurse der WPV, lernte im Jugendamt A. Freud und D. Burlingham kennen und befreundete sich mit M. Mahler-Schönberger (umfangreicher Briefwechsel in NRD). Neben der Arbeit als Fürsorgerin studierte sie Komposition; sie hinterließ zahlreiche Kompositionen. Nach dem Zweiten Weltkrieg war sie eine der einflussreichsten Fürsorgerinnen/Therapeutinnen in Österreich; trat maßgeblich für die Modernisierung der Verwahrlostenbetreuung ein. Im Herbst 1945 begann sie, zusammen mit F. Aufreiter und Aichhorn, einen Einführungskurs in die Erziehungsberatung, aus dem das WS 1948/49 abgehaltene Seminar für Psychoanalytische Erziehungsberatung der WPV hervorging (T. Aichhorn 2001b). Mit H. Bolterauer baute sie die Erziehungsberatung der WPV auf. 1949 wurde sie Mitglied der WPV. Im selben Jahr schuf sie die erste öffentliche Wiener Child Guidance Clinic, das Institut für Erziehungshilfe, an dem sie bis 1962 als Erziehungsberaterin und Therapeutin für Kinder und Jugendliche tätig war. 1950 gründete sie mit L. Bolterauer die August-Aichhorn-Gesellschaft. Die Liste der veröffentlichten Arbeiten von Dworschak umfasst etwa 24 Titel, darunter das Buch *Der Verwahrloste und seine Helfer* (1969) (T. Aichhorn 2001; Brainin 2001; http://psyalpha.net/biografien; A/M A/M; K/K).

Ehlich, Hans (1901–1991) war ab 1937 Leiter der Abteilung Rasse und Volksgesundheit der SD-Hauptabteilung II. Einer der Koordinatoren der Vertreibungs- und Ansiedelungspolitik der SS in den besetzten polnischen Gebieten (Klee 2003).

Eissler, K. R. (Kurt Robert) (1908–1999) wurde in Wien als dritter von vier Brüdern geboren. Sein Vater, ein Holzindustrieller, wurde 1923 von einem Cousin erschossen (Weinzierl 2007, S. 109). Eissler studierte Kunstgeschichte und Psychologie; 1938 Promotion zum Dr. med. 1929 zur Erzieherausbildung in der WPV angenommen (KRE/AA, S. 11). Eissler ging in Analyse zu R. Sterba, besuchte Aichhorns Ausbildungsseminare und arbeitete an dessen Erziehungsberatungsstellen mit. Seine Analyse bei ihm dürfte 1932 begonnen haben. 1938 emigrierte er über die Schweiz und Paris in die USA, wo er sich zunächst in Chicago niederließ. 1944–1946 Psychiater bei der US-Armee, im Winter 1947 Übersiedlung nach New York. Berichtete in mehreren Arbeiten über seine Zusammenarbeit mit Aichhorn (ebd., S. 15). Eissler war der Begründer und über Jahrzehnte faktischer Leiter der Sigmund Freud Archives (jetzt LoC) (Fichtner 2009); er half Anna Freud, in den USA die für die Hampstead Clinic notwendigen finanziellen Mittel zu bekommen. Umfangreiche Auszüge aus seinem Briefwechsel mit Aichhorn 1945–1949 wurden veröffentlicht (KRE/AA) (vgl. Eickhoff 1999a, 1999b; Garcia 2000; Yorke 2000).

Eissler, Ruth (geb. Selke) (1906–1989) wurde in Odessa geboren. 1932 Promotion zum Dr. med. in Heidelberg. 1933 Emigration nach Wien, Beginn einer Lehranalyse bei Th. Reik, die sie bei R. Sterba und Aichhorn fortsetzte. 1936 Heirat mit K. R. Eissler, 1937 ao. Mitglied der WPV. 1938 Emigration in die USA, wo sie sich zunächst in Chicago niederließ. Sie arbeitete als Kinderpsychiaterin am Michael Reese Hospital und als Ärztin in einer Anstalt für delinquente Mädchen, eröffnete eine psychoanalytische Praxis und war Lehranalytikerin am Chicago Psychoanalytic Institute. Einer ihrer damaligen Analysanden war Kohut. 1948 Übersiedlung nach New York. 1950–1985 Mitherausgeberin der Zeitschrift *The Psychoanalytic Study of the Child*. Schrieb auch Gedichte (R. Eissler 1989) (BL/F; BL/WPV). Ihr umfangreicher Briefwechsel mit Aichhorn ist in NAA erhalten.

Eitingon, Max (1881–1943), Psychiater, arbeitete bei Bleuler in Zürich, 1910 Niederlassung in Berlin. Initiator der Berliner psychoanalytischen Poliklinik (gegr. 1920, erweitert zu einem Lehrinstitut 1923), die er weitgehend finanzierte. 1926–1932 Präsident der IPV. 1933 Emigration nach Jerusalem, wo er die Palästinensische Psychoanalytische Vereinigung gründete (Rolnik 2008a; Schröter 2004; F/E). Eitingon war mit Anna Freud gut befreundet; ihre zahlreichen Briefe an ihn liegen in AFP.

Engelmann (Engelman)*, Edmund* (1908–2000) studierte Photographie an der Technischen Hochschule in Wien. 1932 eröffnete er ein Photogeschäft. Im Mai 1938 beauftragte ihn Aichhorn, Freuds Wohnung in der Berggasse 19 zu photographieren (Engelman 1977; Werner 2002Werner 2002).

Eppel, Hedda (geb. Körner, verehel. Rattner) (1919–2004) emigrierte im Februar 1939 nach England, wo sie als Lehrerin, nach Kriegsende als freiwillige Betreuerin in einem Lager des Jewish Refugees Committee für ehemalige KZ-Kinder in Windemere arbeitete. Am 15. 6. 1946 schrieb sie an A. Freud, daß sie in Wien eine Ausbildung zur Psychoanalytikerin absolvieren wolle (AFP). Ende September 1946 kehrte sie nach Wien zurück und begann eine Analyse bei H. Aufreiter, die sie bei Jokl, dann bei Aichhorn fortsetzte. Sie arbeitete als Erziehungsberaterin und in einem Kindertherapieheim, schloss ihr Psychologiestudium ab und reiste regelmäßig nach London zur Fortbildung an der Hampstead Clinic. 1955/60 wurde sie Mitglied, 1970 Lehranalytikerin der WPV. 1961 Gründung einer kinderanalytischen Beratungsstelle u. a. m. (zahlreiche Gespräche mit T. Aichhorn; http://psyalpha.net/biografien; K/K).

Eppinger, Hans jun. (1880–1946) war ab 1933 Vorstand der I. Medizinischen Universitätsklinik in Wien. 1945 entlassen, wurde er im Zuge eines Prozesses wegen Menschenversuchen an Romas im KZ Dachau als Zeuge vor das Nürnberger Tribunal geladen. Er entzog sich der Ladung durch Selbstmord.

Erikson, E. H. (Erik Homburger) (1902–1994) besuchte in Karlsruhe und München die Kunstakademie und wurde durch Vermittlung von Blos Lehrer an der Hietzing Schule. Von A. Freud, deren Analysand er war, und Aichhorn in die Psychoanalyse eingeführt, wurde er 1933 in die WPV aufgenommen. Im selben Jahr ging er nach Boston, wo er, obwohl kein Mediziner, Mitglied der psychoanalytischen Vereinigung wurde und eine kinderanalytische Praxis eröffnete. 1939 übersiedelte er nach San Francisco (Erikson-Bloland 2007; Friedman 1999).

Fadenberger, Josefa und *Gustav* bewirtschafteten A. Freuds und D. Burlinghams Landsitz in Hochrotherd, den A. Freud ihnen nach 1945 zu schenken versuchte. Vor allem zu ihrer Tochter *Annerl* hatte A. Freud eine herzliche Beziehung (vgl. III.5.f. und III.7.g). Anna Freuds lebenslange Verbundenheit mit Josefa und Annerl bezeugt der in AFP erhaltene Briefwechsel.

Federn, Ernestine (geb. Spitzer) (1848–1930) war die Mutter Paul Federns. 1890 beteiligte sie sich an der Gründung und Leitung der Kunstschule für Frauen und Mädchen. Sie leitete die Mütterabende des Settlement, führte Beratungen durch und organisierte Vorträge und Veranstaltungen (Malleier 2003, 2005).

Federn, Ernst (1914–2007), der Sohn Paul Federns, studierte Rechts- und Staatswissenschaften. Seit 1934 im antifaschistischen Widerstand, wurde er 1938 von der Gestapo verhaftet und kam nach Dachau, dann nach Buchenwald (vgl. Kuschey 2003). Nach seiner Befreiung 1945 ging er zunächst nach Belgien, 1948 mit seiner Frau Hilde in die USA. Nachdem er bei Nunberg eine Analyse gemacht und in New York den Magister der Sozialarbeit erworben hatte, arbeitete er in Cleveland als Familientherapeut und Psychotherapeut. 1972 kehrte er nach Wien zurück, wo er in der Tradition Aichhorns als Psychotherapeut an Strafanstalten und mit Drogenabhängigen arbeitete (zahlreiche Gespräche mit T. Aichhorn; E. Federn 1999; Plänkers u. E. Federn 1994).

Federn, Paul (1871–1950), ein etablierter Internist, gehörte ab 1904 dem ersten Kreis der Wiener Freud-Schüler an. Er war Sozialdemokrat. Beteiligte sich an der Gründung des Ambulatoriums und des Lehrinstituts der WPV. Unter seinen Analysanden finden sich so unterschiedliche Männer wie Aichhorn und Reich, aber auch die Begründer der italienischen, finnischen, schwedischen, argentinischen und belgischen psychoanalytischen Vereinigung. 1924 wurde Federn zum Vizepräsidenten der WPV gewählt, eine Position, die er bis zu seiner Emigration innehatte. 1938 ging er über Schweden nach New York, wo er 1950, unheilbar an Krebs erkrankt, seinem Leben ein Ende setzte (Sterba 1985, S. 132 f.; BL/WPV).

Fellner, Kurt (1910–1973) war ein Freund August Aichhorns jun.; er war Aichhorns Hausarzt.

Fenichel, Hanna (geb. Heilborn) (1897–1972) war Sozialpädagogin, später promovierte sie im Fach Chemie. Anfang der 1930er Jahre Ausbildungskandidatin am BPI, 1933 Emigration nach Prag, 1938 Abschluss ihrer psychoanalytischen Ausbildung. Im selben Jahr Emigration nach Los Angeles, wo sie 1940 Otto Fenichel heiratete. Sie wurde Mitglied und Lehranalytikerin der Los Angeles Psychoanalytic Study Group (BL/F).

Fenichel, Otto (1897–1946) engagierte sich schon als Jugendlicher in der revolutionären Wiener Jugendbewegung und hörte Freuds Vorlesung. 1920 Mitglied der WPV, 1926 DPG. 1921 ging er nach Berlin, wo er 1925 Lehranalytiker wurde und ab 1929 einen Kreis linkspolitisch engagierter Analytiker um sich scharte. 1933 Emigration nach Norwegen, ab 1934 Abfassung seiner geheimen Rundbriefe für einen kleinen Kreis von Gleichgesinnten (Fenichel 1998). 1935 ging er nach Prag und bildete dort mit A. Reich, S. Bornstein und F. Deri eine der WPV angeschlossene psychoanalytische Arbeitsgemeinschaft. 1938 Emigration nach Los Angeles, wo er im Sommer 1946 überraschend starb (Mühlleitner 2008).

Ferenczi, Sándor (1873–1933) war Neurologe in Budapest. Wurde ab 1908 Freuds persönlicher Freund und einer seiner engsten Mitarbeiter. Begründer der Ungarischen Psychoanalytischen Vereinigung (Freud u. Ferenczi 1993-2005).

Fleischmann, Otto (1896–1963) wurde in Mór, Ungarn, geboren. Studium der Philosophie in Wien, 1936 von der WPV als Kandidat akzeptiert. Seine erste Analytikerin war A. Freud; danach übernahm ihn Aichhorn. Im Frühjahr 1939 Emigration nach Budapest, wo er Mitglied der Vereinigung und 1942 Lehranalytiker wurde. 1946 nach Wien zurückgekehrt, wurde er Aichhorns wichtigster Mitarbeiter. Dieser bestätigte am 20. 11. 1948 (NOF), dass Fleischmann »seit der Wiederaufrichtung der Vereinigung im April 1946 Direktor des Wiener Psychoanalytischen Institutes ist und als Lehranalytiker die gesamte praktische und theoretische Ausbildung der

Studenten leitet und durchführt«. Am 7. 3. 1949 schrieb er an Fleischmanns Mutter (NAA): »Mir geht es recht gut, durch die Hilfe, die ich von Otto bekomme. Ich wüsste ohne ihn nicht, die Vereinigung zu führen. Er ist mir nicht nur ein lieber Freund, sondern wirklich meine einzige Stütze. Seit er hier ist, bin ich auch viel ruhiger, da ich weiß, daß er nach mir die Vereinigung halten und führen wird.« Die letztere Hoffnung zerschlug sich. Fleischmann folgte 1950 einer Einladung an die Menninger Klinik in Topeka (T. Aichhorn 2006a). 1964 erschien das von ihm mitherausgegebene Buch *Delinquency and Child Guidance. Selected Papers by August Aichhorn*.

Fleischmann, Trude (1895–1990) war Photographin. 1920 eröffnete sie ein Atelier. 1939 emigrierte sie über London nach New York, wo sie ab 1940 ein Atelier für Mode und Porträtfotografie eröffnete, das sie bis 1969 führte. Ein von ihr angefertigtes Porträtfoto Aichhorns ist erhalten (Holzer et al. 2011).

Frank, Walter (1905–1945) war in der Nazizeit Präsident des Reichsinstituts für Geschichte des Neuen Deutschlands in Berlin (Klee 2003).

Frankl, Liselotte (1910–1988) war Assistentin Ch. Bühlers und besuchte die Vorlesungen A. Freuds. 1938 emigrierte sie nach England, wo sie auf Anraten von Jones Medizin studierte (an AA, 21. 3. 1948; NAA). Sie setzte ihre psychoanalytische Ausbildung in London fort, wurde Mitglied und Lehranalytikerin der BPS und arbeitete an der Hampstead Child Therapy Clinic. In einem Brief an sie anlässlich seines 70. Geburtstags erinnerte sich Aichhorn (29. 7. 1948: NAA) an seine frühere Wohnung in der Schönbrunnerstraße und an den nahegelegenen St.-Johann-Park (heute: Bruno-Kreisky-Park), in dem Frankls Mutter mit ihrer Tochter und seine Frau »mit Gustl« oft zusammen waren (BL/F).

Freud, Anton Walter (1921–2004) war der Sohn Martin Freuds. Er emigrierte mit seinem Vater nach London und ging 1941 in die britische Armee, wo er mit Operationen hinter den feindlichen Linien betraut wurde. Nach dem Krieg wirkte er in der War Crimes Commission mit. Im September 1946 aus der Armee entlassen, wurde er Chemieingenieur (Fry 2009).

Freud, Ernst (1892–1970), Sohn dritter Freuds, studierte in Wien und München Architektur (1912/1913 Privatschüler von Adolf Loos). Im Dezember 1919 Übersiedlung nach Berlin, 1933 Emigration nach London. Betätigte sich nach 1945 zunehmend als literarischer Agent für das Werk seines Vaters und als Herausgeber seiner Briefe (Freud 2010, S. 257 ff.).

Freud, Harry (1909–1968) war der Sohn von Freuds Bruder Alexander. Er erwarb 1933 an der Universität Wien ein Jus-Doktorat und arbeitete in der Folge bei seinem Vater. 1938 Emigration in die USA. Im Herbst 1945 als Mitglied der alliierten Militärregierung in Österreich.

Freud, Martha (geb. Bernays) (1861–1951), Freuds Frau (Behling 2002; Freud u. Bernays 2011).

Freud, Martin (Jean Martin) (1889–1967) war der älteste Sohn Freuds. Wurde Jurist und übernahm 1932 die Leitung des Internationalen Psychoanalytischen Verlags. 1938 Emigration nach London (M. Freud 1999; Freud 2010, S. 103 ff.).

Freud, W. Ernest (Ernst Wolfgang Halberstadt) (1914–2008) war der ältere Sohn von Freuds Tochter Sophie. Blieb nach dem Tod seiner Mutter (1920) zunächst beim Vater in Hamburg; kam nach dessen Wiederverheiratung nach Wien in die Obhut von A. Freud; Schüler der Hietzing-Schule. 1938 Emigration nach London, wurde Psychoanalytiker (S. u. A. Freud 2006; Freud 2010, S. 460).

Freund, Anton v. (Antal Freund v. Tószeg oder Tószeghi) (1880–1920) wurde in Budapest geboren. Erwarb den Dr. phil. sowie ein Bierbrauerdiplom, um (mit seinem Bruder) die Leitung des Familienunternehmens, einer Bierbrauerei, zu übernehmen. Seine Schwester Kata war mit Lajos Lévy verheiratet. An Krebs erkrankt, machte er 1918/19 eine Analyse bei Freud. Er engagierte sich für die Psychoanalyse, richtete eine Stiftung ein, aus deren Mitteln der psychoanalytische Verlag gegründet wurde, und wurde 1918 Sekretär der IPV (Huppke u. Schröter 2011).

Freund, Emil v. (gest. 1949) leitete nach dem Tod seines Bruders Anton die Brauerei der Familie. Nach seinem Tod schrieb A. Freud am 25. 5. 1949 an Kata Lévy, bezugnehmend auf ihren Besuch im Hause v. Freund im Sommer 1918 (AFP): »Die Nachricht von Emils Tod hat mir sehr leid getan. Ich erinnere ihn so sehr gut im Zusammenhang mit den schönen Budapester Zeiten, als jungen Mann und voll von Tatkraft und Energie. Du erinnerst Dich doch noch an die beiden Schornsteine, den fleissigen mit dem vielen Rauch und den weniger fleissigen mit wenig Rauch? Das sollten damals Toni [Anton] und Emil sein. Es ist merkwürdig, wie so ein dummer Spass eine Deckerinnerung für ein ganzes Stück Leben wird.«

Freund, Erzsébet (Elisabeth, Ersci, Erzsi) (1916–1989) war eine Tochter Anton v. Freunds aus seiner zweiten Ehe mit Rózsi Bródy.

Freund, Ferdinand (1893-1960) war ein sozialdemokratischer Politiker. Als Stadtrat für das Wohlfahrtswesen (1946 bis 1949) setzte er sich besonders für die Jugendwohlfahrt ein.

Fried, Franziska war eine Mitarbeiterin von Otto Kauders. Siehe Wiener Rathauskorrespondenz, 14. 10. 1949: »Die durch Initiative von Dr. Franziska Fried [...] in London gegründete Wohltätigkeitsorganisation RAYAC (Rehabilitation of Asocial Youth in Austria Committee) [siehe III.3.e] hat in den letzten Monaten eine besonders rege Tätigkeit entwickelt. Die englischen Helfer haben sich um die Wiener Kindergärten und Erziehungsanstalten verdient gemacht, in dem sie große Mengen von Spielzeugen, hochwertige Maschinen und Werkzeuge sowie Textilmaterialien gesammelt haben. / Die erste Spende konnte bereits an mehrere Anstalten und Kinderheime verteilt werden« (mit Dank an H. Schaukal-Kappus).

Friedjung, Josef Karl (1871–1946) war Kinderarzt und Sozialdemokrat. 1909 Mitglied der WPV; nach 1918 rege politische Tätigkeit. 1938 Emigration nach Palästina (Gröger 1992a; BL/WPV).

Friedlander, Kate (Käthe Friedländer) (geb. Frankl) (1902–1949) studierte in Innsbruck und Berlin Medizin; Promotion 1926. Beginn der Ausbildung am BPI; 1933 ao. Mitglied der DPG. Im selben Jahr Emigration nach London; Mitglied der BPS. Sie lehnte die Ideen Melanie Kleins ab und gab nach dem Krieg den Anstoß zur Gründung des Hampstead Child Therapy Course, wo sie unterrichtete und als Lehranalytikerin tätig war. Ihr Hauptinteresse galt der Jugendkriminalität (Hauptwerk: *The Psycho-Analytical Approach to Juvenile Delinquency*, 1947), wobei sie an Aichhorns Arbeit anknüpfte (BL/F; K/K).

Friedmann, Oscar (1903–1958) war Lehrer und Sozialarbeiter. 1938 kam er mit einem Transport von Kindern und Jugendlichen aus Berlin nach England. Er leitete das Heim in Windermere, wo aus dem KZ gerettete Kinder und Jugendliche betreut wurden. 1956 wurde er Mitglied der BPS; beteiligte sich an der Hampstead Child Therapy Clinic (Winnicott 1959).

Furtmüller, Aline (geb. Klatschko) (1883–1941) gehörte von 1919 bis 1934 dem Wiener Gemeinderat an und war in der Bildungsbewegung aktiv.

Gebsattel, Emil Viktor v. (1883–1976) studierte zunächst Philosophie, dann Medizin. 1908 Bekanntschaft mit Rilke, 1911 Mit-Begründer der IPV-Ortsgruppe München. 1926 Gründung einer Privatklinik in Mecklenburg; 1939 Umzug nach Berlin, wo er am Deutschen Institut mitarbeitete. Anfang 1944 kam er nach Wien, wo er die Leitung der Arbeitsgemeinschaft des »Göring-Instituts« übernahm. Nach Kriegsende Privatpraxis in Überlingen und Badenweiler; ab 1949 Honorarprofessor in Würzburg (Minden 2011; Scheible 2003).

Genner, Tea (geb. Erdheim) (1906–1977) promovierte 1932 in Wien zum Dr. med. Sie spezialisierte sich auf Psychiatrie und Neurologie und begann eine psychoanalytische Ausbildung bei Hitschmann und Lampl-de Groot. Obwohl sie als »Mischling« galt, lehnte sie 1938 ein Affidavit für die USA ab. 1938–1941 Arbeit in der Privatpraxis, 1941–1944 zur Übernahme einer Allgemeinpraxis verpflichtet (Erdheim 2006). Sie gehörte nach 1938 der Gruppe um Aichhorn nicht an, wurde aber 1946 sogleich Mitglied der wiederbegründeten WPV. 1954 Lehranalytikerin (Rosdolsky 2009; A/M; K/K).

Glaser, Ernst (geb. 1912) war Historiker, Schriftsteller und Sachbuchautor. Zunächst Lehrer für Deutsch und Geschichte. 1949–1954 Bildungsreferent der Wiener Arbeitskammer, 1954–1975 Landesntendant des ORF-Studios Wien.

Glover, Edward (1888–1972) war Psychiater, 1920/21 Ausbildung in Berlin mit Analyse bei Abraham. 1921 Mitglied der BPS. Trat 1944 aus Protest gegen M. Klein aus der Vereinigung aus (Roazen 2000).

Goldberger, Alice (1888–1986) stammte aus Berlin, 1939 Emigration nach England. Besuchte den ersten Ausbildungskurs der Hampstead Child Therapy Clinic. Nach Kriegsende Betreuung von ehemaligen KZ-Kindern (Friedmann 1986).

Goldman, Salome (Salka) (1870–1942) war Pädagogin. 1903 gründete sie das »Cottage-Lyzeum« in Wien, das sie 1921 wegen finanzieller Schwierigkeiten schließen musste.

Göring, Mathias Heinrich (1879–1945), ein Vetter Hermann Görings, eröffnete 1923 eine neurologische Praxis in Wuppertal-Elberfeld. 1929 begründete er nach einer individualpsychologisch ausgerichteten Lehranalyse eine Erziehungsberatungsstelle. Trat der NSDAP bei und wurde 1933 Vorsitzender der neugeschaffenen Deutschen Allgemeinen Ärztlichen Gesellschaft für Psychotherapie. 1936 Übersiedlung nach Berlin, Gründung des Deutschen Instituts für psychologische Forschung und Psychotherapie, das eine »Deutsche Seelenheilkunde« entwickeln und der Etablierung der Psychotherapie als Beruf dienen sollte (Cocks 1997; Lockot 1985).

Graber, Gustav Hans (1893–1982) war ein Schweizer Pädagoge. Er eröffnete 1929 eine psychoanalytische Praxis in Stuttgart und wurde 1932/33 Mitglied der DPG. 1941–1943 am Stuttgarter Institut für psychologische Forschung und Psychotherapie tätig; 1943 Rückkehr nach Bern (Eichenberger 2005; Schröter 2000).

Greenacre, Phyllis (geb. Thomas) (1894–1989) war Medizinerin. 1932 begann sie eine psychoanalytische Ausbildung am New York Psychoanalytic Institute. Ihre Analytiker waren Fritz Wittels und Edith Jacobson. 1937 wurde sie Mitglied, 1942 Lehranalytikerin und von 1948 bis 1950 war sie Direktorin des New Yorker Instituts, von 1956 bis 1957 dessen Präsidentin. Außerdem war sie Vizepräsidentin und später Ehrenpräsidentin der IPV und gehörte seit 1945 der Redaktion der Zeitschrift *The Psychoanalytic Study of the Child* an (BL/F).

Grün, Anna (1889–1962) war Volksschullehrerin und Fürsorgerin. 1918 beteiligt an der Gründung der KPÖ; ab 1924 im Zentralkomitee und im Politbüro. 1926 ging sie nach Berlin, 1933 emigriert sie über die Schweiz nach Paris. Nach der Besetzung Frankreichs durch die deutsche Wehrmacht engagierte sie sich in der französischen Resistance; 1944 von der Gestapo verhaftet. Nach 1945 arbeitete sie als Polizeifürsorgerin in Wien.

Haberl, Ernst (geb. 1905) war Bautechniker. Zu seinem Prozess als Jugendlicher siehe 2AF (T. Aichhorn i. V./b).

Hacker, Friedrich (Frederick) (1914–1989) emigrierte 1938 in die Schweiz, wo er sein in Wien begonnenes Medizinstudium abschloss, und 1940 in die USA. 1945 Gründung der Hacker Psychiatric Clinic in Beverly Hills und der Hacker Foundation. 1968 gründete er mit A. Freuds Unterstützung in Wien die Sigmund Freud Gesellschaft, deren erster Präsident er wurde. In den Sommern 1948 und 1949 war er in Behandlung bei Aichhorn. Dieser schrieb am 24. 6. 1949 an Eissler (NAA): »Dr. Hacker kam auch recht verschüchtert her. Er reiste vorwiegend deswegen nach Wien, weil er wieder, wie im Vorjahr, ein Stück Analyse machen wollte. / Nun rieten mir die behandelnden Ärzte, ich soll eine Analysestunde im Tag halten, damit ich von der Beschäftigung mit der eigenen Person, der ich mich nun schon seit Wochen widme, etwas los komme. Sie haben recht; – die eine Stunde tagtäglich strengt mich wirklich nicht an und ist ein ausgezeichnetes Ablenkungsmittel.« Am 16. 7. bedankte sich Hacker bei Aichhorn (ebd.) »fuer all die Muehe, die Sie sich wiederum mit mir genommen haben, es ist beinahe unnoetig zu betonen, dass auch diesmal das arbeiten mit Ihnen ein wunderbares und einmaliges Erlebnis war, fuer das ich niemals aufhoeren werde, dem Schicksal und Ihnen dankbar zu sein«.

Hamburger, Franz (1874–1954) war Kinderarzt und 1917–1930 Universitätsprofessor in Graz, 1930–1938 in Wien. Blieb auch nach der Emeritierung Leiter der Universitätskinderklinik. Federn berichtete im August 1932 an Eitingon (NME) von einer Tagung, bei der Hamburger festgestellt habe, er könne nach 20-jähriger gewissenhafter Prüfung vor der Psychoanalyse nur warnen; die beste Methode der seelischen Prophylaxe sei die christliche Erziehung. Hamburger war Mitglied der NSDAP und des NS-Ärztebundes. 1945 wurde er suspendiert und zog sich in die Privatpraxis zurück (Seidler 2005; Hubenstorf 2005).

Hartmann, Heinz (1894–1970) studierte Medizin; Assistenzarzt an der Wiener Neurologisch-Psychiatrischen Klinik. Er war Analysand Freuds, Mitglied und Lehranalytiker der WPV. 1933–1941 Mitherausgeber der *Internationalen Zeitschrift für Psychoanalyse*. Mit A. Freud und E. Kris begründete er 1945 *The Psychoanalytic Study of the Child*. Gilt als Schöpfer der Ich-Psychologie (BL/WPV).

Hawkins, Mary O'Neil (1897–1983) machte nach dem Medizinstudium in New York eine Psychoanalyse bei Fritz Wittels und ging 1933 nach Wien, um ihre analytische Ausbildung zu vervollständigen. Sie beteiligte sich an der Übersetzung von Aichhorns *Verwahrloster Jugend* ins Englische und nahm am kinderanalytischen Seminar A. Freuds teil. 1937 ao. Mitglied der WPV. 1940 kehrte sie in die USA zurück, zuerst nach Topeka, dann nach New York (BL/WPV).

Healy, William (1869–1963) schuf 1909 in Chicago die erste Child Guidance Clinic. Damit begründete er die wissenschaftliche Erforschung der Delinquenz von Jugendlichen.

Heigl, Paul (1887–1945) war 1938–1945 Direktor der Wiener Nationalbibliothek, die er im Geist des NS-Regimes leitete (Adunka 2002; Hall u. Köstner 2006).

Heimann, Paula (geb. Glatzko) (1899–1982) war Psychiaterin, promovierte 1926 in Heidelberg. 1928–1932 psychoanalytische Ausbildung in Berlin. 1933 Emigration nach London, wo sie Mitglied der BPS wurde. Wurde eine enge Vertraute von M. Klein, bis sie sich ab 1949 mit ihr überwarf (BL/F).

Heller, Peter (1920–1998) entstammte der Familie Heller, Inhaber der gleichnamigen Wiener Süßwarenfabrik. 1929–1932 Analyse bei A. Freud, gleichzeitig Besuch der Hietzing-Schule. 1938 Emigration nach London. Studium der Germanistik und Komparatistik in Montreal und New York. 1944 Heirat mit Katrina (Tinky) Burlingham, 1951 mit Christiane Menzel. Verschiedene Positionen als Hochschullehrer, zuletzt an der Universität in Buffalo (nach zahlreichen Gesprächen mit T. Aichhorn).

Hermann, Annie nahm 1931–1934 an A. Freuds Seminar für die Lehrer der Wiener Montessori Schule teil. 1933–1937 besuchte sie die Ausbildung für Pädagogen der WPV und arbeitete in der Jackson Nursery. 1938 Emigration nach Indien. Am 30. 9. 1949 schrieb A. Freud an M. Kris (AFP): »Ich weiss nicht, ob Du die Ueberbringerin dieses Briefes, Anny Hermann aus Wien, kennst. Sie hat in der Montessori Schule gearbeitet und dann im letzten Wiener Jahr bei uns in der Krippe. Später hat sie in Indien Montessori Methode unterrichtet. Sie ist ausgezeichnet mit Kindern, sehr gut im Unterricht von Kindergärtnerinnen und hat den großen Wunsch, besonders mit schwierigen Kindern in analytischer Richtung zu arbeiten. Sie hat ein Stück Analyse gemacht und seinerzeit den analytisch-pädagogischen Kurs in Wien. / Sie sieht so bescheiden aus, dass man ihr nicht gleich anmerkt, wie viel sie kann.« Herrmann hat später an verschiedenen Institutionen in den USA gearbeitet. 1956 half sie während eines sechsmonatigen London-Aufenthalts, den Kindergarten der Hampstead Clinic nach dem Vorbild der Jackson Nursery einzurichten. Sie kam noch mehrere Male nach London, um dort mitzuarbeiten (Theres Aichhorn 1997, S. 38).

Hermann, Imre (1889–1984) zählt zu den hervorragenden Vertretern der ungarischen psychoanalytischen Schule. Über alle politischen Wechsel hinweg gelang es ihm, die Tradition der Psychoanalyse in Budapest aufrechtzuerhalten. Vor allem bekannt durch seine Theorie von einem Anklammerungstrieb.

Hitschmann, Eduard (1871–1957) war ein erfolgreicher Internist, als er sich 1905 dem Wiener Kreis um Freud anschloss. 1922 eröffnete er das Ambulatorium der WPV, später spielte er im Lehrausschuss eine wichtige Rolle. 1938 emigrierte er in die USA und ließ sich in Boston nieder (BL/WPV).

Hörbart, Lehrer A. Freuds; nicht ermittelt.

Hoffer, Willi (1897–1967) studierte zunächst Veterinärmedizin, dann Biologie und Psychologie. 1922 schloss er das Studium ab; ein Medizinstudium folgte bis 1929. Kannte Bernfeld aus der zionistischen Jugendbewegung, wurde sein Mitarbeiter im Kinderheim Baumgarten (Hoffer 1965). Sein Interesse für die Psychoanalyse entstand im Kontakt mit Bernfeld. Nach Beendigung seiner Analyse eröffnete er eine Praxis als Heilpädagoge und spezialisierte sich auf die Behandlung Jugendlicher. 1923 Mitglied der WPV; 1927 Kurse für Lehrer, Fürsorger und Kindergärtner mit Aichhorn und H. Hoffer-Schaxel, die er 1933 heiratete. Er sagt über sich (OHC, S. 79; Original englisch): »Bis 1947, von 1923 an, war ich mehr oder weniger rückhaltlos damit beschäftigt, Anna Freud, Bernfeld und Aichhorn zu unterstützen, das heißt ihre Ideen aufzugreifen und bei ihrer Umsetzung zu helfen.« 1932–1938 Mitarbeit in der Erziehungsberatungsstelle und der Pädagogenausbildung der WPV (T. Aichhorn 2004); ab 1934 Schriftleiter der *Zeitschrift für Psychoanalytische Pädagogik*, später Mitherausgeber von *The Psychoanalytic Study of the Child*. 1938 emigrierte Hoffer nach London, wo er Mitglied und Lehranalytiker der BPS wurde und als beratender Arzt an der Hampstead Clinic tätig war. 1947/48 Mitherausgeber, 1949–1959 alleiniger Herausgeber des *International Journal of Psychoanalysis* (OHC; BL/WPV).

Hoffer-Schaxel, Hedwig (geb. Schulmann) (1888–1961) wurde in München geboren. Sie absolvierte eine Lehrerausbildung. 1924 Umzug nach Wien. Sie war eine der ersten Ausbildungskandidatinnen der WPV, mit Lehranalyse bei A. Freud; interessierte sich besonders für die psychoanalytische Pädagogik. 1938 emigrierte sie mit ihrem zweiten Mann, Willi Hoffer, nach London und wurde Mitglied und Lehranalytikerin der BPS (BL/F; BL/WPV).

Hoffmann, Ernst Paul (1891–1944) begann 1922 seine analytische Ausbildung und wurde 1931 Mitglied der WPV. Als er sich entschlossen hatte, von Wien nach Belgien überzusiedeln, schrieb Freud am 21. 6. 1937 an Federn (SFP): »Ich schicke Ihnen hiemit das Zeugnis für Dr. Hoffmann, unterschrieben aber nicht gern unterschrieben. Entscheidend dafür war die Erwägung, daß darin nichts enthalten ist, was nicht den Tatsachen entspricht. Dagegen stand dies mir zugetragene Urteil, daß Dr. H. nicht gerade die Person ist, die man als Vertreter in ein neues Land delegieren wollte. Ich bitte Sie Herrn Dr. H. mitzuteilen, daß wir erwarten, er werde dies Zeugnis nur zur Erwerbung der Arbeitsbewilligung verwenden.« Hoffmann wurde 1940 in Brüssel nach dem Einmarsch deutscher Truppen verhaftet und in ein Internierungslager nach Südfrankreich gebracht. 1942 kam er frei und konnte in die Schweiz flüchten, wo er im Dezember 1944 an den Folgen einer Magenoperation starb (Coddens 2008, S. 48 ff.; Heenen-Wolff 2010).

Hoffmann, Walther (geb. 1908) war Marineassistenzarzt, Mitglied der NSDAP, des NS-Ärztebundes und seit 1938 des Deutschen Instituts. Unter Kogerers Leitung arbeitete er ab 1939 als Psychotherapeut (AiV).

Hollitscher, Mathilde (geb. Freud) (1887–1978) war Freuds älteste Tochter. Sie war kinderlos verheiratet (Freud 2010, S. 25 ff.; Gödde 2003).

Hollitscher, Walter (1911–1986) studierte Philosophie, Biologie, Medizin und Psychologie. 1936 wurde er als Kandidat der WPV angenommen; 1938 Emigration nach England. Er beendete dort die Ausbildung zum Analytiker und wurde 1942/43 Mitglied der BPS (Hoffer an AA, 3. 2. 1946; NAA). 1946 kehrte er zurück nach Wien, wo er hauptsächlich im Rahmen der KPÖ politisch tätig war; 1947 Austritt aus der WPV. 1949–1953 Professor für Logik und Erkenntnistheorie an der Humboldt-Universität (Berlin/DDR). Später wieder in Wien, ab 1966 Gastprofessor in Leipzig (T. Aichhorn 2006a; Bernhardt u. Lockot 2000). In Eisslers Buch *Medical Orthodoxy and the Future of Psychoanalysis* (1965) findet sich eine eingehende Auseinandersetzung mit Hollitschers wissenschaftlicher Karriere.

Hollós, István (1872–1957) war 1913 an der Gründung der Budapester Psychoanalytischen Vereinigung beteiligt. 1918 in Analyse bei Freud und in Kontrolle bei Paul Federn, der wie er an der Arbeit mit psychotischen Patienten interessiert war. 1933–1939 war er Präsident der Ungarischen Vereinigung.

Honay, Karl (1891–1959) war ab 1933 Stadtrat für Wohlfahrts- und Gesundheitswesen. 1934 wurde er verhaftet, kam wieder frei und betätigte sich weiter für die nun illegalen Sozialdemokraten. 1939/40 in Buchenwald, 1944/45 in Dachau. Nach 1945 im Wiener Gemeinderat; Finanzstadtrat. Ab 1947 Vizebürgermeister.

Huebsch, Ben W. (1876-1964) brachte in seinem Verlag – und in der 1925 mit diesem vereinigten Viking Press – vor allem Bücher deutschsprachiger Schriftsteller heraus.

Hug-Hellmuth, Hermine (1871–1924) promovierte 1910 mit einem physikalischen Thema. Wurde 1913 Mitglied der WPV; gilt als die erste Kinderanalytikerin. Sie hielt pädagogische Vorträge im Rahmen des Ambulatorium der WPV und leitete ab 1923 die erste Erziehungsberatungsstelle der WPV (Dokumente in AFML). Fälschte das *Tagebuch eines halbwüchsigen Mädchens* (1919); wurde von ihrem 18-jährigen Neffen Rudolf/Rolf Hug ermordet. Nach einem Vortrag Aichhorns schrieb sie ihm 1923 (o. D.; NAA): »Sie haben in mein persönliches Erleben tief eingegriffen, denn ich stehe mitten in der Bewältigung eines solchen Falles, an dem ich trotz aller p[sycho]a[nalytischen] Erkenntnis manchmal fast verzweifle, wahrscheinlich weil man das Messer, das ins eigene Fleisch schneidet anders empfindet, als wenn man an fremdem Leib operiert. Ich habe seit dem Tode meiner Schwester deren Sohn in meinem Haus und trachte aus ihm einen tüchtigen, brauchbaren Menschen zu machen. Manchmal will es mir scheinen vergeblich. Wir sind ja in der ΨA alle der Überzeugung, dass [?] eigenes Kind nicht selbst analysiert.« Aichhorn lehnte später eine von Rolf Hug gewünschte Behandlung ab (Graf-Nold 1988; Israëls 2006, S. 131–137; BL/WPV).

Hurdes, Felix (1901-1974) war Rechtsanwalt, Politiker und Mitbegründer der ÖVP. 1945–1952 Unterrichtsminister, 1953–1959 Nationalratspräsident.

Idelsohn, David (gest. 1954) war ein mit Bernfeld befreundeter Pädagoge. 1929–1930 reiste er nach Wien und Berlin und besuchte psychoanalytische Lehrkurse. Er lebte später in Tel Aviv und arbeitete in einem Heim für verwahrloste Jugendliche. Ab 1939 war er Mitglied der Palästinensischen Psychoanalytischen Vereinigung (Kloocke 2002, S. 217).

Ikonomu, Polynikis Th. (geb. 1916) wurde in Griechenland geboren. Er studierte in Deutschland Medizin, 1943 kam er nach Wien, wo er als Ausbildungskandidat des

Deutschen Instituts zugelassen wurde. Aichhorn übernahm die Lehrbehandlung. Über sein späteres Lebensschicksal war bisher nichts herauszufinden (AiV).

Indra, Alfred (1894–1964) war Anwalt. 1938 vertrat er nicht nur Freud, sondern z. B. auch die Familie Wittgenstein (Waugh 2009). Am 4. 10. 1946 berichtete er Anna Freud (AFP), dass eine ägyptische Kette, die sie seiner Frau geschenkt hatte, sowie zwei Nephritvasen, »die ich als Andenken an Ihren großen Vater besonders hochhielt«, den Krieg überstanden hätten, und fuhr fort: »Erinnern Sie sich noch, wie Sie bei meinem [Ms.: Ihrem] letzten Besuch in London den Wunsch äußerten, es möge eine Sintflut kommen? Er ist Ihnen erfüllt worden und ich weiß nicht, ob ich mich freuen oder es bedauern soll, mit in die Arche gekommen zu sein und alles überstanden zu haben.« A. Freud antwortete am 15. 10. (ebd.): »An meinen Wunsch nach einer Sintflut habe ich mich nicht mehr erinnert. Aber ich werde in Zukunft vorsichtiger mit meinen Wünschen sein, wenn sie die Neigung zeigen, auf solche Art in Erfüllung zu gehen. Ich erinnere mich nur, dass zur Zeit Ihres Besuches mein Vater schon sehr krank war und kann mir sehr gut denken, dass jede Art von Weltuntergang mir zu dieser Zeit nur willkommen war.«

Isaacs, Susan (1885–1948) war Erzieherin und Psychoanalytikerin. 1921 Analyse bei Rank in Wien, danach ao., 1923 o. Mitglied der BPS. In den Freud/Klein-Kontroversen war sie eine der wichtigsten Vertreterinnen der kleinianischen Richtung (Graham 2009).

Isakower, Otto (1899–1972) war Mitglied der WPV, 1935 im erweiterten Lehrausschuss. 1938 Emigration nach England (Liverpool), wo er sich an der Herausgabe von Freuds *Gesammelten Werken* beteiligte; 1940 in die USA. 1943 Mitglied der New York Psychoanalytic Society (Kirsner 2000, S. 30 ff.; BL/WPV).

Jackson, Edith Banfield (1895–1975) war 1930–1936 bei Freud in Analyse; Aichhorn war einer ihrer Kontrollanalytiker. Sie finanzierte die Gründung und Unterhaltung der Jackson Day Nursery. 1936 verließ sie Wien; sie erhielt eine Professur an der Yale Medical School of Medicin. Besuchte wiederholt die Hampstead Clinic in London (Lynn 2003; BL/F).

Jalkotzy, Alois (1892–1987) war Pädagoge und Volksbildner. In den 1920er Jahren hatte er zusammen mit A. Tesarek Anna Freud zu den Vorträgen vor Horterziehern der Stadt Wien eingeladen, aus denen ihr Buch *Einführung in die Psychoanalyse für Pädagogen* (1930) hervorging. 1979 sagte A. Freud bei einer Festveranstaltung der Stadt Wien (1979, S. 2891 f.): »Wenn ich heute über den Plan eines auf psychoanalytische Einsicht gegründeten Kindergartens spreche, so ist die Aufgabe nicht neu für mich, setzt nur Bemühungen fort, die etwa 50 Jahre zurückliegen. Wien war schon damals in den Einrichtungen für die nächste Generation anderen europäischen Ländern weit voraus. […] Ich denke hier vor allem an die Fürsorge für die vorschulpflichtigen Kinder und für die Freizeit der Schulkinder, also an den Kindergarten und den Kinderhort. Vertreter der Arbeit in diesen beiden Richtungen waren zur Zeit die Inspektoren Tesarek und Jalkotzy, zwei fortschrittlich gesinnte Männer von Einfluß im Wiener Jugendamt. Sie vertraten die Idee, daß für Kinder geschaffene Organisationen nicht äußeren Motiven zu dienen hätten, wie etwa arbeitenden Müttern zu helfen, oder ältere Kinder von der Straße abzuhalten, sondern der viel wichtigeren Aufgabe von Erziehungs- und Entwicklungshilfe. […] / Die Psychoanalyse war zu dieser Zeit in Wien nicht sehr populär. Um so größer war meine Überraschung und Freude, daß beide Inspektoren des Jugendamtes gewillt waren, sich die nötigen Informationen bei mir und meinen Mitarbeitern zu holen.«

Jekels, Ludwig (1867–1954) war Nervenarzt; wechselte 1905 von Polen nach Wien. 1910 wurde er Mitglied der WPV. In den 1920er und 1930er Jahren Lehranalytiker und Mitglied des Lehrausschusses der WPV. 1934 Übersiedlung nach Stockholm, 1937 Rückkehr nach Wien, 1938 Emigration über Australien nach New York (BL/WPV).

Jelgersma, Gerbrandus (1859–1942) 1899–1930 Professor für Psychiatrie an der Universität Leiden; Gründungsmitglied der Niederländischen Psychoanalytischen Vereinigung.

Jokl, Robert Hans (1890–1975) studierte Medizin in Wien und Prag. 1919 zweieinhalb Monate Analyse bei Freud; danach bei Hitschmann und Bernfeld. Ab 1921 Mitglied der WPV, 1925–1932 als Schriftführer. Unter seinen Lehranalysanden finden sich G. Bibring, Isakower, Otto Sperling, J. Wälder Hall und Wälder. Jokl verließ Wien Anfang August 1938 mit seiner Frau. Sie landeten in Südfrankreich, wo sie ab 1942 in Lagern interniert waren. Ende Mai 1946 Rückkehr. Jokl konnte sich nicht wieder einleben und bewarb sich im September 1947 mit Erfolg bei der Menninger Klinik in Topeka. In einem Brief vom 17. 2. 1949 an Aichhorn (NAA) begründete er seinen Weggang von Wien (Teilabdruck: Huber 1977, S. 80 f.). Im Sommer 1952 Übersiedlung nach Los Angeles (Briefe in AWPV; T. Aichhorn 2006a; BL/WPV).

Jones, Ernest (1879–1958) war Psychiater, kam 1908 mit Freud in Kontakt und wurde zum wichtigsten Vertreter der Psychoanalyse in der englischsprachigen Welt, vor allem in England. 1920–1924 und 1932–1949 Präsident der IPV, als solcher federführend für die Politik des Vereins unter den Bedrohungen des NS-Regimes. Stand in den Freud/Klein-Kontroversen auf der Seite der Kleinianer (Freud u. Jones 1993; Maddox 2006).

Jüdell, Kurt war Filmproduzent. Es wurde nichts weiter über ihn ermittelt.

Kalau vom Hofe, Maria (geb. Willms) (geb. 1891) war Mitglied der DPG und des Deutschen Instituts. 1950 beteiligte sie sich an der Gründung der DPV; 1952 zog sie nach Hamburg (BL/F).

Katan, Annie (geb. Rosenberg, verh. Angel) (1898–1992) kannte Anna Freud seit ihrer Kindheit. Ihr Vater und die beiden Brüder ihrer Mutter, Judith Rie, waren gute Freunde Freuds. Sie studierte Medizin an der Universität Wien und war Mitglied der WPV. 1936 emigrierte sie nach Holland, wo sie den holländischen Psychoanalytiker Maurits Katan heiratete. 1946 wanderten beide in die USA aus. 1946–1964 Professorin für Kinderpsychoanalyse in Cleveland, Ohio (BL/F; BL/WPV).

Katsimbalis, George (1899–1978) war ein griechischer Zeitschriftenherausgeber.

Kauders, Otto (1893–1949) war Professor für Psychiatrie und Neurologie in Graz. Er wurde von den Nationalsozialisten entlassen. 1945 übernahm er die Leitung der Wiener Psychiatrisch-Neurologischen Universitätsklinik.

Kemper, Werner (1899–1975) war Mitglied der DPG, ab 1936 Lehranalytiker. Ab 1941 am Ambulatorium des Deutschen Instituts tätig, 1943 dessen Leiter. Nach 1945 versuchte er, die in der Nazizeit erzwungene Zusammenarbeit verschiedener psychotherapeutischer Richtungen fortzusetzen, und war an der Neugründung der DPG beteiligt. 1948 folgte er einer Einladung nach Rio de Janeiro; 1967 Rückkehr nach Deutschland (Füchtner 2003).

Klein, Melanie (geb. Reizes) (1882–1960), in Wien geboren, wurde 1919 in die Ungarische psychoanalytische Vereinigung aufgenommen. 1921 Übersiedlung nach Berlin; Analyse bei Abraham, 1923 Mitglied der DPG. 1926 Wechsel nach London; 1927 Mitglied der BPS, wo sie zahlreiche Anhänger gewann. Die Gegnerschaft zwischen ihr und Anna Freud, die bereits um 1927 begonnen hatte, führte in den frühen 1940er Jahren zu den bekannten Controversial Discussions (Grosskurth 1993; King u. Steiner 2000).

Körner, Theodor (1873-1957), im Ersten Weltkrieg General, war Sozialdemokrat. 1945–1951 Bürgermeister von Wien, 1951–1957 österreichischer Bundespräsident.

Kogerer, Heinrich Ritter von (1887–1958) promovierte 1910 zum Dr. med; ab 1918 an der Psychiatrisch-Neurologischen Universitätsklinik in Wien. 1927 Habilitation für Psychiatrie und Neurologie. Er war ab 1933 Mitglied des NS-Ärztebundes und trat

1937 der NSDAP bei. 1938 wurde er von Göring zum Leiter der Arbeitsgruppe Wien des Deutschen Instituts ernannt. 1939 zum Militär eingezogen. 1945 kehrte er nach Wien zurück und eröffnete eine Praxis als Facharzt für Psychiatrie und Neurologie (Springer 1999; AiV).

Kohut, Heinz (1913–1981) beendete sein Medizinstudium 1938; 1938/39 war er bei Aichhorn in Analyse. Im Winter 1939 emigrierte er über England in die USA und ließ sich in Chicago nieder, wo er seine Analyse bei Ruth Eissler fortsetzte und Mitglied der psychoanalytischen Vereinigung wurde. Wegen der von ihm entwickelten »Selbstpsychologie« kam es während seiner letzten Lebensjahre zu heftigen Konflikten innerhalb der IPV (Strozier 2001). Kohut war mit Betty Meyer verheiratet, einer in Wien ausgebildeten Sozialarbeiterin, die sich gern an Aichhorns Seminare für Pädagogen erinnerte (an AA, 18. 5. 1949; NAA). Die Briefausgabe von Cocks (Kohut 1994) enthält Teile seiner Korrespondenz mit Aichhorn (NAA).

Krämer, Martin war Lehrer. Er arbeitete in Aichhorns Heim in Hollabrunn als Erzieher; kehrte dann nach Wien und in seinen Lehrerberuf zurück. Aichhorn erwähnt in seiner ersten psychoanalytischen Publikation Krämers »ganz ausgezeichneten Blick für die Differenzierung der Zöglinge« (1923, S. 210).

Kramer, Paul (1908–1982) wurde im lettischen Ventspils (Windau) geboren. Er war der Neffe der Psychoanalytikerin Feiga Kramer, einer Analysandin von Lou Andreas-Salomé. 1932 ging er nach Wien, um bei Aichhorn eine Analyse zu machen (Protokolle des Lehrinstituts der WPV; AFML). 1934 Abschluss seines Medizinstudiums; 1936 Übersiedlung nach Chicago, wo er 1939 die Ausbildung zum Psychoanalytiker beendete. Gab 1965 nach einem Herzanfall die analytische Praxis auf und übersiedelte 1967 nach Kalifornien, wo er in Palo Alto starb (Lipton, S. D.: Paul Kramer, May 3, 1908 – July 17, 1982; uv. Typoskript, ACIP; mit Dank an E. Schmidt). Sein ausführlicher Briefwechsel mit Aichhorn befindet sich in NAA.

Kraus, Flora (geb. Spalitzer) (1880–1958) war 1924–1928 Mitglied der WPV. Assistentin Hug-Hellmuths an der Erziehungsberatungsstelle des Ambulatoriums der WPV; nach deren Tod übernahm sie die Leitung. 1940 Emigration nach England; 1947 Rückkehr nach Wien (BL/WPV).

Kris, Ernst (1900–1957) war Kunsthistoriker, lernte Freud als Experte für dessen Antikensammlung kennen. Er absolvierte eine psychoanalytische Ausbildung, wurde 1928/1933 Mitglied der WPV und eröffnete neben seiner kunsthistorischen Tätigkeit eine Praxis als Psychoanalytiker. Seit 1931 Mitherausgeber der *Imago*. 1938 Emigration nach England; 1940 Übersiedlung nach New York. Kris war ein enger Vertrauter und Mitarbeiter von A. Freud, u. a. bei der Veröffentlichung der Fließ-Briefe. Er war Mitherausgeber des *Psychoanalytic Study of the Child* und schrieb mit Hartmann und Loewenstein die grundlegenden Beiträge zur psychoanalytischen Ich-Psychologie (Krüger 2011; BL/WPV).

Kris, Marianne (geb. Rie) (1900–1980) studierte Medizin und absolvierte ihre analytische Ausbildung in Berlin. Zurück in Wien, wo sie 1928 ao. Mitglied der WPV wurde, widmete sie sich in Zusammenarbeit mit A. Freud der Kinderanalyse. 1927 Heirat mit Ernst Kris. 1938 Emigration nach London, 1940 nach New York, wo sie Mitglied der psychoanalytischen Vereinigung wurde. Blieb in freundschaftlicher Verbindung mit A. Freud (BL/F; BL/WPV).

Kubie, Lawrence S. (1896–1973) war seit den 1930er Jahren einer der einflussreichsten amerikanischen Psychoanalytiker. 1939 Präsident der New York Psychoanalytic Society (Hale 1995). Im Rahmen des Emergency Committee on Relief and Immigration ermöglichte er vielen von den Nazis verfolgten europäischen Kollegen die Emigration in die USA (vgl. II.1.d).

Laforgue, René (1894–1962) war Mitbegründer und erster Präsident der Société Psychanalytique de Paris. Umstritten wegen seiner Zusammenarbeit mit M. H. Göring zur Zeit der deutschen Besatzung Frankreichs (Mijolla 2010).

Lampl, Hans (1889–1958) war ein Schulkamerad Martin Freuds und häufig bei der Familie Freud zu Gast (Lampl 2011). Nach Abschluss seines Medizinstudiums 1921 psychoanalytische Ausbildung in Berlin; Mitglied der DPG. 1925 Heirat mit Jeanne de Groot. 1933 Emigration nach Wien: »Obwohl sie befürchteten, dass sie auch dort nicht sicher sein würden, war ihnen die Nähe zu S. Freud wichtiger und sie empfanden die Atmosphäre in Wien als besonders stimulierend« (R. Lockot: Int. mit J. Lampl-de Groot, 18. 12. 1979, uv.; mit Dank an R. Lockot). 1938 Emigration nach Holland. Ab 1946 für mehrere Jahre Präsident der neu gegründeten niederländischen psychoanalytischen Vereinigung (BL/WPV).

Lampl-de Groot, Jeanne (1895–1987), in Holland geboren, war nach Beendigung ihres Medizinstudiums von 1922 bis 1925 in Analyse bei Freud. Ging 1925 zur Beendigung ihrer psychoanalytischen Ausbildung nach Berlin. 1933 Wien; 1938 Amsterdam. Nach dem Tod ihres Mannes traf sie sich regelmäßig mit ihren kinderanalytischen Kolleginnen und Freundinnen D. Burlingham, A. Freud und M. Kris in London (BL/F; BL/WPV).

Landauer, Karl (1887–1945) war Mediziner. Psychoanalytische Ausbildung in Wien,

1913 Mitglied der WPV, 1925 in die Berliner Gruppe übernommen. Nach dem Ersten Weltkrieg Psychoanalytiker in Frankfurt a. M. 1933 Emigration in die Niederlande, wo er als Lehranalytiker wirkte. Er wurde 1943 verhaftet und starb im Januar 1945 in Bergen-Belsen den Hungertod (Rothe 1996).

Langer, Marie (geb. Glas) (1910–1987) war Mitglied der damals illegalen Kommunistischen Partei Österreichs. 1933–1936 Ausbildungskandidatin der WPV. 1936–1938 Beteiligung am spanischen Bürgerkrieg; 1939 Emigration nach Uruguay; 1942 Übersiedlung nach Buenos Aires, wo sie zu den Gründern der Asociación Psicoanalítica Argentina gehörte. 1969 auf dem IPV-Kongress in Rom an der Gründung der linksoppositionellen Plataforma beteiligt. (BL/F).

Lauda, Ernst (1892–1963) war Internist und ab 1943 Professor an der Universität Wien. 1946 wurde er Vorstand der I. Medizinischen Universitätsklinik.

Lévy, Katá (geb. von Freund-Tószeghi) (1883–1969), eine Schwester Anton von Freunds, war ausgebildete Lehrerin. 1918/20 in Analyse bei Freud; aus dieser Zeit datiert ihre lebenslange Freundschaft mit Anna Freud. 1928 Mitglied der ungarischen Vereinigung. Sie arbeitete hauptsächlich als Kinderanalytikerin, hielt Seminare für Lehrerinnen und war als Erziehungsberaterin an einer Mädchenschule tätig. Katá (und Lajos) Lévy verband auch eine enge Freundschaft mit Aichhorn, den sie 1924 anlässlich des IPV-Kongresses in Salzburg kennenlernten und der sie häufig in Budapest besuchte. Die Lévys überlebten Krieg und Faschismus in Ungarn. 1954 übersiedelten sie nach London, wo Katá Lévy Mitglied der BPS wurde und an der Hampstead Clinic arbeitete (T. Aichhorn i. V./a).

Lévy, Lajos (1875–1961) studierte Medizin in Budapest, Wien und Tübingen. 1913 war er eines der fünf Gründungsmitglieder der Ungarischen Psychoanalytischen Vereinigung, hat aber nie als Psychoanalytiker gearbeitet. Er war mit der Familie Freud befreundet, wurde auch von Freud (wie von Aichhorn) als ärztlicher Berater in Anspruch genommen. Als Internist und Leiter des jüdischen Spitals in Budapest rettete er während des Zweiten Weltkrieges zahlreichen jüdischen Ärzten und Patienten das Leben (T. Aichhorn i. V./a; Harmat1988).

Lévy, Willy (Peter Lambda) (1911–1995) war der Sohn von Kata und Lajos Lévy. Er lebte von 1925 bis 1934 in Aichhorns Haushalt in Wien. Zurück in Budapest, wurde er Bildhauer. Er fertigte eine Büste Aichhorns an und ein Relief Freuds, das in Aichhorns Besitz war; später saß ihm Freud für eine Büste Modell. 1938 Emigration nach London, wo er zunächst weiter als Bildhauer und nach 1945, unter dem Namen Peter Lambda, als Schriftsteller und Drehbuchschreiber tätig war (T. Aichhorn i. V./a)

Lewin, Bertram (1896–1971) war Psychiater; psychoanalytische Ausbildung in Berlin. Nach seiner Rückkehr wurde er 1927 Mitglied der New York Psychoanalytic Society. 1932 begann er am New Yorker Institut zu unterrichten und wurde Kassier und Präsident des Instituts.

Lingens, Ella (geb. Reiner) (1908–2002) sollte nach Beendigung ihres Medizinstudiums ihre analytische Ausbildung in der WPV beginnen. Ab Winter 1939 Teilnahme an Aichhorns zunächst illegalem Seminar. Im Oktober 1942 wurde sie mit ihrem Mann verhaftet; sie überlebte Auschwitz und Dachau. Nach der Befreiung aus dem KZ wurde sie Ministerialrätin im Sozialministerium. Am 8. 12. 1974 bemerkte sie in einem Brief an A. Freud, anlässlich der Vorbereitung einer Aichhorn-Ausstellung (AFP):»Ich stehe Aichhorn etwas fremd gegenüber, obwohl ich bei ihm zwei Jahre lang den Kurs gehört habe.« A. Freud antwortete am 20. 1. 1975 (ebd.):»Ich weiss nicht ob Sie wissen dass Aichhorn und ich sehr gute Freunde waren und dass der Anfang dieser gemeinsamen Arbeit bis auf das Ende des ersten Weltkrieges zurückgeht. Ich habe Aichhorn zum ersten Mal in einer seiner Anstalten besucht und war auch eifrig an seinem Buch ›Verwahrloste Jugend‹ mitbeteiligt. Meiner Meinung nach wird seine Pionier-Arbeit für die Verwahrlosten lange nicht genug geschätzt, und weder in England noch in Amerika ist man genügend bewusst dass er den ersten Anfang sowohl für das Jugendgericht wie auch für die persönliche Arbeit mit Jugendlichen gemacht hat. Ich glaube dafür muss man Aichhorn in jenen Jahren gekannt haben, viel mehr als in den späteren Jahren als Analytiker« (Rothländer 2011; AiV; A/M).

Lingens, Kurt (1912–1963), geboren in Köln, studierte in Wien. Wie seine Frau Teilnehmer an Aichhorns Seminaren und wie sie 1942 verhaftet; Verwundung in einer Strafkompanie. Nach 1945 wurde die Ehe getrennt, Kurt Lingens wanderte in die USA aus (Rothländer 2011; AiV; A/M).

Löhr, Grete (1878–1934) absolvierte in Wien ein Mädchenlyzeum. Sie war mit Else Federn, einer Schwester Paul Federns, befreundet, die 1898 zu den Gründerinnen des Vereins Wiener Settlement gehörte. Hier begann Löhr 1903 ihre berufliche Tätigkeit. 1916 wurde sie in den Ausschuss der Wiener Jugendgerichtshilfe berufen; leitete dann die Geschäftsstelle der Jugendgerichtshilfe. Aichhorn lernte sie in dieser Funktion um 1919 kennen. Am 15. 3. 1922 schrieb sie ihm (NAA):»Sie können sich gar nicht denken […], wie oft wir hier und in anderen Zirkeln […] von St. Andrä und Ihrer schönen Arbeit sprechen! Es ist jetzt eine bitterböse Zeit für vielfache Werke der Erziehung und schwer abzusehen, wie durch sie hindurchzukommen. Jedenfalls wünsche ich Ihnen von ganzem Herzen, dass Ihre bahnbrechende Erziehungsmethode siegreich durchdringen wird, und bin ich auch ganz überzeugt davon, dass es so sein wird!« Bei der Tagung der Zentralstelle für Kinderschutz und Jugendfürsorge in Wien am 19.

10. 1924 sprach Löhr zusammen mit Aichhorn über das Fürsorgeerziehungsgesetz. Sie wirkte an der Reform der Jugendgerichtsbarkeit mit; betätigte sich in der Ausbildung von Lehrern, Bezirksschulinspektoren und Richteramtanwärtern. Am 31. 7. 1934 setzte sie ihrem Leben ein Ende (Malleier 2005).

Lorand, Sandor (1918–1987) war Psychiater. 1923–1924 in Analyse bei Ferenczi und Federn. Er ging 1925 nach New York, wo er Mitglied der New Yorker Vereinigung und Lehr- und Kontrollanalytiker des Instituts wurde.

Lowtzky, Fanny (Fanja) (geb. Schwarzmann) (1874–1965) wurde in Kiew geboren. Ab 1898 Philosophiestudium in Bern, Promotion 1909. Lebte bis Anfang der 1920er Jahre in Genf. 1922 Umzug nach Berlin; 1926/28 Mitglied der DPG. 1933 Emigration nach Paris, 1939 nach Palästina, wo sie eine pädagogische Arbeitsgemeinschaft im Sinne Aichhorns begründete (Lowtzky an AA, 18. 8. und 5. 11. 1946; NAA). Löste mit ihrer Arbeit heftige Auseinandersetzungen aus (Kloocke 2002).

Mänchen-Helfen, Anna (geb. Aronsohn) (1902–1991) studierte Psychologie und Geschichte in Wien. Ab 1930 Analyse in Berlin, 1933 Rückkehr nach Wien, Lehranalyse bei A. Freud, 1937 ao. Mitglied der WPV. 1938 Emigration in die USA, wo sie sich der San Francisco Psychoanalytic Society anschloss (BL/F; BL/WPV; K/K).

Mahler, Margaret (geb. Schönberger) (1897–1985) war Kinderärztin, eröffnete nach ihrer Übersiedlung nach Wien 1922 eine Privatpraxis. Als Schulärztin befreundete sie sich mit R. Dworschak. 1933 wurde sie, nach einer hindernisvollen Ausbildung, Mitglied der WPV. Sie war Analysandin von H. Deutsch, Aichhorn und Hoffer; in ihrem Briefwechsel mit Aichhorn (NAA) ist zwar Zuneigung und Dankbarkeit, aber keine Spur einer intimen Liebesbeziehung der beiden zu entdecken (vgl. Stepansky 1989, S. 90 f.). Von Aichhorn ermutigt, gründete Mahler 1934 eine psychoanalytisch orientierte öffentliche Kinderambulanz. Als Rorschach-Expertin arbeitete sie an der Erziehungsberatungsstelle der WPV eng mit ihm zusammen. Im Frühjahr 1938 emigrierte sie über London in die USA, wo sie Mitglied der New York Psychoanalytic Society wurde und ihre bahnbrechenden Forschungen zur kindlichen Entwicklung durchführte (Stepansky 1989; BL/F; BL/WPV; K/K). Auch Mahler schickte Aichhorn einen Glückwunsch zum 70. Geburtstag (27. 7. 1948; NAA): »Lieber Herr Vorstand, heute am 27ten Juli denke ich unausgesetzt an Sie und wenn innige Wünsche die geringste magische Kraft besitzen, müssen Sie wirklich in voller Frische und Lebensfreude einhundertundzwanzig Jahre alt werden. / Ich liege hier auf einer einsamen Farm in der Mitte von Bergen im Gras und erinnere die vielen schönen Erlebnisse die mir durch Sie ermöglicht wurden. Je älter und reifer man wird – es ist leider späte Reife in meinem Falle – umso klarer ist man im Stande den richtigen Wert persönlicher Erfahrungen abzuschätzen.

/ [...] Ich weiss wie viele mit mir an diesem Tage liebevoll Ihrer gedenken. Da aber Menschen egozentrisch gebaut sind, möchte ich an diesem Tag Ihnen doch sagen, wie glücklich und stolz ich heute bin, Sie zu kennen und in Ihrer Nähe gewesen zu sein. / Leben Sie wohl lieber hochgeschätzter Freund und verzeihen Sie diesen sehr dummen, primitiven, aber in seiner Sentimentalität ehrlichen Geburtstagsgruß. / In liebevollem Gedenken Ihre / Margit Mahler.«

Makarenko, Anton Semjonowitsch (1888–1939) gilt als der bedeutendste Erzieher der Sowjetunion. Er entwickelte ein Konzept der sozialistischen Kollektiverziehung.

Margolin, Sydney G. (1909–1985) studierte Medizin in New York, wo er auch seine psychoanalytische Ausbildung machte. War mit einer Tochter Hitschmanns verheiratet. Seit 1955 in Denver, Colorado.

Matejka, Viktor (1901–1993) wurde 1936 als Leiter der Volkshochschule Ottakring wegen staatsfeindlicher Ausrichtung abgesetzt; 1938 nach Dachau deportiert. 1945–1949 KPÖ-Stadtrat für Kultur und Volksbildung in Wien. Am 27. Juli 1946 schrieb Aichhorn an O. Spranger (NAA): »War Ihr Freund Dr. Matejka auch Mittelschulprofessor? Ich glaube, daß er uns sehr wohlgesinnt gegenüber steht. Es ist für uns von recht großer Bedeutung, daß er als amtsführender Stadtrat das Kulturreferat der Gemeinde Wien führt. Dr. Hollitscher arbeitet mit ihm.«

Mayer-Aichhorn, Josef (1890-1976), Cousin Aichhorns, war Komponist und Dirigent. Von 1920 bis 1938 musikalischer Leiter des Volksbildungshauses Wiener Urania.

Menaker, Esther (geb. Astin) (1907–2003) war Sozialpädagogin, kam mit ihrem Mann von New York nach Wien, um eine Ausbildung am Lehrinstitut der WPV zu absolvieren. Ihre Lehranalytiker waren A. Freud und Hoffer. Sie arbeitete als Lehrerin an der Hietzing-Schule. 1935 Rückkehr in die USA, Niederlassung als Kinderanalytikerin in New York (Menaker 1997; BL/F).

Meng, Heinrich (1887–1972) war Arzt. 1919 machte er bei Federn eine Analyse; vervollständigte dann seine psychoanalytische Ausbildung in Berlin. 1925/26 Mitglied der DPG. Begründete 1926 mit Ernst Schneider die *Zeitschrift für psychoanalytische Pädagogik*. Freud schrieb damals (Freud u. Ferenczi 1993-2005, Bd. III/2, S. 111; vgl. S. 123): »Meng und Alexander scheinen unsere besten Zukunftshoffnungen zu sein.« 1929 war Meng Mitbegründer des Frankfurter Psychoanalytischen Instituts und übersiedelte nach Frankfurt. 1933 Emigration nach Basel, wo er einen Lehrstuhl für Psychohygiene erhielt (Plänkers 1996). Nach 1945 stand er in engem Kontakt zu Aichhorn. Er besorgte 1951 eine Neuauflage der *Verwahrlosten Jugend* (Aichhorn

1925) und gab 1959 einen Nachlassband mit Beiträgen von ihm heraus (Aichhorn 1959).

Miklas, Emma (*Emmy*) (1914–1993) war Beamtin der Stadt Graz und Sozialdemokratin; 1938 aus dem öffentlichen Dienst entlassen. 1943 Promotion zum Dr. phil.; ab diesem Jahr Erziehungsberaterin am Wiener Jugendamt. Nahm seit Oktober 1943 an den Seminaren in Aichhorns Wohnung teil. Miklas wirkte bei der Wiedereröffnung der WPV mit und ist 1946 als Mitglied verzeichnet. Baute dann in Graz eine Erziehungsberatung auf (AiV; A/M).

Millberger, Mitzi arbeitete in der Jackson Krippe mit. A. Freud lernte sie kennen, als sie bei Peter Schur, dem Sohn Max Schurs, als Krankenschwester tätig war (Young-Bruehl 1995, Bd. 1, S. 322).

Mohr, George Joseph (1896-1965) war Kinderarzt. Seine pychoanalytische Ausbildung absolvierte er in Berlin und Wien; 1934 kehrte er nach Chicago zurück; 1937 Übersiedlung nach Los Angeles. Er war an der Übersetzung von Aichhorns *Verwahrloster Jugend* in Englische beteiligt (Romm 1965).

Monchy, René de (1893–1969) war Mitglied der Niederländischen Psychoanalytischen Vereinigung. 1929/30 und 1932/33 in Analyse bei Freud. Erreichte 1938 die Wiedervereinigung der beiden niederländischen IPV-Gruppen. 1943 Flucht nach Schweden, 1952 Rückkehr (Hornstra 1971; Székely 1971).

Motesiczky, Karl v. (1904–1943) studierte zunächst u. a. Theologie. 1931 kam er nach Berlin, wo er Wilhelm Reich kennenlernte, bei dem er eine Analyse machte. Folgte Reich in die Emigration nach Dänemark und Norwegen. Nahm im WS 1937/38 in Wien das Studium der Medizin wieder auf und besuchte die ersten Seminare Aichhorns. Ab November 1941 Analyse bei Aichhorn. Am 13. 10. 1942 wurde Motesiczky mit E. und K. Lingens verhaftet. Er starb in Auschwitz (AiV; Rothländer 2010b, 2011).

Müller-Braunschweig, Carl (1881–1958) studierte Philosophie und war ab 1920/21 Mitglied der DPG. 1933 Sekretär der DPG. 1938 wurde er von M. H. Göring beauftragt, als Treuhänder die WPV, ihre Bibliothek, das Ambulatorium und den Internationalen Psychoanalytischen Verlag zu übernehmen. In der Folge erhielt er Lehr- und Publikationsverbot. Wurde nach 1945 Vorsitzender der neu konstituierten DPG und gründete 1949 die Deutsche Psychoanalytische Vereinigung, die 1951 in die IPV aufgenommen wurde (Cocks 1997; Lockot 1985, 1994; Rothländer 2008, 2010a; Schröter 2009, 2010a, 2010b).

Neill, Alexander (1883–1973) war Lehrer, 1908–1912 Studium der Anglistik und Literatur in Edinburgh. 1921 gründete er eine Schule in Dresden-Hellerau. 1923 Fortsetzung dieser Arbeit auf dem Sonntagsberg in Niederösterreich. Neill machte damals eine Analyse bei Stekel. Er lernte Bernfeld, Rank und auch Aichhorn kennen, mit dem er sich lange unterhielt. Auf Grund von Konflikten mit der Bevölkerung und der Schulbehörde verlegte er im selben Jahr den Sitz seiner Schule nach England (»Summerhill«) (Kühn 1995).

Nentwich, Alois (1905–1996), ein Mittelschullehrer, wurde 1934 Ausbildungskandidat der WPV. 1936–1938 besuchte er die Kurse und die Erziehungsberatung Aichhorns. Im Mai 1942 Aufnahme als Kandidat ins Deutsche Institut. Ab 1946 Mitglied der WPV, praktizierte aber nie als Psychoanalytiker (AiV).

Nepallek, Richard (1864–1940) war Psychiater, ab 1910 Mitglied der WPV. 1938 blieb er in Wien, 1940 starb er an einer Leuchtgasvergiftung (BL/WPV).

Neumann-Viertel, Elisabeth (1900–1994) war Schauspielerin. Ab 1925 lebte Bernfeld in Berlin mit ihr zusammen (Heirat 1930, Scheidung 1934). 1938 Emigration in die USA, nach dem Krieg Rückkehr nach Wien (Fallend u. Reichmayr 1992).

Nijinsky, Kira (1913–1998) war Tänzerin; die ältere Tochter von Vaslav Nijinsky. Sie besuchte die Hietzing-Schule.

Nowotny, Karl (1895-1965) war Psychiater. Mitte der 1920er Jahre kam er in Kontakt mit der Individualpsychologie. 1930 übernahm er die Leitung einer individualpsychologischen Ambulanz am Allgemeinen Krankenhaus in Wien. 1938 entlassen, arbeitete er in seiner Privatpraxis weiter. Nach 1945 war er der erste Präsident des Vereins für Individualpsychologie (Kenner 2007, S. 160 f.).

Nunberg, Hermann (1884–1970) arbeitete unter Bleuler am Burghölzli und wurde 1910 Mitglied der Zürcher IPV-Gruppe. 1912 ging er nach Krakau, 1914 übersiedelte er nach Wien; 1915 Mitglied der WPV. Ab 1925 war er Mitglied des Lehrausschusses, ab 1926 dessen stellvertretender Leiter. 1934 Emigration in die USA, psychoanalytische Praxis in New York (BL/WPV).

Pappenheim, Martin (1881–1943) war Dozent für Neurologie und Psychiatrie an der Universität Wien; wurde 1928 ao. Mitglied der WPV. 1934 emigrierte er nach Palästina (BL/WPV).

Peller-Roubiczek, Lili (1898–1966) brachte Montessoris Gedankengut nach Wien.

Sie nahm am kinderanalytischen Seminar A. Freuds teil und wurde 1931 ao. Mitglied der WPV. 1934 Emigration nach Palästina, 1938 in die USA (BL/WPV; Eichelberger 2001).

Pfister, Oskar (1873–1956) war von 1902 bis zu seinem altersbedingten Rücktritt 1939 Pfarrer an der Predigerkirche in Zürich. 1908 stieß er auf Freuds Schriften und erkannte deren Bedeutung für Pädagogik und Seelsorge. 1919 Mitbegründer der Schweizerischen Gesellschaft für Psychoanalyse (Freud u. Pfister 1963; Noth 2010).

Pfister-Ammende, Maria (1910–1992) war Mitglied und Lehranalytikerin der Schweizerischen Gesellschaft für Psychoanalyse. Sie setzte das Werk von Meng fort. Ihr Schwerpunkt war die Flüchtlings- und Vertriebenenforschung (BL/F).

Pötzl, Otto (1877–1962) war Facharzt für Psychiatrie und Neurologie; 1911 Habilitation. 1917–1933 wurde er als Mitglied der WPV geführt. 1922 Berufung auf den Psychiatrie-Lehrstuhl in Prag, 1928–1945 Professor und Leiter der Psychiatrisch-Neurologischen Universitätsklinik in Wien. Er führte an seiner Klinik eine Vorlesung über Psychoanalyse ein und begründete eine psychotherapeutische Ambulanz (Pytell 1997, S. 105 ff.; BL/WPV). Vgl. Kohut an AA, 7. 3. 1947 (NAA): »Wer ist übrigens jetzt Professor für Neurologie und Psychiatrie an der Universität. Immer noch Pötzl? Ich erinnere mich noch genau wie ich (während meiner Analysenzeit bei Ihnen) bei ihm Prüfungen ablegte und er mit dem grossen Parteiabzeichen herumstolzierte. Na, darauf kommt's wohl nicht an und er war wahrscheinlich nicht einer der Ärgsten.« AA an Kohut, 1. 8. 1947 (ebd.): »Pötzl war als ›Anwärter‹ (er hatte angesucht, Mitglied der nationalsozialistischen Partei zu werden) politisch nicht tragbar. Sein Nachfolger ist Kauders geworden, der aus Graz kam. Sie haben recht, Pötzl ist sicher nicht einer der ärgsten, sondern einer der vielen Mitläufer.«

Pohek, Marguerite (1903–1990) war Sozialarbeiterin. Am 13. 5. 1949 wurde sie zum ao. Mitglied der WPV gewählt. Aichhorn schrieb über sie am 7. 1. 1949 an O. Spranger (NAA): »Wer Miß Pohek ist? Sie sitzt im Ministerium für soziale Verwaltung als Exponent der UNO für Wohlfahrtswesen und macht recht viel. Sie hat zum Beispiel im Juli die Österreichische Bundeskonferenz für Wohlfahrtswesen nicht nur veranlaßt, sondern zum Großteil selbst durchgeführt. Sie hat Richtlinien für die Neuorganisation der Fürsorgerinnen Schule der Gemeinde Wien ausgearbeitet und hilft bei der Durchführung der Organisation mit. Sie veranlaßt, daß Fürsorgerinnen, Psychologen und Ärzte [darunter Dworschak] ein Stipendium bekommen, damit sie die ›child guidance‹ und ›case work‹ Arbeit in Amerika, England, Holland und in der Schweiz kennen lernen. […] Sie ist analysiert und setzte sich bei allen Stellen für die Psychoanalyse sehr ein.«

Pollak, Oscar (1893–1963) arbeitete bei der *Arbeiterzeitung*. 1931–1934 war er deren Chefredakteur, eine Position, die er ab 1945, nach seiner Rückkehr aus der Emigration, erneut bekleidete.

Ramm, Rudolf (1887–1945) trat 1930 der NSDAP bei, 1932 wurde er Obmann des Nationalsozialistischen Deutschen Ärztebundes im Gau Rheinpfalz (Saar) und NS-Kreisleiter in Pirmasens, wo er 1934–1937 als Oberbürgermeister fungierte. 1938 Beauftragter des Reichsärzteführers für die Ostmark im Stab des Reichskommissars Josef Bürckel. Er tat sich als Vertreter der nationalsozialistischen Rassenhygiene hervor (Klee 2003).

Rank, Otto (Rosenfeld) (1884–1939) wurde 1906 Sekretär der Mittwoch-Gesellschaft/WPV (siehe Nunberg u. Federn 1976–81). Er diente Freud in vielen Funktionen als rechte Hand: als Redakteur der *Internationalen Zeitschrift für Psychoanalyse* und der *Imago* (ab 1912), als Leiter des Internationalen Psychoanalytischen Verlags (ab 1919) und als Obmann-Stellvertreter der WPV (ab 1922). Durch die Publikation seines Buches *Das Trauma der Geburt* (1924) kam es letztlich zum Bruch mit Freud. Im Mai 1926 übersiedelte er nach Paris; 1935 ließ er sich in New York nieder (Lieberman 1997; BL/WPV).

Redl, Fritz (1902–1988) trat 1926 als Gymnasiallehrer in den Schuldienst ein. 1934–1936 leitete er in enger Zusammenarbeit mit Aichhorn die Erziehungsberatungsstellen des Wiener Volksbildungsreferats. Er verließ Wien 1936 und folgte einer Einladung der Rockefeller Foundation in die USA, wo er an verschiedenen Forschungsprojekten teilnahm. 1941 wurde er als Professor für Sozialarbeit an die Universität von Detroit berufen; es folgten Berufungen nach Bethesda bei Washington und an die Wayne State University (Kaufhold 2003, S. 58–61).

Regele, Klara (1890–1969), einer Südtiroler Offiziersfamilie entstammend, war Hauptschullehrerin. 1927 nahm sie in der WPV an pädagogischen Kursen von H. und W. Hoffer teil (AFML). In einem Schreiben vom April 1946 (AWSSR; mit Dank an B. Johler) gab Aichhorn an, sie sei ihm seit 1923 bekannt, habe in seinem Haus verkehrt und seine Bibliothek in Ordnung gehalten. 1938 habe sie sich bemüht, seinen Sohn aus Dachau frei zu bekommen, und sie habe sich vielfach für seine jüdischen Patienten eingesetzt. 1945 wurde Regele aus dem Schuldienst entlassen, da sie ab 1934 der damals illegalen NSDAP angehört hatte. Ihrem Einspruch, sie sei nur für den Anschluss Österreichs an Deutschland gewesen, die antisemitische Ideologie der Nazis habe sie stets abgelehnt (Regele an Stadtschulrat der Stadt Wien, 19. 5. 1946; ebd.), wurde nicht stattgegeben (Einspruchskommission für den 18. Bezirk, 29. 4. 48; ebd.). Regele setzte ihre Tätigkeiten für Aichhorn fort. Nach Aichhorns Tod beteiligte sie sich sehr aktiv an der Gründung der August-Aichhorn-Gesellschaft.

Reich, Annie (geb. Pink) (1902–1971) begann 1921 ein Medizinstudium und eine Analyse bei Wilhelm Reich, den sie 1922 heiratete. Sie schloss die Analyse bei A. Freud ab und wurde Mitglied der WPV. 1930 zog sie mit ihrem Mann nach Berlin und wurde Mitglied der DPG. 1933 emigrierte sie über Wien nach Prag. 1938 Emigration nach New York; Mitglied der New York Psychoanalytic Society (BL/F; BL/WPV).

Reik, Theodor (1888–1969) promovierte 1912 mit der ersten psychoanalytischen Doktorarbeit. 1914 Mitglied der WPV; ab 1920/21 psychoanalytische Praxis. Eine Anzeige gegen ihn wegen Kurpfuscherei nahm Freud zum Anlass, seine Schrift *Die Frage der Laienanalyse* zu verfassen (1926). Reik ging 1928 nach Berlin; 1933 Emigration in die Niederlande, 1938 in die USA, wo ihm die New Yorker Psychoanalytische Vereinigung eine vollwertige Mitgliedschaft verweigerte (BL/WPV). Als ihm Dworschak über ihre Lektüre eines Buches von Reik berichtet hatte, antwortete Aichhorn am 4. 8. 1949 (NRD): »Der Reik scheint Sie wirklich sehr zu begeistern. Wie ich ihn kenne, scheint er wirklich Heimweh nach Wien zu haben. Ich kannte Reik persönlich sehr gut, nur stand ich nie in einem innigen persönlichen Kontakt.«

Reisner, Herbert (1912–1982) war 1940–1951 Assistent an der Wiener Psychiatrisch-Neurologischen Universitätsklinik, später Professor in Graz und Wien.

Rickman, John (1880–1951) war Arzt; reiste 1920 nach Wien, um eine Analyse bei Freud zu machen. 1920/22 Mitglied der BPS. 1938 wurde er als Lehranalytiker anerkannt; galt damals als Kleinianer. Im Oktober 1946 begutachtete er die während der Nazizeit in Berlin zurückgebliebenen Analytiker (Lockot 1994, S. 188 ff.). Inzwischen der sogenannten Middle Group zugerechnet, war er ab 1945 Sekretär des Ausbildungsinstituts der BPS, 1948 deren Präsident (King 2003).

Riviere, Joan (geb. Verrall) (1883–1962) gehörte 1919 zu den Gründungsmitgliedern der BPS; 1922 in Analyse bei Freud. Mit James und Alix Strachey für die Übersetzung von Freuds *Collected Papers* verantwortlich. 1924 begann ihre Freundschaft mit M. Klein. Sie wurde eine der wichtigsten Vertreterinnen von deren Ideen (BL/F).

Rodker, John (1884–1955) war Dichter, Verleger und Übersetzer von Arbeiten M. Bonapartes ins Englische. Er gründete 1939 in London die Imago Publishing Co., in der Freuds *Gesammelte Werke* (Imago-Ausgabe) erschienen sind.

Rohracher, Hubert (1903–1972) wurde 1938 als Nachfolger Karl Bühlers Professor für Psychologie an der Universität Wien. Er stand Freuds Lehre vom Unbewussten ablehnend gegenüber. Am 9. 4. 1946 schrieb er an Aichhorn (NAA): »Ich danke Ihnen nochmals für Ihre freundliche Einladung zur Eröffnungsfeier [der WPV], zu deren

Besuch ich mich aus Gründen, die ich Ihnen mündlich dargelegt habe, nicht entschließen kann.«

Rosenfeld, Eva (1892–1977) war mit Anna Freud befreundet (siehe A. Freud 1994). 1927 eröffnete sie mit dieser und mit D. Burlingham im Garten ihres Hauses – nicht zuletzt für Kinder, die bei ihr untergebracht waren – die Hietzing-Schule (vgl. I.4.e). 1936 Emigration nach London. Sie wurde, nachdem sie eine erste Analyse bei Freud und eine zweite bei Klein gemacht hatte, Psychoanalytikerin und Lehranalytikerin der BPS (Ross 1994; BL/F).

Ross, Helen (1890–1978) begann 1929 in der WPV eine Ausbildung zur Psychoanalytikerin. Ihre Lehranalytikerin war H. Deutsch, ihre Kontrollanalytiker A. Freud und Aichhorn; sie war an der Übersetzung von dessen Buch *Verwahrloste Jugend* ins Englische beteiligt. 1934 kehrte sie nach Chicago zurück, wo sie 1942 Direktorin des Psychoanalytischen Instituts wurde. 1956 Wechsel nach New York, später Washington, D.C. Befreundet mit Anna Freud, gehörte sie dem Vorstand der Hampstead Clinic, der Freud Archives und der Anna Freud Foundation an (BL/F). 1964 gab sie mit Fleischmann und Kramer den Aichhorn-Auswahlband *Delinquency and Child Guidance* heraus.

Sachs, Hanns (1881–1947), Dr. jur., wurde 1910 Mitglied der WPV; 1912 mit Rank Redakteur der *Imago*. 1920 ging er als Lehranalytiker nach Berlin; 1932 auf Einladung der dortigen Vereinigung nach Boston. Veröffentlichte 1945 seine Erinnerungen an Freud (BL/WPV).

Sadger, Isidor (1867–1942) war ein früher Hörer von Freuds Vorlesungen an der Wiener Universität; 1906 wurde er in die spätere WPV aufgenommen. Sein Austritt 1933 hing mit Kontroversen um seine Erinnerungen an Freud (Sadger 2006) zusammen. Er blieb 1938 in Wien und wurde 1942 nach Theresienstadt deportiert, wo er starb (Huppke u. Schröter 2006; BL/WPV).

Sallmann, Caroline (1895–1985) wurde in eine adlige Offiziersfamilie geboren. Sie machte eine Ausbildung in Sozialarbeit; war in der Zwischenkriegszeit in Kinderheimen und am Jugendamt der Stadt Wien tätig. 1939 lernte sie Dworschak kennen. 1949 war sie Mitbegründerin des Instituts für Erziehungshilfe im Karl-Marx-Hof, in dem sie bis in die 1960er Jahre arbeitete (Brainin 2001). Die Verbindung zwischen Sallmann und Dworschak war privat und beruflich sehr eng; ab den 1940er Jahren lebten sie in einem gemeinsamen Haushalt.

Salomon, Anne (1892–1941) heiratete 1915 Bernfeld, mit dem sie zwei Töchter hatte.

Sie war mit ihm in der Wiener Jugendbewegung aktiv und arbeitete im Kinderheim Baumgarten als Ärztin mit. Nach der Trennung von Bernfeld Mitte der 1920er Jahre ging sie nach Moskau. Sie nahm sich 1941 das Leben (Fallend u. Reichmayr 1992, S. 70–72).

Sarasin, Philipp (1888–1968) arbeitete nach der Beendigung seines Medizinstudiums 1915/16 bei Bleuler in Zürich. Trat 1920 in die Schweizerische Gesellschaft für Psychoanalyse ein, deren Präsident er von 1928 bis 1961 war. 1921 Analyse bei Freud; 1924 Niederlassung als Psychoanalytiker in Basel. Ab 1932 über viele Jahre als Kassenwart im Vorstand der IPV (Roazen 2005).

Sauerwald, Anton (1903–1970) wurde als Sohn eines Apothekers in Wien geboren. 1929 schloss er sein Studium der Chemie ab, 1930 eröffnete er ein chemisches Laboratorium. Er war schon vor 1938 Mitglied der damals in Österreich illegalen NSDAP. Am 16. 3. 1938 wurde er mit der kommissarischen Leitung der psychoanalytischen Institutionen in Wien – Institut, Ambulatorium, Verlag – betraut. Ein Prozess, der 1948/49 u. a. wegen angeblicher Bereicherung bei dieser Tätigkeit gegen ihn geführt wurde, endete am 10. 1. 1949, nicht zuletzt dank der Interventionen von A. Freud und M. Bonaparte, mit Freispruch. Eine Haftentschädigung wurde ihm nicht zuerkannt, da die Verdachtsgründe gegen ihn »nicht voll entkräftet worden« seien und seine Handlungsweise »zumindest einer grob unsittlichen gleichkomm[e]« (Akt des Sauerwaldsprozesses; WStLA) (vgl. Cohen 2009; Edmundson 2007; Hall 2006; AiV).

Schalit, Ilja (gest. 1953) ging nach psychiatrischer Ausbildung bei Bleuler in Zürich nach Berlin. Ab 1928 in Simmels Sanatorium Schloss Tegel angestellt; 1929 Mitglied der DPG. 1933 Emigration nach Palästina; Mitbegründer der Palästinensischen Psychoanalytischen Vereinigung (Kloocke 2002, S. 219).

Scharmann, Barbara (geb. Kinzel) (geb. 1909) war Kinderärztin; ab 1942 Kandidatin des Deutschen Instituts. Ihre Lehrbehandlung bei Aichhorn fand von Oktober 1942 bis zu ihrem Weggang von Wien im Mai 1944 statt. Nach Kriegsende kam sie nicht mehr aus Deutschland zurück. Ihr weiterer Lebensweg nach der Trennung von Theodor Scharmann zu Beginn der 1950er Jahre konnte nicht ermittelt werden (AiV; A/M).

Scharmann, Theodor (1907–1986) studierte Germanistik; wurde 1938 als Heerespsychologe nach Wien versetzt, wo er im Luftwaffenlazarett für Hirnverletzte arbeitete. Dort lernte er L. Bolterauer und W. Solms kennen. 1943 wurde er Leiter der Beratungsstelle für Schwerkriegbeschädigte am Arbeitsamt Wien; nach Kriegsende wurde ihm das Wiener Arbeitsamt für Jugendliche und Körperbehinderte übertragen.

In Wien hatte Scharmann Kontakt zu Aichhorn aufgenommen. 1942 wurde er Ausbildungskandidat des Deutschen Instituts; 1946 Mitglied der WPV. Im Dezember des Jahres ging er zu Frau und Tochter nach Deutschland. 1955 Habilitation für Soziologie in Marburg; danach akademische Stellungen in Nürnberg, Linz und Salzburg (Scharmann 1979; AiV; A/M).

Schmutzer, Ferdinand (1870-1928), Druckgraphiker, Photograph und Porträtmaler, war Professor an der Wiener Akademie der bildenden Künste. Die Freud-Radierung von 1926 (E. Freud et al. 1976, S. 239), die sich in Aichhorns Besitz befand, hängt jetzt in den Räumen der WPV.

Schneider, Ernst (1878–1957) war Lehrer; es folgte ein Studium der Philosophie, Psychologie und Pädagogik. Seine psychoanalytische Ausbildung machte er bei Pfister und Jung. 1905–1916 Direktor des Lehrerseminars Bern-Hofwil; 1920–1928 Professor in Riga. Ab 1926 gab er zusammen mit Meng die *Zeitschrift für Psychoanalytische Pädagogik* heraus. 1928–1946 psychoanalytische Praxis in Stuttgart, danach in Basel (Weber 1999).

Schnitzler-Cappellini, Lili (1910–1928) war die Tochter von Arthur Schnitzler. 1928 verübte sie Selbstmord in Venedig (Weingartner 2006).

Schottlaender, Felix (1892–1958) hatte Philosophie studiert. 1930–1932 psychoanalytische Ausbildung in Wien, darunter auch Erziehungsberatung bei Aichhorn, den er als den »*einen* wirklichen Meister« der Psychotherapie verehrte (zit.Bley 2010, S. 273); Aufnahme in die WPV. Zurückgekehrt nach Stuttgart, eröffnet er eine psychoanalytische Praxis und trat in die DPG über. Trotz seiner teilweise jüdischen Herkunft arbeitete er in der Stuttgarter Arbeitsgemeinschaft des Deutschen Instituts mit. 1948 Mitbegründer des Stuttgarter Instituts für Psychotherapie und Tiefenpsychologie (Bley 2010; BL/WPV).

Schreier (Schreyer)*, Josef* war als Jugendlicher bei Aichhorn in Behandlung; befreundet mit dessen Sohn August. Emigration 1938 in die Schweiz, dann über Paris in die USA. Bald nach Kriegsende Rückkehr nach Wien; wurde bis zu seinem Tod von Dworschak betreut. Am 1. 8. 1969 schrieb sie an Willy Lévy über ihn (NRD): »Er ist nach einem nicht befriedigenden Leben in Amerika bald nach dem Kriege zurückgekehrt, hat sich wieder geschäftlich gut durchgesetzt, dann aber plötzlich seine Frau (die zweite) verloren und ist dadurch in eine sehr schlechte Verfassung gekommen. In diesem Zustand traf ich ihn zufällig und wir nahmen eine neuerliche Verbindung auf. Jetzt wohnt er im gleichen Haus und berichtet mir über seine jeweiligen Probleme. Er lebt sozusagen in einer anderen Welt. Tat er das immer? Seine Welt ist die des Geschäftsmannes mit allem was damit zusammenhängt, daher etwas eingeschränkt. Er hat durch Hitler einen so gewaltigen Stoß bekommen, daß er sich davon nicht mehr erholen konnte.« W. Lévy antwortete am 26. 11. (NRD): »Rosl, er war immer so – und wenn möglich noch so-er! Er lebte immer in einer Welt von ausschließlich finanziellen Werten und hatte, glaube ich, nie begriffen, daß Geld ein Mittel aber nicht ein Zweck und Ziel sein kann.«

Schröder, Hermann (1876–1942) war Leiter der prothetischen Abteilung am Zahnärztlichen Institut der Friedrichs-Wilhelms-Universität in Berlin. Ab 1928 war Freud, der infolge seiner Krebsoperation eine Kieferprothese tragen musste, mehrmals bei ihm in Behandlung (Tögel 2006, S. 87–97).

Schröder, Paul (1873–1941) war Kinder- und Jugendpsychiater. 1924–1941 Professor an der Universität Leipzig; 1934 Richter am Erbgesundheitsgericht, das im Sinne der NS-Ideologie über Zwangssterilisationen zu entscheiden hatte. 1937 wurde er zum Präsidenten des Internationalen Komitees für Kinderpsychiatrie gewählt; 1940 zum Vorsitzenden der Deutschen Vereinigung für Kinderpsychiatrie und Heilpädagogik (Klee 2003).

Schur, Max (1897–1969) wurde 1929 Freuds Leibarzt; 1933 Mitglied der WPV. Behandelte Freud nach der Emigration in London weiter und erlöste ihn 1939, wie zuvor vereinbart, durch eine tödliche Dosis Morphin von seinem Leiden (vgl. Schur 1973). Übersiedelte im selben Herbst nach New York, wo er Mitglied der psychoanalytischen Vereinigung wurde (BL/WPV).

Schwarz-Braham, Hedy, stammte aus Wien. Sie war Montessori-Pädagogin; begann ihre psychoanalytische Ausbildung in der WPV. 1938 emigrierte sie nach London und wurde Mitglied der BPS. Am 24. 4. 1943 schrieb sie an Fenichel (OFP): »Das erste und wichtigste grosse Ereignis, ich werde im Mai [...] mit der Ausbildung fertig. Du bist einer der wenigen Menschen, die wissen wie lange und wie sehr ich mir diese Ausbildung gewünscht habe, ja mehr als das, Du bist verantwortlich für mein Interesse an der Analyse überhaupt. [...] / Ich weiss nicht, ob Du weisst, dass hier grosse Auseinandersetzungen stattfinden, so genannte scientific meetings, in denen Klein'sche Theorien mit Freud'schen Theorien diskutiert werden. [...] Ich habe das Gefühl, dass nach Abschluss der Diskussion die Berichte vielleicht gedruckt werden. [...] Mrs. K[lein] ist sehr schlecht auf mich zu sprechen und hat sich einmal nach einem Seminar, das sie für Kandidaten gehalten hat, über mich beschwert, aber ich konnte nicht anders diskutieren, wie ich diskutiert habe, denn es war zu haarsträubend, was sie uns vorgesetzt hat. Das Kinderseminar bei A[nna] F[reud] ist lange Zeit eine private Vereinigung gewesen, zu der wir jetzt auch englische Gäste einladen.« Schwarz-Braham, die eine

Mitarbeiterin A. Freuds an der Hampstead Clinic wurde, hielt Ende der 1940er Jahren mehrere Vorträge in Wien. In den 1970iger Jahren begleitete sie A. Freud bei ihren Wien-Besuchen.

Scott, Clifford W. (1903–1997) war Kleins erster Lehranalysand, seine Ausbildung schloss er 1931 ab. Er war Mitglied der BPS, während des Krieges beim Miltär. 1954 ging er nach Kanada, wo er zusammen mit den Aufreiters die Ausbildung der Canadian Psychoanalytic Society aufbaute.

Seitz, Karl (1869–1950) wurde 1923 Bürgermeister von Wien. In seiner Amtszeit entstanden hier die kommunalen Wohnungen und sozialen Einrichtungen, die europaweit zum Vorbild wurden. 1934 abgesetzt; 1944 in Ravensbrück interniert. Nach 1945 übernahm er den Ehrenvorsitz der Sozialistischen Partei Österreichs.

Servadio, Emilio (1904-1995) war 1932 einer der Mitbegründer der Italienischen Psychoanalytischen Vereinigung. Er emigrierte 1938 nach Indien.

Simmel, Ernst (1882–1947) war Mitbegründer des Sozialdemokratischen Ärztevereins. Im Ersten Weltkrieg sammelte er Erfahrungen mit psychoanalytischer Behandlung von Kriegsneurosen. 1919 Analyse bei Abraham; 1920 an der Errichtung der Berliner psychoanalytischen Poliklinik beteiligt; 1927 Gründung des Sanatoriums Schloss Tegel, wo Freud bei mehreren Berlin-Besuchen wohnte. Sein Sohn Reinhard, ein Schüler der Hietzing-Schule, war zunächst Patient M. Kleins, dann A. Freuds. 1934 emigrierte Simmel in die USA, wo er sich in Los Angeles niederließ (Simmel 1993).

Skopnik, Edith hatte eine Ausbildung in Laxenburg gemacht. Analysandin Aichhorns, dann eine seiner Sekretärinnen. Sie betreute nach Aichhorns Tod zusammen mit seiner Witwe seinen schriftlichen Nachlass.

Solms zu Rödelheim, Wilhelm (1914–1996) war ab April 1943 Stationsarzt im Hirnverletztensonderlazarett in Wien. Im März 1944 wurde er Ausbildungskandidat am Deutschen Institut. 1946 Mitglied der WPV; seine Analyse bei Aichhorn hat er bis zu dessen Erkrankung im Frühjahr 1949 fortgesetzt. Während der Nazi-Herrschaft stand Solms Widerstandsgruppen nahe, nach 1945 trat er der Kommunistischen Partei Österreichs bei. Er habilitierte sich 1953; 1959 Rückzug in die Privatpraxis. Kurze Zeit später wurde er Direktor des Psychiatrischen Krankenhauses Baumgartner Höhe. 1954 wurde Solms Lehranalytiker der WPV; 1957–1971 und nochmals 1978 war er deren Präsident (Berner 1996; AiV).

Spanudis, Theon (1915–1986) war 1939–1944 in Analyse bei Aichhorn; ab März 1941 Kandidat des Deutschen Instituts. 1946 wurde er Mitglied der WPV und übernahm die Leitung der wissenschaftlichen Abteilung. 1950 ging er nach São Paulo. 1957 beendete er seine Arbeit als Psychoanalytiker und betätigte sich als Schriftsteller und Dichter (Füchtner 2006; AiV).

Spiel, Oskar (1892–1961) war Pflichtschullehrer; Mitglied der sozialdemokratischen Partei. 1921 lernte er Adler kennen. Er trat in den Verein für Individualpsychologie ein, war im Vorstand tätig und hielt zahlreiche Vorträge im In- und Ausland. Ab Mitte der 1920er Jahre führte er in verschiedenen Schulen nach individualpsychologischen Methoden Unterrichtsversuche durch, die 1934 beendet werden mussten. 1938 Mitglied des Deutschen Instituts. Nach 1945 wesentlich am Wiederaufbau der Individualpsychologie in Österreich beteiligt (AiV).

Spitz, René A. (1887–1974) war Arzt. 1926 Mitglied der WPV, 1930 nach seinem Umzug nach Berlin der DPG. 1932 ging er nach Paris, wo er Mitglied und Lehranalytiker der Pariser Vereinigung wurde. 1938 Emigration nach New York (BL/WPV).

Spranger, Otto (1901–1984) war bis 1938 Geschichtsprofessor an einem Wiener Realgymnasium und Generalvertreter des Wiener Volksbildungsreferenten. 1936 einer der Gründer des Österreichischen Arbeiter-Schriftstellerverbandes. Am 23. 6. 1947 bestätigte ihm Aichhorn (NAA), dass er »im Frühjahr 1937 zu einer Lehranalyse im Wiener Psychoanalytischen Institut zugelassen wurde, die seinerzeit von Dr. Robert Wälder im April 1937 begonnen und nach dessen Ausreise im Mai 1938 von mir bis Ende September 1938 fortgesetzt wurde«. Am 1. 1. 1946 (ebd.) berichtete Spranger, inzwischen in New York, Aichhorn über seinen weiteren Lebensweg: »Ich habe hier sehr viel zu tun; vier vormittags Jobs, einer davon an der New York University (Lesestörungen), zwei an Schulen und einer in einer Fürsorge Agency. Am Nachmittage arbeite ich privat. Sie haben meine analytische Weiterentwicklung noch zuletzt in der Schweiz bestimmt, als Sie mich mit Dr. Bally bekannt machten. Er stellte mich Dr. Erich Fromm vor, der damals gerade in Zürich war. Durch ihn lernte ich Dr. Witt, meinen späteren Analytiker, kennen. Alle diese Leute haben eine reichlich unorthodoxe Haltung und durch sie bin ich ins gleiche Fahrwasser geraten [Spranger war Mitglied der von Reik gegründeten National Psychological Association for Psychoanalysis].« In den Sommern 1948 und 1949 besuchte Spranger Aichhorn in Bad Gastein und Wien. 1980 sind seine Kindheits- und Jugenderinnerungen erschienen.

Stein, Walter (1901–1979) war ein Bruder von Charlotte Sweceny; mit ihr bewohnte er ab 1938 das frühere Haus von A. Freud und D. Burlingham in Hochrotherd. Er war Gesellschafter der Manz'schen Verlags- und Universitätsbuchhandlung, einem Fachverlag für Recht, Steuer und Wirtschaft. Da er und seine Geschwister als »Mischlinge« galten, konnten sie 1938 den Verlag nicht weiter führen. Mit seinem Bruder Robert nahm er 1946 den Wiederaufbau der Firma in Angriff.

Steiner, Berta (geb. Waclawewicz) (1897–1987) war in den 1930er Jahren Prokuristin des Internationalen Psychoanalytischen Verlags. Sie unterstützte A. Sauerwald 1938 bei der Liquidation und 1947/48 bei der Suche nach den in der Wiener Nationalbibliothek deponierten Büchern des Verlags. Nach 1945 war sie als Steuerberaterin tätig. Am 14. 3. 1980 schrieb sie an A. Freud (AFP): »Bei meiner letzten Zusammenkunft mit Frau M. Sauerwald, die in Innsbruck lebt, fragte [sie] mich, was sie mit dem Schriftwechsel ihres Mannes, den er während der Nazizeit mit dem Hause Freud [führte], machen soll. Ich versprach ihr, mich an Sie zu wenden. Soll ich Frau Sauerwald schreiben, bei dem nächsten Besuch die Korrespondenz nach Wien zu bringen, die ich aufbewahre, bis Sie selbst Wien einen Besuch abstatten.« Eine Antwort von A. Freud ist nicht erhalten.

Stekel, Wilhelm (1868–1940) war Arzt. Er war ca. 1901 bei Freud in Behandlung, regte 1902 die Gründung der Mittwoch-Gesellschaft an und redigierte ab 1910 das *Zentralblatt für Psychoanalyse*. Schied 1911 im Konflikt mit Freud aus der WPV aus und vertrat fortan eine eigene Spielart der Psychoanalyse. Ende 1938 floh er nach England, wo er zwei Jahre später Selbstmord verübte (Stekel 1950; BL/WPV).

Stephen, Adrian (1883–1948) war ein jüngerer Bruder Virginia Woolfs. Er studierte Jura, dann Medizin und wurde 1927/30 Mitglied der BPS. Gehörte zu denen, die eine offene Auseinandersetzung zwischen Kleinianern und Freudianern forderten (King u. Steiner 2000, Bd. 1, S. 25 f.).

Sterba, Editha (geb. Radanowicz-Hartmann) (1895–1986) studierte Germanistik, Philologie und Musikwissenschaften. Arbeitete unter Rank, dann unter Storfer für den psychoanalytischen Verlag. 1926 Heirat in zweiter Ehe mit Richard Sterba. 1925/30 Mitglied der WPV. Ab 1928 leitete sie die Erziehungsberatungsstelle der WPV; ab 1932 arbeitete sie an Aichhorns Beratungsstelle mit; 1934 übernahm sie die Leitung von A. Freuds Kinderseminar. 1938 verließ sie mit ihrem Mann Wien und emigrierte in die USA, wo sie sich in Chicago und später in Detroit ansiedelte. Mitglied der Detroit Psychoanalytic Society (BL/WPV; Oliver 2005).

Sterba, Richard (1898–1989) war Mediziner. 1925/28 Mitglied der WPV; ab 1929 Lehranalytiker. Emigrierte am 16. 3. 1938 zunächst in die Schweiz, dann in die USA, obwohl er als Nicht-Jude in Wien hätte bleiben können (Sterba 1985, S. 158 ff.). 1939–1946 Lehranalytiker in Chicago; danach in Detroit (BL/WPV).

Sterren, H. A. van der (1904–1974) ging 1934 nach Wien, um in der WPV eine Ausbildung zu absolvieren (bis 1938). Wurde 1946, nach der Gründung des psychoanalytischen Institut in Amsterdam, dessen erster Direktor (Spanjaard 1975).

Stipriaan Luiscius, Arnout Martinus (1904-1939) war Psychiater; Mitglied der Dutch Psycho-Analytical Society.

Storfer, Adolf Josef (1888–1944) war Jurist und Literaturwissenschaftler. Als Leiter des Internationalen Psychoanalytischen Verlags (1924–1931) prägte er das Erscheinungsbild von dessen Produktion (Windgätter 2009). 1938 emigrierte er nach Shanghai und später von dort aus nach Australien (Rosdy 1999).

Stross, Josefine (1901–1995) war Kinderärztin; 1937 ao. Mitglied der WPV; Mitarbeit in der Jackson Nursery. 1938 begleitete sie S. und A. Freud in die Emigration nach London. Sie wurde, obwohl sie nie als Analytikerin praktizierte, Mitglied der BPS und war sowohl in den Hampstead War Nurseries wie am Hampstead Child Therapy Course and Clinic tätig (BL/WPV).

Sugar, Nikola (1897–1945) studierte Medizin. 1925 Übersiedlung nach Wien; 1925/33 Mitglied der WPV. 1927 Rückkehr in seine Geburtsstadt Subotica (Slawonien); 1936 erhielt er vom Wiener Lehrausschuss die Lehrbefugnis. 1937 ging er nach Belgrad, wo er den ersten psychoanalytischen Verein in Jugoslawien gründete. 1941 Übersiedlung von Belgrad in das damals von Ungarn besetzte Subotica. Er wurde 1944 nach Bergen-Belsen, dann nach Theresienstadt deportiert, wo er am 15. Mai 1945 starb (BL/WPV).

Sweceny, Maria Charlotte (geb. Stein) (1904–1956) entstammte väterlicherseits einer Familie des assimilierten jüdischen Bürgertums. 1925 Heirat mit Otto Sweceny. 1938–1942 Liaison mit dem Schriftsteller Alexander Lernet-Holenia, für den sie auch später noch arbeitete. Nach 1945 Scheidung von ihrem Mann (Dietz 2011).

Sweceny, Otto (1900–1969) war Gesellschafter der Sirocco-Werke, einem auf industrielle Lufttechnik spezialisierten Unternehmen. Er kaufte für seine Frau Charlotte und deren Bruder Walter Stein das Haus von A. Freud und D. Burlingham in Hochrotherd, da sie als »Mischlinge 1. Grades« den Kauf nicht selbst tätigen konnten.

Tamm, Alfhild (1874–1959) war die erste Frau in Schweden, die Psychiaterin wurde. Sie kam zu mehreren Kurzanalysen nach Wien und wurde 1926 Mitglied der WPV. 1931 war sie Mitbegründerin der Schwedisch-Finnischen Psychoanalytischen Vereinigung, deren erste Präsidentin sie wurde (BL/WPV).

Tandler, Julius (1869–1936) war Professor für Anatomie an der Universität Wien und 1920–1934 sozialdemokratischer Stadtrat für das Wohlfahrts- und Gesundheitswesen (Sablik 1983).

Tesarek, Anton (1896–1977) war Pädagoge und sozialdemokratischer Politiker. Ab 1926 leitend in pädagogischen Diensten der Stadt Wien tätig, wo er vor allem für die Kindergarten- und Horterziehung zuständig war. Organisierte die Vorlesungen von A. Freud für Erzieher (1930). Nach »Schutzhaft« (1934), KZ-Aufenthalt (ab 1938) und Krieg leitete er ab 1945 das Wiener Jugendamt.

Thumb, Norbert (1903–1993) war Assistent (1941: Oberassistent) am Psychologischen Institut der Universität Wien; ab 1938 Mitglied der Wiener Abteilung des Deutschen Instituts. Bekam nach 1945 Probleme mit der Anerkennung seiner Venia; deshalb Habilitation an der Wiener TU (Benetka 1998). 1946 suchte er Anschluß an die WPV; der Antrag wurde »wegen seiner politischen Vergangenheit« abgelehnt (Protokoll der Mitgliedersitzung, 5. 12. 1946; AWPV) (AiV).

Ticho, Ernst (1915–1997) Studium der Rechts- und Staatswissenschaften in Wien. 1938/39 in Dachau und Buchenwald interniert. Emigration nach Palästina, wo er bei Eitingon in Analyse war und sein Jusstudium abschloss. 1946 Rückkehr nach Wien, Ausbildungskandidat der WPV, Psychologiestudium in Graz. Übersiedelte 1953 nach Topeka, 1973 nach Washington, DC, wo er wie seine Frau eine psychoanalytische Praxis eröffnete und Mitglied der psychoanalytischen Vereinigung wurde. Ernst und Gertrud Ticho hielten den Kontakt mit der WPV aufrecht, sie kamen immer wieder zu Vorträgen nach Wien zurück und blieben Mitglieder (Int. T. Aichhorn u. F. Früh, April 1996; A/M).

Ticho, Gertrude (geb. Höllwarth) (1920–2004) wurde im Mai 1949 als Ausbildungskandidatin der WPV zugelassen. 1951 Mitglied der WPV, noch im selben Jahr Auswanderung nach São Paulo, Brasilien. 1954 zog sie nach Topeka zu Ernst Ticho, den sie in den USA heiratete. Später Clinical Professor an der George Washington University (Int. T. Aichhorn u. F. Früh, April 1996; A/M).

Trenkler, Ernst (1902-1982) war 1930–1967 Angestellter der Wiener Nationalbibliothek. Ab 1946 leitete er die Erwerbungs- und Katalogabteilung und war für die Rückstellung von Büchern zuständig, die von den Nazis der Bibliothek übergeben worden waren. Ab 1950 Direktor der Druckschriftensammlung (Hall u. Köstner 2006, S. 501 ff.).

Urbantschitsch, Rudolf v. (1879–1964) entschied sich nach Begegnungen mit Breuer und Freud zum Studium der Medizin. Dank seiner Beziehungen zu maßgeblichen Wiener Kreisen konnte er 1908 das luxuriöse Cottage-Sanatorium eröffnen. Im selben Jahr Aufnahme in die Mittwoch-Gesellschaft/WPV, aus der er 1914 auf Anraten Freuds wieder ausschied. 1922 verkaufte er seinen Anteil am Sanatorium, um sich der Psychoanalyse zu widmen. Sein Vorhaben, ein psychoanalytisches Sanatorium und mit Aichhorn, Bernfeld und A. Freud eine psychoanalytisch-pädagogische Beratungsstelle aufzubauen, wurde nicht realisiert (vgl. Freud u. Ferenczi 1993–2005, Bd. III/1, S. 213, 220). Auch die Mitgliedschaft in der WPV wurde ihm verweigert. Freud am 10. 11. 1924 an Federn (SFP; mit Dank an M. Schröter): »[...] hätten Sie natürlich nicht so sicher sein müssen, daß meine eingestandene Sympathie für U[rbantschitsch] stark genug sein wird, ihn der Gesellschaft gegen deren Willen aufzudrängen. [...] Überdies habe ich ja vor Ihnen und den anderen kein Geheimnis daraus gemacht, daß die fortschreitende Erkenntnis seiner Unwahrhaftigkeit es mir unmöglich gemacht hat, weitere Schritte zu seinen Gunsten zu tun.« 1936 wanderte Urbantschitsch in die USA aus, wo er sich zunächst in Los Angeles, dann in San Francisco niederließ (Gröger 1992b; Urban 1958; BL/WPV).

Vetter, Hans (1897-1963) studierte Architektur. Das von ihm geplante Einfamilienhaus in der Werkbundsiedlung (Wien XIII.) liegt unweit des Hauses, in dem Rosa Dworschak jahrelang wohnte. Vetter emigrierte über England nach den USA; in späteren Jahren war er ausschließlich literarisch tätig.

Wälder, Robert (1900–1960) studierte Physik; Analyse bei Jokl, später bei Nunberg und A. Freud (bis 1938). 1924 Mitglied der WPV; ab 1925 lehrte er im Lehrinstitut. 1932–1938 mit E. Kris Herausgeber der *Imago*. 1938 Emigration nach London, kurz darauf in die USA. Er ließ sich zunächst in Boston nieder, 1943 übersiedelte er nach Philadelphia, wo er Lehranalytiker des psychoanalytischen Instituts wurde (BL/WPV).

Wälder-Hall, Jenny (geb. Pollak) (1898–1989) war Medizinerin, 1928/30 Mitglied der WPV. 1930 heiratete sie Robert Wälder, 1941 den Historiker Duncan Hall. 1938 Emigration in die USA, Mitglied und Lehranalytikerin der Boston Psychoanalytic Society. Später noch mehrere Ortswechsel (BL/F; BL/WPV).

Wagner-Jauregg, Julius (1857–1940) war ab 1893 Professor für Psychiatrie und Nervenheilkunde in Wien; erhielt 1927 den Nobelpreis für Medizin. Geriet 1920 in einen Konflikt mit Freud wegen seiner Behandlung von Kriegsneurotikern (Eissler 1979).

Wagner-Simon, Therese war in den 1940er Jahren Generalsekretärin der Semaines Internationales d'Etudes pour l'Enfance victime de la Guerre (S.E.P.E.G.) (vgl. III.3.d und 117AA).

Walk, Rosa (1893–1942), Medizinerin, war seit 1933 ao. Mitglied der WPV. Sie emigrierte 1938 nach Paris. Als sie 1942 dort von der Gestapo festgenommen worden war, nahm sie sich durch einen Sprung aus dem Fenster das Leben (nach einer Mitteilung K. R. Eisslers) (BL/WPV).

Watermann, August (1890–1944) war Arzt in Hamburg; 1927/29 Mitglied der DPG. 1933 Emigration in die Niederlande, wo er sich in Den Haag niederließ. Wurde 1944 mit seiner Familie nach Theresienstadt, dann nach Auschwitz deportiert, wo sie ermordet wurden (Stroeken 2011).

Watzek, Adolf (1881-1950) war ab 1923 Leiter des Arbeitsamtes für Metallarbeiter und sozialdemokratischer Gewerkschaftsfunktionär. 1938 Staatssekretär im Kabinett Schuschnigg, wurde er ins KZ Dachau transportiert. Nach 1945 Leiter des Arbeitsamtes Wien; vielfache Zusammenarbeit mit Aichhorn.

Weigert, Edith (geb. Vowinckel) (1894–1982) war Psychiaterin; wurde 1929/30 Mitglied der DPG. 1935 emigrierte sie mit ihrem Mann (der konvertierter Jude war) in die Türkei, wo sie sich um die Verbreitung der Psychoanalyse bemühte (Brief an Eitingon, 7. 3. 1936; NME). 1938 ging sie mit ihrer Familie in die USA. Sie schrieb am 2. 4. 1938 an Eitingon (ebd.): »Die bevorstehende Beendigung der Arbeit meines Mannes hier und die bedrohliche Entwicklung in Europa hat uns bewogen, unsere Übersiedlung nach U.S.A. zu beschleunigen. […] Von Dr. Müller-Braunschweig hatte ich direkte Nachricht aus Wien, die verhältnismässig beruhigend klang, von des Professors überlegener seelischer Haltung sprach. Aber man kann ja nur sorgenvoll dorthin denken.« Weigert wurde 1938 Mitglied, 1939 Lehranalytikerin der Washington-Baltimore Psychoanalytic Society (Holmes 2007).

Weiskirchner, Richard (1861–1926) war 1912–1919 Bürgermeister von Wien.

Weiss, Jula war Sekretärin. Am 19. 5. 1938 schrieb A. Freud an Eitingon über sie (NME): »Bei uns im Verlag hat seit 2 ½ Jahren eine kleine Sekretärin gearbeitet, die ich auch schon aus früherer Erfahrung kenne. Ein sehr braves, stilles, bescheidenes jüdisches Mädchen, ganz arm, ohne Verwandte, ohne die Fähigkeit, sich selber irgendwie in Positur zu setzten, unerhört fleissig und anständig. Sie ist jetzt erwerbslos, wird, wenn wir weggehen, auch ohne Freunde und ohne Anhalt sein. Ich weiss sehr gut, man kann sie nicht auf ein Zertifikat nach Palästina bringen […]. Aber ich hatte folgende Idee. Könnte man nicht auf dem Umweg über die Jugend Alija etwas machen. […] / Wir können doch unsere eigenen ehemaligen Angestellten nicht so einfach sitzen lassen.« Weiss emigrierte schließlich nach London und war Sekretärin Anna Freuds und der Hampstead Nurseries (Bon 1994).

Wilker; Karl (1885–1980) war Sozialpädagoge; internationale Bekanntheit erlangte er durch sein Wirken an der Berliner Fürsorgeanstalt »Lindenhof«.

Williams, Frankwood E. (1883-1936) war Psychiater. 1916–1931 gehörte er dem National Committee for Mental Hygiene an, während der letzten neun Jahre als dessen medizischer Leiter. 1925 war er in Wien in Analyse bei Rank.

Wimperis, Virginia war 1946/47 in der Presseabteilung der Allied Commission for Austria tätig. Sie berichtete in ihrem »Vienna Journal« (geführt vom 21. 2. bis 6. 5. 1946), das sie an Anna Freud übersandte (AFP; vgl. A. Freud an Wimperis, 28. 6.), über ihre Besuche bei Fadenbergers in Hochrotherd und über ihre Eindrücke vom damaligen Leben in Wien.

Winkelmayer, Franz (1885–1959) war Anstaltspsychologe in Oberhollabrunn (erwähnt in Aichhorn 1923, S. 210), später arbeitete er im Erziehungsheim Eggenburg und als Heilpädagoge im städtischen Kinderheim Wilhelminenberg. Nach Aichhorns Pensionierung übernahm er die Leitung der Erziehungsberatungsstellen des Jugendamtes der Stadt Wien (vgl. Rudolph u. Benetka 2007). 1943 wurde er zum Leiter des Erziehungsheimes Am Spiegelgrund ernannt (Malina 2002, S. 91 ff.).

Winnicott, Donald W. (1896–1971) war Kinderarzt; 1934/36 Mitglied der BPS. Er galt während der Zeit der Freud/Klein-Kontroversen als Kleinianer, später als Mitglied der »Middle Group«.

Winterstein, Alfred Robert Friedrich (Freiherr v.) (1885–1958) lernte Freud im Winter 1907/08 kennen (Winterstein 1995, S. 6 f.). Studium der Philosophie; 1910 Mitglied der WPV; 1914–1923 im Staatsdienst angestellt. Er war mit Schnitzler und Hofmannsthal befreundet und auch selbst sowohl literarisch wie journalistisch tätig (vgl. Tichy u. Zwettler-Otte 1999, S. 162 ff.). 1937 veröffentlichte er ein Buch *Telepathie und Hellsehen*. 1938, nach der Auflösung der WPV, zog er sich ins Privatleben zurück und arbeitete an einer psychoanalytischen Studie über Adalbert Stifter (1946; vgl. Mann 1991, S. 104). Am 19. 10. 1946 schrieb er an A. Freud (AFP): »Meine Zeilen bezwecken in erster Linie, Sie auf meine soeben erscheinende Stifter-Biographie aufmerksam zu machen, die erste psychoanalytische Schrift, die in Österreich veröffentlicht wird (wenn man von den ›Fünf Vorlesungen‹ Ihres verehrten Vaters absieht, die Deuticke in neuer Auflage herausgebracht hat). […] / Auch ich habe während der Naziherrschaft hier psychoanalytisch gearbeitet und wurde deswegen 1941 der Gestapo vorgeführt. Meine psychoanalytische Bibliothek wurde beschlagnahmt, aber zum Glück nicht fortgeschafft, weil das Auto der Gestapo nicht groß genug war, um die Koffer mit den Büchern aufzunehmen. Seit 1942 leide ich an einer Coronarsklerose und an Arthritis, so daß ich in meiner Leistungsfähigkeit gehemmt bin, was mich auch im Hinblick auf meine Funktion als Obmannstellvertreter der Wiener Vereinigung schmerzt. Bei der Eröffnungsfeier am 10. April d. J. hielt ich die Gedenkrede auf Ihren Vater.« Aichhorn setzte sich gleich nach Kriegsende mit Winterstein in Verbindung, um ihn zur Mitarbeit in der WPV zu gewinnen. Winterstein wurde Obmannstellvertreter und Leiter der wissenschaftlichen Abteilung; von der letzteren Stelle ließe er sich mit Schreiben vom 26. 6.1947 an Aichhorn (NAA) »aus gesundheitlichen Gründen« entheben. Nach Aichhorns Tod war er bis 1957 Obmann der WPV (vgl. E. Federn 1995; Weinzierl 1994; BL/WPV).

Wolf, Klara (geb. 1914) studierte Psychologie in Wien; 1938 Emigration in die USA. Arbeitete mit E. Kris an einer englischsprachigen Auswahl von Arbeiten aus der *Zeitschrift für Psychoanalytische Pädagogik*. Als Angehörige der amerikanischen Armee (Frau Dr. Wolf, Civ.Hq.U.S.F.A. U.S.A.C.A. c/o Postmaster New York City) kam sie im Spätsommer 1945 nach Wien. Mit ihrer Hilfe konnte Aichhorn Kontakt zu den Kollegen in London (A. Freud) und in den USA (die Eisslers, Kramer, E. Kris, M. Mahler) aufnehmen. Wolf beteiligte sich an den Bestrebungen zur Wiedereröffnung der WPV, gehörte dem Proponentenkomitee an und wurde Mitglied. Im Frühjahr 1946 verließ sie Wien wieder; Tätigkeit an Child Guidance Clinics in Kalifornien. Bereitete nach Aichhorns Tod einen englischen Sammelband seiner Arbeiten vor, der aber nicht realisiert wurde (A/M).

Zechner, Leopold (1884–1968) war Lehrer. 1930 wurde er Bezirksschulinspektor, 1934 aus politischen Gründen zwangspensioniert. 1945–1960 Präsident des Wiener Stadtschulrats.

Zingher, Karl (1909–2003) besuchte das Gymnasium des Stifts Melk und studierte Rechtswissenschaften an der Universität Wien. Seine Konzipientenzeit verbrachte er in Salzburg, seine Anwaltsprüfung legte er in Innsbruck ab. Erst nach Beendigung des Kriegs war ihm die Niederlassung als Rechtsanwalt möglich; er eröffnete im Herbst 1945 seine Kanzlei, die er bis zum 31. 1. 2000 versah. Autor zahlreicher Publikationen, Kommentator des Mietengesetzes/Mietrechtsgesetzes (mit Dank an Madeleine Zingher, seine Tochter und Nachfolgerin).

Zulliger, Hans (1893–1965) war von 1912 bis 1959 Dorfschullehrer in Ittigen bei Bern. Entwickelte eine psychoanalytische Pädagogik für die Schule (Milhaud-Cappe 2007, S. 125 ff.).

Abkürzungen

1. Archive und Nachlässe

ABPS	Archiv British Psychoanalytical Society, London
ACIP	Archiv Chicago Institute of Psychoanalysis
AFML	Archiv Freud Museum London
AFP	Anna Freud Papers (LoC)
ANY	Archiv der New York Psychoanalytic Institute and Society
AÖNB	Archiv der Österreichischen Nationalbibliothek, Wien
AWPV	Archiv der Wiener Psychoanalytischen Vereinigung
AWSSR	Archiv des Wiener Stadtschulrats
BAK	Bundesarchiv Koblenz, Bestand »Kleine Erwerbungen«
EKP	Ernst Kris Papers (LoC)
HFP	Harry Freud Papers (LoC)
LoC	Library of Congress, Washington: Manuscript Division
MBP	Marie Bonaparte Papers (LoC)
NAA	Nachlass August Aichhorn (Thomas Aichhorn, Wien)
NLB	Nachlass Lambert Bolterauer (Johanna Bolterauer, Wien)
NME	Nachlass Max Eitingon (Israel State Archives, Jerusalem)
NOF	Nachlass Otto Fleischmann (Archive at the College of Physicians, Philadelphia)
NRD	Nachlass Rosa Dworschak (Susanne Mauritz, Wien)
OFP	Otto Fenichel Papers (LoC)
OHC	Oral History Research Office, Columbia University New York: Psychoanalytic Project
ÖstA	Österreichisches Staatsarchiv, Wien
SBP	Siegfried Bernfeld Papers (LoC)
SFP	Sigmund Freud Papers (LoC)
ThA	Archiv Thomas Aichhorn, Wien
UE	University of Essex, Library, Special Collections: Sigmund Freud Collection; mit Dank an Thomas Roberts
WStLA	Wiener Stadt- und Landesarchiv

2. Sonstige Abkürzungen

A/M	Aichhorn u. Mühlleitner 2003
AA	August Aichhorn
AF	Anna Freud
AiV	Ash i. V.
BL/F	Psychoanalytikerinnen, Biografisches Lexikon http://www.psychoanalytikerinnen.de
BL/WPV	Mühlleitner 1992
BPI	Berliner Psychoanalytisches Institut
BPS	British Psychoanalytical Society
DPG	Deutsche Psychoanalytische Gesellschaft
DPV	Deutsche Psychoanalytische Vereinigung
F/E	Freud u. Eitingon 2004
IJ	*International Journal of Psycho-Analysis*
Int.	Interview
IPV	Internationale Psychoanalytische Vereinigung
IUK	Internationale Unterrichtskommission
IZ	*Internationale Zeitschrift für Psychoanalyse*
K/K	Keintzel u. Korotin 2002
KRE/AA	T. Aichhorn u. Schröter 2007
LAS/AF	Andreas-Salomé u. A. Freud 2001
masch.	maschinenschriftlich
Ms.	Manuskript
SS	Sommersemester
uv.	unveröffentlicht
WPV	Wiener Psychoanalytische Vereinigung
WS	Wintersemester

Abbildungsverzeichnis

Umschlag: *August Aichhorn und Anna Freud, Lausanne 1948* (Nachlass A. Aichhorn).

S. 9: *August Aichhorn, ca. 1925* (Nachlass A. Aichhorn).

S. 20: *Anna Freud, 1920er Jahre* (Freud Museum Publications LTD).

S. 71: *August Aichhorn und Rosa Dworschak, ca. 1935* (Nachlass R. Dworschak).

S. 86: *August Aichhorn und Anna Freud, 1930er Jahre* (Freud Museum Publications LTD).

S. 148: *August Aichhorn bei der Ansprache am 10. 4. 1946* (Lucca Chmel; Nachlass A. Aichhorn).

S. 149: *Leopold Zechner, August Aichhorn, Felix Hurdes und Otto Kauders* (Lucca Chmel; Nachlass A. Aichhorn).

S. 151: *August Aichhorn, vor 1938; Porträtfoto von Trude Fleischmann* (Nachlass A. Aichhorn).

S. 192: *Organisationsplan der WPV 1946* (Archiv WPV).

S. 196: *August Aichhorn und Karl Seitz bei der Wiedereröffnung der WPV* (Lucca Chmel; Nachlass A. Aichhorn.

S. 236: *Räumlichkeiten in der Rathausstraße 20: WPV und Aichhorns Privatwohnung* (Nachlass A. Aichhorn).

S. 249 f.: *August Aichhorn an Anna Freud, Brief vom 9. 8. 1947* (Library of Congress, A. Freud Papers; mit Dank an Gerhard Fichtner).

S. 280: *Anna Freud und August Aichhorn in Lausanne, März 1948* (Nachlass A. Aichhorn).

S. 309: *Kate Friedlander und Otto Fleischmann in Lausanne, März 1948* (Nachlass A. Aichhorn).

S. 327 f.: *Anna Freud an August Aichhorn, Brief vom 23. 4. 1948* (Library of Congress, A. Freud Papers; mit Dank an Gerhard Fichtner).

S. 338: *Anna Freud in Lausanne, März 1948* (Nachlass A. Aichhorn).

S. 354: *Anna Freud und Aichhorn in Lausanne, März 1948: das »schiefe« Foto mit Retuschieranweisungen Aichhorns* (Nachlass A. Aichhorn).

S. 359: *Querschnitt durch das Haus Berggasse 19* (Nachlass A. Aichhorn).

S. 365 f.: *Grußadresse an Aichhorn aus London, 21. 8. 1948* (Nachlass A. Aichhorn).

S. 422: *August Aichhorn und Günther v. Baszel, mit Porträt Aichhorn* (Nachlass A. Aichhorn).

S. 442: *August Aichhorn auf dem Weg zur Rathausstr. 20* (Nachlass A. Aichhorn).

Literatur

August Aichhorn[1]

(1917): Einige Winke über die Gestaltung der Beschäftigung bei der vaterländischen Erziehung. Informationskurs für Jugendführer, K.K. Ministerium für Landesverteidigung; Wien, 24. VIII. 1917 (masch.).
(1923): Über Erziehung in Besserungsanstalten. Imago, 9: 189–221; Wiederabdruck in: Aichhorn (2011): 57-90; engl in: Aichhorn (1964): 15–48; franz. in: Aichhorn (2007): 89–115.
(1925): Verwahrloste Jugend. Leipzig–Wien–Zürich (Internat. Psychoanal. Verl.); 2. Aufl.: ebd. 1931; 3. Aufl. (und alle weiteren): Bern (Huber) 1951 (und später); Übersetzungen: engl. 1935, franz. 1973, 2000, hebr. 1947, italien. 1978, niederländ. 1952, schwed. 1960, span. 1956. 2006.
(1927): Psychoanalyse und Fürsorgeerziehung. Fortbildungskurs für Fürsorgerinnen, Reichsverband der Fürsorgerinnen, Chemnitz, 16. V. 1927 (masch.); Teilveröff. in: Aichhorn, T. (1976): 101–109
(1928): Bemerkungen zur strafrechtlichen Verfolgung jugendlicher Rechtsbrecher. Eingeschickt zur Conférence International du Service Social, Paris, Juli 1928. Sonderdruck in NAA.
(1930b): Treatment versus punishment in the management of juvenile delinquents. Vortrag für den ersten Internationalen Kongreß für psychische Hygiene, Washington, Mai 1930. In: Aichhorn (1964): 80–100; franz. in: Aichhorn (2007): 89–115.
(1931): Lohn oder Strafe als Erziehungsmittel? Zschr. Psychoanal. Päd., 5: 273–285; Wiederabdruck in: Aichhorn (1959): 102–115; Aichhorn (2011): 91-107; Röhrs, H. (Hg.): Die Disziplin in ihrem Verhältnis zu Lohn und Strafe. Frankfurt a. M. (Akadem. Verlagsges.) 1968: 271–284; engl. in: Aichhorn (1964): 80–100.
(1932): Erziehungsberatung. Zschr. Psychoanal. Päd., 6: 445–488; Wiederabdruck in: Aichhorn (1970): 9-57.
(1936): Zur Technik der Erziehungsberatung. Die Übertragung. Zschr. Psychoanal. Päd., 10: 5–74; Wiederabdruck in: Aichhorn (1970): 58–126; engl. in: Aichhorn (1964): 101–192;

---

[1] Die Titel in dieser Liste sind nach dem Entstehungsdatum geordnet; es wurden auch unveröffentlichte Typoskripte aufgenommen (alle in NAA). Eine vollständige Aichhorn-Bibliographie, einschließlich seiner erhaltenen ungedruckten Arbeiten, ist in Aichhorn (2007) abgedruckt, eine Liste der veröffentlichten Arbeiten in Aichhorn (2011).

(1937): Die narzißtische Übertragung des »jugendlichen Hochstaplers«. Almanach Psychoanal.: 198–215 [Auszug aus 1936].

(1938): Der verwahrloste, neurotische Jugendliche. 1. Fassung: Vortrag am Psychologischen Institut der Universität Wien, 31. 1. 1938; 2. Fassung: Vortrag am Deutschen Institut für Psychologische Forschung und Psychotherapie, Berlin, 22. Juni 1938; Arbeitsgemeinschaft Stuttgart des Deutschen Instituts für Psychologische Forschung und Psychotherapie, Stuttgart, 8. Oktober 1938; Psychologisch interessierter Kreis um Dr. Bally, Zürich, 10. Oktober 1938; Ungarische Psychologische Gesellschaft, kriminalistische Sektion, Budapest, 14. Mai 1940 (masch.).

(1942); Ein häufig vorkommender, eigenartig determinierter Erziehungsnotstand und dessen Behebung (Vortrag: Königlich Ungarisches Institut für Kinderpsychologie, Budapest, 19. Juni 1942). In: Bolterauer (1960): 9–23.

(1945): Zur Technik der psychoanalytischen Erziehungsberatung, 13 Vorträge. Einführungskurs für Erziehungsberaterinnen des Städtischen Jugendamtes und Berufsberater des Wiener Arbeitsamtes; Wien, 18. 9. 1945 bis 18. 12. 1945 (masch.).

(1946a): Psychologische Probleme in der Erziehungsberatung. In: Zechner, L. (Hg.): Wissenschaft und Kunst. Wien (Verlag für Jugend und Volk): 119–131; Wiederabdruck: Schweiz. Zschr. Psychol. Anwend., 8 (1949): 105-120; Aichhorn (1959): 9–24.

(1946b): Die Psychoanalyse Sigmund Freuds (masch.).

(1946c): Verhütung der Verwahrlosung. Vortrag, Volkshochschule Ludo Hartmannplatz, 2. 11. 1946 (masch.).

(1946d): Sigmund Freud (masch.).

(1947a): Die sittlich gefährdete, beziehungsweise sich prostituierende weibliche Jugend und deren fürsorgerische Betreuung (masch.); engl.: Some remarks on the psychic structure and social care of a certain type of female juvenile delinquents. Psychoanal. Study Child, 3–4 (1949): 439–448; Wiederabdruck: Adolescence, 21 (2003): 505–516.

(1947b): Gewaltlose Erziehung. In: Schweiz. Zschr. Psychol. Anwend., Beiheft 14 (1948): 99-115; Wiederabdruck in: Aichhorn (1959): 134–150; Aichhorn (2011): 130-152.

(1948a): Die Verwahrlosung und die Wissenschaft. In: Aichhorn (1959): 151–166.

(1948b): Kategorien der Verwahrlosung. In: Aichhorn (1959): 167–188; franz. in: Aichhorn (2007): 189–203.

(1948c): Forderungen an den Erziehungsberater. In: Aichhorn (1959): 25–46.

(1948d): Die Verwahrlosung einmal anders gesehen. Kinderpsychoanal., 14 (1): 80–109; Aichhorn (2011): 153-186; engl. in: Aichhorn (1964): 218–235.

(1948e): Bericht für die Gemeinde Wien über das Erziehungsheim Eggenburg (masch.).

(1949): [Vorträge Lausanne 1948] I. Kurzer geschichtlicher Überblick a) Der Verwahrloste und das Gesetz; II. Kurzer geschichtlicher Überblick b) Der Verwahrloste und die Gesellschaft; III. Kurzer geschichtlicher Überblick c) Der Verwahrloste und die Wissenschaft Psychoanalyse [= 1948a]; IV. Kategorien der Verwahrlosung [= 1948b]. Publiziert in einem vom Office Médico-Pédagogique Vaudois Heft.

(1959): Erziehungsberatung und Erziehungshilfe. Zwölf Vorträge über psychoanalytische Pädagogik, aus dem Nachlaß August Aichhorns mit einem Beitrag von Heinrich Meng. Bern–Stuttgart (Huber); Neuausgabe: Reinbek b. Hamburg (Rowohlt) 1972.

(1964): Delinquency and child guidance. Selected papers, hg. von O. Fleischmann, P. Kramer u. H. Ross. New York (Internat. Univ. Pr.).

(1970): Psychoanalyse und Erziehungsberatung. München–Basel (Reinhardt); Neuausgabe: Frankfurt a. M. (Fischer TB) 1974.

(2007): Cliniques de la délinquance, hg. von F. Houssier u. F. Marty. Nîmes (Champ social éd.).

(2011): August Aichhorn, Pionier der psychoanalytischen Sozialarbeit, hg. von. T. Aichhorn. Wien (Löcker).

Anna Freud

(1922): Schlagephantasien und Tagträume. In: (1980), Bd. 1: 141–159.

(1928): Zur Theorie der Kinderanalyse. In: (1980), Bd. 1: 165–177.

(1930): Einführung in die Psychoanalyse für Pädagogen. In (unter dem Titel: Vier Vorträge über Psychoanalyse für Lehrer und Eltern): (1980), Bd.1: 77–138.

(1936): Das Ich und die Abwehrmechanismen. In: (1980), Bd.1: 193–355.

(1946): The psychoanalytic study of infantile feeding disturbances. Psychoanal. Study Child, 2: 119–132; dt.: Das psychoanalytische Studium der frühkindlichen Eßstörungen. In: (1980), Bd. 4: 1041–1060.

(1947): Emotional and instinctual development; dt.: Die Entwicklung der Trieb- und Gefühlslebens. In: (1980), Bd. 5: 1445–1472.

(1949a): Certain types and stages of social maladjustment. In: Eissler (Hg.): 193–204; dt.: Über bestimmte Phasen und Typen der Dissozialität und Verwahrlosung. In: Bolterauer (1960): 195–206; Freud, A. (1980), Bd. 4: 1077–1093.

(1949b): Die Aggression in ihrer Beziehung zur normalen und pathologischen Gefühlsentwicklung. In: dies. (1956): Einführung in die Psychoanalyse für Pädagogen, 3. Aufl. Bern (Huber): 85-90.

(1949c): Bemerkungen zur Aggression. In: (1980), Bd. 4: 1061–1075.

(1951a): August Aichhorn: 27. Juli 1978 – 17. Oktober 1949. In: (1980), Bd. 5: 1591–1604.

(1951b): Infantile disturbances of feeding and sleeping [Kurzreferat]. Bull. Amer. Psychoanal. Ass., 7: 124–126.

(1952): Studien über Passivität. In: (1980), Bd. 4: 1243–1256.
(1954): Der wachsende Indikationsbereich der Psychoanalyse. Diskussion. In: (1980), Bd. 5: 1349-1367.
(1958–60): Diskussion von John Bowlbys Arbeit über Trennung und Trauer. In: (1980), Bd. 6: 1771-1788.
(1967): Über Verlieren und Verlorengehen. In: (1980), Bd. 4: 1295–1307.
(1979): Der Kindergarten aus der Sicht der Tiefenpsychologie. In: (1980), Bd. 10: 2891–2904.
(1980): Die Schriften der Anna Freud, 10 Bde. München (Kindler).
(1994 [1992]): Briefe an Eva Rosenfeld, hg. von P. Heller. Basel–Frankfurt a. M. (Stroemfeld/Nexus).
(o. J.): Sublimation as a factor in upbringing. Health Education Journal, Ref. No. A20.
mit Dann, S. (1951): Gemeinschaftsleben im frühen Kindesalter. In: Freud, A. (1980), Bd. 4: 1161–1228.

Sonstige Literatur

Abraham, N. (1999 [1972]): Introduction à Hermann. In: Nemes u. Berényi (Hg.): 251 f.
Adunka, E. (2002): Der Raub der Bücher. Plünderung in der NS-Zeit und Restitution nach 1945. Wien (Czernin).
Aichhorn, M. (2006): Elemente Psychoanalytischer Pädagogik an alternativen Schulen. Die Burlingham-Rosenfeld-Schule und die Freie Schule Hofmühlgasse im Vergleich. Universitätslehrgang iff Standort Wien »Psychoanalytische Pädagogik«; Masterthesis (masch.).
Aichhorn, Theres (1997): The Hampstead Nursery at the Anna Freud Centre in London, as an example for psychoanalytic pedagogics. Diplomarbeit an der Grund- und Integrativwiss. Fakultät der Universität Wien (masch.).
Aichhorn, T. (Hg.) (1976): Wer war August Aichhorn? Briefe, Dokumente, Unveröffentlichte Arbeiten. Wien (Löcker & Wögenstein).
Aichhorn, T. (2001a): »Ich werde zeigen, dass ich es kann«. Aus dem Briefwechsel August Aichhorn – Rosa Dworschak. In: Brainin (2001): 17-32.
Aichhorn, T. (Hg.) (2001b): Die Protokolle des »Seminars für Psychoanalytische Erziehungsberatung« der Wiener psychoanalytischen Vereinigung aus den Jahren 1946/47. In: WPV (Hg.): Psychoanalyse für Pädagogen. Wien (Picus): 147–241.
Aichhorn, T. (2003): »Die Psychoanalyse kann nur dort gedeihen, wo die Freiheit des Gedankens herrscht« (Anna Freud anläßlich der Wiedereröffnung der WPV am 10. 4. 1946). Luzifer-Amor, 16 (31): 106–123.
Aichhorn, T. (2004): Bericht über die psychoanalytisch-pädagogische Ausbildung im

Rahmen der Wiener Psychoanalytischen Vereinigung bis 1938. Mit Dokumenten. Luzifer-Amor, 17 (34): 7–34.

Aichhorn, T. (2005): Bausteine für eine Chronik der WPV. 1938–1950. In: WPV (Hg.): 29–62.

Aichhorn, T. (2006a): Zurück nach Wien? Die Rückkehr von Psychoanalytikern aus dem Exil. In: Wiesinger-Stock et al. (Hg.): Vom Weggehen. Zum Exil von Kunst und Wissenschaft. Wien (Mandelbaum): 261–276.

Aichhorn, T. (2006b): Vorbemerkungen zu August Aichhorns Vortrag: »Die Verwahrlosung einmal anders gesehen«. Kinderpsychoanal., 14: 63–79.

Aichhorn, T. (2007): La pédagogie psychanalytique »viennoise«. Commentaire à l'éducation non violente par A. Aichhorn. In: Marty, F. u. Houssier, F. (Hg.): Éduquer l'adolescent. Nîmes (Champs social éd.): 187–200.

Aichhorn, T. (2008): Von Wien aus hat das alles anders ausgesehen. Psychoanal. Europa. Bull., 62: 113–126.

Aichhorn, T. (2009): »Mrs. Klein herself is a very kind and human personality whom I hope you will learn to appreciate«. In: Die Großen Kontroversen. Sigmund-Freud-Vorlesungen 2007, hg. von C. Diercks u. S. Schlüter. Wien (Mandelbaum): 284–297.

Aichhorn, T. (2011): »…nicht Anwalt der Gesellschaft, sondern Anwalt der Verwahrlosten zu sein!« Beiträge zur Biographie und zum Werk August Aichhorns. In: Aichhorn, A. (2011): 7–54.

Aichhorn, T. (i. V./a): »Es war im letzten Kriegssommer des Ersten Weltkrieges …«. Über Kata, Lajos und Willy Lévy. In: Hermanns, L. M. u. Hirschmüller, A. (Hg.): [Gedenkschrift für Gerhard Fichtner]. Stuttgart (frommann-holzboog).

Aichhorn, T. (i. V./b): Der Fall (Fall Haberl). Luzifer-Amor.

Aichhorn, T. u. Mühlleitner, E. (2003): Auf den »Trümmern« der Psychoanalyse. Wiener Psychoanalytikerinnen während und nach dem Krieg. Luzifer-Amor, 16 (32): 66–98.

Aichhorn, T. u. Schröter, M. (2007): K. R. Eissler und August Aichhorn. Aus ihrem Briefwechsel 1945–1949. Luzifer-Amor, 20 (40): 7–90.

Andreas-Salomé, L. u. Freud, A. (2001): »… als käm ich heim zu Vater und Schwester«. Briefwechsel 1919–1937, hg. von D. A. Rothe und I. Weber, Transkription D. Pfeiffer. Göttingen (Wallstein).

Antonovsky, A. (1988): Aryan analysts in Nazi Germany. Questions of adaptation, desymbolization, and betrayal. Psychoanal. Contemp. Thought, 11: 213–231.

Ash, M. G. (Hg.) (2010): Psychoanalyse in totalitären und autoritären Regimen. Frankfurt a. M. (Brandes & Apsel).

Ash, M. G. (Hg.) (i. V.): Materialien zur Geschichte der Psychoanalyse in Wien, 1938–45. Ergebnisse des Projektes »Brüche und Kontinuitäten in der Geschichte der Wiener Psychoanalytischen Vereinigung nach 1938«. Frankfurt a. M. (Brandes & Apsel).

Ash, M. G. u. Söllner, A. (Hg.) (1996): Forced migration and scientific change. Emigré German-speaking scientists and scholars after 1933. Cambridge, MA etc. (Cambridge Univ. Pr.).
Ascher, C. (2003): The force of ideas. Luzifer-Amor, 16 (32): 150–169.
Ascher, C. (2008): Afterimages. A family memoir. Teaneck, NJ (Holmes & Meir).
Barth, D. (2010): Kinderheim Baumgarten. Siegfried Bernfelds »Versuch mit neuer Erziehung« aus psychoanalytischer und soziologischer Sicht. Gießen (Psychosozial).
Bauer, K. (2003). Elementar-Ereignis. Die österreichischen Nationalsozialisten und der Juliputsch 1934. Wien (Czernin).
Behling, K. (2002): Martha Freud. Die Frau des Genies. Berlin (Aufbau).
Benetka, G. (1995): Psychologie in Wien. Sozial- und Theoriegeschichte des Wiener Psychologischen Instituts 1922–1938. Wien (WUV-Universitätsverl.).
Benetka, G. (1998): Entnazifizierung und verhinderte Rückkehr. Zur personellen Situation der akademischen Psychologie in Österreich nach 1945. Österr. Zschr. Geschichtswiss., 9: 188–217.
Benetka, G. u. Rudolph, C. (2008): »Selbstverständlich ist vieles damals geschehen...«. Igor A. Caruso *Am Spiegelgrund*. Werkblatt, 25 (60): 5–45.
Berner, W. (1996): Wilhelm Graf Solms zu Rödelheim zum Gedenken. Bull. WPV, 7: 77–97.
Bernfeld, S. (1921): Kinderheim Baumgarten. Bericht über einen ernsthaften Versuch mit neuer Erziehung. Berlin (Jüdischer Verlag).
Bernfeld, Siegfried (1925): Sisyphos oder die Grenzen der Erziehung. Leipzig–Wien–Zürich (Internat. Psychoanal. Verlag).
Bernfeld, Siegfried (1927): Die heutige Psychologie der Pubertät. Zur Kritik ihrer Wissenschaftlichkeit. Ein Sammelreferat. In: ders. (1991): Sämtliche Werke, Bd. 1. Weinheim–Basel (Beltz): 161–230.
Bernhardt, H. u. Lockot, R. (Hg.) (2000): Mit ohne Freud. Zur Geschichte der Psychoanalyse in Ostdeutschland. Gießen (Psychosozial).
Bertin, C. (1989 [1982]): Die letzte Bonaparte – Freuds Prinzessin. Ein Leben. Freiburg i. Br. (Kore).
Bittner, G. u. Heller, P. (Hg.) (1983): Eine Kinderanalyse bei Anna Freud (1929–1932). Würzburg (Königshausen + Neumann).
Bley, S. (2010): Felix Schottlaender. Leben und Werk. Frankfurt a. M. (Brandes & Apsel).
Bolterauer, C. (2001): Lebenslauf von Dr. Hedwig Bolterauer. Internes Bull. WPV, 2001: 57–59.
Bolterauer, L. (Hg.) (1960): Aus der Werkstatt des Erziehungsberaters. Gedenkschrift zur 10. Wiederkehr des Todestages August Aichhorns. Wien (Jugend & Volk).

Bolterauer, L. (2009 [1992]): Über mein Leben. In: Hermanns, L. (Hg.): Psychoanalyse in Selbstdarstellungen, Bd. I/1. Frankfurt a. M. (Brandes & Apsel): 43-87.
Bonaparte, M. (1947): Myths of war. London (Imago).
Botz, G. (2008): Nationalsozialismus in Wien. Machtübernahme, Herrschaftssicherung, Radikalisierung 1938/39. Wien (Mandelbaum).
Brabant-Gerö, E. (1993): Ferenczi et l'école hongroise de psychanalyse. Paris (l'Harmattan).
Brainin, E. (Hg.) (2001): Kinderpsychotherapie. Symposion: »50 Jahre Institute für Erziehungshilfe«. Wien (Literas).
Brainin, E. u. Teicher, S. (2004): Die Wiener psychoanalytische Vereinigung und der Nationalsozialismus. Tel Aviver Jb. dt. Gesch., 32: 274–296.
Brecht, K. et al. (Hg.) (1985): »Hier geht das Leben auf eine sehr merkwürdige Weise weiter ...«. Zur Geschichte der Psychoanalyse in Deutschland. Hamburg (M. Kellner).
Brühmann, H. (1996): Metapsychologie und Standespolitik. Die Freud/Klein-Kontroverse. Luzifer-Amor, 9 (17): 49–112.
Brunnbauer, H. (2006): Im Cottage von Währing/Döbling. Interessante Häuser – interessante Menschen II. Gösing (Ed. Weinviertel).
Bunzl, J. (1992): Siegfried Bernfeld und der Zionismus. In: Fallend u. Reichmayr (Hg.): 73–85.
Burlingham D. T. u. Freud, A. (1942): Young children in war-time. A year's work in a residental war nursery. London (Allen & Unwin); dt.: Kriegskinder. Jahresbericht des Kriegskinderheims *Hampstead Nurseries*. London (Imago) 1949; auch in: Freud, A. (1980), Bd. 2: 496–561.
Burlingham D. T. u. Freud, A. (1944): Infants without families. The case for and against residential nurseries. London (Allen & Unwin); dt.: Anstaltskinder. London (Imago) 1950; auch in: Freud, A. (1980), Bd. 3: 879–1003.
Burlingham, M. J. (1989): The last Tiffany. A biography of Dorothy Tiffany Burlingham. New York (Atheneum).

Cocks, G. (1997): Psychotherapy in the Third Reich. The Göring Institute, 2. Aufl. New Brunswick–London (Transactions).
Cocks, G. (2010): »Rechts um die Ecke rum«. Wichmannstraße, Berggasse, Keithstraße 1933–1945. In: Ash (Hg.): 35–57.
Coddens, M. (2008): La Belgique et la psychanalyse. Un rendez-vous manqué? Bull. Freudien, 50–51: 17–51.
Cohen, D. (2009): The escape of Sigmund Freud. London (JR Books).
Coles, R. (1995 [1992]): Anna Freud oder der Traum der Psychoanalyse. Frankfurt a. M. (S. Fischer).
Deutsch, H. (1975 [1973]): Selbstkonfrontation. Die Autobiographie der großen Psychoanalytikerin. München (Kindler).

Dietz, C. (2011): »Ich bin wohl der Dichter mit einem der lächerlichsten Schicksale«. Die Briefe Alexander Lernet-Holenias an Maria Charlotte Sweceny. Phil. Diss. Wien.

Dokumentationsarchiv des österreichischen Widerstandes (Hg.) (1995): Österreicher im Exil. USA 1938–1945. Bd. 1 u. 2. Wien (Österr. Bundesverlag).

Dräger, K. (1984 [1971]): Bemerkungen zu den Zeitumständen und zum Schicksal der Psychoanalyse und der Psychotherapie in Deutschland zwischen 1933 und 1949. In: Lohmann (Hg.): 41–53.

Dudek, P. (2012): »Er war halt genialer als die anderen«. Biografische Annäherungen an Siegfried Bernfeld. Gießen (Psychosozial).

Dworschak, R. (1968): Aus der Arbeit des Sozialarbeiters mit sexuell gefährdeten Mädchen und Frauen. In: Bang, R. (Hg.): Sexuelle Fehlhaltungen. München–Basel (Reinhardt): 71–101.

Dworschak, R. (1981): Erziehungsberatung mit August Aichhorn. In: Adam, E. (Hg.): Die Österreichische Reformpädagogik 1918–1938. Wien–Köln–Graz (Böhlau): 89–103.

Dyer, R. (1983): The work of Anna Freud. Her father's daughter. New York–London (Aronson).

Edmundson, M. (2009 [2007]): Sigmund Freud. Das Vermächtnis der letzten Jahre. München (Dt. Verlagsanstalt).

Eichelberger, B. (2001): Spurensuche. Auf den Lebensspuren von Lili Esther Peller-Roubiczek und der Wiener Montessori-Bewegung. In: Zwiauer u. Eichelberger (Hg.): 101–118.

Eichenberger, E. (2005): Leben und Werk von Gustav Hans Graber (1893–1982). In Reiter, A. (Hg.): Vorgeburtliche Wurzeln der Individuation. Heidelberg (Mattes): 15–30.

Eickhoff, F.-W. (1999a): In memoriam K. R. Eissler, M.D., Ph.D., 2. Juli 1908 – 17. Februar 1999. Jb. Psychoanal., 41: 209–214.

Eickhoff, F.-W. (1999b): Gesamtbibliographie K. R. Eissler. Jb. Psychoanal., 41: 215–223.

Eissler, K. R. (Hg.) (1949a): Searchlights on delinquency. New psychoanalytic studies, dedicated to Professor August Aichhorn on the occasion of his seventieth birthday, July 27, 1948. New York (Internat. Univ. Pr.).

Eissler, K. R. (1949b): A biographical outline. In: ders. (Hg.): IX–XIII; dt.: Abriss einer Biographie August Aichhorns. In: Aichhorn (1925), 3. Aufl. 1951: 201–206.

Eissler, K. R. (1965): Medical orthodoxy and the future of psychoanalysis. New York (Internat. Univ. Pr.).

Eissler, K. R. (1980 [1975]): Der Sündenfall des Menschen. In: ders.: Todestrieb, Ambivalenz, Narzißmus. München (Kindler): 64-131.

Eissler, K. R. (1979): Freud und Wagner-Jauregg vor der Kommission zur Erhebung militärischer Pflichtverletzungen. Wien (Löcker).

Eissler, K. R. (1980 [1975]): Der Sündenfall des Menschen. In: ders. (1980): Todestrieb, Ambivalenz, Narzißmus. München (Kindler): 64–134.

Eissler, R. (1989): Gezeiten. Gedichte. Gießen (Focus).

Engelman, E. (1977 [1976]): Berggasse 19. Das Wiener Domizil Sigmund Freuds. Stuttgart–Zürich (Belser).

Erdheim, C. (2006): Längst nicht mehr koscher. Die Geschichte einer Familie. Wien (Czernin).

Erikson, E. H. [Erik Homburger] (1930): Die Zukunft der Aufklärung und die Psychoanalyse. Zschr. Psychoanal. Päd., 4: 201–216.

Erikson, E. H. [Erik Homburger] (1931): Triebschicksale im Schulaufsatz. Zschr. Psychoanal. Päd., 5: 417–445.

Erikson, E. H. (1980): Dorothy Burlingham's school in Vienna. In: ders. (1987): A way of looking at things. Selected papers. New York–London (Norton): 3–13.

Erikson-Bloland, S. (2007 [2005]): Im Schatten des Ruhms. Erinnerungen an meinen Vater Erik H. Erikson. Gießen (Psychosozial).

Fallend, K. (1995): Sonderlinge, Träumer, Sensitive. Psychoanalyse auf dem Weg zur Institution und Profession. Protokolle der Wiener Psychoanalytischen Vereinigung und biographische Studien. Wien (Jugend & Volk).

Fallend, K. (2003): Abgerissene Fäden. Psychoanalyse in Österreich nach 1938 – Biographische Einsichten. Werkblatt, 20 (51): 78–119.

Fallend, K., Handlbauer, B. u. Kienreich, W. (Hg.) (1989): Der Einmarsch in die Psyche. Psychoanalyse, Psychologie und Psychiatrie im Nationalsozialismus und die Folgen. Wien (Junius).

Fallend, K. u. Reichmayr, J. (Hg.) (1992): Siegfried Bernfeld oder Die Grenzen der Psychoanalyse. Materialien zu Leben und Werk. Frankfurt a. M. (Stroemfeld/Nexus).

Federn, E. (1995): Zwei Erinnerungen aus der Psychoanalytischen Vereinigung. Bull. WPV, 4: 4 f.

Federn, E. (1999 [1990]): Ein Leben mit der Psychoanalyse. Von Wien über Buchenwald und die USA zurück nach Wien. Gießen (Psychosozial).

Federn, E. (2000): Die Paul Federn Study-Group. Jb. Psychoanal., 42: 118–122.

Federn, E. u. Wittenberger, G. (Hg.) (1992): Aus dem Kreis um Sigmund Freud. Zu den Protokollen der Wiener Psychoanalytischen Vereinigung. Frankfurt a. M. (Fischer TB).

Fenichel, O. (1998): 119 Rundbriefe (1934–1945). Bd. 1: Europa (1934–1938), hg. von J. Reichmayr u. E. Mühlleitner; Bd. 2: Amerika (1938–1945), hg. von E. Mühlleitner u. J. Reichmayr. Frankfurt a. M.–Basel (Stroemfeld).

Fichtner, G. (2009): Die Anfänge der Freud Archives. Luzifer-Amor, 22 (43): 23–44.
Forster, D. (2001): »Wiedergutmachung« in Österreich und der BRD im Vergleich. Innsbruck (Studien Verlag).
Frank-Rieser E. u. Stöger P. (1988): Frag»Würdigkeiten«: An Vergangenheitsbewältigung und Gegenwartsvermeidung. Texte Psychoanal., 8: 121–141.
Freud, E., Freud, L. u. Grubrich-Simitis, I. (Hg.) (1976): Sigmund Freud. Sein Leben in Bildern und Texten. Frankfurt a. M. (Suhrkamp).
Freud, M. (1999 [1957]): Mein Vater Sigmund Freud. Heidelberg (Mattes).
Freud, S. (1925d): »Selbstdarstellung«. In: ders.: »Selbstdarstellung«. Schriften zur Geschichte der Psychoanalyse, hg. und eingel. von I. Grubrich-Simitis. Frankfurt a. M. 1971 (Fischer TB): 37, 39–100.
Freud, S. (1925f): »Geleitwort« zu Aichhorn (1925). GW 14: 565–567.
Freud, S. (1925j): Einige psychische Folgen des anatomischen Geschlechtsunterschieds. StA 5: 253, 257–266.
Freud, S. (1926e): Die Frage der Laienanalyse. Unterredungen mit einem Unparteiischen. StA Erg.: 271–341.
Freud, S. (1926i): Dr. Reik und die Kurpfuschereifrage. GW Nachtr.: 715–717.
Freud, S. (1927d): Der Humor. StA 4: 275, 277–282.
Freud, S. (1937c): Die endliche und die unendliche Analyse. StA Erg: 351, 357-392.
Freud, S. (1939a): Der Mann Moses und die monotheistische Religion. StA 9: 455, 459–581.
Freud, S. (1940a): Abriß der Psychoanalyse. GW 17: 65–138.
Freud, S. (1950a): Aus den Anfängen der Psychoanalyse. Briefe an Wilhelm Fließ, Abhandlungen und Notizen aus den Jahren 1887–1902. Frankfurt a. M. (Fischer).
Freud, S. (1986): Briefe an Wilhelm Fließ 1887–1904. Ungekürzte Ausgabe, hg. von J. M. Masson, Bearbeitung der deutschen Fassung von M. Schröter, Transkription von G. Fichtner. Frankfurt a. M. (S. Fischer).
Freud, S. (2010): Unterdeß halten wir zusammen. Briefe an die Kinder, hg. von M. Schröter unter Mitwirkung von I. Meyer-Palmedo u. E. Falzeder. Berlin (Aufbau).
Freud, S. u. Abraham, K. (2009): Briefwechsel 1907–1925. Vollständige Ausgabe, hg. von E. Falzeder u. L. M. Hermanns, 2 Bde. Wien (Turia + Kant).
Freud, S. u. Andreas-Salomé, L. (1980 [1966]): Briefwechsel, hg. von E. Pfeiffer, 2. Aufl. Frankfurt a. M. (S. Fischer).
Freud, S. u. Bernays, M. (2005): Briefwechsel 1882–1938, hg. von A. Hirschmüller. Tübingen (ed. diskord).
Freud, S. u. Bernays, M. (2011): Die Brautbriefe, Bd. 1: Sei mein, wie ich mir's denke (Juni 1882 – Juli 1883), hg. von G. Fichtner, I. Grubrich-Simitis u. A. Hirschmüller. Frankfurt a. M. (S. Fischer).
Freud, S. u. Eitingon, M. (2004): Briefwechsel 1906–1939, 2 Bde, hg. von M. Schröter. Tübingen (ed. diskord).

Freud, S. u. Ferenczi, S. (1993–2005): Briefwechsel, hg. von E. Falzeder u. E. Brabant unter Mitarbeit von P. Giampieri-Deutsch, Transkription von I. Meyer-Palmedo, 3 in 6 Bden. Wien–Köln–Weimar (Böhlau).

Freud, S. u. Freud, A. (2006): Briefwechsel 1904–1938, hg. von I. Meyer-Palmedo. Frankfurt a. M. (S. Fischer).

Freud, S. u. Jones, E. (1993): [I.] The complete correspondence 1908–1939, hg. von R. A. Paskauskas. Cambridge, Mass.–London (Belknap Pr. of Harvard Univ. Pr.); [II.] Briefwechsel 1908–1939. Originalwortlaut der in Deutsch verfaßten Briefe Freuds, Transkription und editor. Bearbeitung von I. Meyer-Palmedo. Frankfurt a. M. (S. Fischer).

Freud, S. u. Pfister, O. (1963): Briefe 1909–1939, hg. von E. L. Freud u. H. Meng. Frankfurt a. M. (S. Fischer).

Friedman, L. J. (1999): Identity's architect. A biography of Erik H. Erikson. New York (Scribner).

Friedmann, M. (1986). Alice Goldberger. Bull. Anna Freud Centre, 9: 313 f.

Fröhlich, V. (2001): »Was hätten wir nicht noch alles mit einander gemacht ohne Hitler …«. August Aichhorns Verbindungen zu Anna Freud im Lichte ihres Briefwechsels von 1945–1949. In: Schmid (Hg.): 118–143.

Früh, F. (1998): Zum Gedenken an Peter Blos. Bull. WPV, 10: 87–89.

Fry, H. (2009): Freud's war. Stroud (History Pr.).

Füchtner, H. (2003): Psychoanalytiker, Mitläufer, Nazi, Gestapomann, militanter Marxist? Der Fall Werner Kemper. Jb. Psychoanal., 46: 137–191.

Füchtner, H. (2006): Theon Spanudis und Solon Spanudis. Zwei griechische Analysanden August Aichhorns in Brasilien. Werkblatt, 23 (57): 83–106.

Garcia, E. (2000): K. R. Eissler: Eine persönliche Anmerkung. Jb. Psychoanal., 42: 9–12.

Glover, E. (1947): Basic mental concepts. Their clinical and theoretical value. Psychoanal. Quart., 16: 482-506.

Gödde, G. (2003): Mathilde Freud. Die älteste Tochter Sigmund Freuds in Briefen und Selbstzeugnissen. Gießen (Psychosozial-Verlag).

Göllner, R. (2003): Psychoanalytisch-pädagogische Praxis ohne Ideologie vom »Schädling«. August Aichhorns Erziehungsberatung zwischen Jugendamt und Psychoanalytischer Vereinigung. Luzifer-Amor, 16 (31): 8–36.

Graf-Nold, A. (1988): Der Fall Hermine Hug-Hellmuth. Eine Geschichte der frühen Kinder-Psychoanalyse. München–Wien (Verlag Internat. Psychoanal.).

Graham, P. J. (2009): Susan Isaacs. A life freeing the minds of children. London (Karnac).

Gröger, H. (1992a): Josef K. Friedjung (1871–1946). In: Federn u. Wittenberger (Hg.): 133–136.

Gröger, H. (1992b): Rudolf Urbantschitsch (1879–1964). In: Federn u. Wittenberger (Hg.): 137–140.

Grosskurth, P. (1993 [1986]): Melanie Klein. Ihre Welt und ihr Werk. Stuttgart (Verlag Internat. Psychoanal.).

Grotjahn, M. (1995 [1966]): Franz Alexander, 1891–1964. In: Psychoanalytic pioneers, hg. von F. Alexander, S. Eisenstein u. M. Grotjahn. New Brunswick–London (Transaction): 384–398.

Grubrich-Simitis, I. (1993): Zurück zu Freuds Texten. Stumme Dokumente sprechen machen. Frankfurt a. M. (S. Fischer).

Gstach, J. (2006): Die österreichische Individualpsychologie unterm Hakenkreuz und im Wiederaufbau. Zschr. Individualpsychol., 31: 32–51.

Hale, N. G. (1995): The rise and crisis of psychoanalysis in the United States. Freud and the Americans, 1917–1985. New York–Oxford (Oxford Univ. Pr.).

Hall, M. G. (2006): Freuds Internationaler Psychoanalytischer Verlag. Eine geheime Erwerbung. In: Hall u. Köstner (Hg.): 221–228.

Hall, M. G. u. Köstner, C. (Hg.) (2006): »... allerlei für die Nationalbibliothek zu ergattern ...«. Eine österreichische Institution in der NS-Zeit. Wien–Köln–Weimar (Böhlau).

Hall, M. G., Köstner, C. u. Werner, M. (Hg.) (2004): Geraubte Bücher. Die Österreichische Nationalbibliothek stellt sich ihrer NS-Vergangenheit. Ausstellungskatalog.

Harmat, P. (1988 [1986]): Freud, Ferenczi und die ungarische Psychoanalyse. Tübingen (ed. diskord).

Hartmann, H. u. Kris, E. (1945): The genetic approach in psychoanalysis. Psychoanal. Study Child, 1: 11–30.

Haynal, A. (1999 [1989]): Dans le sillage de Sándor Ferenczi, précurseur de la théorie du cramponnement. In: Nemes u. Berényi (Hg.): 245–249.

Heenen-Wolff, S. (2010): Psychoanalyse und Besatzungsregime in Belgien. In: Ash (Hg.): 166–175.

Heller, P. (2001): Über die Burlingham-Rosenfeld-Schule im Wien der späten zwanziger und frühen dreißiger Jahre. In: Zwiauer u. Eichelberger (Hg.): 69–100.

Hoffer, W. (1949): Mouth, hand and ego-integration. Psychoanal. Stuy Child, 3: 49-56.

Hoffer, W. (1949): Deceiving the deceiver. In: Eissler (Hg.): 150–155; dt.: Der getäuschte Hochstapler. In: Bolterauer (1960): 207–213.

Hoffer, W. (1981 [1965]): Siegfried Bernfeld and Jerubbaal. In: ders.: Early development and education of the child, hg. von M. Brierley. London (Hogarth): 123–144.

Holmes, M. (2007): Düsseldorf – Berlin – Ankara – Washington. Der Lebenslauf von Edith Weigert, geb. Vowinckel (1894–1982). Luzifer-Amor, 20 (39): 7–52.

Holzer, A. et al. (Hg.) (2001): Trude Fleischmann. Der selbstbewusste Blick. Wien (Wien-Museum).

Hornstra, L. (1971): S. J. R. De Monchy, 1893–1969. Internat. J. Psychoanal., 52: 201.
Houssier, F. (2010) : Anna Freud et son école. Créativité et controverses. Paris (Éd. Campagne-Première).
Hubenstorf, M. (2005): Pädiatrische Emigration und die »Hamburger-Klinik« 1930–1945. In: Widhalm u. Pollak (Hg.): 69–220.
Huber, W. (1977): Psychoanalyse in Österreich seit 1933. Wien–Salzburg (Geyer).
Huber, W. (Hg.) (1978a): Beiträge zur Geschichte der Psychoanalyse in Österreich nach 1933. Wien–Salzburg (Geyer).
Huber, W. (1978b): Katholiken und Psychoanalyse in Österreich bis zum Ständestaat. In: ders. (1978a): 61-105.
Huppke, A. u. Schröter, M. (2006): Annäherung an einen ungeliebten Psychoanalytiker. Zu Isidor Sadger und seinen Erinnerungen an Freud. In: Sadger (2006): 99–137.
Huppke, A. u. Schröter, M. (2011): IPV-Sekretär und Mäzen – Freuds Patient, Vermögensverwalter und Freund. Die Briefe Anton v. Freunds an Sigmund Freud (1916–1919). Luzifer-Amor, 24 (48): 53–98.

Israëls, H. (2006): Der Wiener Quacksalber. Kritische Betrachtungen über Sigmund Freud und die Psychoanalyse. Jena–Quedlinburg (Bussert & Stadeler).

Johler, B. (2010): Zur Praxis August Aichhorns 1938–1944. Entwurf eines »Soziogramms« auf Grundlage seiner Patientenkalender. In: Ash (Hg.): 96–128.
Johler, B (2012): Patientenkalender als Quelle: Die Praxis des Wiener Psychoanalytikers August Aichhorn 1937–1946. In: AiV.
Jones, E. (1962 [1957]): Das Leben und Werk von Sigmund Freud, Bd. 3: Die letzte Phase, 1919-1939. Bern-Stuttgart (Huber).

Kaufhold, R. (2001): Von Wien über New York nach Seattle/Washington. Zum 100. Geburtstag von Edith Buxbaum (1902–1982), einer Pionierin der Psychoanalytischen Pädagogik. Zschr. Pol. Psychol., 9: 221–233.
Kaufhold, R. (2003): Spurensuche zur Geschichte der in die USA emigrierten Wiener Psychoanalytischen Pädagogen. Luzifer-Amor, 16 (31): 37–69.
Keintzel, B. u. Korotin, I. (Hg.) (2002): Wissenschafterinnen in und aus Österreich. Leben – Werk – Wirken. Wien–Köln–Weimar (Böhlau).
Kenner, C. (2007): Der zerrissene Himmel. Emigration und Exil der Wiener Individualpsychologie. Göttingen (Vandenhoeck & Ruprecht).
King, P. (Hg.) (2003): No ordinary psychoanalyst. The exceptional contributions of John Rickman. London (Karnac).
King, P. u. Steiner, R. (Hg.) (2000 [1991]): Die Freud/Klein-Kontroversen 1941–1945, 2 Bde. Stuttgart (Klett-Cotta).

Kirsner, D. (2000): Unfree associations. Inside psychoanalytic institutes. London (Process Pr.).
Klee, E. (2003): Das Personenlexikon zum Dritten Reich. Wer war was vor und nach 1945? Frankfurt a. M. (S. Fischer).
Klein, M. (1948): A contribution to the theory of anxiety and guilt; dt.: Beitrag zur Theorie von Angst und Schuldgefühl. In: (2000): Gesammelte Schriften, Bd. 3: Schriften 1946–1963. Stuttgart–Bad Canstatt (frommann-holzboog): 43-70.
Kleist H. v. (1997): Von einem Kinde, das kindlicher Weise ein anderes Kind umbringt. In: ders.: Sämtliche Werke. Brandenburger Ausgabe, Bd. II/7. Basel–Frankfurt a. M. (Stroemfeld/Roter Stern): 195 f.
Klemann, M. (2005): »...hier bin ich nun ganz unter Patienten...«. Die psychoanalytische Praxis der Lou Andreas-Salomé. Luzifer-Amor, 18 (35): 109-129.
Kloocke, R. (2002): Mosche Wulff. Zur Geschichte der Psychoanalyse in Rußland und Israel. Tübingen (ed. diskord).
Kloocke, R. u. Mühlleitner, E. (2004): Lehren oder lernen? Siegfried Bernfeld und die »Pädagogische Arbeitsgemeinschaft« am Berliner Psychoanalytischen Institut. Luzifer-Amor, 17 (34): 35–58.
Kohut, H. (1994): The curve of life. Correspondence of Heinz Kohut 1923–1981, hg. von G. Cocks. Chicago–London (Univ. Chicago Pr.).
Kriechbaumer, R. (Hg.) (2005): Österreich! Und Front Heil! – Aus den Akten des Generalsekretariats der Vaterländischen Front. Innenansichten eines Regimes. Wien–Köln–Weimar (Böhlau).
Krüger, S. (2011): Das Unbehagen in der Karikatur. Kunst, Propaganda und persuasive Kommunikation im Theoriewerk Ernst Kris'. Paderborn (Fink).
Kühn, A. D. (1995): Alexander S. Neill. Reinbek b. Hamburg (Rowohlt).
Kuschey, B. (2003): Die Ausnahme des Überlebens: Ernst und Hilde Federn. Eine biographische Studie und eine Analyse der Binnenstruktur des Konzentrationslagers, 2 Bde. Gießen (Psychosozial).
Kutter, P. (Hg.) (1992–95): Psychoanalysis international. A guide to psychoanalysis throughout the world, 2 Bde. Tübingen (frommann-holzboog).

Lamm, W. (1999): Vom Flüchtlingslager zur Gartenstadt. Hollabrunn (Hollabrunner Museumsverein).
Lampl, H. (2011): Freud aus der Nähe. Ein Interview mit K. R. Eissler (1953), exzerpiert von M. Schröter unter Mitarbeit von M. Frank. Luzifer-Amor, 24 (48): 9–31.
Lampl-de Groot, J. (1947): On the development of the ego and super-ego. Internat. J. Psychoanal., 28: 7-11.
Leupold-Löwenthal, H. (1989): Die Vertreibung der Familie Freud 1938. Psyche, 43: 918–928.

Leupold-Löwenthal, H. (1997a): Ein unmöglicher Beruf. Über die schöne Kunst, ein Analytiker zu sein – Arbeiten zur Psychoanalyse. Wien–Köln–Weimar (Böhlau)

Leupold-Löwenthal, H. (1997b): »Unser Volk ist nicht ganz so brutal...«. Die Psychoanalyse in Wien 1933 bis 1938. In: ders. (1997a): 245–252.

Leupold-Löwenthal, H. (1997c): Die österreichische Tiefenpsychologie in den Jahren 1938 bis 1945. In: ders. (1997a): 253–260.

Lévy, K. (1949): The eternal dilettante. A contribution to female sexuality. In: Eissler (Hg.): 65-76.

Lieberman, E. J. (1997 [1985]): Otto Rank. Leben und Werk. Gießen (Psychosozial).

Lingens, E. (1948): Prisoner of fear. London (Gollancz).

Lingens, E. (2003): Gefangene der Angst. Ein Leben im Zeichen des Widerstandes. Wien–Frankfurt a. M. (Deuticke).

List, E. (2008): »Warum nicht Kischniew«? Zu einem autobiographischen Tondokument Igor Carusos. Zschr. Psychoanal. Theor. Prax., 23: 117–141.

List, E. (2009): Anklammern statt Auf-Suche-Gehen. Zu Aktualität Imre Hermanns. Zschr. Psychoanal. Theor. Prax., 24: 268–296.

Lockot, R. (1994): Die Reinigung der Psychoanalyse. Die Deutsche Psychoanalytische Gesellschaft im Spiegel von Dokumenten und Zeitzeugen (1933–1951). Tübingen (ed. diskord).

Lockot, R. (2002 [1985]): Erinnern und Durcharbeiten. Zur Geschichte der Psychoanalyse und Psychotherapie im Nationalsozialismus. Gießen (Psychosozial).

Lohmann, H.-M. (Hg.) (1984): Psychoanalyse und Nationalsozialismus. Beiträge zur Bearbeitung eines unbewältigten Traumas. Frankfurt a. M. (Fischer).

Losserand, J. (2003): August Aichhorn et la délinquance juvénile en Europe (1914–1939). In: Marty, F. (Hg.): L'adolescence dans l'histoire de la psychanalyse. Paris (In Press): 155–194.

Lütgenau, S. A., Schröck, A. u. Niederacher, S. (2006): Zwischen Staat und Wirtschaft. Das Dorotheum im Nationalsozialismus. Wien (Oldenbourg).

Lynn, D. J. (2003): Freud's psychoanalysis of Edith Banfield Jackson, 1930–1936. J. Amer. Acad. Psychoanal., 31: 609–625.

Maddox, B. (2006): Freud's wizard. The enigma of Ernest Jones. London (Murray).

Malina, P. (2002): Im Fangnetz der NS-»Erziehung«. Kinder- und Jugend-»Fürsorge« auf dem »Spiegelgrund« 1940–1945. In: Gabriel, E. u. Neugebauer, W. (Hg.): Von der Zwangssterilisierung zur Ermordung. Zur Geschichte der NS-Euthanasie in Wien, T. 2. Wien–Köln–Weimar (Böhlau): 77–98.

Malleier, E. (2003): Jüdische Frauen in Wien 1816–1938. Wohlfahrt – Mädchenbildung – Frauenarbeit. Wien (Mandelbaum).

Malleier, E. (2005): Das Ottakringer Settlement. Zur Geschichte eines frühen internationalen Sozialprojekts. Wien (Ed. Volkshochschule).

Mann, T. (1991): Freud und die Psychoanalyse. Reden, Briefe, Notizen, Betrachtungen, hg. von B. Urban. Frankfurt a. M. (Fischer TB).

Menaker, E. (1997 [1995]): Schwierige Loyalitäten. Psychoanalytische Lehrjahre in Wien 1930–1935. Gießen (Psychosozial).

Mészáros, J. (2008) : Die Emigration der Budapester Schule und das Emergency Committee on Relief and Immigration. Psychoanal. Europa. Bull., 62: 127–148.

Mészáros, J. (2010): Die Psychoanalyse als »die private Psychologie des Imperialismus.« In: Berger, A. et al. (Hg.): Psychoanalyse hinter dem Eisernen Vorhang. Frankfurt a. M. (Brandes & Apsel): 81–97.

Midgley, N. (2008): The »Matchbox School« (1927–1932). Anna Freud and the idea of a »psychoanalytically informed education«. J. child psychother., 34: 23–42.

Mijolla, A. d. (2010): Freud et la France. 1885–1945. Paris (PUF).

Milhaud-Cappe, D. (2007): Freud et le mouvement de pédagogie psychanalytique. Paris (Vrin).

Minden, S. v. (2011): Viktor Emil v. Gebsattel und Maria v. Stach: Neue Aufschlüsse über zwei Teilnehmer am 3. Psychoanalytischen Kongress in Weimar. Luzifer-Amor, 24 (48): 99–105.

Molnar, M. (Hg.) (1996 [1992]): Sigmund Freud, Tagebuch 1929–1939. Kürzeste Chronik. Basel–Frankfurt a. M. (Stroemfeld/Roter Stern).

Mühlleitner, E. (1992): Biographisches Lexikon der Psychoanalyse. Die Mitglieder der Psychologischen Mittwoch-Gesellschaft und der Wiener Psychoanalytischen Vereinigung 1902–1938. Tübingen (ed. diskord).

Mühlleitner, E. (2005): Das Ende der psychoanalytischen Bewegung in Wien und die Auflösung der Wiener Psychoanalytischen Vereinigung. In: WPV (Hg.): 13–27.

Mühlleitner, E. (2008): Ich – Fenichel. Das Leben eines Psychoanalytikers im 20. Jahrhundert. Wien (Zsolnay).

Mühlleitner, E. u. Reichmayr, J. (2003): Die »Wiener« Psychoanalyse im Exil. Luzifer-Amor, 16 (31): 70–105.

Nemes, L. u. Berényi, G. (Hg.) (1999): Die Budapester Schule der Psychoanalyse. Budapest (Akadémiai Kiadó).

Noth, I. (2010): Freuds bleibende Aktualität. Psychoanalyserezeption in der Pastoral- und Religionspsychologie im deutschen Sprachraum und in den USA. Stuttgart (Kohlhammer).

Nunberg, H. (1969): Memoirs. Recollections, ideas, reflections. New York (Psychoanal. Research and Development Fund).

Nunberg, H. u. Federn, E. (Hg.) (1976–81 [1962–75]): Protokolle der Wiener Psychoanalytischen Vereinigung, 4 Bde. Frankfurt a. M. (Fischer).

Oliver, F. (2005): Girl in a Freudian slip. A memoir. Newlyn, Penzance (Perron).

Pappenheim, E. (2004): Hölderlin, Feuchtersleben, Freud. Beiträge zur Geschichte der Psychoanalyse, der Psychiatrie und Neurologie, hg. und eingeleitet von B. Handlbauer. Graz–Wien (Nausner & Nausner).

Perner, A. (1993): »Man muß für die Jugendlichen interessant sein«. Ein Interview Achim Perners mit Peter Blos über August Aichhorn. Arbeitshefte Kinderanal., 17: 89–95.

Perner, A. (2001): Der Ort der Verwahrlosung in der psychoanalytischen Theorie bei A. Aichhorn. In: Schmid (Hg.): 60–79.

Perner, A. (2003): August Aichhorn und die Psychoanalyse im Nationalsozialismus. Luzifer-Amor, 16 (32): 9–38.

Perner, A. (2005a): Der Beitrag August Aichhorns zur Technik der Psychoanalyse. Luzifer-Amor, 18 (36): 42–64.

Perner, A. (2005b): »Vielleicht wird einmal ein amerikanischer Millionär…«. Zur Geschichte der psychoanalytischen Sozialarbeit. In: Verein für Psychoanalytische Sozialarbeit Rottenburg und Tübingen (Hg.): Entwicklungslinien Psychoanalytischer Sozialarbeit. Tübingen (ed. diskord): 22–59.

Perner, A. (o. J./a): Die Schließung von Oberhollabrunn (masch.).

Perner, A. (o. J./b): Der Horterzieher (1908–1918) (masch.).

Peters, U. H. (1979): Anna Freud. Ein Leben für das Kind. München (Kindler).

Peters, U. H. (1992): Psychiatrie im Exil. Die Emigration der dynamischen Psychiatrie aus Deutschland 1933–1939. Düsseldorf (Kupka).

Pfister, O. (1910): Analytische Untersuchungen über die Psychologie des Hasses und der Versöhnung. Jb. Psychoanal. Psychopathol. Forsch., 2: 134–178.

Plänkers, T. (1996): Hygiene der Seele. Heinrich Meng (1887–1972). In: Plänkers et al. (Hg.): 109–140.

Plänkers, T. et al. (Hg.) (1996): Psychoanalyse in Frankfurt am Main. Zerstörte Anfänge, Wiederannäherung, Entwicklungen. Tübingen (ed. diskord).

Plänkers, T. u. Federn, E. (1994): Vertreibung und Rückkehr. Interviews zur Geschichte Ernst Federns und der Psychoanalyse. Tübingen (ed. diskord).

Pohlen, M. (2006): Freuds Analyse. Die Sitzungsprotokolle Ernst Blums. Reinbek b. Hamburg (Rowohlt).

Pytell, T. (1997): Was nicht in seinen Büchern steht. Viktor Frankl und seine Auto-Biographie. Werkblatt, 39: 95–121.

Rech, S. (1997): August Aichhorns Beitrag zur Sozialpädagogik unter Berücksichtigung seines Wirkens in Sachsen. Phil. Magisterarbeit TU Chemnitz (masch.).

Reichmayr, J. (1992): »Patienten, Bücher, Kurse nehmen mir den Liebesfederstiel«. Siegfried Bernfeld als Psychoanalytiker in Wien in seinen Briefen an Elisabeth Neumann (1922–1925). In: Fallend u. Reichmayr (Hg.): 107–128.

Reichmayr, J. (1994 [1990]): Spurensuche in der Geschichte der Psychoanalyse. Frankfurt a. M. (Fischer TB).

Reichmayr, J. u. Wiesbauer, E. (1978): Das Verhältnis von Sozialdemokratie und Psychoanalyse in Österreich zwischen 1900 und 1938. In: Huber (Hg.): 25–60.
Rickels, L. (2002): Nazi Psychoanalysis, 3 Bde. Minneapolis (Univ. Minnesota Pr.).
Ries, P. (1995): Popularise and/or be damned. Psychoanalysis and film at the crossroads in 1925. Internat. J. Psychoanal., 76: 759–791.
Roazen, P. (1989 [1985]): Freuds Liebling Helene Deutsch. Das Leben einer Psychoanalytikerin. München–Wien (Verlag Internat. Psychoanal.).
Roazen, P. (2000): Oedipus in Britain. Edward Glover and the struggle over Klein. New York (Other Pr.).
Roazen, P. (2005 [1992]): Interview avec Philipp Sarasin. In: Haynal, A., Falzeder, E. u. Roazen, P.: Dans les secrets de la psychanalyse et de son histoire. Paris (PUF): 339–345.
Rolnik, E. J. (2008): »... wo sich die Intellektuellen gegenseitig im Wege stehen«. Albert Einstein, Max Eitingon, Anna Freud und die Migration der deutschsprachigen Psychoanalyse nach Palästina. Luzifer-Amor, 21 (42): 88–99.
Rosdolsky, D. (2009): Tea Genner-Erdheims Vorträge in der Wiener Psychoanalytischen Vereinigung zwischen 1959 und 1967 (masch.).
Romm, M.E. (1965). George Joseph Mohr, 1996–1965. Psychoanal Q., 34:445-446.
Rosdy, P. (1999): Adolf Josef Storfer, Shanghai und die Gelbe Post. Dokumentation zum Reprint der Gelben Post. Wien (Turia + Kant).
Ross, V. (1994 [1992]): Eva Marie Rosenfeld (1892–1977). Persönliche Erinnerung an eine mutige Frau. In: Freud, A. (1994): 33–58.
Rothe, H.-J. (1996): Ein exemplarisches Schicksal. Karl Landauer (1887–1945). In: Plänkers et al. (Hg.): 87–108.
Rothländer, C. (2003) »Wer wird Widerstand leisten, wenn alle gehn ...«. Über Leben und Werk Karl Motesiczkys. Luzifer-Amor, 16 (32): 39–65.
Rothländer, C. (2008): Zwischen »Arisierung« und Liquidation. Das Schicksal der Wiener Psychoanalytischen Vereinigung nach dem »Anschluss« im März 1938. Luzifer-Amor, 21 (42): 100–133.
Rothländer, C. (2010): »Arisierung«, Beschlagnahme und Verbleib des Eigentums der Wiener Psychoanalytischen Vereinigung 1938. In: Ash (Hg.): 72–95.
Rothländer, C. (2010): Karl Motesiczky 1904–1943. Eine biografische Rekonstruktion. Wien–Berlin (Turia + Kant).
Rothländer, C. (2011): Karl Motesiczky und Ella Lingens – Freundschaft und Solidarität in Zeiten der Verfolgung. In: Korotin, I. (Hg.): »Die Zivilisation ist nur eine ganz dünne Decke...«. Ella Lingens (1908–2002). Ärztin – Widerstandskämpferin – Zeugin der Anklage. Wien (Praesens): 29–51.
Rothländer, Ch. (2012): Die Liquidation der Wiener Psychoanalytischen Vereinigung 1938. In: AiV.

Roudinesco, E. u. Plon, M. (2004 [1997]): Wörterbuch der Psychoanalyse. Namen, Länder, Werke, Begriffe. Wien–New York (Springer).
Rudolph, C. u. Benetka, G. (2007): Zur Geschichte des Wiener Jugendamtes. In: Berger, E. (Hg.): Verfolgte Kindheit. Kinder und Jugendliche als Opfer der NS-Sozialverwaltung. Wien–Köln–Weimar (Böhlau): 47–88.
Die Rundbriefe des »Geheimen Komitees«, Bd. 1–4, hg. von G. Wittenberger u. C. Tögel. Tübingen (ed. diskord) 1999–2006.

Sablik, K. (1983): Julius Tandler, Mediziner und Sozialreformer. Eine Biographie. Wien (Schendl).
Sachs, H. (1982 [1945]): Freud. Meister und Freund. Frankfurt a. M.–Berlin–Wien (Ullstein).
Sadger, I. (2006): Sigmund Freud. Persönliche Erinnerungen, hg. und mit einem Nachwort versehen von A. Huppke und M. Schröter. Tübingen (ed. diskord).
Salber, W. (1985): Anna Freud. Reinbek b. Hamburg (Rowohlt).
Scharmann, T. (1979): [Selbstdarstellung]. In: Pongratz, L. J. et al. (Hg.): Psychologie in Selbstdarstellungen, Bd. 2. Bern (Huber): 289–323.
Scheible, B. (2003): Viktor Emil von Gebsattel – der erste Analytiker von Ellen West. In: Hirschmüller, A. (Hg.): Ellen West. Eine Patientin Ludwig Binswangers zwischen Kreativität und destruktivem Leiden. Heidelberg–Kröning (Asanger): 171–180.
Schmid, V. (Hg.) (2001): Verwahrlosung – Devianz – antisoziale Tendenz. Freiburg i. B. (Lambertus).
Schmidt, E. (2008): Franz Alexander und die Berliner Tradition in Chicago. Jb. Psychoanal., 57: 95–116.
Schmidt, V. (1924): Psychoanalytische Erziehung in Sowjetrußland. Bericht über das Kinderheim-Laboratorium in Moskau. Leipzig–Wien (Internat. Psychoanal. Verl.).
Schnitzler, A. (1993): Tagebuch 1920–1922. hg. von W. Welzig. Wien (Verl. d. Österr. Akad. d. Wiss.).
Schowalter, J. E. (2000): Aichhorn revisited. Psychoanal. Study Child, 55: 49–60.
Schröter, M. (2000): Gustav Hans Graber und seine Aufnahme in die DPG, oder: Zum Professionalisierungsstand der deutschen Psychoanalyse um 1930 (mit Dokumenten). Luzifer-Amor, 13 (26): 16–41.
Schröter, M. (2002a): Die »Eitingon-Kommission« (1927–1929) und ihr Entwurf einheitlicher Ausbildungsrichtlinien für die IPV. Jb. Psychoanal., 45: 173–231.
Schröter, M. (2002b): Max Eitingon and the struggle to establish an international standard for psychoanalytic training (1925–1929). Internat. J. Psychoanal., 83: 875–893.
Schröter, M. (2004): Der Steuermann. Max Eitingon und seine Rolle in der Geschichte der Psychoanalyse. In: Freud u. Eitingon: 1–33.

Schröter, M. (2005): Das Werden einer Psychoanalytikerin. Familie, Ausbildung und Berufstätigkeit von Edith Jacobssohn bis Ende 1932. In: Edith Jacobson. Sie selbst und die Welt ihrer Objekte – Leben, Werk, Erinnerungen, hg. von U. May u. E. Mühlleitner. Gießen (Psychosozial): 19–48.

Schröter, M. (2008): Die Ausbreitung des Berliner Modells der Analytikerausbildung. Eine Skizze der Internationalen Unterrichtskommission 1925–1938. Jb. Psychoanal., 57: 133–158.

Schröter, M. (2009): »Hier läuft alles zur Zufriedenheit, abgesehen von den Verlusten …«. Die Deutsche Psychoanalytische Gesellschaft 1933–1936. Psyche, 63: 1085–1130.

Schröter, M. (2010a): Wenn man dem Teufel den kleinen Finger reicht … DPG und IPV unter dem Druck des Nazi-Regimes (1933–1938). Psyche, 64: 1134–1155.

Schröter, M. (2010b): »Wir leben doch sehr auf einer Insel …«. Psychoanalyse in Berlin 1933–1936. In: Ash (Hg.): 152–165.

Schröter, M. (i. V.): Verschüttete Anfänge. Therese Benedek und die Leipziger Psychoanalytische Arbeitsgemeinschaft 1919–1936 (masch.).

Schrübbers, C. (2003): Affekt, Libido und die Zeit der Deutschen Seelenheilkunde. Luzifer-Amor, 16 (31): 124–141.

Schultz, U. u. Hermanns, L. M. (1987): Das Sanatorium Schloss Tegel Ernst Simmels. Zur Geschichte und Konzeption der ersten Psychoanalytischen Klinik. Psychother., Psychosom., med. Psychol., 37: 58–67.

Schur, M. (1973): Sigmund Freud. Leben und Sterben. Frankfurt a. M. (Suhrkamp).

Scott, W. M. (1948): A Problem of ego structure. Psychoanal. Quart., 17: 71-83.

Seidler, F. (2005): »…vorausgesetzt, daß Sie Arier sind…«. Franz Hamburger (1874–1954) und die Deutsche Gesellschaft für Kinderheilkunde. In: Widhalm u. Pollak (Hg.): 44–52.

Simmel, E. (1993): Psychoanalyse und ihre Anwendungen. Ausgewählte Schriften, hg. von L. M. Hermanns und U. Schultz-Venrath. Frankfurt a. M. (Fischer TB).

Solms, W. (1976): Psychoanalyse in Österreich. In: Eicke, D. (Hg.): Die Psychologie des 20. Jahrhunderts, Bd. II: Freud und die Folgen (1). Von der klassischen Psychoanalyse … Zürich (Kindler): 1180–1191.

Spanjaard, J. (1975): H. A. Van Der Sterren (1904–1974). Internat. J. Psychoanal., 56: 482 f.

Spitz, R. A. (1945): Hospitalism. An inquiry into the genesis of psychiatric conditions in early childhood. Psychoanal. Study Child, 1: 53–74.

Spranger, O. (1980): Steinige Straßen. Ein österreichischer Roman. Wien (Schlager).

Springer, A. (1999): Die Verwirklichung der »geeinten neuen deutschen Seelenheilkunde« im Nationalsozialistischen Österreich – Ideengeschichtliche Aspekte. In: Kentzel, B. u. Gabriel, E. (Hg.): Gründe der Seele. Die Wiener Psychiatrie im 20. Jahrhundert. Wien (Picus): 90–135.

Stadler, F. (Hg.) (1987): Vertriebene Vernunft I. Emigration und Exil österreichischer Wissenschaft 1930–1940. Wien–München (Jugend & Volk).

Stadler, F. (Hg) (2004): Vertriebene Vernunft. Emigration und Exil österreichischer Wissenschaft 1930-1940, Bd. 2. Münster etc. (LIT).

Steiner, R. (2000): »It is a new kind of diaspora ...«. Explorations in the sociopolitical and cultural context of psychoanalysis. London–New York (Karnac).

Steiner, R. (2005): Einige Bemerkungen über die theoretischen und klinischen Entwicklungen in der Psychoanalyse nach der Auflösung der Wiener psychoanalytischen Vereinigung. In: WPV (Hg): 119–143.

Steininger, R. (1997): 12. November 1918 bis 13. März 1938. Stationen auf dem Weg zum »Anschluß«. In: ders. u. Gehler, M. (Hg.): Österreich im 20. Jahrhundert. Wien–Köln–Weimar (Böhlau): 99–151.

Steinlechner, G. (1989): »... und wäre glücklich gewesen fliehen zu können ...«. August Aichhorn im nationalsozialistischen Wien. In: Fallend et al. (Hg.): 79–90.

Stekel, W. (1950): The autobiography of Wilhelm Stekel. The life story of a pioneer psychoanalyst, hg. von E. A. Gutheil. New York (Liveright).

Stepansky, P. E. (Hg.) (1989 [1988]): Margaret S. Mahler. Mein Leben, mein Werk. München (Kösel).

Sterba, R. (1985 [1982]): Erinnerungen eines Wiener Psychoanalytikers. Frankfurt a. M. (Fischer).

Stolz, A. (1928): Einrichtung und Organisation der Erziehungsanstalt der Stadt Wien in Eggenburg. Eos. Ztschr. Heilpädagogik, 20 (2/3): 36–42.

Stroeken, H. (2003): Psychoanalysis in the Netherlands during World War II. Internat. Forum Psychoanal., 12: 130–135.

Stroeken, H. (2011): August Watermann (1890–1944). Luzifer-Amor, 24 (48): 126–139.

Strozier, C. B. (2001): Heinz Kohut. The making of a psychoanalyst. New York (Farrar, Straus & Giroux).

Székely, L. (1971): S. J. R. De Monchy, 1893–1969. Internat. J. Psychoanal., 52: 202.

Thompson, N. L. (2008): Karl Abraham in New York. Die Beiträge von Bertram D. Lewin. Jb. Psychoanal., 57: 79–93.

Tichy, M. u. Zwettler-Otte, S. (1999): Freud in der Presse. Rezeption Sigmund Freuds und der Psychoanalyse in Österreich 1895–1938. Wien (Sonderzahl).

Tidl, G. (2005): Streuzettel. Illegale Propaganda in Österreich 1933–1939. Wien (Löcker).

Tögel, C. (2004): Freuds Berliner Schwester Maria (Mitzi) und ihre Familie. Luzifer-Amor, 17 (33): 51–72.

Tögel, C. (2006): Freud und Berlin. Berlin (Aufbau).

Urban [Urbantschitsch], R. v. (1958): Myself not least. A confessional autobiography of a psychoanalyst and some explanatory history cases London (Jarrolds).

Walzer, T. u. Templ, S. (2001): Unser Wien. »Arisierung« auf österreichisch. Berlin (Aufbau).

Waugh, A. (2009): Das Haus Wittgenstein. Geschichte einer ungewöhnlichen Familie. Frankfurt a. M. (S. Fischer).

Weber, K. (1999): »Es geht ein mächtiges Sehnen durch unsere Zeit«. Reformbestrebungen der Jahrhundertwende und Rezeption der Psychoanalyse am Beispiel der Biografie von Ernst Schneider 1878–1957. Bern etc. (Lang).

Weingartner, G. (2006): Fräulein Schnitzler. Innsbruck–Wien (Haymon).

Weinzierl, U. (1994): Arthur Schnitzler. Leben – Träumen – Sterben. Frankfurt a. M. (S. Fischer).

Weinzierl, U. (2007): Die Großväter sind die Lehrer. Kurt R. Eissler, M.D. Luzifer-Amor, 20 (40): 108–121.

Weiß, H. u. Lang, H. (Hg.) (1996): Psychoanalyse heute und vor 70 Jahren. Zur Erinnerung an die »1. Deutsche Zusammenkunft für Psychoanalyse« am 11. und 12. Oktober 1924 in Würzburg. Tübingen (ed. diskord).

Welsch, U. u. Wiesner, M. (1990 [1988]): Lou Andreas-Salomé. Vom »Lebensurgrund« zur Psychoanalyse, 2. Aufl. München-Wien (Verlag Int. Psa.).

Werner, A. (2002): Edmund Engelman. Photographer of Sigmund Freud's home and offices. Internat. J. Psychoanal., 83: 445–451.

Widhalm, K. u. Pollak, A. (Hg.) (2005): 90 Jahre Universitäts-Kinderklinik am AKH in Wien. Wien (Literas).

Windgätter, C. (2009): Ansichtssachen. Zur Typographie- und Farbpolitik des Internationalen Psychoanalytischen Verlages 1919–1938. Preprint 372; Max-Planck-Institut für Wissenschaftsgeschichte.

Winkelmann, I. (2007): Käthe Dräger (1900–1979). Ein Leben als Psychoanalytikerin, Pädagogin und Kommunistin. Jb. Psychoanal., 55: 83–111.

Winnicott, D. W. (1959): Oscar Friedmann, 1903–1958. Internat. J. Psychoanal., 40: 247 f.

Winterstein, A. (1946): Adalbert Stifter: Persönlichkeit und Werk: Eine tiefenpsychologische Studie. Wien (Phönix-Verlag).

Winterstein, A. (1995): Meine Erinnerungen an Freud. Bull. WPV, 4: 6–13.

Wolfgruber, G. (1999): Messbares Glück? Sozialdemokratische Konzeptionen zu Fürsorge und Familie im Wien der 1920er Jahre. L'Homme. Zschr. feminist. Geschichtswiss., 10: 277–294.

WPV (Hg.) (2005): Trauma der Psychoanalyse? Die Vertreibung der Psychoanalyse aus Wien 1938 und die Folgen. Wien (Mille Tre).

Yorke, C. (2000): In Memoriam: Dr. K. R. Eissler, 1908–1999. Psychoanal. Study Child, 55: 4–6.

Young-Bruehl, E. (1995 [1988]): Anna Freud. Eine Biographie, 2 Teile. Wien (Wiener Frauenverlag).

Zwiauer, C. u. Eichelberger, H. (Hg.) (2001): Das Kind ist entdeckt. Erziehungsexperimente im Wien der Zwischenkriegszeit. Wien (Picus).

Personenregister[1]

Abraham, Karl 61, 469, 487, 495, 511
Adelberg, Hilde 103, 298, 469
Adler, Alfred 27, 98–100, 126, 469, 475
Aichhorn, Antonia 25f., 28, 469
Aichhorn, August jun. 26, 28, 31, 171, 184, 469
Aichhorn, Edith 469
Aichhorn, Christine 415*, 470
Aichhorn, Hermine Alexandrine 28, 55, 70, 74, 137, 177, 185, 471
Aichhorn, Rudolf 25f., 332*
Aichhorn, Thomas 171
Aichhorn, Walter 28, 80, 92, 94, 103, 124f.*, 132*, 142, 171, 184, 471
Aichhorn, Wilhelm 25–27, 471
Alexander, Franz 471f.
Andreas-Salomé, Lou 23, 25, 34–36, 38–41*, 44–46, 50–54, 56, 61, *329*, 472, 496
Arlt, Ilse 472
Asperger, Hans 229, 388, 472
Aufreiter, Gottfriede (Friedl) 16, 133f., 143f.*, 183, 447, 472, 511
Aufreiter, Hans (Johann) 16, 134, *143*, *154*, 183, 223, 292f., 472, 482, 511

Baderle-Hollstein, Gertrude 21, 23f.*, 36, 70, 292, 352*, 389, 472, 480
Baer-Frisell, Christine 95*, 473
Bally, Gustav 126, 473, 512
Bartsch, Robert 29, 473

Baszel, Günther v. 176, 421f., 473
Behn-Eschenburg, Hans 76f.*, *445*, 473
Belf-Koenig, Edith 247*, 252, 473
Berna, Ada 219f., 473
Berna, Jacques 473
Bernays, Anna *456*
Bernays, Minna 110, 473
Bernfeld, Siegfried 33, 36–40, 43, 47f., 51, 53*, 56–59*, 62–65*, 84, 96, 473f., 490, 492, 494, 503, 508, 516
Berthel, Therese 299f.*, 392–394*, 473
Berzé, Richard 398
Bettelheim, Anton 198*, 202
Bibring, Edward 64f.*, 113, 115, 117, *209*, 474
Bibring, Grete 64f., 115, 117, *182*, *209*, 298*, 397, 474, 494
Bick, Josef 198*, *202*, 207, 217, 475
Bienenfeld, Franz Rudolf 89, 444–446, 475
Birnbaum, Ferdinand 129f.*, 133, 143, 448f., 475
Birstinger, Leopold *287*, 475
Blanton, Smiley 149, 475
Bleuler, Eugen 469, 481, 508
Blos, Peter 16, 24*, 80f.*, 142, 158f., 475f., 482
Blu(h)m, Kilian 76, 149, 476
Blum, Ernst 76, 476

---

[1] Erstellt von Dominic Angeloch. – Gerade Seitenzahlen verweisen auf Belege im Text, gerade Zahlen mit Stern auf Belege in Text *und* Fußnoten, kursive Zahlen auf Belege in Fußnoten.

Boehm, Felix 77f.*, 137, 162, 191, 476
Bolterauer, Hedwig 16, 134, *143*, 183, 387, 397, 476, 480
Bolterauer, Lambert 16, 134, 143f.*, *154f.*, 183, 228, 387, 396f., 476f., 509
Bonhoeffer, Karl 78, 476
Bonaparte, Marie 110, 113, 116, 121f., 149, 160, 163–165, 207, 212–214*, *221f.*, 284*, 385f., 404, 416, 448, 460, 462*, 477, 507
Bornstein, Berta 477, 483
Bovet, Lucien 275*f., 278*, 281, 305f., 308–310, 387, 393f.*, 410, 477
Bowlby, John 226f.*, 477
Brachyahu, Mordechai 237, *239f.*
Breuer, Josef 516
Brunswick, Ruth Mack 65*, 477
Bühler, Charlotte *125*, 477, 484
Bühler, Karl *188*, 477, 507
Burlingham, Dorothy Tiffany 47, *68*, 71, 79f.*, 88f., 91f., 114f., 118, 175, 177, 184*, 187, 191, 199, *203*, 209*, 246, *253*, 278, 302f., 316–319, 326, 331, 333f., 341–343, 346–348, 354, 380, 471, 475, 478, 480, 482, 498, 507, 513, 515
Buschbeck, Ernst 223, 478
Buxbaum, Edith 100, 478

Caruso, Igor A. *134*, 136, 478
Chladek, Rosalia 95, 478
Cihlarz, Josefine 49*, 478
Constantinides, Paris *134*, 478
Czettel, Ladislaus 94, 471, 478

Delfiner, Henry 145, 169, *172*, *175*, 177, 186, 190, 193, 195, 236, 479
Deri, Frances *87*, 479, 483
Deuticke, Franz *234*, 479
Deutsch, Elynor *63*

Deutsch, Felix 26, 60, 78, 100, *175*, 479
Deutsch, Helene 47, 61*, 63*, 66, 78, 85, 93, 96, 100*, 479, 500, 507
Dräger, Käthe 222, 479
Drechsel, Max Ulrich *135*
Dworschak, Rosa 16, 24, *26*, *27*, 30–32*, 38, 70f.*, *78*, 91, 95f.*, *124*, *127*, 131f., 135f., 138f., 144, *230*, 248–252*, *277*, 289, *312*, *332*, *335*, *360f.*, *368f.*, *374*, 387–389, 476, 480, 500, 504, 506, 508, 510, 516

Ehlich, Hans 108f., 480
Eissler, Kurt Robert 10, 13, 16f., 34, 81, 93, *100*, 111f., 127, 146f., *154f.*, 158, *182*, *194f.*, 224, *229*, *233*, *254f.*, *260*, 281–285f.*, 288f., 292, 297–300, *321*, *348*, *351*, *357f.*, *360*, *362*, *376*, 387, 389f.*, 392–396*, 400f., 406*, *408*, *420*, 428f.*, 433, *441*, 471–474, 480f., 488, 492, 517, 519
Eissler, Ruth 93, 122, 127, 156, *252*, 288, *360*, 395f., 474, 481, 519
Eitingon, Max 40, 45f.*, *53*, 60–63*, *68*, 77f.*, 85, 88, *93*, 98f., 114–116, 162, 469, 481, 517f.
Ekstein, Rudolf *71*
Engelmann (Engelman), Edmund 110f., *283*, *358*, 400f., 481
Eppel, Hedda 201*, 203f., 247, 481f.
Eppinger, Hans 183, 482
Erikson, Erik Homburger 80, 94f., 482
Erikson, Joan 80, 95

Fadenberger, Josefa und Gustav *203*, 301–303*, 316–320*, 340, 342–344, 347, 379–383*, 398f., 403–406*, 412*, 422f., 428*, 433–436, 438*, 440, 482, 518

Federn, Ernestine 66, 482
Federn, Ernst 26, 170, 482
Federn, Hilde 482
Federn, Paul 33, 39*, 47f.*, 61–66*, 69, 83, 85, 100, 148, 157, 170, 214*, 282, 284f., 289, 297f., 308, 406, 425*, 448, 482f., 489, 491f., 499, 501, 516
Fellner, Kurt 411*, 483
Fenichel, Hanna 286f., 483
Fenichel, Otto 87f.*, 115, 118, 132, 483, 510
Ferenczi, Sándor 96, 483
Fleischacker, Eugen 317, 326*, 331, 346f., 376, 378f., 398f., 405, 412, 421f.*, 428*, 432–438*, 441
Fleischmann, Otto 16, 146, 154*, 170*, 176, 183, 223, 228, 253, 255, 275f., 287f., 294–297, 310, 314, 325, 335, 340*, 350–355*, 357f.*, 357f., 362, 362, 368–371, 374–376, 384, 387f., 390–393, 395–397, 411*, 413, 415, 421, 427f.*, 430, 432, 447, 466–468, 472, 483f.
Fleischmann, Trude 150f., 484
Fließ, Wilhelm 163–167, 283*. 409*, 416*, 497
Frank, Walter 109, 484
Frankl, Liselotte 348, 354, 484
Freud, Adolfine 212*, 456f.*, 459
Freud, Alexander 456f.*, 485
Freud, Anton Walter 197*, 203, 484
Freud, Ernst 80, 92, 97, 102, 211, 272–274*, 322, 377, 401, 426, 484
Freud, Harry 211, 214f., 301f., 456f., 459, 485
Freud, Maria 212*, 456f.*, 459
Freud, Martha 21, 45, 291*, 432f., 473, 485
Freud, Martin 99, 109f., 197, 211f., 214, 238*, 272f.*, 322, 459, 465, 484f., 497
Freud, Oliver 97
Freud, Sigmund 10, 14, 21–23*, 26, 30–32, 34, 42, 45, 49, 51, 54–57*, 59, 63, 67, 69*, 72f.*, 75, 88, 96–102, 107, 109–112, 114–117, 126, 132, 142, 146f., 150–152, 154–156, 165–167, 171, 174, 185, 201f., 204, 206f.*, 209f., 212f.*, 215, 230–233, 238f., 248*, 253, 256f., 263f.*, 272, 274, 276, 283, 288, 313, 321*, 323, 330, 333–335*, 357f.*, 372, 385, 401f., 409f.*, 431, 447f., 450–452, 467, 469, 476, 483, 489, 491, 493f., 497–499, 505–508, 510f., 513f., 516, 518
Freud, W. Ernest s. Halberstadt, Ernst W.
Freund, Anton v. 69, 447, 485f., 498
Freund, Emil v. 414f.*, 485
Freund, Erszébet v. 69*, 176*, 485
Freund, Ferdinand 485f.
Fried, Franziska 230, 267, 389, 486
Friedmann, Oscar 201, 486
Friedjung, Josef Karl 100, 486
Friedländer (Friedlander), Käthe (Kate) 120, 160, 221, 227, 275, 308f.*, 312, 407f., 486
Fromm, Erich 512
Furtmüller, Aline 27, 486

Gebsattel, Emil Viktor v. 136*, 486f.
Genner-Erdheim, Tea 143, 154, 183*, 487
Glaser, Ernst 190, 487
Glover, Edward 113, 115, 119–123, 221, 225*, 487
Göring, Mathias Heinrich 97, 107–109, 124, 126–132, 136, 460, 487, 497, 502

549

Goldberger, Alice 201, 487
Goldmann, Salome 21, 487
Graber, Gustav Hans 222, 487f.
Graf, Max 62
Graf, Rosa 212*, 456–459*
Greenacre, Phyllis 120, 488
Griesser, Marjorie 270
Groddeck, Georg 79
Grün, Anna 155f., 277, 488
Gutman (Isakower), Salome 476

Haberl, Ernst 41f.*, 488
Hacker, Friedrich 298, 419*, 488
Hajdu, Deszö 470*
Hajdu, Herma 470*
Halberstadt, Ernst Wolfgang 70*, 485
Halberstadt, Max 97
Halberstadt, Sophie 22, 485
Hamburger, Franz 129, 200, 488f.
Hartmann, Heinz 108, 120, 163, 165f., 185, 193*, 195, 246, 260f.*, 266, 385, 426, 489, 497
Hawkins, Mary O'Neil 115, 297, 489
Healy, William 37, 489
Hearst, Alfons 170
Heigl, Paul 109, 217f., 329f., 463, 489
Heimann, Paula 227, 489
Heller, Peter 80, 489
Hermann, Annie 90f., 444*, 490
Hermann, Imre 266f.*, 271f., 489f.
Herz, Otto 431
Hitschmann, Eduard 13, 60f.*, 96, 487, 490, 494, 501
Hörbart 22, 490
Hoffer, Willi 24*, 36f., 51*, 56–59, 65f.*, 83, 85f.*, 101, 112, 114, 118, 180–182*, 221, 223, 225f.*, 229f.*, 260f.*, 265, 267, 271, 289f.*, 297, 321, 348, 354, 371, 440, 466f., 471, 473, 490, 500f., 505

Hoffer-Schaxel, Hedwig 66, 290, 348, 354, 491, 505
Hoffmann, Ernst-Paul 112, 491
Hoffmann, Walther 129, 491
Hollitscher, Mathilde 41f.*, 253, 491
Hollitscher, Walter 146, 154f.*, 181–183*, 188f., 200, 204f., 397, 447f., 491, 501
Hollós, István 78, 491f.
Hollstein, Walter 472
Honay, Karl 287, 492
Huber, Hans 425f.*, 440
Huebsch, Ben W. 194, 492
Hug-Hellmuth, Hermine 48, 60f.*, 62, 257, 492
Hug, Rudolf 492
Hurdes, Felix 149, 492

Idelsohn, David 235, 492
Ikonomu, Polynikis 134, 492f.
Indra, Alfred 215, 301–303, 316*, 318–320*, 324, 331, 334, 343, 345f., 381, 493
Isaacs, Susan 115, 119, 493
Isakower, Otto 65, 298f.*, 493f.

Jackel 447
Jackson, Edith Banfield 83, 88, 120, 193, 197, 493
Jalkotzky, Alois 376, 493f.
Jekels, Ludwig 26, 64f., 95f., 149, 300, 493
Jelgersma, Gerbrandus 219, 493
Jokl, Robert Hans 16, 61, 63, 112, 154*, 200, 397, 482, 493f., 516
Jones, Ernest 62*, 97, 101f., 106f., 112f., 115f., 121–123, 152f.*, 162f., 166, 191, 193, 195, 197, 199, 203, 208, 221f.*, 225, 239, 301, 329, 396, 406, 494

Jüdell, Kurt 269f.*, 273, 277*, 495
Jung, Carl Gustav 98, 126

Kalau vom Hofe, Maria 222, 495
Karmel 447
Katan, Annie 100, *209*, 219, 495
Katan, Maurits 495
Katsimbalis, George *386*, 495
Kauders, Otto 149, 183, 204, 287f., *340*, 447f., 486, 495
Kemper, Werner 137f., 495
Klein, Melanie 51f., 67, 115*, 119, 122, 160, 226f.*, 489, 495, 506f., 511
Kleist, Heinrich v. 363*
Königstein, Leopold 110
Körner, Theodor 376*, 447f., 495
Kogerer, Heinrich 128–130, 136, 495f.
Kohut, Heinz 111f., 127, *142*, *155*, 289, 481, 496
Krämer, Martin 352, 496
Kramer, Paul 44f., 93, *171f.*, *185*, 300, 496, 507, 519
Kraus, Flora 60, 496
Kraus, Karl 227
Kris, Ernst 62, 115, 117–121, 145f., 148f., 163–166, 172*, 174–176*, 178, *185*, *187*, 193*, *195*, *209*, 219, 225–227, 246, 260*, 266*, 284f., 348, 354, 385, *409*, *426*, 489, 496f., 516, 519
Kris, Marianne 117, *314*, 348, 354, *426*, 490, 497
Kubie, Lawrence S. *120*, 224, 497

Laforgue, René *222*, 497
Lampl, Hans 22, 98f., 170, 219f., 222–224*, *242*, 274*, 293, 295f., 306, *314f.*, 370f.*, 375f.*, 378, 386*, *421*, *426*, 440, *457*, 497

Lampl-de Groot, Jeanne 99, 166f., 170, 219–226*, *243*, 372, *426*, 487, 497
Landauer, Karl 219f., 497f.
Langer, Marie 100f., 498
Lauda, Ernst 183f., *233*, *370*, 411, 498
Lechner, Leopoldine 42
Lehrmann, Philip R. *63*
Lévy, Katá 23f., *53*, *66*, 68f., 70f., 96, 117, 127, 160, 170f.*, 176*, 179, 184, 210, 219, 223f., 253*, *266*, *284*, 294, *329*, 368–370*, *373*, 384f.*, 391, 409f.*, 414–416*, *456*, 485, 498
Lévy, Lajos 70f., 96f., 117, 127*, 154, 170f.*, 176*, 179, 184, 210, 223, 293–296, *340*, 368–370*, 372f.*, 377, 384, 386, 390, 393–395*, 407, 409, *411f.*, 416, 427, 498
Lévy, Willy (Peter Lambda) 55, 176*, 498, 510
Lewin, Bertram D. 148f., 448, 499
Lingens, Ella 134, 499, 502
Lingens, Kurt 134, 499, 502
Löhr, Grete *52*, 499f.
Loewenstein, Rudolf 120, 497
Lorand, Sandor 245f.*
Lowtzky, Fanny *234f.*, *239f.*, 500

Mänchen-Helfen, Anna 360*, 387, *393*, 500
Mahler-Schönberger, Margaret 13, 71, 93, 297, 445*, 473, 480, 500f., 519
Makarenko, Anton S. 37, 501
Makarov 449*
Mann, Thomas 450f.
Margolin, Sydney G. 400f., 501
Matejka, Viktor 287, 447f., 501
Mayer-Aichhorn, Josef 501
Menaker, Esther 81, 501

Meng, Harald 70*, 501f.
Meng, Heinrich 70*, 78f., 82f., 188f.*, 200*, 255, 258, 271, 275, 281, 400, 419*, 424–426*, 428, 430, 439–441*, 448, 501f., 509
Meng, Helmut 70*
Menninger, Wilhelm *256*
Merio, Walter 470
Miklas, Emma 134, *143*, 183, 397, 502
Millberger, Mitzi 246*, 252, 502
Miller, Henry 386*
Mistinger, Leopold 156
Mohr, George Joseph *256*, 502
Monchy, René de 219, 502
Motesiczky, Karl v. 133f., 502
Müller-Braunschweig, Ada *163*
Müller-Braunschweig, Carl 107f., 124–126, 128, 161–163*, 189–191, 194–196*, 221f., 264*, 458, 460, 502, 517

Neill, Alexander S. *95*, 503
Nentwich, Alois 134, 183, 503
Nepallek, Richard 123, 503
Neumann-Viertel, Elisabeth *57*, 503
Newman, Lottie M. 15
Nijinsky, Kira 80
Nowotny, Karl 447
Nunberg, Hermann 61f.*, 64, 96, 148, 482, 503

Oberndorf, Clarence P. 74

Pappenheim, Martin 100, 503
Peller-Roubiczek, Lili 100, 503f.
Pfister, Oskar 255*, 258, *275*, 281, 362*, 448, 504
Pfister-Ammende, Maria *245*, 504
Piaget, Jean *126*
Pötzl, Otto 204, *340*, *370*, 411, 447, 504, 513

Pohek, Marguerite 388, 504
Pollak, Oscar 335, 505
Putnam, Marian *120*

Ramm, Rudolf 108, 505
Rank, Otto 32f., 58f.*, 62, 75, 503, 505, 518
Redl, Fritz *44*, 505
Regele, Klara 14f.*, 389f., *394*, 402, *440*, 505
Reich, Annie 483, 506
Reich, Wilhelm 61*, 64, 483, 502, 506
Reik, Theodor 33, 38, 62–64, 91f., 481, 506, 513
Reisner, Herbert 411, 506
Rickman, John 115, 221f., 226, 506
Riviere, Joan 115, 119, 506
Rodker, John 211*, 239, 245, 418, 506
Rohracher, Hubert 183, *188*, 447*, 506f.
Rorschach, Hermann *445*
Rosenfeld, Eva *68f.*, 79f., *187*, 475, 507
Ross, Helen 194*, *420*, 507
Ruche 449

Sachs, Hanns 62, 248*, 507
Sadger, Isidor 33, *112*, 507
Sallmann, Caroline 389, 507
Salomon, Anne *57*, 507f.
Sarasin, Philipp 72, 76, 122, 159, *221*, *275*, 278, *309*, 410, 415, 427, 508
Sauerwald, Anton 107–110*, 128, *189*, 211–213*, 215–218, 253*, 257f., 264, *269*, 323f., 326–332*, 374, 456–463*, 508, 513
Schalit, Ilja 72*, 508
Scharmann, Barbara 134, *143*, 183, 508
Scharmann, Theodor 134, 143f.*, *154f.*, 183, 397, 508f.

552

Schmidt, Vera 378*
Schmutzer, Ferdinand *248*, 509
Schneider, Ernst 82, 501, 509
Schnitzler, Arthur 45
Schnitzler-Cappellini, Lili 45, 509
Schottlaender, Felix 126, *136*, *237*, 293, 509
Schreier, August 509
Schreier, Josef 416, 509f.
Schröder, Hermann 72, 510
Schröder, Paul 131, 510
Schur, Max 116, *211*, *246*, 502, 510
Schur, Peter 502
Schüler, Friedrich 49
Schwarz-Braham, Hedy *371*, 392*, 413f.*, 418, 424, 427f., 510f.
Scott, Clifford W. *225*, 227, 511
Seitz, Karl 195f., 200*, 287, 447, 511
Servadio, Emilio 161, 511
Simmel, Ernst 72, 80, 115, 508, 511
Simmel, Reinhard 80
Skopnik, Edith *412*, 511
Solms zu Rödelheim, Wilhelm 133f., 139, 143*, 183, *234*, 387, 398, *411*, 430, 509, 511
Spanudis, Theon 134, *143*, *154*, 183, 397, 512
Sperling, Otto 494
Spiel, Oskar 129f.*, 133, 449, 512
Spitz, René A. *120*, *393*, 512
Spranger, Otto 159, 387f., 501, 512
Stein, Walter 301–303, 340–343*, 346f., 399, 512f.
Steiner, Berta 217f., 269f.*, *276*, 322–324*, 326, *330*, 358, 374–376*, 378, 456–465*, 513
Steiniger, G. 292
Stekel, Wilhelm 503, 513
Stephen, Adrian 221, 513
Sterba, Edith 60, 66, 85, 150, 513

Sterba, Richard 12, 108, 150, 481, 513
Sterren, Henricus A. van der 220, 295*, 371, 448, 514
Storfer, Adolf Josef 83, 513f.
Stipriaan, Luiscius, Arnout M. 219f., 514
Stross, Josefine 211*, 514
Sugar, Nikola 112, 514
Sweceny, Maria Charlotte 301, 316, 319f., 340–345, 407, 514
Sweceny, Otto 301, 316, 319f., 344, 378–382, 398f., 403–405*, 407, 423, *428*, 433–438*, 514
Sweetser, Harold *68*

Tamm, Alfhild 159, 161, 514
Tandler, Julius 43f., 84, 94, *351*, 515
Tausk, Viktor 96
Tesarek, Anton 46, 228, 494, 515
Thumb, Norbert 129, 515
Ticho, Ernst 397, 515
Ticho, Gertrude 397, 515
Toth 447
Trenkler, Ernst 217, *330*, 515

Urbantschitsch, Hans v. 50*
Urbantschitsch, Rudolf v. 25, 50*, 515f.

Vetter, Hans 342*, 516
Volckmar, F. 304f.*

Waals, Herman G. van der 225*
Wälder, Robert 62, 494, 512, 516
Wälder-Hall, Jenny 494, 516
Wagner-Jauregg, Julius 94, 516
Wagner-Simon, Therese 228, 287f., 516
Walk, Rosa 112, 472, 517
Wallner, Franz *422*
Watermann, August 219f., 517

Watzek, Adolf 144, 447, 517
Weigert, Edith 162, 517
Weller, Kurt *234, 237*
Weiskirchner, Richard 27, 29, 517
Weiss, Jula *179*, 345, 348, *353*, 358, 517
Wilker, Karl 37, 518
Williams, Frankwood E. 74f., 518
Wimperis, Virginia *174*, 203*, 303*, 518
Winkelmayer, Franz 84, 352, 518
Winnicott, Donald W. 227, 518
Winternitz, Pauline (Paula) 212*, 456–459*
Winterstein, Alfred Robert Friedrich 123, 143f.*, 146, 154, 176, 183, *259*, 398, 448*, 518f.
Wolf, Klara *143*, 145, 168f.*, 519
Wundt, Wilhelm Maximilian 452*
Wurzbach, Constantin v. 198*, 202

Zechner, Leopold 149, 190, 194, *237*, 287, 448, 519
Zingher, Karl 215, *314*, 317*, 323, 332, 464, 519f.
Zulliger, Hans 78, 83, 132, 520

Der Frankfurter Verlag für Psychoanalyse

Brandes & Apsel

Mitchell G. Ash (Hrsg.)
Psychoanalyse in totalitären und autoritären Regimen

344 S., Pb., € 32,–
ISBN 978-3-86099-638-6

»Die Psychoanalyse konzentriert sich auf das Individuum im Gegensatz zur Diktatur. Trotzdem hat sie sich auch in verschiedenen Regimen erhalten. Wie die Bedingungen in diesen Systemen aussahen, zeigt dieser Sammelband.«
(T. Kleinspehn, DeutschlandRadio)

Sigmund Freud
Nikolaj J. Ossipow
Briefwechsel 1921 – 1929
Herausgegeben von
E. Fischer, R. Fischer,
H.-H. Otto, H.-J. Rothe

268 S., geb., € 29,90
ISBN 978-3-86099-346-0
40 S. Faksimile- u. 12 S. Fototeil

»Unser Bild der Eroberung Russlands durch die Psychoanalyse vor dem Tod Lenins und ihrer Vertreibung nach der Machtergreifung Stalins gewinnt durch den vorliegenden Briefwechsel entschieden an Lebendigkeit.« *(FAZ)*

Bitte fordern Sie auch unser Gesamtverzeichnis an: Brandes & Apsel Verlag
Scheidswaldstr. 22 • 60385 Frankfurt/M. • info@brandes-apsel.de • www.brandes-apsel-verlag.de

Brandes & Apsel

Der Frankfurter Verlag für Psychoanalyse

Á. Berger/F. Henningsen
L. M. Hermanns/J. C. Togay (Hrsg.)

Psychoanalyse hinter dem Eisernen Vorhang

Beiträge von J. C. Togay, F. Erös, K. Göncz, J. Harmatta, A. Haynal, L. M. Hermanns, A. Ludwig, J. Mészáros, P. Nádas, A. Simon

156 S., Pb., € 17,90
ISBN 978-3-86099-639-3

»Dieses Buch ist sehr viel mehr als nur die pflichtbewusste Schließung einer historischen Leerstelle. Es ist zugleich auch der Versuch, sich auf die vielfältigen Dimensionen psychoanalytischen Denkens zu besinnen.«
(T. Kleinspehn, DeutschlandRadio)

Á. Berger/F. Henningsen
L. M. Hermanns/J. C. Togay (Hrsg.)

Der psychoanalytische Aufbruch Budapest-Berlin 1918-1920

204 S., Pb., € 19,90
ISBN 978-3-86099-697-3

Durch die historisch-gesellschaftlichen Ereignisse nach 1918 geriet die ungarische Psychoanalyse aus dem Hauptstrom der Entwicklung heraus. Durch die ungarischen Emigranten Melanie Klein, Sandor Rado und Franz Alexander erfuhr das 1920 gegründete Berliner Psychoanalytische Institut einen großen Auftrieb und konnte sich auch durch diese Hilfe zur international angesehenen Ausbildungsstätte entwickeln.